Weitere Titel der Autorin:

Die Festung am Rhein
Die Küste der Freiheit

Über die Autorin:

Seit ihrer Kindheit ist Maria W. Peter der Faszination von Geschichte und Literatur erlegen. Während ihres Studiums in Deutschland und Frankreich arbeitete sie als Journalistin. Im Anschluss an ein Fulbright-Stipendium an der renommierten *Missouri School of Journalism* in Columbia (USA) begann sie historische Romane zu schreiben. Mehrfach wurde sie mit Preisen ausgezeichnet. Nach ihrem Erfolgsroman DIE FESTUNG AM RHEIN erzählt ihr neues Buch nun ein Stück fast vergessener schottischer Geschichte.

Besuchen Sie die Autorin auch auf ihrer Homepage:
www.mariawpeter.de
und auf Facebook:
www.facebook.com/mariawpeter

Maria W. Peter

DIE MELODIE DER SCHATTEN

Schottland-Roman

BASTEI LÜBBE TASCHENBUCH
Band 17774

Dieser Titel ist auch als E-Book erschienen

Originalausgabe

Dieses Werk wurde vermittelt durch die Michael Meller Literary Agency GmbH, München.

Copyright © 2018 by Maria W. Peter und Bastei Lübbe AG, Köln
Textredaktion: Dr. Ulrike Brandt-Schwarze, Bonn
Kartenillustration: Helmut W. Pesch, Köln
Übersetzung des Gedichts auf S. 7: Sylvia Dörnemann
Titelillustration: © Brendan Howard / shutterstock;
© Terrence Drysdale / Trevillion Images
Umschlaggestaltung: Johannes Wiebel | punchdesign, München
Satz: Dörlemann Satz, Lemförde
Gesetzt aus der Stempel Garamond
Druck und Verarbeitung: CPI books GmbH, Leck – Germany
ISBN 978-3-404-17774-5

5 4 3 2 1

Sie finden uns im Internet unter www.luebbe.de
Bitte beachten Sie auch: www.lesejury.de

Ein verlagsneues Buch kostet in Deutschland und Österreich jeweils überall dasselbe.
Damit die kulturelle Vielfalt erhalten und für die Leser bezahlbar bleibt, gibt es die *gesetzliche Buchpreisbindung*. Ob im Internet, in der Großbuchhandlung, beim lokalen Buchhändler, im Dorf oder in der Großstadt – überall bekommen Sie Ihre verlagsneuen Bücher zum selben Preis.

Für Svenja und Susanne,
ohne die dieser Roman nie entstanden wäre.
Ihr seid meine Musen.

Nuair bhios mnathan òg a' bhaile
Nochd nan cadal sèimh
'S ann bhios mis' aig bruaich do lice
Bualadh mo dhà làimh.

Klagelied aus den Highlands des 16. Jahrhunderts

Wenn die jungen Frauen des Ortes
heute Nacht im Schlafe liegen,
werde ich an deiner Grabesstätte sein
und meine beiden Hände aneinanderschlagen.

SCHOTTLAND
im Jahre 1837

Inhalt

Buch I 11
Buch II 333
Epilog 619

Nachwort 631
Glossar 647
Stöbertipps 655
Schottisch-gälische Ausdrücke, Redewendungen
und Sätze 657
Die Figuren der Handlung 661
Historische Persönlichkeiten 663
Dank 667

Buch I – Oktober 1837

Der Vorabend

My heart's in the Highlands, my heart is not here,
My heart's in the Highlands, a-chasing the deer;
Chasing the wild-deer, and following the roe,
My heart's in the Highlands, wherever I go.

Robert Burns

Mein Herz ist in den Highlands, mein Herz ist nicht hier,
Mein Herz ist in den Highlands und folgt dem wilden Tier;
Auf der Jagd nach dem Rotwild, auf der Spur von dem Reh,
Mein Herz ist in den Highlands, wo immer ich geh.

Zu behaupten, Fiona Hemington sei eine junge Dame von besonderer Scheu, ja Furchtsamkeit des Charakters, wäre eine Übertreibung gewesen. Wenn sie in sich hineinhorchte, wusste sie nämlich, dass tief in ihrem Inneren, verborgen unter den Schichten von Erziehung und Etikette, ihren persönlichen Einschränkungen und ... nun ja ... Absonderlichkeiten, eine Stärke schlummerte, die nur darauf wartete, zum Leben erweckt zu werden.

Doch während sie neben ihrer ältlichen Tante Maud und dem wohlbeleibten Anwalt Dr. Keith in der Kutsche saß, die durch die bereits dämmrige Landschaft der schottischen Highlands rumpelte, empfand sie nichts als Kälte, Erschöpfung und abgrundtiefe Traurigkeit. Mit klammen Fingern zog sie die Decke enger um ihre Schultern, blickte nach draußen und fragte sich, ob sie jemals wieder etwas wie Wärme spüren würde, Sonne oder gar ein Lachen ...

Solange sie zurückdenken konnte, hatte sie in ihrem bisherigen Leben ständig eine leichte Unterkühlung verspürt. Seit dem plötzlichen Tod ihrer Mutter vor einem Jahr schien diese jedoch in eine kalte, starre Leblosigkeit umgeschlagen zu sein, die sie so sehr lähmte, dass sie in den vergangenen Monaten ihr Zimmer kaum verlassen hatte. Nicht, dass diese Tatsache irgendjemanden im Haus sonderlich berührt hätte, am allerwenigsten ihren Vater, den Earl Hemington, Richter Seiner Majestät des Königs und früherer Colonel der britischen Armee.

Und ihre Mutter ... Mit beinahe gespenstischer Deutlichkeit sah Fiona ihr bleiches Gesicht auf dem Sterbebett vor sich. Die Lippen blutleer, die Augen eingefallen, und einen Moment lang musste Fiona den Impuls unterdrücken, laut aufzuschreien.

Dabei wusste sie nicht einmal, an welcher Art Leiden ihre Mutter verschieden war. Man sprach darüber nur hinter vorgehaltener Hand – und offensichtlich hatte es niemand für angebracht gehalten, sie einzuweihen.

Plötzlich kam die Kutsche zum Stehen. Der heftige Stoß riss Fiona aus ihrem Dämmerzustand und warf sie nach vorn. Ihr Herz hämmerte zum Zerspringen, während die Angst in ihr aufkeimte.

Die beiden anderen Insassen waren von dem Ruck ebenfalls aufgeschreckt worden und sahen sich verwirrt um.

»Was ist geschehen?« Die Stimme ihrer Tante klang eher empört als ängstlich. Als verwitwete, kinderlose ältere Dame, die in Inverness einen eigenen Hausstand besaß, war sie es gewohnt, dass man ihren Anweisungen unverzüglich Folge leistete. Eine Unterbrechung der von ihr angeordneten Reise, noch dazu auf eine solch vehemente Art, gehörte zu den Dingen, die sie absolut nicht dulden konnte. »Fiona, hörst du nicht? Ich habe gefragt, was hier los ist. Mr Keith, so sagen Sie doch etwas!«

»Ich weiß es nicht, Tante«, flüsterte Fiona.

Ein dumpfes Brummen stieg in ihrem Innern auf. Ein Brummen, unterlegt von dem rasenden Herzschlag, der immer schneller wurde, wie hastige Schritte. Der süßliche Geruch von Blut schien in der Luft zu hängen, sich klebrig auf ihre Zunge zu legen. Eine böse Vorahnung schnürte Fiona den Hals zu.

Mit einem Schrei zerriss sie die Bilder und Klänge, die sie zu überwältigen drohten. Verzweifelt rang sie nach Atem, während die Wände der Kutsche in klaustrophobischem Wahn immer näher rückten.

»Ich sehe einmal nach ...« Ohne lange zu überlegen, hatte sie sich von ihrem Sitz erhoben und zur Tür gewandt. *Großer Gott, ich muss hier raus, sonst ersticke ich!*

»Fiona, ich verbiete dir, nach draußen zu gehen. Wer weiß, was ...«

Die Worte ihrer Tante verhallten ungehört. Fionas Blick glitt kurz zu dem einzigen Mann in der Runde. Blass und verstört saß der Anwalt in seinem gepolsterten Sitz, während ihm der Schweiß auf die Stirn trat, der Anblick von aufkeimender Angst sich auf seinen Zügen ausbreitete. Ein Hauch von Verachtung glomm in Fiona auf, dann machte sie sich am Türgriff zu schaffen.

»Ich habe gesagt, du sollst hierbleiben! Hörst du nicht?«

Die feiste Hand der Tante wollte sie festhalten, doch Fiona entzog sich ihr und stieß den Schlag der Kutsche auf.

Kalter Regen schlug ihr entgegen, ein Donner krachte so laut, dass für den Moment kein anderes Geräusch zu vernehmen war. Noch bevor der darauffolgende Blitz die ganze Umgebung in ein unnatürlich helles Licht tauchte, hatte sich Fiona bereits hinausgeschlängelt und war abgesprungen. Kurz stöhnte sie auf. Sie war umgeknickt und im Fallen mit Schienbein und Knie auf einen Stein geprallt. Dennoch kam sie rasch wieder auf die Beine und hastete, wie von unsichtbaren Fäden gezogen, hinter ein mannshohes, ein gutes Stück von der Kutsche entferntes Gebüsch.

Keine Sekunde zu früh.

Drei Gestalten näherten sich dem Gefährt, vermummt in schwarze Umhänge, die Kapuzen tief in die Gesichter gezogen. Eine von ihnen hielt eine brennende Fackel in der Hand, die andere eine Pistole. Eine dritte Person kletterte auf das Dach, riss das Gepäck herunter, auf das sich alle stürzten. Kleidungsstücke, Bücher, Schuhe und Papiere flogen durch die Luft.

Fionas Herz krampfte sich zusammen. Ihre besten Kleider, ihre Lieblingsbücher, ihr Tagebuch und ein Stapel Notenblätter. Einige der Dinge nahmen die Kerle an sich. Den Rest warfen sie achtlos beiseite.

Unwillkürlich presste sich Fiona tiefer in die Hecke, deren feuchte Zweige ihr ins Gesicht schlugen. Das unablässige Rauschen des Regens übertönte die Stimmen der Männer, sodass Fiona ihre Worte nicht verstand. Doch beobachtete sie, wie einer von ihnen den Schlag der Kutsche aufriss und mit der Waffe drohte.

Mühsam unterdrückte sie einen Aufschrei. Jedes Geräusch konnte sie verraten.

Wer waren diese Kerle? Was wollten sie? Fiona wusste nicht, ob sie Gott dankbar sein sollte, dass es ihr im letzten Moment gelungen war, das Gefährt zu verlassen, oder ob sie ihre Impulsivität, die ihr in diesem Moment wie Feigheit erschien, verfluchen sollte.

Ihr blieb keine Zeit, ihre Gedanken fortzuführen. Schüsse peitschten durch die Nacht. Fiona sah, wie der Kutscher vom Bock stürzte. Einer der Straßenräuber drang in das Innere des Gefährts ein. Zwei weitere Schüsse zerrissen die Luft. Es dauerte geraume Zeit, bis der Mann wieder erschien. In seiner erhobenen Hand glaubte Fiona, eine Kette zu erkennen. Zitternd schlug sie die Hand vor den Mund. Sie hatten ihre Tante und Dr. Keith ausgeraubt und ermordet! Das Licht der Fackel glomm heller auf, und Fiona erkannte, dass die Vorhänge im Innern der Kutsche Feuer fingen.

Gelähmt vor Entsetzen wusste sie nicht mehr, was sie tun

sollte. Sie wusste nicht einmal, wo sie sich überhaupt befand. Ihr Atem stockte, als die Flammen auf das Holz der Kutsche übergriffen, die in kurzer Zeit lichterloh brannte.

Wie von selbst setzten sich Fionas Beine in Bewegung, und sie stürzte in die entgegengesetzte Richtung davon.

In eine finstere Nacht, in der sich der Mond gerade unbarmherzig hinter den Wolken verbarg.

*

Es war der vage Schimmer eines Lichtes, der Fiona aus ihrer Verzweiflung riss.

Der Regen prasselte auf sie herab. Kalt, hart und unerbittlich fielen die Tropfen auf ihren Körper. Ihr aufgelöstes Haar hing in langen, triefenden Strähnen in ihrem Gesicht, das völlig durchnässte Kleid klatschte ihr bei jedem Schritt um die Beine. Eisige Rinnsale trübten ihren Blick, und sie wischte sie weg, um besser zu sehen. Ihr Herzschlag beschleunigte sich, als sie feststellte, dass sie sich nicht getäuscht hatte. Da vorn, irgendwo in der Ferne, war tatsächlich ein milchiges Aufleuchten zu erkennen. Flackernd und unstet zwar, sodass sich Fiona einen Moment lang nicht erklären konnte, woher es kam, doch ganz zweifellos ein Licht.

Der aufgeweichte Boden gab schmatzende Laute von sich, und der nasse Farn strich unangenehm über ihre Fußknöchel. Bei jeder Bewegung schmerzten die Prellungen, die sie sich beim Sprung aus der Kutsche zugezogen hatte. Doch wie gebannt waren ihre Augen auf das Licht gerichtet.

Nun, da sie hoffen konnte, in der Nähe von Menschen zu sein, verspürte sie plötzlich neuen Überlebenswillen in sich aufkeimen. Heiß und stark pulsierte er mit jedem Herzschlag durch ihren Körper. Ihre Haut, noch kurz zuvor vor Kälte und Mutlosigkeit fast erfroren, begann, unter der Anspannung zu glühen.

Kurz fragte sie sich, was sie wohl dort antreffen würde. Dann jedoch beschleunigte sie entschlossen ihre Schritte. Was immer auch jenseits der Dunkelheit auf sie wartete – es konnte unmöglich schlimmer sein als das, was sie bereits erlebt hatte.

Der Weg schien kein Ende zu nehmen. Schon lange hatte Fiona jedes Gefühl der Orientierung verloren, und die Hoffnung, die für einen kurzen Moment in ihr aufgekeimt war, begann sich mit jedem weiteren Schritt zu verflüchtigen. Ihre Muskeln brannten. Die Erschöpfung und der schwere, nasse Stoff ihres Kleides schienen sie immer weiter nach unten zu ziehen. Wie eine Schlafwandlerin taumelte sie mühsam weiter auf den Lichtschein zu.

Plötzlich erhellte ein Blitz den nächtlichen Himmel, und einen Moment lang zeigte sich ihr ein wie gestochen scharfes Bild. Der Anblick, der sich ihr bot, war so überwältigend, dass er sie aus ihrer Benommenheit riss und sie beinahe gestürzt wäre.

Etwa zweihundert Yards vor ihr stand ein Herrenhaus. So nah und unerwartet, dass Fiona sich fragte, ob es womöglich plötzlich aus dem Erdboden gewachsen war. Ein unerklärliches Grauen überfiel sie.

Keuchend atmete sie aus. Dann versank die Umgebung wieder in Dunkelheit. Das seltsame Gefühl jedoch blieb. Nahezu körperlich schien es sie davor warnen zu wollen, sich diesem Gebäude weiter zu nähern. Und so verharrten ihre Füße wie festgewachsen in dem feuchten, kalten Schlamm. Einen ihrer Schuhe hatte sie bei ihrer überhasteten Flucht verloren, bei dem anderen war der Absatz abgebrochen.

»Du warst schon immer ein wenig verrückt, Fiona Catherine Hemington!«, sagte sie leise zu sich selbst und erschrak über den heiseren Klang ihrer Stimme. *Was zögerst du noch? Du hast doch lediglich die Wahl, dir hier draußen den Tod zu holen oder dort im Haus um Aufnahme und Schutz zu bitten.*

Und endlich gewannen Kälte, Furcht oder die Stimme der Vernunft die Oberhand. Ihre Füße setzten sich langsam wieder in Bewegung, ihre Augen orientierten sich an dem schwachen Lichtschein, der ihr die ungefähre Richtung anzeigte.

*

Heiß brannte der schwere Rotwein, den er zusätzlich mit einem Schuss Whisky versetzt hatte, in Aidans Kehle, bahnte sich den Weg durch die Speiseröhre und explodierte scharf in seinem Magen. Wärme stieg in seiner Brust auf, breitete sich rasch in seinem Körper aus. Doch vermochte sie weder die Kälte noch die Dunkelheit zu vertreiben, die in seinem Innern herrschten. Auch nicht die Dämonen, die ihm auflauerten, wenn sich die Nacht herabsenkte, die Dämmerung ihre gierigen Hände nach dem Land, dem Haus und seinen Bewohnern ausstreckte.

Mit einem knirschenden Klirren ging das Glas zu Bruch, das Aidan noch immer in der Hand hielt und das er in seinem inneren Kampf wohl zu fest gedrückt hatte. Blut tropfte aus einer tiefen Schnittwunde und sickerte in den schweren, in dunklen Farbtönen gehaltenen Teppich zu seinen Füßen.

Er machte sich nicht die Mühe, die Wunde zu verbinden. Der Schmerz, der zwischen seinen Fingern pochte, war ihm willkommen, lenkte er ihn doch für eine kurze Weile von einem viel tieferen Schmerz in seinem Innern ab …

Wie der Tod.

Seine Schritte waren unsicher vom Alkohol, als er zu seinem Sekretär hinüberging, auf dem er die Pistole abgelegt hatte.

Fast glaubte er, eine Vibration zu verspüren, ein einladendes Summen, als er den Griff umfasste und das Eisen vorsichtig in der Hand ausbalancierte.

Verlockend, anziehend wie Sirenengesang, durchfuhr ihn der brennende Wunsch, den Lauf der Waffe an seine Schläfe zu drücken, das Grauen, das dahinter tobte, endgültig auszulöschen.

Von unten drangen laute Stimmen zu ihm herauf, gedämpft durch das schwere Holz der Tür, das Labyrinth von Treppen und Gängen. Die resolute Stimme seiner Haushälterin, gefolgt von dem lauten Knallen einer Tür.

War etwas geschehen? Dinge, die seine Anwesenheit erforderten? Seine Verantwortung?

Verantwortung. Wie er diesen Begriff hasste.

Sanft, beinahe liebevoll legte er die Waffe ab, lauschte in die Stille, die plötzlich wieder eingekehrt war. Hatte er sich alles nur eingebildet? War er nun endgültig dabei, den Verstand zu verlieren?

Oder quälten ihn wieder die Dämonen? Hier in diesem Haus? Diesem verfluchten Gemäuer, das er beinahe ebenso hasste wie jenen anderen, weit entfernten Ort, der ihn nie wieder loslassen würde, sosehr er diesem auch zu entrinnen versuchte.

Ohne Vorwarnung überfiel ihn eine bleierne Müdigkeit, ein willkommener Gast, der es ihm vielleicht ermöglichen würde, wenigstens etwas Schlaf zu finden.

Vergessen.

*

Tante Maud ist tot, hämmerte es in ihrem Kopf, während sie steifbeinig die Treppen zum Hauptportal hinaufhumpelte. Ermordet vor meinen Augen, ebenso wie Dr. Keith und der Kutscher. Fionas Körper war so ausgekühlt, dass sie nicht einmal mehr zitterte.

Das Pochen des Türklopfers in Form eines Löwenkopfes hallte in der Halle auf der anderen Seite wider. Fiona musste all ihre verbliebene Kraft zusammennehmen, um sich auf den Beinen zu halten.

Im Haus regte sich nichts.

Schwerfällig wandte sie den Kopf und ließ den Blick über die ein wenig verwilderte Anlage gleiten. Auf den Gräsern, Pflanzen und Büschen hatten sich Regentropfen gesammelt. Als der Mond sich kurz zwischen den Wolken hervorschob, funkelten sie seltsam unwirklich in seinem Schein, wie Perlen.

War es vielleicht zu spät in der Nacht? Schliefen womöglich schon alle, auch die Bediensteten, und niemand würde kommen, um sie einzulassen?

Aber sie hatte doch dieses Licht gesehen, dem sie gefolgt war. Wie sonst hätte sie in der Nacht überhaupt den Weg hierher finden können?

Schwäche drohte sie zu Boden zu ziehen, während sie die Stufen der Treppe wieder hinunterhumpelte. Der Dienstboteneingang! Hier irgendwo musste er doch sein. Hoffentlich würde man sie dort hören!

Ein Summen ertönte in ihrem Kopf, der Nachhall einer von weit her erklingenden Melodie. Fiona schob sie beiseite, nicht bereit, sich auf die eindringlichen Klänge einzulassen. Zoll für Zoll tastete sie sich an dem Gebäude entlang.

Als sie um die Ecke bog, bemerkte sie einen schwachen Schimmer, der aus dem Haus in den nächtlichen Garten fiel. Fiona hätte beinahe vor Erleichterung geweint. Wieder begann das Summen, Bilder schälten sich aus der Dunkelheit und waberten um sie herum.

Die kleine Tür, die sie schließlich entdeckte, war über fünf hinabführende Sufen zu erreichen. Aus dem Fenster daneben drang der Schein einer Lampe.

Fiona klopfte, und das Geräusch dröhnte laut und schmerzhaft in ihren Ohren.

Bitte, bitte, lass jemanden da sein ...

Ein Schwindel erfasste ihren Körper, der Boden unter ihr schien mit einem Mal zu schwanken. Ein Schrei entfuhr ihr, als sie aus den Augenwinkeln eine Bewegung wahrnahm, sich umwandte und für einen kurzen Moment ein Gesicht hinter den milchigen Scheiben zu sehen glaubte. Fremdartig und schwarz, eine Maske oder eine ... eine *Fratze*.

Fiona spürte, wie die Kraft aus ihrem Körper strömte, jedes ihrer Glieder sich in etwas Weiches zu verwandeln schien, das ihr nicht mehr gehorchte.

»Ja bitte?« Wie durch Watte nahm sie wahr, dass die Tür geöffnet wurde, ein Schwall warmer, abgestandener Luft sie traf und ein Geruch ... Übelkeit stieg in ihr auf, und als sie sich ganz benommen der Türöffnung zuwandte, war da wieder dieses schwarze Antlitz.

Ein weiteres Mal schrie sie auf, sog scharf die Luft ein. Sie blinzelte heftig, und an der Stelle der fremdartigen, dunklen Züge erblickte sie plötzlich ein helles, von feinen Fältchen überzogenes Gesicht.

Eine Hand griff nach ihr, versuchte, sie zu packen.

Fiona wollte erneut aufschreien, öffnete den Mund, doch der Laut blieb ihr in der Kehle stecken. Die Umgebung löste sich auf, die Erde stürzte auf sie zu.

Einige Herzschläge lang glaubte sie, aufgeregt hervorgestoßene Laute zu vernehmen.

Dann kam die Dunkelheit.

Tag 1 auf Thirstane Manor

Of all the numerous ills that hurt our peace,
That press the soul, or wring the
mind with anguish
Beyond comparison the worst are those
By our own folly, or our guilt brought on.

Robert Burns

Von all dem vielen Weh, das unseren Frieden stört,
Die Seele drückt, den Geist mit Ängsten quält,
Leiden wir unvergleichlich am schlimmsten
Durch eigene Torheit oder unsere Schuld.

KAPITEL 1

Da wäre eine Besucherin, hatte man ihm mitgeteilt. Eine junge Frau, die mitten in der Nacht völlig durchnässt, durchgefroren und ganz allein an den Hintereingang des Hauses geklopft und noch beim Eintreten das Bewusstsein verloren habe. Man habe sie einstweilen in einem der Gästezimmer untergebracht, bis er entschieden hätte, was mit ihr geschehen solle.

Aidan spürte, wie sich bei diesem Gedanken jeder Muskel in seinem Körper versteifte. Eine junge Frau in seinem Haus, eine Fremde!

Er weigerte sich, diesen Gedanken weiterzuführen. Stattdessen beendete er das magere Frühstück, das er sich wie jeden Morgen auf sein Schlafzimmer hatte bringen lassen und das nur aus einem einfachen Haferbrei und starkem schwarzen Kaffee bestand. Mehr vertrug er um diese frühe Stunde nicht, und nach Nächten wie dieser war ihm die Vorstellung von einem üppig gedeckten Frühstückstisch besonders zuwider.

Der letzte Schluck des Kaffees war schon abgekühlt und schmeckte bitter. Doch er zeigte seine Wirkung, vertrieb die Schatten und ließ seine Lebensgeister zurückkehren.

Und mit ihnen die Realität! Aidan ballte die Fäuste. Als hätte er nicht genug eigene Sorgen – nun würde er sich auch noch um diese Fremde kümmern müssen. Herausfinden, wer sie war, was sie hierher verschlagen hatte, und sie dann zu ihrer Familie zurückschicken. Er konnte nur hoffen, dass sich die Sache rasch und ohne Schwierigkeiten regeln ließe und die Frau sein Haus alsbald wieder verlassen würde.

Während er an das hohe Fenster trat, das einen freien Ausblick auf den in morgendlichem Nebel liegenden Park und die angrenzende Hügellandschaft bot, begann er sich anzukleiden. Dabei verzichtete er auf die Hilfe eines Kammerdieners.

Nie hatte er wirklich eingesehen, weshalb ein Erwachsener bei einer solch einfachen Verrichtung Unterstützung benötigen sollte, als wäre er ein Kleinkind. Bei den Damen mit ihren unzähligen Knöpfen, Häkchen und Schleifen, den Miedern und den oft nur am Rücken zu schließenden Kleidern mochte es ja noch angehen. Aber bei ihm? Zudem würde wohl jeder Kammerdiener beim Anblick seines unbekleideten Körpers zurückschrecken.

Aidan wünschte sich, noch einen Schluck Kaffee übrig zu haben, denn plötzlich wurde sein Mund trocken. Mit entschlossenen Schritten ging er zu dem Stuhl, auf dem er am Tag zuvor ein frisches Hemd bereitgelegt hatte, streifte es über und verbarg seine Schande.

Er würde die junge Frau in Augenschein nehmen, aber zuerst gab es noch Dinge von größerer Dringlichkeit zu erledigen.

*

Eine Melodie hatte von Fionas Körper Besitz ergriffen. Eine Melodie, eine tiefe, dröhnende Vibration, die ihr ganzes Wesen erschütterte, begleitet von einem stetigen Rhythmus, wie ein unruhiger, hastiger Puls, ein heißer, hechelnder Atem. Staub schien sich auf ihre Zunge gelegt zu haben, auf ihre Lippen, Augen und Ohren. Ein leises Summen, irgendwo aus ihrem Innern, schwoll an, wurde lauter und hüllte sie schließlich vollständig ein. Rotes Licht blendete sie durch die geschlossenen Lider, verschmolz zu einem Punkt, brannte wie eine düstere, blutige Vorahnung.

Sie wollte weg, wollte ihren Blick abwenden, doch etwas zwang sie, weiter hinzusehen, als die Dunkelheit zu wabern begann und sich schließlich zu diesem maskenhaften, schwarzen Gesicht verdichtete, das sie aus hohlen Augen durchdringend anstarrte.

Ein Schrei zerriss die Stille und ließ die Szenerie explodieren wie Glas, in tausend feine Scherben zerfallen. Fiona riss die Augen auf und schreckte zurück. Der Nebel lichtete sich, und statt der dunklen Maske sah sie in das blasse, ein wenig grau schimmernde Gesicht einer Frau in den späten Sechzigern. Weiße Haare unter einem Spitzenhäubchen umrahmten faltige Züge. Ein Paar heller Augen musterte sie eindringlich.

»Wie geht es Ihnen?«, fragte die Frau heiser.

»Danke, ich ...« Ein Husten unterbrach Fionas Antwort. »Ich denke, mir geht es ... wo bin ich?«

Fahrig glitt ihr Blick durch das Zimmer. Die spärliche Einrichtung bestand aus einem kleinen Tisch mit zwei Stühlen, einer Truhe, einer Kommode und einem Wandspiegel. Das breite Bett, in dem sie lag, war jedoch angenehm warm und weich.

»Auf Thirstane Manor«, lautete die knappe Antwort. »Ich bin Glenna Dunnett, die Haushälterin. Seit gestern Nacht sind Sie unser Gast.«

»Gestern Nacht?« Fionas Gedanken rasten. Unbewusst griff sie mit der Hand an die Stirn, hinter der ein rasender Schmerz zuckte. Dann umklammerte sie das Medaillon mit dem Bildnis ihrer Mutter, das an einer zierlichen Goldkette um ihren Hals hing und das sie seit dem Tag ihrer Taufe stets trug. »Wie bin ich ...?«

Sie brach ab. Plötzlich stand ihr wieder alles vor Augen. Der

Überfall, ihre nächtliche Flucht durch strömenden Regen und heftiges Gewitter. Ihre Kehle wurde eng, Tränen schossen ihr in die Augen.

Tante Maud und Mr Keith, sie sind tot. Bilder von Szenen wie aus einem Albtraum und dennoch die Wirklichkeit rasten durch Fionas Kopf. Die Schüsse, die Kutsche, wie sie in Flammen aufging, und die Ermordeten, die mit ihr verbrannt sein mussten. Ein Schluchzen stieg in ihr auf, drohte sie zu ersticken. Hilflos zuckten ihre Schultern, während Tränen auf das Kopfkissen tropften.

»Was ist geschehen?« In dem zuvor noch sachlichen Tonfall der älteren Frau lag ein Hauch von Mitgefühl. Eine Hand legte sich sanft auf Fionas Schulter.

Fiona blieb stumm, ihr fehlten die Worte, um von dem Grauen, das sie erlebt hatte, zu berichten.

»Haben Sie keine Erinnerung mehr an den gestrigen Abend? Sie haben völlig durchnässt an unsere Tür geklopft. Als ich öffnete, um Sie hereinzulassen, haben Sie das Bewusstsein verloren. Seither haben Sie geschlafen. Die ganze Nacht hindurch.«

Unwillkürlich wanderten Fionas Augen zu dem geöffneten Fenster, das den Blick in eine nebelverhangene Landschaft freigab. »Unsere Kutsche, sie …«, begann sie schließlich, ein wenig gefasster. »Ich war mit meiner Tante auf dem Weg von Edinburgh zu deren Stadthaus in Inverness. Einige Tage waren wir bereits unterwegs. Wir kamen gut voran, doch gestern Nacht …« Fiona hatte noch immer nicht ganz begriffen, was tatsächlich geschehen war. »Ein Überfall. Die Männer waren plötzlich da, sie …« Sie hörte die Ungläubigkeit, die in ihren Worten mitschwang. Keuchend rang sie nach Luft, als die ganze schreckliche Szenerie wieder auf sie einstürzte.

»Aber nun sind Sie in Sicherheit.« Der Griff an ihrer Schulter wurde ein wenig fester. »Wir werden sehen, was zu tun ist.«

»Meine Tante, der Anwalt meines Vaters und der Kutscher, sie ... sie wurden bei dem Überfall getötet, die Kutsche in Brand gesetzt ...« Fionas letzte Worte waren kaum mehr als ein Flüstern.

»Wo ist das geschehen?« Mrs Dunnetts Stimme klang belegt. Als Fiona die Achseln zuckte, fügte sie hinzu: »Es kann nicht allzu weit von hier entfernt gewesen sein, wenn Sie in der Lage waren, den ganzen Weg bis hierher zu laufen. Ich werde Duncan losschicken, nach der Stelle zu suchen, und dann ...« Sie brach ab.

Tante Maud ist tot ... Obgleich Fiona diese aufgrund ihrer Selbstgerechtigkeit und Herrschsucht nie wirklich ins Herz geschlossen hatte, war das, was am Tag zuvor geschehen war, zu schrecklich, um darüber nachzudenken.

»Wir müssen Ihre Familie benachrichtigen, Miss. Sie müssen wissen, was geschehen ist.« Die ruhigen Worte der alten Frau halfen Fiona ins Hier und Jetzt zurück.

Mühsam schluckte sie. »Sie haben recht.« Es kostete sie Mühe, ihre Stimme zu beherrschen. »Mein Name ist Fiona Hemington, meine Mutter ... sie verstarb vor wenigen Monaten, und mein Vater hält sich derzeit in unserem Stadthaus in Edinburgh auf. Ich werde Ihnen die Anschrift notieren, und die des Verwalters meiner Tante. Dann können Sie ...«

Fiona unterbrach sich, als sie den Gesichtsausdruck der Haushälterin bemerkte. Mit weit aufgerissenen Augen, als könne sie nicht glauben, was sie gerade vernommen hatte, blickte sie zu ihr herunter. Doch schon einen kurzen Augenblick später zeigte sie wieder eine unbeteiligte Miene, sodass Fiona glaubte, sich geirrt zu haben.

»Sie müssen Hunger haben und sollten etwas essen, Your Ladyship«, sagte sie höflich. »Ich habe Ihnen ein Frühstück zubereitet.«

Obgleich Fiona keinen Appetit verspürte, nickte sie. »Danke. Das ist sehr freundlich.«

Als sie sich mit Hilfe der Haushälterin erhob und an den kleinen Tisch wankte, auf dem eine leichte Morgenmahlzeit auf sie wartete, fragte sie sich, ob sie sich das schwarze Gesicht mit den fremden Zügen nur eingebildet hatte.

Kapitel 2

Es war bereits Mittag, als Aidan durch einen der Hintereingänge das Haus betrat. Die alten Scharniere quietschten laut und gemahnten ihn daran, dass es an diesem Gebäude so einiges gab, das einer Reparatur oder Überholung bedurfte.

Rhythmisch hallten seine Schritte auf dem kalten Steinboden nach, dröhnten in seinen Ohren und ließen Erinnerungen an einen anderen Rhythmus in ihm aufsteigen, so heftig, dass ihm trotz der Kälte in dem alten Gemäuer Schweißperlen auf die Stirn traten. Hastig streifte er seine Handschuhe ab und stürmte die Treppen hinauf.

Bevor er jedoch seine privaten Räumlichkeiten erreicht hatte, wurde er aufgehalten. Glenna stand an der Tür, blass, weißhaarig, ein so unwirklicher Schatten, dass ein unbedarfter Besucher sie für einen Geist hätte halten können. Doch ihre grauen Augen flackerten lebendig und besorgt. An ihrem Gesichtsausdruck erkannte er, dass etwas vorgefallen sein musste.

»Master Aidan?«

Unwillig blieb er stehen.

»Die junge Dame im oberen Schlafzimmer …«

Aidan spürte, wie sich ein Knoten in seinem Magen bildete.

»Ja?«, fragte er mürrisch.

»Was soll mit ihr geschehen?«

Ein kurzes Zögern, während er das Verlangen bekämpfte, sich einfach abzuwenden und die Frage unbeantwortet zu lassen. Doch trug er nun einmal die Verantwortung für Thirstane Manor und alles, was dazugehörte.

»Hat sie keine Familie?«, knurrte er barscher als beabsichtigt. »Jemand, der benachrichtigt werden und sich ihrer annehmen kann?«

»So wie ich verstanden habe, lebt nur noch ihr ... *Vater*.« Das letzte Wort hatte Glenna nach einem kurzen Zögern hervorgebracht.

»*Uill*, dann sollten wir ihn von den Geschehnissen in Kenntnis setzen!«, beschied er knapp. »Je früher, desto besser.« Er wandte sich zum Gehen.

Ein Ziehen zwischen seinen Schulterblättern zeigte ihm, dass Glenna sich nicht von der Stelle rührte, sondern ihn weiterhin beobachtete.

»Die junge Dame sagt, ihr Name sei Lady Fiona Hemington.« Die Stimme der Haushälterin klang rau. »Aus Edinburgh.«

Aidan verlangsamte seine Schritte, blieb auf halber Höhe der Treppe stehen.

Hemington. Seine Gedanken begannen sich zu drehen. Dieser Name! Und dazu noch aus Edinburgh. Purer Zufall?

Trotz seines plötzlich schneller pochenden Herzens wandte sich Aidan nicht um, sondern wartete. Erst als das Geräusch von Schritten anzeigte, dass Glenna sich entfernte, setzte er seinen Weg fort. Statt jedoch seine Räumlichkeiten aufzusuchen, begab er sich zu einem der gegenüberliegenden Gästezimmer, in dem er die junge Frau vermutete.

Er musste sich Gewissheit verschaffen. Kurz entschlossen öffnete er die Tür und trat ein. Die halb hinter Wolken verborgene Sonne tauchte alles in ein milchiges Licht. Stille lag über dem Raum, und für einen kurzen Augenblick glaubte Aidan, niemand sei darin, er hätte sich womöglich in der Tür geirrt.

Doch dann fiel sein Blick auf das schwere, mit Schnitzereien verzierte und von massiven Pfosten gerahmte Himmelbett.

Da lag sie. Eine zierliche, mädchenhafte Gestalt, in den Kissen versunken, der schmale Körper nur halb von Decken verborgen.

Aidans Mund wurde trocken, als er sie genauer musterte: zimtfarbenes Haar, das sich in seidigen Locken um ihr Gesicht wellte, cremefarbene Haut und ... Aidan schluckte, als er näher an sie herantrat ... der Hauch von Sommersprossen, die sich kaum sichtbar auf ihren Wangen und der zierlichen Nase verteilten.

Noch nie hatte er ein solch hinreißendes Geschöpf gesehen. Und obgleich sie keine erlesene Schönheit war – zu mager ihre Statur, zu schmal ihr Gesicht, und die Wimpern ihrer Augen waren so blass, dass man sie beinahe nicht erkennen konnte –, gelang es ihm nicht, den Blick von ihr zu wenden.

Gleich darauf spürte Aidan jedoch, wie Zorn in ihm aufstieg. Zorn und Hass, als er in den Zügen der jungen Frau ein anderes Gesicht wiedererkannte. Eines, das sich für immer in sein Gedächtnis eingegraben hatte.

»*Mac an donais!*« Ungewollt hatte Aidan diesen Fluch laut hervorgestoßen. Glennas unausgesprochene Vermutung traf also zu. Diese Ähnlichkeit! Der letzte Zweifel schwand.

Keuchend umklammerten Aidans Hände die Bettpfosten. Er kämpfte darum, dieses andere Gesicht, das wie ein Gespenst aus der Vergangenheit plötzlich vor ihm aufgetaucht war, zu verdrängen. Spürte, wie Hitze und Kälte zugleich durch seinen Körper schossen, in seinem Kopf zu explodieren schienen.

Ciamar a dh'fhaodas sin a bhith? Wie konnte das sein? Was hatte ausgerechnet diese Frau hierher verschlagen? Hierher zu ihm?

Unberechenbares, launisches Schicksal!

Hastig wandte er sich zur Tür. Er würde sofort nach Edinburgh schreiben, verlangen, dass das Mädchen abgeholt würde. Unverzüglich! Und dann wäre der Spuk vorbei.

Spuk? Ein bitteres Lächeln umspielte seinen Mund. Würde er das, würde dieser Spuk wirklich irgendwann einmal vorbei sein?

Einen Moment verharrte Aidan, die Hand bereits nach der Tür ausgestreckt. Unwillkürlich wanderten seine Augen wieder zu der jungen Frau.

Dann riss er sich von dem Anblick los und verließ das Zimmer.

※

Feiner Nieselregen überzog die nebelverhangene Landschaft des Hochlandes und wirkte auf Fiona wie ein Trauerflor. Trauer war es auch, die sie empfand, während sie allein am geöffneten Fenster saß und hinausblickte. Dass dadurch ein Schwall von Kälte in ihr Zimmer drang, war ihr nur recht, denn auf diese Weise wurde sie aus ihrer Apathie geweckt, die sie jedes Mal zu überfallen drohte, wenn sie an ihre verstorbene Mutter dachte oder an den schrecklichen Überfall ...

Ein verfluchter Flecken Erde, diese Highlands, kam es ihr in den Sinn. Ein Land, das von Tränen und Blut getränkt war. Zumindest, wenn auch nur ein Bruchteil von dem stimmte, was sie aus Büchern, Zeitungsberichten oder Gesprächsfetzen wusste – auch wenn ihr Vater stets versucht hatte, sie so weit von der Außenwelt abzuschirmen, wie es nur irgendwie möglich war. Hoffentlich würde er bald benachrichtigt werden und jemanden schicken, um sie abzuholen.

Nur, wie würde es dann mit ihr weitergehen, nachdem ihre Tante, bei der sie hätte leben sollen, umgebracht worden war? Nach dem Tod ihrer Mutter gab es keinen Menschen mehr, der ihr wirklich nahestand. Und selbst diese hatte die vergangenen Jahre meist in ihrem abgedunkelten Zimmer verbracht, ohne die Kraft, sich der Welt mit ihren täglichen Anforderungen zu stellen. So hatte sich Fionas Gesellschaft meist auf Zofe, Gouvernante und Ceitidh, die alte Köchin, beschränkt. Mit Ceitidh hatte sie sich immer am besten verstanden. Zu ihr konnte sie mit ihren Sorgen und Nöten kommen, sie hatte immer versucht, ihr Mut zuzusprechen und sie aufzumuntern. Doch vor zwei Wintern war sie einer schweren Grippe zum Opfer gefallen, und dadurch war es noch einsamer um Fiona geworden. Der Gedanke, nach Edinburgh zurückzukehren, in ein Haus ohne ihre Mutter und ohne Ceitidh, hatte wenig Verlockendes an sich. Da Fiona zudem aufgrund ihrer seltsamen Zustände nicht hoffen konnte, einen Mann für sich zu gewinnen, erschien ihr die Zukunft in düstersten Farben.

Wahrscheinlich würde sie den Rest ihrer Tage damit zubringen, ihrem alternden Vater den Haushalt zu führen, und dabei weitgehend unsichtbar bleiben müssen, um ihm keine Schande zu bereiten.

Das Grauen unterdrückend, das sie bei diesem Gedanken überkam, stand Fiona auf, nahm sich die Wolldecke vom Bettrand und schlang sie sich um die Schultern. Der seidige Stoff des Kleides, das sie trug, war von guter Qualität, doch hing er lose an ihrem schmalen Körper herab. In einem kühlen Eisblau gehalten, das ihrem sahnigen Teint nicht eben schmeichelte, musste das Kleidungsstück vor wohl zwei Jahrzehnten angefertigt worden sein, als die Mode noch freier, der Schnitt gerade und die Taille hochgerafft war. Sie hatte das Kleid zusammen mit einem dunklen Schultertuch über einer Stuhllehne gefunden und dies als Aufforderung verstanden, es anzuziehen. Ihr eigenes Gepäck war ja verbrannt.

Sie musste nach dem Frühstück wieder eingeschlafen sein, und als sie die Augen erneut aufgeschlagen hatte, war es bereits weit nach Mittag gewesen. Dennoch fühlte sie sich keineswegs erholt, sondern noch immer wie zerschlagen.

Neben ihrem Bett hatte auf einem kleinen Tisch ein Tablett mit einer Tasse Tee und etwas Gebäck gestanden. Obgleich der Tee schon kalt war, hatte Fiona ihn getrunken und versucht, sich notdürftig fertigzumachen. Da ihr niemand zur Hand gegangen war, hatte sie sich, so gut es ging, selbst angekleidet. Doch war ihr Korsett nicht fest genug geschnürt und stach ihr in die Rippen. Sie konnte nur hoffen, dass sie in dieser Aufmachung niemandem unter die Augen treten musste.

Erschrocken zuckte Fiona zusammen, als es an der Tür klopfte. Ein rundliches Gesicht mit roten Wangen und hellen Augen spähte herein.

»Entschuldigen Sie bitte, Mylady, wenn ich etwas spät dran bin. Mrs Dunnett schickt mich, um Ihnen ein wenig zu helfen.«

Verlegen, in einem solch unangemessenen Zustand angetroffen zu werden, gab Fiona ein Zeichen, einzutreten. Ein junges Mädchen schlüpfte ins Zimmer, das Fiona auf vielleicht sechzehn Jahre schätzte, auf jeden Fall jünger als sie selbst. Ihre pechschwarzen Haare waren zu einem Knoten aufgesteckt, auf dem eine helle Haube saß. Dazu trug sie ein schlichtes dunkles Kleid mit weißer Schürze.

»Mein Name ist Elspeth, Mylady ... ich kümmere mich hier im Haus um die Wäsche, aber ...« Sie unterbrach sich, als hätte sie zu viel gesagt, und lächelte verlegen. »Kann ich etwas für Sie tun, Mylady?« Sie knickste hastig, zupfte an ihrem Rock und sah zu Boden. Ganz offensichtlich fühlte sich die junge Wäscherin unsicher. Wahrscheinlich hatte sie bisher nur gröbere Arbeiten verrichtet und war von den Pflichten einer Zofe überfordert.

Dann sind wir ja schon zwei, die sich in ungewohnten Situationen zurechtfinden müssen, schoss es Fiona durch den Kopf. Sie unterließ es, das Mädchen darauf hinzuweisen, dass die korrekte Anrede *Your Ladyship* lauten müsste, und lächelte. »Das wäre wunderbar. Hilfst du mir bitte, das Korsett zu schnüren? Allein ist es doch etwas schwierig.«

Das Gesicht des jungen Mädchens nahm eine noch dunklere Farbe an, während es erneut unbeholfen knickste. »Keine Sorge, Mylady … ich krieg das schon hin. Ganz bestimmt, Mylady … nur …«

Erst jetzt ließ sie den Blick über Fiona gleiten, als würde sie abschätzen, ob sie mit der ihr zugeteilten Aufgabe tatsächlich zurechtkäme. Sie stutzte, schien einen Moment unschlüssig und sah dann noch einmal hin. Die blassen Augen weit aufgerissen musterte sie Fiona mit unverhohlener Fassungslosigkeit. Unangenehm berührt wusste diese nicht, was sie davon halten sollte.

»Ist etwas nicht in Ordnung mit mir?«, fragte sie geradeheraus.

Elspeth zögerte einen kurzen Augenblick. »Sie sehen furchtbar aus, Mylady, wenn ich das so sagen darf«, platzte sie dann heraus. Sie schluckte und errötete, als ihr offenbar bewusst wurde, was sie da geäußert hatte. Noch dazu einem hochrangigen Gast gegenüber. Schnell fügte sie hinzu. »Natürlich nicht Sie selbst, Mylady. Sie sind einfach wunderschön mit den … ähm … glänzenden Locken, dem hellen Gesicht …« Um Worte ringend, versuchte sich das Mädchen aus der Affäre zu ziehen. »Es ist nur … dieses Kleid, Mylady. Sie sehen darin aus wie ein …« Ein Husten verschluckte den Rest des Satzes. Ganz offensichtlich war Elspeth drauf und dran gewesen, etwas Unerhörtes zu sagen. »Es passt Ihnen gar nicht, Mylady«, flüsterte sie mit gesenktem Kopf. »Es hängt an Ihnen herunter, wie ...«

Unbehaglich stand Fiona auf. Es war ihr schon unangenehm genug, abgelegte Kleidung von fremden Menschen tragen zu müssen, deren Geruch noch immer dem Gewebe anhing. Aber wenn selbst Elspeth mit ihrem einfachen Gemüt auffiel, wie unmöglich sie darin aussah, war das doch mehr als beschämend zu nennen.

»Mrs Dunnett hat gesagt, Ihr eigenes Kleid wäre nicht mehr zu retten gewesen.« Mit gerunzelter Stirn machte sich das Mädchen an Fionas Robe zu schaffen. »Ich werde es hier ein wenig raffen, aber ich fürchte ...«

Obgleich Elspeth nicht weitersprach, wusste Fiona, was sie meinte. Hier war nichts mehr auszurichten. Das Material mochte edel sein, aber das Kleid war nicht nur zu weit, sondern auch hoffnungslos altmodisch geschnitten.

Schließlich gelang es der jungen Bediensteten, das darunterliegende Korsett etwas fester zu schnüren. Dann versuchte sie mithilfe des Schultertuches, das sie Fiona um die Taille schlang, das Kleid irgendwie in Form zu bringen. Dennoch zeigte Fiona ein Blick in den Spiegel, dass sie auf den ersten Blick eher wie eine Streunerin wirkte als wie eine junge Dame, die Tochter eines Earls.

»Noch etwas, Mylady ...«

Langsam wandte sich Fiona vom Spiegel ab und bemerkte, dass Elspeth angespannt ihre Finger verknotete und ihrem Blick auszuweichen versuchte.

»Ja?«

»Ich soll Ihnen etwas mitteilen, Mylady.« Auf dem runden Gesicht zeichnete sich eine Spur von Verlegenheit ab. »Ich soll Ihnen ausrichten, dass der Herr des Hauses, Sir Aidan,

Sie heute Abend zum Dinner erwartet, und zwar um sieben Uhr im kleinen Speisesaal. Ich werde Sie dann abholen und dorthin bringen. Aber nun ... nun muss ich mich schnell um die Wäsche kümmern ...«

Nach einem linkischen Knicks war Elspeth aus dem Raum verschwunden.

Fiona blieb allein zurück, mit der beschämenden Gewissheit, für diese Begegnung nicht gerade passend gekleidet zu sein.

Kapitel 3

Es dämmerte schon, als Aidan sich umgekleidet hatte und hinunter zu Glenna in die Küche ging. Bis zum Abendessen blieb noch eine halbe Stunde Zeit, und zuvor musste er unbedingt etwas mit ihr besprechen.

Rauch, salzige Dampfschwaden und der Geruch nach Speck, Kohl, Zwiebeln und scharf angebratenen Kartoffeln schlugen ihm entgegen, als er das Reich der Frau betrat, die zugleich Haushälterin, Köchin, Kammerfrau war ... und noch viel mehr.

Das Gesicht der Alten war von der Hitze am Ofen gerötet, als sie von ihrer Arbeit aufsah und ihm entgegenblickte. Ohne ein Lächeln, doch wach und aufmerksam. So wie er sie seit jeher gekannt hatte. Von Kindheit an.

»Du musst sie fortschicken!« Selbst in seinen Ohren klangen diese Worte wie ein Knurren. Er zwang sich, die in ihm aufsteigenden Bilder der Vergangenheit zu verscheuchen und sich auf das Wesentliche zu besinnen, das Hier und Jetzt.

»Wen?« Mit dem Stoff ihrer Schürze umwickelte Glenna das heiße Schüreisen, als sie die Ofenklappe öffnete und die Glut darin erneut entfachte. »Wen soll ich deiner Meinung nach fortschicken?«

Zorn und Unruhe stiegen in ihm auf wie die Flammen in dem alten, vom Ruß der Jahre geschwärzten Herd. »Du weißt genau, wen ich meine. Dieses Weibsstück, das gestern Nacht hier ...«

»*Chan fhaodadh sin a bhith.*« Die Worte der Frau, hart und

unverblümt, zeigten ihm ihre Entschlossenheit, sich auf keine Diskussion einzulassen. »Kommt nicht infrage. Das Mädchen war knapp dem Tode entronnen, bis auf die Haut durchnässt und halb erfroren, als sie hier ankam. Nur ein gottloser Narr würde es fertigbringen, ein solch jämmerliches Geschöpf seinem Schicksal zu überlassen. Also denke erst gar nicht über eine solche Möglichkeit nach.«

»Aber sie ...«, brauste Aidan auf, hatte sich dann aber gleich wieder in der Gewalt. »Wenn sie länger hierbleibt, könnte sie die ganze Sache gefährden. Sie ist ...«

Einen kurzen Moment zögerte er. Und wenn er sich irrte? Aber der Name, dieses Gesicht. Da war doch kein Zweifel möglich!

»Wenn du Angst hast, das junge Ding könnte womöglich mehr in Erfahrung bringen, als dir lieb ist, musst du achtsam sein, solange sie in diesem Hause weilt. Zum Glück weiß Elspeth nichts von der ganzen Sache, sonst könnte es heikel werden. Doch hierbleiben wird sie. So oder so. Zumindest, bis sie halbwegs wiederhergestellt ist und ihre Familie sie abholt.«

Aidan fühlte, wie sich sein Mund zu einem dünnen Strich verengte, seine Hände sich unwillkürlich zu Fäusten ballten. Widerstrebend nickte er. »Sieh zu, dass das Mädchen bald wieder auf den Beinen ist. Aber dann muss sie fort. So schnell wie möglich.«

Ohne eine Antwort abzuwarten, hatte Aidan sich umgedreht und stapfte die Treppe hinauf. Mit dem Gefühl, das Gewicht schwerer Eisenfesseln zöge ihn zu Boden.

*

Perlende Regentropfen, wie die leisen Klänge eines Glockenspiels. Sanfte Töne, die sich fokussierten und immer weiter anschwollen zu einem rollenden Crescendo, das fremdartig und zugleich seltsam vertraut wirkte. Das Knarren der alten Dielen, das Knacken des Holzes, das Trappeln der Schritte, die von irgendwoher, aus einem der zahllosen Flure oder Räume des alten Gebäudes, zu kommen schienen.

Dieses Haus hier hatte seine eigene schwermütige Melodie. Und je länger Fiona allein an dem eingedeckten, ansonsten jedoch leeren Tisch des geräumigen Speisezimmers saß, desto stärker verdichteten sich diese Töne in ihrem Innern und verwandelten sich in schattenhafte Bilder, die sie jedoch nicht festzuhalten vermochte. Stets zerflossen sie wie die Spiegelung auf einer Wasseroberfläche, über die ein Wind strich.

Das Quietschen einer Tür zerriss das Gespinst an Stimmen und Bildern und ließ sie erschrocken den Kopf heben. Einer der schweren Flügel öffnete sich, und aus dem düsteren, nur schwach beleuchteten Flur trat eine hohe Gestalt.

Groß, breite Schultern, ein Schritt, so fest und dröhnend, dass Fiona einen Moment lang nicht wusste, ob sie es tatsächlich hörte oder ob es lediglich die Reflexion ihres eigenen Innern war. Erst als der Mann näher kam und das flackernde Licht der Kerzen sein Gesicht beleuchtete, war sie in der Lage, Einzelheiten auszumachen.

Harte, verschlossene Züge, pechschwarzes Haar, dessen Spitzen kaum die Schultern berührten, eine gerade, fast klassisch zu nennende Nase. Doch das Beherrschende an dem Gesicht waren die Augen. Dunkel, scharf und eindringlich schienen sie den Raum zu erkunden, als könnte ihnen kein noch so kleines Detail entgehen. Augenblicklich begann Fiona, sich unwohl zu fühlen. Aufgrund der schlechten Lichtverhältnisse vermochte sie nicht zu sagen, welche Farbe diese Augen hatten, doch wirkten sie beinahe schwarz. Auch seine gesamte Kleidung war in Schwarz gehalten. Passend zu diesem düsteren Ort.

»Guten Abend, Sir.« So unsicher und leise verhallte ihre Stimme, dass Fiona sich fragte, ob der Mann sie überhaupt vernommen hatte.

Statt einer Antwort trat er zwei Schritte näher auf sie zu und musterte sie schweigend. Ohne zu wissen, weshalb, spürte sie ein brennendes Schuldgefühl in sich aufsteigen. Hastig senkte sie den Kopf. Welchen Anblick musste sie in diesem unmöglichen Kleid bieten. Sah er sie deshalb so durchdringend an?

»Danke, dass Sie mich aufgenommen haben, Sir. Das war sehr großmütig von Ihnen. Meine Kutsche, sicher haben Sie davon gehört, sie wurde …«

Die Dielen unter dem Teppich knarrten, als der Hausherr wortlos an ihr vorbeischritt und auf der gegenüberliegenden Seite der Tafel seinen Platz einnahm.

»Ja, ich habe davon gehört und alles Notwendige in die Wege geleitet, damit dieser Überfall untersucht wird.« Er räusperte sich. »Bis dahin bin ich bereit, Ihnen in meinem Haus Gastfreundschaft zu gewähren.« Damit schien er alles gesagt zu haben, was er beabsichtigt hatte.

Kein Wort des Bedauerns über das schreckliche Ereignis, den Tod ihrer Tante und des Anwalts. Nicht die Spur einer üblichen Beileidsbezeugung, wie sie von einem Mann seines Standes zu erwarten gewesen wäre.

Verwirrt sah Fiona ihn an. *Habe ich irgendetwas Falsches gesagt oder getan?* Sie war sich keiner Schuld bewusst. Eine plötzliche, unerklärliche Angst stieg in ihr auf, das Gefühl, dass hier etwas ganz und gar nicht stimmte. Etwas, das sie sich nicht erklären konnte.

Wie auf ein unsichtbares Zeichen öffnete sich eine kleinere Tür an der Seite, und Mrs Dunnett trug eine Auswahl an Speisen auf einem Silbertablett herein.

Grundgütiger, die Haushälterin selbst! Gab es hier denn

keine weiteren Bediensteten, keine Lakaien für derartige Aufgaben?

Nur am Rande nahm Fiona wahr, was ihr auf den Teller gelegt wurde. Stumm murmelte sie ein Tischgebet, dann, auf ein Nicken des Mannes hin, begann sie zu essen. Er tat es ihr gleich, ohne aufzusehen, ohne ihr auch nur einen weiteren Blick zu gönnen.

Eine seltsame Mischung aus Zorn und Unsicherheit ergriff sie. Die Wände des Raums schienen sich zu bewegen und näher zu rücken.

Was war das für ein merkwürdiger Ort, an dem kaum Personal anzutreffen war und der Hausherr jede Etikette mit Füßen trat, indem er einen Gast, eine Dame noch dazu, derart mit Missachtung strafte? Als hätte sie etwas verbrochen, als wäre sie ein Eindringling in seinen heiligen Hallen. Sie unterbrach ihren Gedankengang und wandte sich wieder den Speisen zu. Pflichtschuldig führte sie die Gabel zum Mund und kaute langsam.

Noch immer beschäftigte sich ihr Gegenüber ausschließlich mit seiner Mahlzeit. Unbehaglich ließ Fiona die Augen durch das Speisezimmer schweifen. Dunkle, schwere Möbel, denen ihr Alter anzusehen war, dominierten die Einrichtung. Ebenso dunkle Holzvertäfelungen bedeckten die Wände, an denen befremdlicherweise kein einziges Gemälde hing. Lediglich eine Reihe Hirschgeweihe, die aus ihren knöchrigen Schädeln ragten, dienten als Dekoration. Durch zwei hohe, von dunkelroten Vorhängen eingefasste Sprossenfenster schimmerte die nächtliche Dunkelheit.

Alles wirkte bedrückend und aus einer anderen Zeit stammend. Der Knoten in Fionas Magen verstärkte sich. Schwer lag das angelaufene Silberbesteck in ihrer Hand. Das weiße Baumwolltuch, das den wuchtigen Esstisch bedeckte, hellte die düstere Atmosphäre etwas auf, ebenso das blau-weiße Keramikgeschirr, das Motive von malerischen Landschaften und halb verwitterten Ruinen zeigte.

Schließlich fiel ihr Blick wieder auf den Hausherrn, der ihr nach wie vor keine Beachtung schenkte. In dem brennenden Wunsch, das ungute Gefühl zu vertreiben, das sie gefangen hielt, unternahm Fiona einen weiteren Versuch, ein Gespräch in Gang zu bringen.

»Man sagte mir, Sie seien Laird Thirstane. Habe ich das richtig verstanden?« Eine solch direkt an ihn gerichtete Frage konnte ein Gentleman doch nicht ignorieren!

Tatsächlich sah der Hausherr auf. Nur einen Moment, und Unwillen blitzte in seinen Augen auf. »In der Tat, Mylady, da hat man Sie richtig informiert. Baronet Aidan Thirstane, zu Ihren Diensten«, entgegnete er und wandte sich wieder den Kartoffeln zu, die er sorgfältig mit der Gabel zerkleinerte.

»Mein Name ist Fiona Hemington. Ich komme aus Edinburgh. Mein Vater ist ...«

»Earl und königlicher Richter«, beendete Sir Aidan den Satz.

Verblüfft nickte Fiona. »Genau so ist es, Sir. Aber woher ...«

»Mrs Dunnett. Während Sie noch schliefen, hat sie mir bereits ausgiebig Bericht erstattet«, erklärte er in gleichgültigem Ton. »Aber nun lassen Sie sich doch das Essen schmecken. Bevor es kalt wird.«

Seine Stimme war rau und tief, wie ein Wind, der über eine sandige Ebene strich. Trotz seiner offensichtlichen Grobheit schwang darin etwas mit, das Fiona ... *berührte?* Bilder formten sich vor ihrem inneren Auge, die sie jedoch nicht festzuhalten vermochte. Töne erklangen in ihrem Kopf, eine wilde, unzugängliche Melodie. Die Umgebung um sie herum drohte zu verschwimmen, ihr Blick schlierig zu werden. Was verband sie mit diesem Mann, mit dieser fremden Umgebung?

Einen vagen Moment lang fragte sie sich, ob sie Mrs Dunnett gegenüber die Tätigkeit ihres Vaters erwähnt hatte, konnte sich jedoch nicht mehr genau entsinnen.

Fest umklammerte sie mit der Hand das Messer, und durch die Berührung mit dem kalten, harten Metall kam sie wieder zu sich. Die Klänge verstummten, die Bilder verblassten, nichts mehr war zu hören, nur das gleichmäßige Schaben von Besteck auf Porzellan, ein leises Klirren, wenn eine Gabel an den Rand des Tellers stieß.

Fiona griff so fahrig nach ihrem Glas, dass sie einige Tropfen des Inhalts verschüttete. Hastig trank sie einige Schlucke, in der Hoffnung, dadurch ihre innere Unruhe zu bekämpfen. Undenkbar, wenn sie ausgerechnet jetzt, an diesem Ort einer jener seltsamen Zustände ereilen würde, in denen sie nicht mehr Herr über ihre Sinne war. Der leichte Weißwein legte sich beruhigend auf ihren Gaumen, glitt prickelnd ihre Kehle hinab und breitete in der Magengegend einen Hauch von Wärme aus. Ihre Hände entkrampften sich, und plötzlich spürte sie, wie hungrig sie war. Trotz der seltsamen Umgebung, trotz der Erinnerungen an den entsetzlichen Überfall, trotz des kalten, abweisenden Mannes, der ihr gegenübersaß.

Erleichtert, keinen Anlass für Peinlichkeiten geboten zu haben, beschloss sie, nicht länger auf Konversation zu bestehen, sondern setzte ihre Mahlzeit schweigend fort.

Tag 2 auf Thirstane Manor

But, when to all the evil of misfortune
This sting is added, »Blame thy foolish self!«
Or worser far, the pangs of keen remorse,
The torturing, gnawing consciousness of guilt.

Robert Burns

Doch wenn zu allem Übel des Unglücks
Der Stachel tritt: »Schuld trifft dein törichtes Selbst!«,
Weit schlimmer noch, der Reue scharfer Schnitt,
Quälend und nagend das Bewusstsein der Schuld.

Kapitel 4

»*Madainn mhat, a bhean-uasal!*« Bevor Fiona richtig wach war, bevor sie überhaupt begriff, wo sie sich befand, wurden schwere Gardinen beiseite gerissen, und das Morgenlicht strömte ins Zimmer. »Haben Sie gut geschlafen, Mylady?«

Verwirrt blieb sie einige Momente liegen, bis ihr alles wieder einfiel. Eine entsetzliche Nacht lag hinter ihr. Immer noch war ihr Körper verkrampft, ihre Muskeln schmerzten, als hätte sie mit jemandem gerungen, der größer und wesentlich stärker war als sie selbst. Und auch wenn sie nur noch eine vage Erinnerung daran hatte, wusste sie, dass sie in der Nacht mehrfach aufgeschreckt war, um dann erneut in einen schweren, albtraumhaften Schlaf zu sinken.

Leise Kopfschmerzen pochten hinter ihrer Stirn, als sie versuchte, sich an Einzelheiten dieser Traumbilder zu entsinnen. Doch sosehr sie sich auch bemühte, so sehr verschwammen sie immer wieder. Was blieb, war ein unbestimmtes Grauen und die Gewissheit, etwas gesehen zu haben, das so erschreckend war, dass sich ihr Geist sogar vor der Erinnerung daran in dumpfes Vergessen zu flüchten schien.

»Ich habe gefragt, ob Sie gut geschlafen haben, Mylady.« Mit einem freundlichen Lächeln stand Elspeth vor dem Bett. »Kann ich Ihnen etwas bringen?«

Ein wenig schwindelig setzte sich Fiona auf und zog das Nachthemd bis zu den Knöcheln hinab. »Eine Tasse Tee wäre ganz wunderbar.«

»Fühlen Sie sich nicht wohl, Mylady?« Fiona hatte Mühe,

die mit starkem Akzent hervorgebrachten Worte des Mädchens zu verstehen, das sie nun mit schlecht verhohlener Neugierde anstarrte, gepaart mit etwas, das wirkte wie ... war es Sorge oder gar Mitleid? Das Unbehagen in Fiona verstärkte sich. *Mitleid* – mit ihr?

Dann plötzlich fuhr Elspeth erschrocken zusammen.

»*A thighearna!* Ich trödele hier herum, dabei gibt es noch so viel zu tun. Ich helfe Ihnen rasch beim Ankleiden, dann bringe ich Ihnen den Tee.«

Lautlos seufzte Fiona auf. Von dem spärlichen Personal hier wurde wirklich viel verlangt. »Ja, beeilen wir uns«, sagte sie freundlich und stand auf. »Der Tee kann warten.«

*

Aidan hatte wieder keinen Schlaf gefunden. Die ganze Nacht über hatte er wach gelegen, sich von einer Seite auf die andere gewälzt, unfähig, zur Ruhe zu kommen. Schließlich war er aufgestanden und durchs Haus gewandert, dieses Gemäuer, das ein eigenes Leben, seine eigene Aura zu haben schien. Aber immer wenn er glaubte, für einen kurzen Moment zur Ruhe zu kommen, hörte er leise Stimmen wispern, deren Echo von den Wänden widerzuhallen schien. Fast bis zum Morgengrauen war er umhermarschiert, verzweifelt um inneren Frieden kämpfend, wie ein gefangenes Tier in einem Käfig.

Ein Käfig! Aidan lachte bitter auf. Eine durchaus passende Bezeichnung für dieses Bauwerk. Ein Käfig wie für einen Gefangenen, wo er doch der Herr des Anwesens war. Der Gebieter über Haus, Stallungen und Ländereien, die sich so weit erstreckten, wie das Auge reichte, und doch ...

Mit verkrampften Fingern fuhr sich Aidan durch das schulterlange Haar. Bisweilen wünschte er sich, einfach davonzulaufen, all dem hier einfach den Rücken zuzukehren und Thirstane Manor dem Verfall preiszugeben. Hoffnungslos. Seine Verantwortung band ihn an diesen Ort, trotz seiner quälenden Erinnerungen, trotz allem, wovor er floh – oder zu fliehen versuchte. Für ihn gab es ohnehin kein Entkommen, sein Gefängnis würde er stets mitnehmen, ganz gleich, wohin er sich auch wandte. Gefangen, verdammt ... bis ans Ende seines natürlichen Lebens.

Die Knöchel seiner Finger knackten, so fest ballte er die Hand zur Faust, doch konnte er sich gerade noch im letzten Moment beherrschen, um nicht auf irgendetwas einzuschlagen.

Wie er es schon so oft getan hatte. So oft, so sinnlos.

Aidan wusste, weshalb diese Erinnerungen, die wie schwarze Schatten über seiner Seele lagen, plötzlich wieder mit ungehemmter Macht über ihn herfielen. Es war der Anblick dieser jungen Frau, die mitten in der Nacht Zuflucht in seinem Haus gesucht hatte. Ihr Gesicht, mit den unverkennbaren Zügen der Hemingtons, hatte den alten schwärenden Schmerz wieder neu entflammt.

Doch weder die Etikette noch seine soziale Stellung erlaubten es ihm, einen Gast vollständig zu ignorieren. So war er gezwungen, ihren Anblick zumindest zeitweise zu ertragen. Eine Herausforderung, die größer war, als er angenommen hatte. Er musste umgehend dafür sorgen, dass ihre Familie benachrichtigt und sie baldmöglichst abgeholt würde. Vielleicht würde er dann den zwar brüchigen, aber halbwegs erträglichen Seelenfrieden zurückgewinnen, zu dem er gefunden hatte.

Und sich wieder der eigentlichen Aufgabe widmen können, die es für ihn zu erfüllen galt. Seiner Lebensaufgabe, seiner ganz persönlichen Form der Vergeltung.

Er unterdrückte ein Stöhnen, richtete sich auf und erhob sich von dem harten Boden, auf dem er zusammengesunken war.

Trotz der Kälte spürte er Schweißperlen auf seinem Gesicht. Unwirsch fuhr er sich mit dem Unterarm über die Stirn und öffnete die Tür. Es wurde Zeit, sich seiner Pflicht zu stellen.

*

Der Herr des Hauses war ein Mysterium. Erst ein Mal, beim Abendessen, hatte Fiona ihn bisher zu Gesicht bekommen, und diese Begegnung war nicht dazu angetan gewesen, dass sie sich nach einer Wiederholung sehnte. Dennoch irritierte sie seine ständige Abwesenheit, der Mangel an Präsenz.

Irgendwann im Laufe des Morgens war Elspeth mit dem Tee und einem kleinen Imbiss in ihr Zimmer gekommen. Auf Fionas Frage, ob sie denn nicht zusammen mit dem Hausherrn das Frühstück einnehmen würde, hatte das Mädchen nur mit den Schultern gezuckt.

Fiona dachte darüber nach, ob Sir Aidan vielleicht wichtigen Geschäften nachging, die ihn von seinem Zuhause fernhielten und seine gesamte Zeit in Anspruch nahmen. Aber welche Geschäfte mochten das sein? Hier in dieser Einöde? So weit entfernt von jeder größeren Stadt?

Nachdenklich schüttelte sie den Kopf und sah durch das Fenster in den trüben Oktobervormittag. Eine geraume Zeit saß sie nun schon in einem Sessel in ihrem Zimmer, eine Decke über ihre Beine gebreitet. Doch weder der dicke Wollstoff noch das knisternde Torffeuer im Kamin waren in der Lage, die Kälte zu vertreiben, die sich weiter in ihrem Inneren auszubreiten schien, je länger sie hier in diesem Haus weilte. Ohne zu wissen, was wirklich geschehen war ...

Unwillkürlich wanderten ihre Gedanken zurück zu dem Überfall, der ihr ganzes Leben verändert hatte. Niemals würde sie die grausamen Szenen aus ihrer Erinnerung verbannen können. Dabei kämpfte sie ohnehin, schon seit sie denken konnte, gegen unerklärliche Bilder an, die sie quälten und verwirrten. Bilder und Klänge, denen sie hilflos ausgeliefert war.

Immer wieder hatte ihr Vater ihr zu verstehen gegeben, dass er seine Tochter nicht nur für überspannt und absonderlich hielt, sondern geradezu für krank. Geisteskrank. Und obgleich alle Ärzte, die er in dieser Angelegenheit konsultiert hatte, nicht wussten, woran sie litt, noch, was man tun konnte, um sie zu heilen, hatte er mehrfach damit gedroht, sie in einem dieser Häuser unterzubringen, in denen man Geistesgestörte eher wegsperrte als behandelte. Fiona schauderte bei der Erinnerung, hatte sie doch die grausamsten Geschichten über derartige Einrichtungen gehört.

Dennoch zweifelte sie nicht daran, dass der Earl keine Skrupel hätte, seine Drohung wahr zu machen. Mit der gleichen Selbstgerechtigkeit und Härte, mit der er zu seinen Zeiten als Colonel sicher auch seine Soldaten geführt hatte und mit der er – wie man ihm nachsagte – seine Urteile über Kriminelle und Verbrecher zu fällen pflegte. Entschlossen, überlegt, unverrückbar. Nach seiner Meinung hatte jeder in der Gesellschaft seinen festen Platz, und alles hatte sich dem Recht und der Ordnung zu beugen.

Sogar – oder insbesondere – seine eigene Tochter.

Allerdings wäre dann ihre Schande, die auch seine Schande war, an die Öffentlichkeit gelangt. Und wahrscheinlich war das der Grund dafür, dass es bisher bei Drohungen geblieben war.

Fionas Blick schweifte durch das große Sprossenfenster hinaus auf die herbstliche Landschaft. Erst jetzt nahm sie diese Aussicht bewusst wahr und spürte die Faszination, die diese karge, aber eindrucksvolle Gegend auf sie ausübte.

Im Süden Schottlands, in den großen Städten der Lowlands – und, wie Fiona mehr aus den Zeitungen denn aus eigener Anschauung wusste, selbst unten in England – rankten sich zahlreiche Mythen und Legenden um diesen einsamen Landstrich. Man erzählte sich von ungebändigten Wilden, die diese Hügel, Täler und Moore besiedelten. Menschen, die sich bereits seit Jahrhunderten, wenn nicht sogar länger, jeglicher Zivilisation widersetzten – und der Vorherrschaft der rechtmäßigen Krone im Besonderen. Halbe Heiden sollten sie sein, die noch immer uralten Bräuchen und Ritualen folgten. Das Land selbst galt als lebensfeindlich und unheimlich. Es wurde von Feen und Elfen gemunkelt sowie von Ungeheuern, die dort in den tiefen Gewässern hausten. Und diese Mischung aus Herablassung und Bewunderung, Grusel und Faszination war es, die bei vielen Adeligen eine wahre Begeisterung für diese Gegend auslöste. Fiona wusste, dass bereits der verstorbene König George IV. eine Vorliebe für dieses archaische Fleckchen seines Reiches gehabt hatte. Und womöglich würde seine junge Nichte Victoria, die ihm auf den Thron nachfolgte, auch seine Leidenschaft für die Highlands teilen.

Doch gab es auch die andere Seite, jenseits aller Romantik und alten Mythen. Fiona erinnerte sich an die anschaulichen Erzählungen der alten Köchin Ceitidh. Ihr Vater hatte es nicht gern gesehen, wenn seine Tochter zu viel Zeit mit der »verschrobenen Alten« verbrachte. Doch neben wunderlichen Sagen und Legenden hatte Ceitidh Fiona hin und wieder auch ganz andere Geschichten erzählt. Solche von Entrechtung, Krieg und Gewalt.

Nur mühsam gelang es Fiona, sich von ihren Gedanken und dem Anblick loszureißen und sich um das Nächstliegende zu kümmern. Sie schaute an sich herunter, und das Gefühl der Unruhe verstärkte sich. Wieder trug sie das geliehene Kleid, das Elspeth und sie notdürftig zusammengestellt hatten und in dem sie einen desolaten Eindruck machte. Ihr eigenes Kleid, so hatte Elspeth ihr ja erklärt, sei durch den Überfall und ihre Flucht durch Regen und Schlamm wirklich unbrauchbar geworden. Lediglich das darin eingenähte Geldtäschchen hatte Mrs Dunnett gerettet und ihr ausgehändigt, sodass sie nicht völlig mittellos dastand.

Dennoch hatte sie nicht vor, die ganze Zeit, die sie auf Thirstane Manor verbringen musste, ständig die gleichen geliehenen Sachen zu tragen. Niemand konnte sagen, wann die Nachricht ihren Vater erreichte und er sie abholen lassen würde. In dieser einsamen Gegend, noch dazu im Herbst, konnte das viele Tage, ja sogar Wochen, dauern.

Nachdenklich erhob sich Fiona aus ihrem Sessel. In der Welt, aus der sie kam, war es üblich, sich mehrfach am Tag, passend zu den verschiedenen Anlässen, umzukleiden, und sie konnte und wollte sich nicht der Schande aussetzen, hier oben in den Highlands wie eine Wilde herumzulaufen. Um dem Problem abzuhelfen und gleichzeitig auch irgendetwas Sinnvolles zu tun, entschloss sie sich, selbst tätig zu werden. Das würde sie vielleicht auf andere Gedanken bringen. Und wenn sie erst einmal etwas halbwegs Anständiges zum Anziehen hatte, würde sie sich womöglich nicht mehr so entsetzlich verloren fühlen.

In der Küche brutzelte, zischte und dampfte es. Der Geruch, der dieses geräumige, vom Ruß der Jahre geschwärzte Herz des Hauses erfüllte, war herb und durchdringend. Und während die Ereignisse der letzten Tage Fiona zunächst den Appetit geraubt hatten, spürte sie nun, umhüllt vom Duft nach Zwiebeln, Kohl und Speck, ein heftiges Grummeln im Magen.

Erstaunt beobachtete Fiona das Treiben. Gewöhnlich bedurfte es sogar in einem Herrenhaus, das nur halb so groß war wie Thirstane Manor, eines ganzen Stabs von Bediensteten, um den Herrschaften ein angemessenes, ihrem sozialen Stand entsprechendes Essen vorzusetzen. Neben mindestens einer Köchin gab es zahlreiche Helfer zwischen Herd und Spüle, die das Feuer schürten, die Zutaten klein schnitten und den Abwasch besorgten. Zudem brauchte es noch Personal zum Servieren der Speisen.

Das Landhaus von Fionas Familie, ein weitläufiges Anwesen, war nicht nur wohnlicher und moderner eingerichtet, sondern verfügte auch über zahllose Angestellte. Selbst wenn die Hemingtons in ihrem Stadthaus in Edinburgh weilten – was die meiste Zeit über der Fall war –, blieben immer viele Bedienstete vor Ort, die sich unter der Aufsicht eines zuverlässigen Verwalters um alles kümmerten. Fiona versuchte sich ihre Zahl ins Gedächtnis zu rufen, und kam auf mindestens zwölf Personen. Hier jedoch sah sie lediglich zwei Frauen in der Küche werkeln. Die eine war Mrs Dunnett, die am dampfenden Herd stand und mit beinahe hoheitsvoller Geste in einem großen Kessel rührte. Die andere war Elspeth, die gerade damit beschäftigt war, ein paar kleinere Fische auszunehmen.

Grundgütiger Himmel!, schoss es Fiona durch den Kopf. *In welch ein Haus bin ich hier geraten, in dem Haushälterin und Wäschemagd auch noch in der Küche arbeiten müssen?* War Laird Thirstane derart verarmt, dass er sich nicht mehr Hauspersonal leisten konnte, oder gab es einen anderen Grund, weshalb er so wenig Menschen beschäftigte?

Womöglich ... Fiona erschauderte bei dem Gedanken, schalt sich jedoch zugleich eine Närrin, die zu viele Romane gelesen hatte ... Womöglich hatte er etwas zu verbergen?

Unvermittelt wandte sich Mrs Dunnett zu ihr um. Ein Paar strenger Augen musterte sie durchdringend. »Sie sollten sich nicht in der Küche aufhalten, Your Ladyship.« Der vorwurfsvolle Ton der Haushälterin bewirkte, dass Fiona sich nicht wie ein Gast, sondern eher wie ein unerwünschter Eindringling fühlte.

»Ich habe nicht vor, lange hier unten zu bleiben«, gab sie zurück und zwang sich, dem Blick der Frau standzuhalten. »Aber ich habe ein Anliegen, und sonst war niemand im Hause zu finden, an den ich mich hätte wenden können.«

Die Miene der älteren Frau blieb unbewegt. »Seoc hat sicher im Stall zu tun, und Duncan, der Gärtner, nun ja ...«

Fiona glaubte, ihren Ohren nicht zu trauen. Demnach gab es nur vier Bedienstete für alle Arbeiten hier im Haus und dem Garten? Das waren noch weitaus weniger, als sie ohnehin schon vermutet hatte, und verblüffte sie so sehr, dass sie für einen kurzen Moment vergaß, weshalb sie in die Küche gekommen war.

»Haben Sie Hunger, Your Ladyship?« Es war die Stimme Elspeths, die sie wieder daran erinnerte. »Soll ich Ihnen einen Imbiss aufs Zimmer bringen?«

Fiona schüttelte den Kopf, obgleich ihr Magen tatsächlich noch immer knurrte. Mit so viel Würde wie möglich entgegnete sie: »Ich brauche etwas zum Anziehen. Etwas *Ordentliches!*«, fügte sie mit Nachdruck hinzu. »Ich fürchte, ich bin doch ein wenig unpassend gekleidet.«

Die Haushälterin musterte sie stumm. Schließlich nickte sie. »Das könnte sein.« Sie wandte sich um. »Elspeth, wenn du mit der Arbeit hier fertig bist, kümmerst du dich darum. In Lady Mildreds Zimmer hängen noch genügend gute Kleider, für die es keine Verwendung mehr gibt und die umgearbeitet werden könnten.«

Das Mädchen lächelte. »Gerne, Mrs Dunnett!« Sie sah Fiona an. »Mylady, ich bin recht geschickt darin. Zu Hause hab ich für meine Mutter und Geschwister oft die Kleider genäht.«

Ganz offensichtlich empfand Elspeth es als Privileg, sich

neben dem Waschen schmutziger Wäsche, dem Aushelfen in einer rußigen Küche – und der Himmel wusste, wo sie sonst noch überall mit anpacken musste – um die persönlichen Angelegenheiten einer Dame kümmern zu dürfen.

Und zu Fionas Überraschung gefiel dieses ungewöhnliche Arrangement auch ihr selbst. In Anbetracht der Reserviertheit der Haushälterin und der offenen Ablehnung durch den Hausherrn empfand sie die ungekünstelte, offene Art Elspeths als wohltuend.

Fiona spürte, wie ihre Anspannung für einen kurzen Moment ein wenig nachließ. Nun hatte sie nicht nur die Möglichkeit, ihr Bekleidungsproblem zu lösen, sondern auch gleichzeitig eine sinnvolle Beschäftigung für die Dauer ihres erzwungenen Aufenthaltes auf Thirstane Manor.

Zu zweit würden sie sicher schnell vorankommen. Schon zu Hause in Edinburgh war sie ihrer weitgehenden Untätigkeit dadurch begegnet, dass sie der Schneiderin zugesehen hatte und ihr bisweilen zur Hand gegangen war. Deshalb war sie zuversichtlich, dass es ihr gelingen würde, zusammen mit dem Mädchen etwas durchaus Tragbares zustande zu bringen.

»Gut, Elspeth. Gib mir einfach Bescheid, sobald du Zeit hast. Ich freue mich, wenn du mir hilfst«, sagte sie. *Und mir dabei etwas von diesem seltsamen Haus zeigst*, fügte sie in Gedanken hinzu.

Für einen Augenblick flammte Stolz in den Augen des Mädchens auf. »Gerne, Mylady.«

»Damit wäre diese Frage also geklärt«, ließ sich Mrs Dunnett vernehmen. »Geh jetzt wieder an deine Arbeit, Elspeth.«

Das Mädchen beeilte sich, der Aufforderung nachzukommen, und Fiona verließ die Küche.

Kapitel 5

Allzu gern hatte sich Elspeth dazu bereit erklärt, Fiona nicht nur zu den Räumen der verstorbenen Hausherrin zu führen, um sich dort einige Kleider zum Abändern auszusuchen, sondern ihr bei dieser Gelegenheit auch das Haus zu zeigen. Als könne sie ihr Glück, in persönlichen Diensten eines hochgeborenen Gastes zu stehen, gar nicht recht fassen, plapperte die junge Wäscherin unablässig. Fiona hatte Mühe, dem zu folgen, was das Mädchen in seinem starken Highland-Akzent, gespickt mit gälischen Ausdrücken, erzählte. Von dieser fremdartigen, alten Sprache, die von Teilen der Landbevölkerung hier im Norden noch immer gesprochen wurde, verstand Fiona kein Wort, sodass sie sich öfter zusammenreimen musste, was Elspeth sagen wollte. Dennoch war sie froh über den Redeschwall, der etwas von der Beklemmung vertrieb, die sie in diesem düsteren Haus empfand.

Schon die große Eingangshalle war beeindruckend. Durch riesige Sprossenfenster fiel blasses Herbstlicht und brach sich auf dem Steinboden, der, in Schwarz und Weiß gehalten, ein wiederkehrendes, sternförmiges Muster zeigte. Eine imposante Steintreppe führte, von zwei kleinen Podesten unterbrochen, an der rechten Wand entlang zur ersten Etage, wo sie in einer Galerie endete. Das wuchtige Geländer zierten zahlreiche Schnitzereien mit floralen Mustern und durchbrochenen Reliefs.

Von der mächtigen Halle aus gelangte man sowohl zu einem Empfangsraum und einem großen Speisesaal als auch zu dem kleineren Speisezimmer, in dem Fiona am Vorabend das Dinner mit dem Hausherrn eingenommen hatte.

»Der große Speisesaal wird schon lange nicht mehr gebraucht«, erklärte Elspeth bedauernd. »Irgendwie schade drum. Aber hier kommt ja fast nie jemand zu Besuch. Und da hinten ist die Bibliothek. Da geht auch nie jemand hin. Das halbe Haus wird nicht genutzt.«

Gern hätte Fiona einen Blick in diesen Raum geworfen, aber Elspeth schien kein besonderes Interesse für Bücher aufzubringen, denn sie eilte gleich weiter.

Unmittelbar unter der Treppe war die Tür, die hinunter zur Küche und zu den Wirtschaftsräumen führte, die Fiona am Morgen bereits hinuntergestiegen war. Auf der gegenüberliegenden Seite befanden sich zwei ähnlich schlichte Türen.

»Durch die eine geht's zur Dienstbotentreppe, durch die andere zum Keller«, erklärte Elspeth beiläufig.

Fiona lag eine Frage auf der Zunge, doch schon hatte sich das Mädchen abgewandt und schritt auf die breite Treppe zu, sodass sie sich beeilen musste, um ihr zu folgen. Ihre Schritte wurden von dem weichen roten Teppich abgefedert, der sich die Stufen hinaufzog. Fiona entging nicht, dass dieser bereits starke Spuren von Abnutzung aufwies und dringend hätte erneuert werden müssen.

»Diesen Flügel des Hauses kennen Sie ja, Mylady.«

Fiona nickte und blickte zu dem breiten Flur, der rechts von der Treppe abzweigte und zu ihrem Gästezimmer führte.

»Auch der Herr hat seine Räumlichkeiten dort, Mylady. Nicht weit von Ihrem Zimmer entfernt.«

Fiona wurde unbehaglich bei der Vorstellung, diesen verschlossenen, abweisenden Mann in ihrer Nähe zu wissen, doch Elspeths Redefluss ließ ihr keine Zeit, weiter darüber nachzudenken.

»Er ist sehr streng und ... äußerst merkwürdig, wenn Sie mich fragen, Mylady.« Die junge Wäscherin senkte die Stimme. »Im Grunde bewohnt er nur zwei nebeneinanderliegende Zimmer – eigentlich Gästezimmer – im Haus, zwischen denen es eine Verbindungstür gibt. Eines davon ist eine Art Arbeitszimmer, in dem anderen schläft er. Beide Räume sind so einfach eingerichtet, man könnte fast meinen, es sei eine Klosterzelle. Dabei hält er alles peinlich in Ordnung. Er selbst. Kein Stäubchen, nirgendwo. Und sogar sein Bett sieht morgens oft so aus, als habe er gar nicht darin geschlafen, alles so glatt und ordentlich. Er duldet nicht, dass ich dort putze. Seltsam, nicht wahr?«

Gedankenverloren nickte Fiona. Alles an diesem Mann erschien ihr seltsam.

»Und obwohl er so einfach lebt, ist seine Kleidung immer aus besonders feinem Stoff und sicher sehr teuer. Ich verstehe nicht, wieso ...« Elspeth unterbrach sich und wurde flammend rot. Offenbar war ihr aufgegangen, was sie da einer Fremden an persönlichen Dingen über den Hausherrn erzählte.

»Das waren nun auch schon alle Räumlichkeiten, die überhaupt noch genutzt werden«, beeilte sich das Mädchen, wieder auf das eigentliche Thema zurückzukommen. »Der Rest des Hauses ist unbewohnt, bis auf die Gesindestuben unterm Dach.« In ihrem vorwurfsvollen Blick war zu lesen, was sie von einer derartigen Platzverschwendung hielt. »Alles ist mit weißen Leintüchern abgedeckt. Es sieht aus wie in einer Leichenhalle.«

Sie schauderte kurz, fand dann aber wieder schnell zu ihrer Ungezwungenheit zurück und wandte sich zur anderen Seite, wo sich die Galerie erstreckte. Diese mündete am Ende in einen leicht abgesetzten weiteren Flügel, zu dem zwei Treppenstufen hinaufführten. Zwei weit voneinander entfernte

Türen zeigten Fiona, dass man von der Galerie aus in zwei Räume von einiger Größe gelangen konnte.

Elspeth schien ihren neugierigen Blick bemerkt zu haben und gab bereitwillig Auskunft: »Die erste Tür führt zum sogenannten Kaminzimmer. Leider ist sie meist verschlossen. Aber einmal musste ich darin sauber machen, und ich kann Ihnen sagen, es ist wirklich sehr ... schön.«

Kurz leuchteten Elspeths Augen auf, und Fiona fragte sich, was in dem Raum einen solchen Eindruck auf das schlichte Gemüt des Mädchens gemacht hatte.

Achselzuckend ging Elspeth zur nächsten Tür, öffnete diese mit verheißungsvoller Miene und gewährte Fiona einen kurzen Blick hinein. »Aber schauen Sie mal hier!«

Obgleich fast das gesamte Mobiliar mit Leintüchern abgedeckt war, stach Fiona gleich das Pianoforte ins Auge, das die Mitte des Raumes beherrschte und ebenfalls mit einem weißen Laken verhangen war.

Ein Musikzimmer. Und welch ein prächtiges!

Auch wenn die zugezogenen Vorhänge den Raum abdunkelten, konnte sich Fiona gut vorstellen, wie es sein mochte, einen sonnigen Nachmittag darin zu verbringen. Ganz allein, ganz in der Musik versunken.

Sehnsüchtig flog ihr Blick zu dem Klavier, und es kostete sie einiges an Überwindung, dieses nicht gleich auszuprobieren.

Seit sie denken konnte, liebte sie die Musik. Das Gefühl der Tasten unter den Fingern, die Klänge, die schillernden Farben, die diese in ihr auslösten, die Leichtigkeit, mit der sie ihr von der Hand gingen. Leider konnte sie dieser Leidenschaft nur noch höchst selten und noch dazu heimlich nachgehen, da ihr Vater ihr das Klavierspielen untersagt hatte.

»Es ist ein sehr eigenartiges Haus, Mylady ... finden Sie

nicht auch?« Beinahe dankbar ließ sich Fiona von Elspeths Geplapper aus den Spinnweben ihrer eigenen düsteren Gedankenwelt in die Gegenwart zurückholen.

»Ja«, sagte sie leise. »So etwas wie dieses Gebäude habe ich noch nie zuvor gesehen. Es ist irgendwie ...«

»Unheimlich?«, half ihr Elspeth bereitwillig aus. »Gruselig? Bedrohlich?« Ihre hellen Augen blitzten.

»Wahrscheinlich«, stimmte Fiona zu und rang sich ein Lächeln ab, »all das zusammen.«

»Nicht wahr, Mylady? Ein Ort, den man nachts lieber verlässt ...« Mit einem beinahe entschuldigenden Achselzucken fügte Elspeth hinzu: »Einer der Gründe, weshalb ich lieber weiter im Dorf bei meiner Tante wohnen bleibe und nur dann hier im Hause schlafe, wenn es sich gar nicht anders einrichten lässt.«

Eine interessante Information! Fiona nickte, während sie die Tür des Musikzimmers leise schloss und der Wäscherin weiter die Galerie entlang und die beiden Stufen hinauf in den nächsten Flügel folgte.

»Hier«, sagte Elspeth, während sie mit Leichtigkeit die kleine Treppe nahm, »hat wohl früher der verstorbene Laird mit seiner Frau gewohnt. Doch auch dieser Teil des Hauses wird nicht mehr benutzt. Fragen Sie mich nicht, warum. So große, wunderschöne Räume, und alle stehen sie leer.« Sie schüttelte den Kopf. »Wirklich merkwürdig, finden Sie nicht?«

Fiona musste ihr recht geben. Auffällig war auch, dass sich nirgendwo an den Wänden Gemälde oder Porträts verstorbener Ahnen befanden, welche die Größe und Bedeutung der Familie und deren alte Geschichte widerspiegelten. Stattdessen bemerkte Fiona immer wieder große helle Rechtecke an den Wänden, die aussahen, als wären dort vor nicht allzu langer Zeit Bilder entfernt worden.

Doch auch ohne die Porträts würdevoller Herrschaften, die stumm und hochmütig aus ihren Rahmen herabblickten, fühlte sich Fiona auf seltsame Art beobachtet. Immer wieder spürte sie ein Kribbeln zwischen den Schulterblättern, und nur mit Mühe konnte sie das Aufkommen jener seltsamen, dunklen Melodie unterdrücken, die sie begleitete, seit sie Thirstane Manor betreten hatte.

»Wenn ich der Laird wäre«, nahm Elspeth das Gespräch wieder auf, »würde ich genau hier leben wollen, in diesem Flügel mit den großen Räumen, den farbigen Tapeten und der wunderschönen Aussicht über den Garten.« Sie rümpfte die Nase. »Und nicht im Gästetrakt, wie Sir Aidan es tut. Aber der Herr ist ohnehin ein wenig wunderlich. Haben Sie schon die sonderbaren ... ähm ... Gegenstände gesehen, die er hier aufbewahrt?« Erneut wurde Elspeths Gesicht rot.

Ein Schauder rieselte Fiona den Rücken hinab. »Gegenstände?«

Elspeths Wangen wurden noch eine Spur dunkler, doch nickte sie eifrig, wohl dankbar dafür, dass ihr jemand zuhörte. »Ja, natürlich können Sie das nicht wissen, Mylady. Dafür sind Sie ja noch nicht lange genug hier. Aber der Herr, wie soll ich sagen, seine Neigungen sind doch ...« Sie trat einen Schritt näher und senkte die Stimme, sodass Fiona Mühe hatte, zu verstehen, was sie sagte. »Er beschäftigt sich mit merkwürdigen Sachen wie ...« Elspeth unterbrach sich und sah sich hastig um.

»Merkwürdig?« Unwillkürlich stiegen in Fiona die Erinnerungen an ihr erstes Zusammentreffen mit Sir Aidan auf und daran, wie abweisend er sich ihr gegenüber verhalten hatte.

»Ja ...« Elspeth verschluckte sich fast an ihren Worten, so schnell sprudelten diese hervor. »Er sammelt Dinge. Solche Figuren und Bilder. Unheimliche Dinge, seltsame alte

Holzkreuze, Schlangen und Drachen. In einem der Räume, die keiner betreten darf, hat er noch mehr davon. Und dazwischen ...« Ihr Gesicht war nun von geradezu flammender Röte. »Dazwischen bewahrt er Gemälde von Schlachten und Kämpfen auf und ...«, sie räusperte sich, »von nackten Menschen.«

Wortlos zog Fiona die Augenbrauen hoch, enthielt sich jedoch jeglichen Kommentars, um den so willig dahinplätschernden Redefluss nicht zu unterbrechen.

»Außerdem ... ich hab's ja nicht so mit dem Lesen, aber er soll in seiner Bibliothek eine Unmenge an Büchern haben über ... über ferne Länder, Landschaften, Tiere, Sitten und Gebräuche. Und in seinem Garten, haben Sie gesehen?«

»Was denn?«, fragte Fiona, obgleich sie noch nichts gesehen haben konnte, da sie bisher noch keine Gelegenheit gehabt hatte, sich irgendwo außerhalb des Hauses aufzuhalten.

»Er züchtet dort ungewöhnliche Pflanzen, Sträucher und Bäume. Solche, wie ich sie noch nie gesehen habe. Sogar ein Gewächshaus hat er angelegt.«

Fiona glaubte, das Mädchen beruhigen zu müssen. »Das Interesse an exotischer Botanik ist weitverbreitet. Wieso also sollte das ...?«

»Aber er braut Getränke und Säfte daraus. Glauben Sie mir, Mylady! Manche der Pflanzen haben einen stechenden Geruch, der in den Augen brennt und sich auf die Zunge legt und überhaupt ...« Vertraulicher, als es sich für eine Person in ihrer Stellung schickte, zog Elspeth Fiona am Arm zu sich heran. »Ich bin sicher, es ist Hexenwerk ...«

Ein Räuspern von der gegenüberliegenden Seite des Flurs ließ Elspeth verstummen. Nur wenige Schritte von ihnen entfernt stand Mrs Dunnett, die Stirn missbilligend gerunzelt, die Lippen zu einem schmalen Strich zusammengepresst.

»Ich dachte, du wolltest unserem Gast bei der Auswahl entsprechender Kleidung behilflich sein. Stattdessen stiehlst du der Lady mit deiner Geschwätzigkeit die Zeit.«

Erschrocken war Elspeth herumgefahren. Ihr Gesicht war mit einem Schlag blass geworden. Wahrscheinlich fragte sie sich – ebenso wie Fiona selbst –, wie viel von dem Gespräch die Haushälterin gehört hatte und wie sie darauf reagieren würde.

Fiona wusste, dass die wirtschaftlichen Bedingungen in dieser Region des Landes nicht gerade rosig waren. Sollte das junge Mädchen also aufgrund ihrer Redseligkeit die Stellung verlieren, so mochte das fatale Folgen haben.

»Nein, Mrs Dunnett, ich kann Sie beruhigen«, ergriff Fiona daher das Wort. »Elspeth war nur so freundlich, mich ein wenig mit meiner neuen Umgebung vertraut zu machen.«

Die Angesprochene verzog keine Miene, stand noch immer im breiten, dunklen Flur wie Zerberus vor dem Tor zur Unterwelt.

»Auf meinen eigenen Wunsch hin«, beeilte sich Fiona hinzuzufügen. »Aber jetzt wollten wir uns gerade im Ankleidezimmer einige Sachen anschauen.« Ohne eine Antwort abzuwarten, packte sie die junge Wäscherin, die noch immer mit kreidebleichem Gesicht wie erstarrt neben ihr stand, am Arm und wandte sich zu den zahlreichen Türen, die den Flur säumten.

Fiona spürte den Blick Mrs Dunnetts in ihrem Rücken und musste sich zwingen, sich nicht mehr umzudrehen, während sie Elspeth mit sich zog.

Kapitel 6

Das Besteck klapperte gleichmäßig, als Fiona am Abend des zweiten Tages erneut dem Hausherrn gegenübersaß. Trotz ihrer Anspannung bemühte sie sich, Löffel für Löffel des dicklichen Eintopfs, der vor allem aus Graupen, Steckrüben und Karotten bestand, zu sich zu nehmen. Ganz offensichtlich war nicht nur das Personal in diesem Hause knapp bemessen, sondern auch das Budget, das für die Mahlzeiten zur Verfügung stand. Dennoch war das Gericht sehr schmackhaft, und Fiona konnte nicht umhin, Mrs Dunnett dafür zu bewundern, dass sie trotz ihres Übermaßes an Arbeit und der bescheidenen Auswahl an Zutaten eine wirklich ausgezeichnete Köchin war.

Doch verspürte Fiona nur wenig Appetit, denn immer wieder glitten ihre Gedanken zu dem brutalen Überfall zurück. Was war mit den sterblichen Überresten ihrer Tante, des Anwalts und des Kutschers? Oder waren diese ganz und gar den Flammen zum Opfer gefallen? Die Angst kroch in ihr hoch, als sie daran dachte, wie knapp sie selbst dem Tod entronnen war.

Zögernd sah sie zu Sir Aidan hinüber, der, wie schon am Abend zuvor, schweigend und unnahbar seine Mahlzeit zu sich nahm. Auch diesmal war er vollständig in Schwarz gekleidet, was ihn noch abweisender wirken ließ. Mit Erstaunen bemerkte sie, dass er seine Handschuhe auch zum Essen nicht abgelegt hatte. Der dünne weiße Stoff bedeckte seine Finger wie eine zweite Haut.

Doch was der Laird in seinem Hause trug, brauchte Fiona nicht zu kümmern. Sie benötigte Antworten auf die Fragen, die sie quälten. Seit dem Überfall waren bereits zwei Tage verstrichen, ohne dass sie wusste, ob bereits etwas unternommen worden war.

»Hatten Sie schon die Gelegenheit, an meinen Vater zu schreiben, Sir?«, begann sie leise, in dem Versuch, mit dem Unverfänglichsten ihrer Anliegen zu beginnen.

Der Laird sah auf, und der Blick, mit dem er sie bedachte, ließ Fiona beinahe wünschen, sie hätte nicht gefragt. Doch nahm sie allen Mut zusammen und fügte hinzu: »Er muss wissen, was geschehen ist, und die notwendigen Schritte in die Wege leiten, damit …«

»Ich werde den Brief heute Abend nach dem Essen aufsetzen«, fiel er ihr ins Wort. »Bisher erlaubten es meine anderweitigen Verpflichtungen noch nicht, mich darum zu kümmern.«

Heute, nach dem Essen? Also hatte er noch nichts getan, noch nicht einmal damit begonnen! Fiona spürte, wie sich ihre Hand fester um den Löffel klammerte, aber sie schwieg. Man hatte sie gelehrt, sich in jeder Situation höflich, still und zurückhaltend zu geben. Und bisher hatte es ihr nie Schwierigkeiten bereitet, dieser Anweisung nachzukommen. Diesmal aber …

»Danke«, brachte sie schließlich hervor, obgleich sie fast an dem Wort zu ersticken drohte.

Sir Aidan nickte nur und setzte seine Mahlzeit fort.

Zorn und Unsicherheit mischten sich in Fionas Gedanken und Gefühlen zu einem tumultartigen Wirbel, der ihr den Hals zuschnürte und ihr zugleich verbot, die Angelegenheit auf sich beruhen zu lassen.

»Aber Sie haben doch gewiss jemanden geschickt, Sir?«, stieß sie hervor. »Jemanden, der den Ort des Verbrechens in Augenschein nimmt?« Bei dem Gedanken an die toten, verbrannten Körper in der verkohlten Kutsche wurde ihr übel.

Sir Aidan kniff die Lippen zusammen, als er aufsah. Bedächtig schluckte er sein Essen hinunter, bevor er antwortete. »Das habe ich, in der Tat. Duncan, unser Gärtner, hat mit einigen Männern aus dem Dorf gestern die Gegend abgesucht.«

Fiona spürte, wie ihr Herzschlag sich beschleunigte, ihre Handflächen feucht wurden. »Und?«

Langsam schüttelte Sir Aidan den Kopf. »Nichts. Sie haben nichts gefunden. Nur den Ort, wo der Überfall stattgefunden haben muss. Aber dort lag lediglich eine Menge Asche.«

Entsetzt schlug Fiona die Hand vor den Mund. Wieder stiegen die grausamen Erlebnisse jener Nacht in ihr auf, gefolgt von dem Gefühl eisiger Kälte.

»Wie ist das möglich?«, brachte sie schließlich hervor. »Das ergibt doch keinen Sinn.«

Der Laird betrachtete sie eine Weile stumm. »Was meinen Sie damit, Mylady?«, fragte er dann.

»Sogar wenn die Kutsche mit den …«, Fiona schluckte, »mit den Getöteten völlig verbrannt wäre, so müsste trotzdem mehr übrig geblieben sein als nur Asche. Gegenstände aus Metall verbrennen doch nicht.« Die Überlegungen setzten ihr so stark zu, dass sie erst einen Schluck Wein trinken musste, um weiterreden zu können. »Machen sich Straßenräuber denn die Mühe, alle Spuren des Überfalls zu beseitigen? Sie hatten doch ihre Beute und brauchten nur noch schnellstmöglich zu verschwinden.«

Die Miene des Hausherrn ließ darauf schließen, dass er sich über diesen Aspekt ebenfalls bereits Gedanken gemacht hatte. Dennoch hob er betont gleichgültig die Schultern. »Vielleicht war ihnen daran gelegen, möglichst keine Spuren zu hinterlassen. Alle … Beweise zu entfernen.«

Ein böser Verdacht stieg plötzlich in Fiona auf. »Sie könnten recht haben, Sir. Niemand weiß, dass ich – dass irgendjemand – entkommen bin. Diese Räuber und Mörder müssen davon ausgehen, dass alle Reisenden verbrannt sind. Wenn es aber keine Spuren mehr gibt außer einem Häuflein Asche, das mit der Zeit verweht wäre, würde keine Menschenseele erfahren, was mit der Kutsche und ihren Insassen geschehen ist. Es hätte Wochen dauern können, bis mein Vater herausgefunden hätte, dass wir gar nicht bei meiner Tante angekommen sind. Und eine vollständige Suche auf der langen Strecke von Edinburgh nach Inverness wäre gar nicht möglich gewesen. Wir wären einfach verschollen.« Fiona überfiel ein Grauen. »Sie müssen die Polizei einschalten, die Behörden!«, bat sie den Laird verzweifelt. »Sie können die Sache nicht einfach auf sich beruhen lassen, Sie müssen ...«

Sir Aidan zog die Augenbrauen hoch. »Ich *muss* gar nichts, Mylady. Das hier ist *mein* Land, und was hier getan werden muss, bestimme *ich*.«

Hilflosigkeit und Wut schlugen über Fiona zusammen. Er konnte doch nicht einfach ...

Gerade, als sie protestieren wollte, lenkte er ein. »Es spricht natürlich nichts dagegen, die offiziellen Stellen zu informieren. Allerdings müssen Sie sich in Geduld üben. Wir befinden uns hier fernab jeder größeren Stadt, und die Kommunikation ... nun ja ... dauert hierzulande ein wenig länger.«

»Aber Sie versprechen mir, es zu tun?«, hakte sie nach. »Wenn Sie heute Abend an meinen Vater schreiben und an den Verwalter meiner Tante, können Sie das bei der Gelegenheit doch ebenfalls ...« Sie brach ab, als sie den kalten Ausdruck auf seinem Gesicht sah.

Ganz offensichtlich war Aidan Thirstane ein Mann, der sich nicht gern Vorschriften machen ließ. »Ich werde mich heute Abend um alles Notwendige kümmern, Mylady.« Damit schien das Thema für ihn erledigt, und er wandte sich wieder seinem Eintopf zu.

Erschüttert über seine Grobheit und Gefühllosigkeit, erstarrte Fiona auf ihrem Stuhl. Unfähig sich zu rühren, geschweige denn etwas zu essen.

Eine Weile setzte der Laird wortlos seine Mahlzeit fort, schien jedoch schließlich die Veränderung im Verhalten seines Gastes zu bemerken und sah zu ihr herüber. »Sie essen ja gar nichts. Ist es Mrs Dunnett nicht gelungen, Ihren Geschmack zu treffen?« Eine Spur von Herausforderung lag in seiner Stimme.

Fiona biss sich auf die Lippen, um nichts Unbedachtes zu erwidern. »Meine Tante ist auf grausamste Art ums Leben gekommen, und mit ihr der Anwalt der Familie sowie der Kutscher«, entgegnete sie. »Ich selbst bin nur knapp dem Tode entronnen. Und offenbar ist bisher nichts unternommen worden, um diesen Vorfall gerichtlich untersuchen zu lassen. Sicher haben Sie Verständnis dafür, dass diese Umstände mir ein wenig ... den Appetit rauben.«

Sir Aidan lehnte sich zurück. »Gerichtlich untersuchen lassen.« Ein dünnes Lächeln umspielte seine Lippen und verschwand ebenso schnell wieder. »Hier spricht wahrlich die Tochter eines Richters.«

Fiona konnte nicht verhindern, dass ihr die Tränen in die Augen traten. Was hatte sie diesem Mann getan, dass er sie derart herablassend behandelte?

Da sie jedoch nicht zeigen wollte, wie sehr er sie mit seinen Worten verletzt hatte, nahm sie wieder den Löffel zur Hand und zwang sich weiterzuessen.

Der Laird schien bemerkt zu haben, dass er zu weit gegangen war. »Ihre Tante stand Ihnen wohl sehr nahe?«, fragte er in einem Tonfall, der beinahe beschwichtigend klang.

Fiona sah ihn an. *Nahe?* Keineswegs. Dazu war ihre Tante Maud eine viel zu herrische und selbstgerechte Person gewesen, die nur ihre eigenen Interessen kannte. Nie hatte sie

Mitgefühl gezeigt, nie auch nur den geringsten Zweifel daran gelassen, wie sie über ihre Nichte und deren seltsame Erkrankung dachte. Auch ihrer Mutter gegenüber hatte sie sich stets unterkühlt und abweisend verhalten. Und nach deren Tod war sie nie müde geworden, zu betonen, welche Bürde sie auf sich lud, indem sie die verschrobene Tochter ihrer ähnlich verschrobenen Schwägerin in ihre Obhut nahm.

Nein, Tante Maud hatte ihr weder nahegestanden, noch empfand sie über ihren Tod ernsthafte Trauer. »Wir hatten nicht allzu viel Gelegenheit, uns kennenzulernen«, sagte sie, ohne aufzusehen. »Aber sie war bereit, mich bei sich aufzunehmen. Meine Mutter ist vor einem Jahr verstorben.« Es kostete Fiona Mühe, die letzten Worte auszusprechen, und für einen kurzen Moment schien der Anflug von Mitgefühl über das Gesicht des Lairds zu huschen.

»Wer, sagten Sie, war die andere Person in der Kutsche?«

»Mr Keith, der Anwalt meines Vaters«, entgegnete Fiona rasch, dankbar, dass Sir Aidan das Thema gewechselt hatte.

Sein Gesichtsausdruck veränderte sich. »So, so, der alte Keith hat also auch den Tod gefunden.« Bedächtig nahm er einen weiteren Löffel Eintopf. »Wie außerordentlich bedauerlich.«

Fiona schloss aus seinem Ton, dass er dies keineswegs so meinte, und fragte sich, woher er den Juristen kennen mochte. Doch blieb ihr keine Gelegenheit, nachzufragen. Denn kaum hatte sie den letzten Löffel ihrer Mahlzeit zu sich genommen, erhob sich Sir Aidan.

»Ich empfehle mich für die Nacht, Mylady.« Seine Stimme klang kühl und sachlich, sein Blick streifte sie flüchtig. »Ihrem Wunsch gemäß habe ich heute Abend noch einiges an Korrespondenz zu erledigen.«

Steifbeinig stand Fiona ebenfalls auf und hatte das bedrückende Gefühl, soeben abgefertigt worden zu sein.

Kapitel 7

Die Worte der vertrauten Gebete waren ein Trost für Fiona. Sanft und lindernd legten sie sich auf ihre Seele, die nicht zuletzt durch das aufwühlende Gespräch mit dem Hausherrn voller Unruhe war. Wie stumme Fürsprecher flackerten die brennenden Kerzen auf den simsartigen Vorsprüngen der Steinwände und tauchten die kleine Hauskapelle in ein überirdisches Licht. Klare, beruhigende Klänge bildeten sich in Fionas Innern, überdeckten die schrillen Dissonanzen der letzten Tage. Lediglich das Entsetzen über den brutalen Überfall blieb, den Mord an dem Kutscher, an Tante Maud und Dr. Keith. Tränen stiegen in Fiona auf, lösten sich von ihren Augen und tropften auf den kalten Steinboden. Alles war schrecklich, zu schrecklich, um es einfach beiseiteschieben zu können. Nicht nur hatten drei Menschen den Tod gefunden – jemand hatte sogar ihre sterblichen Überreste mitsamt der verbrannten Kutsche verschwinden lassen. Das war mehr, als Fiona ertragen konnte.

Wer nur konnte etwas Derartiges tun? Wem war so viel daran gelegen, alle Beweise verschwinden zu lassen? Sosehr sich Fiona auch das Gehirn zermarterte, sie fand keine Antwort auf ihre Fragen. Und so blieb ihr nichts übrig, als die Seelen der Verstorbenen ebenso wie ihr eigenes Schicksal im Gebet Gott anzuvertrauen.

Sie konnte nur hoffen, Thirstane Manor bald wieder verlassen zu können. Sir Aidan hatte versprochen, ihrem Vater und dem Verwalter ihrer Tante zu schreiben. Und obgleich sie nichts in ihr Elternhaus nach Edinburgh zurückzog, wäre sie doch froh gewesen, so rasch wie möglich diesem unheimlichen Gebäude den Rücken kehren zu können – und damit dessen unzugänglichem Besitzer.

Vielleicht wären dann die Tage – und Nächte – hier irgendwann nichts weiter als eine verblasste, dunkle Erinnerung, die nach und nach ihren Schrecken verlor.

Noch einmal sprach Fiona ein stummes Gebet, dann erhob sie sich und schritt durch den schmalen Gang zur Tür. Vorsichtig nahm sie eine der Kerzen vom Mauervorsprung und trat in den dunklen Flur.

Sie stockte in ihrer Bewegung, als sie die tröstliche Atmosphäre hinter sich gelassen hatte und plötzlich wieder das Unbehagen spürte, welches das Gebäude in ihr auslöste. Um diese Tageszeit lag das Haus fast völlig im Dunkeln. Trotz der inneren Stärkung durch ihre Gebete glaubte sie, beinahe körperlich zu spüren, dass es ein Eigenleben führte. Einen Moment war ihr gar, als vernähme sie ein Atmen, gerade so, als wäre es ein lebendiges Wesen.

Ein Wesen, das ihre Anwesenheit spürte, sie beobachtete ...

Hör auf zu phantasieren, Fiona Catherine!, schalt sie sich, während ihr eine Gänsehaut über den Rücken lief. Mit der flackernden Kerze in der Hand stieg sie die Wendeltreppe hinab, welche die in einem der Türme gelegene Kapelle mit dem Herrenhaus verband.

Erschrocken fuhr sie zusammen, als sie aus dem Augenwinkel eine Bewegung wahrnahm. Hastig wandte sie sich um. Für den Bruchteil einer Sekunde glaubte sie, einen Blick auf die Umrisse einer nachtschwarzen Gestalt erhascht zu haben, die auf der gegenüberliegenden Seite des Flures kauerte. Ihr Herz setzte einen Schlag lang aus, doch schließlich fasste sie Mut und leuchtete mit der Kerze direkt in diese Richtung.

Nichts war zu sehen. Der Flur lag menschenleer und verlassen da.

*

Voller Zorn zerknüllte Aidan das Schreiben, das er gerade aufgesetzt hatte, und warf es in das knisternde Torffeuer des Kamins. Hitze hatte sich seines Körpers bemächtigt, Schweiß rann ihm den Rücken hinab, brannte zwischen seinen Schulterblättern. Er stand auf und ging ein paar Schritte im Zimmer auf und ab. Schließlich überwand er seinen inneren Widerstand, setzte sich wieder an den Tisch, griff nach Feder und Papier und begann von Neuem. Bei dem Geräusch der kratzenden Feder spannten sich seine Nerven aufs Äußerste an, während er sich mühsam Wort für Wort abrang. Es fiel ihm ungeheuer schwer, an den Earl Hemington zu schreiben, ihm den Vorfall zu schildern und ihn aufzufordern, seine Tochter nach Hause zu holen. Weshalb er diese Aufgabe auch bis zu diesem Abend vor sich hergeschoben hatte.

Als hätte er einen Kampf ausgefochten, zitterten seine Hände, die vorsichtig Sand über den Bogen streuten, um die Tinte zu löschen. Gerade als er das Papier falten wollte, hielt er inne. Ein Gedanke kam ihm in den Sinn, absurd, abwegig und dennoch …

Wieso eigentlich wollte er Lady Fiona nach Hause schicken?

Aidan spürte, wie sein Puls schneller schlug, als die Idee weiter Gestalt in ihm annahm. Das Schicksal hatte ihm eine nie für möglich gehaltene Chance zugespielt. Und nun galt es, diese auch wohlüberlegt zu nutzen, denn sie könnte ihn seinem Ziel ein gutes Stück näher bringen. Dazu musste er die junge Frau jedoch unbedingt hierbehalten, in seinem Haus, wo er sie jederzeit unter Kontrolle hatte. Trotz seines brennenden Wunsches, sie so schnell wie möglich aus seiner Nähe zu verbannen.

Weshalb war er nicht schon gleich darauf gekommen, wie nützlich ihm die Tochter des Earls noch werden konnte?

O ja, sehr nützlich sogar!

Er lächelte, griff nach dem Schreiben und zerriss es in zwei Hälften. Nun denn, Lady Fiona Hemington würde noch eine Weile länger die Gastfreundschaft dieses Hauses erdulden müssen. Und danach würde man weitersehen. Er hielt das Papier in die Flamme des Kamins und sah zu, wie es zu Asche zerfiel.

*

Fiona machte sich bereit, ins Bett zu gehen. Ein wenig kratzig schmiegte sich der Stoff des fremden Nachthemds um ihren Körper, als sie sich auf einen Stuhl setzte und damit begann, ihr Haar auszubürsten. Weich und beruhigend glitten die Borsten durch ihre Locken, massierten ihre Kopfhaut, doch verspürte sie diesmal nicht die gewohnte Entspannung, die sich normalerweise bei diesem allabendlichen Ritual einstellte. Stattdessen überlief sie erneut die kalte Angst, als sie an die dunkle Gestalt im Flur dachte. War da wirklich jemand gewesen, oder spielte ihr die Phantasie einen üblen Streich?

Und wer mochte es gewesen sein? Kannte sie nicht jeden einzelnen der wenigen Bewohner dieses Hauses?

Wieder kam ihr das schwarze, maskenartige Gesicht in den Sinn, das sie bei ihrer Ankunft zu sehen geglaubt hatte, und ihre Hand krampfte sich um den Griff der Bürste. Das Gefühl der Hilflosigkeit, der Trauer und des längst nicht verwundenen Schocks über den grausamen Tod ihrer Begleiter in der Kutsche vermengte sich mit dem Unbehagen, das sie seit der Ankunft in diesem Hause verspürte.

Hastig stand sie auf, schlüpfte ins Bett, zog die schwere Decke fast bis zum Kinn nach oben und rieb zitternd ihre nackten Füße aneinander, um sie ein wenig zu erwärmen.

Dazu kam die offensichtliche Ablehnung ihrer Person durch Sir Aidan, die sie sich absolut nicht erklären konnte. Sie spürte, wie ihr Mund trocken wurde, und wäre gern hinunter in die Küche gegangen, um sich ein Glas Wasser zu holen. Doch bei der Vorstellung, mitten in der Nacht durch die düsteren Gänge dieses Hauses laufen zu müssen, verwarf sie diese Idee sogleich wieder.

So kuschelte sie sich tiefer in die Decke und versuchte, ihre Gedanken für ein Gebet zu sammeln, was ihr jedoch misslang. Auch wenn sich die Müdigkeit unaufhaltsam in ihr ausbreitete, wehrte sie sich dagegen, einzuschlafen, aus Angst, auch in dieser Nacht von Schreckensbildern heimgesucht zu werden.

Wie ein winziger Trost brannte die kleine Kerze auf dem Tisch neben ihrem Bett und verbreitete einen warmen Lichtschein im Zimmer. Doch reichte die Flamme nicht aus, um die Dunkelheit völlig zu durchdringen. Gespenstisch huschten Schatten über die Wände, und erneut fröstelte es Fiona.

Etwas Unerklärliches schien in diesem Haus vor sich zu gehen, etwas, das die Macht besaß, Empfindungen in ihr hervorzurufen, die stärker waren als alles, was sie je zuvor verspürt hatte. Dabei wurde sie schon, seit sie sich erinnern konnte, von unerklärlichen Zuständen gequält. Keinem der zurate gezogenen Ärzte und auch nicht der unerbittlichen Strenge ihres Vaters war es gelungen, ihr diese »Hirngespinste«, wie dieser es nannte, auszutreiben. Und je älter sie wurde, desto stärker schien sie diesem »Wahnsinn« anheimzufallen, desto deutlicher und häufiger ertönten bestimmte Klänge in ihrem Kopf, bisweilen schon beim Anblick alltäglicher Gegenstände. Hin und wieder, wenn sie sehr aufgewühlt war, nahm sie fremde Gerüche wahr, und ein besonderer Geschmack legte sich auf ihre Zunge. Und in ganz seltenen Momenten formten sich sogar Bilder vor ihrem inneren Auge. Dieses Phänomen hatte sich verstärkt, als sich ein zweites, weitaus schlimmeres Leiden bemerkbar machte, die Fallsucht. Noch eine mit besonderer Scham und Schande behaftete Disposition, die ihr Vater mit allen Mitteln vor der Öffentlichkeit zu verbergen suchte. Die Folge davon war, dass Fiona einen Großteil ihres Lebens in der Abgeschiedenheit des elterlichen Hauses verbracht und im Alter von neunzehn Jahren noch immer nicht debütiert hatte.

Völlig unerwartet setzte die Melodie in ihrem Kopf ein. Es war ein dumpfes Dröhnen, wie eine Vibration aus den Tiefen der Erde, die ihren ganzen Körper ergriff, in ihrem Zwerchfell ihren Mittelpunkt zu finden und von dort aus widerzuhallen schien.

Keuchend rang Fiona nach Atem und setzte sich auf. Was hatte dies alles zu bedeuten? *Bin ich nun endgültig dabei, den Verstand zu verlieren?*

Noch immer verbreitete die Kerze, die sie auf ihrem Tisch hatte brennen lassen, ihr schwaches Licht. Nie zuvor hatten diese Sinneseindrücke sie derart überwältigt, dass sie alles andere überlagerten. Panik kroch ihre Wirbelsäule hinauf, als sie ihren Blick durch das Schlafzimmer gleiten ließ, in dem Versuch, wieder einen Bezug zur Realität, zu ihrer unmittelbaren Umgebung herzustellen. Doch es gelang ihr nicht. Wie sehr sie sich auch darum bemühte – der Raum um sie herum schien ihr seltsam fremd und entfernt, wie in einem Traum.

Urplötzlich setzte eine Stimme ein, ein tiefer, gespenstischer Gesang. Beinahe wie das Echo der Melodie in ihrem Kopf.

Ohne Zweifel eine menschliche Stimme, eindringlich und schwermütig.

Fiona konnte die Worte nicht verstehen. Sollte es Gälisch sein? Diese fremdartige, kehlige Sprache, die hier in den Highlands in manchen Bevölkerungsgruppen noch immer Verwendung fand und derer sich auch Elspeth gelegentlich bediente?

Wie ein Blitz durchfuhr Fiona die Erkenntnis: Diese Stimme war real! Dieser Gesang, der so genau die Melodie in ihrem Innern aufnahm, war nicht ihrem Geist entsprungen.

Vorsichtig schob sie einen Fuß unter der Decke hervor und erschauerte, als er den kalten Steinboden berührte. Sie griff nach der flackernden Kerze und strebte damit zur Tür. Sie musste die Quelle dieses unheimlichen Gesangs finden, musste sich vergewissern, dass sie wirklich existierte, dass sie nicht dabei war, den Verstand zu verlieren.

Ihre Hand zitterte, als sie den Knauf drehte und in den Flur trat. Dunkelheit und Stille legten sich wie ein schweres Tuch über sie. Kein Laut war mehr zu hören. Nichts außer dem Pfeifen des Windes, der an den Fenstern rüttelte.

Das konnte doch nicht sein!

Ungläubigkeit, Enttäuschung und Furcht machten sich in ihr breit. Mit klopfendem Herzen lauschte sie in die Dunkelheit. Doch es war, als hätte das Haus alle Geräusche mit einem Mal verschluckt. Selbst die Melodie in ihrem Inneren war verklungen.

Ein Keuchen zerriss die Anspannung, Fiona bemerkte, dass sie selbst es ausgestoßen hatte. Ein feines Rinnsal von Schweiß rann ihre Wirbelsäule hinab und tränkte den Stoff ihres Nachthemdes. *Ich werde nicht verrückt.* Entschlossen ballte sie die Hand zur Faust. *Ich habe etwas gehört, auch wenn es nun verstummt ist.*

Vorsichtig trat sie in den Flur hinaus, eilte auf Zehenspitzen bis zu dessen Ende. Doch auch dort war nichts von dem Gesang zu vernehmen.

Stattdessen ertönte ein anderes Geräusch. Die Vibration eines rhythmischen, beständigen Klopfens.

Tock ... tock ... tock ...

Körperlos, weit entfernt und doch so nah, dass Fiona den Eindruck hatte, es kröche durch die Decke, über die Wände, begänne, sie von allen Seiten einzuhüllen.

Tock ... tock ... tock ...

Waren es Schritte? Das Echo von Schritten auf den alten Dielen und Steinfußböden, irgendwo in dem alten Haus?

Ihre Angst unterdrückend, zwang sich Fiona, genauer hinzuhören.

Tock ... tock ... tock ...

Nein, es klang nicht wie Schritte, eher wie ein Pochen, ein Klopfen auf Holz, das nun, während sie genauer hinhörte, schneller und immer schneller wurde, bis es in einem lauten Krachen mündete, gefolgt von einem Schrei. Einem durch dicke Mauern gedämpften Schrei, so weit entfernt, dass sie nicht sagen konnte, woher er kam.

Fiona schrak zusammen und fuhr herum. So schnell sie konnte, eilte sie zurück in ihr Schlafzimmer und verriegelte die Tür.

Tag 3 auf Thirstane Manor

The young, the innocent, who fondly lov'd us;
Nay more, that very love their cause of ruin!
O burning hell! in all thy store of torments
There's not a keener lash!

Robert Burns

Die Jungen, die Unschuldigen, die uns liebten,
Die diese Liebe sogar zerstört hat!
Oh Höllenfeuer! Unter all deinen Qualen
Schmerzt kein Peitschenhieb härter!

Kapitel 8

Die übermenschliche Anstrengung, der Aidan bereits seit Stunden ausgesetzt war, beherrschte inzwischen seinen gesamten Körper. Treten, treten, treten – willenlos, einer fremden, unbesiegbaren Macht ausgeliefert, kämpfte er sich Schritt für Schritt weiter nach oben. Dennoch gab es kein Fortkommen. Alles war so sinnlos, eine nicht enden wollende Buße. Wofür?

War seine Schuld so groß? Stumpfsinnig und halb irr vor Schmerz konnte er es nicht mehr mit Sicherheit sagen.

Seine Muskeln brannten, seine Lungen schienen nur noch aus Feuer zu bestehen.

So musste es sich anfühlen, in der Hölle zu sein.

Einen kurzen Moment hielt er in der Bewegung inne, was ihn beinahe stürzen ließ. Ein Brüllen, direkt hinter ihm und zugleich unendlich weit entfernt, brachte ihn wieder zu Sinnen. Er rappelte sich auf und machte weiter. Jede Faser seines Körpers schrie nach einer Rast, doch er wusste, was Stehenbleiben für ihn bedeuten würde ... Und so rang er verzweifelt darum, seinen Geist mit Dingen zu beschäftigen, die ihn von seinem Elend ablenkten und ihn zugleich davor bewahrten, dem Wahnsinn anheimzufallen.

Zorn und Schwäche ließen ihn eine ruckartige Bewegung machen. Sein Fuß verpasste den sicheren Tritt, und es riss ihn aus dem Stand. Er fiel tiefer und immer tiefer in einen schwarzen, nicht enden wollenden Schacht ...

... und erwachte mit einem heiseren Schrei.

Das Herz pochte ihm hart gegen seine Brust. Sein Körper

brannte, als hätten sich all seine Muskeln verkrampft. Sein Mund war trocken wie Staub, der Hals schmerzte. Stöhnend setzte er sich auf, tastete nach dem Becher neben dem Bett. Doch dieser war leer. *Mac an donais!* Zornig schleuderte er ihn zu Boden, wo er mit leisem Scheppern aufschlug und unter eine Kommode rollte. Aidans Lunge rasselte. Noch immer fühlte er den Schmerz, den schweren Druck auf seiner Brust. Doch war die gleißende Hitze verschwunden, ebenso der Gestank nach Angst, Blut und Schweiß ... Fest ballte sich seine Hand um das kühle Laken, während er zitternd Luft aus seinen Lungen entweichen ließ.

Diese Träume! Immer wieder diese Träume! Seit Jahren suchten sie ihn heim, und nichts, was er tat, hatte sie vertreiben können.

Etwas ließ Aidan innehalten. Etwas, das sich hier im Raum befand. Etwas oder ... Aidan erstarrte ... oder jemand. Stumm lauschte er in die Dunkelheit, verspürte immer deutlicher die Anwesenheit einer weiteren Person. Hier in diesem Zimmer. Er vernahm kein Atmen, aber er wusste, er war nicht mehr allein. Ruckartig warf er die schweißgetränkte Decke zur Seite, dann flog sein Blick zur gegenüberliegenden Wand.

Im Halbdunkel des Türrahmens stand eine dunkle Gestalt. Reglos, stumm wie ein Schatten. In einer fließenden Bewegung löste sie sich vom Eingang und glitt auf ihn zu.

*

»Sie sehen blass aus, Your Ladyship. Ist Ihnen nicht wohl heute Morgen?« Mrs Dunnett zog die Stirn in Falten und musterte Fiona ein wenig skeptisch. »Wenn Sie es wünschen, öffne ich das Fenster einen Spalt weit.«

Obgleich sie leise gesprochen hatte, zuckte Fiona zusammen, so sehr war sie in Gedanken vertieft gewesen. Unberührt stand das Frühstück vor ihr, das ihr erstmals im Speisezimmer und nicht in ihrem Gästequartier serviert worden war. Noch immer war ihr Geist von den Ereignissen der Nacht gefangen, während ihr Körper unter den Folgen des damit verbundenen Schlafmangels litt.

»Nein, Mrs Dunnett. Es ist nichts«, antwortete sie mechanisch, wenn auch nicht wahrheitsgemäß. »Machen Sie sich um mich keine Sorgen. Und ... Ja, bitte, ein bisschen frische Luft kann nicht schaden.«

Die Haushälterin nickte knapp, ging zum Fenster des Speisezimmers und öffnete einen Flügel.

Fiona blinzelte. Die Herbstsonne schimmerte trüb und schien es schwer zu haben, sich ihren Weg durch den von Wolken verhangenen Himmel zu bahnen.

Nachdenklich ließ sie ihren Blick über das durchaus reichliche, von der Auswahl her jedoch bescheidene Frühstück gleiten. Ein paar Scheiben Brot, ein Teller mit Butter und eine Schale mit Marmelade. Dazu gab es eine etwas größere Schüssel, die – dem Geruch nach zu urteilen – ein mit Honig angerichtetes Porridge enthielt. Eine große Kanne Tee, flankiert von einem Krug Milch, ergänzte die erste Mahlzeit des Tages, und Fiona spürte, wie ihr Körper sich nach der Wärme und dem vertrauten, herben Geschmack des Getränks sehnte. Doch solange der Hausherr noch auf sich warten ließ, scheute sie sich davor, sich selbst zu bedienen, und bisher hatte ihr noch niemand eingeschenkt.

Fionas Herz schlug erneut schneller bei der Erinnerung an die nächtlichen Erlebnisse. Und obwohl beim ersten Licht des Tages die Schrecken der Nacht zu verblassen pflegten, war ihr jede Einzelheit noch präsent, jeder Laut, jedes Bild.

»Haben Sie das gestern Nacht auch gehört?«, fragte sie

schließlich Mrs Dunnett, die damit begonnen hatte, das Mobiliar abzustauben.

Mit fragend heraufgezogenen Augenbrauen wandte die Frau sich zu ihr um. »Was soll ich gehört haben?«

Fiona schluckte. »Da war ... eine seltsame Stimme, die sang, und ein Klopfen ... und einen Moment lang dachte ich, es war mir, als ob ...« Sie unterbrach sich, als sie bemerkte, wie verworren das Ganze selbst in ihren eigenen Ohren klang.

»Eine Stimme und ein Klopfen?« Der ausdruckslosen Miene der Haushälterin war nicht anzusehen, ob sie über Fionas Frage überrascht war. »Nun, es leben Menschen in diesem Haus. Da ist es nicht ungewöhnlich, dass sie hin und wieder auch zu hören sind.«

Wieder schluckte Fiona. »Das meine ich nicht, es war ein Lied, in einer seltsamen Sprache. Irgendwie fremdartig und ...«, sie suchte nach dem richtigen Wort, »unheimlich.«

Für einen kurzen Augenblick glaubte sie, den Ausdruck von Erschrecken über das Gesicht der älteren Frau huschen zu sehen. Ihre Pupillen schienen sich zu weiten, und ihre Züge erstarrten. Dann jedoch schüttelte sie energisch den Kopf und gab einen missbilligenden Laut von sich.

»Alte Häuser machen oft seltsame Geräusche, daran muss man sich gewöhnen. Noch dazu ist es Herbst, und der Wind hier oben ist nachts meist scharf. Wahrscheinlich haben Äste gegen die Fenster geschlagen.«

Fiona war sicher, dass all dies die nächtliche Heimsuchung nicht erklärte, doch sie schwieg. Sie wollte nicht überspannt wirken.

»Warum greifen Sie nicht zu, Your Ladyship?«, wechselte Mrs Dunnett das Thema. »Sind Sie nicht hungrig?«

Fiona blickte erstaunt auf. »Ich warte auf Sir Aidan. Wäre es nicht unschicklich, ohne ihn zu beginnen?«

»Der Herr ist heute schon früh aufgebrochen. Er wird Ihnen also auch heute Morgen keine Gesellschaft leisten. Ich kann Ihnen nicht sagen, wann er zurückkehrt.«

Fiona, die sich gerade über die vom Schlafmangel schmerzenden Schläfen gestrichen hatte, hielt in der Bewegung inne. *Unterwegs?* Sir Aidan war wohl stark in seine Geschäfte eingespannt und hielt sich wenig zu Hause auf. Immerhin hatte sie ihn auch am Vortag kaum zu Gesicht bekommen. Sie war erstaunt, dass sie sich erneut von ihm missachtet fühlte und gleichzeitig erleichtert war, ihn nicht sehen zu müssen.

Sie würde ihn bestimmt nicht vermissen.

Wortlos löffelte sie sich ein wenig von dem Porridge auf ihren Teller und rührte nachdenklich darin herum. Während sie an dem heißen, stark aufgebrühten Tee nippte, an dem sie sich die Zunge verbrannte, empfand sie beinahe so etwas wie Dankbarkeit, dass ihr Ärger über das ungebührliche Verhalten des Hausherrn sie zumindest für den Moment von der Erinnerung an die nächtlichen Erlebnisse ablenkte.

Kapitel 9

Nach dem Frühstück fühlte sich Fiona ein wenig entspannter und hätte gerne wieder die Hauskapelle aufgesucht, um Trost im Gebet zu finden. Einzig der Gedanke an den Schatten, den sie tags zuvor auf dem Flur zu sehen geglaubt hatte, hielt sie davon ab.

So entschloss sie sich, ein wenig in der Bibliothek zu stöbern. Vielleicht gab es dort eine Bibel oder ein Erbauungsbuch, das ihr helfen konnte, wieder Klarheit in ihre Gedanken zu bringen. Mrs Dunnett hatte ihr erlaubt, die öffentlichen Räume des Hauses zu betreten, und während Fiona die Treppe hinab zur Bibliothek eilte, kehrten ihre Gedanken zu der schwarzen Gestalt zurück, die sie nun schon mehrmals hier im Hause gesehen zu haben glaubte. Zuerst in der Nacht des Überfalls, in der sie voller Verzweiflung an den Hintereingang geklopft hatte. Auch wenn sie danach sogleich das Bewusstsein verloren hatte, meinte sie sich noch genau an die maskenartigen Züge zu erinnern, die hervortretenden Stirnwülste, die tief in den Höhlen liegenden Augen, den starren Blick. Und ein weiteres Mal, während sie gestern Abend von der Kapelle in ihr Zimmer zurückgekehrt war.

Unsicher schob Fiona die Tür auf. Ein abgestandener Geruch schlug ihr entgegen, staubig und schal, als sei der Raum eine ganze Weile weder benutzt noch gelüftet worden, wohl ebenfalls eine Folge des Mangels an Dienstpersonal in diesem Haus. Dieser Odem erschien ihr beinahe wie eine Warnung, obgleich sie nicht wusste, wovor. Sie fasste sich ein Herz und trat ein. Deckenhohe Regale voller Bücher zogen sich an zwei Seiten der Bibliothek entlang, die auf der Nordseite des Hauses lag. Daher fiel wenig Licht durch die drei hohen, bogenförmigen Fenster, vor denen zwei ausladende, längst in die Jahre gekommene Sessel und ein kleiner runder Tisch standen. Die vierte Seite jedoch ... Fiona blinzelte überrascht. Auf zwei klobigen Tischen, die absolut nicht zum Rest der Einrichtung passten, standen einige Holzkisten, aus denen zahlreiche Bilderrahmen hervorlugten. Was sie jedoch augenblicklich in den Bann zog, war das große Bild, das an der Wand darüber hing und eine überdimensionale Schlange zeigte.

Fiona schluckte, überwand ihren Abscheu und trat einen Schritt näher heran. Die Schlange war weiß, so geisterhaft weiß, dass es fast aussah, als hätte ein fremdartiger Zauber ihr jede Farbe entzogen. Hart trat eine rötlich schwarze Linie hervor, die über den oberen Teil ihres Rückens verlief. Doch am unheimlichsten waren die Augen des Reptils. Ihr Anblick ließ Fiona erschaudern. Glutrot und schwarz umrandet lagen sie tief in den Höhlen, wirkten beinahe wie die eines Totenschädels, so wie dieses ganze ausgebleichte, kalkweiße Tier auf irgendeine Weise an ein Skelett erinnerte. An Tod und Vergänglichkeit. Und diese Augen schienen Fiona anzustarren, jeder ihrer Bewegungen zu folgen ... so als wollten sie ihr etwas sagen oder sie gar warnen. Den Hintergrund bildete etwas, das Fiona an ockerfarbene Erde erinnerte. Die auf höchst ungewöhnliche, nur angedeutete Weise dargestellten Spirallinien waren so miteinander verschlungen, dass es Fiona bei ihrem bloßen Anblick schwindelte. Ihre Umgebung begann, sich um sie zu drehen. Hastig senkte sie den Kopf, um zu verhindern, dass sie hier an Ort und Stelle in einen der entwürdigenden Zustände verfiel, die sie nur allzu gut kannte.

Unsicher wandte sie sich den gegenüberliegenden Bücherregalen zu, konnte sich jedoch nicht des Gefühls erwehren, die Schlange sähe sie weiterhin an, ihr lauernder, drohender Blick sei sogar in der Lage, ihr ein Loch in den Rücken zu brennen.

Entschlossen, sich von diesem absurden Gedanken nicht beeinflussen zu lassen, grub Fiona ihre Zähne in die Unterlippe und schritt das Regal ab, wobei sie nicht selten Mühe hatte, die Titel auf den Buchrücken zu entziffern. Da waren medizinische Abhandlungen über die merkwürdigsten Gebrechen und Leiden – manche davon, den Titeln nach zu urteilen, in Latein verfasst. Sie entdeckte Atlanten der unterschiedlichsten Art und dicke Wälzer über ferne Länder und exotische Orte, wie Elspeth es erzählt hatte. Vorsichtig nahm sie eines der Bücher heraus. Staub legte sich auf ihre Schleimhäute, als sie es aufschlug und voller Verwunderung in den reichhaltigen, farbigen Bebilderungen versank. Was gab es doch für seltsame Orte jenseits der heimischen Städte, ja sogar weit jenseits der Britischen Inseln, die zu verlassen Fiona niemals zu hoffen wagen würde. Wie bunt und vielseitig die Welt da draußen war.

Und wie unheimlich ...

Wieder musste sie an die Schlange auf dem Bild hinter sich denken, die sie durch die spannende Lektüre für eine Weile aus ihren Gedanken hatte verdrängen können. Fast glaubte sie, ein leises Zischeln zu vernehmen, als sie sich umwandte und wieder in die schwarz umrahmten Augen blickte. Hatte das Reptil nicht eben noch andersherum auf dem Bild gelegen? War es möglich, dass es sich gedreht hatte, während sie nicht hinsah?

Eine Gänsehaut überkam Fiona bei dieser beängstigenden Vorstellung, doch schalt sie sich eine Närrin. Welch absurde Idee! Erneut nahm sie das Bild in Augenschein, hielt aber einige Schritte Abstand davon.

Die Darstellung wirkte so primitiv und ungeschlacht, dass

sich fast der Eindruck aufdrängte, es handele sich um das Machwerk eines Kindes. Zu dick waren die Linien, zu überzeichnet wirkten manche Details. Und doch …

Wäre ein Kind in der Lage, ein Gemälde derart eindringlich zu gestalten? Mit einer solchen Kraft, einer solchen Intensität? Zudem hatte Fiona in diesem Hause bisher keine Kinder zu Gesicht bekommen. Außerdem, welcher Mensch, der etwas auf sich hielt, würde die unbeholfenen Zeichenversuche eines Kindes ausgerechnet in der Bibliothek aufhängen, die doch für Besucher zugänglich war? Schließlich kehrte Fiona zu den Tischen mit den Kisten zurück. Eine gewisse Scheu – oder anerzogene Höflichkeit – hielt sie davon ab, irgendetwas anzufassen. Doch einen Blick darauf zu werfen widersprach sicher nicht den Anstandsregeln.

Vorsichtig trat sie noch einen Schritt näher. Sollten das die Bilder sein, deren Fehlen sie in den Fluren und dem Speisezimmer bemerkt hatte? Gespannt hob sie eines der Gemälde hoch und erblickte das Porträt eines älteren Mannes mit gepuderter Perücke, der sie mit überheblicher Miene ansah. Etwas an seinen Zügen kam ihr bekannt vor, und so zog sie, wenn auch mit schlechtem Gewissen, den Rahmen weiter heraus, um es näher zu betrachten.

»So danken Sie also die Ihnen gewährte Gastfreundschaft?« Eine tiefe, raue Stimme ließ Fiona zusammenzucken. »Indem Sie in meinen privaten Besitztümern herumschnüffeln?«

Als hätte sie einen Schlag erhalten, fuhr sie herum. Hinter ihr stand Sir Aidan. Sie hatte ihn nicht kommen hören. Hatte Mrs Dunnett nicht gesagt, er sei außer Haus?

Mühsam unterdrückte Fiona den aufkeimenden Fluchtinstinkt, straffte sich und schob das Kinn ein wenig vor.

»Ich wüsste nicht, in welcher Form ich Ihre Gastfreundschaft verletzt haben könnte, Sir.«

Seine Augen verengten sich, und er kam einen Schritt näher. »Das wissen Sie nicht? Hat Ihr Vater, der Richter, Ihnen denn nicht beigebracht, dass es unschicklich ist, in dem Eigentum anderer Menschen herumzuwühlen?«

Fiona hielt dem Blick stand, obgleich ihr ganzer Körper sich wie ein tönernes Gefäß anfühlte, das jeden Augenblick zu zerspringen drohte. »Ich habe nicht gewühlt, Sir. Ich habe mich lediglich ein wenig umgesehen.«

»Umgesehen, so so.« Sein Blick fiel auf Fionas Hand, die sie beinahe schuldbewusst hinter den Rücken gleiten ließ. »Und wer hat Ihnen das gestattet?«

Von dieser direkten Frage war Fiona so überrumpelt, dass ihr im ersten Moment keine Antwort einfiel.

»Nun?«, hakte Thirstane nach, dem Anschein nach nicht gewillt, auch nur die elementarsten Formen der Höflichkeit ihr gegenüber zu wahren.

»Man sagte mir, ich sei *Gast* in diesem Hause, Sir. Und für einen solchen ist es durchaus statthaft, zu seiner Zerstreuung die öffentlichen Räume des *Gastgebers* aufzusuchen.« Fiona bemühte sich um einen festen Ton. »Und soweit mir bekannt ist, zählt die Bibliothek durchaus dazu.«

Der Hauch eines Lächelns erschien auf dem Gesicht Sir Aidans, verblasste aber genauso schnell wieder. »Dann fühlen Sie sich unter meinem Dach also einsam.«

Etwas warnte Fiona, auf diese Frage zu antworten.

»Heißt das, unsere Gastfreundschaft hier entspricht nicht Ihren Erwartungen, Mylady?« Der Spott war nun unüberhörbar. »Die Tochter des Earls ist wohl Besseres gewohnt, mehr Luxus und Unterhaltung, und kann dem einfachen Landleben hier oben in den Highlands wenig abgewinnen?«

Für einen kurzen Augenblick war der Zorn, den Fiona bei diesem groben Verhalten empfand, größer als ihre Furcht.

»Wenn ich keine anderen Sorgen hätte, als dass ich mit meiner gepflegten Langeweile nichts anzufangen wüsste, könnte ich mich glücklich schätzen. Leider gibt es einige Dinge, die mir weitaus mehr zu schaffen machen ...« Fiona stockte und war einen Moment lang versucht, ihr Gegenüber auf die seltsamen Dinge aufmerksam zu machen, die sie seit ihrer Ankunft in diesem Hause beobachtet hatte. Doch der herausfordernde Hohn in seinen Augen ließ sie davon Abstand nehmen.

»Die da wären?«, meinte Sir Aidan gedehnt.

Fiona wusste nicht, ob diese Frage ernst gemeint oder nur dazu gedacht war, sie weiter zu quälen. Sie spürte, wie ihr die Tränen kamen, und drängte sie zurück. »Immerhin sind drei Menschen aus meinem engsten Umfeld auf grausamste Art zu Tode gekommen, ich selbst bin Opfer dieses Überfalls geworden. Und dann fragen Sie allen Ernstes, was mich belastet?«

Fiona war selbst über ihre Forschheit erschrocken. War sie zu weit gegangen?

Als sie jedoch die unbewegte Miene des Lairds sah, konnte sie nicht umhin, hinzuzufügen: »Wer sind Sie überhaupt, Sir, dass Sie glauben, es stehe Ihnen zu, auf solche Art mit einer Dame zu reden, die in Ihrem Haus Schutz gesucht hat?«

Statt des zu erwartenden Zorns blitzte in den Augen ihres Gastgebers ein Funken von Amüsement auf, der jedoch alles andere als wohlwollend zu nennen war. »Sie wissen nicht, wer ich bin, Mylady?« Obgleich er sie nicht berührte, ja noch immer einige Zoll Abstand hielt, kam es Fiona vor, als wolle er bis auf den Grund ihrer Seele blicken.

Sie war völlig verwirrt. Woher sollte sie ihn kennen? Nie zuvor hatte sie diese Region der Highlands bereist, nie von einem Laird namens Thirstane gehört.

Langsam kam er noch näher, fixierte sie mit seinen durchdringenden Augen. Seine Mundwinkel zogen sich leicht verächtlich nach unten. »Ja, ich neige sogar zu der Ansicht, dass Sie noch nicht einmal wissen, wer Sie selbst sind, Mylady.« Er schüttelte den Kopf. »Oder besser gesagt, *was* Sie sind.« Die letzten Worte hatte er so leise gesprochen, dass Fiona sie mehr erahnte, als verstand. Tiefe Beunruhigung überfiel sie. Was hatte das nun wieder zu bedeuten?

»*Uill* ...« Ruckartig wandte er sich ab, als hätte dieses makabre Spiel plötzlich jeglichen Reiz für ihn verloren oder als sei ihm plötzlich eingefallen, dass andere Verpflichtungen seiner harrten. »Mit der Unwissenheit werden Sie vorerst leben müssen! Was das andere angeht ...« Er hatte schon fast die Tür erreicht, als er sich wieder zu Fiona umdrehte. »Ich möchte mir nicht nachsagen lassen, in meinem Hause würde ein vornehmer Gast nicht seinem Stande entsprechend behandelt. Meine Geschäfte lassen es momentan nicht zu, mich tagsüber um Sie zu kümmern. Aber ich werde es einzurichten versuchen, auch weiterhin die abendlichen Mahlzeiten mit Ihnen gemeinsam einzunehmen. Vielleicht wird das Ihre Einsamkeit oder ... Langeweile ein wenig vertreiben, und es könnte sich zudem als höchst ...«, er lächelte kühl, »als höchst aufschlussreich erweisen.«

Ein Schauder, ähnlich dem beim Anblick der Schlange auf dem Gemälde, überlief Fiona. Das Letzte, was sie wollte, war, mehr Zeit als unbedingt notwendig mit diesem entsetzlichen Menschen zu verbringen. Doch da sie von seinem Wohlwollen abhängig war, blieb ihr keine andere Wahl, als sich dieser Anordnung zu fügen.

»Ich erwarte Sie also heute Abend, pünktlich um acht Uhr. Und damit es Ihnen bei uns auf dem Lande nicht zu eintönig wird, Your Ladyship, werde ich Mrs Dunnett anweisen, im Kaminzimmer einzudecken. Einen schönen Tag bis dahin.«

Mit einem Knall schloss sich die Tür hinter ihm. Fiona blieb allein zurück, mit ihrer Verblüffung, ihrem Zorn und der weißen Schlange, die von der Wand lauernd auf sie herabblickte.

Kapitel 10

Ein Spaziergang würde ihr gewiss guttun. Die frische Luft könnte ihr helfen, wieder einen klaren Kopf zu bekommen. Gehüllt in ein schwarzes Schultertuch, das Elspeth ihr mit Erlaubnis von Mrs Dunnett gebracht hatte, schritt Fiona durch das Hauptportal, jene Tür, die sie in der Nacht ihrer Ankunft verschlossen vorgefunden hatte. Ein grauer, wolkenverhangener Himmel spannte sich über die Landschaft, das fahle Licht einer fast vollständig bedeckten Sonne beleuchtete die parkähnliche Anlage, die ungepflegt und verwildert wirkte und dennoch eine eigenwillige, kaum erkennbare Struktur aufwies.

Ratlos sah Fiona sich um. Gab es nicht diesen Gärtner, Duncan, oder wie er hieß? Aber wahrscheinlich überforderte die Pflege einer derart großen Anlage einen einzelnen Mann, zumal er bei dem Mangel an Angestellten sicher auch für andere Arbeiten in und um das Haus herangezogen wurde. Einmal mehr fragte sich Fiona, warum ein solch prächtiges Anwesen mit derart lächerlich wenig Personal bewirtschaftet wurde.

Zwei Reihen alter Eichen säumten eine mit Kies bedeckte Zufahrt, die unmittelbar zum Hauptportal von Thirstane Manor führte. Fiona legte den Kopf in den Nacken, als sie die Vorderseite des Hauses betrachtete. Von hier aus war deutlich zu erkennen, wie sehr man sich darum bemüht hatte, das Gebäude dem aktuellen Geschmack anzupassen und ihm einen Hauch von düster-romantischem Flair zu verleihen. Thirstane Manor war zu beiden Seiten von je einem runden, mit gotischen Spitzbogenfenstern versehenen Turm eingefasst. Erker,

Zinnen und grimmig blickende Wasserspeier verstärkten den mittelalterlichen Eindruck, und Fiona wandte sich mit Unbehagen ab. Welch ein seltsames Bauwerk, das trotz all seiner Pracht gleichzeitig so unheimlich wirkte. Seit sie Thirstane Manor betreten hatte, konnte sie sich nicht erinnern, hier jemals ein fröhliches Lachen vernommen zu haben.

Ein verwunschener Ort?

Sie schalt sich kindisch und überspannt, konnte jedoch den Gedanken, der sie so plötzlich überfallen hatte, nicht wieder abstreifen. Nun, dann würde sie sich diesen Ort, an dem sie gestrandet war, – ob verwunschen oder nicht – einmal genauer anschauen. Entschlossen zog sie das Schultertuch fester um sich und ging um das düstere Gemäuer herum. Hinter dem eigentlichen Herrenhaus lagen auf einer Seite kleinere Gebäude, darunter ein Pferdestall sowie Lagerräume und ein Schuppen. Gegenüber entdeckte Fiona das von Elspeth erwähnte Treibhaus, ein Meisterwerk aus Glas und Eisen, das ihr einen Ausruf des Erstaunens entlockte. Ein solches Gebilde errichten zu lassen war ein kostspieliges Unterfangen, weshalb solche Glashäuser nicht weitverbreitet waren. Und der Gegensatz zwischen der Vernachlässigung der Wohnräume und dem ungewöhnlichen Luxus eines Gewächshauses irritierte Fiona. Nun, vielleicht gäbe es darin ja einiges Interessantes zu entdecken. Einen kurzen Augenblick stand Fiona Sir Aidans harsche Reaktion auf ihr Eindringen in die Bibliothek vor Augen. Doch dann siegte ihre Neugierde, und sie öffnete die Tür.

Sogleich schlug ihr stickige Wärme entgegen. Seltsame, ihr unbekannte Pflanzen wuchsen hier, Farne mit breiten Federn, buschähnliche Gräser, Sträucher mit rötlicher Rinde und schmalen, fast nadelartigen Blättern. Und beinahe konnte Fiona verstehen, weshalb Elspeth den Hausherrn verdächtigte, ein Hexenmeister zu sein.

Obgleich sie mit der Flora der Highlands nicht vertraut war, vermutete Fiona, dass diese Gewächse nicht aus dieser Region stammten, sondern aus fernen Gegenden, hierher transportiert und gezüchtet worden waren. Aus Gegenden die sonnig und heiß waren ...

Ein leises Summen erklang irgendwo in ihrem Kopf. Bilder formten sich vor ihrem inneren Auge. Dann befiel Fiona diese seltsame Leichtigkeit, die ihr unmissverständlich ankündigte, dass sie dabei war, die Schwelle zu überschreiten.

Resolut schüttelte sie den Kopf und wandte sich einem kleinen, schmalen Baum zu, dessen längliche, fingerähnliche Blätter ihre Aufmerksamkeit erregten. Ein seltsamer Duft, einer Aura gleich, umgab ihn, sodass sich Fiona einen Moment lang wie Eva im Paradies vor dem Baum der Erkenntnis fühlte. Sie trat näher und strich vorsichtig über die ungewöhnlich faserige Rinde. Einem Impuls folgend, zupfte sie eines der ledrigen Blätter ab und zerrieb es zwischen den Fingern. Ein intensiver ätherischer Geruch entströmte ihm, der Fiona sogleich einhüllte. Schwindel packte sie, bunte Sterne tanzten vor ihrem Blickfeld. Sie drohte zu stürzen und packte den Stamm des Baumes, um sich daran festzuhalten.

Die Umgebung verschwamm, die beschlagenen Glasscheiben, die wild zusammengewürfelten Pflanzen und das fahle Herbstlicht verschwanden. Sie schloss die Augen. Alles drehte sich um sie.

Als sie die Lider wieder öffnete, befand sie sich in einer völlig anderen Landschaft. Ein hoher Himmel spannte sich über einer wüstenähnlichen Region, roter Sand wurde aufgewirbelt, legte sich auf ihre Haare, ihre Hände, ihr Gesicht.

Das Pfeifen des Windes verdichtete sich zu einem Heulen. Und Fiona stand ganz allein mittendrin, mitten im Herzen dieses Sturms, im Herzen dieses Landes, welches ihr so erschreckend fremd und zugleich auch so vertraut erschien.

Das Atmen fiel ihr schwer, aber der scharfe Geruch, den sie bereits zuvor wahrgenommen hatte, linderte ein wenig den Druck auf ihrer Brust. Sie wollte sich umschauen, die Umgebung erkunden, doch war sie nicht in der Lage, auch nur einen Schritt zu tun. Es war ihr, als seien ihre Füße mit der seltsam rötlichen Erde verwachsen wie die Wurzeln dieser breitkronigen Bäume, die überall hier standen und deren Äste sich wie Arme nach ihr ausstreckten, nach ihr griffen, sie packen wollten wie eine Klammer.

Der Schrei blieb ihr in der Kehle stecken.

Im gleichen Moment verspürte sie einen schmerzhaften Stoß, der sie in der Seite traf und zu Boden schleuderte. Dann wurde es schwarz um sie.

*

»He … Passen Se doch auf, Miss. Se träumen ja mit offenen Augen!«

Die Stimme, laut, jugendlich und ein wenig rau, wirkte auf Fionas Geist wie eine klatschende Ohrfeige. Verwirrt blinzelte sie und schaute um sich.

Bäume. Pflanzen. Hinter breiten Fensterscheiben ragte das dunkle Herrenhaus Thirstane Manor auf.

Erst jetzt wurde ihr bewusst, dass sie mit schmerzender Seite auf der Erde des Gewächshauses lag, als sei sie gestürzt und hätte sich bei dem Aufprall verletzt.

Die Worte, die sie so rüde zurück in die Wirklichkeit gerissen hatten, stammten von einem schlaksigen, mageren Jungen von vielleicht zwölf oder vierzehn Jahren, der sie neugierig und zugleich etwas schuldbewusst ansah. Mit seinem rostroten Haar und einem spitzen Gesicht so voller Sommersprossen, dass es beinahe schmutzig wirkte, erinnerte er sie unwillkürlich an einen Fuchs.

»Was is'n mit Ihnen, Miss ... Warum steh'n Se nich' auf? Ha'm Se sich was gebrochen ...?«

Noch immer unfähig zu begreifen, was gerade geschehen war, hielt Fiona es für klug, sich erst einmal zu vergewissern, ob an der Befürchtung des vorlauten Rotschopfs – wer auch immer er sein mochte – etwas dran war. So tastete sie sich vorsichtig ab, befühlte ihre Gelenke und stellte erleichtert fest, dass bis auf eine Stelle an Gesäß und Hüfte, wo sie offensichtlich bei ihrem Sturz aufgekommen war, und einem leichten Pochen in der Seite alles in Ordnung schien.

Leichter Schwindel packte sie, als sie sich mühsam aufrichtete und schwankend wieder auf die Füße kam. Eine Prozedur, bei welcher der Junge sie lediglich mit zusammengekniffenen Augen anstarrte, jedoch keinerlei Anstalten machte, ihr behilflich zu sein.

Wortlos stand er drei Schritte von ihr entfernt, hatte die Daumen im Hosenbund eingehakt und schaute sie fast feindselig an.

Ein ungutes Gefühl überkam Fiona, während sie sich vorsichtig den Staub vom Kleid klopfte und versuchte, sich wieder in einen halbwegs vorzeigbaren Zustand zu bringen. Wer in aller Welt war das? Und womit hatte sie seinen Missmut erregt?

Noch immer klang diese seltsame Melodie in Fionas Ohren nach, und die Bilder, die sie noch einige Augenblicke zuvor gesehen hatte, standen ihr vor Augen wie nach einem Traum, aus dem man gerade erst erwacht ist. Oder eher so, als wäre sie wirklich dort gewesen.

»Sie ha'm da rumgestanden, Miss, als wär'n Se im Stehen eingeschlafen. Noch dazu mit offenen Augen!«

Wieder dieser vorwurfsvolle Ton. Unwillkürlich verspürte Fiona einen Stich. Aus schmerzhafter Erfahrung wusste sie, wie irritierend ihre unerklärlichen Zustände auf Außenstehende wirkten. Doch hier sogar von einem Halbwüchsigen auf diese herablassende Art behandelt zu werden traf sie weit mehr, als sie sich eingestehen mochte.

»Wie heißt du?«, fragte sie in der Hoffnung, seine Aufmerksamkeit von ihrer Person abzulenken.

»Wirklich, ich hab schon gedacht, Se wär'n tot oder so«, fuhr er fort, als habe er ihre Worte nicht gehört. »Und dann sind Se plötzlich umgefallen ... peng!«

Fiona fragte sich, ob dieses »Umfallen« vielleicht nicht nur mit ihrer Erkrankung, sondern auch damit zu tun haben könnte, dass der Bursche sie gestoßen hatte – das würde auch den Schmerz in ihrer Seite erklären.

»Ich weiß noch immer nicht, wie du heißt.« Sie bemühte sich, gleichzeitig bestimmt und freundlich zu wirken. So abgemagert und hohlwangig, wie der Junge aussah, erweckte er – trotz der offensichtlichen Feindseligkeit, die er ihr gegenüber an den Tag legte – ihr Mitleid.

Schließlich spuckte er aus und erwiderte ihren Blick. »Seoc«, sagte er dann. »Ich heiß Seoc.« Ganz offensichtlich war er nicht gewillt, mehr von sich preiszugeben. Ohne ein weiteres Wort drehte er sich um, stapfte durch die Tür des Gewächshauses nach draußen und ging in Richtung des Hauses davon.

Nach einem kurzen Zögern beschloss Fiona, ihm zu folgen. Es interessierte sie, zu erfahren, welche Stellung er hier im Hause innehatte, und vielleicht konnte sie dabei herausbekommen, weshalb er sich ihr gegenüber so feindselig zeigte.

*

»Aber wenn ich's Ihnen doch sag, Mrs Dunnett. So hat die da gestanden, die Augen weit aufgerissen, als würde sie was Gruseliges sehen, was so Gruseliges, dass se vor Schreck erstarrt wär.«

Seocs Stimme, die aus Richtung der Küche kam, drang an Fionas Ohr. Vorsichtig trat sie näher, um weitere Einzelheiten von der Unterhaltung mitzubekommen.

»Und kalt war se, so kalt, dass man hätt glauben können, se wär gestorben. Ich hab se 'n bisschen geschüttelt, aber se hat's gar nich' gemerkt.«

Beschämt über das Gehörte, gruben sich Fionas Fingernägel in die Handballen.

»Dann hab ich se 'n bisschen fester geschubst. Da is' se dann umgefallen!«

Also doch! Sie war diesmal nicht von selbst gestürzt, sondern dieser ungehobelte Kerl hatte sie gestoßen.

»Ich weiß nich', Mrs Dunnett, aber ich glaub, die is 'n bisschen verrückt!« Auf leisen Sohlen war Fiona nahe genug herangetreten, um zu sehen, dass sich der Junge vielsagend an die Stirn tippte. »Bisschen wirr im Kopf. Auch als se wieder bei sich war, hat se mir kaum geantwortet.«

Wieder verspürte Fiona den altbekannten Stich der Demütigung in der Brust und biss sich in stummem Zorn auf die Lippe. Beinahe erleichtert vernahm sie Mrs Dunnetts Stimme, die dem Jungen in die Parade fuhr.

»*Dùin do bheul!* Hör auf, so daherzureden, Bengel. Lady Fiona Hemington ist Gast in diesem Hause, und ob es dir nun passt oder nicht, sie wird es noch eine Weile bleiben. Und solange wirst du sie mit gebührendem Respekt und Höflichkeit behandeln, verstanden?«

Eisiges Schweigen folgte, das eine Ewigkeit zu dauern schien. »Ich habe dich gefragt, ob du verstanden hast.« Mrs

Dunnetts Stimme klang nun so rabiat, wie Fiona es der ältlichen Frau nicht zugetraut hätte.

Einige Sekunden lang sah der Junge die Haushälterin nur stumm an. Die Hände zu Fäusten geballt hob und senkte sich seine schmächtige Brust vor unterdrückter Erregung, wie gegen einen unsichtbaren Widerstand ankämpfend.

Dann fuhr er herum und rannte ohne eine Antwort davon.

Fiona gelang es gerade noch, sich hinter der Tür zu verstecken, um nicht von ihm gesehen zu werden.

*

»Hochstapler!«, sagte eine leise Stimme in seinem Kopf, während er das weiße, sorgfältig gestärkte Hemd anzog, das bei jeder Berührung leise knisterte und dem noch schwach der Geruch nach frischer Lauge anhing.

»Ruchloser Dieb«, ergänzte eine andere Stimme, die sich tief durch seine Seele zu bohren schien.

Und eine dritte, weitaus düsterere Stimme fügte leise hinzu: »Mörder.«

Aidan zerrte derart heftig an den Verschlüssen seines Hemdes, dass diese abzureißen drohten. Doch nichts, was er tat, konnte den Stimmen in seinem Kopf Einhalt gebieten.

Benommen schaute er in den Spiegel, war jedoch unfähig, die Gestalt zu erfassen, die sich ihm dort zeigte. Der Laird und Baronet, Herr über unzählige Ländereien, Menschen, Tiere ... *Schuldig und verdammt auf ewig.*

Teure Baumwolle, um die Scham zu verhüllen, kostbare Seide, um die Schuld zu überspielen ... Aidan keuchte auf, als die Erinnerungen in ihm aufflatterten wie hauchfeine Vorhänge, durch die der Wind weht. Das Gefühl von Leinenstoff auf der Haut, gedrehter Hanf, dumpf schimmerndes Metall.

Seine Finger waren feucht, als er den goldenen Siegelring anlegte, der das Wappen seiner Familie – er runzelte die Stirn – seines Vaters zeigte. Ein vor Kampfgeist schnaubender Bulle, der im Begriff war, alles niederzutrampeln, das sich ihm in den Weg stellte. Wie passend.

Aidan lächelte bitter, während er sich mit gespreizten Fingern durchs Haar fuhr, um die schweren Strähnen zu bändigen, die ihm bis zu den Schultern fielen. Ungeachtet jeglicher Mode, ungeachtet gesellschaftlicher Konventionen.

Mac an donais! Er war der Laird, verflucht! Er konnte es sich leisten, auf solch lächerliche Regeln zu pfeifen.

Schwer sackte sein Oberkörper gegen die Wand, seine Stirn presste sich gegen die kühle Tapete. Er würde versagen. Jämmerlich, erbärmlich – wie schon ein anderes Mal zuvor. Nur, dass er diesmal die Folgen nicht abzuschätzen vermochte. Noch weniger als damals.

»Du bist stark ... stärker, als du denkst«, vernahm er hinter sich. Und diese Stimme kam nicht aus seinem Kopf, sondern rieselte sacht über seine Schulter, klangvoll, rau und tief.

Ein Beben durchzog seinen Körper, doch er wandte sich nicht um. Regungslos verharrte er in dieser Position, die Hände in den Putz gekrallt, bis der tobende Schmerz in seiner Brust nachließ, die Stimmen in seinem Kopf Ruhe gaben.

Der schwarze Schatten, der ihn die ganze Zeit von der gegenüberliegenden Wand aus schweigend beobachtet hatte, löste sich aus seiner Starre. Schweigend warf er noch einen letzten Blick auf den nun vollständig angekleideten Mann, dann verschwand er lautlos durch eine Hintertür aus dem Raum.

Zurück blieben der süßliche Duft von Eukalyptus und ein Hauch von Angst, Verzweiflung und abgrundtiefer Schuld.

Kapitel 11

Unbehaglich und bis aufs Äußerste angespannt rutschte Fiona in dem Sessel hin und her, der so tief war, dass sie beinahe darin versank. Von draußen floss die neblige Nachtluft ins Zimmer. Der Geruch nach Erde, feuchter Luft und Torf vermischte sich mit dem nach Rauch und verbranntem Holz, der von der hohen, in dunklem Stein gefassten Feuerstelle herrührte.

Das Kaminzimmer hatte Fiona vom ersten Moment an fasziniert. Den Boden bedeckte ein kunstvoll geknüpfter Teppich. Die Wände waren in einem dunklen Grünton gehalten, der zugleich gediegen und beruhigend wirkte. Über der Anrichte hing ein großes Ölgemälde mit einer martialischen Schlachtenszene, in der traditionell gekleidete Hochlandkrieger erbittert gegen den Feind zu Felde zogen.

Unter normalen Umständen wäre Fiona sogleich dorthin geeilt, um sich Einzelheiten anzuschauen. Dieses blutrünstige Bild war bisher der einzige Hinweis darauf, dass der Laird sich überhaupt mit seinem Land und dessen Geschichte verbunden fühlte. Aber nach dem unglücklichen Zusammenstoß in der Bibliothek, wo er sie des unbotmäßigen Herumschnüffelns bezichtigt hatte, enthielt sie sich jeder Form von offener Neugierde. So zog sie es vor, in ihrem Sessel zu verharren und abzuwarten, was geschehen würde.

Dabei glitten ihre Gedanken immer wieder zu dem Vorfall im Gewächshaus zurück, wo sie durch den Geruch dieser aromatischen Blätter in jenen merkwürdigen Zustand gefallen war. Wodurch war er ausgelöst worden? Enthielten die Blätter womöglich eine Art Rauschmittel, das ihren Schwindel und die Halluzinationen hervorgerufen hatte? Oder hatte der rothaarige Bengel doch recht, und sie war wirklich im Begriff, den Verstand zu verlieren?

Angespannt rieb sie sich mit den Fingerkuppen über die Schläfen, hinter denen es verdächtig zu pochen begann. Zu welchem Zweck besaß Sir Aidan, dessen Haushalt durch außerordentliche Schlichtheit auffiel, überhaupt ein teures Glashaus? Was kultivierte er darin? Unwillkürlich kamen ihr Elspeths Worte in den Sinn, der Laird braue dort geheimnisvolle Säfte zusammen.

Wie auf ein Stichwort hin knarrte die Tür zum Kaminzimmer vernehmlich. Als sei sie bei etwas Unerlaubtem ertappt worden, zuckte Fiona zusammen und hob den Kopf. Im Türrahmen stand Sir Aidan Thirstane, wie üblich ganz in Schwarz gekleidet. Obgleich er den Raum erst halb betreten hatte, schien er diesen bereits zur Gänze einzunehmen. Bei jeder Begegnung war sie erneut überrascht, wie groß er war, ein Eindruck, der noch durch die strenge, jeglichen Zierrats entbehrende Garderobe unterstrichen wurde. Auch an diesem Abend trug er schlichte schwarze Hosen, darüber einen eng geschnittenen Rock in der gleichen Farbe. Lediglich das Hemd blitzte weiß darunter hervor, wurde jedoch vom tiefen Schwarz des Halstuches fast vollständig verdeckt. Makellos – und doch so abweisend. Seine Miene war unbewegt, sein Blick schweifte durch den Raum, als erwarte er, dort noch jemand anderen anzutreffen. Schließlich sah er Fiona an.

»Guten Abend, Mylady.« Obwohl er leise gesprochen hatte, war ihr, als durchdringe seine tiefe Stimme jeden Winkel des Kaminzimmers.

Sie widerstand dem Impuls, sich zu erheben, um seinen

Gruß zu erwidern, und begnügte sich mit einem knappen Nicken. »Guten Abend, Sir.«

Zielgerichtet ging er zu dem runden, schlicht gedeckten Tisch in der Nähe eines Erkerfensters. Die Stuhlbeine schabten ein wenig über die weichen Holzdielen, als Sir Aidan diesen zurückschob und Fiona ein Zeichen gab, hier Platz zu nehmen. Danach setzte er sich selbst auf die gegenüberliegende Seite.

Während Mrs Dunnett das Abendessen auftrug, schaute Fiona aus dem Fenster auf die bereits in nächtlicher Dunkelheit liegende Landschaft. Die einfachen Speisen – Kartoffelpüree, Steckrübenmus und ein herzhaft duftendes, scharf angebratenes Hackfleischgericht – hätten Fiona unter anderen Umständen das Wasser im Mund zusammenlaufen lassen. Sie fragte sich, ob der Laird noch immer wegen ihres Verhaltens in der Bibliothek verstimmt war, denn auch an diesem Abend begann er mit seiner Mahlzeit, ohne ein weiteres Wort an sie zu richten oder ihr etwas anzubieten.

Das endlose Schweigen, das wieder einmal zwischen ihnen herrschte, belastete sie so sehr, dass es ihr den Magen zuschnürte. So nahm sie sich nur eine kleine Portion auf den Teller und stocherte appetitlos darin herum.

Es drängte sie, den Laird nach den fremdartigen Pflanzen in seinem Gewächshaus zu fragen, doch womöglich würde er ihren Besuch dort ebenfalls als Grenzüberschreitung deuten. Außerdem wollte sie nicht in die Verlegenheit kommen, über ihren seltsamen Zustand sprechen zu müssen. Daher wählte sie ein, wie sie hoffte, unverfänglicheres Thema.

»Ein interessantes Gemälde«, sagte sie so beiläufig wie möglich. »Wenn auch ein wenig blutrünstig.«

Der Hausherr hob den Kopf und sah kurz zu dem Bild hinüber, bevor er sich wieder seinem Essen zuwandte. »Dieser Landstrich *hat* eine blutige Geschichte.«

Fiona wusste nicht, was sie darauf erwidern sollte. Ein wenig ratlos suchte sie nach einem Anknüpfungspunkt, um das Gespräch nicht versanden zu lassen. »Stammt Ihre Familie von hier, aus den Highlands?«

Unwillig blickte Sir Aidan auf. »Wie meinen Sie das?«

Fiona blinzelte. Was war an ihrer Frage nicht zu verstehen? »Nun, soweit ich weiß«, beeilte sie sich zu erklären, »gibt es hierzulande alteingesessene Familien, die seit Jahrhunderten die Geschicke des Landes bestimmen. Und da dachte ich ...«

»Da wollten Sie wissen, ob ich der Spross eines alten, bedeutenden Highland-Clans bin?« Der Funken von Amüsement, der in Sir Aidans Augen aufblitzte, mischte sich mit seiner üblichen Herablassung. »Könnte es sein, dass Sie eine Vorliebe für wild-romantische Romane haben?«

Fiona spürte, wie ihr die Röte ins Gesicht schoss, doch war sie nicht bereit, ihrem Gesprächspartner die Genugtuung zu geben, dass sie ihm eine Antwort schuldig blieb. »Sie werden es vielleicht nicht glauben, Sir, aber ich studiere durchaus auch die Zeitungen mit dem aktuellen Tagesgeschehen.«

Der Gesichtsausdruck des Lairds veränderte sich, aber Fiona wusste nicht, ob daraus Anerkennung oder Spott sprach. Galt es doch als geradezu unschicklich für eine junge Dame, sich mit etwas anderem als erbaulicher Lektüre oder leichten Unterhaltungsromanen zu befassen. Gemächlich nahm er noch eine Gabel Rübenmus.

»Da Sie demnach über das Geschehen in der Welt informiert sind«, sagte er, »wissen Sie sicher auch, dass sich die Verhältnisse hier oben in den Highlands in den vergangenen Jahrzehnten bedeutend geändert haben und es vielerorts eine neue herrschende Klasse gibt.«

»Der Sie angehören«, konnte Fiona nicht umhin zu bemerken.

Sir Aidans Mund verzog sich zu einem herausfordernden Lächeln. »Erwecke ich diesen Eindruck?«

Sie sah auf den Teller mit der spärlichen Mahlzeit. »Ich weiß es nicht, Sir«, erwiderte sie wahrheitsgemäß.

Das Lächeln auf seinem Gesicht vertiefte sich, verriet nun jedoch eindeutig Zynismus. »*Uill*, um auf Ihre ursprüngliche Frage zurückzukommen: Es ist die Familie meiner Mutter, die hier beheimatet ist, schon seit Menschengedenken. Die Thirstanes hingegen, die Linie meines Vaters, stammen ursprünglich aus Glasgow, wo sie es durch verschiedene höchst erfolgreiche Gewerbe zu Geld, Ansehen und Titel gebracht haben. Erst durch die politischen Unruhen und Wirren des vergangenen Jahrhunderts kamen sie – besser gesagt kam mein ...«, er räusperte sich, »mein Großvater in den Besitz dieses Anwesens. Durch Heirat.«

Fiona nickte, während sie sich ein Bild von dem zu machen versuchte, was ihr Gastgeber in knappen Worten zusammengefasst hatte. Sein zu Vermögen gekommener Großvater hatte die Gelegenheit genutzt, eine Erbin aus den Highlands zu ehelichen. Was ihn nicht nur zu dem Besitzer des Hauses und aller dazugehörigen Ländereien gemacht hatte, sondern auch zum Laird, wie man einen Großgrundbesitzer bezeichnete, der zugleich über eine Reihe feudaler Rechte verfügte. Und das, obwohl nicht er selbst, sondern die Familie seiner Frau einem alteingesessenen Highland-Clan entstammte – der jedoch vermutlich nicht nur an Macht, Geld und Einfluss verloren, sondern wohl auch keinen männlichen Erben aufzuweisen hatte.

Fiona hatte von ähnlichen Vorkommnissen gehört und auch davon, dass diese neuen Herren von der ansässigen Bevölkerung meist abgelehnt wurden. Vielen passte es nicht, dass Fremde oder gar Emporkömmlinge aus dem Süden, den Lowlands oder – schlimmer noch – aus England jetzt mehr und mehr das Sagen hatten.

Nachdenklich nahm sie etwas von dem Wein, bevor sie eine weitere Frage stellte. »Und Ihre Mutter, sagen Sie, war auch eine Hiesige?«

Die Miene des Lairds nahm einen unergründlichen Ausdruck an. Langsam ergriff er sein Glas, trank einen Schluck und drehte es dann in seiner Hand. »Das war sie in der Tat. Eine Frau aus den Highlands.« Sein Blick fiel auf Fionas Teller, der seit einer Weile unangetastet geblieben war. »Doch würde ich sagen, Mylady, dass wir nun lange genug Familienangelegenheiten diskutiert haben und es an der Zeit ist, das Abendessen zu genießen.«

Offensichtlich war er nicht bereit, mehr über das Thema zu sagen, und sein abweisender Gesichtsausdruck ließ keinen Zweifel daran, dass er ihr auch jede weitere persönliche Frage übel nehmen würde.

Also tat Fiona wie geheißen und leerte schweigend ihren Teller, während das Feuer im Kamin allmählich herunterbrannte.

*

Aidan wusste, dass er in dieser Nacht wieder keinen Schlaf finden würde. Zu sehr hatte ihn das Gespräch mit Lady Fiona aufgewühlt, hatten ihre arglosen Fragen an Wunden gerührt, die nie wirklich verheilt waren.

Familie, Herkunft und Geschichte ... welch erbärmliche Ironie, dass ausgerechnet sie, die Tochter des Richters, sich nach derartigen Dingen erkundigte und ihn dazu zwang, sich tiefer mit etwas zu beschäftigen, das er seit Ewigkeiten zu verdrängen suchte.

Dumpf hallten seine Schritte durch das dunkle, kalte Treppenhaus, als er, von den Geistern der Vergangenheit getrieben, die Stufen hinablief. Lediglich die Erinnerung an den ratlosen, fast erschreckten Gesichtsausdruck der jungen Frau, die bei manchen seiner Antworten schier zusammengezuckt war, verscheuchte etwas von der Düsternis, die zwischen den Wänden lauerte. Den Wänden eines Hauses, das ihn von Tag zu Tag mehr zu erdrücken schien, wie ein – der Gedanke entlockte ihm ein bitteres Lächeln – gemauertes Gefängnis.

Das Auftauchen Glennas zwang ihn dazu, in die Realität zurückzukehren.

»Was gibt es?«, fragte er knapp, noch immer mit den bohrenden Fragen Lady Fionas beschäftigt.

Erst als keine Reaktion erfolgte, blickte Aidan auf. Er spürte, dass er sich unwillkürlich versteifte, als er in das Gesicht der Haushälterin blickte. Wortlos reichte sie ihm einen versiegelten Brief. Einen Moment lang waren ihre Augen fest auf ihn gerichtet, dann wandte sie sich ab und stieg leise die Treppe hinauf.

Das Papier zwischen Aidans Fingern schien zu brennen wie ein Stück glühender Kohle, als er es hastig entfaltete und überflog. Keuchend ließ er Luft aus den Lungen entweichen. Dieser Mann schickte ihm Drohbriefe!

Dieser Teufel wagte es doch tatsächlich, ihm derart das Messer auf die Brust zu setzen. Auch wenn er klug genug war, dies nicht offen anzugehen. Denn – so viel musste Aidan ihm zugestehen – der Kerl war gerissen. Einem unvoreingenommenen Leser wäre das Schreiben in seiner Hand eher wie ein höfliches, nachbarschaftliches Billett vorgekommen als der Versuch, ihn in die Enge zu treiben.

Doch Aidan wusste es besser. Er hatte seine Lektion gelernt.

Auf sehr nachhaltige und schmerzhafte Weise. Und eher würde die Hölle zufrieren, als dass er sich noch einmal derart unvorsichtig verhielte.

Reflexartig ging Aidans Hand zu seiner Schulter und massierte eine schmerzhafte Stelle, während er spürte, wie ihm der Schweiß über den Rücken rann. Dann straffte er sich und zerriss das Schreiben, das er die ganze Zeit in der Hand gehalten hatte.

*

Der Drache hatte sie wieder angegriffen.

Klein und graubraun stand er zu ihren Füßen, irgendwo im raschelnden Gras. So klein, dass sie ihn beinahe übersehen hätte. Mit plumpen, schwerfälligen Schritten näherte er sich Fiona, die ihn – wie von einem Zauberbann gefangen – regungslos anstarrte, jedoch nicht zurückwich. Ein seltsames Zischen entwich seinem Reptilienmaul, zwei Reihen spitzer Zähne blitzten drohend auf. Zugleich schien er mit jedem Schritt weiter anzuwachsen, größer und größer zu werden. Die kiemenartigen Flügel zu beiden Seiten seines Körpers bebten wie zur Warnung. Seine mit dicken Schuppen bedeckte Haut schien eisige Kälte auszustrahlen. Noch immer vermochte Fiona nicht, sich zu rühren, und schaute fasziniert und entsetzt zugleich den grotesken Bewegungen dieses Fabelwesens zu.

Magisch angezogen von dessen unheimlicher Schönheit und Eleganz machte sie dennoch einen Schritt nach vorn, dann noch einen, streckte die Hand zu dem Drachen aus und beugte sich vor. Er stieß ein Fauchen aus, riss das Maul auf, stellte sich auf die Hinterfüße und spannte die faltigen Flügel weit zu beiden Seiten. Ein Zittern durchlief seinen Körper, dann schoss er auf Fiona zu …

Mit einem Schrei erwachte sie, fuhr in ihrem Bett auf und schlug mit den Armen um sich, um das zischende Ungeheuer zu vertreiben. Schweißgebadet wartete sie, bis sie vollständig zu sich gekommen war, ihr Herz sich langsam wieder beruhigte. Dieser Traum von einem geflügelten Drachen verfolgte sie seit ihrer Kindheit, war aber in den letzten Jahren seltener geworden. Warum nur quälte er sie hier, in diesem Hause, nun plötzlich wieder? Noch dazu mit einer Intensität und Klarheit wie nie zuvor? Im Rhythmus ihres pochenden Herzens setzte das seltsame Brummen in ihrem Kopf, diese fremdartige Melodie, wieder ein, als käme sie geradewegs aus der Tiefe der Erde.

Grundgütiger, womöglich aus der Hölle?

Sofort verwarf sie diesen absurden Gedanken wieder. Sie musste jetzt die Nerven behalten. Es konnte nur an dem alten Herrenhaus liegen, dass ihr hier alles so geheimnisvoll erschien, und an den schrecklichen Umständen, durch die sie es kennengelernt hatte. Schmerz, Tod und Trauer.

Und Sir Aidan? Sicher war er kalt, distanziert und von einer solch arroganten Herablassung, dass sie an Unhöflichkeit grenzte. Aber das war kein Grund, ihn zu fürchten. Immerhin hatte er ihr seine Gastfreundschaft und Unterkunft gewährt. Dennoch ... Er war ein sonderbarer Mensch. So viel war sicher. Weit gereist und eigenbrötlerisch, wenn sie Elspeths Worten Glauben schenken durfte. Und er umgab sich mit gruseligen Artefakten, wie dem Bild einer dämonischen Schlange in der Bibliothek, die doch der Bildung, Kultur und Zivilisation dienen sollte.

Das Bild der Schlange! Es musste dieses seltsame Kunstwerk sein, das den Traum in ihr ausgelöst und Schrecken, sogar Abscheu in ihr hervorgerufen hatte, aber auch etwas anderes: die Gewissheit, dergleichen schon einmal gesehen zu haben. Nur wann oder wo genau? Bei welcher Gelegenheit?

Bebend presste sie ihre Fäuste gegen die Schläfen, versuchte, das Pochen einzudämmen, sich mit aller Macht zu entsinnen. Aber jedes Mal, wenn es ihr gelang, das Bild der Schlange in ihrem Innern hervorzurufen, verschwamm es kurze Zeit darauf wieder.

Mutlos ließ sie sich im Bett zurücksinken. Konnte es mit ihrer Kindheit zu tun haben? Lag es an ihrer Erkrankung, oder gab es andere Ursachen dafür, dass ihr jegliche Erinnerung an die ersten Jahre ihres Lebens fehlte? Mit geschlossenen Lidern lag Fiona da und ließ zu, dass Fragmente von Bildern vor ihrem inneren Auge vorbeizogen, die sie jedoch nicht zusammensetzen konnte.

Wenn sie nur wüsste, wieso ihr diese weiße Schlange so bekannt vorkam und sie das brennende Gefühl hatte, sich daran erinnern zu müssen.

Tag 4 auf Thirstane Manor

Lives there a man so firm, who, while his heart
Feels all the bitter horrors of his crime,
Can reason down its agonizing throbs;
And, after proper purpose of amendment,
Can firmly force his jarring thoughts to peace?

Robert Burns

Lebt auf der Welt ein Mann, der, wenn er
All die bitteren Schrecken seines Verbrechens fühlt,
Das quälende Pochen seines Herzens verdrängen kann;
Und der dann, um es zu stillen,
Die gellenden Gedanken zur Ruhe zu zwingen vermag?

Kapitel 12

»Master Aidan.«

Verärgert über die Störung hob er den Kopf. Wieder lag eine unruhige Nacht hinter ihm, die ihm noch immer in den Knochen steckte. Dennoch saß er seit dem Morgengrauen am Schreibtisch, in dem Versuch, sich auf seine Korrespondenz zu konzentrieren und aus den zahlreichen Informationen, die sich vor ihm türmten, ein sinnvolles Bild zusammenzufügen.

Regungslos stand Glenna Dunnett in der Tür, die Lippen zusammengekniffen, die Hände vor der gestärkten Schürze verschränkt.

Er kannte die ältere Frau lange genug, um zu wissen, wann etwas nicht stimmte, und nun stand ihre Missbilligung beinahe greifbar zwischen ihnen im Raum.

»Du solltest deinen Gast besser im Auge behalten. Das Mädchen ist ... wie soll ich sagen? Ich fürchte, sie wird bald etwas ahnen.«

Aidan kniff die Augen zusammen. »Wie kommst du darauf?«

»Nun, sie hat ...«

Er bemerkte, wie schwer es der Haushälterin fiel, ihre Bedenken in Worte zu fassen.

»Wahrscheinlich hätte ich es schon gestern erzählen sollen. Aber da hattest du andere Sorgen.«

Aidan wusste, dass sie auf den Brief anspielte, den er bekommen hatte, und nickte.

»Gestern hat Seoc sie im Gewächshaus gefunden«, fuhr die Frau fort. »Keine Ahnung, was sie dort zu suchen hatte.«

Aidan zog die Stirn kraus. »Hat sie herumgeschnüffelt?«

»Ich weiß es nicht. Aber das war noch nicht alles.« Sie machte eine kurze Pause. »Seoc hat erzählt, dass sie einfach so dastand, die Augen weit aufgerissen, wie gelähmt, als wäre sie gar nicht anwesend. Und als er sie anstieß, sagte er, sei sie zu Boden gestürzt.«

Nachdenklich nickte Aidan. Er hatte Gerüchte gehört, Gemunkel, dass die Tochter Richter Hemingtons an einer seltsamen, nicht auszusprechenden Krankheit litt – weshalb sie sehr zurückgezogen lebte. Vor den Augen der Öffentlichkeit verborgen. Offensichtlich war an diesen Gerüchten etwas dran.

»Vielleicht ist es falsch, sie zu viel Zeit mit Elspeth verbringen zu lassen«, sagte Glenna. »Das Mädchen ist schwatzhaft und so bemüht, der Tochter eines Earls zu Diensten zu sein … zu gefallen. Ich weiß nicht, wie weit ihre Loyalität geht.«

Aidan seufzte. Elspeth war wirklich ein Risiko, obgleich sie kaum etwas wusste. Aber das ließ sich nun eben nicht ändern.

»Und die Lady fängt an, Fragen zu stellen«, fuhr die Haushälterin fort.

»Fragen? … Welcher Art?«

Ohne dazu aufgefordert worden zu sein, trat Glenna ganz ins Zimmer und schloss die Tür hinter sich. »Sie hat erwähnt, dass sie nachts Schritte hört und eine Stimme, die … die singt. Sie wirkt verängstigt, und ich würde beim Grab meiner Mutter schwören, dass sie auch schon …«, sie zögerte, »etwas gesehen hat.«

Aidan erhob sich, bemüht, sich seine Beunruhigung nicht anmerken zu lassen. »Das hier ist ein altes Haus. Zudem leben Menschen darin. Es ist nur normal, dass Geräusche zu hören sind.«

»Das habe ich ihr auch gesagt. Es scheint sie nicht überzeugt zu haben.«

Aidan presste die Lippen aufeinander. Seine Befürchtungen schienen sich zu bewahrheiten.

»Was gedenkst du zu tun?«, sagte er nach einer Weile des Schweigens.

»Das wollte ich eigentlich dich fragen.«

Nachdenklich sah Aidan die Frau an, die in früheren Zeiten beinahe wie eine Mutter für ihn gewesen war – oder eine Großmutter, wenn man es genau betrachtete –, und hob langsam die Schultern. »Ich bin noch zu keiner Entscheidung gekommen.«

»Gibt es bereits Antwort von ihrer Familie?«

Er wich ihrem Blick aus. Er wusste, sie konnte in seinen Augen lesen, und er war nicht bereit, zu verraten, dass er das Schreiben verbrannt hatte. Noch nicht einmal Glenna gegenüber.

Vielleicht, so schoss es ihm durch den Kopf, weil er sich selbst noch nicht ganz klar über seine Pläne war. Und weil diese Pläne ohnehin nicht ihre Zustimmung finden würden.

»Hast du nicht selbst darauf bestanden, dass sie bleibt?« Er bemühte sich, nicht so grimmig zu klingen, wie er sich fühlte, was ihm nur unvollkommen gelang.

»Ich habe nicht gesagt, dass diese Entscheidung ein Fehler war. Aber ich wollte dir raten, in Zukunft vorsichtiger zu sein.« Glenna verzog keine Miene.

Ruckartig stieß sich Aidan von der Wand ab, gegen die er sich gelehnt hatte. »Ich bin immer vorsichtig. Vorsicht ist mein Überlebensgarant, wie du weißt.«

Die Haushälterin nickte stumm, die Lippen zusammengepresst. Er wusste, was sie dachte: *Nicht immer, mein Junge. Nicht immer warst du vorsichtig.* Das eine Mal …

Aidan hasste es, gerade jetzt daran erinnert zu werden, und er verfluchte jenen Tag, der bereits so lange zurücklag, dass es ihm meist gelang, die Erinnerung daran zu verdrängen.

Nur nicht in letzter Zeit. Nicht, seit Lady Fiona Hemington mit ihm unter dem gleichen Dach lebte. Eine Situation, die sich auch noch ein wenig länger hinziehen würde. Dafür hatte er gesorgt. Auch wenn ihm diese Tatsache selbst nicht gefiel ... für die junge Frau würde der Aufenthalt noch wesentlich unangenehmer werden.

In gespielter Gelassenheit hob er erneut die Schultern. »Was kann sie schon Bedeutendes beobachtet haben? Hier, in diesem alten Haus voller Geister?« Bei den letzten Worten klang seine Stimme heiser.

Allzu oft hatte er selbst Bekanntschaft gemacht mit den Schatten, den Dämonen, die in diesem Hause herrschten und nicht nur ihn immer wieder heimsuchten. Besonders dann, wenn er sich zu schwach und hilflos fühlte, um sich dagegen zur Wehr zu setzen.

Glennas Gesicht war noch immer unbewegt, als sie antwortete: »Ich wollte dich nur warnen ... Einfach nur warnen.«

Dann wandte sie sich um und verließ den Raum.

In hilflosem Zorn presste Aidan die geballten Fäuste gegen die Schläfen, spürte, wie die alte Bitterkeit in ihm aufstieg und ihn von innen heraus zu vergiften drohte.

Ganz offensichtlich musste er versuchen, seinen ungebetenen Gast ein wenig abzulenken – und von Teilen des Hauses fernzuhalten, in denen eine Lady Fiona Hemington nichts zu suchen hatte.

Aidan fluchte leise.

Wenn es doch endlich vorbei wäre ...

*

Fiona war auf der Suche nach Elspeth. Da sie nicht genau wusste, wo sich das Mädchen um diese Tageszeit aufhielt, schlüpfte sie schnell durch die Tür zur Dienstbotentreppe und eilte hinunter in Richtung Küche. Noch immer war Fiona unsicher, wie es ihr gelingen könnte, die Wäscherin in ein unverfängliches Gespräch zu verwickeln, um zumindest ansatzweise einige Dinge zu erfahren, die sie unbedingt wissen musste.

Das Wetter war umgeschlagen, und obgleich der Oktober schon weit fortgeschritten war, schien eine warme Herbstsonne überall durch die Fenster. Ein Blick nach draußen zeigte Fiona, dass auch der Rest des Morgennebels sich langsam auflöste und dem Land um sie herum eine verzauberte Atmosphäre verlieh.

Zum ersten Mal, seit sie dieses Haus betreten hatte, fühlte sie sich auf sonderbare Art befreit. Von sich selbst und ihrer Vergangenheit. Es hätte nicht viel gefehlt, und sie hätte ein kleines Lied vor sich hingesummt, als sie in Richtung Küche abbog und auf dem Dienstbotenflur beinahe gegen Sir Aidan geprallt wäre. Erschrocken fuhr sie zurück.

Er sah sie an und zog die Augenbrauen zusammen. Fiona war so erschrocken über seine Anwesenheit, dass sie vergaß, ihm einen guten Morgen zu wünschen.

Doch auch er grüßte sie nicht. Stattdessen packte er sie ohne Vorwarnung am Arm.

»Was tun Sie hier?«, knurrte er verärgert. »Ist es in Ihrer Familie üblich, sich in den Wirtschaftsräumen herumzutreiben, noch dazu in fremder Leute Haus?«

Empört über so viel Grobheit wusste Fiona nicht, was sie antworten sollte. Zumal sie ja nicht offen sagen konnte, dass sie gerade drauf und dran gewesen war, eine der Angestellten auszuhorchen. Also presste sie die Lippen aufeinander und schaute ihn trotzig an.

»Mit der guten Erziehung steht es im Hause Hemington auch nicht gerade zum Besten, will mir scheinen«, fuhr er schneidend fort. »Oder ist es neuerdings üblich, auf Fragen nicht zu antworten?«

Mehr verlegen als zornig versuchte Fiona, sich aus seinem Griff zu winden. »Und in Ihrem Haus ist es ganz offensichtlich üblich, harmlose Gäste körperlich zu malträtieren?«

»Nur, wenn diese ungefragt herumschnüffeln.« Sein Blick verdunkelte sich. »Und wenn Sie das bereits als Malträtieren empfinden, Mylady, hat Ihnen ganz offensichtlich die strenge Hand eines Vaters gefehlt.«

Fiona keuchte schockiert auf. »Was erlauben Sie sich?« Endlich gelang es ihr, sich loszureißen. Wütend starrte sie Aidan Thirstane an, während sie sich den schmerzenden Unterarm rieb.

»*Uill*, ich denke, wir sollten ein paar Schritte gehen und uns dabei unterhalten«, entgegnete er mit unbewegter Miene.

»Für einen Spaziergang, falls Sie das meinen, bin ich nicht richtig gekleidet«, gab Fiona mit mehr Entschlossenheit zurück, als sie tatsächlich empfand.

Langsam hob Sir Aidan die Augenbrauen. »Ich bestehe darauf. Sicher wird Mrs Dunnett in den Truhen etwas Angemessenes finden, das sie wärmt. Außerdem …«, er streifte sie mit einem kurzen Blick, »ist das, was Sie heute tragen, durchaus vorzeigbar. Zumindest im Gegensatz zu dem … anderen.«

Wieso klang alles aus seinem Mund wie ein Tadel, selbst dann, wenn es den Hauch eines Kompliments enthielt? Verärgert strich Fiona über das in dunklen Rottönen gehaltene Kleid, eines von denen, das sie mit Elspeths Hilfe abgeändert hatte und das nun als ansatzweise akzeptabel durchgehen konnte.

»Also, wann können wir uns auf den Weg machen?« Es klang wie eine Anordnung.

»Wie kommen Sie dazu, mir Befehle zu erteilen?«, presste sie zwischen den Zähnen hervor.

Zu ihrer Überraschung sah sie etwas wie Anerkennung in den Augen ihres Gastgebers aufblitzen, während er eine Verbeugung andeutete.

»Nun, da haben Sie mich falsch verstanden, Mylady, ich befehle nicht, ich lade ein. Und da Sie doch zweifelsohne über eine gute Kinderstube verfügen, werden Sie sicher nicht so unhöflich sein, eine Einladung auszuschlagen.«

Fiona wollte etwas erwidern, doch ihr fehlten die Worte. Stattdessen spürte sie, wie sie rot wurde, und das verstärkte ihren Ärger noch weiter.

»Wenn Sie Ihr Verhalten als *höflich* bezeichnen, Sir Aidan, dann weiß ich nicht, was in Ihren Augen *grob* ist.«

Er lächelte, doch lag darin keinerlei Wärme. »Also, geruht die Lady nun, mich auf einem kleinen Spaziergang zu begleiten?« Der Spott in seiner Stimme war schneidend. »Ich werde Mrs Dunnett bitten, einen kleinen Imbiss vorzubereiten und Ihnen etwas Warmes zum Anziehen herauszusuchen.«

Wieder wollte Fiona aufbegehren, ihm sagen, dass er sie nicht herumkommandieren könne wie eine Küchenmagd. Doch der Laird hatte sich schon wortlos umgewandt und ging schnurstracks zur Küche.

Blass vor Wut blieb Fiona zurück und sah ihm nach.

KAPITEL 13

Der Oktobertag war von malerischer Schönheit und tauchte die Landschaft in goldenes Licht. Die Sonne hatte die kühle Luft etwas erwärmt, doch ihr Duft trug schon die Vorahnung des kommenden Winters in sich.

Eine Zeit lang war Fiona ihrem Begleiter wortlos gefolgt. Zornig und verstört über sein rüdes Verhalten hatte sie nicht das geringste Interesse verspürt, mit ihm eine Unterhaltung zu führen – und er hatte dieses Schweigen akzeptiert.

Dennoch bemerkte Fiona eine Veränderung an ihm. Er wirkte gelöster, und wenn sie in sein Gesicht blickte, erkannte sie, dass sich der harte, verkniffene Zug darin ein wenig gemildert hatte.

Er liebt dieses Land, schoss es ihr durch den Kopf. Es gab also tatsächlich Dinge, die diesem Mann etwas bedeuteten. Hier draußen, anderes als in dem Haus, dessen Herr er doch war, schien er mit sich im Reinen zu sein.

Bisweilen blieb er kurz stehen. Ein Bein leicht angewinkelt, das Gewicht auf das andere verlagert, betrachtete er die endlose Weite, die sich vor ihnen erstreckte. Die helle Herbstsonne spiegelte sich in seinen Augen und verlieh seiner Haut einen warmen Schimmer.

Auch Fiona spürte, wie schon nach wenigen Meilen, die sie gemeinsam durch die Natur gewandert waren, ihr Zorn, ja sogar ihr Gefühl von Hilflosigkeit und Trauer allmählich zu verrauchen begann.

Der Marsch über unwegsame Täler und Hügel, die von welkem Gras, Heidekraut und Farnen überwuchert waren, übte eine geradezu berauschende Wirkung auf sie aus. Ihre Haut war erhitzt, ihr Puls schlug schnell und fest, und das Summen des Blutes in ihren Ohren hatte sich schon bald in eine beschwingte Melodie verwandelt, die sie entfernt an den Klang von Dudelsäcken und das Geräusch stampfender Füße bei einem wilden Tanz erinnerte.

Obgleich Sir Aidan sie zu dieser Wanderung genötigt hatte, erfüllte sie der Anblick dieser Landschaft mit aufrichtiger Ehrfurcht und Bewunderung. Sie störte sich nicht länger daran, dass das große Umschlagtuch, das Mrs Dunnett ihr ausgehändigt hatte, sich als Plaid in flammendem Tartanmuster herausgestellt hatte. Dieses Stück Stoff war so auffällig, dass Fiona lediglich aus Angst vor einem weiteren Streit mit Sir Aidan und der Furcht, sich in der zugigen Herbstluft den Tod zu holen, bereit gewesen war, es umzulegen. So fremd sich Fiona damit auch fühlte, zumindest war es wärmend und bot ein, wie sie hoffte, halbwegs unverfängliches Gesprächsthema.

»Ich dachte«, begann sie, nachdem sie eine Weile schweigend hinter ihrem Gastgeber hergestapft war und die Stille zwischen ihnen mehr und mehr als unangenehm empfand, »derart archaische Bekleidung wie dieser Plaid wäre seit fast einem Jahrhundert hierzulande verpönt.«

Für einen kurzen Moment verlangsamte Sir Aidan den Schritt, als wäre er über ihre Aussage verblüfft, setzte dann aber seinen Weg fort.

»Sie haben im Unterricht gut aufgepasst, Mylady.« Ein Hauch von Herablassung lag in seiner Stimme. »Tatsächlich war es sogar lange verboten, derartige ›archaische‹ – wie Sie es nennen – Trachten, Muster und Symbole zu tragen. Seit der verehrte König George IV. jedoch seine Liebe zu den Highlands entdeckt hat … nun ja …«

Obgleich Sir Aidan sich nicht umwandte, sondern in ungebrochenem Tempo einen Hügel erklomm, klangen seine Worte laut und deutlich durch die sonnendurchflutete Herbstluft.

Als Fiona nicht antwortete, fügte er hinzu: »Es scheint das besondere Schicksal der Highlands zu sein, vom Rest des britischen Königreiches zwar als hoffnungslos rückständig, unzuverlässig und rebellisch betrachtet zu werden, zugleich aber als Sehnsuchtsziel reicher Städter aus dem Süden, den Lowlands oder gar England, herhalten zu müssen.«

Verständnislos runzelte Fiona die Stirn, während sie versuchte, auf dem feuchten Untergrund nicht auszugleiten. »Sehnsuchtsziel?«

Der Laird wartete, bis sie zu ihm aufgeschlossen hatte. »*Uill*, es mag unseren hochgeschätzten Dichtern Robert Burns und Walter Scott zu verdanken sein, dass gerade sämtliche Purpurträger und Emporkömmlinge diesseits des Ärmelkanals von der Rauheit, Urtümlichkeit und Romantik der schottischen Highlands träumen.« Er lächelte grimmig. »Man könnte fast meinen, es gehöre neuerdings zum guten Ton, statt der klassischen Grand Tour durch den europäischen Kontinent mit seinen antiken Sehenswürdigkeiten nun lieber eine Reise in die Highlands zu unternehmen. Vorzugsweise in der Originaltracht – oder dem, was man dafür hält.«

Obgleich Fiona von dieser Aussage überrascht war, nickte sie. »Ich habe die Romane von Walter Scott auch gelesen.« Genau wie jedes andere Buch und jede Zeitung, derer sie habhaft werden konnte. Wenn man den ganzen Tag im Haus verbrachte – und die einzig wirkliche Leidenschaft, die Musik, verboten war –, musste man zusehen, wie man etwas Abwechslung ins tägliche Einerlei bringen konnte.

»Und, Mylady, hat Sie deshalb die Sehnsucht nach unseren

malerischen Hügeln und Mooren gepackt? Der Wunsch, auf den Spuren von Rob Roy und Waverley zu wandeln?«

»Ich muss Sie enttäuschen, Sir. Es war nicht meine eigene Entscheidung hierherzukommen. Vielmehr entsprach es dem Wunsch meines Vaters, dass ich nach dem Tod meiner Mutter als Gesellschafterin bei meiner kinderlosen Tante leben sollte, die ein Haus in Inverness besitzt ... besaß.«

»Welch seltsame Fügung. Ihr Vater, der Richter, hat sie also buchstäblich in die Verbannung geschickt.«

Seine Stimme klang weich, doch störte sich Fiona an dem Spott in seinen Worten ebenso wie an der Tatsache, dass er ins Schwarze getroffen hatte. Genau das war es gewesen: der offensichtliche Versuch ihres Vaters, sie aus den Augen zu haben, sie sozusagen ans Ende der Welt zu verbannen.

Sie antwortete nicht auf diese Spitze, sondern setzte wortlos ihren Weg fort.

»Und, wurden Ihre Erwartungen enttäuscht?« Sir Aidan sprach ungewohnt sanft, gerade so, als sei er aufrichtig an ihrer Antwort interessiert. »Gefällt Ihnen, was Sie sehen, oder halten Sie das Land hier auch für ... rückständig und barbarisch?«

Überrascht über den plötzlichen Stimmungswandel sah Fiona erst den Laird an, dessen dunkles Haar ihm wirr in die Stirn geweht wurde. Dann ließ sie ihren Blick wieder über die Landschaft gleiten, die malerisch und in allen Herbstfarben leuchtend vor ihr lag.

»Die Natur hier, sie ist wunderschön«, sagte sie nach einer Weile. »Eine Landschaft, der man sich nicht entziehen kann. Es ist, als hätte sie eine eigene Sprache, eine eigene Melodie.«

Es ist nur dieses Haus, das mir Angst macht, fügte sie in Gedanken hinzu. *Dieses Haus und all die Dinge, die es über mich zu wissen scheint.*

»Das Land ist rau, es verzeiht nichts. Wer hier überleben will, muss eine ungewöhnliche Stärke aufbringen.«

Fiona vernahm den Anflug von Schmerz und Wehmut in seinen Worten, zugleich ahnte sie, dass diese mehr bedeuteten, als es den Anschein hatte. Unwillkürlich zog sie das kratzige Wolltuch enger um ihren Körper.

»Ich dachte, die Zeiten der rebellischen Highland-Krieger, die sich mit Waffengewalt und lautem Gebrüll gegen die Rotröcke zur Wehr setzen, wären lange vorbei«, sagte sie schließlich, da sie den Eindruck hatte, etwas erwidern zu müssen.

Sir Aidan verzog das Gesicht, und sie fragte sich, ob das so etwas wie die Andeutung eines Lächelns sein sollte. Einen Moment lang ruhte sein Blick auf ihren Zügen, als sähe er sie zum ersten Mal.

»Bemerkenswert, Mylady, dass Sie über eine solch umfassende Bildung im Bereich der Historie verfügen und so wenig von der eigenen Vergangenheit zu wissen scheinen.«

Fiona kniff die Augen zusammen, gab ihrem Gegenüber jedoch nicht die Genugtuung, ihn zu fragen, was er damit meinte. Stattdessen hielt sie seinem Blick stand und entgegnete ein wenig trotzig: »Natürlich habe ich darüber gelesen, Sir. Über den Thronanspruch der Stuarts, die Erhebung der Jakobiten und die Unterstützung durch viele verschiedene Highland-Clans.« Sie wusste nicht, weshalb sie den brennenden Wunsch verspürte, sich vor diesem Mann in einem guten Licht darzustellen. »Sowie über die Schlacht von Culloden, die all dem ein Ende setzte.«

Sir Aidans Blick war finster geworden, und Fiona fragte sich, ob sie etwas Falsches gesagt hatte.

»Ein Ende also«, sagte er schließlich, und wieder lag der unterdrückte Zorn in seiner Stimme, den sie so gut an ihm kannte. »Wenn Sie meinen ...« Ruckartig wandte er sich um und setzte zügig seinen Weg fort.

Fiona hatte Mühe, mit ihm Schritt zu halten.

»Wo gehen wir hin?«, fragte sie schließlich atemlos, als sie das Schweigen nicht länger aushielt.

»Ich werde Ihnen zeigen, was nach dem Ende kam.«

*

Während Aidan tief den würzigen Wind einsog, den weichen Boden unter seinen Füßen spürte, fragte er sich, ob es richtig gewesen war, diese Frau hierher mitzunehmen. An diesen Ort, diesen verfluchten Friedhof.

Was erhoffte er sich davon? Der Zorn flammte so heftig in ihm auf, dass er einige ruhige Atemzüge brauchte, bis er wieder in der Lage war, klar zu denken ... Nun wusste er auch wieder, warum er sie hierher gebracht hatte. *Nighean an dearg bhritheimh!*

Er wollte, dass sie es sah, wollte, dass sie es roch, schmeckte und fühlte.

Und dann?

Die Wut in Aidan glühte so heiß, dass er nicht sagen konnte, wozu er noch fähig sein würde.

Vielleicht war es ein Fehler gewesen, hierherzukommen. Ein Fehler, den er noch bitter bereuen würde.

Doch er hatte nicht anders gekonnt.

*

Fiona hatte keine Wahl, als ihm zu folgen. Bei jedem Schritt federte der weiche Boden unter ihren Füßen. Von der ungewohnten Anstrengung des langen Marsches wurde es ihr warm. Als sie einen steilen Hügel erklommen, begannen ihre Muskeln zu brennen, ihre Beine schmerzten, ihr Atem ging immer schwerer. Gerade als sie glaubte, keinen Schritt mehr weiterzukönnen, und Sir Aidan um eine kleine Pause bitten wollte, blieb er stehen. Lange ruhten seine Augen auf etwas, das sie von ihrer Position aus nicht erkennen konnte. Mit rasendem Puls und erhitztem Gesicht schaffte sie es, zu ihm aufzuschließen. Ihr Blick folgte dem seinen – und sie stieß einen überraschten Laut aus.

Vor ihren Augen breitete sich eine Reihe lang gestreckter Ruinen aus, die in der Sonne schimmerten. Unwirklich und gespenstisch zugleich. Reste von aus grauem Stein errichteten Gebäuden, die einmal einfache Häuser gewesen waren. Nun jedoch waren sie fast bis auf die Grundmauern zerstört, nur vereinzelt war noch eine Seitenwand stehen geblieben, die sich stumm und anklagend nach oben reckte.

Kaum noch erkennbare Wege waren mit Gras und Farn zugewachsen. Moos und Efeu überwucherten die Trümmer der bereits stark verwitterten Gemäuer. Darüber hing ein Hauch von Verzweiflung, Vergänglichkeit und Tod.

Beinahe als tröstlich empfand es Fiona, dass ein wenig abseits, halb von einem Hügel verborgen, Umrisse einer kleinen, aus Stein gemauerten Kapelle auszumachen waren. Diese schien zwar ebenfalls von Gestrüpp überzogen, ansonsten jedoch halbwegs unversehrt zu sein.

Und dieser seltsame Gegensatz löste in Fiona einen Schauder aus. Das ganze Szenario vor ihren Augen wirkte wie einem unheimlichen Traum entsprungen.

Erst als es Fiona gelang, den Blick davon abzuwenden, bemerkte sie, dass Sir Aidan sie die ganze Zeit über stumm beobachtet hatte, die Augen verengt, den Mund zu einer schmalen Linie zusammengezogen. Fragend sah er sie an.

»Was ist das?« Fionas Stimme klang heiser, und es kostete sie Mühe, die Worte auszusprechen.

Sir Aidan schwieg, und Fiona glaubte bereits, er wolle nicht antworten. Dann jedoch löste er sich mit einem Ruck aus seiner Starre und schritt den Hügel hinunter auf die Ruinen zu.

»Das, was nach dem Ende kam«, sagte er, ohne sich zu ihr umzudrehen.

Noch immer gefangen von dem unheimlichen Anblick stolperte Fiona hinter ihm her.

Kapitel 14

Im ganzen Körper spürte Fiona die Anspannung, als sie kurze Zeit nach ihrem Begleiter die Ruinen erreichte und dieser endlich seinen Schritt verlangsamte. Trockenes Gras und Heidekraut raschelten bei jedem ihrer Schritte, schienen auf pietätlose Art die alles umgebende Stille zu stören.

Grabesstille … Unwillkürlich erschauderte Fiona. Eine Wolke hatte sich vor die Sonne geschoben, doch das war nicht der einzige Grund, weshalb sie das Gefühl überkam, der Himmel habe sich verdunkelt.

Eine schwere, klagende Melodie löste sich in ihrem Innern, ähnlich einem Trauermarsch oder Requiem, die sie von Sterbegottesdiensten her kannte.

Wie überaus passend, denn um sie herum lag ein Friedhof.

Sie schluckte, während sie die zerstörte, halb von der Natur zurückeroberte Umgebung betrachtete.

Es war kein Friedhof im wörtlichen Sinne. Nirgendwo waren Gräber zu sehen, Kreuze oder Steine, die anzeigten, dass unter ihnen Menschen bestattet waren. Nur der Schutt und die Ruinen von etwas, das aussah, als wären es einmal Häuser gewesen, Hütten und Stallungen, die Spuren einer menschlichen Siedlung. Dennoch war es ein Friedhof, denn was hier begraben lag, waren Hoffnungen, Wünsche, Erinnerungen, Lebensentwürfe und vor langer Zeit zerstörte Träume. Und die Trauer darüber schmeckte salzig und bitter …

Sir Aidan war so abrupt vor ihr stehen geblieben, dass sie beinahe in ihn hineingerannt wäre. Erschrocken fuhr sie zusammen. Sie hatte seine Anwesenheit für einen Moment fast vergessen.

Das Gesicht des Mannes war ernst, sein Blick fragend auf sie gerichtet. Was erwartete er von ihr?

»Was ist hier geschehen?« Fiona wusste nicht, ob ihre Stimme zu leise war, um gehört zu werden, ob sie diese Frage vielleicht nur gedacht hatte oder ob ihre Worte vom Wind, der plötzlich stärker aufgekommen war, davongetragen wurden. Jedenfalls erhielt sie keine Antwort.

Stattdessen ließ Sir Aidan sich neben eine der halb abgetragenen Mauern ins Gras gleiten und begann, den Beutel auszupacken, den er mitgebracht hatte.

»Sie müssen Hunger haben. Wir sollten rasten«, sagte er.

Fiona war zwar überzeugt, beim Anblick dieser Ruinen, deren Wehklagen sie zu vernehmen glaubte, unmöglich etwas essen zu können, kam jedoch der Aufforderung nach. Sie raffte ihre Röcke und setzte sich ebenfalls auf die kalte, mit Farnen und Moos bewachsene Erde.

Während sie verstohlen versuchte, eine halbwegs bequeme Position zu finden, brach Sir Aidan ein Stück von einem festen Fladenbrot ab und reichte es ihr.

»Ich hoffe, Ihrem erlesenen Geschmack sind die einfachen Genüsse dieses barbarischen Landes nicht zuwider?« Er lächelte nicht.

»Die einfachen Genüsse, wie Sie es nennen, Sir, sind oft die besten.« Sie nahm das Brot entgegen und betrachtete es eingehend. Der Duft von frisch gebackenem Hafer stieg ihr in die Nase und machte ihr den Mund wässrig. Zugleich flackerte eine kleine Stichflamme in ihrer Seele auf, als sie an Ceidith dachte, die solche Haferbrote auch gebacken hatte. *Bannock* hatte sie sie genannt, und das Wort in ihrem schweren Highland-Akzent so kehlig und rau ausgesprochen, wie das Backwerk schmeckte. Fiona biss hinein, und für einen kurzen Augenblick war sie vollkommen von Gedanken an ihre Kindheit erfüllt. Sie schloss die Augen. Als sie diese wieder öffnete, bemerkte sie, dass Sir Aidan sie beobachtete.

»Es scheint Ihnen tatsächlich zu munden.« Dem Tonfall war nicht anzuhören, ob er überrascht oder zufrieden war.

Fiona nickte. »Es erinnert mich an früher.« Und als er sie erstaunt anblickte, fügte sie hinzu. »Unsere alte Köchin backte hin und wieder solches Brot. Immer wenn mein Vater nicht zu Hause war. Er mochte es nicht besonders und bevorzugte helles Weizenbrot. Ich aber ...«

»Sie schätzen den Geschmack einer verlorenen Welt?« Diesmal lag beißender Spott in den Worten und zugleich tiefe Traurigkeit.

Fiona entschloss sich, das Stichwort aufzugreifen und ihre Frage zu wiederholen. »Wo sind wir hier? Was ... was ist das alles?« Mit dem Kopf wies sie auf die versteinerten, halb von Pflanzen überwucherten Mauerreste. Betont gleichgültig hob Aidan die Schultern, und einige Herzschläge lang sah es so aus, als ob diese Geste die einzige Antwort blieb, die sie von ihm bekommen würde.

»Die Überreste von dem, was die neue Zeit zerstört hat«, sagte er schließlich.

Als Fiona ihn verständnislos ansah, fügte er hinzu: »Das hier ist ... nein, das hier *war* ... einst ein Dorf, später beherbergte es die Pächter der Thirstanes. Diese bauten vorwiegend Hafer an, etwas Roggen, später auch Kartoffeln. Gelegentlich hielten sie sich ein paar Rinder.«

Fiona war erstaunt über die Weitläufigkeit des Besitzes dieser Familie, verspürte aber zugleich ein Unbehagen. »Was ist aus den Pächtern geworden?«, fragte sie mit dem ungutenGefühl, die Antwort bereits zu kennen. »Wo sind sie jetzt?«

»Überall. In alle Winde zerstreut, an allen Enden der Erde.« Wie, um seine Worte zu unterstreichen, nahm Sir Aidan eine Handvoll Erde und zerrieb sie zwischen den Fingern, wo sie vom Herbstwind erfasst und weggeweht wurden. »Zu stark in der eigenen Vergangenheit verhaftet, waren sie nicht gewillt oder fähig, sich den Veränderungen anzupassen. Also mussten sie gehen.«

Fiona schwieg betroffen, erschüttert von der Wucht der Bedeutung, die in diesen wenigen Worten lag.

Vertreibung.

Ehe sie etwas erwidern konnte, sprach Aidan weiter. »Ich habe Ihnen doch die Fortsetzung der Geschichte versprochen, nicht wahr? *Uill*, das hier ist sie.« Mit dem Rücken lehnte er sich an einen Mauerrest, der ihm bis zur Schulter reichte. »Nach dem Ende, wie Sie es nannten, brach wirklich eine neue Zeit an. Die alte Gesellschaftsordnung verlor ihre Gültigkeit, das feudale System der Clans zerbrach. Stattdessen zog der Fortschritt auch hier oben in die entlegensten Winkel des Landes ein.«

Fiona spürte, wie ihr Mund trocken wurde, das Brot zäh und sandig an ihrem Gaumen klebte. »Sehr fortschrittlich sieht das hier aber nicht aus«, brachte sie schließlich hervor. »Eher ...«

»... zerstört, verödet?«, half Aidan nach. »Nun, das ist der Preis, der zu zahlen war.«

Die Bitterkeit in seiner Stimme traf Fiona tief.

»Die Einnahmen durch die Pachtgebühren waren zu gering. Und meine Familie brauchte Platz für die Schafzucht, um ihr Vermögen zu mehren und profitable Geschäfte mit den Spinnereien im Süden des Landes zu machen. Dabei waren diese Menschen im Weg, besonders, da sie darauf beharrten, weiterhin ihren veralteten, unproduktiven Gewerben nachzugehen.

Das verstehen Sie doch sicher, Mylady. Bestimmt hat Ihr Vater Sie gelehrt, dass jemand, der sich gegen die Gesellschaft stellt, kein Anrecht hat, weiterhin in dieser zu leben.«

Fiona schnappte nach Luft. Wie konnte man Menschen im Namen des Fortschritts und des finanziellen Profits einfach von ihrem Land vertreiben, ihnen ihre Heimat rauben, ihre Zukunft? Und es schockierte sie, mit welcher Gefühlskälte Aidan darüber sprach. Sein Zynismus traf sie tiefer als alle Herablassung, mit der er ihr seit ihrer Ankunft begegnet war.

»So schweigsam, Mylady? Sind Sie etwa nicht dieser Meinung?« Sein Blick hatte etwas Durchdringendes, Lauerndes, wie der eines Raubtiers, das seine Beute wittert, und Fiona fragte sich, was er von ihr zu hören erwartete.

»Ich …«, begann sie schließlich. »Ich weiß nicht … ich wusste nicht …« Sie brach ab, unfähig, angesichts all des Elends, der grausamen Geschichte, die sich an diesem Ort offenbarte, einen zusammenhängenden Satz hervorzubringen.

Dunkel erinnerte sie sich, von diesen Dingen gehört, in Zeitungen darüber gelesen zu haben, ohne jedoch richtig zu begreifen, was das alles bedeutete, was sich wirklich in diesem Land abspielte. Erst jetzt, beim Anblick dieser Ruinen, erfasste Fiona die Hintergründe der Geschichten, die Ceidith immer wieder erzählt, wenn auch meist nur angedeutet hatte. Ihr Vater hatte es nicht geduldet, dass die »verschrobene Alte«, wie er sie nannte, seiner Tochter noch weiter den Geist vernebelte.

Das also war von der farbenprächtigen, abenteuerlichen Welt der Romane Walter Scotts übrig geblieben: Trümmer, Elend und Vertreibung.

»Nun, Mylady. Gefällt Ihnen der Ausgang der Geschichte nicht?«

Fiona zwang sich, aufzusehen, dem ungerührten Blick des Lairds standzuhalten. »Nein, Sir. Er gefällt mir ganz und gar nicht!«, sagte sie tonlos, verstört und zornig über so viel Kälte und Gleichgültigkeit gegenüber dem Schmerz und dem Elend anderer. »Es ist ein Verbrechen, Menschen aus ihrer Heimat zu vertreiben, das Leben, das sie kannten, zu zerstören, sie zu entwurzeln wie lästiges Unkraut und sie irgendwo in die Fremde zu schicken.« Ein Schluchzen bahnte sich seinen Weg durch ihre Kehle, doch sie erstickte es, nicht bereit, diesem abweisenden Mann eine solche Regung zu zeigen. »Menschen aus ihren Häusern zu jagen, nur um aus dem Land, das sie bewirtschaften, noch mehr Profit zu schlagen, ist ein … ein Verbrechen.« Sie stockte erschüttert. »Es ist kaltblütiger Mord!«

Das Wort krachte wie ein Pistolenschuss über die einsame Landschaft.

Das Gesicht ihres Gegenübers war blass geworden, sein Augen wirkten beinahe schwarz, und auf seiner Stirn standen Schweißtropfen.

»Mord also, sagen Sie.« Sein Blick war tiefgründig, sein Kiefer mahlte. »Ein hartes Wort. Ein sehr hartes.« Steifbeinig stand er auf und wandte sich ab. »Aber … womöglich haben Sie recht.«

Bevor Fiona Gelegenheit hatte, etwas zu erwidern, stapfte er in Richtung der Kapelle davon.

*

Im Innern war es kalt, es roch nach Verfall und Endlichkeit. Und doch schien sich zwischen den Mauern die Spur der Heiligkeit früherer Jahrhunderte erhalten zu haben. So, als hätten sich die Gebete unzähliger Menschen, die einst hier zusammengekommen waren, hofften, bangten und zu Gott flehten, zwischen den Wänden verfangen.

Langsam schritt Fiona den Teil der Kapelle ab, wo sich

in früheren Zeiten der Mittelgang befunden hatte. Obgleich Unkraut an vielen Stellen durch den gebrochenen Fußboden spross, Efeu und Wicken durch die zerstörten Fensterscheiben hereinwucherten, konnte sie sich vorstellen, welch anheimelnder, erhebender Ort dieses Gebäude einmal gewesen sein musste. Und sie spürte, wie sie in diesem kleinen, verfallenen Gotteshaus wieder ein wenig Frieden fand – auch wenn die Anspannung blieb.

Stumm murmelte sie ein Gebet, alte, oft dahergesagte Worte in altertümlicher Sprache, deren Inhalt sie in diesem Moment nicht ergründete und die sich dennoch tröstend auf ihre Seele legten. Etwas in ihrem Innern sagte ihr, dass auch Sir Aidan des Trostes bedurfte – vielleicht mehr als alles andere, obwohl er ihn womöglich nicht verdiente.

Weil Blut an seinen Händen klebte?

Ihr schauderte bei dem Gedanken, und sie versuchte vergebens, ihn abzuschütteln, als sie weiter nach vorn ging, bis zu der kleinen Apsis, die den Altarraum bildete.

Reglos stand der Laird vor dem ehemaligen Altar und blickte durch ein Fenster, dessen bunte Scheiben fast alle zerbrochen waren und ein wirres, unzusammenhängendes Muster ergaben.

»Glauben Sie an Schicksal, Mylady?« Er wandte ihr den Kopf zu. »Glauben Sie, dass unser Leben von Geburt an vorbestimmt ist?«

Nur mit Anstrengung gelang es Fiona, seinem gequälten Blick standzuhalten »Ich weiß es nicht, Sir.« Ihre Stimme schien von den alten Mauern geschluckt zu werden.

Langsam trat er näher. »Glauben Sie, dass es möglich ist, seinem Schicksal zu entgehen? Die Schuld hinter sich zu lassen, die man im Leben auf sich geladen hat?«

Vorsichtig wich sie einen Schritt zurück, Sand und Schutt

unter ihren Füßen knirschten leise, ein kalter Windhauch strich über ihr Gesicht. »Ich weiß es nicht. Aber die Bibel lehrt uns, dass es möglich ist, Vergebung zu erlangen und neu zu beginnen, wenn man nur aufrichtig gewillt ist, sein Leben zu ändern, die Schuld vor Gott bekennt und seine Liebe ...«

»Gottes Liebe und Vergebung! *Verflucht!*« Wie ein Donnerschlag hallte Aidans Schrei durch die Kapelle. Ein Vogel, der in dem alten Gemäuer Unterschlupf gefunden hatte, fuhr erschrocken auf und flatterte durch die geöffnete Tür nach draußen.

»Glauben Sie an diesen Unsinn, Fiona? An das fromme Geschwafel weinseliger Prediger?« Seine Stimme klang so zornig, dass Fiona nur am Rande wahrnahm, dass er sie mit dem Vornamen angeredet hatte.

Ihr Herz schlug fest gegen ihre Brust. Glaubte sie daran? Glaubte sie an das, was man sie von Kindesbeinen an von der Kanzel herab gelehrt hatte?

»Ich glaube daran«, murmelte sie leise, den Blick auf die zerbrochenen Bodenplatten zu ihren Füßen gerichtet. »Ich glaube daran, weil ich weiß, dass ohne Liebe das Leben die Hölle sein kann.«

Eine ganze Weile erfolgte keine Reaktion, und in der plötzlichen Stille war deutlich ein Donnergrollen zu vernehmen, das in der Ferne herannahte. »Dann glauben Sie es auch für mich, Mylady ...« Sir Aidan hatte sich nicht von seinem Fleck gerührt, doch klang seine Stimme weicher, und zögernd hob Fiona den Kopf.

Plötzlich überkam sie Mitleid mit diesem Mann, den sie bis vor wenigen Tagen noch nicht einmal gekannt hatte und der seither immer wieder Unbehagen, Unsicherheit und Furcht in ihr hervorrief. Und so wehrte sie sich nicht, als er mit dem Handrücken vorsichtig über ihr Gesicht strich.

Einem Impuls folgend ergriff sie seine Hand und hielt sie fest. Zunächst schien er erstaunt, dann jedoch erwiderte er ihren Druck, und eine Weile war nichts zu hören, als ihre gemeinsamen Atemzüge und die Klänge der Einsamkeit, die sie einhüllten. Eine Einsamkeit, die Fiona vertraut war, seit sie denken konnte, und die sich in diesem kurzen, aberwitzigen Moment mit der des Mannes verband, dessen Hand sie hielt. Eines Mannes, der dieses Gefühl ebenso gut zu kennen schien wie sie selbst und dessen verzweifeltes Sehnen, ihm zu entfliehen, so stark war, dass sie es körperlich zu spüren glaubte. Fiona begann zu zittern.

»Sie frieren?«, fragte er sanft.

Stumm schüttelte sie den Kopf.

»Ihre Lippen beben.«

Fest presste Fiona diese aufeinander. Ohne Erfolg. Doch sie wusste, dass die Kälte, die sie verspürte, aus ihrem Innern herrührte und nicht von den herbstlichen Highlands oder der zugigen Kapelle.

»Kommen Sie her«, befahl er leise, und gegen ihren Willen gehorchte sie.

Er öffnete seinen Umhang und zog sie zu sich.

Fiona ließ es geschehen und spürte, wie bei dieser sanften Berührung die klagenden Laute in ihrer Seele verebbten, die noch kurz zuvor von Verlust und Schmerz gesprochen hatten. Eine warme, tiefe Melodie breitete sich in ihr aus, die zart klang wie ein Wiegenlied – und die zum ersten Mal, seit sie sich entsinnen konnte, das Gefühl der Einsamkeit und des Andersseins vertrieb.

Das krachende Geräusch der zufallenden Kapellentür ließ sie zusammenfahren. Von der plötzlichen Störung und dem zuvor Erlebten noch immer benommen, schwankte sie, als Aidan sie ohne Vorwarnung von sich wegstieß.

Während sie versuchte, irgendwo Halt zu finden, zu begreifen, was gerade geschehen war, sah sie, dass der Laird durch die Tür hinausstürzte.

Was war *das* gewesen? Hatte sie sich wirklich gerade berühren, ja sogar in den Arm nehmen lassen? Von diesem Mann? Wie konnte sie nur? Benommen schüttelte sie den Kopf. Sollte sie diese Unterbrechung bedauern oder eher dankbar dafür sein?

Die Rückkehr Sir Aidans enthob sie einer Antwort. Sein Gesicht war gerötet, keuchend lehnte er sich an das Portal, um wieder zu Atem zu kommen.

»Er ist mir entwischt«, brachte er hervor. »Der Bastard, er ist ...« Wütend hieb er mit der Faust gegen die Wand. Eine Taube flatterte auf, Putz fiel bröckelnd zu Boden, und in den wenigen Scheiben der Fenster vibrierte das Echo.

»Was ist passiert?«, getraute Fiona sich zu fragen, obgleich sein plötzlich zurückgekehrter Zorn sie erschreckte.

Er schüttelte den Kopf.

»Haben Sie ...«, Fiona zögerte, ehe sie fortfuhr, »haben Sie erkannt, wer es gewesen ist?«

Einen Moment lang trafen sich ihre Blicke. Sir Aidan schien zu überlegen, ob er etwas entgegnen sollte. Doch dann wandte er sich zur Tür.

»Kommen Sie, Mylady. Ein Unwetter kündigt sich an. Wir sollten nach Thirstane Manor zurückkehren.«

Alles in Fiona drängte sie, zu protestieren, ihn zu zwingen, ihr mehr zu sagen. Sie hatte in seinen Augen gelesen, dass er zumindest eine Vermutung hatte, wer ihnen gefolgt war und sie beobachtet hatte. Doch hatte ihr Begleiter bereits die Kapelle verlassen und schritt zügig aus. Hastig folgte sie ihm nach draußen.

Es wurde ein langer, schweigsamer Weg zurück zum Herrenhaus.

Kapitel 15

Ein wenig schlaftrunken, benommen vom Wein und den seltsamen Erlebnissen des Tages, kehrte Fiona nach der gemeinsamen Abendmahlzeit in ihr Zimmer zurück. Der breite Flur mit der hohen Decke lag im Dunkeln, nur erhellt durch das Licht der Kerze, die sie in Händen hielt.

Gespenstische Schatten huschten über die hohen Wände. Durch die schlecht abgedichteten Fenster war ein kalter Hauch zu spüren, der die Flamme flackern und Fiona frösteln ließ. Wieder vernahm sie diese seltsame Melodie in ihrem Kopf, dieses dumpfe Dröhnen, dessen tiefe Vibration sich in ihrem ganzen Körper ausbreitete, durchbrochen von einem gleichmäßigen Pochen, das seine Quelle irgendwo innerhalb der Mauern dieses alten Gebäudes haben musste. Wie eine Geisterstimme ... eine Stimme, die sie rief, immer und immer wieder, seit sie dieses Haus betreten hatte.

Energisch zwang sie sich, ihre Gedanken zurück zu dem denkwürdigen Tag zu richten. Der Anblick der Ruinen hatte sie zutiefst erschüttert, die Vorstellung von der Vertreibung und dem damit verbundenen Leid dieser Menschen beschäftigte sie so sehr, dass sie am Abend kaum einen Bissen heruntergebracht hatte.

Auch konnte sie sich keinen Reim auf das widersprüchliche Verhalten des Lairds machen. Er hatte ihr die ganze Geschichte erzählt und sogar angedeutet, dass seine eigene Familie dafür verantwortlich war, jedoch ohne die Spur des Bedauerns darüber zu äußern. Konnte er so gewissenlos sein?

Sir Aidan Thirstane.

Er blieb ihr ein Rätsel, ein Rätsel, das sich mit der Zeit nicht etwa löste, sondern sich im Gegenteil noch zu vertiefen schien, je näher sie ihn kennenlernte.

Sie hatte ihr Schlafzimmer erreicht und trat ein. Rasch stellte sie ihre Kerze ab und verschloss die Tür von innen. Dann schnürte sie sich die Schuhe auf und begann, sich für die Nacht umzuziehen. Nur mühsam gelang es ihr, die zahllosen Knöpfe, Haken und Ösen, die das Kleid zusammenhielten, ohne Hilfe zu öffnen. Und während sie sich damit abmühte, fragte sie sich ein weiteres Mal, weshalb der Hausherr so wenig Personal beschäftigte, welches kaum die anfallende Arbeit erledigen konnte.

Lag es an seinen finanziellen Mitteln? Er wäre nicht der erste Landadelige, der sich aufgrund eines übertriebenen Lebensstils oder der Spielsucht um sein Vermögen gebracht hatte und den Rest seiner Tage in Armut oder zumindest in unfreiwilliger Bescheidenheit verbringen musste.

Oder konnte er lediglich die Nähe anderer Menschen nicht ertragen und wählte deshalb die Einsamkeit?

Endlich hatte Fiona den letzten Knopf geöffnet und schälte sich erleichtert aus dem Kleid, das sie vorsichtig über einen Stuhl hängte. Sie atmete auf, als es ihr schließlich gelang, sich auch aus dem engen Korsett zu befreien, und schlüpfte schnell in ihr Nachthemd, das auf dem Kopfkissen bereitlag.

Ihre Gedanken wanderten zurück zu Sir Aidan.

Sie beschwor sein Gesicht vor ihrem inneren Auge herauf. Scharfe Züge, so hart, wie aus Stein gemeißelt ... und meist ebenso unbewegt und kalt. Sie waren nicht schön zu nennen, zogen aber dennoch den Blick des Betrachters in ihren Bann.

Mehr noch als das Aussehen war es jedoch sein Verhalten, das die unterschiedlichsten Gefühle in ihr hervorrief. Die meiste Zeit über abweisend und wortkarg, konnte er von einem Moment auf den anderen von zynischer Schärfe oder schneidender Herablassung sein. Zuweilen hatte sie den Eindruck, er spiele mit ihr, versuche, sie bewusst zu verunsichern. Nur, warum sollte er das tun? Noch nie zuvor waren sie sich begegnet. Aus welchem Grund sollte er also irgendeinen Groll gegen sie hegen?

Und nun, an diesem Nachmittag, in den Ruinen, in der Kapelle! Noch immer glaubte Fiona, seine unmittelbare körperliche Nähe zu spüren, die sie im gleichen Maße erschreckt wie getröstet hatte und der sie sich nicht hatte entziehen können ... oder wollen.

Was wäre geschehen, wenn sie nicht gestört worden wären? Ob sie in der Lage gewesen wäre, den Verletzungen der Regeln von Anstand und Schicklichkeit Einhalt zu gebieten?

In ihrem Zimmer war es stickig. Schnell hüllte Fiona sich in eine Decke und öffnete das Fenster. Erdig-feuchte Nachtluft schlug ihr entgegen, die sie in tiefen Zügen einatmete. Wie in einem verwunschenen Land lag Dunkelheit über der hügeligen Landschaft, die nur vereinzelt von Bäumen durchbrochen wurde. Nebel hing nur einige Zoll breit über dem Erdreich, was der ganzen Szenerie den Anblick eines ausgebreiteten Leichentuches gab.

Am Himmel funkelten unzählige Sterne, so fern und so vertraut, dass es Fiona beinahe die Tränen in die Augen trieb, so klein, einsam und verloren fühlte sie sich bei ihrem Anblick. Obgleich sie von ihrer Position aus den Mond nicht sehen konnte, war alles in ein gespenstisch blasses Licht getaucht, welches die Gegend in bizarrer Schönheit erstrahlen und zugleich unheimlich wirken ließ.

Der Anblick der friedlichen Nacht linderte ihre Anspannung und beruhigte ihr Gemüt. Seufzend lehnte sie sich ein kleines Stück weiter hinaus und genoss die Kühle.

Plötzlich erregte etwas ihre Aufmerksamkeit. Sie runzelte die Stirn und kniff die Augen zusammen.

Erst war es nur ein vager Eindruck, dass sich hinten am Horizont irgendetwas bewegte. Angestrengt starrte Fiona in die Richtung, als sie erkannte, dass sich kleine helle Lichter näherten, die zitternd über den Boden zu schweben schienen.

Was war das? Fionas Herz raste.

Die Lichter kamen näher. Und dann, wie von weither, hörte sie plötzlich ihren Namen rufen.

»Lady Fiona ... Hemington ... Mylady ... Fiona ...«

Gespenstisch, unwirklich, irgendwie verzerrt. Sie konnte nicht sagen, ob die Stimmen ihrem Innern entsprangen oder von irgendwoher zwischen den Mauern dieses Hauses zu ihr drangen, doch sie waren deutlich zu vernehmen.

»Heeeeemingtoooon ... Fiooooonaaaa!«

Schneller, immer schneller, wie im Rhythmus ihres Herzens, steigerten sich die Worte zu einem unheimlichen Crescendo, zu einem Klang, der so nah und zugleich so fern in ihr widerhallte, beinahe im Gleichklang mit den flackernden Bewegungen der Lichter da draußen.

Ruckartig zog Fiona sich vom Fenster zurück, schlug es zu, schlüpfte rasch ins Bett und zog die Decke bis zum Kinn.

Mit klammen Fingern umfasste sie das silberne Medaillon, das sie stets um den Hals trug. Es war ein Bildnis ihrer Mutter, das diese ihr gleich nach der Taufe umgelegt hatte. Die Berührung des warmen Metalls fühlte sich vertraut und tröstlich an, als könne es ihr Schutz bieten.

Die Stimmen, die ihren Namen riefen, schienen sich zu entfernen, waren aber immer noch zu vernehmen. Leise und gedämpft, fast wie ein Flüstern.

»Fiona ... Fiona Hemington ...«

Fiona rollte sich zusammen, presste das Kissen aufs Ohr und versuchte tief und gleichmäßig zu atmen. Die Hand fest um das Medaillon gepresst, spürte sie, wie ihr Puls langsam zur Ruhe kam, trotz der Schatten, die durch ihr Zimmer huschten, trotz der Irrlichter draußen in der Nacht, und trotz der Stimmen, die unablässig ihren Namen riefen.

Rufe, die sie bis in den Traum verfolgten, in einen unruhigen Schlaf, der sie irgendwo zwischen Phantasie und Wirklichkeit gefangen hielt. Das Rufen steigerte sich zu einem Schreien, einem unmenschlichen Aufheulen, das in ein Wimmern überging und versiegte. Panisch, verzweifelt, halb erstickt.

Mylady, ich flehe Sie an ... Lady Hemington!

Die Stimme klang hohl, als hallte sie in einem leeren Raum wider, und die Intensität machte Fiona Angst, denn undurchdringliche Schwärze umgab sie.

Sie versuchte, sich durch die Dunkelheit zu tasten, der Frau, die dort irgendwo in Not sein musste, zu Hilfe zu eilen, doch sosehr sie sich auch bemühte, konnte sie keinen Fuß vor den anderen setzen.

Stattdessen spürte sie eine Berührung. Erst zögerlich und sanft, dann fester. Hände, die sich unter ihren Nacken schoben, ihren Kopf leicht anhoben. Panik stieg in Fiona auf, als Finger über ihren Hals tasteten und zupackten. Vor Angst war sie wie gelähmt, Kälte breitete sich in ihrer Brust aus. Plötzlich spürte sie einen leichten Ruck, ihr Kopf fiel zurück auf das Kissen, dann war der Spuk vorbei. Sie konnte wieder frei atmen, sich bewegen und ... wieder sehen.

Allerdings war der Anblick, der sich ihr bot, so grausam, dass sie sich am liebsten abgewandt hätte. Eine Frau, sie mochte Mitte dreißig sein, hing mit gefesselten Händen an einem hohen, dreieckigen Holzgerüst. Ihre Füße berührten kaum den

Boden, sodass ihr ganzes Gewicht auf ihren Schultergelenken lastete und sie dadurch furchtbare Schmerzen haben musste.

Ein Schauer des Entsetzens durchfuhr Fiona, als sie wie von einer unsichtbaren Macht angezogen näher trat. Einen Wimpernschlag lang durchzuckte sie die Erkenntnis, dass sie die Frau schon einmal gesehen hatte. Doch wann und wo?

Diese wimmerte leise, und der schwache Laut klang so hilflos, dass er Fionas ganzen Körper zu durchdringen schien. Die Augen der Gepeinigten sahen flehend zu ihr hin, als könnte sie ihr helfen und sie von ihrer Qual erlösen. Beim Anblick solch menschenverachtender Brutalität packte Fiona das schiere Grauen.

Ein Schatten schob sich in ihr Gesichtsfeld, ein schwarzer Schatten, die Umrisse eines Menschen. Das Wimmern der Frau steigerte sich zu einem schrillen Schluchzen der Verzweiflung. Der Schatten bewegte sich ruckartig, die Peitsche fuhr auf ihren Rücken nieder. Ein alles durchdringender Schrei zerriss die Luft … und Fiona wachte auf.

Tag 5 auf Thirstane Manor

It was na sae in the Highland hills,
Ochon, Ochon, Ochrie!
Nae woman in the Country wide,
Sae happy was as me.

Robert Burns

So war es in den Highlands nicht,
Oh weh, oh weh, oh weh!
Weit und breit war keine Frau,
So glücklich und froh wie ich.

Kapitel 16

Dieses Haus! Irgendetwas ging in diesem Hause vor sich.

Keuchend lag Fiona auf dem Bett und versuchte, sich aus der Welt des Traumes zurück in die Wirklichkeit zu kämpfen. Doch es wollte ihr nicht gelingen, die schrecklichen Bilder aus ihren Gedanken zu verbannen. Zu aufwühlend war der Anblick der hilflos an dieses Gerüst gebundenen Frau gewesen. Zu deutlich klang ihr Schrei noch immer in Fionas Ohren, und die Erinnerung daran ließ sie würgen.

Hastig beugte sie sich aus dem Bett, zog mit zitternden Fingern den Nachttopf hervor und übergab sich. Schweißnass sank sie zurück auf das kühle Leintuch und wartete mit halb geschlossenen Lidern, bis das Zittern nachließ und sich ihr Herzschlag wieder halbwegs beruhigt hatte.

Tränen klebten an ihren Lidern, und wieder vernahm sie dieses gespenstische Summen in ihrem Innern. Als sie den Kopf hob, sah sie, dass sich durch das Fenster bereits das erste Grau des anbrechenden Morgens abzeichnete.

Mühsam rappelte sie sich auf. Seit ihrer Kindheit wurde sie von Albträumen geplagt. Träume von zischenden Schlangen, wütenden Drachen und einer plötzlich eintretenden Schwärze, die alles um sie herum verschlang. Aber so eindringlich und grausam wie das Bild dieser geschundenen Frau war bisher noch kein Traum gewesen, und das ließ ihr Entsetzen ins Unermessliche wachsen.

Die Ruinen, die sie am Vortag gesehen hatte, kamen ihr in den Sinn. Die Geschichte von gnadenloser Vertreibung und

Leid. Sollte dies der Auslöser ihres Albtraums gewesen sein? Nur, was konnte das mit dieser gequälten Frau zu tun haben? Und vor allem: Wieso war sie so sicher, diese zu kennen?

Einen Schauder unterdrückend rief Fiona sich zur Ordnung. Sie musste lernen, ihre überschäumende Phantasie in den Griff zu bekommen. Vielleicht hatte ihr Vater recht, und sie las tatsächlich zu viele Romane – und Zeitungen, deren Inhalt nicht für das zarte Gemüt junger Frauen geeignet war. Unwillkürlich gingen ihre Hände zu ihrem Medaillon ... und sie schrak zusammen, als sie ins Leere griff.

Ungläubig blickte Fiona an sich hinunter. Wo war ihr Medaillon? Hatte sie es im Schlaf verloren? Suchend tastete sie erst sich selbst ab, dann die Kissen, Decken und das Laken, hob die Matratze an, schaute neben und unter dem Bett nach.

Vergeblich.

Fiona schüttelte den Kopf, unfähig, sich einen Reim auf das Ganze zu machen. Als sie am Vorabend zu Bett gegangen war, hatte sie das Medaillon noch getragen. Wie konnte es über Nacht einfach verschwunden sein? Und selbst wenn die Kette gerissen und ihr vom Hals gerutscht wäre, müsste das Schmuckstück doch irgendwo zu finden sein. Es konnte sich doch nicht in Luft aufgelöst haben.

Eine unbestimmte Angst breitete sich in Fiona aus. Sie warf einen gehetzten Blick zur Tür. Ein wenig schwankend lief sie dorthin und drehte den Knauf. Der Raum war noch immer abgesperrt.

Das Gefühl des Grauens verstärkte sich, ihr Mund wurde trocken. Hilfesuchend sah sie sich um. Stand vielleicht das Fenster offen? Nachdem sie sich vergewissert hatte, dass auch dieses verschlossen war, glaubte sie, zu spüren, wie sich alles um sie herum zu drehen begann.

Sollte irgendjemand in dieser Nacht in ihrem Zimmer gewesen sein, musste er oder sie die Fähigkeit besitzen, durch verschlossene Türen zu gehen.

Hektisch suchte ihr Blick den Boden ab. Ein länglicher Gegenstand schimmerte matt im Morgenlicht. Sie bückte sich danach und hielt den Zimmerschlüssel in der Hand, mit dem sie am Abend zuvor abgeschlossen hatte.

Was hatte das zu bedeuten? Welch seltsame Dinge gingen in diesem Hause vor sich? Fiona versuchte, sich zur Vernunft zu rufen. Womöglich würde Elspeth ihr ein wenig mehr erzählen können, wenn sie ihr später bei der Morgentoilette behilflich wäre.

*

Dunkelheit umfing Aidan, als er die Augen aufschlug.

Da der Raum keine Fenster hatte, konnte er nicht mit Sicherheit erkennen, ob draußen bereits der Morgen graute, aber etwas sagte ihm, dass die Sonne schon aufgegangen sein musste.

Vorsichtig dehnte er seine Muskeln, die von der Nacht auf dem harten Boden steif geworden waren. Seine Arme und Beine zuckten, als er schließlich aufstand und einige Schritte umherging, die Übungen machte, die Kari ihn gelehrt hatte, um seinen Kreislauf wieder anzukurbeln.

Anschließend fühlte er sich zwar ein wenig besser, aber noch immer steckte die Müdigkeit in seinen Knochen. Wieder war er die halbe Nacht umhergewandert, unfähig, zu schlafen oder auch nur zur Ruhe zu kommen.

Seine Schlaflosigkeit war schlimmer geworden, seit Fiona Hemington im Hause war. Die junge Frau, deren Anwesenheit ihn ebenso quälte wie faszinierte … und die vielleicht ja wirklich von all diesen Dingen nichts wusste. War das möglich? Zum wiederholten Male rechnete er ihr Alter nach, ohne jedoch zu einem befriedigenden Ergebnis zu gelangen.

Verärgert darüber, dass seine Gedanken so oft um sie kreisten, schüttelte er den Kopf. Er schob die schwere Tür auf und trat nach draußen. Noch immer ein wenig steifbeinig machte er sich auf den Weg durch die feuchten Kellergewölbe hinauf in sein Schlafzimmer.

*

Fionas Herzschlag beschleunigte sich, als sie an die schwarze Gestalt dachte, die sie zuletzt nach dem Besuch in der Kapelle gesehen oder zu sehen geglaubt hatte. Doch war ihr Wunsch, eine Weile Frieden und Trost im Gebet zu finden, so übermächtig, dass es sie am späten Nachmittag wieder dorthin trieb.

Ihre Gedanken waren so sehr von den Ereignissen des Vortages und der hinter ihr liegenden Nacht gefangen, dass sie nicht auf die leisen Schwingungen achtete, die Vibrationen der Melodie, das seltsame Pochen, das sie schon zuvor in diesem Hause vernommen hatte.

Den ganzen Tag über hatte sie Sir Aidan noch nicht zu Gesicht bekommen. Dabei drängte es sie, ihm von dem unerklärlichen Verschwinden ihres Medaillons in der Nacht zu berichten.

Während der Morgentoilette hatte sie Elspeth gefragt, ob noch jemand im Haus einen Schlüssel für ihr Schlafzimmer besäße. Das Mädchen wusste es nicht. Vielleicht konnte ihr der Hausherr nähere Auskunft geben.

Gedankenversunken nahm sie die letzten Stufen der Wendeltreppe und öffnete die Tür zur Kapelle, wobei sie diese ein wenig anhob, um das laute Quietschen der alten Scharniere zu dämpfen.

Fiona glaubte, den Duft von erloschenen Kerzen wahrzunehmen, vermischt mit dem Staub der Jahrhunderte, der zwischen den alten Wänden hing. Die farbigen Glasfenster malten tiefrote Kringel auf den Steinfußboden, die Fiona an den Anblick vergossenen Blutes erinnerten. Mit klammen Fingern schloss sie die Tür hinter sich, setzte sich in eine der hinteren Bänke und begann, stumm zu beten.

Ihr Blick fiel auf ein Regal, das in einer Nische stand und mit einigen Büchern in unterschiedlichen Formen und Größen bestückt war. Vermutlich Gesang- und Gebetbücher oder andere Werke erbaulichen Inhalts.

Sie stand auf, zog eines davon hervor, eine schwere, in dunkelgrünes Leder gebundene Bibel. Der aufgewirbelte Staub ließ sie niesen. Allem Anschein nach war Aidan Thirstane kein Mann, der allzu häufig Trost in den Worten der Heiligen Schrift suchte, denn dieses Exemplar wirkte, als hätte sie seit Menschengedenken niemand mehr in der Hand gehalten. Ein Papier glitt heraus und fiel zu Boden. Fiona bückte sich danach und faltete es auseinander.

Ein Ausschnitt aus einer Zeitung, so viel war auf den ersten Blick zu erkennen. Doch erst als Fiona die Kerze näher hielt, konnte sie den Text entziffern.

Große Trauer um Offizier seiner Majestät, Wissenschaftler und Forscher aus Berwickshire.

Wer war dieser Mann gewesen? Fiona kniff die Augen zusammen und las weiter:

Mit großer Bestürzung nehmen die Bewohner von Berwickshire und vor allem die Familie des Verstorbenen den Tod eines besonderen Bürgers unserer Grafschaft zur Kenntnis. Der ehrenwerte Captain Patrick Logan, der über Jahre hinweg treue Dienste in der Armee des Königs geleistet und sich besonders in Übersee einen Namen gemacht hat, ist, wie uns mitgeteilt wurde, einem heimtückischen Mordanschlag auf fremdem Boden zum Opfer gefallen.

Bisher ist es noch nicht gelungen, den Mörder dieses bedeutenden Mannes ausfindig zu machen. Vieles spricht dafür, dass es sich um die heimtückische Tat eingeborener Aufrührer handelt, die sich von ihrem angestammten Land vertrieben sahen. Doch wird nichts unversucht gelassen, die Schuldigen der göttlichen und menschlichen Gerechtigkeit zuzuführen.

In großer Trauer gedenken die Hinterbliebenen, Familie und Freunde dieses außergewöhnlichen Mannes, der mit Durchsetzungsvermögen, Bildung und Scharfsinn die Belange des Königs auch im entlegensten Winkel seines Reiches vertreten hat.

Das Andenken an diesen großen Mann, Patrick Logan, wird jedoch immer in unseren Herzen und Gedanken bleiben.

Langsam ließ Fiona die Kerze sinken, während die Reflexionen des grellen Lichts bunte Flecken vor ihren Augen tanzen ließen. Ein Mord, ein Mordopfer also.

Captain Patrick Logan. Sollte sie diesen Mann kennen?

Sie runzelte die Stirn. Nicht, dass sie wüsste oder dass sie irgendein Gesicht, irgendeine Geschichte damit hätte verbinden können. Und doch weckte dieser Name eine vage Erinnerung in ihr.

Jedoch interessierte Fiona mehr die Frage, warum jemand diesen Zeitungsausschnitt aufgehoben hatte. War der Verstorbene ein Freund des Hauses gewesen? Jemand, dessen Tod die Thirstanes zutiefst bedauerten? Oder aus welchem Grund wurde dieses Druckstück hier in der Bibel verwahrt?

Leise knisterte das Papier, das Fiona zwischen den Fingern hin- und herdrehte, als könnte sie ihm dadurch sein Geheimnis entlocken.

Ein Geheimnis? Erst jetzt wurde ihr bewusst, was sie gerade gedacht hatte. Sollte dieser ungeklärte Todesfall etwas mit den unheimlichen Geschehnissen in Thirstane Manor zu tun haben? War in dem Text nicht von Vertreibungen die Rede? Davon, wie sich »Aufrührer« dagegen zur Wehr setzten? Oder interpretierte sie womöglich zu viel hinein? Erneut sah sie die Bilder der verlassenen Ruinen vor sich.

Vertreibungen ... *Von ihrem angestammten Land vertrieben sahen ...*

Nachdenklich faltete sie den Zeitungsausschnitt wieder zusammen, um ihn zurück in die Bibel zu legen. Als sie diese aufschlug, entdeckte sie mit verblasster Tinte verfasste Notizen. Sie begann zu lesen, und ihr Herz schlug schneller, als sie erkannte, was sie da in der Hand hielt. Eine Familienbibel. Das Buch, in dem über Generationen hinweg alle Geburts-, Hochzeits- und Sterbedaten einer Familie eingetragen worden waren.

Der Anflug eines schlechten Gewissens überkam Fiona. Ob es wohl gestattet war, einen genaueren Blick hineinzuwerfen? Weshalb nicht? Immerhin lag es doch ganz offen, für jedermann zugänglich im Regal. Rasch las sie die ersten Zeilen. Da sie jedoch die Aufzeichnungen aus jüngerer Zeit am meisten interessierten, überflog sie die früheren nur, bis sie zu der letzten Seite gelangte.

Donnach Thirstane, stand da geschrieben. *Geboren 1743, verheiratet mit Catriona McGavin, zwei Söhne, drei Töchter. Der älteste Sohn, Tavish Thirstane, geboren 1769 ...* Fiona hielt einen Moment inne, als der Widerhall dieses Namens in ihrem Kopf nachklang. Tavish Thirstane? Von den Daten her musste das Aidans Vater sein. Angespannt las sie weiter.

Heirat 1797, eine Mildred Sullivan – der Name sagte Fiona nichts. Drei Söhne, eine Tochter. Der älteste Robert Thirstane, geboren im Jahre 1798, dann eine Tochter Annie, geboren

1799, im gleichen Jahr verstorben, ebenso das dritte Kind, Andrew, geboren 1801, gestorben 1802 ...

Das Rauschen und Summen in Fionas Kopf nahm zu. Etwas schien ihr die Luft abzudrücken, ihre Kehle abzuschnüren.

O nein, nicht jetzt, großer Gott, bitte nicht jetzt!

Entschlossen las sie den letzten Namen: *Hamish Thirstane ... geboren ...* Nur mit Mühe gelang es Fiona, den Rest der Zeile zu entziffern, so sehr war ihr Sichtfeld in schwarze, wabernde Schatten gehüllt ... *geboren 1802, als jüngstes Kind der Familie, getauft ...*

»Lady Fiona, allein im Gebet versunken. Welch erbaulicher Anblick!«

Die Stimme Sir Aidans tönte laut durch die Kapelle. Alle Bilder und Gedanken, die Fiona heraufzubeschwören versucht hatte, zerplatzten wie Seifenblasen in der Luft. Die Schritte seiner Stiefel auf dem Steinboden hallten von den hohen Wänden wider.

»Ich wusste gar nicht, dass im Hause des ehrenwerten Richters Hemington die Frömmigkeit gepflegt wird. Nun, es gibt wohl doch noch die eine oder andere Erkenntnis, die mich überraschen kann.« Sein Ton war ätzend wie Säure und schien die Heiligkeit und Stille des Ortes zu verletzen, die friedvolle Atmosphäre von Kerzen und Gebet Lügen zu strafen.

Ehe Fiona etwas erwidern konnte, hatte Sir Aidan neben ihr in der Bank Platz genommen. Unwillkürlich rückte sie einen Zoll ab. Sie hatte das Gefühl, die aufgeschlagenen Bibelseiten würden ihre Finger versengen.

Sein Blick glitt flüchtig auf ihren Schoß, wo das Buch ruhte, und dann wieder zu ihrem Gesicht. »Mylady widmen sich der Heiligen Schrift, wie ich sehe.«

Nach den Momenten der Nähe und der Vertraulichkeit zwischen ihnen am Tag zuvor in dieser anderen verfallenen

Kapelle war sein plötzlich neu aufgeflammter Zorn für Fiona wie ein kalter Wasserguss. Zumal sie nicht wusste, womit sie diesen auf sich gezogen hatte.

»Und was geruhen Mylady heute Abend zu lesen? Das Buch der Richter vielleicht? Über den angemessenen Umgang mit Abtrünnigen und Verbrechern? Die höchst erlaubte Anzahl an Peitschenhieben für bestimmte Vergehen?«

»Ich muss doch bitten!«, empörte sich Fiona. Derartige Themen galten normalerweise als nicht geeignet für Damenohren.

»Nun ...« Aidans Augen blitzten kalt. »Soweit ich mich entsinne, gibt es auch noch Steinigung, Enthauptung und Kreuzigung ... Ach nein, das mit der Kreuzigung waren ja die Römer. Darüber sollten an dieser Stelle also keine Erlasse zu finden sein.«

Fiona war derart entsetzt über die Härte seiner Worte, dass sie nicht wusste, was sie erwidern sollte.

Sir Aidan langte nach der Bibel. »Oder welch andere Gebote der Rechtschaffenheit und Selbstgerechtigkeit fesseln Ihre Aufmerksamkeit?«

Fiona versuchte unauffällig, die Buchdeckel zuzuschlagen, doch schon hatte er ihr die Bibel aus der Hand gezogen. Das spöttische Lächeln verschwand aus seinem Gesicht, als sein Blick auf die aufgeblätterten Seiten mit den Familieneinträgen fiel.

Seine Augen wurden eisig. »So ist das also. Noch wesentlich schlimmer, als ich dachte.« Mit aufreizender Langsamkeit schloss er das Buch und legte es neben sich auf die Bank. »Mylady ist gar nicht hier, um zu beten. Sondern um zu spionieren.«

»Sir, ich muss ...«, fuhr Fiona auf, wurde aber durch eine rabiate Handbewegung sogleich wieder unterbrochen.

»Sie müssen die Nase in Angelegenheiten stecken, die Sie nichts angehen?«

»Das ist nicht wahr, ich ...«

Wieder ließ Sir Aidan sie nicht ausreden.

»*Uill*, wenn Sie so versessen darauf sind, die Geheimnisse von Thirstane Manor zu erfahren ... dann zeige ich Ihnen jetzt etwas, das Sie vielleicht interessieren wird.«

Fiona war nicht wohl bei dem Gedanken. Sie sah seinen mühsam unterdrückten Zorn, seine zur Faust geballte Hand, und verspürte das dringende Bedürfnis, sich in ihr Schlafzimmer zurückzuziehen.

»Vielleicht ein anderes Mal, Sir.« Sie wandte sich ab, ihr Blick glitt sehnsüchtig Richtung Tür.

»Ich bestehe darauf.«

Angespannt presste Fiona die Lippen zusammen, während sie versuchte, einen Ausweg aus dieser vertrackten Situation zu finden.

Doch der Laird war offensichtlich fest entschlossen, ihr jetzt sofort eine besondere Führung durch die Räumlichkeiten seines Hauses angedeihen zu lassen, und Fiona wusste nicht, wie sie sich diesem so vehement vorgebrachten Ansinnen entziehen konnte.

Also nickte sie nur und folgte ihm wortlos aus der Hauskapelle.

Kapitel 17

Am Ende der Wendeltreppe verbeugte sich Sir Aidan knapp, reichte Fiona den Arm und führte sie durch die düsteren Gänge des Hauses in einen Flügel, den Elspeth bei ihrem Rundgang ausgespart hatte. Sein Griff war so fest, dass Fiona sich des Gefühls nicht erwehren konnte, dass es sich weniger um eine Einladung als eine Strafexpedition handelte.

Obgleich er die gebotenen Anstandsregeln durchaus einhielt, empfand Fiona mehr als nur Unbehagen bei dem Gedanken, sich mit diesem ihr noch immer fremden Mann allein in Räumlichkeiten zu begeben, die so weit abgelegen waren, dass niemand ihr Rufen hören würde, wenn etwas geschah.

Kopfschüttelnd schob sie diesen Gedanken beiseite. Was konnte ihr hier schon geschehen? Sie befand sich schließlich nicht in einer Räuberhöhle, sondern im Hause eines Baronets und Lairds. Zudem hatte er ihren Vater in einem Brief darüber in Kenntnis gesetzt, dass sie sich in seiner Obhut befand. Es war also nur eine Frage der Zeit, bis der Earl jemanden schickte, um sie abzuholen. Sir Aidan hatte demnach allen Grund, sich ihr gegenüber angemessen zu verhalten.

Dennoch war ihr unbehaglich zumute, als sie weiter in den zugigen, abgelegenen Flügel des Hauses vordrangen. Nur die Furcht vor der Reaktion des Lairds, wenn sie sich seinem Wunsch widersetzte, war stärker als die Furcht vor dem, was sie dort erwartete. Die Angst, sich in diesem Gewirr von Fluren, Treppen und Abzweigungen zu verlaufen, ließ sie unbewusst näher an ihren Begleiter heranrücken.

»Sie zittern ja«, sagte er leise. »Frieren Sie in meinem Hause, oder ist es meine Nähe, die Sie derart erbeben lässt?«

Was für ein unverschämter Kerl! Wut stieg in Fiona auf, welche die noch zuvor empfundene Kälte in einem einzigen Atemzug vertrieb. Selbst das vage Gefühl der Furcht verblasste dahinter, und nur mit Mühe die Höflichkeit wahrend, presste sie hervor: »Sie müssen zugeben, Sir, dass Ihr Haus nicht eben sonderlich gut beheizt ist. Und ich habe schon immer leicht gefroren.«

»Ist das auch der Grund, weshalb Sie sich so eng an mich schmiegen?«

Ruckartig riss sich Fiona von ihm los. »Was erdreisten Sie sich, Sir, so mit mir zu reden?«

Voller Empörung entschloss sich Fiona, allein den Weg durch die verwinkelten Gänge zurück zu ihrem Schlafzimmer zu suchen. Doch als sie sich zum Gehen wandte, traf sie Aidans Blick, von einer solch tiefen Traurigkeit, dass es ihr ans Herz griff. Tränen traten ihr in die Augen.

Sogleich änderte sich die Miene ihres Begleiters, Besorgnis war darin zu lesen, und er trat einen Schritt zu ihr hin. »Ich war grob zu Ihnen, Mylady. Das war ungehörig. Bitte verzeihen Sie mir.«

Die unerwartete Freundlichkeit war in diesem Moment fast mehr, als Fiona ertragen konnte, und das Gefühl der Betroffenheit entfachte eine Vibration tiefer Töne in ihrem Inneren, die ihren gesamten Körper erfüllte. Aber sie zwang sich zu einem Nicken und sagte: »Sehr ungehörig, in der Tat.« Verstohlen wischte sie sich mit dem Handrücken eine Träne weg und straffte sich. »Also, was wollten Sie mir zeigen?«

Zweifel zeichneten sich auf Sir Aidans Gesicht ab. »Ich fürchte, ich habe Sie zu etwas genötigt, das Sie vielleicht gar nicht wollen.«

Von dieser plötzlichen Zerknirschtheit gerührt, musste Fiona lächeln. »Es gehört sich aber auch nicht, einer Dame erst etwas zu versprechen und es dann nicht zu halten.« Vorsichtig legte sie ihre Fingerspitzen in seine Armbeuge. »Sie haben mich neugierig gemacht, Sir. Und jetzt müssen Sie diese Neugier auch befriedigen.«

Wieder hatte sich diese seltsame Stimmung zwischen ihnen ausgebreitet. Und bevor sie in Versuchung geriet, dort weiterzumachen, wo sie gestern, in dieser verfallenen Kapelle, aufgehört hatten, wandte sich Fiona ab.

»Lassen Sie uns weitergehen«, sagte sie heiser, von einer plötzlichen Befangenheit befallen.

Sir Aidan nickte schweigend.

»Was ist es, das Sie mir zeigen möchten?«, fragte sie schließlich erneut, um die Stille zu unterbrechen.

Einen Moment lang sah es so aus, als wolle er nicht antworten, doch schließlich entgegnete er leise: »Den Weg der Träume.«

Er zog einen Schlüssel hervor und öffnete eine kleine, unauffällige Tür, die sie gerade erreicht hatten. Mit einer Geste bat er Fiona, vor ihm einzutreten.

Sie zögerte einen Moment. Dann folgte sie seiner Einladung, schritt durch die Tür und erstarrte …

Deutlich hörbar ließ Fiona Luft aus den Lungen entweichen, zugleich war sie nicht in der Lage, tiefer in den Raum hineinzugehen, der sich vor ihr auftat. Ungläubigkeit gepaart mit Ehrfurcht hatte sie erfasst, und so begnügte sie sich damit, stumm und regungslos ihren Blick über die Tische, Regale und an der Wand hängenden Gegenstände gleiten zu lassen.

Ein Museum, ein seltsames, kleines und durchaus eigenwillig bestücktes Museum, anders konnte man das Sammelsurium unterschiedlicher Gegenstände aus aller Herren Länder nicht beschreiben.

Überall sah sie Dinge, sorgfältig aufbewahrt, auf den Brettern der Regale in besonderen Positionen präsentiert, auf den Tischen und an den Wänden. Einen kurzen Augenblick verschwamm Fionas Blick bei der Fülle der auf sie einstürmenden Eindrücke.

Ein intensiver Geruch stieg ihr in die Nase, die Aura von Alter, Staub, Verfall. Ganz offensichtlich wurde hier selten gelüftet.

Durch die geschlossenen Fenster, die teilweise mit schweren Brokatvorhängen verhangen waren, fiel nur wenig Licht. Doch reichte es aus, dass Fiona Einzelheiten erkennen konnte:

An den Wänden hingen Bilder in allen Größen und Formen. Auf einem Tisch lagen in einer gläsernen Schatulle getrocknete Blätter verschiedener Pflanzen. Daneben stapelten sich vergilbte Papiere, auf denen kolorierte Tuschezeichnungen von fremdartigen Tieren mit den dazugehörigen Beschreibungen zu sehen waren. Auch hier zeigte sich Sir Aidans Interesse an Botanik und Zoologie.

An der Wand darüber befand sich eine Sammlung verschiedenster Kunstwerke: alte, mit den Jahren nachgedunkelte Kruzifixe, die noch aus der Zeit vor der Reformation zu stammen schienen. Ölgemälde mit religiösen Themen wie der Vertreibung von Adam und Eva aus dem Paradies, der Vernichtung von Sodom und Gomorra sowie andere, höchst eindrückliche Darstellungen apokalyptischer Visionen, die das Schicksal armer, von Dämonen gepeinigter Seelen zeigten.

Unfähig, sich diesen bedrückenden Illustrationen zu entziehen, verzog Fiona den Mund. Kein Wunder, dass einfache Gemüter wie Elspeth beim Anblick derartiger Kunstwerke auf abwegige Ideen kamen. Was für ein Mensch umgab sich mit solch düsteren Motiven?

Rasch ging sie weiter zur nächsten Wand. Dort wurde ihr Blick von Gemälden angezogen, die sich in Stil und Ausführung von allen anderen unterschieden. Fremdartige, verwirrende Darstellungen von Tieren und Pflanzen, die sie an das in der Bibliothek aufgehängte Bild dieser Schlange erinnerten. Auch hier waren die darauf abgebildeten Motive von einer urtümlich anmutenden, beinahe symbolischen Einfachheit, was aber ihre Wirkung auf den Betrachter keineswegs schmälerte.

Von den seltsam verschlungenen Mustern, Formen und Farben völlig benommen, bemerkte Fiona erst bei genauem Hinsehen, dass die Hintergründe mancher dieser Bilder an ein Mosaik erinnerten, denn sie setzten sich aus einer Unzahl winziger Punkte zusammen, was eine plastische Wirkung erzeugte. Zugleich verschwammen sie vor den Augen, wenn man sie zu lange betrachtete oder zu nahe an sie herantrat.

Als Fiona sich weiter umsah, fiel ihr auf, dass hier im Raum überall Schlangen zu sehen waren. Auf den Gemälden, auf alten Tonkrügen und in Form von aus Gold geschmiedeten Armreifen. Diese Tiere mussten wohl eine besondere Faszination auf den Hausherrn ausüben – ähnlich wie die Darstellungen apokalyptischer Schreckensvisionen.

Fiona spürte, wie in ihrem Inneren düstere Musik einsetzte, ein schwacher Widerhall von Orgelklängen, die an die Melodie eines Passionsrequiems erinnerte.

»Was halten Sie davon?«

Ohne dass Fiona es bemerkt hatte, war Sir Aidan hinter sie getreten. Seine Nähe schien eine Welle von Hitze zu verbreiten, die Fiona aus ihren Überlegungen riss, zugleich aber eine ganz andere Art der Verwirrung in ihr aufsteigen ließ.

»Was ist das hier?«, brachte sie mühsam hervor. Ihr Mund

war trocken, in ihrem Kopf dröhnte noch immer die melancholisch-düstere Orgelmusik.

»Meine kleine private Sammlung«, sagte Sir Aidan. »Erinnerungen an eine andere Zeit und einen anderen Ort.« Einen Moment schweifte sein Blick in unbestimmte Ferne. »Ich hoffte, Ihre Neugier damit ein wenig zu befriedigen.«

Noch immer glitten Fionas Augen über die Ausstellungsstücke, unfähig, irgendwelche Zusammenhänge zwischen diesen zu erkennen.

»Und wenn ich Ihr Schweigen richtig deute, ist mir das auch gelungen«, setzte er lächelnd hinzu.

Fiona ersparte sich die Antwort und ging langsam an den nächsten Tischen und Regalen entlang.

»Sie haben eine außergewöhnliche Sammlung«, brachte sie schließlich hervor und betete im Stillen darum, dass es unverbindlich genug klang, um ihm nicht die seltsame Unruhe zu zeigen, die sie beim Anblick mancher dieser Bilder überfiel. Wieso kam ihr vieles hier zugleich so fremdartig und doch irgendwie vertraut vor? Wo in aller Welt hatte sie etwas Ähnliches schon einmal gesehen?

»Außergewöhnlich?« Aidan lachte kurz auf, ironisch, beinahe bitter. »Wenn man es so ausdrücken möchte.«

»Haben Sie das alles selbst zusammengetragen?«

Der Laird zog die Stirn in Falten und schien zu überlegen. Schließlich nickte er bedächtig. »So könnte man sagen.«

»Dann sind Sie sicher weit gereist.«

»Unter dem Breiten Bogen, bis ans Ende der Welt.« Seine Worte klangen jedoch alles andere als stolz. Ein seltsamer Schmerz lag darin, eine so tiefe Verbitterung, dass sich seine Augen dunkel verfärbten und seine Hand sich fest um die Kante eines der Tische presste.

Ob er früher vielleicht zur See gefahren war? Womöglich

sogar gegen seinen Willen, nur, um dem Wunsch seiner Familie zu entsprechen? War es doch in gewissen Kreisen üblich, jüngere Söhne zur Marine zu verpflichten, um ihnen dort eine Karriere zu ermöglichen. Das könnte zumindest erklären, warum er so ungern über diese Zeit sprach. Doch wie passten dann Schlangen, Dämonen und verdammte Seelen dazu?

Nachdenklich betrachtete Fiona weiter die Exponate. Dabei fiel ihr Blick auf ein Bild, das ein wenig abseits an der Wand hing. Die Sonne, die durch einen Spalt in den Vorhängen fiel, tauchte es in rötliches Licht. Fiona erkannte, was es darstellte, und spürte, dass ihr Herz einen Schlag lang aussetzte.

Ein Drache! Ein in kräftigen Linien und kantigen Formen dargestelltes Reptil mit aufgerissenem Maul und ausgestellten Flügeln, genau so, wie er ihr immer wieder in ihren Träumen erschien.

Obgleich das Bild von ähnlich schlichter Machart war wie das der Schlange, das sie in der Bibliothek entdeckt hatte, wirkte das Tier äußerst lebendig. Fiona vermeinte beinahe, das leise Fauchen und Zischen zu hören, das es ausstieß.

Unwillkürlich trat sie einen Schritt zurück, spürte, wie ihr die Farbe aus dem Gesicht wich.

»Hat Sie diese kleine Darstellung erschreckt?«

Wie durch Watte vernahm sie die Worte Sir Aidans, dem ihre Reaktion nicht entgangen war.

»Fühlen Sie sich etwa nicht wohl?« In seinen Worten lag eine lauernde Sanftheit, die Fiona eine Gänsehaut über den Rücken rieseln ließ.

Ihr Mund war trocken wie Staub. »Ich weiß nicht …«, brachte sie mühsam hervor. »Es ist nur … Es ist …«

Aidan Thirstanes Augen waren zusammengekniffen, als sein Blick von dem Bild des Drachen wieder zu Fiona glitt. »Ein Fabelwesen … oder beinahe doch. Wie dazu geschaffen, einen nachts in den Träumen heimzusuchen und für die begangenen Sünden zur Rechenschaft zu ziehen.«

Nachts in den Träumen heimzusuchen? Fiona gefror das Blut in den Adern. Woher konnte Sir Aidan wissen, dass ihr, seit sie sich erinnern konnte, eine solche Kreatur immer wieder in ihren Träumen erschien?

Als sie aufsah, bemerkte Fiona, dass der Blick ihres Gastgebers noch immer auf ihr ruhte. Verstehen breitete sich auf seinem Gesicht aus, Erkenntnis … dann der kurze Anflug von grimmiger Befriedigung. »Es ist also tatsächlich so? Das kleine Biest hier besucht Sie wirklich im Traum? Und, singt es Ihnen auch das Lied von Schuld und Sühne?«

Fiona verstand nicht, was er damit sagen wollte. Doch spürte sie die Erregung, die ihn plötzlich ergriffen hatte, eine Anspannung, die er nur schlecht verbergen konnte.

Die Luft im Raum wirkte plötzlich heiß und stickig.

»Sie scheinen ja ein großes Vergnügen an Ungeheuern aller Art zu haben«, bemerkte sie schließlich, als ihr die Stimme wieder einigermaßen gehorchte.

Sir Aidans Gesicht kam ihr so nahe, dass sein warmer Atem über ihre Wange strich und sie erneut einen Schritt zurückweichen ließ. »Und was sagt das in Ihren Augen über mich aus? Dass ich vielleicht selbst ein Monster bin? Ein gefährliches Ungeheuer, vor dem Mütter ihre halbwüchsigen Töchter warnen sollten?«

Kapitel 18

Wie er so dastand im Schatten des düsteren Raumes, umgeben von Artefakten, die dazu angetan waren, auch einem nüchternen Menschen Albträume zu verursachen, war Fiona mehr denn je geneigt, Aidan Thirstane zu glauben. Und wieder spürte sie, wie ihr die Tränen in die Augen schossen, war aber zu stolz, um sie wegzuwischen.

»Jetzt habe ich Sie wieder erschreckt. Es tut mir leid, Mylady.« Sacht griff er nach ihrem Arm und führte sie zu einem Stuhl, der am Fenster stand. »Setzen Sie sich einen Moment, ich werde Ihnen ein Glas Wasser holen ...«

Von dem erneuten Stimmungswandel überrumpelt, jedoch nicht bereit, Schwäche zu zeigen, blieb Fiona stehen und ignorierte die Sitzgelegenheit. Angespannt biss sie sich auf die Lippen, um die Tränen zu unterdrücken, und entschloss sich, das Gespräch auf unverfänglicheres Terrain zu bringen. »Draußen ein eigenes Gewächshaus und hier drinnen ein privates Museum.« Wieder ging ihr Blick zu den hinter Glas getrockneten Pflanzen. »Wenn Sie mir die Frage gestatten: Sind Sie vielleicht Wissenschaftler, eine Art Naturforscher?«

»Wissenschaftler? Welch schöner Begriff.« Er lächelte bitter. »Aber wenn Sie es so wollen, erforsche ich tatsächlich die Natur. Und das gleich in mehrfacher Hinsicht. So ziehe ich im Gewächshaus exotische Pflanzen, wie ich sie auf meiner, wie Sie es nannten, Reise kennengelernt habe. Mich faszinieren ihre Eigenarten, ihre Formen, ihr Geruch ... und besonders ihre medizinische Wirkungsweise.«

Also doch irgendwelche Rauschmittel?, schoss es Fiona durch den Kopf. Und wieder fielen ihr Elspeths Worte ein. *Hexenwerk.*

»Am meisten jedoch«, fuhr Sir Aidan fort, »ja noch vor allem anderen, interessiere ich mich für die Natur der Menschen, ihre Handlungsweisen, ihre Seele ... ihre Sehnsüchte und ... und *Träume*, um es vereinfacht auszudrücken.«

Verständnislos zog Fiona die Brauen zusammen, doch wurde ihr bei diesen Worten ein wenig unbehaglich zumute.

Mit der rechten Hand hatte er sich auf einem der Tische abgestützt und begann, mit der Spitze des Zeigefingers leise auf dessen Platte zu tippen. »Und auch dafür, wie sich Klänge, Rhythmen und, sagen wir, Schwingungen darauf auswirken.«

Klänge und Schwingungen?

Fiona spürte, wie ihre Handflächen feucht wurden. Fahrig strich sie sich eine Haarsträhne aus dem Gesicht, während sie zu begreifen versuchte, was Sir Aidan da sagte.

Schon ihr ganzes Leben lang wurde sie von Tönen verfolgt, Melodien, die ihre Gefühle und Gedanken widerspiegelten, auf ihr selbst unbegreifliche Art auszudrücken schienen, was sich in ihrem Innern abspielte.

Und nachdem diese hier, in seinem Hause, ein ganz neues Ausmaß erreicht hatten, erzählte ihr Gastgeber, die Wirkung von Klängen und Schwingungen auf die menschliche Seele sei so etwas wie sein besonderes Forschungsgebiet?

Ihr Herz schlug in einem aufgewühlten Wirbel heftig gegen ihre Brust. Wie auf ein Stichwort setzte dazu in ihrem Innern wieder eine Melodie ein, wie ein Widerhall der Bilder des Schreckens, des Todes und der Vergänglichkeit.

»Habe ich etwas Falsches gesagt, Mylady? Sie sind blass wie ein Leintuch!« Vorsichtig legte er eine Hand auf ihre Schulter, und die Melodie verklang.

In dem Versuch, sich zu fassen, ihre Gedanken und Gefühle in eine andere Richtung zu lenken, schob Fiona einen der schweren Vorhänge zur Seite und sah stumm durch die trüben Fensterscheiben, die allem Anschein nach schon seit längerer Zeit nicht mehr geputzt worden waren. Die bereits hinter dem Horizont verschwundene Abendsonne erhellte nur noch schwach die Landschaft. Über dem parkähnlichen Garten mit der breiten, von Bäumen gesäumten Auffahrt hing neblige Dämmerung.

»Und was sagen Ihnen diese Ungeheuer und Kreaturen über die menschliche Seele, Sir?«

Eine Weile schien er nachzudenken, sein Blick folgte dem ihren nach draußen, in die herbstliche Stille.

»Nun, die Schlange Targan ist eine mächtige Kraft, die Himmel und Erde umfasst. Schöpferisch und zerstörerisch zugleich«, begann er leise. »Und dieser *Drache* hier, wie Sie es nennen ...« Auch ohne sich umzusehen, konnte Fiona an seinem Tonfall hören, dass er bei diesem Begriff lächelte. »Er ist eher etwas wie ...«, er schien zu überlegen, um das richtige Wort zu finden, »wie ein heiliges Wappentier.«

Erneut runzelte Fiona die Stirn, während sie ihre Worte sorgfältig abwog. »Es wäre mir neu, dass im Wappen der Familie Thirstane ein Drache vorkommt«, entgegnete sie, während sogleich das Gefühl in ihr aufstieg, dass er eigentlich etwas völlig anderes meinte. »Wobei ich sagen muss, dass ich es noch nie eingehender betrachtet habe.«

»Dem ist auch nicht so.« Wieder wirkte Aidans Stimme seltsam kühl. »Obgleich es durchaus passend wäre.« Wortlos machte er einen Schritt auf das Gemälde zu, das den geflügelten Drachen ihres Traumes zeigte. »Es heißt, er geleite einen in die andere Welt und würde Rechenschaft einfordern über die Taten, die man in dieser Welt begangen hat.«

Gegen ihren Willen wurde Fiona wieder von einem Schauder gepackt. »In die Hölle, Sir?«

»Ich sagte nicht *Hölle*, ich sagte, in die *andere Welt*«, unterbrach er sie. »Oder wie man die Sphäre nennen möchte, die vor den Augen der meisten Menschen verborgen ist, eine Welt – nicht diesseits und nicht jenseits. Ein Kosmos, der schon vor aller Zeit existierte, auch heute noch auf das Leben, auf die Natur einwirkt und zugleich von diesen immer wieder aufs Neue geformt wird.« Aidan legte die Stirn in Falten, als wäre er unsicher, ob er die passenden Formulierungen gefunden hatte.

»Sie sprechen in Rätseln.« Fiona fragte sich, ob er ihr gerade Geschichten aus seiner Heimat erzählte, alte, mythische Highland-Legenden, ähnlich denen, die sie von Ceidith, der alten Köchin, her kannte. Mit Grauen entsann sie sich der Begegnungen in der Nacht, der Schritte, des Klopfens, der Klänge und der unheimlichen schwarzen Gestalt. Und ohne zu überlegen, platzte sie heraus: »Meinen Sie etwa Geister, Sir? Geister, die in die Welt der Lebenden eindringen, um sie heimzusuchen?«

Das Schweigen, das nach diesen Worten entstand, war so tief und zugleich so beredt, dass es Fiona wie eine Bejahung ihrer Frage erschien, aber auch wie das Unbehagen von jemandem, der etwas preisgegeben hatte, das er lieber für sich behalten hätte.

»Heimsuchung scheint mir ein sehr passender Begriff zu sein«, sagte er leise. »Auch wenn die Geister der Vergangenheit, die Schatten der eigenen Taten nicht von der Gestalt sind, wie man sich diese gemeinhin vorstellt.« Einen Augenblick zögerte er, dann wandte er sich wieder dem Gemälde zu, das Fiona so beunruhigt hatte. »Dieser ... hm ... Drache hier wird *Bemang* genannt und ist mit einigen Menschen in besonderer Weise verbunden. Das ist das, was ich mit Wappentier meinte, obgleich es die Art der Verbindung nur ungenügend beschreibt. Trotz seines erschreckenden Aussehens gibt es keinen Grund, ihn zu fürchten ... zumindest nicht in dieser Welt.«

Er unterbrach sich erneut, und Fiona fragte sich, warum sie von der alten Ceidith, die doch stets bedacht war, die alten Mythen und Legenden ihrer Heimat zu erzählen, noch nie eine auch nur annähernd ähnliche Geschichte gehört hatte.

»Und auf der Schwelle des Todes, wo sich die Welten der Lebenden und der Toten treffen, da wartet er, um Verantwortung einzufordern für alle geleisteten und unterlassenen Taten ...«

Wieder glaubte sich Fiona in eine mittelalterliche Höllenpredigt zurückversetzt, und doch ahnte sie, dass Sir Aidan ihr etwas mitteilen wollte, das mit ihm selbst zu tun hatte – oder mit ihr?

Eine spürbare Spannung war zwischen ihnen entstanden, die Luft schien elektrisch aufgeladen zu sein, wie an einem schwülen Sommerabend kurz vor einem Gewitter.

»Wollen Sie mir vielleicht etwas Bestimmtes sagen?«, wagte sie schließlich zu fragen.

Versonnen sah er sie an, schien ihre Gesichtszüge zu studieren, in ihren Augen zu lesen. Schließlich nickte er. »Vielleicht wollte ich das wirklich, aber Sie würden es nicht verstehen – und es würde Ihnen nur weiteren Kummer bereiten.«

Für einen kurzen Augenblick war er wieder da, dieser Anflug von Nähe und Vertrautheit, wie sie ihn auch während der gemeinsamen Wanderung verspürt hatte, in der alten, zugigen Kapelle. Und erneut hatte diese tiefe Traurigkeit in seinen Worten gelegen, eine Traurigkeit, die sich auf sie übertrug.

»Warten Sie hier.« Seine klangvolle Stimme holte sie wieder in die Realität zurück. »Ich werde Ihnen besser doch ein Glas

Wasser holen. Sie sehen noch immer so aus, als könnten Sie es gebrauchen.«

Ohne eine Antwort abzuwarten, drehte er sich um und verließ den Raum. Fiona blieb allein am Fenster zurück und schaute nach draußen, während sie die Blicke der Drachen, Schlangen und Dämonen in ihrem Rücken zu spüren glaubte.

Warum nur war dieser Mann nie zu fassen? So wechselhaft in seinen Stimmungen wie der Himmel an einem Gewittertag im Spätsommer gab er ihr stets neue Rätsel auf, statt klar und deutlich auf ihre Fragen zu antworten.

Inzwischen war es fast dunkel geworden. Ein Fuhrmann zockelte mit seinem Gefährt die breite Zufahrt entlang, die zum Herrenhaus führte, und hielt am Seiteneingang des Hauses. Verstohlen sah er sich nach allen Seiten um und bekreuzigte sich, wie es die Papisten zu tun pflegten.

Neugierig hielt Fiona den Atem an. Das Haus hier lag so einsam, seine Bewohner lebten so abgeschottet, dass jeder Besuch von außen etwas Unwirkliches an sich hatte ... und Beunruhigendes.

Vom Haus her kam eine Frau gelaufen. Sie trug eine schlichte Haube, lief mit flatternden Röcken auf das Gefährt zu und kletterte neben den Mann auf den Kutschbock. Erst auf den zweiten Blick erkannte Fiona, dass es sich dabei um Elspeth handelte. Misstrauisch kniff sie die Augen zusammen. Was in aller Welt hatte das Mädchen draußen mit dem Fuhrmann zu schaffen? Dann jedoch entsann sie sich, dass Elspeth nicht auf Thirstane Manor lebte, sondern weiterhin im Dorf wohnte und nur tagsüber im Haus arbeitete.

Das Dorf ... Aber ja, natürlich!

Beinahe hätte Fiona vergessen, dass es außer dem Haus und den umliegenden Hügeln und Bächen noch eine andere Welt gab, eine wirkliche Welt jenseits der Gespinste aus düsteren

Tönen, Bildern, Drachen und Schlangen. Ein Dorf, ein ganz normales Dorf, in dem Menschen lebten und arbeiteten. Und das ganz sicher eine Verbindung zur Außenwelt darstellte.

Eine Idee reifte in Fiona heran, ein neuer brennender Wunsch.

Sie würde dem Dorf einen kleinen Besuch abstatten. Gleich morgen würde sie Elspeth darum bitten, ihr den Weg dorthin zu erklären. Vielleicht könnte sie ja den Fuhrmann bitten, sie mit ins Dorf zu nehmen, wenn er das Mädchen hergebracht hatte.

Tatendrang keimte in ihr auf.

Sie würde einen Brief schreiben, einen Brief an ihren Vater, und ihn höchst selbst im Dorf aufgeben. Sicher fände sich dort irgendeine Möglichkeit dazu oder jemanden, der bereit wäre, das Schreiben für sie weiterzuleiten.

In ihrem Zimmer hatte sie in der Schublade des kleinen Tischchens Papier, Tinte und Feder entdeckt. Sobald sie wieder dort war, würde sie diesen Brief verfassen. Und gleich am nächsten Tag würde sie auf eigene Faust einen kleinen Ausflug unternehmen.

Unwillkürlich lächelte Fiona und spürte, wie ein angenehmes Kribbeln der Zuversicht ihren Körper durchströmte.

Und zum ersten Mal schwiegen die unheimlichen Stimmen des Hauses.

*

Unruhig marschierte Aidan in seinem Schlafzimmer auf und ab. Noch immer vollständig bekleidet – lediglich die Halsbinde hatte er abgenommen und das Hemd geöffnet –, fühlte er sich so rastlos wie schon lange nicht mehr.

Durch die weit aufgerissenen Fenster strömte feuchte

Nachtluft herein. Und obgleich der Kamin kalt war, glaubte Aidan, innerlich zu verbrennen. Verflucht, warum hatte es ausgerechnet diese Frau hierher verschlagen müssen. Ausgerechnet sie! Von allen Dämonen der Hölle gab es niemanden, den er weniger gern willkommen geheißen hätte als dieses ungebetene Weibsbild mit den unschuldigen Augen.

Dabei war es ihr Vater, der die Hölle erleben sollte. Er sollte Angst um seine spurlos verschwundene Tochter haben, am eigenen Leib die Sorge und Verzweiflung spüren über die Ungewissheit, ob sein einziges Kind noch lebte oder schon tot war. Er sollte selbst so sehr leiden müssen, wie er unzählige andere Menschen hatte leiden lassen!

Unwillig wischte sich Aidan den Schweiß von der Stirn. Er würde sich also in Geduld üben und die junge Frau auf ungewisse Zeit hierbehalten müssen, was ein Sicherheitsrisiko für seine Sache darstellte, aber nicht zu ändern war.

Tiefe Müdigkeit überkam ihn, legte sich wie eine schwarze, alles erstickende Decke über ihn. Wie von einem unsichtbaren Gewicht gebeugt, ging er zum Fenster und starrte hinaus in die dunkle Herbstnacht. Der schwere, torfige Geruch des Herbstes, das vertraute Rauschen des Windes in den Bäumen und Sträuchern brachten ihn langsam wieder in die Wirklichkeit zurück. Zugleich entsann er sich der Zeit, in der er geglaubt hatte, nie wieder diesen Anblick genießen, nie wieder diese Luft atmen zu können. Zeiten der Angst, der Verzweiflung … Schweißgebadet drehte er sich um, ging zu seiner Kommode mit mehreren Schubfächern, zog die oberste auf und schob die zusammengefalteten Leinenhemden, die darin lagen, beiseite.

Immer wieder hatte Aidan gegen die Dunkelheit angekämpft, die ihn zu überwältigen drohte, die nachts an seiner Tür heulte wie Hunde, die zornig um Einlass kämpften. Er hatte Jahre gebraucht, sie zu vertreiben, die Türen fest verschlossen zu halten.

Ganz langsam hatte er Linderung erfahren, eine Linderung, die er nicht zu hoffen gewagt hatte. Und nun … Er keuchte, spürte erneut, wie ihm der Schweiß ausbrach, während sich seine Hände um kaltes Metall verkrampften.

Und nun war etwas geschehen, was ihm seine Angelegenheiten nicht eben erleichterte. Denn diese Tochter, die ihrem Vater so ähnlich sah, war nicht nur ahnungslos, sondern auch ein ganz anderer Mensch, als er erwartet hatte. Sie machte es ihm schwer, ja fast unmöglich, sich ihr gegenüber so verletzend zu verhalten, wie er es geplant hatte.

Aber dennoch – was er zu verlieren hatte, war zu wertvoll. Er würde nicht zulassen, dass sich ihm jemand in den Weg stellte. Ihm und seiner Mission. Seinem ganz persönlichen Rachefeldzug.

Es klirrte leise, als er ein Paar schwerer Eisenketten zutage förderte, die im schwachen Licht der Kerzen matt aufschimmerten. Einen Moment lang schien ihr Gewicht ihn zu Boden ziehen zu wollen, eine leise Stimme in seinem Inneren ihn zu fragen, was er da gerade täte. Doch er brachte sie zum Schweigen und öffnete die Tür, die zum Flur hinausführte.

Wie so oft zuvor würde er die in ihm aufkeimende Dunkelheit mit Dunkelheit bekämpfen, die Schwärze mit Schwärze …

Und zumindest für den Moment würde er dadurch Linderung verspüren, ungeachtet des Preises, der dafür zu zahlen war.

Tag 6 auf Thirstane Manor

Farewell to the mountains,
high-cover'd with snow,
Farewell to the straths and green vallies below;
Farewell to the forests and wild-hanging woods,
Farewell to the torrents and loud-pouring floods.

Robert Burns

Lebt wohl, ihr schneebedeckten Gipfel,
Lebt wohl, ihr Täler und begrünten Senken;
Lebt wohl, ihr Wälder und Büsche an den Hängen,
Lebt wohl, ihr Bäche und laut strömenden Fluten.

Kapitel 19

»Guten Morgen, Mrs Dunnett.«

Die Haushälterin, die gerade damit beschäftigt war, im Speisezimmer nach dem Rechten zu sehen, fuhr zusammen und wandte sich zu Fiona um.

»Bitte entschuldigen Sie, es lag nicht in meiner Absicht, Sie zu erschrecken.« Ohne zu wissen, weshalb, verspürte sie ein leichtes Schuldgefühl, was jedoch nicht den Hauch von Zuversicht zu vertreiben vermochte, den ihre Pläne in ihr ausgelöst hatten. »Ich wollte Ihnen nur mitteilen, dass ich heute ins Dorf fahre und erst am späten Nachmittag oder Abend zurück sein werde.«

Der Gesichtsausdruck der älteren Frau veränderte sich schlagartig. Ihre blassen Augen verdunkelten sich. »Sie wollen wohin?«

»Ich werde heute ins Dorf fahren«, wiederholte Fiona und merkte, wie zugleich ein seltsames Unbehagen in ihr aufstieg. »Ich möchte …« Sie zögerte einen Moment, da sie nichts von dem Brief, den sie verfasst hatte, verlauten lassen wollte. »Ich möchte mich ein wenig umsehen. Die Tage hier waren doch bisweilen …«

Ein wenig einsam, hatte sie eigentlich sagen wollen, doch der Gesichtsausdruck der Haushälterin ließ die Worte ersterben.

Mrs Dunnetts Miene hatte einen missbilligenden Ausdruck angenommen.

»Das halte ich für keine gute Idee, Mylady.« Ihre Stimme klang heiser.

Überrascht und verunsichert runzelte Fiona die Stirn. »Und warum nicht? Gibt es irgendeinen Grund, weshalb ich es nicht tun sollte?«

»Nein«, brachte die Haushälterin hervor. »Das heißt doch. Ich meine ...« Tief atmete sie ein und schien allmählich wieder ihre übliche Entschlossenheit zurückgewonnen zu haben. »Es ist sicher keine gute Idee, allein dorthin zu gehen. Wir haben Herbst, und das Wetter hier kann schnell umschlagen. Sie könnten in ein Gewitter geraten.«

Ein Blick durch das Speisezimmerfenster zeigte einen etwas diesigen, doch ansonsten sonnigen Tag. Nichts, was auf ein drohendes Unwetter hindeutete.

»Und außerdem ...« Mrs Dunnetts Augenbrauen zogen sich zusammen, »halte ich es für unschicklich, wenn eine junge Frau ohne Begleitung im Dorf unterwegs ist. Es könnte leicht Gerede geben.«

Das mochte zwar stimmen, doch Fiona hatte das Gefühl, die genannten Gründe seien nur vorgeschoben, um das wahre Motiv, weshalb sie mit dem Plan nicht einverstanden war, zu verschleiern.

»Nun, Elspeth ist unabkömmlich, von daher kann sie mich nicht begleiten. Doch hat sie mich erst auf die Idee mit diesem Besuch ins Dorf gebracht und mir versprochen, einen der Fuhrleute zu bitten, mich dorthin mitzunehmen.«

Noch immer stand Mrs Dunnett mit zusammengekniffenen Lippen da, ihre Augen waren fest und prüfend auf Fiona gerichtet.

Wieso wollte sie Fiona nicht ins Dorf lassen und versuchte, sie im Haus festzuhalten?

Trotz ihrer Unsicherheit zwang sich Fiona zu einem höflichen Lächeln. »Ich verstehe Ihre Sorge, Mrs Dunnett, aber ich halte die damit verbundenen Risiken für durchaus vertretbar.«

Einen kurzen Augenblick sah es so aus, als wolle die Haushälterin protestieren. Ihr Mund war zu einem schmalen Strich zusammengepresst. Doch ehe sie Gelegenheit hatte, etwas zu entgegnen, hatte Fiona sich auf dem Absatz herumgedreht und war die Treppe hinuntergeeilt.

*

Dem Grab entronnen, zu neuem Leben erwacht ... Fiona schalt sich ob ihrer törichten Gedanken, als sie wenig später auf dem rumpelnden Kutschbock des Fuhrwerks saß, das sich knirschend und polternd seinen Weg durch die bunte Landschaft bahnte. Bäume und Büsche schimmerten in warmen Herbstfarben. Rotes Heidekraut leuchtete flammend im Licht der Sonne, die Fionas Haut prickeln ließ.

Tief atmete sie durch und genoss das Gefühl der Freiheit, das sich in ihr ausbreitete, und den torfigen Geruch der Erde, der sich auf ihre Zunge legte.

Und wenn sie die Augen schloss, vernahm sie eine leise, etwas schwermütige und doch beschwingte Melodie.

Schon immer hatte sie den Herbst geliebt. Den Herbst und auch den Frühling mit ihren Wechselspielen von Wärme und Kälte, Licht und Schatten. Zeiten des Wandels und der Änderungen, Zeiten des Aufbruchs und zugleich des Abschieds ...

Doch selten hatte sie es so intensiv empfunden wie an diesem Morgen, an dem sich ihr nach langen, bedrückenden Tagen in Sir Aidans Haus endlich die Möglichkeit bot, einmal herauszukommen, etwas anderes zu sehen – wieder frische Luft zu atmen.

Sie war Elspeth zu Dank verpflichtet, dass sie es mit dem Fuhrmann, der das Mädchen morgens nach Thirstane Manor brachte, ausgehandelt hatte, Fiona die drei Meilen mitzunehmen. Gern würde sie der jungen Wäscherin von dort etwas Hübsches mitbringen. Doch da sie bei dem Brand der Kutsche alles verloren hatte und nur über das wenige Bargeld verfügte, das für die Reise in den Unterrock eingenäht gewesen war, würde sie sich diesbezüglich etwas einfallen lassen müssen.

Das Bild der in leuchtendem Rot und Gold erglühenden Landschaft strahlte eine solche Ruhe und Zuversicht aus, dass Fiona beinahe über sich selbst lachen musste, über ihre verworrenen Ideen und Ängste, die sie in den vergangenen Tagen gequält hatten. Unter der warmen Herbstsonne schien es ihr geradezu lächerlich, an so etwas wie Spuk, Geister oder gespenstische Irrlichter zu glauben.

Langsam bog das Fuhrwerk in die Hauptstraße des Dorfes ein, die auf beiden Seiten von kleinen malerischen Häusern und einigen beschaulichen Läden gesäumt war.

»Wir sind da, Miss.« Das Grummeln des Fuhrmanns war von einem solch tiefen, rauen Akzent, dass Fiona sich schwertat, ihn zu verstehen.

Fiona stieg vom Bock, zählte ihm ein paar Münzen in die mit Schwielen übersäte Hand und wartete einen kurzen Moment, bis er sein Gefährt wieder in Gang gesetzt hatte. Dann erst wandte sie sich um und ging zur gegenüberliegenden Straßenseite.

Mit zusammengekniffenen Augen ließ sie ihren Blick über die Hauptstraße des Dorfes schweifen, das ihrer Schätzung nach kaum mehr als zweihundert Einwohner beherbergen mochte. Dennoch wirkte es behaglich und um einiges freundlicher als das düstere Herrenhaus, zu dem es gehörte.

Als sie langsam an den Häuserzeilen entlangschlenderte, spürte sie, wie die Anspannung allmählich von ihr abfiel. Hübsche, aus unverputztem Stein errichtete Wohnhäuser, dazwischen eine Bäckerei, ein Krämerladen und eine Fleischerei, schlicht, gepflegt und gemütlich. Am Ende der Straße gab es eine Schankwirtschaft, die bereits einladend die Tür geöffnet hatte.

Welch ein Unterschied zwischen den verlassenen, halb zerfallenen Steinhäusern der Pächtersiedlung, die sie zwei Tage zuvor mit Sir Aidan besucht hatte, und diesem kleinen, sauberen Dorf hier! Der Anblick erfüllte sie mit Zuversicht.

Tief atmete Fiona die milde Luft ein, in die sich der Geruch des aus den Schornsteinen aufsteigenden Rauchs mit den verheißungsvollen Düften aus den Küchen mischte, in denen schon eifrig gekocht und gebraten wurde. Sie sah sich um. Zunächst hatte sie noch eine wichtige Angelegenheit zu erledigen. Beruhigend knisterte das raue Papier in ihrem Mieder. Ein wenig verstohlen zog sie es hervor, fragte einen Passanten, wo man einen Brief aufgeben konnte, und folgte dann dem Weg, den er ihr gewiesen hatte. Einige Minuten später war das erledigt, und Fiona stand wieder auf der Straße, bereit, sich den kleinen Ort etwas genauer anzusehen.

Als Erstes schaute sie sich ein wenig im Krämerladen um, wo sie ein hübsches, blau-weiß bedrucktes Keramikschälchen für Elspeth erstand, das glücklicherweise nicht allzu teuer war.

Zufrieden mit ihrer Errungenschaft spazierte sie an einer Bäckerei vorbei. Es roch so verführerisch, dass sie nicht widerstehen konnte und eintrat. Sie kaufte eines der frisch gebackenen *Shortbreads*, die dort in einem Korb in der Auslage standen. Bei deren Anblick lief ihr das Wasser im Munde zusammen.

Vorsichtig begann Fiona kleine Stücke davon abzubeißen. Süß und zugleich ein wenig salzig zerging ihr das mürbe Backwerk buchstäblich auf der Zunge. Genüsslich schloss sie die Augen, leckte sich verstohlen über die Lippen und wischte sich die Hände an einem Taschentuch ab.

Als sie das Schlagen einer Glocke vernahm, schaute sie auf. Einige Schritte die Straße hinunter stand eine aus grauem Stein gemauerte Dorfkirche. Das Gotteshaus wirkte sauber und gepflegt, in den Fenstern brach sich das Licht der Herbstsonne. Fiona musste an die halb verfallene Kapelle denken, die sie bei ihrer Wanderung durch die Highlands besucht hatte – und an den Mann, dem sie dort für einen kurzen Moment so nahegekommen war.

Errötend schüttelte sie den Kopf, wie um den Gedanken zu vertreiben. Ihr Blick fiel auf den kleinen Friedhof, der um die Kirche herum angelegt war, und eine Idee reifte in ihr heran. Nachdem sie bei der Lektüre der Familienbibel der Thirstanes so rüde unterbrochen worden war, würde sie hier auf den alten Grabsteinen vielleicht Antworten finden, etwas mehr über die Geschichte der Familie des Lairds erfahren. Sie beschloss, den Gräbern einen Besuch abzustatten.

*

Sie war ins Dorf gefahren?

Aidan spürte, dass bei dieser Erkenntnis eine Ader an seinem Hals heftig zu pochen begann. Seine rechte Hand ballte sich unwillkürlich zur Faust.

Diese dreiste und unverschämte Person! Was fiel ihr ein, ohne seine Zustimmung das Haus zu verlassen und sich in der Gegend herumzutreiben? Wusste sie denn nicht, wie gefährlich das sein konnte? Was, wenn …

Er ließ die Schultern sinken. *Nein*, dachte er, natürlich konnte sie es nicht wissen. Er selbst hatte dafür gesorgt.

Und außerdem hatte er kein Recht, sie im Hause einzusperren. Sie war ein freier Mensch – zumindest glaubte sie das.

Freiheit … ein bitteres Lächeln huschte über Aidans Gesicht. Ja, dieser Drang nach Freiheit, der allen Menschen zu eigen war.

Es blieb ihm nur zu hoffen, dass Lady Fiona möglichst bald wieder nach Thirstane Manor zurückkehrte, am besten, bevor irgendetwas Unvorhergesehenes geschah. Und Elspeth, dieses schwatzhafte Waschweib, würde er sich einmal vornehmen, sie lehren, dass sie in Zukunft nicht ohne seine Zustimmung zu handeln hatte.

Seine Kiefermuskeln verkrampften sich, während er nach der Haushälterin läutete. Als diese einige Minuten später erschien, warf sie ihm einen fragenden Blick zu.

»Schick Elspeth zu mir. Sofort«, sagte er knapp.

Wenn Glenna durch seinen harschen Tonfall erschrocken sein sollte, zeigte sie es nicht, sondern nickte nur und verließ den Raum.

Aidan kehrte an seinen Schreibtisch zurück, zog einen Bogen Papier hervor und tauchte die Feder in ein Tintenfass. Dann begann er, zu schreiben.

Kurze Zeit später klopfte es.

»Herein!« Die Tür öffnete sich zögerlich. Der angespannte, schnelle Atem verriet die Furcht des Mädchens, das kaum hörbar den Raum betreten hatte.

In aller Ruhe beendete Aidan die letzten Zeilen.

»Gut, dass du da bist, Elspeth«, sagte er, ohne aufzusehen. »Ich habe mit dir zu reden. Schließ die Tür!«

*

Kaum hatte Fiona das geschmiedete Tor durchschritten, vermeinte sie, in einer anderen Welt zu sein. Die Stille, die auf dem Friedhof herrschte, die sanften Schatten, die Kirchturm und Bäume über die Gräber warfen, das leise Säuseln des Windes in den Blättern – all das erweckte in Fiona das Gefühl, sich an einem Ort zu befinden, der Vergangenheit und Gegenwart, die Welt der Lebenden und die der Toten verband.

Unwillkürlich musste sie an die seltsamen Gemälde auf Thirstane Manor denken und an Sir Aidans Worte von einer mystischen Sphäre, welche nicht das Jenseits und auch nicht das Diesseits sei – und in die man von einem geflügelten Drachen geleitet wurde.

Hohe graue Grabsteine säumten die mit Kies bestreuten Wege. Einige von ihnen waren bereits so verwittert, dass die Namen und Beschreibungen darauf kaum zu entziffern waren. Andere waren erst in jüngerer Zeit errichtet worden, wie ein Blick auf die Sterbedaten zeigte.

Der Duft von verblühten Blumen lag in der Luft, es roch nach Abschied und Herbst – und Fiona spürte, wie in ihrem Kopf eine neue Melodie anhob, schwermütig und traurig ...

Ursprünglich hatte sie vorgehabt, die Gräber der Thirstanes zu suchen, in der Hoffnung, dadurch ein wenig mehr über die Familie des Lairds zu erfahren. Aber etwas hielt sie fest zwischen diesen großen und kleinen Grabsteinen, diesen Zeugnissen der Liebe und der Hoffnung, die von dem Wunsch sprachen, sich der Verstorbenen zu erinnern.

Eine Sphäre, die vor den Augen der meisten Menschen verborgen ist, die aber schon vor aller Zeit existierte und auch heute noch auf das Leben einwirkt.

Und in diesem Moment überkam sie die Trauer über den Verlust ihrer Mutter so heftig, dass es ihr die Tränen in die Augen trieb. Auch wenn diese durch ihre lange Krankheit am Ende nur noch selten das Bett hatte verlassen können, so war es doch ein Trost für Fiona gewesen, sie in ihrer Nähe zu wissen. Dabei hatte sie sich ihrer einzigen Tochter gegenüber stets verschlossen gezeigt, als litte sie an einem Kummer, der sie so vollkommen mit Beschlag belegt hatte, dass sie sich nicht davon befreien konnte.

Und nun ... nun gab es auf dieser Welt niemanden mehr, der Fiona verstand, der bereit war, ihr zuzuhören, und der sie trotz ihrer absonderlichen Krankheit nicht ablehnte.

Die Hände vor das Gesicht geschlagen, begann sie, zu schluchzen. Die Tränen rannen ihr über die Wangen, und ihr Körper wurde von der Verzweiflung geschüttelt.

»Aber, aber, *a chaileag* ...« Fiona fuhr zusammen, als sich eine Hand auf ihre Schulter legte. »Wer wird denn an einem solch schönen sonnigen Tag weinen, mein Mädchen?«

Als sie aufsah, blickte sie in das Gesicht eines Mannes fortgeschrittenen Alters. Graue, bereits etwas schütter gewordene Haare legten sich um ein gutmütiges Gesicht und waren am Hinterkopf zu einem altmodischen Zopf zusammengebunden. An der dunklen Kleidung erkannte Fiona, dass es sich um einen Geistlichen handelte.

Scham und Schutzbedürfnis fochten einen ungleichen Kampf in ihrer Brust aus. Scham darüber, sich vor einem Wildfremden eine solche Blöße gegeben zu haben, zugleich aber auch das Bedürfnis, sich diesem Mann Gottes anzuvertrauen, der so mitfühlend und verständnisvoll auf sie wirkte.

Ihre gute Erziehung gewann die Oberhand. Ein Schniefen unterdrückend richtete sie sich auf. »Bitte entschuldigen Sie, Reverend. Ich war in Gedanken.« Verstohlen tupfte sie sich mit einem Spitzentuch die Tränen von den Wangen, während sie nach einer akzeptablen Erklärung für diesen Ausbruch suchte. »Meine Mutter ist ... Sie ist erst vor Kurzem verstorben und seither ...«

Zumindest war es ein Teil der Wahrheit, und Erleichterung durchströmte Fiona, den Geistlichen nicht angelogen zu haben.

Mitgefühl glomm in den Augen des Mannes auf, der keine Anstalten machte, sie allein zu lassen. Stattdessen nickte er und legte ihr wieder väterlich die Hand auf die Schulter.

»Ein schwerer Verlust, ich verstehe.« Einen Moment zögerte er, als wisse er nicht recht, wie er fortfahren sollte. »Mir scheint, Sie sind fremd hier in der Gegend. Ich kann mich nicht daran erinnern, Sie hier schon einmal gesehen zu haben.«

Fiona spürte, wie sich bei dieser Bemerkung ihr Magen verkrampfte. Der Überfall, das Feuer, der Tod ihrer Begleiter ... All das stand ihr so plötzlich wieder vor Augen, dass ihr erneut die Tränen kamen und es ihr nicht gelang, sie zu unterdrücken.

Doch statt sie mit einem frommen Spruch, irgendeiner Bibelstelle zu trösten, nickte er ihr nur kurz zu.

»Kommen Sie mit«, sagte er leise. »Ich glaube, eine Tasse Tee würde Ihnen guttun.«

Kapitel 20

Schon auf den ersten Blick wirkte das kleine Pfarrhaus einladend und gemütlich. Innen mit schlichten Holzmöbeln eingerichtet, die Böden mit handgewebten Teppichen ausgelegt, die Fenster mit geblümten Baumwollgardinen behangen, erschien es Fiona beinahe wie eine Oase aus Licht und Farben im Vergleich zu dem düsteren Herrenhaus der Thirstanes.

Vor ihr auf dem Tisch dampfte eine bauchige Kanne mit heißem, starkem Tee, auf einem Teller häuften sich frische, in der Pfanne ausgebackene *Scones*, deren Duft verführerisch durchs Zimmer zog. Das frische Blumenmuster der Tassen und Teller spiegelte den floralen Druck der Tapete wider. Und allein dadurch fühlte sich Fiona schon ein wenig getröstet.

Leicht schnaufend, was wohl ihrer Körperfülle geschuldet war, stellte die Frau des Pfarrers noch ein Schälchen Marmelade dazu. Sie schenkte erst ihrem Gast, dann ihrem Gatten, zuletzt sich selbst ein und nahm schließlich ebenfalls Platz.

»Nun erzählen Sie doch mal, *a chaileag*. Was ist los, dass Sie so schrecklich traurig waren? Sie haben ja noch ganz rot geweinte Augen.« Warmherzigkeit lag in der Stimme der Frau, die sich als Mrs MacKerron vorgestellt hatte.

Verblüfft von so viel Direktheit, sah Fiona einen Moment zu dem Reverend auf, der ihr aufmunternd zunickte.

Da sie diese Leute, so sympathisch sie ihr auch erscheinen mochten, eigentlich nicht kannte, beschloss sie, sich erst einmal vorsichtig an die Wahrheit heranzutasten.

»Meine Mutter ist gestorben«, wiederholte sie zögernd. »Vor nicht allzu langer Zeit ...«

»Ach, armes Kindchen!« Ehe Fiona sich überlegen konnte, was sie noch preisgeben wollte, hatte die Pfarrersfrau schon ihre Hand ergriffen und tätschelte sie. »Armes Kind, das war sicher ein schwerer Schlag für Sie. So jung und schon Halbwaise.«

Fiona biss sich auf die Lippen. Zum einen, um die erneut aufsteigenden Tränen zu unterdrücken. Zum anderen, um nichts zu sagen, was sie später vielleicht bereuen mochte.

Doch offensichtlich lag der Frau zunächst einmal das leibliche Wohl ihres Gastes am Herzen.

»Kommen Sie, Kindchen, versuchen Sie eins davon ... so ...« Ohne darum gebeten worden zu sein, legte sie eines der duftenden *Scones* auf Fionas Teller. »Bitte ... und noch etwas Marmelade dazu ... Sie werden sehen, danach sieht die Welt schon wieder viel freundlicher aus.«

Sie selbst griff herzhaft zu, strich Marmelade auf das Gebäck und biss hinein. Ihr Gatte, der bisher noch nicht wirklich Gelegenheit gehabt hatte, etwas zu sagen, nippte lediglich an seinem Tee.

»Danke.« Mehr brachte Fiona nicht heraus. Sie spürte, wie die mitfühlenden Worte, die anheimelnde Atmosphäre und nicht zuletzt die vertrauten Gerüche sich lindernd auf ihr Gemüt legten.

Vorsichtig kostete sie ihr Getränk, dessen Wärme sich wohltuend in ihrem Körper auszubreiten begann, und probierte schließlich den noch dampfenden, knusprigen *Scone*. Er schmeckte irgendwie nach Kindheit und Zuhause. Für einen Moment schloss Fiona die Augen, und als sie sie wieder öffnete, blickte sie in das erwartungsvolle Gesicht der Hausherrin.

»Und?«

»Wunderbar«, antwortete Fiona wahrheitsgemäß und biss ein weiteres Stück ab. »Wie früher bei uns daheim. Ganz köstlich.«

Das Strahlen der älteren Frau war noch wärmender als die Tasse Tee, und Fiona begann, sich ein wenig zu entspannen.

»Meine Frau liebt es, Gäste zu bewirten«, mischte sich der Reverend zum ersten Mal in die Unterhaltung ein. »Und sie ist wirklich eine ganz fabelhafte Köchin.«

Seine Augen ruhten zärtlich auf dem Gesicht seiner Frau, das vor Verlegenheit und Freude eine rosa Färbung annahm. Fiona verspürte einen leisen Stich, denn sie konnte sich nicht daran erinnern, dass ihre Eltern auch nur ein Mal ähnlich vertraut miteinander umgegangen waren, geschweige denn Zuneigung füreinander gezeigt hatten. Im Gegenteil. Solange sie sich erinnern konnte, hatte ihr Vater alle Familienmitglieder – und das schloss ihre Mutter mit ein – mit einer Gleichgültigkeit behandelt, die schon an Kälte grenzte.

»Es verirren sich nur selten Fremde in unser Dörfchen.« Die Stimme des Pfarrers riss Fiona aus ihren Erinnerungen. »Sind Sie neu in der Gegend oder lediglich zu Besuch hier?«

Gern hätte Fiona die Antwort auf diese Frage vermieden. Es schmerzte sie, über ihre Familie zu sprechen. »Ich komme aus Edinburgh, wo meine ...«, sie zögerte einen Moment, »wo mein Vater, Earl Hemington, als Richter tätig ist. Und Sie haben recht, es ist mein erster Besuch hier in Ihrer Gegend.«

Fiona nippte an ihrem Tee und hoffte, die Neugierde ihrer Gastgeber befriedigt zu haben. Doch wurde diese Hoffnung rasch enttäuscht.

»Und was hat Sie dann hier in diesen einsamen Landstrich verschlagen?«, erkundigte sich Mrs MacKerron zwischen zwei

Bissen, die grauen Augen freundlich und aufrichtig interessiert auf sie gerichtet.

Erneut zögerte Fiona, zu frisch waren noch die Wunden.

»Ich war mit meiner Tante unterwegs zu ihrem Haus in Inverness. Sie hatte sich dazu bereit erklärt, mich nach Ablauf der Trauerzeit um meine Mutter bei sich aufzunehmen.« Sie schluckte hart. »Auf dem Weg dorthin wurden wir Opfer eines Überfalls ...«

Entsetzt starrte die Pfarrersgattin sie an.

»Meine Tante, der Anwalt, der uns begleitete, und der Kutscher wurden dabei getötet. Ich selbst bin nur knapp mit dem Leben davongekommen.«

Sowohl der Reverend als auch seine Frau schienen einen Moment zu erschüttert, um etwas erwidern zu können. Stumm griff er nach Fionas Hand und drückte sie fest.

Mrs MacKerron schnappte nach Luft, fasste sich ans Herz und meinte: »Großer Gott, drei Menschen ermordet, das ist ja entsetzlich!« Sie schluckte schwer. »Wie haben Sie es denn nur geschafft ...«

Die Hand, die ihr Mann ihr auf die Schulter legte, ließ sie innehalten. Langsam schüttelte er den Kopf. »Wir wollen nicht weiter in unseren Gast dringen, meine Liebe.« Und an Fiona gewandt fuhr er fort: »Sie haben furchtbare Dinge erlebt. Ein derartiges Verbrechen mit ansehen zu müssen ... Es wird gewiss eine Weile dauern, mit einem solchen Ereignis fertigzuwerden.«

Fiona nickte erleichtert. Der Mann schien ein feines Gespür zu besitzen.

Seine Frau bedachte Fiona mit einem noch immer fassungslosen Blick und hatte sichtlich Mühe, sich zurückzuhalten. »Sie waren unterwegs nach Inverness, sagten Sie. Darf ich fragen, wo Sie nach diesem ...«, sie stockte kurz, »... diesem schrecklichen Vorfall untergekommen sind? Es gibt ja nicht allzu viele Möglichkeiten hier in dieser abgeschiedenen Gegend.«

Fiona lächelte höflich, von der Herzlichkeit der älteren Frau gleichermaßen gerührt und bedrängt. »Es war Zufall, dass ich mitten in der Nacht Unterschlupf in Thirstane Manor fand. Der Überfall muss ganz in der Nähe ...«

Fiona unterbrach sich, als sie die plötzliche Veränderung in der Miene der Pfarrersfrau bemerkte. Ihr zuvor so freundliches, ein wenig einfältig wirkendes Gesicht hatte sich schlagartig verdüstert. Ihr Mund verschloss sich so fest, dass die Lippen sich weißlich verfärbten. In ihren Augen stand ein Ausdruck, der zwischen Ungläubigkeit, Erschrecken und Mitleid zu schwanken schien.

»*Thirstane Manor*«, stieß Mrs MacKerron fassungslos hervor. »Sie wohnen auf Thirstane Manor?«

In Fionas Ohren klang das, als hätte sie sich in der Hölle niedergelassen. Ihr Herzschlag beschleunigte sich, und das Unbehagen, das sie vom ersten Augenblick an in dem Herrenhaus empfunden hatte, schien durch die Worte der Pfarrersfrau neue Nahrung zu gewinnen.

Mit Mühe gelang ihr ein Nicken. »Ja, Madam.«

Als hätte es ihr die Sprache verschlagen, starrte die Frau Fiona an.

Unsicher, was den plötzlichen Stimmungswechsel verursacht hatte, schaute Fiona zum Reverend hinüber, der ernst und nachdenklich vor sich hinsah und schwieg.

Fiona sah sich zu einer Erläuterung genötigt. »Sir Aidan war so freundlich, mir seine Gastfreundschaft zu gewähren.« Sie suchte nach den richtigen Worten, um nichts Falsches zu sagen. Womöglich empfand Mrs MacKerron es ja als unschicklich, dass eine junge Frau wie sie im Haus eines unverheirateten Mannes wohnte. Selbst wenn dieser der Laird war und Baronet noch dazu. »Nur so lange, bis mein Vater über die ... die Geschehnisse im Bilde ist. Und mich abholen lässt.«

Eine unausgesprochene Frage stand im Gesicht des Geistlichen, während sich in der Miene seiner Frau blankes Entsetzen abzeichnete.

Fahrig griff Fiona nach ihrer Teetasse und leerte sie hastig. Mit einem Mal fröstelte es sie.

»Sie scheinen«, fuhr sie zögernd fort, »meinen derzeitigen Aufenthaltsort zu missbilligen.« Ihr Blick glitt wieder zu dem Pfarrer, der sie noch immer schweigend, aber aufmerksam musterte, als gäbe es einen Aspekt in ihrer Erzählung, den er nicht verstand. Erst dann wandte sie sich wieder seiner Frau zu, deren Redseligkeit so plötzlich ein Ende gefunden hatte. »Darf ich fragen, aus welchem Grund?«

Einen Moment lang glaubte Fiona, keine Antwort zu erhalten, doch dann redeten die beiden anderen gleichzeitig los.

»Dieses Haus ...«, begann Mrs MacKerron. »Thirstane Manor, es ist ...«

»Möchten Sie vielleicht noch eine Tasse Tee?«, ließ sich der Reverend vernehmen, und Fiona hatte den Eindruck, dass er seiner Frau absichtlich ins Wort gefallen war.

»Haben Sie denn noch nicht bemerkt, dass dieses Haus ... dass es verflucht ist?«, setzte seine Frau erneut an und verstummte gleich wieder. Ob aus Gründen der Diskretion, die es ihr verbot, als Gattin eines Geistlichen Klatsch und Tratsch zu verbreiten, oder auf ein weiteres Zeichen ihres Mannes hin, konnte Fiona nicht sagen.

Ihr Herz klopfte schneller. War es womöglich gar nicht das Produkt ihrer wirren Phantasie, was sie dort empfunden hatte? War es denkbar, dass dort wirklich unheimliche Dinge geschahen? Dinge, die sich sogar im Dorf herumgesprochen hatten, weil sie zu absonderlich waren, um sie als bloßes Geschwätz abzutun?

Die Kälte, die Fiona noch kurz zuvor verspürt hatte, war einem Anflug von Hitze gewichen. »Was hat es mit diesem Haus auf sich, Madam? Glauben Sie, ich sei dort nicht gut aufgehoben?«

Es entging Fiona nicht, dass Mrs MacKerron zusammenfuhr. Nervös wand sie sich auf ihrem Stuhl. »Nun ja, wie soll ich sagen ...« Ihr helles Gesicht war schlagartig rot geworden, und ihre Finger umklammerten den Henkel ihrer Teetasse. »Es gibt Leute, die behaupten ...« Unsicher sah sie zu ihrem Mann hinüber.

Der Reverend lächelte beschwichtigend und schenkte Fiona eine weitere Tasse Tee ein. »Machen Sie sich keine unnötigen Gedanken, Mylady, wo Sie schon genug eigenen Kummer zu ertragen haben. Das alles ist nur der übliche Tratsch in einem kleinen Dorf. Nichts, was man allzu ernst nehmen sollte.« Er schüttelte den Kopf. »Wissen Sie, wenn man auf das Gerede der einfachen Leute hier hört, soll es beinahe in jedem Haus spuken, das aus mehr als einem Zimmer besteht und älter als zwei Generationen ist.«

Fiona runzelte die Stirn. Es gab also Gerüchte über Thirstane Manor, und sie hätte gern Näheres darüber erfahren. Vielleicht könnte es ihr helfen, eine Erklärung für all das zu finden, was sie in dem Haus gehört und gesehen hatte, all die Dinge, die ihr seither keine Ruhe ließen.

Mit klammen Fingern gab sie einen Löffel Zucker in ihren Tee und rührte ihn um. Sie zwang sich zu einem Lächeln. »Nun, solche Dinge sind stets interessant zu hören.«

»Nur dass in den meisten Fällen nicht viel dahintersteckt«, entgegnete der Reverend. »Es gibt immer Spekulationen, wenn plötzlich ein jüngster Sohn auftaucht, der den Vater beerbt ...

Nachdem alle anderen Nachkommen den Tod fanden.« An seine Frau gerichtet fuhr er fort: »Kein sehr christliches Verhalten, solch üblen Nachreden Glauben zu schenken oder sie gar weiterzuverbreiten.«

Den Tod gefunden ...? *Erbe*?

Vage entsann sich Fiona der Einträge in der vergilbten Familienbibel. Das konnte doch nichts mit dem nächtlichen Spuk zu tun haben. Zumindest war es nicht die Art von Geschichte, die sie zu hören erwartet hatte ... und doch ...

Verstorbene Erben, ein Sohn, der den Titel erhält, obgleich er gar nicht dafür vorgesehen war? Und ein Haus, in dem es nicht geheuer war. Ob da doch ein Zusammenhang bestand, den sie nur noch nicht zu erkennen vermochte?

Ein Klopfen ließ sie alle Richtung Flur schauen. Der Pfarrer erhob sich. »Eines meiner Schäfchen«, erklärte er mit einem bedauernden Lächeln. »Ich bitte die Damen, mich kurz zu entschuldigen.« Mit einem letzten eindringlichen Blick auf seine Frau verließ er den Raum und schloss die Tür hinter sich.

Kapitel 21

»Das Schicksal eines Geistlichen«, seufzte Mrs MacKerron. »Man ist nie ungestört, ständig gibt es wichtige Anliegen. Möchten Sie noch eine Tasse Tee?« Kurz sah sie zur Tür, wie um sich zu vergewissern, dass ihr Mann nicht noch einmal zurückkäme. Dann beugte sie sich verschwörerisch zu Fiona hinüber.

»Mein Gatte ist ein guter Mensch und duldet es nicht, dass schlecht über unsere Nachbarn gesprochen wird. Nun ja, als ein Mann Gottes muss er wohl so reden.« Sie nahm einen kräftigen Schluck von ihrem Tee. »Aber ich gebe Ihnen den guten Rat: Nehmen Sie sich in Acht.«

Fiona starrte sie an. »In Acht nehmen?«, wiederholte sie unsicher. »Wovor?«

Die Pfarrersfrau runzelte die Stirn. »Vor diesem Haus, vor seinen Bewohnern. Besonders jedoch vor dem Hausherrn.«

Sir Aidan? Fiona zuckte zusammen.

»Er ist der Schlimmste von allen. Ein Unglück, dass es Sie ausgerechnet zu ihm verschlagen hat.«

Trotz des Feuers, das im Herd brannte, spürte Fiona wieder die altbekannte Kälte in sich aufsteigen. »Der Schlimmste …?«, gelang es ihr zu fragen.

»Ja, der Schlimmste dieser Familie«, fuhr Mrs MacKerron fort. »Von allen Thirstanes. Sie können es natürlich nicht wissen, weil Sie nicht von hier sind, meine Liebe. Aber glauben Sie mir, hier hat diese ganze hergelaufene Sippschaft einen Ruf wie Donnerhall.«

Unwillkürlich griff Fiona wieder nach ihrer Tasse. Furcht und flammende Neugierde nahmen sie gleichermaßen in Beschlag, und so kam sie nicht umhin, zu fragen: »Und was genau ist an ihnen so ... so schrecklich, wie Sie es nennen?«

»Nun ...« Wieder warf die ältere Frau einen Blick zur Tür. »Unser Land hier hat in der Vergangenheit schon manches an Grausamkeiten ertragen müssen. Doch seit diese Thirstanes hier eingeheiratet haben ...« Die Lippen der Pfarrersfrau zitterten vor Empörung. »Nichts als Geld im Sinn. Geld, Macht und alle Formen der irdischen Genüsse. Ein Lotterleben haben sie geführt, alle miteinander! Selbst Sodom und Gomorra wird am Jüngsten Tag ... oh, verzeihen Sie!« Mrs MacKerrons Wangen waren tiefrot geworden, als ihr bewusst wurde, was sie da einer jungen Frau gegenüber andeutete.

Fiona spürte, wie sie ebenfalls errötete, ihr Herz fester gegen ihre Brust schlug.

»Nun, das ist noch längst nicht alles. Sie werden wohl nirgendwo einen Grundbesitzer finden, der skrupelloser mit seinen Untergebenen umgesprungen ist, ob Hausangestellte oder Pächter, als diese Thirstanes.«

Beinahe plastisch hatte Fiona wieder die Ruinen der zerstörten Siedlung vor Augen. Die kalte Gleichgültigkeit, mit der Sir Aidan über das Schicksal dieser Menschen gesprochen hatte. Ein Schicksal, das seine eigene Familie zu verantworten hatte.

»Sie haben die Türme und Erker an Thirstane Manor gesehen?«, fragte Mrs MacKerron. »Diesen ganzen Umbau, der dem Herrenhaus das Aussehen einer alten Burg geben sollte?«

Fiona nickte und fragte sich, was die Architektur des Hauses mit den Sünden der Familie Thirstane zu tun haben mochte. Entsprach es doch durchaus der Mode, Gebäuden einen – wenn auch nachträglich angebrachten – Hauch von Mittelalter und Romantik zu verleihen.

»Was glauben Sie, wo das Geld für eine solch kostspielige Baumaßnahme herstammte?«

Fiona ahnte, worauf die Frau hinauswollte. »Schafzucht«, sagte sie, während sie sich inmitten der zerfallenen Ruinen mit Aidan stehen sah und wieder den Klang seiner Stimme im Ohr hatte:

Zu stark in der eigenen Vergangenheit verhaftet, waren sie nicht gewillt oder fähig, sich den neuen Zeiten anzupassen. Also mussten sie gehen.

Mit zitternden Händen führte sie die Teetasse zum Mund.

Menschen, die sich gegen die Gesellschaft stellen, haben kein Anrecht, weiterhin in dieser zu leben.

Das waren Aidans Worte gewesen.

»Und um Weideland zu gewinnen, wurden die Pächter vertrieben«, fügte sie tonlos hinzu.

»Vertrieben, sagen Sie?« Die Stimme der Frau klang zornig. »Auf dem Land der Thirstanes ist viel Schlimmeres geschehen! Da wurde Gewalt angewendet, grausamste Gewalt. Kinder und alte Leute hat man mit Stöcken und Waffen aus ihren Wohnungen gejagt. Die Häuser wurden den Menschen über den Köpfen angezündet. Es gab sogar Tote.« Mrs MacKerrons Stimme brach, Tränen schimmerten in ihren Augen.

Zu benommen, zu erschüttert, um etwas zu entgegnen, saß Fiona nur da und starrte auf das Blütenmuster ihrer Teetasse.

»Und deshalb«, schloss Mrs MacKerron, »ist Thirstane Manor verflucht. Es ist auf Blut erbaut, dem Blut all dieser Menschen. Und ihre Seelen werden keine Ruhe geben, bis die Schuld gesühnt ist.«

Auf Blut erbaut ... Unwillkürlich musste Fiona an Elspeths Worte denken, die lieber jeden Abend den langen Weg zurück ins Dorf auf sich nahm, als freiwillig eine Nacht unter dem Dach des Herrenhauses zu verbringen.

»Und wieso meinen Sie ...«, sie räusperte sich, »... Sir Aidan sei der Schlimmste von allen?« *Welche Verbrechen konnte es geben, die das zuvor Gehörte noch übertrafen?*

Das füllige Gesicht der Pfarrersfrau nahm erneut eine rötliche Färbung an. »Fragen Sie besser nicht, Kindchen. Nachdem schon sein Großvater und später sein Vater ihr Vermögen auf Kosten anderer gemacht und zudem ein höchst ...«, sie stockte, »unschickliches Leben geführt hatten, taten deren Söhne es ihnen gleich. Trieben es sogar noch schlimmer. Der eine Sohn war dem Alkohol verfallen, der andere ...«, sie unterbrach sich und schien nach dem richtigen Wort zu suchen, »frönte noch gottloseren Lastern. Und der jetzige Laird, der plötzlich wie aus dem Nichts aufgetaucht ist ...« Wieder errötete sie, und Fiona kam es vor, als ob sie etwas Wesentliches unausgesprochen ließ. »Er soll jahrelang außer Landes gewesen sein. Niemand weiß etwas Genaueres über ihn.«

Die zahlreichen Reisen Sir Aidans. Fiona nickte gedankenverloren.

»Und kaum hatte dieser ... ähm ... *jüngste* Sohn ... das Erbe des alten Lairds angetreten«, berichtete Mrs MacKerron weiter, »hat er gleich alles heruntergewirtschaftet.«

Unwillkürlich dachte Fiona an die überwiegend schäbigen Räume des Herrenhauses und die ungenutzten Flügel. Sie schluckte, unsicher, ob sie überhaupt noch die Kraft hatte, weiter zuzuhören.

»Die Schafzucht ließ er binnen kürzester Zeit verkommen, bis er schließlich auch noch die letzten Tiere verkaufen musste. Wohl, um die Schulden zu bezahlen, die er mit seinem unsteten Lebenswandel angehäuft hatte. Wer weiß, was er da im Ausland getrieben hat, dieser Kerl.«

Die einfachen Mahlzeiten und der Mangel an Personal in dem einstmals wohl prächtigen und feudalen Herrenhaus! War das also der Grund dafür? Dass Sir Aidan aufgrund eines schändlichen Lebenswandels kein Geld zusammenhalten konnte? Ihr Unbehagen wuchs und verdrängte die Erinnerung an die kurzen Momente von Vertrautheit und Nähe, die sie in den vergangenen Tagen mit diesem Mann erlebt hatte.

»Zudem ist der jetzige Laird von einer solchen Unberechenbarkeit, dass man meinen könnte, er sei nicht bei klarem Verstand«, fuhr die Pfarrersfrau wie auf ein Stichwort fort. »Obwohl die Menschen hier oben arm sind und eine gute Anstellung gebrauchen könnten, hält es kaum eine Dienstkraft länger als wenige Wochen dort aus. Es müssen schreckliche Dinge sein, die in diesem Hause vor sich gehen.« Das Gesicht der Frau wurde noch eine Spur dunkler. »Dinge, die ... wenn ich es Ihnen erzählen würde, dann ... ich sage nur schwarze Magie.«

»Draußen wird es langsam kalt.« Händereibend war der Reverend wieder eingetreten, was dessen Gattin mit plötzlichem Schweigen und einem schuldbewussten Gesichtsausdruck quittierte. »Aber kein Wunder, in wenigen Tagen beginnt bereits der November.« Er lächelte. »Der Tag neigt sich langsam dem Ende zu.« Stumm gab er seiner Frau ein Zeichen, die nickte und aufstand. »Ich nehme an, Sie möchten nun zu Ihrer Unterkunft zurückkehren. Es ist schon spät, und die Nacht bricht um diese Jahreszeit hier früh herein. Wenn Sie möchten, begleite ich Sie noch ein Stück. Der Hufschmied hat einen kleinen Wagen und schuldet mir einen Gefallen. Wenn ich ihn darum bitte, fährt er Sie sicher die drei Meilen bis zum Herrenhaus.«

Kam es ihr nur so vor, oder wurde sie gerade diskret gebeten, das Haus nun zu verlassen? Hatte sie etwas Falsches gesagt? War sie mit ihren Fragen zu weit gegangen, oder waren die Leute einfach so verschroben, hier, in diesem einsamen Landstrich?

Ein wenig ungelenk erhob sie sich. »Danke. Das Angebot nehme ich gern an.« In Wahrheit wäre sie viel lieber noch geblieben und hätte das Gespräch fortgeführt. Bevorzugt mit Mrs MacKerron, die offenbar noch mehr zu berichten wusste. Doch Fiona hatte keine Wahl. Sie wollte ihrem ohnehin schon auffälligen Verhalten nicht auch noch eine grobe Unhöflichkeit hinzufügen.

Also bedankte sie sich aufs Herzlichste bei der Hausherrin und blieb allein zurück, während der Geistliche wohl Mantel und Hut holte und seine Frau in der Küche verschwunden war.

Seltsam das Ganze ... höchst seltsam ...

Fiona dachte an das, was Ceitidh, die alte Köchin im Hause ihres Vaters, immer über die Bewohner ihrer Heimat, der Highlands, zu sagen pflegte: Ein seltsamer, undurchsichtiger Menschenschlag wären sie. Und dass man dort geboren sein müsse, um sie jemals vollends verstehen zu können.

Mit einem Male fühlte sich Fiona sehr einsam und verstört, wie ein Blatt, das von seinem Baum geweht und vom Wind umhergetrieben wird. Irgendwohin.

Sie nickte stumm, als ihr Mrs MacKerron ihren Umhang brachte, verabschiedete sich und machte sich mit dem Reverend auf den Weg zum Schmied.

Kapitel 22

Fiona konnte nicht sagen, wie sie den Weg aus dem Dorf zurück zum Herrenhaus hinter sich gebracht hatte. Nichts war mehr geblieben von dem goldenen Herbsttag, dem Zauber eines verschlafenen Dorfes inmitten der Highlands, der Faszination dieser malerisch verwunschenen Landschaft.

In ihrem Kopf wirbelten die Gedanken durcheinander, die Worte der Pfarrersfrau, die ihren eigenen Befürchtungen neue Nahrung gegeben hatten. Grundgütiger, welche Abgründe taten sich hier auf? Was mochte es in Thirstane Manor noch alles geben, wovon sie nichts wusste, wovon niemand etwas wusste? Und ihr blieb nichts anderes übrig, als in dieses unheimliche Haus zurückzukehren, denn wohin sonst konnte sie ausweichen? Hier in dieser gottverlassenen Einöde.

Gedankenverloren drückte sie dem Schmied, der so freundlich gewesen war, sie zurückzubringen, eine Münze in die Hand und lief atemlos über den Pfad, der zum Herrenhaus führte. Die Dämmerung war hereingebrochen und hing schwer über der parkähnlichen Anlage und den düsteren Mauern.

Mit klopfendem Herzen eilte sie die Stufen hinauf und fragte sich, wie Sir Aidan wohl auf ihren eigenmächtigen Ausflug reagieren würde. Nicht, dass er das Recht hätte, ihr irgendetwas zu verbieten. Schließlich war sie sein Gast und nicht seine Gefangene.

Das Haus lag wie verlassen da, als hielte sich kein einziger Mensch dort auf. Wie eine eisige Hand kroch die Angst Fionas Wirbelsäule entlang.

Das letzte Licht des Tages erhellte schwach die Flure, als Fiona endlich ihr Schlafzimmer erreicht hatte. Bei dem Versuch, die Tür zu öffnen, rutschten ihre schweißnassen Finger am Knauf ab.

Schließlich gelang es ihr, sie schlüpfte hinein und blieb sogleich ruckartig stehen.

»Elspeth!«, entfuhr es ihr. »Was machst du hier?«

Die junge Wäscherin hatte auf einem kleinen Schemel neben dem Bett gesessen und war bei Fionas Eintreten vor Schreck aufgesprungen. Hastig strich sie ihre Schürze glatt.

»Mylady«, murmelte sie.

Ein ungutes Gefühl bemächtigte sich Fionas, das sich noch verstärkte, als sie bemerkte, dass die Augen des Mädchens gerötet waren, ihr Gesicht ungewöhnlich blass.

»Entschuldigen Sie, Mylady. Ich hab auf Sie gewartet mit dem Abendessen.« Mit einer fahrigen Handbewegung wies Elspeth auf einen Teller, der auf dem Tisch stand und auf dem Fiona zwei Scheiben Brot, etwas Käse und ein kleines Stück Schinken vorfand.

Ihr Unbehagen wuchs. Sollte Elspeths Benehmen etwas mit ihrem Ausflug ins Dorf zu tun haben?

»Speise ich heute nicht mit Sir Aidan?«

Tränen schossen der Wäscherin in die Augen, während sie mit zusammengekniffenen Lippen den Kopf schüttelte.

»Ist etwas geschehen?«, fragte Fiona heiser. »Elspeth, was ist los?«

Noch immer stand das Mädchen mit hängenden Armen da, sichtlich gegen die Tränen ankämpfend. So zog Fiona sich selbst Mantel und Stiefel aus. Was konnte das arme Ding nur so aus der Fassung gebracht haben?

»Sag mir, was du hast!« Fiona hatte Elspeth an den Schultern gepackt und schüttelte sie vorsichtig. »Geht es dir nicht gut?«

Ein anderer, schlimmerer Gedanke tauchte in ihr auf. »Hat dir jemand etwas angetan?« Die Warnung der Pfarrersfrau kam ihr in den Sinn. »Sir Aidan?«, fragte sie tonlos.

Ruckartig wandte sich Elspeth ab und schlang schluchzend die Arme um sich.

Fionas Unbehagen steigerte sich zur blanken Furcht. »So sag mir doch endlich, was geschehen ist!«

Elspeth zuckte zusammen, als Fiona unwillkürlich die Stimme erhob. Beschämt über sich selbst und ihre harsche Reaktion, trat sie näher an die Wäscherin heran, legte ihr die Hand auf die Schulter und drehte sie langsam zu sich herum.

»Hast du kein Vertrauen zu mir?«

Elspeth wandte den Kopf ab, als könne sie ihr nicht in die Augen sehen.

»Gibt es irgendeinen Grund, weshalb du glaubst, nicht mit mir reden zu können?«

Ein, zwei Atemzüge lang schien Elspeth mit sich zu kämpfen. »Er hat mir die Schuld daran gegeben, dass Sie weggegangen sind! Mir ganz allein.« Es war ein Aufschrei, der Fiona entgegengeschleudert wurde. Ein Schrei, geboren aus unterdrücktem Zorn und Furcht. »Ich hab doch nur Ihre Frage beantwortet und mich um den Fuhrmann gekümmert und jetzt ...«

»Wer hat dir die Schuld gegeben?«

»Sir Aidan!«, stieß Elspeth hervor. »Er hat gesagt, ich hätte Sie dazu überredet, ins Dorf zu gehen. Er hat gesagt, wenn ich nicht so vorlaut gewesen wäre, so ... Und dann hat er ... er hat ...« Der Rest des Satzes ging in einem Schluchzen unter.

Dieses Scheusal! Wie konnte er seine Wut über ihren eigenmächtigen Ausflug an dem Mädchen auslassen, das völlig unschuldig an der ganzen Sache war?

Wie hatte Mrs MacKerron ihn bezeichnet? Als unberechenbar und grausam.

»Du kannst nichts dafür, Elspeth«, versicherte Fiona dem Mädchen. Doch kam die nächste Frage ihr schwer über die Lippen. »Sir Aidan ...«, begann sie zögernd, »was hat er getan?«

Elspeths Gesicht wurde puterrot, ihre Lippen begannen erneut zu beben. »Er hat mich ... Er hat mich zu sich gerufen, in sein Arbeitszimmer ... Und dort hat er dann ... mit mir ... aber doch nur, weil ...« Sie brach ab und zerrte an ihrer Schürze und wandte sich zur Tür. »Ich muss los, Mylady! Ihr Abendessen steht bereit. Sagen Sie Bescheid, wenn Sie noch etwas benötigen. Gute Nacht!«

Ohne eine Antwort abzuwarten, war sie auch schon verschwunden.

Fiona blieb allein zurück, allein mit ihren Unsicherheiten und Ängsten. Ihr graute bei dem Gedanken, Sir Aidan gegenüberzutreten. Und sie war erleichtert, dass sie ihn an diesem Abend nicht mehr zu sehen brauchte.

Morgen jedoch ...

*

Nacht hatte sich über den Raum gelegt, der warme Schein eines mehrarmigen Kerzenleuchters ergoss sich in sich überschneidenden Kreisen über den kleinen Tisch. Mit einem leisen, kaum hörbaren Klatschen fand eine weitere Spielkarte ihren Platz, was Aidan lediglich mit einem Heraufziehen der Augenbraue zur Kenntnis nahm. Halb im Sessel zurückgelehnt, war sein Blick auf das vor ihm liegende Patienceblatt gerichtet. Daneben stand ein noch unberührtes Glas, in dem ein schwerer, roter Wein schimmerte.

Diesen würde sich Aidan erst zu einem späteren Zeitpunkt genehmigen. Zuvor galt es, eine andere Angelegenheit zu erledigen. Was seine Gedanken wieder zu der jungen Frau führte, die einige Zimmer entfernt schlief. Oder zumindest doch schlafen sollte.

Neugieriges Weibsstück! Noch immer brannte sein Zorn über ihr eigenmächtiges Handeln so sehr, dass sein Blick verschwamm.

Ein leises Schaben hinter ihm, mehr zu erahnen, als zu hören, ließ ein dünnes, bitteres Lächeln über sein Gesicht huschen. Geister herrschten in diesen alten Mauern, Dämonen, bereit, jeden zu verschlingen, der nicht wachsam genug war, sich zeitig genug von ihnen abzugrenzen. Sie waren von völlig anderer Art, als es die Schwätzer und Waschweiber aus dem Dorf auch nur im Entferntesten erahnen konnten. Wesentlich grausamer und unmöglich zu vertreiben.

Und er war der Herr und Gebieter über all diese üblen Geister. Hatte er doch manche von ihnen höchstselbst ins Leben gerufen.

Sein Blick glitt über die fast fertiggestellte Patience. Es fehlte noch eine einzige Karte, und er konzentrierte sich darauf, diese letzte Herausforderung zu meistern. Es gelang ihm, alle anderen auf ihn einstürmenden Gedanken und die pochende Wut zu verdrängen.

Leise, verhaltene Schritte waren zu vernehmen, gedämpft durch das massive Mauerwerk und dennoch unverkennbar. Aidan kniff die Augen zusammen, noch immer auf die Karten konzentriert.

Da, jetzt … mit stummem Triumph zog er die noch fehlende Karte hervor und legte sie an den richtigen Platz. Einen Moment lang genoss er den Anblick der perfekt angeordneten Muster, dann griff er endlich nach dem Weinglas.

Ein leises Quietschen hinter ihm durchdrang die Stille im Raum. Langsam führte Aidan das Glas zum Mund und nahm den ersten Schluck. Warm und anregend rann der schwere portugiesische Wein seine Kehle hinab, ließ sein Blut schneller zirkulieren.

Er spürte mehr, als er es hörte, dass eine Gestalt sich näherte. Ein weiterer Schluck folgte, ein dritter.

Langsam setzte Aidan das Glas ab, wandte den Kopf ein wenig. Ein Lächeln flog über sein Gesicht, doch erreichte es nicht seine Augen.

»Gut, dass du da bist«, sagte er leise, ohne sich umzudrehen. »Ich habe einen Auftrag für dich.«

Tag 7 auf Thirstane Manor

I mourn for the Highlands,
now drear and forsaken
The lands of my fathers the gallant and brave;
To make room for the sportsmen,
their lands were all taken
And they had to seek out new homes far away.

Quelle unbekannt

Ich trauere um die Highlands,
nun trostlos und verlassen
Das Land meiner Väter, so edel und kühn;
Man nahm ihnen ihr Land,
um Platz für die Jäger zu schaffen,
Und weit entfernt mussten sie sich
eine neue Heimat suchen.

Kapitel 23

Der Morgen hatte ähnlich düster begonnen, wie der vorherige Tag geendet hatte. Eine unruhige Nacht lag hinter Fiona, in der sie kaum ein Auge zugetan hatte. Während sie sich schlaflos von einer Seite auf die andere gewälzt hatte, hat sie noch immer an das Gespräch im Pfarrhaus, aber auch an das auffällige Verhalten der jungen Wäscherin gedacht.

Was auch immer der Laird zu ihr gesagt hatte, es musste sie sehr eingeschüchtert haben. Denn als Elspeth in der Frühe in Fionas Zimmer gekommen war, um ihr beim Ankleiden behilflich zu sein, war sie immer noch einsilbig gewesen. Sie hatte sich mit ihrer Arbeit beeilt und war dann so schnell wieder verschwunden, dass Fiona keine Gelegenheit hatte, sie über die Dinge zu befragen, die ihr auf der Seele brannten.

Verwirrt und ratlos ging Fiona in ihrem Zimmer auf und ab, während ihre Gedanken ständig zu Mrs MacKerrons Worten zurückkehrten. Nach allem, was sie verstanden hatte, glaubte diese offenbar, dass Thirstane Manor wegen der Gewissenlosigkeit seiner Besitzer mit einem Fluch belegt sei. Und diese Meinung teilte wohl auch das ganze Dorf, wo Sir Aidans Familie einen äußerst üblen Ruf genoss. Es drängte Fiona, zu erfahren, inwieweit dies der Wahrheit entsprach.

Ärgerlich schüttelte sie den Kopf. Ein Jammer, dass aus Elspeth derzeit kein Wort herauszubekommen war. Sicher hätte sie einiges zu dem Thema zu sagen gewusst. Allerdings bestätigte das offensichtlich grausame Verhalten Sir Aidans der jungen Wäscherin gegenüber Mrs MacKerrons Einschätzung des Lairds.

Fionas Unbehagen wuchs. Sie konnte nur hoffen, dass bald Nachricht von ihrem Vater eintreffen und er sie abholen lassen würde. Es wurde Zeit, diesen schrecklichen Ort zu verlassen – und den Mann, der diesen beherrschte.

Und doch ... ein Hauch von Wehmut überkam sie, als ihr Blick zum Fenster hinausglitt, wo ein nebliger Herbstmorgen anbrach. Zu ihrer Verblüffung musste Fiona sich eingestehen, dass sie, zurück in Edinburgh, das Land hier vermissen würde. Diese Weite und Urtümlichkeit.

Verstohlen wischte sie sich eine Träne von der Wange. Und auf eine ihr selbst unerklärliche Weise würde sie vielleicht sogar Aidan Thirstane vermissen. Trotz seiner Gefühlskälte, trotz seines spöttischen und aufbrausenden Wesens. Und – Gott mochte ihr gnädig sein – trotz all dessen, was man sich über ihn erzählte.

Nehmen Sie sich in Acht ... Besonders vor dem Hausherrn ... Er ist der Schlimmste von allen.

Wie ein Echo hallte die Warnung der Pfarrersfrau in ihrem Innern wider, und der Wunsch, mit jemandem darüber zu sprechen, sich Klarheit zu verschaffen, wurde immer stärker.

Das Bild eines rothaarigen Jungen erschien vor ihrem inneren Auge.

Seoc!

Zwar war sich Fiona nicht sicher, ob ihre Idee zum Erfolg führen würde. Sie hatte den Jungen nur selten zu Gesicht bekommen, und dieser hatte sich dann meist kurz angebunden und ablehnend verhalten. Dennoch war sie überzeugt, dass er mehr darüber wusste, was hier im Haus geschah als irgendjemand aus dem Dorf – mehr als Elspeth oder die Frau des Reverends.

Kurz entschlossen legte Fiona den karierten Wollplaid um, den Mrs Dunnett ihr für die Wanderung gegeben hatte, und machte sich auf die Suche nach dem Jungen.

*

Es fröstelte Fiona ein wenig, als sie durch den Hinterausgang das Haus verließ und über den schmalen Kiesweg lief. Sie wollte sich ein wenig im Garten und den Stallungen umschauen, in der Hoffnung, Seoc dort irgendwo zu begegnen.

Als Erstes ging Fiona zum Treibhaus, das jedoch menschenleer war. Vielleicht war der Junge ja in den Stallungen. Der Gedanke erschien ihr reizvoll. Auch ihr Vater hielt auf seinem Landgut einige Pferde, in deren Nähe sie sich immer wohlgefühlt hatte, schenkten ihr die Tiere doch Ruhe und Zuneigung.

Die Morgensonne überflutete den Garten, als sie auf den Pferdestall zumarschierte, doch die Luft war schon kalt. Dunstwölkchen bildeten sich vor Fionas Mund, und sie war froh über den wärmenden Wollplaid, den sie fester um ihre Schultern zog.

Das Gefühl, beobachtet zu werden, ließ Fiona innehalten und sich umdrehen. Suchend glitt ihr Blick über die hohen grauen Mauern des Herrenhauses. Der Anblick der Zinnen, Erker und Türmchen, die dem Gebäude etwas Romantisches verleihen sollten, schmerzte sie beinahe körperlich. Nun, da sie die Wahrheit darüber wusste, den Preis kannte, der für all diese Pracht zu zahlen gewesen war. Die rücksichtslose Vertreibung wehrloser Menschen.

Es gab sogar Tote, hatte Mrs MacKerron gesagt.

Fiona ertappte sich dabei, dass sie die weiß eingefassten Sprossenfenster absuchte, sich fragte, hinter welchem davon sich die Räumlichkeiten Sir Aidans befinden mochten. Noch immer beunruhigte es sie, dass dieser Mann in unmittelbarer

Nähe ihres eigenen Zimmers schlief. Jetzt, nach dem, was sie am Vortag über ihn hatte erfahren müssen, mehr denn je.

Von solcher Unberechenbarkeit, dass man meinen könnte, er sei nicht bei klarem Verstand, hatte Mrs MacKerron es genannt. Fiona war fast geneigt, ihr recht zu geben.

Doch waren nicht alle ihre Begegnungen mit Aidan Thirstane unangenehm gewesen. Es hatte auch Momente der Wärme und des Trostes gegeben. Und wenn sie an die abgrundtiefe Verzweiflung dachte, die sie in seinen Augen gelesen hatte … Verzweiflung, gepaart mit einer Traurigkeit, die von einem großen inneren Schmerz zeugte.

Aus dem Augenwinkel nahm sie eine Bewegung wahr.

Da … was war das gewesen? Fiona blinzelte ins helle Morgenlicht und suchte die Fenster ab, ohne etwas zu entdecken. Alles blieb ruhig, nichts regte sich hinter den Glasscheiben.

Seltsam. Sie war sicher, für einen kurzen Moment einen Schatten gesehen zu haben. Die Umrisse einer dunklen, menschlichen Gestalt mit tiefschwarzem Gesicht.

»Jetzt phantasierst du schon am helllichten Tag«, rügte sie sich halblaut, und es beruhigte sie, ihre eigene Stimme zu hören. Dennoch war sie nicht völlig überzeugt, sich das Ganze nur eingebildet zu haben.

Hastig wandte sie sich ab und wäre beinahe mit einem hageren, vom Alter gebeugten Mann zusammengestoßen, in dem Fiona Duncan, den Gärtner erkannte, dem sie schon einige Male flüchtig begegnet war. Grüßend tippte er sich an die Mütze und murmelte etwas derartig Unverständliches, dass Fiona nicht sagen konnte, ob es Gälisch, Scots oder eine stark eingefärbte Version des Englischen war.

Fiona erwiderte den Gruß freundlich, aber ihre Gedanken waren noch immer mit dem seltsamen Schatten im Fenster beschäftigt.

»Wissen Sie, wo sich Seoc gerade aufhält?«, fragte sie den Alten schließlich.

»*An siud, anns an t-seada.*« Wieder grummelte er etwas Unverständliches, zeigte eine unvollständige Reihe gelblich verfärbter Zähne und wies in die Richtung eines Schuppens, direkt neben dem Pferdestall.

Fiona bedankte sich, froh, irgendwohin verschwinden zu können, wo sie nicht das Gefühl hatte, von einem der Fenster aus beobachtet zu werden, und eilte in die angegebene Richtung.

*

Aidans Glieder schmerzten, als er sich vorsichtig die Waschschüssel heranzog, den Krug darin ausleerte und begann, den klebrigen, getrockneten Schweiß abzuwaschen, der seinen Oberkörper bedeckte. In der Nacht zuvor hatte er lange keinen Schlaf gefunden. Immer wenn er die Augen schloss, sah er das erschreckte Gesicht Elspeths vor sich, wie sie sich vergebens bemühte, die Tränen zurückzuhalten, und bei jedem seiner Worte blasser wurde.

Am Ende hatte sie ihm sogar fast leidgetan, aber sein aufbrausendes Wesen bekam er nicht unter Kontrolle. Dabei hatte es ihn schon so häufig in schlimme Situationen gebracht.

Sogar bis in die Hölle.

Verflucht! Warum war dieses dumme Ding aber auch so unglaublich schwatzhaft? Doch wenn er recht überlegte, hätte Elspeth ohnehin nichts von Bedeutung weitererzählen können. Dafür hatte er schon gesorgt. Nichts als Vermutungen und wilde Gerüchte, die jeder in der Gegend schon gehört hatte. Dass sie die Nächte nicht auf Thirstane Manor, sondern im Dorf bei der alten Großtante verbrachte, die sie vor Jahren aufgenommen hatte, kam Aidan und seinen Plänen mehr als entgegen. Glücklicherweise war sie zudem so einfältig, dass sie ohnehin nur die Hälfte von dem verstand, was um sie herum vorging.

Dennoch würde sie in nächster Zeit den Mund halten. Dessen war sich Aidan sicher.

Noch immer zornig über die Ereignisse des Vortages riss er das Handtuch vom Waschtisch und rieb sich damit ab. Das kalte Wasser hatte seine Lebensgeister geweckt, und auf dem Tisch neben dem unberührten Bett stand eine Tasse mit starkem, bitterem Kaffee.

Aidan lächelte grimmig. Wahrscheinlich würde er dieses verdammte Leben nicht durchstehen ohne das tiefschwarze Getränk und ohne den mit einem Schuss Whisky versetzten Wein, der die Schmerzen an Körper und Seele linderte, ihm hin und wieder kurze Zeit des Vergessens schenkte.

Mit tropfenden Haaren und nur in Hosen gekleidet trat er ans Fenster.

Er liebte den Anblick eines anbrechenden Morgens, die Sonne, die sich ihren Weg durch die Wolkendecke bahnte, den aufsteigenden Nebel vertrieb und schließlich das Land in Licht tauchte. Ein Land, von dem er lange geglaubt hatte, es niemals wiederzusehen.

Und schon gar nicht als rechtmäßiger Laird.

Rechtmäßig? Er lachte bitter. Was in diesem entrechteten, halb entvölkerten Landstrich war denn schon gemäß des Rechts?

Gedankenverloren rieb er mit den Fingern sein Handgelenk, als müsse er dort noch immer den Schmerz vertreiben, hielt dann aber inne, als er eine Gestalt quer über den Rasen eilen sah und darin seinen ungebetenen Gast erkannte, Fiona Hemington.

Offensichtlich war es draußen kalt, denn wieder war sie in den Plaid mit dem flammenden Tartanmuster gehüllt, den sie auch auf ihrer kleinen Wanderung zu den Ruinen getragen hatte und dessen Farben ihren hellen Teint zum Leuchten brachten, ihre bernsteinfarbenen Augen tiefer wirken ließen.

Verdammt, warum musste er gerade jetzt daran denken?

Warum in aller Welt beschäftigte dieses blasse, unsichere Ding derart seine Gedanken? Und vor allem, er kniff die Augen zusammen, was tat sie da draußen? Schnüffelte sie etwa wieder herum?

Mit einiger Beruhigung sah er, wie sie ein paar Worte mit Duncan, dem Gärtner, wechselte. Da konnte nichts passieren. Der Alte war loyal bis auf die Knochen und sprach zudem nur schlecht Englisch. Von ihm stand also nichts zu befürchten.

Dennoch konnte Aidan den Blick nicht von der jungen Frau abwenden, deren zimtfarbenes, zu einem schlichten Knoten aufgestecktes Haar unbedeckt in der Sonne leuchtete.

Er ballte die Fäuste und versuchte, seine Gedanken auf etwas anderes zu lenken. Mit derartigen Dingen konnte er sich wahrlich nicht befassen, schon gar nicht mit der Tochter des Earls und Richters Hemington.

Mit ihr hatte er etwas ganz anderes vor.

Halb in Gedanken verloren bemerkte er, wie die junge Frau aufsah, einen Blick in Richtung des Hauses warf, als spürte sie, dass er sie beobachtete. Rasch trat er vom Fenster zurück.

Es war ohnehin Zeit, sich fertig anzukleiden und den Tag zu beginnen. Der Kaffee würde helfen, seine Müdigkeit zu vertreiben, und dann würde man weitersehen. Hastig griff er nach der Tasse und leerte sie.

Kapitel 24

Vorsichtig öffnete Fiona die Tür zu dem Schuppen, wo sie von einem gedämpften Scheppern und Krachen empfangen wurde.

Seoc war offensichtlich gerade dabei, rostige alte Werkzeuge auszusortieren oder zur Reparatur bereitzustellen. Auf einem Haufen stapelten sich Mistgabeln, Spaten, Rechen, eine Spitzhacke und ein großer Hammer, der so schwer aussah, dass Fiona sich fragte, wie diese halbe Portion ihn hatte anheben können.

Er stand mit dem Rücken zu ihr, weshalb er sie noch nicht bemerkt hatte. Die hoch aufgeschichteten Werkzeuge türmten sich wie eine unausgesprochene Drohung zwischen ihnen beiden auf. Matt schimmerten die Spitzen der Zinken und Kanten in der Herbstsonne, die durch das kleine Fenster schien.

Fiona fasste sich ein Herz. »Guten Morgen«, sagte sie freundlich und war überrascht, wie fest ihre Stimme klang.

Keine Reaktion. Hatte der Junge sie tatsächlich nicht gehört, oder gab er es nur vor? Noch immer war er rumorend mit den Werkzeugen beschäftigt.

Sie versuchte es erneut, jedoch ein wenig lauter. »Guten Morgen, Seoc!«

Diesmal hatte er sie gehört. Er fuhr herum, so hastig, dass er gegen einen Stapel Holzkisten prallte. Als er sie erkannte, veränderte sich sein Gesichtsausdruck, wechselte von erschrocken zu ungläubig, und schließlich stand die pure Feindseligkeit in seinen Augen. Schweigend presste er die Lippen aufeinander.

Fiona fühlte sich wie ein Eindringling. Was hatte sie dem Jungen nur getan, dass er derart heftig auf sie reagierte?

»Ich wollte mich hier nur ein wenig umschauen«, begann sie und trat etwas näher. »Lass dich bitte nicht von mir stören.«

Dem Ausdruck in Seocs Augen nach zu urteilen, bedeutete bereits ihre bloße Anwesenheit eine Störung, denn statt mit der Arbeit fortzufahren, starrte er sie nur weiterhin böse an.

»Ich sehe, du hast hier einiges zu tun«, fuhr sie fort, während sie krampfhaft überlegte, wie sie das Gespräch möglichst unauffällig in die gewünschte Richtung lenken konnte. Soweit man ihren hoffnungslosen Monolog überhaupt als ein solches bezeichnen konnte. »Schon die ganze Zeit frage ich mich, wie es möglich sein kann, ein derart großes Anwesen mit so wenig Personal instand zu halten.«

Wie von einer Ohrfeige getroffen, zuckte Seoc zusammen. Sein Gesicht verschloss sich noch mehr.

Fiona biss sich auf die Lippen, trat dann aber einen Schritt weiter vor.

»Sicher hast du mehr als genug zu tun«, sprach sie weiter und beobachtete, wie sich für einen kurzen Moment erneut etwas wie Überraschung im Gesicht des Jungen abzeichnete, jedoch schnell wieder verschwand.

Ruckartig wandte er sich ab. »Was kümmert Se das, Miss?«

Lautes Klappern war zu hören, als er sich ohne ein weiteres Wort wieder seiner Beschäftigung zuwandte.

»Nun, ich wollte …« Fionas Worte bröckelten, kaum dass sie dazu angesetzt hatte. Die Ablehnung des Burschen war so offensichtlich, dass sie fast körperlich im Raum zu stehen schien.

Doch diese Haltung entfachte Fionas Neugierde nur noch stärker. Warum wurde sie hier im Haus mit einer solchen Abneigung behandelt? Vom Hausherrn selbst und auch von diesem Jungen. Nicht zu vergessen die kühle Reserviertheit Mrs Dunnetts.

Vorsichtig zupfte sie ihr Kleid zurecht, setzte sich auf eine der großen Holzkisten, und streckte so damenhaft, wie in dieser Situation möglich, die Beine aus.

Ganz offensichtlich kam sie so nicht weiter. Wenn sie irgendetwas von Interesse aus dem Jungen herausbekommen wollte, musste sie die Taktik ändern.

»Gestern war ich im Dorf. Dort hatte ich Gelegenheit, mit Reverend MacKerron und seiner Frau zu sprechen«, begann sie geradeheraus und beobachtete den Jungen, der jedoch unbeeindruckt mit seiner Arbeit fortfuhr.

»Beide waren sehr nett, allerdings hat mir die Frau ein paar Dinge erzählt, die mir ein wenig zu denken geben. Dinge über dieses Haus.«

Ein hasserfüllter Blick blitzte in ihre Richtung.

Fiona hielt ihm stand. »Natürlich ist das sicher alles Gerede, aber mir scheint, die Menschen im Dorf meiden Thirstane Manor. Hast du eine Erklärung, weshalb?«

Falls Seoc eine solche hatte, schien er jedoch nicht gewillt, diese Fiona mitzuteilen. Denn seine Antwort bestand lediglich aus einem Achselzucken und der Gegenfrage: »Woher soll ich das wissen?«

Fiona spürte, wie ihre Unruhe wuchs. Da Elspeth nicht mehr offen mit ihr zu sprechen wagte, hatte sie einfach keine andere Wahl, als den Jungen zum Reden zu bringen. Und nach den peinlichen Umständen ihres ersten Zusammentreffens, wo sie im Gewächshaus das Bewusstsein verloren hatte, konnte sein Eindruck von ihr kaum noch schlechter werden.

»Nun, da du schon länger hier lebst, dachte ich, du könntest mir gewiss etwas darüber erzählen.« Sie lächelte beinahe entschuldigend. »Nicht, dass ich wirklich an solche Dinge glauben würde, aber ...« Sie machte eine bedeutungsvolle Pause und sah, wie ihr Gegenüber für einen kurzen Augenblick ebenfalls mit der Arbeit innehielt. »Sie sagte mir, das Haus sei verflucht.«

Wieder zuckte Seoc zusammen. Sein Gesicht wurde erst leichenblass, dann puterrot. Ohne Vorwarnung fuhr er herum, ließ den Spaten fallen, mit dem er gerade noch beschäftigt gewesen war, und stürzte zum Ausgang.

Hastig sprang Fiona auf. »Seoc!«, rief sie. »Seoc, so bleib doch stehen!«

Doch er lief weiter.

»Seoc, so hör doch ...« Sie versuchte, den Jungen einzuholen. »Seoc, bitte!« Kurz bevor sie ihn erreicht hatte, verfingen sich ihre Füße in ihrem Rock, und so stolperte sie, gerade als sie ihn an der Schulter zu fassen bekam.

Er brüllte auf, versuchte hastig, sich aus dem Griff zu befreien. Mit einem lauten Ratschen zerriss der Stoff, sein Hemd rutschte von der Schulter.

Fassungslos starrte Fiona auf das Bild, das sich ihr bot.

Ein Gewirr aus Narben in dünnen und dickeren Linien entstellte die blasse Haut des Jungen. Sie keuchte auf, als ihr dämmerte, was das bedeutete. Seoc war geschlagen worden, misshandelt, und soweit sie das einzuschätzen vermochte, nicht nur ein Mal.

»Grundgütiger!«

Ihr Herz begann schneller zu schlagen, das Blut rauschte ihr in den Ohren, und ihr Atem ging heftig.

Der Junge, der stehen geblieben war und sich umgewandt hatte, um Fiona aufzuhelfen, musste den entsetzten Ausdruck in ihren Augen gesehen haben.

»Wer war das?«

Mit kaum unterdrücktem Zorn stieß Seoc erst Fiona von sich und zog hastig das halb zerrissene Hemd wieder hoch.

»Wer hat das getan?«, wiederholte Fiona, um Fassung ringend, während sich ihre Gedanken überschlugen. Was hatte Mrs MacKerron erzählt? Die Thirstanes misshandelten ihre Untergebenen?

Fiona spürte, wie Übelkeit in ihr aufstieg. »War das ...« Bei dem Versuch, den Namen auszusprechen, wurde ihr Herz so schwer, dass es ihr fast den Atem abdrückte. »War das Sir Aidan?«

Statt einer Antwort wirbelte der Junge herum und rannte zur Tür.

»Seoc!« Mit dem Mut der Verzweiflung erhob Fiona die Stimme. »Bleib stehen, habe ich gesagt! Ich habe dir eine Frage gestellt.«

Zu ihrer eigenen Verwunderung gehorchte er.

»Wer hat das getan?« Fionas Stimme versagte, so entsetzlich waren die Gedanken und Bilder, die in ihrem Kopf aufstiegen.

Langsam wandte er sich zu ihr um. Seine Augen waren zu schmalen Schlitzen verengt, und seine Brust hob und senkte sich vor Zorn.

»Das braucht Se nicht zu kümmern, Miss!«

Seine Stimme dröhnte durch die kühle herbstliche Luft, und plötzlich wirkte er viel älter als seine dreizehn oder vierzehn Jahre, viel bedrohlicher.

Er trat einen Schritt auf sie zu.

»Um mich brauch'n Se sich keine Sorgen zu machen, Miss, sondern um sich selbst!« Sein Atem ging keuchend, und noch nie zuvor im Leben war sie einem solch unverhohlenen Hass begegnet. Einem Hass, der sie wie ein Faustschlag traf, sodass sie zunächst nicht wahrnahm, was er gerade gesagt hatte.

»Passen Se besser auf Ihre Gesundheit und auf Ihr ...«, er

blickte sie abschätzig an, »Ihr Leben. Es is' nämlich so, wie Se sagen.«

Fiona spürte, wie sich prickelnde Kälte in ihrem Körper ausbreitete.

»Das Haus hier is' wirklich verflucht.«

Fiona konnte nicht verhindern, dass sich ihre Nackenhaare aufstellten. Der Junge kam noch näher, so nah, dass sie all ihre Selbstbeherrschung aufbringen musste, um nicht zurückzuweichen.

»Tod und Schrecken herrschen hier«, fuhr er mit Grabesstimme fort, und trotz des Gefühls des Grauens, das sich Fionas bemächtigt hatte, klang es in ihren Ohren beinahe so, als rezitiere er etwas auswendig Gelerntes, ein Gedicht oder eine alte Geschichte. »Angst und Verderben und ...« Er unterbrach sich, als wisse er einen Augenblick lang nicht weiter. Dann atmete er tief aus. »Geh'n Se fort, solange Se noch können, Miss«, presste er so mühsam hervor, dass seine Zähne knirschten. »Is' nicht gut für Sie, noch länger hierzubleiben ...« Seine Augen flackerten, doch Fiona konnte nicht sagen, ob aus Angst, Zorn oder Hass. »Ich rat' Ihnen, zu verschwinden, bevor's zu spät is' ...«

Zu überrumpelt, um etwas zu entgegnen, war Fiona wie angewurzelt stehen geblieben. Was war nur in den Jungen gefahren? Obgleich sie nicht gewillt war, seinen abenteuerlichen Drohungen Glauben zu schenken, spürte sie doch, dass sie zitterte, als sie mit ausgebreiteten Händen auf ihn zuging.

»Seoc, jetzt beruhige dich doch ... Was ist los? Wovor soll ich mich fürchten?«

Ruckartig wandte er sich ab.

»Bitte sprich mit mir. Was bedrückt dich? Wovor hast du Angst ...«

Keine Antwort.

Nicht bereit, sich erneut abwimmeln zu lassen, wagte sie einen neuen Vorstoß. »Seoc, vielleicht kann ich dir helfen.« Sanft legte sie ihre Hand auf seine Schultern. »Wenn du nur ...«

»Nein!« Er schlug ihre Hand weg und fuhr herum. »Ich hab alles gesagt, was Se wissen müssen. Alles ... Und jetzt hau'n Se ab, oder wollen Se warten, bis der Schwarze Mann Se holt?«

Ohne ein weiteres Wort stürzte er aus dem Schuppen.

Kapitel 25

Was hatte das schon wieder zu bedeuten? Fiona benötigte einen Augenblick, um sich zu fassen und zu begreifen.

Dumpf und bedrohlich klangen Seocs Worte in ihrem Innern nach. Der *Schwarze Mann* ... Eine alte Legende, mit der Ceitidh sie schon als Kind das Fürchten gelehrt hatte, die sie aber stets in die Gefilde der Phantasie und der Hirngespinste verbannt hatte. Nun erinnerte sie sich mit Schaudern an die unerklärlichen Begegnungen, bei denen sie diesen Schwarzen Mann hier, in Thirstane Manor, zu sehen geglaubt hatte, zuletzt noch vor einigen Minuten hinter einem der Glasfenster.

Dieses Haus war wirklich ein unheimlicher Ort, und ganz offensichtlich wusste jeder hier in der Gegend davon zu berichten: Elspeth, die Pfarrersgattin und nun auch Seoc.

Und bekanntlich gab es keinen Rauch ohne Feuer.

Jedoch beunruhigten sie Seocs offensichtliche Feindseligkeit ihr gegenüber, sein zorniger Hass und die Spuren seiner Verletzungen weitaus mehr als alles Gerede über Gefahren, die in Thirstane Manor auf sie lauern mochten. Mit schwerem Herzen ging sie zurück zum Herrenhaus und vermied es, einen Blick hoch zu den zahlreichen Fenstern zu werfen. Von unheimlichen Begegnungen und schwarzen Schatten hatte sie an diesem Morgen mehr als genug. Unterwegs sann sie noch einmal über Möglichkeiten nach, ein wenig Licht ins Dunkel zu bringen, herauszufinden, ob sie sich in diesem Hause wirklich in Gefahr befand.

Als sie durch die Hintertür schlüpfte, ließ sie ein leises

Quietschen innehalten. Sie wandte sich um und sah, wie Mrs Dunnett aus einer kleinen Tür kam, hinter der sie eine Treppe erkennen konnte, die steil nach unten führte. Wahrscheinlich der Eingang zu den Keller- und Lagerräumen.

Nach dem Zusammenstoß mit Seoc war ihr nicht nach einem weiteren Gespräch zumute. Daher grüßte sie die Haushälterin nur kurz und wollte ihren Weg fortsetzen, als sie bemerkte, was die ältere Frau in der Hand trug. Sie blieb stehen und drehte sich um.

Fiona hätte erwartet, dass Mrs Dunnett Vorräte mit nach oben brachte, Kartoffeln, Hafer oder andere Lebensmittel, die in den kühlen Gewölben gelagert wurden. Stattdessen erkannte Fiona jedoch einen leeren Blechnapf und einen Becher aus dem gleichen Material. Über dem Arm der Haushälterin lag ein Tuch, das mit bräunlich roten Flecken übersät war, die aussahen wie Blut.

Entgeistert starrte Fiona darauf. Wieso kam die Frau mit einem leeren Essgeschirr und einem blutigen Lappen aus dem Keller?

Offensichtlich war Mrs Dunnett Fionas Reaktion nicht entgangen. Während sie ihren Gruß erwiderte, ließ sie das Tuch schnell in ihrer Schürze verschwinden. Sie murmelte etwas von eisigem Wetter und früh hereinbrechendem Herbst. Dann verschwand sie Richtung Küche.

*

Das Summen in Fionas Kopf wollte nicht aufhören. Kein Wunder, nach allem, was in den letzten Tagen auf sie eingestürmt war und unablässig ihre Gedanken beschäftigte. Zu dem hegte sie die Befürchtung, dass es die ersten Vorzeichen eines Ausbruchs der Fallsucht sein könnten.

Die Vorstellung, hier in diesem Hause wie eine hilflose Gliederpuppe zu Boden zu stürzen, nicht mehr Herr über ihren Körper und ihre Bewegungen zu sein, erschütterte sie so sehr, dass sie sich schon am späten Vormittag in ihr Zimmer zurückgezogen und etwas hingelegt hatte.

Sie brauchte Ruhe, Schlaf und vor allem Klarheit in dem verworrenen Dickicht ihrer Gedanken und Gefühle.

Doch wollte der Schlaf nicht kommen, und so wälzte sich Fiona schon seit einer Weile rastlos im Bett umher.

Immer wieder vernahm sie die eindringliche Warnung der Pfarrersfrau vor diesem Haus und dessen Bewohnern. Dann tauchte Seocs junges Gesicht vor ihr auf, das sich bei ihrem Anblick hasserfüllt verzerrte. Der Anblick der Narben und Striemen auf seiner Haut überlagerte sich mit dem des blutverschmierten Lappens, den Mrs Dunnett aus dem Keller hochgebracht hatte.

So viele Bilder und Gedanken, die kamen und gingen. Fiona spürte, wie sie allmählich die Müdigkeit überkam. Sie schloss die Augen, ihre Gedanken verschwammen, und plötzlich stand sie wieder vor dem dreieckigen Gerüst, an dem diese Frau hing, gequält und ihrer Würde beraubt.

Mit einem flehenden Blick sah sie Fiona an. »Lady Hemington ... So helfen Sie mir doch ... Um Himmels willen ... Mylady ...«

Schweißgebadet fuhr Fiona hoch.

Grundgütiger Gott, was war das?

»Lady Hemington!« Noch immer klang der Schrei in Fionas Ohren nach. So verzweifelt, so deutlich, dass sie nicht mit Gewissheit sagen konnte, ob sie ihn tatsächlich gehört oder er sich nur aus ihrem Schlaf in die Wirklichkeit gerettet hatte. Die Erinnerung an das grausame Traumbild erschien ihr wie eine wortlose Warnung, wie die Aufforderung, sich erinnern zu müssen. Aber woran nur? Wer war diese Frau? Weshalb schrie sie ausgerechnet ihren Namen? Und was in aller Welt hatte sie mit Thirstane Manor zu tun?

Wieder kam Fiona der blutige Lappen in Mrs Dunnetts Händen in den Sinn, die Schüssel und der Becher aus Blech. Und plötzlich durchfuhr Fiona die Erkenntnis wie ein Blitz.

Der Keller!

Der Gedanke war so entsetzlich, dass Fiona sich weigerte, ihn zu Ende zu denken. Sollte dort unten etwa … Sie ließ sich wieder in ihr Kissen sinken, schloss die Augen und atmete tief durch.

Es gab nur eine einzige Möglichkeit, zu prüfen, ob ihr schrecklicher Verdacht der Wahrheit entsprach. Sie musste selbst nachsehen. Im Keller dieses unheimlichen Hauses, das ihr ohnehin schon genug schlechte Träume verursachte.

Was immer sie dort auch vorfinden würde, es konnte kaum schlimmer sein als die quälende Ungewissheit.

Entschlossen sprang sie aus dem Bett und schlüpfte in ihre Schuhe. Dann nahm sie eine Kerze aus dem Ständer, entzündete sie am Feuer im Kamin, öffnete die Tür und spähte nach draußen.

Niemand war zu sehen. Lautlos schlich sie hinaus und eilte den Flur hinab.

An der breiten Treppe zum Erdgeschoss blieb sie kurz stehen, lehnte sich über das mit Schnitzereien verzierte Geländer, vergewisserte sich, dass niemand in der Nähe war, und lief die Stufen hinunter.

Dann durchquerte sie die Eingangshalle und öffnete die Tür, aus der sie am Morgen Mrs Dunnett hatte herauskommen sehen. Unsicher stieg sie über die alte, ausgetretene Steintreppe hinab, die in völliger Dunkelheit endete und geradewegs in die Hölle zu führen schien.

Fiona unterdrückte ein Schaudern. Mit jedem Schritt weiter nach unten wurde es kühler, und ihr Mut sank. Dennoch ging sie weiter.

Unten angekommen folgte sie einem langen Flur. Gedämpft hallten ihre Schritte auf dem Boden, Spinnweben streiften ihr Gesicht, verfingen sich im Haar. Unangenehm kalt tropfte Kondenswasser auf sie herab, rann über Mund und Nase.

Angewidert wischte sie es weg, schritt jedoch weiter voran. Ohne zu wissen, was sie eigentlich zu finden hoffte – oder fürchtete.

Wieder musste sie an das blutige Tuch denken, das Mrs Dunnett hochgebracht hatte, und ihr Magen verkrampfte sich.

Aber vielleicht gab es dafür auch eine ganz einfache Erklärung, und das Tuch wies lediglich die Spuren von Fleischvorräten auf, die die Haushälterin aus dem kühlen Keller geholt hatte. Wahrscheinlich würde sie hier unten nichts anderes finden als eingelagerte Kartoffeln und Gemüse, ein paar Fässer mit Wein und Whisky ...

Ein kalter Hauch streifte Fiona und ließ sie herumfahren. Mit Mühe hielt sie einen Schrei zurück und leuchtete hinter sich. Doch dort war – wie nicht anders zu erwarten – absolut nichts.

Keine Menschenseele ... *Seele* ...

Fiona zuckte zusammen bei der absurden Vorstellung, die durch ihren Kopf spukte. Verlorene Seelen, gepeinigte und gequälte Gestalten, das Haus der Geister.

Jetzt hör auf zu phantasieren!, wies sie sich selbst zurecht. Ihr Herz klopfte wild, während sie sich Schritt für Schritt weiter durch den düsteren Gang bewegte.

Die Tür, die Fiona schließlich entdeckte, führte zu einem kleinen Raum, einer Art Vorratskammer: einige Fässer, die wohl Wein, Whisky oder eingesalzenen Kohl enthielten, ein riesiger Schinken, der von der Decke hing und sie im Halbdunkel an den Leichnam eines Gehängten erinnerte. Daneben baumelten ein paar Bündel getrockneter, fremdartiger Kräuter, die für einen kurzen Moment Fionas Aufmerksamkeit fesselten. Zudem lagerten auf dem Boden zwei große Säcke, in denen Fiona den in jedem Haushalt unentbehrlichen Hafer vermutete, sowie mehrere Kisten mit Steckrüben und Kartoffeln, die ihren erdigen Geruch verbreiteten.

Nichts, das dich beunruhigen sollte, siehst du?

Entschlossen ging Fiona weiter, öffnete die nächste Tür, die nur angelehnt war. Sie schrak zusammen, als ihr Eintreten von einem schrillen Quieken, gefolgt von raschelnden Trippelschritten, quittiert wurde. Doch es waren nur zwei Ratten, die sie aufgeschreckt hatte und die nun irgendwo zwischen dem alten Mauerwerk Schutz suchten. Erschrocken leuchtete Fiona mit der Kerze in den Raum. Es schien ein Sammellager für alte, nicht mehr gebrauchte Möbel zu sein. Ein wackeliger Tisch mit einem zerbrochenen Bein, ein Sessel, aus dessen aufgerissenem Polster das Rosshaar hervorquoll, drei Stühle, die sicher einmal ansehnlich gewesen, nun aber völlig aus dem Leim gegangen waren.

In der Ecke stand eine breite Holztruhe, deren Deckel geschlossen war und die deshalb Fionas Neugierde weckte. Das schlechte Gewissen unterdrückend, ging sie darauf zu und öffnete sie.

Ein Geruch von Staub und Mäusekot schlug ihr entgegen, und sie musste niesen.

Der Schein ihrer Kerze fiel auf einen dicken Wollplaid. Er wies das gleiche Karomuster auf wie der, den sie von Mrs Dunnett bekommen hatte. Nachdenklich glitten ihre Fingerspitzen über den schweren, kratzigen Stoff. Wie lange mochte er hier schon liegen? Ihr Herz setzte einen Schlag lang aus, als ihr darunter etwas Dumpfes, Metallenes entgegenblitzte. Bei näherem Hinsehen erkannte sie, dass es sich um ein Schwert mit einer langen Klinge handelte, die bereits ein wenig Patina angesetzt hatte. Vorsichtig tastete sie nach dem Griff und zog es heraus. Massiv und schwer lag es in ihrer Hand, sodass sie Mühe hatte, es nicht fallen zu lassen. Fiona zog die Augenbrauen zusammen. Was hatte sie da entdeckt? Eine Sammlung einstmals verbotener Reliquien der Highlands? Erinnerungen an eine längst verflossene, kriegerische Epoche? Wieder fielen ihr Aidans spöttische Worte ein: *Könnte es sein, dass Sie eine Vorliebe für wildromantische Romane haben?*

Nun, bei dem, was hier in dieser Truhe lagerte, war der Gedanke gar nicht so abwegig. Sie erinnerte sich, einmal davon gehört zu haben, dass nach der Schlacht von Culloden manche der ehemals mächtigen Familien ihre alten, nunmehr verbotenen Symbole, Waffen und Kleidungsstücke heimlich beiseitegeschafft und irgendwo vergraben hatten, um sie vor der Zerstörung zu schützen.

Behutsam legte Fiona das Schwert auf dem feuchten Boden ab und beugte sich wieder über die Truhe.

Etwas Gelbes blitzte ihr im Schein der Kerze entgegen. Sie ging tiefer in die Hocke und zog ein zweiteiliges Kleidungsstück heraus.

Stirnrunzelnd breitete sie es vor sich aus. Eine kurze, langärmelige Jacke, die auf der einen Seite in Schwarz und auf der anderen Seite in einem verwaschenen Gelb gehalten war. Die Beinteile der Hose wiesen ebenfalls die beiden unterschiedlichen Farben auf und waren an der Seite bis zu den Knöcheln mit Knöpfen versehen. Die Vorderseite war mit einem seltsamen Muster bedruckt, das sie an dreifingrige Blätter erinnerte. Welch seltsame Trachten man doch in den abgelegenen Winkeln der Highlands trug.

Ohne zu wissen, weshalb, empfand Fiona diesen Anblick als bedrückend. Tränen traten ihr in die Augen, ihre Fingerspitzen tasteten nach dem blätterartigen Muster und zuckten bei der Berührung zurück, als hätte sie sich daran verbrannt. Panik überkam sie und drohte, ihr die Luft abzudrücken.

Wo nur hatte sie etwas Derartiges schon einmal gesehen? Und warum in aller Welt reagierte sie darauf mit einem solchen Angstgefühl? Woran erinnerte sie diese Kleidung?

»*Lady Hemington!*« Wieder dieses gequälte Wimmern. »*Mylady, ich bitte Sie ...*«

Diese Stimme! War sie echt? War sie nur ein Traum?

Atemlos fuhr Fiona herum, unfähig, die Dunkelheit zu durchdringen. Rief dort tatsächlich jemand nach ihr? Näherte sie sich dem Ziel ihrer Suche, dem Schlüssel des Geheimnisses, das dieses Haus umgab? Sollte es tatsächlich hier unten liegen?

Die Stimme war verklungen, Stille hüllte Fiona ein. Mit zitternden Händen legte sie das fremdartige Kleidungsstück mit dem Plaid und dem Schwert zurück in die Truhe, deren Deckel sie wieder schloss. Dann eilte sie zurück in den Flur. War es darin zuvor auch schon so kalt gewesen?

Wieder glaubte sie, das Weinen zu vernehmen. Kam es von dort hinten, vom anderen Ende des Flurs?

Fiona blieb stehen und horchte. Nein, da war nichts.

Etwas in ihrem Innern rief ihr zu: *Lauf weg, schnell! Solange du kannst!*

Doch ihre Füße hoben sich keinen Zoll breit vom Boden, gerade, als wären sie dort festgeklebt ... *festgekettet* ... Fröstelnd schlang Fiona die Arme um sich.

Schreie, Weinen, Ketten, ein dunkler Keller ...

Sie spürte, dass sich in ihrem Innern Bilder zu formen versuchten. Doch war sie unfähig, diese zu erkennen. Als wären ihre Augen mit einem dunklen Tuch verbunden.

Erinnere dich, Fiona, du musst dich erinnern ...
Erneut hörte sie ein Schluchzen, gefolgt von einem zischenden Geräusch. Dann gehorchte ihr Körper ihr wieder, und sie wandte sich um.

Das Zittern unterdrückend, hastete sie weiter, bis sie am Ende des Flurs auf eine massive Holztür stieß. Schwere Eisenbeschläge, am oberen Ende ein kleines vergittertes Fenster. Hinter diesem eine gähnende, bedrohliche Schwärze.

Was war das hier?

Ein Schwindel erfasste Fiona, sodass sie sich an der Wand abstützen musste.

Und von irgendwoher hörte sie wieder diese Stimme.

»Helfen Sie mir, Lady Hemington. Ich bitte Sie!«

Sie klang so verzweifelt und hohl, dass es Fiona kalten Angstschweiß aus den Poren trieb. Die Stimme einer gequälten Seele.

Fiona schüttelte den Kopf. Nein, eines gequälten Menschen, und wenn dieser tatsächlich hier unten eingeschlossen war ...

Aber wieso kannte dieser Mensch ihren Namen?

Fiona starrte auf die Tür, wie auf die Pforten der Unterwelt. Zwei, drei Herzschläge lang flammte der Schatten einer Erinnerung auf, wie eine stumme Warnung, keinen Schritt weiterzugehen. Zugleich schien es ihr, als riefe sie diese körperlose Stimme von jenseits der Tür.

Fionas Nackenhaare sträubten sich. Wie von selbst griff ihre Hand zum Riegel und schob ihn auf. Fest drückte sie mit der Schulter gegen die Tür, bis diese sich mit einem Quietschen öffnete. Es klang wie ein Stöhnen, verzweifelt, einsam und zutiefst hoffnungslos.

Fiona benötigte einen Moment, um ihren ganzen Mut zusammenzunehmen. Dann trat sie ein.

Kapitel 26

Die vollständige Dunkelheit und Kälte des Raumes schienen die Kerzenflamme schlucken zu wollen, sie wurde schwächer, drohte zu erlöschen. Doch als Fiona schützend ihre Handfläche darum legte, erholte sie sich und streckte sich zischend der bedrohlichen Schwärze entgegen.

Zunächst konnte Fiona nichts erkennen, und sie brauchte einen Moment, um sich zu orientieren.

»Entschuldigung ...« Mehr als ein Flüstern brachte sie nicht hervor. »Ist jemand hier, ich ...«

Sie unterbrach sich, als sie ein anderer Gedanke mit blanker Panik erfüllte. Wenn Sir Aidan sie hier entdecken würde, wie sie nun auch noch seinen Keller durchsuchte ...

Mit bebenden Fingern hob sie die Kerze hoch, die den Raum nur unzureichend erhellte. Es genügte, um zu erkennen, wie klein er war. So klein und eng, dass Fiona einen Moment glaubten, keine Luft mehr zu bekommen, und am liebsten sofort wieder hinausgestürzt wäre.

Doch sie würde jetzt nicht auf halbem Weg stehen bleiben. Also ignorierte sie das Hämmern ihres Pulses, der wie eine unermüdliche Warnung gegen ihren Hals pochte, und ging weiter in den Raum hinein. Ein seltsamer Geruch empfing sie, den sie zunächst nicht zuzuordnen wusste.

Wenn mir hier was zustößt, wird mich niemand finden, schoss es ihr durch den Kopf. Energisch verscheuchte sie diesen höchst beunruhigenden Gedanken und leuchtete weiter den kleinen Raum aus.

Sie fuhr zusammen, als es leise klirrte, da ihr Arm an etwas Hartes, Kaltes gestoßen war. Sie hob die Kerze in die Richtung und schlug die Hand vor den Mund.

Ketten ... schwere, ins Mauerwerk eingelassene Eisenketten, die in verschiedenen Höhen von der Wand und der Decke hingen. Auch im Boden entdeckte sie zwei Paar davon, die, ähnlich den anderen, in verschließbaren Ringen endeten.

Hand- und Fußfesseln!

Wieder kam ihr die geschundene Frau in den Sinn. Und der Geruch, der ihr gleich aufgefallen war, schien stärker geworden zu sein.

Obwohl alles in ihr nach Flucht schrie, zwang sie sich, die Kammer noch weiter zu untersuchen. In einer Ecke entdeckte sie eine Karaffe sowie zwei aufeinandergestapelte Blechteller, ähnlich dem, den Mrs Dunnett hochgebracht hatte. Auf einem davon lag ein abgebrochenes Stück Brot.

Fiona ging in die Knie und berührte den Brotkanten vorsichtig mit den Fingerspitzen. Die Außenseiten waren ein wenig eingetrocknet, doch schien er höchstens ein oder zwei Tage alt zu sein.

Sie spürte, wie sich ihr Magen hob, während ihr Blick unwillkürlich wieder zu den in Wänden und Boden eingelassenen Ketten glitt. Mühsam schluckte sie die aufsteigende Galle herunter, nahm die Karaffe in die Hand und roch daran. Ein scharfer, würziger Geruch drang ihr in die Nase. Whisky!

Wo befand sie sich hier? In einer Art Kerker? In einem Verlies, wie sie es aus billigen Schauerromanen kannte? Und vor allem, wozu diente dieses kalte, dunkle Gelass?

Fiona versuchte erst gar nicht, das Beben zu unterdrücken, das sich ihrer bemächtigen wollte. Hier hatten sich Menschen aufgehalten. Und zwar noch vor nicht allzu langer Zeit.

Lag hier vielleicht die Quelle der Geräusche, die sie

seit ihrer Ankunft gehört hatte? Das seltsame Klopfen, die Stimme, der klagende Gesang – waren sie aus diesem Raum gedrungen?

Fiona schwindelte es, als sie sich ungelenk aufrichtete und an der rauen, etwas feuchten Wand festhielt, um sich abzustützen. Unwillkürlich zuckte sie zusammen, als eine flinke, langbeinige Spinne über ihre Finger lief. Einen Aufschrei unterdrückend, zog sie die Hand zurück und bemerkte im Schein der Kerze an den Fingerspitzen etwas Bräunliches. Als sie die Flamme näher heranführte, die Finger aneinanderrieb und daran schnupperte, erkannte sie voller Entsetzen, worum es sich handelte: *Blut.*

Halb eingetrocknetes Blut, das durch die Feuchtigkeit der Wand noch immer ein wenig klebrig war. Einem Impuls folgend trat sie mit der Kerze näher an die Wand heran und entdeckte etwa auf Brusthöhe mehrere Stellen mit rötlich braunen Verfärbungen, die wirklich wie Blutflecken aussahen.

Fionas Beine drohten unter ihr nachzugeben.

Blut, Ketten, ein fensterloser Raum? Was für ein furchtbarer Ort war das hier? Ihr Kopf dröhnte, als sich die grässlichsten Bilder vor ihrem inneren Auge zeigten ...

Lady Hemington ... Helfen Sie mir!

Gehetzt blickte Fiona sich um. Sie musste weg von diesem Ort des Grauens!

Sie fuhr herum und rannte den gesamten Weg durch die Kellergewölbe bis zur Treppe. Noch immer gegen Übelkeit und Ekel ankämpfend, verharrte sie dort einen kurzen Moment und rang nach Atem.

Hatte sie also nicht phantasiert, sondern wirklich Stimmen gehört? Stimmen, die nicht nur in ihrem Kopf existierten?

Welch düsteres Geheimnis umgab dieses Haus?

Am ganzen Körper zitternd raffte sie ihre Röcke und eilte

die Treppe hinauf. Fort, nur fort von diesem Ort! Von der furchtbaren Wahrheit, die hier irgendwo verborgen lag.

Am oberen Ende der Kellertreppe öffnete sie vorsichtig die Tür und atmete erleichtert auf, als niemand zu sehen war. Das letzte Tageslicht blendete sie fast nach der tiefen Dunkelheit dort unten.

Sie musste versuchen, unbemerkt in ihr Zimmer zu gelangen. Niemand durfte erfahren, was sie gerade entdeckt hatte.

Hastig durchquerte sie die Eingangshalle, stürzte die breite Treppe zu ihrem Schlafzimmer hinauf. Beinahe wäre sie über den Saum ihres Kleides gestolpert, der klamm und schwer von der Feuchtigkeit des Kellers um ihre Knöchel schlug.

Bevor sie die letzten Stufen erreicht hatte, ließ eine tiefe Stimme sie innehalten.

»Guten Abend, Mylady!«

Wie vom Schlag getroffen erstarrte Fiona. Oben an der Treppe stand Sir Aidan und musterte sie ausdruckslos. Fionas Herz setzte aus, zugleich spürte sie, wie ihr Gesicht flammend rot wurde.

»Steht der Feind vor den Toren, oder weshalb stürzen Sie wie vom Teufel verfolgt die Treppe hoch?«

Fiona rang keuchend nach Atem, war jedoch nicht in der Lage zu antworten. Unwillkürlich trat sie eine Stufe tiefer.

Ein Detail, das der Laird durchaus zur Kenntnis genommen hatte, denn der Ausdruck in seinen Augen veränderte sich.

»Wie ich sehe, Mylady, fürchten Sie keine Feinde *vor* den Mauern.« Sein Blick schien sie durchbohren und ihr alle unausgesprochenen Geheimnisse entlocken zu wollen. »Vielmehr gilt Ihre Furcht den Unholden innerhalb des Hauses, wie mir scheint.«

Noch nie waren Fiona seine Augen so dunkel erschienen wie in diesem Moment, seine Stimme noch nie so eisig. Und nie zuvor hatte sie eine solche Angst vor ihm verspürt wie jetzt, nach dieser abscheulichen Entdeckung im Keller.

Schweratmend wich sie eine weitere Stufe zurück.

Ein Schatten von Traurigkeit verdunkelte kurz Aidans Gesicht, das jedoch gleich darauf zu seinem gewohnten Ausdruck zurückfand, einer Maske aus Gleichgültigkeit, unterdrücktem Zorn und beißendem Spott.

»Ich habe also recht«, sagte er leise, beinahe sanft, und doch zeigte ihr das Klopfen der Schlagader an seinem Hals, dass in Wirklichkeit nicht mehr Sanftheit in ihm steckte als in einer Raubkatze vor dem Sprung.

Und ebenso geschmeidig kam er die Treppe herab, bis er direkt vor Fiona stand. So nah, dass diese, als sie zurückwich, mit dem Rücken gegen die Mauer stieß. Mit aufreizender Langsamkeit hob er die Hand und berührte mit den Fingern eine Locke, die sich aus ihrer Frisur gelöst hatte und sich an ihrer Schläfe kringelte. Fiona biss sich auf die Lippen, reagierte jedoch nicht. Nur ihr Herz klopfte so fest, dass sie meinte, es müsse durch das ganze Treppenhaus zu hören sein.

»Sie haben Angst vor mir?« Noch immer war seine Stimme leise, doch lag etwas Lauerndes darin, etwas, das ihr mehr Grausen einjagte, als wenn er die Stimme gegen sie erhoben hätte. »Wieso?«

Weil Sie ein Monster sind! Weil sich alle vor Ihnen fürchten. Und weil Sie Ihren Burschen misshandeln! Wie ein stummer Schrei formten sich diese Sätze in Fionas Kopf, blieben aber ungesagt. *Und weil es ein Kellerverlies gibt, in dem Sie was für entsetzliche Dinge auch immer treiben.* Fionas Lippen bebten. *Und weil in diesem Haus vieles mit mir geschehen ist, das ich mir nicht erklären kann.*

Sein leises Auflachen klang heiser und voller Bitterkeit. »Da stehen Sie nun vor mir und zittern vor Furcht, auch wenn Sie es zu verbergen suchen. Meinen Respekt.« Er machte eine kurze, spöttische Verbeugung, die in Fiona Zorn aufflammen ließ. »Es fehlt Ihnen nicht an Mut.«

Er stand nun so nah vor ihr, dass sie sehen konnte, wie sich die Muskeln und Sehnen seines Halses anspannten, sein Puls jagte. So nah, dass sie den Geruch seiner Haut wahrnahm.

»Wie lange habe ich einen solchen Moment herbeigesehnt ... wie verflucht lange schon! Und nun ...« Ein Schimmern lag in seinen Augen, in denen sich das letzte Licht des Tages brach. Hätte Fiona es nicht besser gewusst, hätte sie fast geglaubt, es seien Tränen. »Sie sind wirklich eine *bana bhuidse*, Mylady, eine kleine Hexe. Sie legen einen Zauber über dieses Haus, über die Menschen ... über ihre Träume und Wünsche. Und lassen diese dann vergessen, was sie eigentlich zu tun gedachten.«

Mit Mühe konnte Fiona sich daran hindern, empört aufzubegehren. *Sie* sollte diejenige sein, die das Haus verwünscht hätte? Ausgerechnet sie?

Mrs MacKerron hatte recht, der Mann vor ihr musste den Verstand verloren haben. Und nun befand sie sich hier allein mit ihm in dem verlassenen, dämmrigen Treppenhaus.

Er kam noch näher und beugte sich zu ihrem Ohr. »Es war übrigens sehr ... ungehörig von Ihnen, sich gestern auf den Weg ins Dorf zu machen, ohne mir Bescheid zu geben.« Sein Atem strich über ihren Hals. »Schließlich sind Sie mein Gast, Mylady. Ich bin für Ihre Sicherheit verantwortlich. Und eine junge Frau, so ganz ohne Begleitung ...«

Fiona versagte es sich, etwas darauf zu erwidern. Stattdessen gab sie sich einen Ruck und versuchte, an ihm vorbeizugelangen. Doch er versperrte ihr den Weg.

»Bitte, Sir, ich möchte mich in mein Zimmer zurückziehen«, brachte sie hervor.

Er machte keine Anstalten, sie vorbeizulassen, sondern sah sie mit einem Blick an, der nicht zu deuten war. »Wie wäre es wohl, wenn wir uns unter anderen Umständen kennengelernt hätten?«

Fiona wusste nicht, was er damit sagen wollte. Sie spürte nur, dass ihre Angst wuchs, ihr Schwindelgefühl zunahm, je länger sie so dastand und ihn anschaute. Würde sie nun hier und jetzt doch noch einen Anfall erleiden, vor diesem Wahnsinnigen? Nein, das durfte nicht geschehen.

»Lassen Sie mich vorbei, Sir!«, sagte sie mit fester Stimme und erschrak über die Lautstärke, mit der ihre Worte durch das hohe Treppenhaus hallten. »Ich bin müde und möchte mich gern hinlegen.«

»Dazu ist es noch zu früh. Wir haben noch nicht einmal unser Abendessen eingenommen.« Seine Stimme klang nun wieder hart und befehlend.

Lieber würde Fiona verhungern, als sich an diesem Abend mit ihm an den Tisch zu setzen.

»Ich habe keinen Appetit, ich bin nur sehr müde.« Wieder versuchte sie, an ihm vorbeizukommen.

Endlich wich Aidan einen Schritt zurück und ließ sie vorbei.

»Rechnen Sie nicht mit meinem Erscheinen. Ich habe Kopfschmerzen und werde zu Bett gehen.«

Er fasste sie am Unterarm. »Sie müssen etwas essen, Mylady. Sie sind so blass.«

Klang seine Stimme tatsächlich, als mache er sich Sorgen? Um sie?

Fiona wollte es gar nicht so genau wissen. Mit einem Ruck riss sie sich los. »Es ehrt Sie, Sir Aidan, dass Ihnen an meinem Wohlergehen liegt. Doch ich versichere Ihnen, mir fehlt nichts, das sich nicht mit etwas Ruhe und einer Nacht ungestörten Schlafs wieder auskurieren ließe. Eine schwere Mahlzeit hingegen wäre dem nicht zuträglich. Glauben Sie mir, ich habe Erfahrung darin. Und wenn Sie mich nun entschuldigen würden. Ich wünsche eine gute Nacht.«

Ohne seine Antwort abzuwarten, setzte sie ihren Weg in Richtung ihres Schlafzimmers fort.

Es kostete sie alle Selbstbeherrschung, nicht zu rennen.

Kapitel 27

Der Schmerz, der Aidans Hand durchfuhr, als er mit voller Wucht gegen die unverputzte Steinmauer hieb, drohte ihm ein Brüllen zu entlocken und war doch nicht in der Lage, die Qual zu überdecken, die in seiner Brust tobte. Wieder schlug er zu, dann ein weiteres Mal, bis die Haut an seinen Handknöcheln aufplatzte und er mit einem lauten Zischen Luft durch die Zähne einsog. Für einen kurzen, verzweifelten Augenblick hoffte er, nun nichts mehr spüren zu müssen von seinem inneren Kampf.

Weit gefehlt. Warm und klebrig rann das Blut über seine Finger, seinen Handrücken und tropfte zu Boden, während in ihm weiter die Dämonen wüteten, unbeeindruckt von dem stechenden Pochen in seiner Hand. Dämonen, die unterschiedliche Gesichter trugen, bedrohliche Fratzen, die selbst dann nicht verschwanden, wenn er schlief.

Stöhnend strich er sich mit der unverletzten Hand über Gesicht und Augen. Er fragte sich, wann er in den letzten Jahren überhaupt einmal richtig geschlafen hatte. Wie wäre das auch möglich, gefoltert von Hass, Scham und abgrundtiefer Schuld?

Und diese Frau ... Seit sie sich unter seinem Dach befand, hatte sie all die quälenden Erinnerungen wieder aufgewühlt.

Gezwungen in diesem finsteren Haus zu leben, mit ihm, musste sie seine Erbärmlichkeit erkannt haben. Er spürte es, las es in ihren Augen und bemerkte, wie sie immer wieder vor ihm zurückwich.

Aidan ließ den Kopf gegen die Wand sinken. Die Kälte des

Gesteins drang in seine Stirn, seinen Körper, und er schloss die Augen.

Hatte er nicht genau das gewollt? War das nicht Teil seines Plans gewesen, seiner Vergeltung? Sie leiden zu lassen. Sollte sie nicht genau diese Gefühle kennenlernen – Angst, Hilflosigkeit und Verzweiflung? Und hatte er nicht alles dafür getan, damit sie sich in seinem Haus unwohl fühlte?

Warum zum Teufel konnte er es dann nicht aushalten, sie so zu sehen? Ihre Augen, die sich voller Abscheu, voller Furcht und Zorn auf ihn richteten? Gerade so, als sei *er* das Monster.

Konnte es daher rühren, dass er immer mehr zu der Überzeugung gelangte, dass sie wirklich völlig ahnungslos war? Dass sie Mitgefühl besaß, wie sie es beim Anblick der zerstörten Häuser der vertriebenen Pächter gezeigt hatte?

Kraftlos glitt Aidan an der Wand zu Boden.

Wie viel leichter wäre es für ihn zu ertragen gewesen, wenn sie sich als die kalte, gefühllose Person erwiesen hätte, die er erwartet hatte.

Warum wurde er das Gefühl nicht los, sie beschützen zu müssen? Ihren geheimen Kummer, den er sehr wohl bemerkt hatte, vertreiben zu müssen, statt ihr immer wieder neue Verletzungen zuzufügen?

Den Schmerz unterdrückend, hob Aidan schwerfällig den Kopf und öffnete die Augen. Er sah die Blutspuren, die seine Hand hinterlassen hatte und die im Schein der Kerze wie dunkle Schatten wirkten.

Er rollte sich auf der Erde zusammen und weinte. Zum ersten Mal seit jenem Tag vor zwanzig Jahren weinte er.

※

Der Junge kämpfte gegen die Tränen an, während er, vor Angst und Kälte zitternd, in dem dunklen Flur stand und wartete. Heftig fuhr er zusammen, als sich die schwere Eichentür mit einem lauten Knarren öffnete. Mit trotzig zusammengepressten Lippen blickte er auf.

Ein harter Stoß zwischen die Schulterblätter zwang ihn einzutreten. Widerstrebend stolperte er in den Raum, der üppig mit wertvollen Teppichen und massiven Schränken ausgestattet war. Hinter dem großen Schreibtisch konnte er die Gestalt eines Mannes ausmachen, der sich bei seinem Eintreten langsam erhob und ihn durchdringend musterte. Ein geschliffenes Weinglas stand auf dem Tisch, aus einer achtlos abgelegten Pfeife stieg beißender Rauch auf.

Der Junge hatte das Bedürfnis, sich zu übergeben. Doch er würde keine Schwäche zeigen. Nicht in diesem Raum, nicht vor diesem Mann.

Ganz gleich, was er sich hatte zuschulden kommen lassen. Fest gruben sich seine Fingernägel in die Handballen.

Der Mann kam hinter seinem Schreibtisch hervor und schien mit jedem Schritt größer zu werden. Er trat so dicht an den Jungen heran, dass dieser seine Körperwärme zu spüren vermeinte. Die Hitze des Zorns, die von ihm ausging, war glühend, schwelend und auf den Tod gefährlich.

»Du hast es also wirklich gewagt?« Wie ein Faustschlag in den Magen trafen die wutgetränkten Worte den Jungen, und es kostete ihn Mühe, nicht zurückzutaumeln. Woher wusste er … wie konnte …?

»Ich hatte immer ein Auge auf dich, und nun hast du es tatsächlich getan. Ausgerechnet die Taschenuhr meines Großvaters, das älteste Familienerbstück.«

Der Halbwüchsige gab keine Antwort.

Selbst als der Mann begann, ihn langsam zu umrunden, sah

er nicht auf. Irgendwo in der gegenüberliegenden Ecke des Zimmers tickte leise eine Uhr und schien beinahe sinnbildlich an die Vergänglichkeit des Lebens zu mahnen. Der Vorbote einer Totenglocke. Aber so weit würde sein Vater nicht gehen. Das konnte er doch einfach nicht …

»Hast du schon mal darüber nachgedacht, was du deiner Mutter damit antust?«

Als hätte man ihm ein Messer zwischen die Rippen gerammt, fuhr der Junge herum. »Mutter? Wieso …«

Die Augenbrauen des Mannes hoben sich bedauernd. »Wenn die Kinder wüssten, was sie mit ihrer Unbedachtheit ihren Müttern alles antun.« Seine Worte klangen sanft, troffen jedoch vor Hohn.

Die Glieder des Jungen wurden eisig, ein festes Seil schien ihm die Luft abzuschnüren, ein Stein sich schwer auf seine Brust zu legen.

»Was hat Mutter mit dieser Sache …«

»Mit dieser Sache?« Der Ältere hob die Schulter. »Vielleicht nichts, vielleicht alles … Zumindest hat sie dich nicht ordentlich erzogen, dir nicht die Ehrfurcht und den nötigen Respekt eingebläut, der sich für einen wie dich gehört.«

Die Kerzen auf dem Schreibtisch flackerten, die Augen des Jungen brannten.

»Und deshalb habe ich ihr auch nicht widersprochen, als sie gesagt hat, alles sei ihre Schuld, während du …« Der Mann unterbrach sich und lächelte vielsagend.

Kälte stieg in dem Jungen auf.

Er begriff, dass er in der Falle saß. Dass das Lächeln nur Tarnung war, das genüssliche Lechzen einer Katze, die sich ihrer Beute sicher ist und sich an deren Hilflosigkeit ergötzt.

»Was hast du dir eigentlich dabei gedacht?«

Der unvermittelte Wechsel von Thema und Tonfall ließ

den Jungen aufhorchen. Schweiß rann ihm die Wirbelsäule hinab, und plötzlich erschien es ihm unmöglich, den Mund zu öffnen und dem zornigen Mann vor ihm eine Antwort zu geben.

Ein harter Schlag traf ihn, sein Kopf flog zur Seite. Sein Blick verschwamm, und er spürte den metallenen Geschmack von Blut auf seiner Zunge.

»Immer hast du nur Ärger gemacht! Immer und immer wieder. Nie warst du mit dem zufrieden, was du hattest, mit der Position, die dir zukam. Stets hast du dich aufgelehnt ... gegen mich ... gegen alles und jeden. Wolltest mehr, mehr als dir zustand!« Laird Thirstane keuchte vor unterdrücktem Zorn. »Aber nun ist das Maß voll!«

Der Kopf des Jungen brummte von dem Schlag noch so stark, dass er die Worte seines Vaters kaum verstand, der mit entschiedenen Schritten zur Tür ging und diese öffnete.

Ehe er wusste, was geschah, nahm er aus den Augenwinkeln heraus einen schwarzen Schatten wahr. Einem Impuls folgend fuhr er herum.

Harte Hände packten ihn, drehten ihm die Arme auf den Rücken. Der Schmerzensschrei entfuhr ihm, bevor er ihn zurückzuhalten vermochte. Ein fester Griff zwang ihn dazu, den Mann anzusehen, der nun vor ihm stand wie der Gebieter der Welt.

»Doch wirst du deiner Strafe nicht entgehen.« Er kam einen Schritt näher, sein Atem streifte den Jungen. »Ich hoffe nur, es wird dir eine Lehre sein ...« Spöttisch zog er die Augenbrauen hoch. »Selbst wenn es nun zu spät dafür ist.«

Zu spät.

Wie ein Donnerschlag hallten die Worte durch den Kopf des Jungen. Ehe er etwas erwidern konnte, wurde er herumgerissen und aus der Tür gezerrt.

»Warte!« Er brüllte aus ganzer Kraft, glaubte, seine Lungen müssten bersten. »Warte! Hör mich an! Hör mich an, Vater!«

Die letzte Silbe war noch nicht verklungen, als die Tür mit einem lauten Krachen ins Schloss fiel.

Aidan setzte sich noch immer zur Wehr, als er schreiend aus dem Traum erwachte, der ihn seit damals wieder und wieder mit dieser Erinnerung quälte.

Das flackernde Licht der Kerze zeigte ihm einen winzigen Raum mit in Wand, Boden und Decke eingelassenen Ketten. Erneut überkam ihn die schmerzhafte Gewissheit, dass er weder diesem Albtraum noch seinem Gefängnis je würde entkommen können.

*

Ein wimmerndes Heulen drang an ihr Ohr. Verzweifelt, hohl, beinahe körperlos.

In ihrem Schlafzimmer war es so dunkel, dass Fiona, als sie die Augen aufschlug, zunächst nichts erkennen konnte. Im Kamin glomm nur schwach ein Rest von Glut. Sie benötigte einige Sekunden, um sich bewusst zu werden, dass sie wach und nicht mehr in einem ihrer Träume gefangen war. Irgendetwas hatte sie geweckt.

Ein unbestimmtes Gefühl der Unruhe ließ ihren Puls schneller schlagen und zwang sie dazu, stumm in die Dunkelheit zu lauschen.

Alles war still. Sie musste sich geirrt haben. Gerade als sie sich in ihrem Bett umdrehte, hörte sie es wieder. Ein Wehklagen, das abwechselnd anschwoll und wieder verklang.

Erschrocken fuhr Fiona auf. *Was war das?*

Mit Unbehagen erinnerte sie sich daran, wie sie in einer der Nächte zuvor draußen diese seltsamen Lichter gesehen und entfernte Stimmen vernommen hatte, die in der Dunkelheit unablässig ihren Namen riefen.

Gewohnheitsmäßig griff sie nach ihrem Medaillon, nur um erneut festzustellen, dass es ja verschwunden war. Das Gefühl der Hilflosigkeit und des Ausgeliefertseins verstärkte sich.

Ein weiteres Geräusch erregte ihre Aufmerksamkeit.

Leise, schleichende Schritte huschten vor ihrer verschlossenen Zimmertür auf und ab, als bemühe sich jemand, nicht gehört zu werden.

Oder – Fiona konnte nicht verhindern, dass ihr bei dieser Vorstellung ein Schauder über den Rücken lief – oder waren es Feen, Zwerge oder andere dieser Wesen, von denen die alte Ceitidh ihr so oft erzählt hatte? Wesen, die es hier oben in den Highlands reichlich geben sollte?

Sei nicht kindisch!, rief sie sich selbst zur Ordnung.

Dann vernahm sie ein leises Schaben, ein leichtes, vorsichtiges Kratzen.

Fionas Mund war nun so trocken wie Stroh. Wie gebannt starrte sie auf die Tür, die wie ein schwarzer, rechteckiger Schatten in der Dunkelheit wirkte. Matt schimmerte der messingfarbene Knauf im blassen Licht der Mondstrahlen, die durch das Fenster drangen. Und zu Fionas Entsetzen bewegte er sich, wurde – wie von einer unsichtbaren Hand bedient – ein Stück gedreht ...

... bis er mit einem leichten Knacken auf Widerstand stieß.

Ein anderes Geräusch setzte ein, ein metallenes Knirschen.

Wie ein Blitzschlag durchzuckte sie die Erkenntnis: *Jemand versucht, das Schloss aufzubrechen.* Die metallischen Geräusche hallten in Fionas Kopf wider.

So dröhnend, dass sie erst an dem leichten Windzug merkte, dass sich die Tür geöffnet hatte.

Ein eisiger Schrecken durchfuhr sie. Wie war das möglich?

Fiona rührte sich nicht. Die Augen fest geschlossen, zwang sie sich, ruhig zu atmen. Es kostete sie ungeheure Anstrengung, so zu tun, als schliefe sie. Ihre Sinne waren aufs Äußerste geschärft, ihre Muskeln angespannt.

Leise Schritte näherten sich und blieben an ihrem Bett stehen. Sie spürte, wie sich jemand über sie beugte und sie beobachtete, vernahm ein unterdrücktes Atmen.

Eine schiere Unendlichkeit lang verharrte sie regungslos und kämpfte mit aller Macht den Fluchtinstinkt nieder, den Impuls, aufzuspringen und zu schreien. Schmerzhaft gruben sich ihre Fingernägel in die Handballen.

Gerade, als sie glaubte, es keinen Augenblick länger mehr auszuhalten, spürte sie, wie die Gestalt sich umdrehte und lautlos entfernte.

Mit einem Knacken schloss sich die Tür.

Einige Augenblicke lang war Fiona wie gelähmt, dann brach sich der Schrecken, den sie die ganze Zeit über verdrängt hatte, in einem heftigen Zittern Bahn.

Mit einem leisen Schrei sprang sie auf. Ihre Knie drohten, unter ihr nachzugeben. Einen Augenblick lang musste sie sich an den Pfosten des Himmelbettes festhalten, um nicht zu stürzen, dann hatte sie sich wieder in der Gewalt.

Trotz des Zitterns gelang es ihr, eine Kerze an der kaum noch glimmenden Glut im Kamin zu entzünden. Fest umklammerte sie diese und schlich zur Tür, darauf bedacht, kein Geräusch zu machen. Sie packte den Knauf. Tatsächlich, es war nicht abgeschlossen.

Übelkeit erfasste sie. War sie nun tatsächlich dabei, den Verstand zu verlieren?

Hatte sie vor dem Zubettgehen vergessen, abzusperren?

Mit zusammengepressten Lippen schüttelte sie den Kopf. Nein, sie konnte sich genau erinnern, dass sie abgeschlossen, es sogar noch einmal nachgeprüft hatte.

Jemand hatte mit Absicht das Schloss aufgebrochen. Jemand oder etwas ...

Etwas?

Sie zwang sich dazu, die Bilder von umherschwebenden weißen Frauen zu verdrängen, von körperlosen, aus der Wand hervortretenden Händen und dem in dunklen Ecken lauernden ... Schwarzen Mann.

Letzteren allerdings glaubte sie, hier tatsächlich schon gesehen zu haben.

Und zwar mehr als ein Mal.

Leise, wie von Ferne vernahm sie wieder das seltsame Pochen, das in eine klagende Melodie überging, von der sie nicht sagen konnte, ob sie aus ihrem Inneren kam oder aus den verwinkelten Fluren oder Räumen des Hauses.

Das Blut in ihren Ohren begann zu rauschen. Wieder spürte sie die Leichtigkeit und Leere eines herannahenden Anfalls. Taumelnd lehnte sie sich mit dem Rücken an die Wand und schloss die Augen.

Bitte nicht! Bitte nicht jetzt!, flehte sie stumm in die Dunkelheit, während das Gefühl des bevorstehenden Kontrollverlustes stärker wurde.

Vergeblich kämpfte sie dagegen an, riss die Augen auf – und erschrak.

Dort am Wandspiegel!

Blut ... da war ganz eindeutig Blut!

Für einen Moment stand Fiona wie vom Donner gerührt da. Sie verspürte den Drang, wegzuschauen, sich die Augen zu reiben oder wenigstens doch zu blinzeln. Aber sie war nicht in der Lage, auch nur einen Muskel zu bewegen. Wie gebannt starrte sie auf die Abdrücke einer Hand mit leicht gespreizten Fingern, die sich bräunlich rot mehrfach über ihrem Spiegel verteilten.

Langsam gelang es ihr, wieder Gewalt über ihren Körper zu gewinnen. Sie wandte den Kopf ab, schloss die Augen. Doch als sie diese wieder öffnete, waren sie immer noch da: die Spuren einer blutverschmierten Hand.

Mit einem heiseren Schrei floh sie aus dem Raum.

*

Blut klebte an seinen Händen. Warmes, klebriges Blut. Blut, das nach ihm schrie und ebenso blutige Vergeltung forderte.

Die Kälte des Wassers, in das er seine Finger tauchte, brachte ihn wieder zur Besinnung. Die Haare seiner Unterarme stellten sich auf, als er die Handflächen aneinanderrieb, immer und immer wieder. Das Wasser pulsierte unter seiner Bewegung, blieb jedoch klar.

Nichts ließ sich abwaschen, kein Blut, keine Schuld, keine Vergangenheit … Schon Pilatus war es nicht gelungen, seine Hände in Unschuld zu waschen, und seit jenen Tagen hatte sich nichts geändert.

Schwerfällig richtete sich Aidan auf und blickte sich in der verlassenen Küche um, die lediglich von zwei Kerzen und dem Rest des Herdfeuers erleuchtet wurde, das einen schwachen rötlichen Schein verbreitete.

So anheimelnd, so vertraut. Nur, dass er kein Recht mehr auf ein solches Gefühl hatte, auf Heimat, Vertrautheit oder gar Frieden.

Er lachte bitter, als er sich mit zitternden Händen einen Schluck Whisky einschenkte. Wie flüssiges Feuer schimmerte er flammend in seinem Glas, in dem sich das Licht der Kerzen brach. Und wie Feuer brannte er sich seinen Weg durch die Speiseröhre in den Magen.

Heißes, reinigendes Feuer.

Es knallte leise, als er das Glas heftig auf dem Küchentisch abstellte. Ganz gleich, was dieses Weibsstück ihm vor ein paar Tagen von Liebe und Vergebung erzählt hatte. Er wusste es besser. Er war verdammt. Die Schuld, die er auf sich geladen hatte, wog so schwer – niemals konnte er dafür Vergebung erwarten. Weder in dieser Welt noch in einer nächsten.

Ein heiserer Schrei, von dicken Wänden gedämpft, ließ Aidan aufhorchen.

Was war das?

Angestrengt lauschte er in die Nacht, doch es war nichts mehr zu hören.

Kapitel 28

Der Zusammenprall war so hart, dass es Fiona die Luft aus den Lungen presste. Die Kerze in ihrer Hand drohte zu verlöschen, doch nach einem kurzen Aufflackern brannte sie weiter.

Ein Stöhnen drang an ihr Ohr, und erst einige Herzschläge später verstand sie, dass sie selbst es ausgestoßen hatte. Nach Atem ringend öffnete sie die Augen und schrie auf, als sie fest am Arm gepackt wurde.

Sterne explodierten vor ihrem Sichtfeld.

»*Fan sàmhach, a nighean!*« Es war Sir Aidans Stimme. »Sachte, Mädchen, sachte. Oder wollen Sie sich den Schädel einschlagen?«

Schwindel und Übelkeit ließen Fiona ihre Umgebung nur durch schwarze Schlieren wahrnehmen. Doch der Drang, den Laird von sich zu stoßen, war übermächtig.

Ihr Versuch misslang.

»*Oinseach, dè tha thu a' dèanamh …?*« Er unterbrach sich und fuhr auf Englisch fort: »Weshalb geistern Sie nachts im Haus herum?«

Erst jetzt nahm Fiona den Aufzug des Lairds wahr, der in abgetragenen, an manchen Stellen geflickten Kleidern vor ihr stand, die schwarzen Haare gelöst, sodass sie ihm wild ins Gesicht fielen. Er verströmte einen dumpfen Geruch nach Erde, Moder und etwas anderem, das Fiona nicht genau bestimmen konnte.

»Haben Sie nicht gehört?« Zorn brannte in seiner Stimme,

und der Ausdruck seiner Augen ließ eine neue Woge von Furcht in Fiona aufflammen. »Ich habe Sie etwas gefragt.«

»Blut!«, keuchte sie. Mehr brachte sie nicht hervor, da ihre Zähne zitternd aufeinanderschlugen, ihre Beine ein weiteres Mal drohten, unter ihr einzuknicken.

Nur verschwommen nahm sie wahr, wie sich der Ausdruck in Aidans Gesicht veränderte, seine Wangen beinahe fahl wurden.

»Was sagen Sie da?« Seine Stimme klang heiser, seine Pupillen bewegten sich ruckartig.

»Blut ...«, flüsterte Fiona. »Da ist Blut. Dort hinten ... in meinem Zimmer. So als hätte ...« Ihre Stimme brach, als sich ein Schluchzen seinen Weg durch ihre Kehle bahnte.

Noch immer wirkte Aidan, als sei er nicht ganz Herr seiner selbst, doch langsam kehrte etwas Farbe in sein Gesicht zurück. »Sind Sie verletzt?« Und als keine Antwort erfolgte: »Lassen Sie mich sehen.«

Ohne auf ihren Widerstand zu achten, schob er sie eine Armlänge von sich weg, als wolle er sie inspizieren.

Sie riss sich los. »Nein! Doch nicht mein Blut, nein!«, stieß sie hervor, während ihre Gedanken rasten. Wo kam Aidan in diesem Aufzug um diese Uhrzeit her? Und wieso sah er aus, als hätte er in der Erde gewühlt oder – der Gedanke ließ Fiona frösteln – ein Grab ausgehoben?

»Halten Sie still!«, befahl er. »Ich möchte nur sehen, ob ...«

»Da sind Blutspuren an meinem Spiegel!« Sie schrie fast, während sich das Gefühl von Panik in ihr ausbreitete. Hielt der Laird sie womöglich auch für verrückt? Glaubte er, sie phantasiere?

Regungslos stand er ihr gegenüber, die Hände hinter dem Rücken, die Brauen zusammengezogen, als beobachte er sie genau. Das durch die Flurfenster hereinfallende Mondlicht brach sich fahl in seinen Pupillen.

»Sie müssen mir glauben, Sir. Während ich schlief, muss jemand in mein Zimmer gekommen sein und hat …«, Tränen der Angst und der Unsicherheit stiegen in ihr auf, sodass sie kaum in der Lage war, weiterzureden, »… und hat am Spiegel …«

»*Ceart.*« Beruhigend nahm er sie am Arm. »Gut, ich werde es mir ansehen. Kommen Sie mit!«

Fiona schwankte ein wenig, als sie gemeinsam in Richtung ihrer Schlafkammer gingen.

Gespenstisch hallten ihre Schritte durch den Flur und mischten sich mit dem Dröhnen ihres Herzens zu einer ganz eigenen Melodie. Wie ein Echo dessen, was zwischen diesen Wänden im Verborgenen zu lauern schien und das Tageslicht scheute.

Etwas, das mit ihr zu tun hatte, aber auch mit dem undurchschaubaren Mann an ihrer Seite, der sie so fest gepackt hielt, als wolle er sie am Weglaufen hindern.

Wie eine Gefangene.

Und während sie versuchte, mit Sir Aidan Schritt zu halten, ohne über den Saum ihres Nachthemdes zu stolpern, fragte sie sich erneut: *Woher kommt er um diese Uhrzeit? Was hat er mitten in der Nacht in einem solchen Aufzug zu schaffen?*

Ihre Gedanken setzten aus, als sie sich ihrem Zimmer näherten und ihre Angst schier unerträglich wurde. Wenige Schritte davor blieb sie abrupt stehen.

»Was ist?« Sie spürte seine Ungeduld und Anspannung. Und die Hitze seines Körpers, die sich auf sie übertrug.

»Ich kann nicht.« Ihre Füße schienen am Boden festgewachsen zu sein.

»Ich dachte, Sie wollten mir etwas Wichtiges zeigen, Mylady. Wenn wirklich jemand in meinem Haus sein Unwesen treibt und in das Schlafzimmer einer jungen Dame, die mein Gast ist, eindringt, muss ich mir selbst ein Bild davon machen.«

Noch immer zögerte Fiona, unfähig sich zu rühren, wie gebannt von ihrer Furcht, der dröhnenden Melodie in ihrem Kopf und dem Anblick des Lairds, der entschlossen und unverrückbar vor ihr stand. Dessen Atem sie auf ihrem Gesicht, ihrem Hals und Nacken spüren konnte.

»Ich ...«

»Oder haben Sie noch immer Angst vor mir?«, fragte er leise, herausfordernd und mit einem Hauch von Spott. »Davor, allein mit mir Ihr Schlafzimmer zu betreten?«

»Ich ... ich weiß es nicht«, antwortete sie schwach. Doch für einen kurzen Moment erschreckte sie diese Vorstellung tatsächlich sogar mehr als der Anblick, der sie hinter dieser Tür erwarten würde.

Ihr Körper verkrampfte sich unwillkürlich, als er einen Schritt näher trat. Sanft legte er die Hand auf ihre Schulter. »Sie haben von mir nichts zu befürchten, Mylady. Darauf gebe ich Ihnen mein Wort. Nur muss ich mich selbst von dem überzeugen, was heute Nacht geschehen ist. Das verstehen Sie doch.«

Fiona nickte, während tausend Gedanken in ihrem Kopf herumwirbelten.

Was er sagte, klang vernünftig. Zudem war es sein Haus, sein Besitz. Und sie konnte dem Laird Thirstane wohl kaum verbieten, in seinem eigenen Wohnsitz nach dem Rechten zu sehen.

Er ergriff ihre Hand. »Kommen Sie. Wir werden sehen, ob tatsächlich ein Unhold in Ihre Kammer eingedrungen ist.«

Oder ob Sie lediglich an krankhaften Hirngespinsten leiden ...

Zwar hatte Aidan diesen Satz nicht ausgesprochen, und doch hing er zwischen ihnen in der Luft. Und während in

Fionas Kopf noch immer die düstere Melodie nachklang und sich in ihrer Brust widersprüchliche Gefühle regten, wusste sie nicht mehr, wovor sie sich im Augenblick mehr fürchtete: vor dem unbekannten Eindringling in ihrem Schlafzimmer, den Blutspuren am Spiegel oder dem undurchsichtigen Mann an ihrer Seite.

Und in diesem wirren Augenblick war sie nahe daran, sich ihm anzuvertrauen. Sie ertappte sich dabei, dass ihre Hand fest die seine umklammerte, als sie gemeinsam in den dunklen Raum traten, der nur noch schwach durch die letzte Glut im Kamin erleuchtet wurde.

Das Licht der Kerzen fiel auf den Spiegel, einen Spiegel, der ... Fionas Herz setzte einen Schlag lang aus ... einen Spiegel, der vollständig sauber war.

Keine Spur von dem Blut, das ihr einen derartigen Schrecken eingejagt hatte. Stattdessen blickte ihr nur ihr Ebenbild klar und deutlich entgegen.

Fiona löste sich so ruckartig aus Sir Aidans Griff, dass sie beinahe gestolpert wäre. Wie durch einen Schleier nahm sie wahr, dass er seine Kerze dicht an den Spiegel hielt, leicht den Kopf schüttelte, dann wortlos im Zimmer umherging und jeden Winkel ausleuchtete.

Nichts. Absolut nichts.

Ungläubig starrte Fiona den jetzt makellosen Spiegel an, und langsam wuchs in ihr ein Entsetzen, das noch größer war als jenes, das sie zuvor beim Anblick des Blutes verspürt hatte.

»Es ist weg ...« Zu ihrer eigenen Überraschung gehorchte ihr die Stimme, obgleich sie ein wenig brüchig klang. »Das Blut, die Spuren ... sie sind *weg* ...«

Oder, schoss es Fiona durch den Kopf, *waren sie nie da gewesen?*

Wahnvorstellungen!

Wieder musste sie an die Vision der geschundenen Frau denken. Die Blutspuren an den feuchten Kellerwänden, den Becher mit Whisky. Den Schatten der schwarzen Gestalt, den sie immer wieder wahrzunehmen glaubte ...

Verlor sie jetzt endgültig den Verstand?

»Nun«, der Laird wandte sich zu ihr um, »zumindest das kann ich bestätigen. Da ist nichts.«

Und wahrscheinlich war da auch nie etwas gewesen, schien es Fiona unausgesprochen in diesem Satz mitzuklingen.

Sie konnte nur schwach den Kopf schütteln.

Kapitel 29

»Aus welchem Grund sollte auch jemand in Ihr Schlafzimmer eindringen und den Spiegel mit Blut beschmieren?« Dem Tonfall des Lairds war nicht anzumerken, ob er sie für geisteskrank hielt, sie beruhigen wollte oder nur offensichtliche Tatsachen feststellte.

Fiona kostete es Mühe, überhaupt zu antworten. »Ich kann es nicht sagen.«

Eine steile Falte bildete sich zwischen Aidans Augenbrauen. »Immerhin, Ihnen ist nichts geschehen. Es ist wohl auch nichts gestohlen worden. Oder fehlt etwas?«

»Auch das weiß ich nicht!« Die Verzweiflung ließ ihre Stimme schrill klingen. »Aber ich weiß genau, was ich gesehen habe. Da waren Blutspuren am Spiegel, mehrere Abdrücke einer blutigen Hand.«

Er blickte sie an, und an seinen Augen konnte sie erkennen, dass er ihr nicht glaubte.

Und es gibt einen schwarzen Schatten in diesem Haus, der mir folgt ... Eine Frau, die vor Qualen stöhnt ...

Als könne er ihre Gedanken lesen, fragte Sir Aidan: »Wollen Sie etwa andeuten, Mylady, Sie wären in meinem Hause Opfer eines nächtlichen Spuks geworden?«

Hilflos hob Fiona die Schultern.

»Und wer soll hier in diesem Hause umhergeistern?«, hakte er nach. »Die Königin des kleinen Volkes?«

Der Schwarze Mann! Die Antwort lag Fiona auf der Zunge. Aber sie schwieg.

»Nun also, da ja, wie ich mich selbst vergewissern konnte, nichts geschehen ist, werde ich mich nun für die Nacht empfehlen. Wir sehen uns dann morgen bei Tisch.«

Er wandte sich zum Gehen.

»Aber ich bin bestohlen worden!«, entfuhr es Fiona.

Aidan blieb stehen und wandte sich zu ihr um.

»Also ist doch etwas weggekommen?«

Unbehaglich verlagerte Fiona ihr Gewicht von einem Bein auf das andere. »Nicht heute Abend, Sir. Es war schon ... vor einigen Nächten.«

Zumindest besaß sie nun wieder seine Aufmerksamkeit. Mit noch immer zusammengezogenen Augenbrauen sah er sie an.

»An diesem Abend schlief ich schlecht ein ... und draußen, in der Dunkelheit ... da waren ... da waren Lichter.«

»Lichter?«

Sie nickte. »Ja, Lichter und Stimmen ...« Sie wusste selbst, wie wahnwitzig sich diese Behauptung anhörte. »Ich weiß nicht, was es war, das ich da gehört und gesehen habe. Auf jeden Fall bin ich irgendwann eingeschlafen, und als ich am nächsten Morgen aufwachte, war mein Medaillon verschwunden.«

Sir Aidan trat einen Schritt näher. »Wo haben Sie dieses Medaillon denn abgelegt? Hier auf einem der Tische?«

»Es hing an einer Kette um meinen Hals ... Wie stets. Auch in dieser Nacht.« Fiona schluckte.

»Sie wollen damit sagen, hier in meinem Haus, in diesem Zimmer sei Ihnen ein Medaillon direkt vom Hals gestohlen worden? Während Sie schliefen?«

Fiona hob die Hand zu ihrem Dekolleté, das sich ohne den vertrauten Anhänger seltsam leer und nackt anfühlte. »Genau so war es«, flüsterte sie.

Obgleich er nicht antwortete, war ihm anzumerken, dass

es hinter seiner Stirn arbeitete, während er ganz offensichtlich überlegte, was er von dieser absurden Behauptung halten sollte.

»Sind Sie sicher, dass Sie das Medaillon überhaupt bei sich hatten? Hier, in diesem Haus?«

»Ich habe es seit meiner Taufe nicht abgelegt.« Die Empörung, dass er ihr keinen Glauben zu schenken schien, mischte sich mit ihrer eigenen Unsicherheit.

»Haben Sie es vielleicht während des Überfalls verloren? Oder danach, auf Ihrer Flucht hierher?«

»Nein, ich trug es noch am Abend vor jener Nacht, als ich die Lichter sah.« Sie unterdrückte den Impuls zu schreien.

»Nun denn, Mylady. Wenn Sie es sagen. Ich jedenfalls entsinne mich nicht, je eine Kette um Ihren Hals gesehen zu haben.«

Er hatte diesen Satz leise ausgesprochen, doch Fiona empfand ihn wie eine Ohrfeige. Hitze stieg in ihrem Gesicht auf und kribbelte in den Haarwurzeln. War es denkbar, dass ihre Erinnerungen sie so täuschten? Dass sie das Medaillon in jener Nacht gar nicht getragen hatte, weil es bei dem Überfall verloren gegangen war?

Aber nein!, begehrte es in ihr auf. Nein! Sie hatte sich in ihrer Angst doch daran festgeklammert, als sie versuchte, trotz der Stimmen und Lichter von draußen einzuschlafen.

Oder war sie dem Wahnsinn so nahe, dass sie auch diese Erinnerung nur halluzinierte?

So wie vielleicht auch die blutigen Spuren am Spiegel.

Sir Aidans Miene wirkte so unbewegt, dass Fiona nicht erkennen konnte, ob er zu demselben Schluss gekommen war. Sein Blick glitt über das nur von Mondlicht und Kerzenschein erhellte Zimmer und blieb schließlich an ihr hängen.

»Sie sollten zukünftig des Nachts Ihre Tür abschließen«,

sagte er. »Das wird verhindern, dass Sie sich schutzlos fühlen und unter üblen Träumen leiden ...«

Es war kein Traum!, drängte es sie zu rufen. *Und die Tür war verschlossen. Ich schließe immer ab ...* Doch ihr schwirrte der Kopf, und ihr Herz war so schwer, dass sie nicht mehr mit Sicherheit sagen konnte, ob diese Gewissheit vielleicht auch nur ihrem kranken Geist entsprang.

Eine eigentümliche Stille hatte sich zwischen ihnen ausgebreitet, und Fiona wusste nicht, ob sie vor der Nähe zu diesem Mann zurückschrecken oder dafür dankbar sein sollte, in dieser Situation nicht allein zu sein.

»Haben Sie wieder von Drachen geträumt?«, fragte er so unvermittelt, dass Fiona zunächst nicht wusste, was er meinte.

»Wie bitte?«, brachte sie hervor.

Er wandte sich zur Tür. »Das würde manches erklären.«

Fiona verstand noch immer nicht.

»Bisweilen ist der Traum eine ganz besonders starke Realität. In solchen Fällen findet er auch seinen Weg, diese zu formen. Und manche Menschen drohen dann, darin zu versinken.« Das Licht der Kerzenflamme spiegelte sich in Sir Aidans Augen, die fest auf sie gerichtet waren. Und darin standen Schmerz, Trauer und das unausgesprochene Gefühl von Mitleid.

»Wo ist eigentlich der Schlüssel?«

Es dauerte einen Moment, bis Fiona den abrupten Themenwechsel begriff.

»Er steckt im Schloss«, antwortete sie, plötzlich von einer lähmenden Müdigkeit überfallen. »Ich werde gleich hinter Ihnen absperren.«

»Da ist kein Schlüssel. Womöglich ist er heruntergefallen.« Der Laird bückte sich und leuchtete den Boden ab. »Wahrhaftig, da liegt er.« Er hob ihn auf und wollte ihn ins Schlüsselloch zurückstecken.

»*Mac an donais!?*«

Sein lauter Ruf ließ Fiona aufschrecken. Alarmiert eilte sie zu ihm hin.

An der Außenseite der Tür wiesen die Ränder des Schlüssellochs tiefe Kratzer auf, als hätte sie jemand mit einem spitzen Gegenstand bearbeitet. Auf dem Boden darunter lagen feine Eisenspäne.

»Ich muss mich bei Ihnen entschuldigen, Mylady«, sagte Sir Aidan, der sich wieder aufrichtete. »Offensichtlich haben Sie doch nicht geträumt.«

Erleichterung durchflutete sie. Hieß das also, dass sie nicht verrückt war? Noch immer Traum und Realität voneinander unterscheiden konnte? Allerdings, und dieser Gedanke gefiel ihr weitaus weniger, bedeutete es auch, dass tatsächlich jemand in ihrem Zimmer gewesen war!

»Ich werde der Sache nachgehen«, versprach Sir Aidan knapp, bevor sie sich weiter in dem Gedanken verlieren konnte. »Gleich morgen früh.« Er sah Fiona an. »Kommen Sie allein zurecht?«

Nein!, schrie es in ihrem Innern.

»Natürlich, Sir«, entgegnete sie leise und wandte das Gesicht ab. Ein Gefühl sagte ihr, dass in dieser Nacht nichts mehr geschehen würde, und doch schreckte sie der Gedanke, die Zeit bis zum Morgengrauen allein in diesem Raum verbringen zu müssen.

»Gut. Dann empfehle ich mich, Mylady.« Der Laird verbeugte sich kurz und verließ den Raum.

Mit zitternden Händen verschloss Fiona die Tür hinter ihm. Auch wenn sie inzwischen wusste, dass diese keinen wirklichen Schutz bot.

Und während sie noch benommen in ihr Bett kroch, dessen Decken mittlerweile eiskalt geworden waren, schalt sie sich dafür, nicht genauer auf Aidans Hände geachtet zu haben …

Tag 8 auf Thirstane Manor

But alas, I've not hope,
peace or honour to grace me
For each feeling was crushed in the bud as it grew
While »never« is stamped
on the chains that embrace me

Plains of Emu

Aber, ach, weder Hoffnung noch Frieden
noch Ehre zeichnen mich aus,
denn jedes Gefühl wurde bereits als Knospe zerstört,
sobald es heranreifen wollte.
Während »niemals« in die Ketten eingeprägt ist,
die mich umschließen.

Kapitel 30

Fiona kam sich vor wie ein Eindringling, als sie vor der schlichten Tür des Pfarrhauses stand und anklopfte.

Normalerweise gehörte es sich nicht, unangemeldete Besuche bei flüchtigen Bekannten zu machen, doch konnte es ja kaum tadelnswert sein, das Haus eines Geistlichen aufzusuchen, eines Seelsorgers, dessen Aufgabe es war, sich um das Wohl der Menschen zu kümmern.

Selbst wenn das kurz vor der Mittagszeit war.

Fiona konnte den köstlichen Duft nach gebratenen Zwiebeln, Kartoffeln und knusprigem Speck durch das halb offene Fenster riechen. Ihr Magen antwortete auf diesen Reiz mit einem leisen, aber deutlich vernehmbaren Knurren.

Am Morgen hatte sie das Haus ohne Frühstück verlassen, und nur Mrs Dunnett mit einer eilig verfassten Nachricht über ihr Vorhaben in Kenntnis gesetzt. Und da sie nicht wollte, dass Elspeth ein weiteres Mal wegen ihrer Eigenmächtigkeit Ärger bekam, war Fiona den ganzen Weg ins Dorf gelaufen.

Mrs MacKerron öffnete ihr die Tür. Sie trug eine Schürze und eine weiße Haube, ihre Brillengläser waren von Dampf beschlagen.

Die Vorstellung, dass in diesem kleinen, gemütlichen Cottage die Frau des Hauses selbst am Herd stand, gefiel Fiona. Welch ein Unterschied zu ihrer eigenen Familie, dem Haushalt eines Earls, mit all dem fremden Dienstpersonal.

»Ah, Mylady, welch eine ... äh ... Überraschung!«

Die feine Schicht Kondenswasser auf Mrs MacKerrons

Brille hatte sich verzogen. Mit einem Ausdruck der Verwunderung, der jedoch keineswegs unfreundlich zu nennen war, sah sie den unerwarteten Gast an.

»Bitte entschuldigen Sie, Mrs MacKerron ...« Ein wenig unbehaglich trat Fiona von einem Fuß auf den anderen, während der Duft aus der Küche erneut ein hungriges Knurren in ihrem Magen hervorrief, das sie nicht zu unterdrücken vermochte.

»Es ist mir unangenehm, Sie so kurz vor der Essenszeit zu stören. Aber es gibt Dinge, die ...« Da sie noch immer auf offener Straße stand, senkte sie die Stimme. »Die ich Sie gerne fragen würde. Unter vier Augen.«

Der Ausdruck des Erstaunens im rundlichen Gesicht der Frau vertiefte sich. »Welche Dinge meinen Sie?« Doch schließlich lächelte sie. »Wo sind denn meine Manieren geblieben? Bitte, kommen Sie doch herein. Sie sehen ... erschöpft aus.« Ein skeptischer Blick traf Fiona, und sie wusste, dass »erschöpft« in diesem Fall wohl eher »aufgelöst« bedeutete.

Immerhin hatte sie einen Marsch von drei Meilen hinter sich, Grund genug, dass sie nun müde, verschwitzt und hungrig war – und sicher etwas derangiert wirkte.

Dankend nahm sie das Angebot an und ließ sich in die geräumige, gemütliche Küche führen. Die Fensterscheiben waren beschlagen, und auf der Arbeitsfläche standen eine Schüssel mit angesetztem Teig, daneben einige noch mit Erdresten verschmierte Steckrüben. Der Tisch war bereits für zwei Personen gedeckt.

Dieser unkonventionelle, fast intim zu nennende Einblick in die Privatsphäre der Eheleute ließ erneut ein leichtes Schuldgefühl in Fiona aufsteigen.

»Bitte setzen Sie sich doch, Mylady.« Mrs MacKerron zog einen Stuhl hervor. »Ich schaue nur schnell nach dem Essen, damit es nicht anbrennt, aber dann habe ich Zeit für Sie.« Sorgfältig rührte sie in einem großen Topf und wischte sich die Hände an der Schürze ab. »Mein Mann müsste auch bald hier sein. Er macht noch einen seiner Krankenbesuche im Dorf.«

Die Stimme der Frau klang warm und freundlich, und so nahm Fiona trotz ihrer Verlegenheit Platz.

»Ich hoffe doch, Sie essen mit uns«, fuhr Mrs MacKerron fort, probierte mit einem hölzernen Löffel und nickte zufrieden. »Es ist natürlich ein sehr einfaches Mahl, ein kleiner herbstlicher Eintopf, aber was gibt es Besseres bei diesem Wetter?«

»Gern, ich bin tatsächlich hungrig«, brach es aus Fiona hervor, bevor sie sich ihrer guten Erziehung entsinnen konnte. Um nichts in der Welt wollte sie die anheimelnde Atmosphäre dieser kleinen, sauberen Küche verlassen.

»Aber bis es so weit ist ...« Mrs MacKerron hatte zwei Becher aus blau bedrucktem Steingut aus dem Regal geholt und schenkte in beide ein dampfendes Gebräu ein. »Hier habe ich einen Minztee aufgebrüht, mit Honig versetzt und ...«, verstohlen sah sie zur Tür, als wolle sie sichergehen, dass nicht gerade ihr Mann hereinkam, »... und einem kleinen Schuss Whisky. Ich bin sicher, er tut ihnen gut!« Sie reichte Fiona einen Becher, setzte sich ihr gegenüber an den Tisch und nippte an dem heißen Getränk.

»Ah, wunderbar ... Aber nun erzählen Sie, Mylady, was führt Sie her? Ich nehme an, Sie haben nicht nur wegen meines Tees und Eintopfs den langen Weg vom Herrenhaus auf sich genommen – obgleich ich als Köchin tatsächlich einen guten Ruf genieße.«

Unwillkürlich musste Fiona über den in Humor verpackten Stolz der Frau lächeln und fühlte sich schon weitaus weniger gehemmt als bei ihrer Ankunft. Sie nahm ebenfalls einen Schluck und spürte, wie die Wärme des Tees, die Süße des Honigs und die Wirkung des Whiskys sogleich die Kälte vertrieben und ihre Lebensgeister weckten.

Fragend ruhte der Blick der Pfarrersgattin auf ihr: »Sie sind ihm weggelaufen, oder?«, stellte sie fest, und Fiona verschluckte sich an ihrem Getränk.

»Nun ... ich ...«, begann sie, unsicher, was sie darauf antworten sollte. In gewisser Weise hatte Mrs MacKerron den Nagel auf den Kopf getroffen. Sie war tatsächlich geflohen. Vor diesem Haus, seinen Dämonen und vor Aidan Thirstane, der immer mehr ihre Gedanken beherrschte. Doch vor allem hatte sie gehofft, hier im Pfarrhaus Antworten auf die vielen Fragen zu bekommen, die sie umtrieben.

Tröstend ergriff die ältere Frau ihre Hand und tätschelte sie wohlwollend. »Das war eine gute Entscheidung, *a ghràidheag*. Man weiß nie, was in diesem entsetzlichen Hause noch alles geschieht, meine Liebe.«

Fiona war froh, dass Mrs MacKerron ihr durch ihre Bemerkung die Peinlichkeit erspart hatte, selbst das Thema darauf zu bringen. Sie senkte den Blick und antwortete leise: »Wie meinen Sie das?«

Die Pfarrersfrau stellte ihren Becher auf den Tisch und runzelte die Stirn. »Mir brauchen Sie nichts vorzumachen, mein Kind. In diesem Haus wohnen zu müssen, ist sicher eine harte Prüfung für Sie. Jeder weiß doch, welch furchtbarer Ort das ist. Zudem ...«, sie senkte die Stimme, »zudem gehört es sich nicht, als junge Frau allein unter einem Dach mit einem Mann zu leben. So ganz ohne Aufsicht.«

Fiona spürte, wie sie bei dieser Bemerkung errötete, und fragte sich, was die Frau wohl sagen würde, wenn sie wüsste, wie nah sie Sir Aidan schon gekommen war. In der einsamen

Kapelle bei ihrer Wanderung, in der letzten Nacht in ihrem Schlafzimmer ...

»In dieser Hinsicht besteht kein Grund zur Sorge«, erwiderte sie hastig. »Mrs Dunnett, die Haushälterin, ist eine äußerst ... ähm ... sittenstrenge Person, die mit Argusaugen über Thirstane Manor wacht.«

Mrs MacKerrons Brauen zogen sich hinter den Brillengläsern zusammen. »Also, ich weiß nicht. So etwas schickt sich einfach nicht, und vor allem ...«

»Das letzte Mal sagten Sie, auf dem Haus läge ein Fluch«, beeilte sich Fiona, das Gespräch auf das Anliegen zu lenken, weswegen sie eigentlich gekommen war.

Mrs MacKerron stockte und schien einen Moment zu überlegen, ob sie als Frau eines Geistlichen ihre Ermahnung zu Sitte und Anstand abbrechen durfte, um sich stattdessen mit Dorfklatsch und Gespenstergeschichten zu befassen. Offenbar gewann ihre Neugierde die Oberhand, denn sie nickte. »Das ist allgemein bekannt.«

»Doch könnten Sie mir vielleicht noch erklären«, sagte Fiona, dankbar, dass ihr Gegenüber so willig auf das Thema einging, »worin genau der Schrecken dieses Hauses bestehen soll.«

»Ja – wollen Sie mir etwa damit sagen, mein Kind, Sie hätten davon noch nichts bemerkt?« Mrs MacKerrons Stimme klang ungläubig.

Da Fiona es verabscheute zu lügen, wich sie einer direkten Antwort aus. »Nun, natürlich sind mir einige Gerüchte zu Ohren gekommen. Ein Dienstmädchen, das dort arbeitet« – *das einzige Dienstmädchen*, präzisierte Fiona in Gedanken, vermied es aber, Elspeths Namen zu erwähnen – »hat mir erzählt, dass es auf Thirstane Manor spuken soll und dergleichen ...«

»Wobei der Spuk, all diese Geister ja noch das geringere Übel sind!«, unterbrach sie Mrs MacKerron. »Eine wesentlich größere Heimsuchung sind die Lebenden.«

Fragend sah Fiona auf. »Die Lebenden, Madam?«

»Was dachten Sie denn?« Mrs MacKerron schnalzte mit der Zunge, klang jedoch noch immer mütterlich, als sie fortfuhr: »Dieser selbst ernannte Laird, Sir Aidan Thirstane, der muss doch ein wahrer Dämon aus der Hölle sein!«

Unwillkürlich zuckte Fiona zusammen, spürte, wie ihre Finger feucht wurden, ihr Mund trocken. Dieser Gedanke hatte sich ihr auch schon aufgedrängt.

»Sie können froh sein, dass Sie nach all der Zeit unter seinem Dach noch unversehrt sind.« In den Zügen Mrs MacKerrons stand nun die blanke Entrüstung. Prüfend blickte sie Fiona an. »Das sind Sie doch, Kindchen, oder? Wenn ich Sie mir so anschaue.«

Fiona spürte, wie ihr wieder die Röte ins Gesicht schoss, als ihr klar wurde, wie zweideutig die Frage zu verstehen war. »Aber sicher doch, Mrs MacKerron. Es geht mir gut.«

Den Umständen entsprechend, fügte sie in Gedanken hinzu. Wie man sich eben fühlt, nachdem man binnen kürzester Zeit mehrere Todesfälle zu beklagen hatte und selbst nur knapp mit dem Leben davongekommen ist. Doch das hatte nichts mit Sir Aidan zu tun.

»Ich bin nur etwas durchgefroren von dem langen Marsch. Das ist alles.« Sie rang sich ein Lächeln ab, das mit einem skeptischen Stirnrunzeln quittiert wurde.

Verlegen räusperte sie sich. »Also, was ist es, das mir Sorgen bereiten sollte, Mrs MacKerron?«

Die Pfarrersfrau setzte eine verschwörerische Miene auf. »Nun, Sie wissen ja. Dieser Fluch, von dem ich bereits gesprochen habe.« Wieder ging ihr Blick zur Tür. »Seit die Thirstanes das Anwesen übernommen haben vor ...«, sie überlegte, »vor drei Generationen, war diesem Haus kein Glück mehr beschieden.«

Unbehaglich rührte Fiona mit dem Löffel in ihrer bereits halb leeren Tasse.

»Zwar florierte für einige Zeit die Schafzucht, warf gute Gewinne ab, aber ...« Mrs MacKerron beugte sich näher zu Fiona hin. »Aber nicht nur, dass dieser Aufschwung bekanntermaßen nicht von langer Dauer war. Auch auf der Familie selbst schien kein Segen zu ruhen.« Sie schaute Fiona mit dramatischer Miene an. »Denken Sie nur, die Gattin des ersten Laird Thirstane, ich glaube, sein Name war Donnach, starb schon nach wenigen Ehejahren. Sie hatte ihrem Mann kurz hintereinander mehrere Kinder geboren, die jedoch alle recht früh starben. Bis auf Tavish. – Natürlich war das vor meiner Zeit.«

Fiona nickte. Donnach musste Aidans Großvater gewesen sein, von dem dieser gesprochen hatte. Der Mann, der in Glasgow zu Reichtum und Titel gekommen war, dann hier oben eingeheiratet hatte und auf diese Weise Herr von Thirstane Manor mit allen dazugehörigen Ländereien geworden war. Besagter überlebender Sohn, Tavish, war folglich Aidans Vater.

»Schon als Heranwachsender, schon lange bevor er mündig wurde, unterstützte besagter Tavish seinen Vater bei dessen ...«, Mrs MacKerron machte eine bedeutungsschwere Pause, »Schandtaten, möchte man sagen. Aber wie heißt es so schön? Der Apfel fällt nicht weit vom Stamm.«

»Und Sir Tavish heiratete ebenfalls eine Frau hier aus dem Norden, nicht wahr?« Vage entsann sich Fiona dessen, was sie in der Familienbibel gelesen und was Sir Aidan ihr in den wenigen Gesprächen, die sich um seine Familie drehten, erzählt hatte.

Mrs MacKerron nickte. »Ebenfalls eine Frau aus gutem Hause, die, wie man sich erzählt, ordentlich Geld mit in die Ehe brachte. Aber auch ...« Sie schnaubte abfällig. »Ich bin ihr bei verschiedenen Gelegenheiten begegnet. Im Gegensatz zum jetzigen Laird, der sich hier nie blicken lässt, besuchten die älteren Thirstanes häufiger das Dorf und die Gottesdienste, müssen Sie wissen. Auch zu gesellschaftlichen Anlässen ließen sie sich hin und wieder sehen, luden zu Jagden und Gesellschaften ein. Aber was wollte ich gerade sagen? Ach ja, die Frau des Lairds ... Lady Mildred ...« Sie schüttelte sich. »Ein Weibsbild, das in Arroganz, Überheblichkeit und Herzenskälte ihrem Gatten in nichts nachstand. Der einzige Grund, weshalb ihr nicht die Dienerschaft weggelaufen ist, lag darin, dass es hier oben einfach kaum andere Beschäftigungen gab. Unzählige Menschen hatten kaum das Lebensnotwendige, waren buchstäblich kurz vor dem Verhungern, viele von ihnen waren ja sogar gezwungen, das Land zu verlassen. So war man froh, im Herrenhaus überhaupt eine Anstellung zu finden, und ertrug dafür die Launen einer solchen Herrschaft.« Das rundliche Gesicht der Frau war rot vor Zorn und Erregung. »Fragen Sie meinen Mann, Mylady, wie oft er versucht hat, den Leuten, die im Herrenhaus dienten und sich in ihrer Not an ihn wandten, beizustehen. Immer wieder hat er sich bei der Herrschaft für sie eingesetzt, konnte jedoch bei dem Laird oder dessen Frau kaum etwas ausrichten.«

Unwillkürlich kam Fiona wieder der Anblick von Seocs Narben in den Sinn, sein gehetzter Ausdruck sowie Mrs MacKerrons Worte: *Der Apfel fällt nicht weit vom Stamm.*

Ganz offensichtlich galt das auch für Aidan. Oder *besonders* für ihn.

Ihre Brust wurde eng. Es drängte sie, die Pfarrersfrau geradeheraus zu fragen, ob sie etwas über einen seltsamen Raum im Keller des Hauses, ein ehemaliges Verlies, wusste und ob es noch genutzt wurde. Doch Befangenheit hielt sie davon ab, darüber zu sprechen.

»Den Gerüchten zufolge war diese Ehe alles andere als glücklich zu nennen«, nahm Mrs MacKerron den Faden wieder auf. »Kein Wunder, wenn zwei solch rücksichtslose Menschen zusammenleben.«

Ein Anflug von Mitleid überkam Fiona. Ein schändlicher Vater, eine kalte Mutter – in welch unerträglicher Familie war Sir Aidan aufgewachsen! War er deshalb zu dem Mann geworden, der er heute war? Da er nie etwas anderes gesehen, nie etwas anderes kennengelernt hatte?

Sie seufzte innerlich. Nicht, dass ihre eigene Kindheit besonders glücklich gewesen wäre.

»Natürlich wurde gemunkelt, dass nicht nur das Haus verflucht sei, sondern auch alle, die darin lebten. Und dass keiner unter diesem Dach jemals glücklich werden könnte.«

Der Knoten in Fionas Magen verfestigte sich und ließ sich auch durch einen weiteren Schluck des heißen whiskyhaltigen Getränks nicht auflösen. Auch wenn es sich um Dorfklatsch handelte, so hatte sie doch selbst die Dunkelheit und Trostlosigkeit von Thirstane Manor gespürt, und wusste, dass nicht alles davon frei gespürt war.

In einer Familie, in der nur die Macht des Geldes und das Recht des Stärkeren herrschten, bedurfte es wahrscheinlich noch nicht einmal eines Fluchs, um sich das Leben gegenseitig zur Hölle zu machen.

»Das Gerede erhielt natürlich neue Nahrung, als zwei der Nachkommen des Lairds hintereinander starben, und das bereits im Kindesalter. Der dritte Sohn hingegen … nun ja … den Rest der Geschichte habe ich Ihnen ja schon erzählt.«

Mrs MacKerron verstummte, und Fiona betrachtete schweigend das Spiel der Flammen im Ofen. Wo war sie da nur hineingeraten? Wenn es stimmte, was Mrs MacKerron berichtet hatte und was sie selbst vermutete, täte sie wohl besser daran, nie mehr in das Herrenhaus zurückzukehren.

Aber weshalb erfüllte sie dieser Gedanken dann mit solcher Trauer? Wieso ließ dieses Gebäude, trotz allem, was es in ihr auslöste, sie nicht los, sondern schien sie, im Gegenteil, immer wieder zu sich zu rufen?

»Und morgen müssen Sie ganz besonders auf sich aufpassen«, unterbrach Mrs MacKerron ihre Überlegungen.

Fiona überlief eine Gänsehaut. »Morgen? Wieso …«

»Aber wissen Sie denn nicht, was für ein Tag morgen ist, Kindchen? Oder besser gesagt, welche Nacht?«

Ratlos hob Fiona die Schultern. Seit sie in dieses Haus gekommen war, waren die Tage und Nächte nur so an ihr vorbeigezogen, ohne dass sie sonderlich auf das Datum geachtet hätte. »Nein«, gab sie daher wahrheitsgemäß zurück.

»*Samhain*, Kindchen«, sagte Mrs MacKerron in einem beinahe vorwurfsvollen Ton. »Oder *Halloween*, wie es andernorts genannt wird.«

Halloween? Rasch überlegte Fiona. Grundgütiger! War morgen tatsächlich schon der 31. Oktober? Dann weilte sie ja nun schon weit über eine Woche auf Thirstane Manor. Und noch immer war keine Antwort von ihrem Vater eingetroffen. Noch immer hatte sich nichts getan wegen des Überfalls und der verschwundenen Kutsche.

Zu ihrer eigenen Überraschung erkannte Fiona, dass sie in den vergangenen Tagen nur noch wenig daran gedacht hatte. Zu vieles war in dieser Zeit geschehen, hatte ihre Gedanken und Gefühle völlig in Beschlag genommen.

»*Samhain*«, erklärte die Frau, »ist doch die Nacht der Geister, die Nacht, in der sich zwei Welten vereinen wollen, die nicht zusammengehören. Die Welt der Lebenden und die der Toten.« An ihrer Miene war abzulesen, dass sie selbst daran glaubte. Fionas Nackenhaare stellten sich auf.

Aber sollte es wirklich etwas geben, das Thirstane Manor zu einem noch unheimlicheren Ort machen konnte?

Als hätte die Pfarrersfrau ihre Gedanken gelesen, fuhr sie fort: »Es gefällt mir gar nicht, dass sie die *Samhain*-Nacht im Herrenhaus verbringen.«

Unter dem gleichen Dach wie Aidan Thirstane, klang unausgesprochen in den Worten mit ... und obgleich Fiona sich noch bis vor zwei Wochen für eine vernünftige, eher nüchtern zu nennende Person gehalten hatte, spürte sie, wie sich Mrs MacKerrons Sorge auf sie selbst übertrug.

»Ich nehme an, in den großen Städten im Süden, in Glasgow und Edinburgh, spielen derartige Dinge keine so große Rolle mehr«, fuhr die Pfarrersfrau fort. »Aber hier oben bei uns im Norden. Wir wissen noch sehr genau, in welchen Nächten die Gefahren lauern, es besser ist, Vorsicht walten zu lassen ... wenn die Geister umgehen, besonders in einem verfluchten Haus wie Thirstane Manor.«

»Einen guten Tag, die Damen!«

Ruckartig fuhr Fiona herum, als sie die Stimme Reverend MacKerrons vernahm, der in der Tür stand. Sein Gesicht war von der Kälte gerötet, seine Kleidung vom Nieselregen durchnässt. Stumm waren seine Augen auf seine Frau gerichtet, deren Wangen plötzlich puterrot geworden waren und die sich unter dem Blick ihres Gatten beinahe zu winden schien.

»Ich würde sagen, derartige Behauptungen gehören in das Reich heidnischer Sagen und Legenden. Sie ziemen sich nicht für einen Christenmenschen.« Seine Augen waren dunkel vor Ärger, und einen Moment lang hatte er nichts mehr von dem gütigen, leutseligen Geistlichen an sich, der Fiona bei ihrem ersten Zusammentreffen Beistand geleistet hatte. »Und genau aus diesem Grunde sollte solcher Unsinn nicht verbreitet werden. Nicht in meinem Haus.«

Hastig und ein wenig fahrig war Mrs MacKerron aufgesprungen, um ihrem Mann Hut und Mantel abzunehmen.

Ohne ein weiteres Wort setzte sich der Reverend zu Fiona an den Tisch.

Ein unbehagliches Gefühl überkam sie, das jedoch ein wenig abgemildert wurde, als er sich ihr mit einem zuvorkommenden Lächeln zuwandte.

»Nun, meine Liebe. Welch unerwartete Ehre, Lady Fiona, Sie wieder bei uns begrüßen zu dürfen.« Er warf einen Blick nach draußen. »Noch dazu bei diesem ungemütlichen Wetter. Ich hoffe, der Weg war nicht zu beschwerlich?«

Verlegen senkte Fiona den Blick. Nach der eher peinlichen Begrüßung und der Reaktion des Geistlichen auf die Worte seiner Frau vermied sie es, zu erwähnen, dass sie den ganzen Weg vom Herrenhaus bis ins Dorf zu Fuß gelaufen war. Stattdessen murmelte sie eine unverbindliche Antwort.

Mrs MacKerron stellte einen dritten Teller auf den Tisch und begann, den Eintopf auszuteilen.

Der Reverend sprach ein kurzes Gebet, aß den ersten Bissen und richtete dann wieder das Wort an Fiona. »Ich hoffe doch, in Thirstane Manor sind alle wohlauf.«

Noch immer fühlte Fiona sich unbehaglich, was durch das anhaltende Schweigen der Pfarrersgattin noch verstärkt wurde. Und auch wenn viele Fragen offengeblieben waren, so war sie doch froh, dass sich das Gespräch nun wieder unverfänglicheren Themen zuwandte.

»Ja, Reverend. Soweit ich das beurteilen kann, sind alle gesund.«

Das Lächeln des Pfarrers vertiefte sich. »Das freut mich zu hören. Und wenn es die Zeit erlaubt, werde ich dem Laird in nächster Zeit gern meine Aufwartung machen.«

Mechanisch nahm Fiona einen Löffel Suppe. Sie konnte sich nicht vorstellen, dass Sir Aidan das Bedürfnis nach seelischem Beistand durch einen Pfarrer verspürte.

Doch schien es tatsächlich etwas zu geben, das die beiden Männer miteinander verband. Weshalb sonst sollte der Reverend alle Gerüchte über Thirstane Manor und dessen Bewohner in seinem Hause verbieten?

»Nun wollen wir uns aber dem Essen widmen. Zumal die Eintöpfe meiner Frau stets ein wahrer Genuss sind.« Er sah zu seiner Gattin hoch, die noch immer ein wenig verlegen neben dem Tisch stand und sich noch nicht zu ihnen gesetzt hatte.

Dann aber nahm sie ebenfalls Platz, und so verlief die einfache Mahlzeit in einem beklemmenden Schweigen, das in Fiona völlig neue Fragen aufwarf.

Kapitel 31

Es war kurz vor Einbruch der Dämmerung, als Fiona Thirstane Manor erreichte. Wie eine unüberwindbare Bastion stand das mächtige, aus grauem Stein errichtete, mit unzähligen Türmchen und Erkern versehene Gebäude im flammenden Schein der Abendsonne. Ihr Licht brach sich in den Scheiben der Fenster, sodass diese wie spöttisch funkelnde Augen auf Fiona wirkten, die keinerlei Einblicke duldeten in die eigene Seele, das eigene Wesen. Und für einen kurzen verräterischen Moment musste sie bei diesem Anblick an Sir Aidan denken.

Wie schon den Hinweg hatte sie auch die gesamte Strecke zurück vom Dorf zu Fuß hinter sich gebracht und das Angebot des Pfarrers abgelehnt, ihr eine Fahrgelegenheit zu besorgen. Möglich, dass es nicht ganz schicklich war, als junge Frau ohne Begleitung herumzustreunen. Doch schienen ihr in den vergangenen Tagen viele der gesellschaftlichen Regeln hinfällig geworden zu sein. Nach den schockierenden Worten der Pfarrersfrau, nach all dem, was sie erfahren hatte, und nach der körperlichen Anstrengung, die dieser Marsch mit sich gebracht hatte, sehnte sie sich danach, eine Weile allein zu sein.

Sie fühlte sich müde, erhitzt und angespannt, als sie über den von Eichen gesäumten Kiesweg eilte und durch die Vordertür in das Haus schlüpfte.

Die Eingangshalle mit der breiten, wuchtigen Treppe lag einsam im goldenen Abendlicht. Noch hatte es niemand für nötig befunden, Kerzen anzuzünden. Dankbar dafür, keinem

Menschen begegnet zu sein, hob Fiona die langen Röcke an, nahm rasch die Stufen. Oben angekommen hielt sie unvermittelt inne.

Im Flur stand Sir Aidan, wie meist ganz in Schwarz gekleidet, den Rücken an die Wand gelehnt. Offenbar hatte er auf sie gewartet. Die durch die Fenster hereinfallende Abendröte verfing sich in seinem dunklen Haar, seine Augen lagen im Schatten. Sein Gesicht wirkte unnahbar und verschlossen. Langsam richtete er sich auf und kam auf Fiona zu. Seine kniehohen Stiefel verursachten nicht den geringsten Laut.

»Wie schön, Sie zu sehen, Mylady.« Seine Stimme war leise, doch sie troff vor Spott, und der Unterton darin klang bedrohlich.

Fiona spürte, wie ihr Mund trocken wurde, und widerstand dem Drang, ein Stück weit zurückzuweichen.

»Guten Abend, Sir«, sagte sie so gelassen, wie es ihr mit pochendem Herzen möglich war, und versuchte, an ihm vorbeizugehen. Doch er stellte sich ihr in den Weg.

Ärger und Furcht krampften ihr den Magen zusammen, aber sie erwiderte den Blick des Lairds, der noch einen Schritt näher kam.

»Wie gut, dass Sie wohlbehalten wieder zurück sind. Nachdem Sie heute so ohne jedes Wort verschwunden waren, hat man sich im Haus bereits Sorgen gemacht. Besonders Elspeth war geradezu außer sich.«

Fiona schluckte, unterließ es jedoch, auf die Anspielung einzugehen.

»Das tut mir leid.« Sie war es satt, weiter Spielchen zu spielen. »Ich hatte eine Nachricht für Mrs Dunnett hinterlassen.«

»Waren Sie wieder im Dorf?« Sir Aidans Blick gab nichts von seinen Gefühlen preis.

Fiona nickte und ertappte sich dabei, wie sie an ihrem Gastgeber vorbeispähte, sehnsüchtig in Richtung des Flurs, wo sich ihr Zimmer befand.

»Sie hätten sich nicht wie ein Dieb aus dem Haus schleichen müssen. Ich hätte Sie fahren können.«

»Das war nicht notwendig. Ich bin gerne gelaufen.« Fiona hoffte mit dieser Aussage jeden Verdacht, Elspeth könne irgendetwas mit ihrem Ausflug tun zu haben, zu zerstreuen.

»Wie Sie meinen.« Sir Aidan neigte kurz den Kopf, sah sie dann aber wieder direkt an. »Nun denn.« Er lächelte dünn. »Dann hoffe ich, dass Sie mir bei unserem gemeinsamen Dinner ein wenig darüber berichten, was Sie so den ganzen Tag über unternommen haben.«

Das Dinner. Allein bei dem Gedanken daran schnürte sich Fiona der Magen zu, doch sie würde sich unmöglich einen weiteren Abend Sir Aidans Gesellschaft entziehen können. Also nickte sie wieder.

»Ich werde da sein«, sagte sie knapp und atmete erleichtert auf, als er den Weg frei machte und sie passieren ließ.

Ihr Herz klopfte schnell, als sie zu ihrem Zimmer eilte. Vielleicht würde sie das an diesem Abend tatsächlich tun. Ihm erzählen, was ihr im Dorf zu Ohren gekommen war. Und ihm einige Fragen stellen.

Falls sie unter seinem durchdringenden Blick noch den Mut dazu aufbrachte …

*

Zu Fionas Überraschung hatte Sir Aidan wieder im Kaminzimmer eindecken lassen. Das knisternde Feuer verbreitete Wärme und einen leichten Geruch nach Holz und Torf. Die zornigen Highland-Krieger auf dem Gemälde schienen ihr beinahe lebendig zu sein, und die an der oberen Hälfte der Wände angebrachten Jagdtrophäen erinnerten Fiona daran, in welch unberührtem Teil des Landes sie sich befand.

Schweigend saß sie dem Hausherrn gegenüber an dem runden Tisch in der Erkernische, damit beschäftigt, seinem Blick auszuweichen und in ihrem Essen herumzustochern. Noch immer beherrschten Mrs MacKerrons Worte und die Ereignisse der letzten Tage ihre Gedanken.

»Ganz offensichtlich munden der Dame die Speisen des Abends nicht besonders, Your Ladyship.« Sir Aidans beiläufig geäußerte Worte ließen Fiona zusammenfahren. Den Beginn des Abends hatte er in brütendem Schweigen verbracht, als grolle er ihr noch immer wegen ihres erneuten eigenmächtigen Ausflugs. Wenn er zudem wüsste, dass sie nicht nur spazieren gegangen war, sondern die Pfarrersgattin sehr direkt über ihn und seine düsteren Familiengeheimnisse ausgefragt hatte ...

Fiona ließ ihren Blick verstohlen über seine Gestalt gleiten. Es fiel ihr auf, dass er, wie schon einmal bei einem gemeinsamen Dinner, auch an diesem Abend Handschuhe trug. Und wieder fragte sich Fiona, welche Bewandtnis es damit hatte. Sie bemühte sich, nicht allzu neugierig darauf zu starren, als sie entgegnete: »Da irren Sie, Sir. Mrs Dunnett ist eine hervorragende Köchin. Seit ich in diesem Hause bin, wurde mir noch keine Mahlzeit vorgesetzt, die ich nicht als wohlschmeckend empfunden habe.«

Wenn die Gerichte auch für den Tisch eines Lairds und Baronets stets sehr einfach gehalten sind. Und ich gerne wüsste, weshalb.

Wie um ihre Worte zu unterstreichen, spießte Fiona ein Stück Kartoffel auf die Gabel und führte sie zum Mund. Zugleich überlegte sie krampfhaft, wie sie ein unauffälliges Gespräch in Gang bringen könnte, ohne zu verraten, was sie von

Mrs MacKerron gehört hatte, noch, was sie selbst im Keller entdeckt hatte. Ein Gespräch, das ihr vielleicht doch einige Antworten über diesen faszinierenden Mann liefern würde, der so unberechenbar war. Und der ihr Angst machte, Angst vor seiner Grausamkeit.

Hüten Sie sich, ganz besonders vor morgen Nacht, Samhain, hatte Mrs MacKerron geraunt. *Die Nacht, in der zwei Welten miteinander zu verschmelzen drohn, zwei Welten, die nicht zusammengehören.*

Es kostete Fiona Mühe, diese beunruhigenden Worte abzuschütteln und wieder zu pragmatischeren Fragen zurückzukehren, insbesondere zu solchen, die ihr helfen würden, Sir Aidan besser zu verstehen.

»Haben Sie eigentlich Geschwister, Sir?«, fragte sie schließlich, da es ihr an Mut fehlte, sich nach anderen Dingen zu erkundigen. Nach schwarzen, schattenhaften Gestalten, Seocs Narben und einem fensterlosen Kellerverlies mit blutverschmierten Wänden.

Sie bemerkte, wie der Laird sie für einen Moment verständnislos anschaute.

Er schien kurz zu überlegen und erklärte dann beiläufig: »Zwei der Kinder meines Vaters sind früh verstorben, kaum dass sie laufen konnten. Nur zwei erreichten das Erwachsenenalter. Drei, wenn man mich hinzuzählt.«

Fiona nickte. So ähnlich glaubte sie es auch den Aufzeichnungen der Familienbibel entnommen zu haben. Und wieder bedauerte sie, dass sie damals mitten in der Lektüre unterbrochen worden war.

»Es muss …«, sie suchte nach den richtigen Worten, »abenteuerlich gewesen sein, in diesem Hause aufzuwachsen. Zusammen mit zwei älteren Brüdern.«

Für einen schmerzhaften Moment wurde Fiona sich wieder

der eigenen Einsamkeit bewusst, einer Kindheit und Jugend, völlig allein, ohne Geschwister.

Sir Aidans Gesicht hatte sich verfinstert. Einen Moment schien er mit sich zu ringen, ehe er antwortete: »Und wieder haben Sie allzu romantische Vorstellungen, diesmal von einer angeblich unbeschwerten Kindheit in den wilden, unberührten Highlands. Vermutlich ebenfalls der Einfluss sentimentaler Romanlektüre.« Die Sehnen an seinem Hals spannten sich an, als er fortfuhr. »Das Naturell meiner beiden Brüder mag man zwar durchaus als abenteuerlich bezeichnen, jedoch nicht unbedingt als angenehm. Die meiste Zeit über hätte ich liebend gerne auf ihre Gesellschaft verzichtet.«

Fiona ließ die Gabel sinken. »Also hatten Sie kein gutes Verhältnis«, sagte sie vorsichtig, wohl wissend, dass sie mit einer solchen Bemerkung bereits die Grenzen einer konventionellen Unterhaltung überschritt.

Seine Augen wirkten beinahe schwarz. »Selbstsüchtige Tyrannen! Menschen, denen nichts und niemand heilig war und die alles, was ihnen anvertraut war oder zu nahe kam, nur zerstörten.«

Fiona zuckte unter der Heftigkeit seiner Worte zusammen. Es war das erste Mal, dass er so persönlich über seine Familie sprach. Und ganz offensichtlich verband er keine angenehmen Erinnerungen damit. Wenn sie seine Worte richtig deutete, hatte er wohl unter seinen Brüdern einiges zu erleiden gehabt.

Und da sie den finsteren Ausdruck auf dem Gesicht ihres Gegenübers nicht ertrug, entgegnete sie beschwichtigend: »Ich nehme an, Ihr Vater war in der Lage, diesem allzu wilden Treiben Einhalt zu gebieten.«

Sir Aidan nahm noch einen Schluck Wein, dann lächelte er freudlos. »Mein Vater, Mylady, war ein Mann, der seine persönlichen Interessen, sein persönliches Fortkommen über alles stellte.«

»Auch über seine eigenen Söhne?«

»Über alles und jeden, der sich ihm dabei in den Weg stellte«, fuhr er fort, ohne auf Fionas Einwurf einzugehen. »Und genau diese Einstellung hat er auch an seine Nachkommen weitergegeben. Das Recht des Stärkeren über den Schwächeren. Und harte Strafen für all diejenigen, die sich ihm zu widersetzen wagten.«

Aidan verzog das Gesicht, als er den Rücken straffte, und einen kurzen Moment erschien es Fiona, als leide er Schmerzen.

Also lag tatsächlich eine äußerst lieblose Kindheit hinter ihm, wie sie es aufgrund von Mrs MacKerrons Worten bereits vermutet hatte. War das vielleicht der Grund für sein unterkühltes, distanziertes Verhalten? Dass er nie Liebe oder Zuneigung erfahren hatte – in einer Familie, in der das Recht des Stärkeren die Lebensmaxime war?

Sir Aidan kniff die Lippen zusammen. »Allerdings dürfte Ihnen eine solche Geisteshaltung ja nicht fremd sein, Mylady. Teilt nicht Ihr eigener Vater, der Earl, diese Einstellung?«

Wieder diese Spitze, diese merkwürdige Anspielung. Was hatte ihr Vater damit zu tun? Fiona runzelte die Stirn. Allerdings, ganz falsch lag der Laird nicht mit seiner Einschätzung. Es wäre interessant herauszufinden, woher diese rührte.

»Sie kennen meinen Vater?«, fragte sie geradeheraus.

Sir Aidans Blick verdunkelte sich. Seine Hand umfasste so fest den Griff seines Messers, dass die Knöchel durch den Stoff der Handschuhe erkennbar hervortraten. »Nicht unmittelbar«, erwiderte er, ohne sie anzublicken, »doch sein Ruf eilt ihm voraus.«

Es war deutlich, dass er nicht gewillt war, weiter darauf einzugehen. Und so kehrte Fiona nach kurzem Zögern zu dem ursprünglichen Thema zurück. Aidan Thirstanes eigener Familie.

»Und Ihre Mutter? Sicher hat doch zumindest Ihre Mutter Ihre Brüder zur …«, sie zögerte, »zur Ordnung gerufen.«

Zu ihrer Verwunderung bemerkte sie, dass Aidan blass wurde, sein Körper sich versteifte. Für einen kurzen Moment flammte in seinem Blick abgrundtiefer Hass auf, der dann dem Ausdruck von Traurigkeit wich.

»Meine Mutter, Mylady, war nie in der Lage, dem schändlichen Treiben etwas entgegenzusetzen. Dazu war sie nicht …«, er unterbrach sich und schien nach dem geeigneten Ausdruck zu suchen, »geschaffen.«

Fiona versuchte, sich einen Reim auf diese seltsame Aussage zu machen. Offensichtlich war Aidans Mutter von einem sanfteren Naturell gewesen, nicht in der Lage, sich gegen ihren dominanten Ehegatten und ihre ungestümen, ähnlich jähzornigen Söhne durchzusetzen.

Fiona dachte an ihre eigene Mutter, die sich kaum je in die Angelegenheiten ihres Mannes eingemischt, selten eine eigene Meinung geäußert hatte. Nachdenklich nippte sie an ihrem Wein. Vielleicht gab es zwischen Sir Aidan und ihr doch mehr Gemeinsamkeiten, als sie dachte.

Nur, wie konnte das sein? Hatte Mrs MacKerron nicht erzählt, dass Sir Aidans Mutter eine egoistische und herzlose Person gewesen wäre, alles andere als schwach und zurückhaltend?

Da sie ihren Gastgeber jedoch unmöglich so direkt darauf ansprechen konnte, ließ sie es auf sich beruhen und lenkte das Gespräch in eine andere Richtung.

»Haben Sie schon Neuigkeiten wegen der verbrannten Kutsche? Oder eine Antwort von meinem Vater?«

Sir Aidan schwieg, schien einen kurzen Moment zu benötigen, um den Themenwechsel nachzuvollziehen. Schließlich schüttelte er den Kopf. »Keine Nachricht.«

Eine leichte Beunruhigung stieg in ihr auf. In Gedanken rechnete sie die Tage nach ... Das Wetter war unbeständig, die Wege schlecht. Es war nicht auszuschließen, dass die Zeit tatsächlich zu knapp war, um einen Brief bis Edinburgh und die Antwort darauf zurückzutransportieren.

Aber die verschwundene Kutsche? »Konnten Sie sich mit den offiziellen Stellen in Verbindung setzen? Wegen ... wegen des Überfalls?«, fragte sie.

Sir Aidan sah auf, und ein Hauch von Zerrissenheit erschien in seinem Blick. »Ich habe jemanden geschickt.«

Etwas an der knappen Antwort irritierte Fiona, missfiel ihr zutiefst. »Jemanden? Wen ... Wohin?«

»Ich habe in dieser Sache alles getan, was im Augenblick in meiner Macht steht!« Fiona zuckte zusammen, als er unvermittelt die Stimme hob. »Das hatte ich Ihnen doch schon zu Beginn zugesagt, Mylady. Oder bezweifeln Sie etwa meine Worte?«

Fiona musste sich zwingen, ruhig zu antworten. »Ich habe Ihnen lediglich eine höfliche Frage gestellt, Sir. Eine Frage, die kaum als Vorwurf zu verstehen sein kann.« Sie wusste nicht, wo sie plötzlich den Mut herhatte, so mit diesem Mann zu reden. Vielleicht war es ihr Zorn, der ihr Kraft gab.

Offensichtlich war diese plötzliche Änderung auch Sir Aidan nicht entgangen. Ein Ausdruck von Amüsement blitzte in seinen Augenwinkeln auf. »Sie haben recht, Mylady. Diese Frage steht Ihnen zu.« Er bediente sich noch einmal an der Fleischschüssel. »Aber anscheinend haben Sie es sehr eilig, dieses Haus zu verlassen. – Gehe ich recht in der Annahme, dass das an mir liegt?«

Kapitel 32

Er spielte wieder mit ihr, erkannte Fiona. Er spielte Katz und Maus. Und diese Erkenntnis ließ eine solche Woge des Zorns in ihr aufflammen, dass sie nicht mehr darauf achtete, was sie sagte.

»Es ist dieses Haus!«, entfuhr es ihr. »Dieses Haus, das von allen gemieden wird.« Sie hatte die Worte mit gedämpfter Stimme hervorgebracht, und doch kam es Fiona vor, als hallten sie laut im Kaminzimmer wider.

Sir Aidans Miene blieb unbewegt. Nur seine Augen schienen eine Spur dunkler zu werden, als er den Kopf hob und sich ihr zuwandte. »Was meinen Sie damit?«

Fiona spürte, wie der Mut, der so unerwartet in ihr aufgeflackert war, wieder zu erlöschen drohte, doch sie zwang sich, seinem Blick standzuhalten.

»Nun, auch wenn ich noch nicht lange das Privileg Ihrer Gastfreundschaft genieße, Sir, so ist es mir dennoch nicht entgangen, dass Sie niemals Besuch bekommen.«

Er erstarrte kurz in seiner Bewegung. »Das liegt wohl daran, dass ich ein Mann bin, der seinen Geschäften nachgehen muss und wenig Zeit für unnötige Zerstreuungen hat.« Bedächtig schob er eine Gabel voll Gemüse in den Mund und spülte mit einem Schluck Rotwein nach. Der flackernde Schein der Kerzen warf Schatten auf sein Gesicht.

»Das mag sein, Sir. Doch weshalb gibt es für dieses ehemals sicher wunderschöne Anwesen so wenige Hausangestellte, dass die Arbeit für sie kaum zu schaffen ist?« Es kostete Fiona

Überwindung weiterzusprechen. »Haben Sie Schwierigkeiten damit, Leute zu finden, die bereit sind, hier Dienst zu tun?«

Die Augen des Hausherrn verengten sich, doch seine Stimme war noch immer ruhig, als er antwortete: »Fehlt es Ihnen an etwas hier auf Thirstane Manor, Mylady? Dienstbarkeit, Aufmerksamkeit oder Komfort?«

Dieses Haus ist ein kaltes, eisiges Grab, schoss es Fiona durch den Kopf, *in dem Dinge geschehen, die das Tageslicht scheuen müssen, und in dem ein Geist der Furcht und der Beklemmung herrscht.*

Doch sie war höflich genug, den Kopf zu schütteln. »Nein, Sir. Ich kann mich nicht beschweren.«

Sie musste an die Staubschicht in der Bibliothek denken, die unzähligen ungenutzten Räume, deren Mobiliar wie mit Leichentüchern verhüllt war.

Einen Augenblick herrschte Schweigen, und Fiona glaubte schon, dass ihr Gastgeber das ihm unangenehme Thema damit beendet hatte. Ihr selbst fehlte der Mut, erneut das Gespräch darauf zu bringen.

Dann jedoch hob er ruckartig den Kopf und sah sie an, mit einer solchen Intensität, dass sie nur mit Mühe den Impuls unterdrücken konnte, einige Zoll auf ihrem Stuhl zurückzuweichen.

»Wenn aber, wie Sie sagen, die Gastfreundschaft in diesem Haus nichts zu wünschen übrig lässt, was gibt Ihnen dann Anlass zur Klage?«

Fiona schüttelte den Kopf. »Ich klage nicht, Sir. Ich habe lediglich meine Beobachtung mitgeteilt.«

»So?« Er neigte sich ein Stück vor. »Und was haben Sie sonst noch beobachtet, Mylady?«

»Nun ...« Fionas Mund war plötzlich so trocken wie roter, von der Hitze aufgewirbelter Sand. »Die Menschen im Dorf fürchten Thirstane Manor. Kein Bäcker oder Metzger liefert seine Waren an. Und sogar der Fuhrmann bekreuzigt sich, wenn der Schatten des Hauses auf ihn fällt.«

Die Brust Sir Aidans hob und senkte sich. »Der Aberglaube der einfachen Landbevölkerung. Es überrascht mich, dass Sie etwas auf solchen Unsinn geben.«

Fiona hob die Schultern. »In meinem bisherigen Leben habe ich viel von den einfachen Menschen gelernt. Weder die Hauslehrer noch die Gouvernanten, die mein Vater eingestellt hatte, waren in der Lage, mich auch nur annähernd so viel über das wirkliche Leben zu lehren wie beispielsweise unsere alte Köchin.«

Der Anflug von Spott huschte über Aidans Gesicht, erreichte aber nicht seine Augen. »Also haben Sie schon viel erfahren in Ihrem jungen Leben, Mylady?«

Fiona ignorierte die erneute Provokation. »Wenn man die Augen offenhält, kann man überall viel lernen. Man muss dazu weder alt noch weit gereist sein«, erwiderte sie mit mehr Gelassenheit, als sie empfand.

Die schwarzen Brauen des Lairds zogen sich zu einer einzigen Linie zusammen. »Was meinen Sie damit, nicht weit gereist?«

»Nun, zu meinem Bedauern bin ich bisher noch nicht häufig von zu Hause fortgekommen«, entgegnete sie. »Der Landsitz meiner Familie, das Stadthaus in Edinburgh, einige wenige Male in London. Ich fürchte, mehr an Reiseerfahrungen kann ich nicht vorweisen, Sir.«

Ein undurchdringlicher Ausdruck erschien mit einem Mal auf Sir Aidans Gesicht. »Sind Sie sich dessen ganz sicher?«

Erstaunt blickte Fiona ihn an. »Ganz sicher, Sir. Ich bin ein Stubenhocker, wenn Sie es so bezeichnen wollen. Ein Stubenhocker und ein höchst langweiliger Blaustrumpf noch dazu.

Meine gesamte Kindheit habe ich zu Hause verbracht. Mit – wie Sie ja schon festgestellt haben – Büchern und Zeitungen als einzigen Freunden.« *Und der Musik*, fügte sie in Gedanken hinzu, *die mir dann aber verboten wurde.* »Unter den Fittichen eines Kindermädchens oder einer Gouvernante.«

Noch immer ruhte der Blick ihres Gastgebers auf ihr, fragend und beinahe ungläubig. Aber warum sollte er ihre Worte bezweifeln?

»Nun denn, wenn Sie es sagen, Mylady ...« Seine skeptische Miene strafte seine Worte Lügen, doch beschwichtigend fuhr er fort. »Sie haben mir noch nicht zu Ende erzählt, warum Sie dieses Haus als einen Ort des Schreckens empfinden.«

Eine zuvor nie da gewesene Spannung hatte sich zwischen ihnen ausgebreitet. Beinahe körperlich glaubte Fiona, zu spüren, wie starke, aber unsichtbare Fäden sie miteinander verbanden. Die Luft zwischen ihnen schien aufgeladen, was Fiona Angst machte und zugleich faszinierte.

Und wahrscheinlich war es dieses Gefühl, so höchst ungewohnt und doch anziehend, das sie jede Vorsicht vergessen ließ.

»Dieses Haus ist verflucht, Sir«, brachte sie schließlich heraus und erschrak im gleichen Moment über diese Worte.

Eine Augenbraue ihres Gegenübers hob sich spöttisch. »Ach ja, tatsächlich?«

Fiona nickte errötend.

»Haben Ihnen das die Dienstboten erzählt? War die gute Elspeth mal wieder zu schwatzhaft?« Er goss sich aus der Karaffe nach und führte das Glas zum Mund. »Ich versichere Ihnen, man darf nicht alles für bare Münze nehmen, was das Mädchen so zusammenphantasiert.«

Ein Gefühl untergründiger Bedrohung rieselte Fiona die Wirbelsäule hinab, doch sie beschloss, es zu ignorieren. »Das frage ich Sie, Sir Aidan. Ist es wirklich nur Dienstbotengeschwätz?«

»Sie scheinen«, begann er nach einigen endlosen Momenten des Schweigens, »über eine ausgesprochen starke Phantasie zu verfügen, Mylady. Hat man Ihnen das schon einmal gesagt?«

Phantasie? Fiona spürte, wie Wut in ihr aufflammte. Hier geschahen ganz offensichtlich unheimliche, vielleicht sogar grausame Dinge, von denen Sir Aidan mit Sicherheit wusste, in die er höchstwahrscheinlich sogar verwickelt war. Und nun versuchte er, all das als bloße Hirngespinste abzutun, als Produkt ihrer überspannten weiblichen Psyche?

»So nennen Sie das also, Sir.« Mühsam kämpfte Fiona den Zorn hinunter, der in ihr aufsteigen wollte. »Das ist ja höchst interessant.« Sie ballte im Schoß die Fäuste. »Nennen Sie es auch Phantasie, wenn jemand nachts in mein Schlafzimmer eindringt und mit blutigen Händen Schmierereien am Wandspiegel hinterlässt?«

Das Gesicht ihres Gegenübers zeigte keine Regung. »Ich habe Ihnen versprochen, der Sache nachzugehen.«

»Und das Medaillon«, fuhr sie fort, als all die bedrückenden Erlebnisse plötzlich wieder mit Macht auf sie einstürzten. »Das Medaillon um meinen Hals, das plötzlich verschwunden ist. Haben Sie das etwa vergessen?«

»Es liegt in meiner Natur, nie etwas zu vergessen. Selbst wenn ich es hin und wieder gerne würde.« Spott und Traurigkeit mischten sich in seiner Stimme.

Eine Kombination, die Fiona aufwühlte und sie zu einer weiteren Bemerkung hinriss. »Ich frage mich …« Sie räusperte sich, da sie wusste, auf welch dünnes Eis sie sich begab. »Ist es denkbar, dass hier im Haus etwas umgeht? Vielleicht der …«, sie stockte und schämte sich fast, es auszusprechen, »der Schwarze Mann?«

Statt des beißenden Zynismus, den sie erwartet hatte, verschloss sich sein Gesicht. Seine Miene verhärtete sich, und es schien ihr, als hielte er einen Moment den Atem an.

Dann schüttelte er den Kopf. »Wie ich sehe, Mylady, sind Sie nicht nur hoffnungslos der schwülstigen Highland-Romantik aus der Feder von Scott und Burns verfallen, sondern auch dem Einfluss billiger Schauerliteratur.« Ohne den Blick von ihr zu lassen, nahm er noch einen Schluck aus seinem Glas. »Augenscheinlich sollte man jungen Damen wirklich nicht wahllos alles zu lesen geben, was ihnen behagt. Ihr Geist ist doch sehr empfänglich für Phantastereien.«

Die Wut über diese anmaßende Aussage ließ sie für einen Moment verstummen. Doch ihre Angst, die bei der Erinnerung an all die unheimlichen Ereignisse wieder neu aufgeflackert war, nötigte sie dazu, fortzufahren.

»Seit ich in diesem Haus bin, plagen mich seltsame Träume.« Trocken fuhr ihre Zunge über die Lippen, und sie nahm ebenfalls einen Schluck Wein.

Prüfend waren die Augen Sir Aidans auf sie gerichtet, langsam lehnte er sich in seinem Stuhl zurück. »Drachen?«, fragte er sanft, fast ein wenig mitleidig.

Sie wich seinem Blick aus, als sie leise antwortete: »Das auch, aber ...« Es kostete sie Überwindung, weiterzusprechen. »Dieses Haus. Es hat seine eigene Melodie. Seinen eigenen ... fremdartigen Klang. Überall ... Und Stimmen, Stimmen die mich rufen, schreien, weinen. Ich habe versucht, sie zu ignorieren, habe mir gesagt, dass ich mir nur einbilde, etwas zu hören. Doch da ist etwas. Etwas, das ich mir nicht erklären kann.«

Der Blick ihres Gegenübers wurde starr. »Was meinen Sie damit?«

Fiona zögerte einen Moment. Wenn sie nun berichtete, was

sie immer wieder vernommen hatte, würde er sie wahrscheinlich für schwer geistesgestört halten. Er würde ihrem Vater davon berichten, und womöglich würde dieser sie dann in irgendeine Anstalt bringen lassen, in eines dieser grässlichen Heime, von denen sie nur hinter vorgehaltener Hand hatte berichten hören. Und was dann?

»Und da unten im Keller, da …« Wider besseres Wissen und trotz der verzweifelten Warnung, die ihr Inneres ihr zuschrie, sprach sie weiter. »Ich weiß auch nicht, wie ich es beschreiben soll. Aber da …«

Als Fiona aufsah, bemerkte sie, dass Sir Aidan sie weiterhin anstarrte. In dem kalten, verschlossenen Gesicht zeichnete sich für einen Moment der Hauch von Entsetzen ab, der jedoch gleich wieder verschwunden war.

Überzeugt davon, nichts mehr zu verlieren zu haben, fuhr sie mit dem Mut der Verzweiflung fort: »Da sind Bilder, die mich umtreiben. Bilder, ganz klar und sehr präsent.« Fiona hatte Mühe, die richtigen Worte zu finden.

»Traumbilder?«

Sie hob die Schultern. »Ich weiß es nicht.«

»Was sehen Sie?« Sir Aidans Worte schwebten wie Spinnfäden in der Luft, leicht, zart und zugleich verfänglich.

»Manchmal unbekannte, weite Landschaften, rissige Erde, fremdartige Bäume, Hitze und Sand.«

Zu ihrem Erstaunen nickte Sir Aidan, als hätte er so etwas fast erwartet.

»Aber das macht mir nicht wirklich Angst.« Hastig nahm Fiona noch einen Schluck Wein. Ihre Kehle war wie ausgedörrt. »Das andere ist viel schlimmer. So schrecklich!«

»Was sehen Sie sonst noch?« Seine Stimme war kaum zu verstehen.

»Ketten, Fesseln und Peitschen.« Fiona unterbrach sich, als

sie in sein Gesicht blickte. Es war blass wie ein Leintuch. Eisige Furcht packte Fiona, als sie plötzlich verstand.

Er wusste, wovon sie sprach.

»Da ist diese Frau«, fuhr sie langsam fort, ohne sein Gesicht aus den Augen zu lassen. »Vielleicht dreißig, vierzig Jahre alt, rötliches Haar ...« Fiona schluckte, so entsetzlich waren die Erinnerungen daran, so schwer fiel es ihr, diese in Worte zu fassen. »Ihre Hände sind gefesselt, sie hängt an einem Gerüst, es ist gebaut wie ein Dreieck, ein hölzernes Dreieck mit einem breiten Querbalken. Ihre Füße berühren kaum den Boden ... Und sie schreit ...«

Sir Aidan fuhr zusammen, als hätte er einen Schlag erhalten. Seine Augen wirkten schwärzer als je zuvor, und der Ausdruck darin war so gequält, dass Fiona sogleich den Blick abwenden musste.

»Was schreit sie?«, fragte er tonlos.

Fiona zögerte.

Seine Hand packte ihren Unterarm, drückte sie, bis es schmerzte. »*Was* schreit sie?«

Keuchend rang Fiona nach Atem. »Sie schreit meinen Namen: ›Lady Hemington ... Lady Hemington ... Helfen Sie mir!‹«

Es krachte, als Sir Aidans Stuhl hinter ihm zu Boden fiel. Hastig war er aufgesprungen. Sein Gesicht war kalkweiß, und er hatte seine Lippen so fest zusammengepresst, dass seine Kiefermuskeln hervortraten.

Und seine Augen ... Fiona erschauderte bei ihrem Anblick.

»*O mo chreach!*«, brach es aus ihm heraus. »Mein Gott!«

Schweigen entstand, eisiges, undurchdringliches Schweigen. Dumpf pochte Fionas Arm, den Sir Aidan so plötzlich losgelassen hatte. Was hatte ihn derart aus der Fassung gebracht?

Verstand er womöglich, was diese Bilder und Stimmen zu

bedeuten hatten? Waren sie also doch nicht nur Produkte ihrer kranken Phantasie? Hatte er vielleicht sogar eine Erklärung dafür?

Hoffnung keimte in ihr auf, endlich Antworten zu bekommen, zu verstehen, was sie seit der Ankunft in diesem Hause quälte. Doch bevor sie Gelegenheit hatte, ihm die Fragen zu stellen, die ihr Klarheit verschaffen konnten, stand er auf und verneigte sich knapp vor ihr.

»Ich bitte Sie, mich zu entschuldigen, Mylady. Sicher macht es Ihnen nichts aus, den Rest der Mahlzeit allein einzunehmen ... Ich empfehle mich.«

Ehe Fiona Gelegenheit hatte, zu antworten, hatte er sich umgewandt und den Raum verlassen.

Tag 9 auf Thirstane Manor

Now wae to thee, thou cruel lord,
A bluidy man I trow thou be;
For mony a heart thou has made sair,
That ne'er did wrang to thine or thee!

Robert Burns

Nun wehe dir, du grausamer Lord,
Ich halte dich für einen blutigen Mann;
Denn du hast so manches Herz betrübt,
Das nie weder dir noch den Deinen etwas angetan hat.

Kapitel 33

Der Morgen des letzten Tages im Oktober war – wie nicht anders zu erwarten – kalt, nass und neblig. Die Sonne, hinter einer grauen Wolkendecke mehr zu erahnen, als zu sehen, versinnbildlichte geradezu die Dunkelheit, die in den kommenden Wochen und Monaten folgen würde.

Eine Dunkelheit, die bis zum Frühjahr nur selten durch Feierlichkeiten erhellt werden würde, seit vor zwei Jahrhunderten selbst die Feier des Weihnachtsfestes zunächst gesetzlich verboten, dann zumindest weit ins Abseits gedrängt worden war. Es gab keinen Feiertag mehr, selbst am 25. Dezember hatten alle ihrer Arbeit nachzugehen. Diejenigen, die noch immer an den aus dem versunkenen Mittelalter stammenden Weihnachtsbräuchen festhielten, waren entweder verkappte Papisten, Katholiken also, oder Menschen, die es weniger genau mit dem strengen Calvinismus der offiziellen Kirche Schottlands nahmen.

Doch nicht nur das Christfest war schon seit Generationen hierzulande kein Feiertag mehr. Auch der erste Tag des Novembers, der von alters her dem Gedenken an alle Heiligen geweiht war, wurde von dem besonders rigorosen Flügel der Reformation abgelehnt. Und so sollte auch jede Art des Gedenkens am Vorabend dieses Allerheiligenfestes, der Nacht des letzten Oktobertages, immer weiter verdrängt werden.

Nur dass sich in den einsamen, von Stürmen und Kälte heimgesuchten Landstrichen des Hochlandes so manches nicht wirklich verbieten ließ. Schon gar nicht althergebrachte, abergläubische Vorstellungen, deren Wurzeln häufig noch wesentlich weiter, ja bis in heidnische Zeiten zurückreichten.

Alles hier war rau, zäh und langlebig ... Veränderungen konnten nur langsam und oft nur unter Anwendung von Gewalt durchgeführt werden.

Aidans Stimmung war so bitter wie der starke, heiße Kaffee, den er in großen Schlucken trank, als er durch sein Zimmerfenster in den trüben Morgen starrte. Und er fragte sich, ob der Sinn für Feste, Vergnügen und Fröhlichkeit nicht ohnehin schon vor langer Zeit gänzlich aus Schottland vertrieben worden war.

Vor allem hier im Norden. Seit die Macht der alten Clans, die dieses Land Jahrhunderte lang beherrscht hatten, gewaltsam zerschlagen worden war. Und nun blutete es Jahr für Jahr weiter aus. Die Menschen, deren Familien seit Ewigkeiten hier gelebt hatten, waren oder wurden gezwungen, ihre angestammte Heimat zu verlassen und irgendwo in der Fremde ein neues, häufig karges Auskommen zu suchen. Damit gingen auch die alten Bräuche, Traditionen, Gepflogenheiten – und nicht zu vergessen die gälische Sprache, die sie von Generation zu Generation weitergegeben hatten – immer mehr verloren.

Stattdessen verkam das Land zunehmend zu einem Anziehungspunkt für Reisende aus England und den Industriestädten der Lowlands. Adelige, reiche Emporkömmlinge und Spekulanten kauften oder mieteten sich in die Schlösser, Herrenhäuser und Gasthöfe des Landes ein, tranken Whisky, gingen auf die Jagd und kleideten sich in Gewänder, die sie für die traditionelle Tracht der Gegend hielten. Auf der Suche nach einer Phantasiewelt, einer Vorstellung von den Highlands, wie sie in Romanen, Balladen und schwülstigen Gemälden geschildert wurde. Nach einem Paradies der Einsamkeit, der Ruhe und der Urtümlichkeit. Als Gegenpol zu dem hektischen und zunehmend lauter werdenden Leben der Metropolen und Industriestädte. *Doch blieben sie meist gleichgültig gegenüber der Not und Vertreibung der ursprünglichen Bevölkerung.*

Und Tag für Tag starb die Seele des Landes ein wenig mehr.

Es krachte laut, als Aidan mit einer Handbewegung den Waschkrug vom Tisch fegte. Wasser schwappte über seine Füße, Scherben der zerborstenen Keramik trafen ihn. Er bemerkte es kaum.

Heftig riss er das Fenster auf, sog tief die von Nebel getränkte Herbstluft ein. Die hereinströmende Kälte wirkte wie ein eisiger Guss, ließ ihn ins Hier und Jetzt zurückkehren. Doch die Dämonen alter Tage wollten nicht weichen. Besonders jene, die am Vorabend wieder zu neuem Leben erwacht waren, ihre hässlichen Köpfe aus der Erde reckten und ihm erbarmungslos all das zuflüsterten, was er seit Jahren zu vergessen suchte. Seine Schuld, seine unaussprechliche, nicht zu sühnende Schuld. Diese Frau, ihre Schreie ... Aidans Kiefer pressten sich fest aufeinander.

Die Worte seines Gastes hatten quälende Bilder in ihm hervorgerufen, die er nicht ertragen zu können glaubte.

Aber wieso sah Lady Fiona diese Bilder, wurde von ihnen sogar im Schlaf verfolgt? Woher konnte sie überhaupt von all diesen Dingen wissen?

Aidan glaubte, die Antwort zu kennen.

Plötzlich erregte der Schatten einer Gestalt seine Aufmerksamkeit. Er kniff die Augen zusammen und sah hinab. Schnell, wenn auch ein wenig unbeholfen bewegte sich dieser durch den herbstlichen, von Unkraut und Farn überwucherten Garten. Die Umrisse einer menschlichen Gestalt.

Es war offensichtlich, dass sie versuchte, nicht gesehen zu werden, so schnell, wie sie im Schuppen verschwand.

Aidan lächelte dünn. Er hatte sie dennoch erkannt.

Und es würde ihn interessieren, was diese Person so heimlich dort zu tun hatte.

Mit einer heftigen Bewegung riss er das Hemd vom Stuhl und zog es sich über.

Rasch war er zur Tür hinaus, froh über die willkommene Ablenkung von seinen düsteren Gedanken.

Er versuchte, kein Geräusch zu machen, als er mit schnellen Schritten die Treppe hinab nach draußen in den Garten eilte.

Ein Hauch von Frost lag über dem welken Gras und schien bereits in die obere Schicht des Erdreiches eingedrungen zu sein, das unter jedem seiner Schritte leicht knirschte.

Sein Atem bildete helle, sich windende Wölkchen vor seinem Mund und erinnerte ihn unwillkürlich an die vor ihnen liegende Nacht von *Samhain*.

Vor dem Tor des Schuppens angekommen, wartete er einen kurzen Moment, dann öffnete er es lautlos einen kleinen Spalt.

Diesiges Herbstmorgenlicht fiel durch die kleinen Fenster, und er benötigte einen Moment, bis sich seine Augen an die veränderten Lichtverhältnisse gewöhnt hatten und er Einzelheiten erkennen konnte.

Eine schlaksige Gestalt mit rotem Haarschopf machte sich in der Ecke an einer Holzkiste zu schaffen, die sie ächzend näher heranzog. Was hatte sie vor?

Aidan schob den Kopf ein wenig weiter durch die Tür, um zu sehen, was Seoc dort drinnen trieb.

Hatte er ein geheimes Versteck? Wollte er Dinge verbergen, die ihm nicht gehörten?

Neugierde paarte sich mit dem Gefühl von Unbehagen, als Aidan zusah, wie Seoc etwas aus der Kiste hervorzog, das wie ein Blatt Papier aussah.

Vielleicht ein Brief, den er irgendwo abgefangen hatte? Eine Information, die nicht in fremde Hände gelangen sollte und die er dort verbarg? Aidan runzelte die Stirn. Was wollte der Junge damit?

Das ungute Gefühl verstärkte sich, als er sah, dass der Bursche einen schmalen Gegenstand aus der Kiste zog, der so klein war, dass Aidan genau hinsehen musste, um zu erkennen, um was es sich handelte: Ein Federhalter, eine Schreibfeder, die sich in jüngster Zeit in manchen Kreisen als Schreibwerkzeug etabliert hatte.

Überrascht sog Aidan die Luft ein.

Seit er den Jungen kannte, hatte sich dieser als handwerklich begabt, arbeitsam, fleißig und absolut loyal erwiesen. Dass er sich zudem für das Schreiben interessierte, musste Aidans Aufmerksamkeit völlig entgangen sein.

Ich hätte mehr Zeit mit ihm verbringen müssen, schoss es ihm durch den Kopf, während er weiter beobachtete, was Seoc dort in seiner Ecke trieb.

Eine Weile zögerte dieser, in der rechten Hand den Federhalter gepackt, die linke zur Faust geballt.

Dann holte er aus und stach sich mit der Spitze der Feder in den Arm. Unwillkürlich zuckte Aidan zusammen und beobachtete, wie Seoc die Blutstropfen, die aus seinem Arm liefen, mit der Spitze der Feder aufsammelte und sie als Tinte verwendete. Damit schrieb er mühsam Buchstaben auf das Blatt, die Aidan von seiner Position aus jedoch nicht entziffern konnte.

Der Anblick des Jungen, der zitternd und unbeholfen Zeile für Zeile zu Papier brachte, dabei immer wieder pausierte, um mit der Spitze der Feder sein eigenes Blut aufzunehmen, war so erschreckend, dass es Aidan fast den Magen umdrehte.

Trotz allem, was er in seinem Leben schon an Gräueln erlebt und gesehen hatte.

Es drängte ihn, aufzuspringen, Seoc zwei kräftige Ohrfeigen zu verabreichen und ihn zu fragen, was in aller Welt er da trieb. Doch eine leise innere Stimme hielt ihn zurück. So wartete er stumm, bis Seoc die Prozedur beendet hatte und mit einer entschlossenen Geste den Federhalter zurück in die Kiste warf, diese verschloss und zurück in ihre Ecke schob.

Das Blatt Papier hingegen faltete der Junge sorgfältig zweimal zusammen und ließ es dann im Hosenbund verschwinden.

Gerade noch rechtzeitig, bevor Seoc sich umwandte, gelang es Aidan, aus dessen Sichtfeld zu verschwinden und unbemerkt die Tür hinter sich zu schließen.

Regungslos stand er im hereinbrechenden Nieselregen, während in ihm langsam ein Verdacht aufkeimte, welche Geister mit diesem in Blut geschriebenen Dokument in der Nacht von *Samhain* heraufbeschworen werden sollten.

Kapitel 34

Diesmal war Fiona klug genug gewesen, erst um Erlaubnis zu bitten, zumindest bei Mrs Dunnett. Sie hatte Sir Aidan seit dem Vorabend, an dem dieser sie ohne eine Erklärung im Kaminzimmer allein zurückgelassen hatte, nicht mehr zu Gesicht bekommen. Doch war das nicht ungewöhnlich, da sie ihn selten vor dem späten Nachmittag antraf. Erneut wunderte sie sich, was er den ganzen Tag über trieb, welch wichtige Geschäfte seine Zeit derart in Anspruch nahmen.

Nach dem Frühstück, das sie wie jeden Morgen alleine einnahm, hatte sie Mrs Dunnett gefragt, ob es ihr gestattet sei, das Musikzimmer aufzusuchen.

Es war dämmrig, als Fiona den mit schweren Gardinen verhangenen, ungeheizten Raum betrat. Der Staub der Jahrhunderte schien in der Luft und auf den Tüchern zu liegen, die das gesamte Mobiliar bedeckten. Und doch ließ der Gedanke an das, was sich darunter befand, Fionas Herz einen Takt schneller schlagen.

Eilig durchquerte sie das Zimmer, zog die bodenlangen Vorhänge beiseite. Trüb fiel das Licht durch die wohl schon seit Ewigkeiten nicht mehr geputzten Fenster. Einen Moment verlor sie sich in dem Anblick der herbstlichen Landschaft, die durch die beschlagenen Scheiben wirkte, als sei sie nebelverhangen.

Dann wandte sie sich ab, schritt auf das Pianoforte zu und schlug vorsichtig das Leintuch zurück. Sie klappte den Deckel über der Klaviatur auf. Mit der Hand wischte sie die dicke

Staubschicht auf dem davorstehenden Stuhl weg und setzte sich darauf.

Zärtlich ließ sie die Fingerspitzen über die kühlen, weißen Tasten gleiten, schlug einige davon an. Erst zögernd, dann immer sicherer werdend, entlockte sie ihnen einige sanfte Akkorde. Ein beglücktes Aufseufzen entrang sich ihr. Wie sehr sie das vermisst hatte! Selbst eine Melodie zu spielen, statt nur hilflos all den Tönen und Klängen ausgeliefert zu sein, die zuweilen über sie hereinbrachen.

Es dauerte einige Takte, bis Fiona sich an das Instrument gewöhnt hatte, doch dann fanden ihre Finger wie von selbst die Tasten, und kurz darauf erfüllte eine schwermütige Melodie den Raum, so schön und zugleich so traurig, dass sie gerade passend zu diesem Haus erschien.

Fiona konnte nicht sagen, was sie da spielte, eine Weise, die sie irgendwann einmal gehört hatte, doch sie spürte, wie die Musik sie anrührte und die Anspannung der letzten Tage – und Nächte – von ihr abfiel. Noten schwebten im Raum wie bunte, schillernde Tautropfen, hüllten sie ein und durchdrangen sie.

Nur am Rande nahm sie wahr, wie sich eine Träne aus ihrem Auge löste, ihr über die Wange rann, dann eine weitere. Und mit den Tränen fand auch ihre Trauer einen Weg nach draußen, ihre Verletztheit und alle verwirrenden Gefühle, die der Hausherr mit seinem widersprüchlichen Verhalten in ihr ausgelöst hatte.

Sie gab sich ganz der Musik hin, tauchte ein in eine andere, weit entrückte Welt voller Melodien und Farben. Schließlich folgte der letzte Ton, schwebte noch eine Weile in der Luft, bevor auch er verklang.

Einige Herzschläge lang verharrte sie regungslos, wie benommen von dem plötzlichen Gefühl der Freiheit, das sie überkommen hatte. Behutsam und ein wenig wehmütig klappte sie das Pianoforte wieder zu.

Wie viele Mädchen aus gutem Hause hatte auch sie als Kind Klavierunterricht erhalten und sich dabei als überdurchschnittlich begabt gezeigt. Ihr Lehrer bescheinigte ihr ein feines Gehör, ein außergewöhnliches Gespür für Klänge und ein fast unfehlbares Gedächtnis in Sachen Noten. Und lange Zeit war die Musik – noch vor der Lektüre von Romanen, Balladen und Gedichten – ihr Trost in ihrer Einsamkeit gewesen.

Dann jedoch beging sie den Fehler, ihrem Vater in einem unbedachten Moment von den Klängen in ihrem Inneren zu berichten, den Melodien, die sich in ihr formten wie ein Echo auf ihre Gedanken und Gefühle, und den schillernden Farben, in denen sich diese durch den Raum bewegten.

Daraufhin hatte der Vater, abgestoßen von den Folgen ihrer Fallsucht, ihren wiederkehrenden Albträumen und Bildern, ihr von einem Tag auf den anderen den Klavierunterricht untersagt. Musik, meinte er, würde ganz offensichtlich ihren Wahnsinn noch verstärken.

Doch es half nichts. Die Klänge und Töne in ihrem Kopf suchten sie nur noch heftiger heim. Wenn ihr Vater außer Haus war, gelang es ihr hin und wieder, einige heimliche und ungestörte Momente am Klavier zu verbringen.

Gestohlenen Augenblicke, die sie gleichermaßen mit Glück und Trauer erfüllten.

»Ich gehe jetzt, Mylady.«

Die unerwartete Stimme riss Fiona aus ihren Gedanken.

In der Tür stand Elspeth, die noch immer ein wenig unsicher zu ihr herüberschaute. Seit dem Abend nach ihrem Dorfbesuch war ihr Verhältnis etwas unterkühlter geworden, als fürchte sich das Mädchen, auch nur das Wort an den Gast des Hauses zu richten. Zwar erledigte Elspeth auch weiterhin ihre

Aufgaben rasch und zuverlässig, aber so schweigsam, dass es etwas Bedrückendes an sich hatte. Sir Aidan musste sie sehr eingeschüchtert haben.

Jetzt aber blickte die junge Wäscherin mit einem erstaunten Blick abwechselnd zu Fiona und dem Pianoforte, als könne sie nicht so recht glauben, was sie gehört hatte. Rasch sah sie über die Schulter in den Flur, ob niemand sie beobachtete, dann schlüpfte sie ins Zimmer.

»Ich wusste gar nicht, dass Sie Klavier spielen können, Mylady. Und so schön noch dazu!« Mit großen Augen betrachtete Elspeth das noch immer halb mit dem Leintuch verhangene Instrument, als sei sie nicht nur über Fionas musikalisches Talent überrascht, sondern auch darüber, dass es möglich war, diesem alten, verstaubten Kasten solche Töne zu entlocken. »Ich hab sie draußen im Flur gehört, und da habe ich eine Weile gelauscht. Tut mir leid, Mylady, aber es war so ... wunderbar.«

Elspeths Miene schwankte zwischen Verzücken und Verunsicherung, und unwillkürlich musste Fiona lächeln. Offensichtlich hatte die Musik nicht nur ihre eigenen Beklemmungen ein wenig gelöst, sondern auch die des Mädchens.

»Danke«, sagte sie verlegen, stand auf und zog das Leintuch wieder über das Pianoforte. »Mrs Dunnett hat mir erlaubt, darauf zu spielen.« Mit einem letzten wehmütigen Blick auf das nun wieder abgedeckte Instrument fügte sie hinzu: »Ich hatte sehr lange keine Gelegenheit mehr dazu.«

»Das merkt man aber nicht, Mylady. Ganz und gar nicht. Als ich da vor der Tür stand, dachte ich ... einen Moment ... da dachte ich ...«, Röte schoss Elspeth ins Gesicht, als sie nach Worten suchte, »die Klänge wären nicht von dieser Welt ... sondern irgendwo aus ...« Sie unterbrach sich und schien sich zu entsinnen, weshalb sie eigentlich gekommen war.

»Ich geh dann jetzt nach Hause, Mylady. Wollte mich nur schnell verabschieden.«

Fionas Blick flog zum Fenster, durch das das letzte Licht des Spätnachmittags schimmerte.

»Schon so früh?« Gedankenverloren schüttelte sie sich den Staub vom Rock und folgte Elspeth Richtung Tür. »Geht es dir nicht gut?«

Die Augen der Wäscherin gingen verlegen zu Boden. »Doch, Mylady, ich bin in Ordnung, es ist nur ...« Sie sah auf und kaute einen Moment auf der Unterlippe herum. »Es ist doch *Samhain*, wissen Sie, Mylady, in dieser Nacht ...« Wieder flammte Röte in ihrem Gesicht auf. »Das Tor zu einer anderen Welt ist in dieser Nacht geöffnet. Seltsame Dinge geschehen dann, Mylady, Dinge, die Sie sich vielleicht nicht vorstellen können. Manche Menschen ... es heißt, manche Menschen verschwinden einfach und tauchen nie wieder auf. Sie sind ja nicht von hier. Aber bei uns hier oben, wissen Sie ... da bleibt man in dieser Nacht besser zu Hause, in Sicherheit. Und schon gar nicht ...« Erneut zögerte sie.

»Und was schon gar nicht ...?«, fragte Fiona, obgleich sie die Antwort bereits zu kennen glaubte.

Rasch sah Elspeth um sich und senkte die Stimme. »Besser nicht in einem Haus wie diesem. Da ist es schon an gewöhnlichen Tagen manchmal gruselig. Und in einer solchen Nacht, nun ...« Sie stockte, als sei ihr gerade aufgegangen, dass sie wieder zu viel redete. »Entschuldigen Sie, Mylady. Ich wollte natürlich nicht. Es war ...« Sie brach ab, knickste kurz, drehte sich auf dem Absatz herum und verschwand durch die Tür.

Ihre schnellen Schritte verhallten im Flur.

Mit einem Gefühl der Beklemmung blieb Fiona zurück. Nicht, dass sie auf das verlegene Gestammel der Wäscherin auch nur einen Deut gegeben hätte. Doch zumindest war es

Elspeth gelungen, sie zu verunsichern. Zwar hielt sich Fiona für einen gebildeten, kritischen Menschen, aber nach allem, was sie hier in den Highlands gehört und gesehen hatte, war sie nicht mehr sicher, ob es nicht doch mehr Dinge zwischen Himmel und Erde gab, als sie sich vorzustellen vermochte.

Noch einmal wandte sie sich um und ließ ihren Blick durch das Musikzimmer schweifen. Dann schritt sie ebenfalls durch die Tür – und stieß beinahe mit Sir Aidan zusammen.

Erschrocken wich sie einen Schritt zurück. »Verzeihen Sie, Sir. Ich war in Gedanken.«

Seine Antwort war ein unverständliches Gemurmel.

Fiona blickte zu ihm hoch und erschrak über sein Aussehen. Sein Gesicht war blass, offen fielen ihm die Haare in die Stirn, und seine Augen waren von dunklen Ringen umgeben, als hätte er seit Ewigkeiten nicht mehr geschlafen.

Erst jetzt schien er ihre Anwesenheit zu bemerken und straffte sich. »Mylady.« Sein Gesicht wurde wieder undurchschaubar.

Fiona war überrascht, wie schnell es ihm gelang, sich zu fassen, wieder in die Rolle des unnahbaren Lairds zu schlüpfen. »Ich sehe, Sie finden sich schon gut in diesem Hause zurecht. Oder haben Sie sich etwa verlaufen?«

Sie konnte nicht erkennen, ob das eine versteckte Kritik war, dass sie sich in ungenutzten Räumen seines Hauses herumtrieb, oder doch ein aufrichtiger Ausdruck von Sorge um sie.

»Mrs Dunnett hat mir gestattet, das Musikzimmer aufzusuchen. Ich hoffe, Sie haben nichts dagegen.«

Kurz trafen sich ihre Blicke. »Selbstverständlich nicht, Mylady. Warum sollte es mich stören?«

Überrascht hob Fiona die Brauen. *Weil Sie es sonst vorziehen, jeden meiner Schritte zu überwachen, es nicht ertragen können, wenn ich etwas auf eigene Faust tue.* Sie schwieg jedoch.

»Nun, ich freue mich, wenn Sie sich auf Thirstane Manor allmählich einleben. Wer weiß, wie lange Sie noch hier zu Gast sein werden.«

Fiona verstand nicht, was er damit sagen wollte, scheute sich aber nachzufragen.

Sollte er ihr Klavierspiel gehört haben, so erwähnte er es mit keinem Wort. Er spähte nur in den Raum, als wolle er sehen, ob sich dort noch jemand anderes befand.

»Ich gehe jetzt auf mein Zimmer«, sagte Fiona, als das Schweigen zwischen ihnen unangenehm zu werden drohte.

»Wir sehen uns dann beim Dinner«, entgegnete er, ohne sie aufzuhalten.

Sie nickte nur, froh, aus seiner Nähe zu kommen.

Kapitel 35

Aidan musste sich dazu zwingen, ihr nicht hinterherzusehen. Lady Fiona Hemington, die seine Gedanken in den letzten Tagen – und Nächten – mehr beschäftigte als jemals eine andere Frau zuvor. Und die, ohne es zu ahnen, alle seine Pläne ins Wanken brachte.

Immer noch konnte er nicht fassen, dass sie das Schicksal – oder wer auch immer – ausgerechnet hierher nach Thirstane Manor verschlagen hatte. Aidan schüttelte den Kopf. Und dann entpuppte sie sich als das völlige Gegenstück zu dem Mann, den zu hassen Aidans zweite Natur geworden war – ihrem Vater. Zudem zeigte sich, dass auch sie ihre Geheimnisse hatte, und aufgrund einer besonderen Gabe – oder war es eine Krankheit? – Dinge spürte, die sie eigentlich gar nicht wissen konnte.

Auch schien sein Haus, dieses auf Blut und Tränen errichtete Bauwerk, eine ähnlich bedrückende Wirkung auf sie auszuüben wie auf ihn selbst.

Längst waren Fionas Schritte im Flur verklungen, doch Aidan rührte sich nicht von der Stelle.

Diese Melodie.

Aidan hatte sie spielen gehört, die schwermütigen, anrührenden Töne, welche durch die offene Tür des Musikzimmers schwebten, durch Flure und Treppenhaus.

Er hatte die Melodie sogleich erkannt, sich für einen Moment in eine andere Zeit zurückversetzt gefühlt. Kaum bemerkt, dass ihm Tränen in die Augen traten.

Einen Atemzug lang hatte er sogar vermeint, ja unsinnigerweise geradezu gehofft, dort oben im Musikzimmer eine andere Person anzutreffen. Als hätte die hereinbrechende Nacht von *Samhain* tatsächlich die Kraft, zwei Welten miteinander zu verbinden – die der Lebenden mit der der Toten. Als vermochte sie, jemanden aus dem Reich der Schatten zurückzuholen ins Licht. Und sei es nur für die kurze Dauer einer Melodie. Umso größer war seine Überraschung gewesen, stattdessen Lady Fiona anzutreffen.

Woher in aller Welt kannte sie diese Melodie? Dieses Lied, das ihm so viel bedeutete?

Wie konnte sie sich daran erinnern? Sie war doch noch viel zu jung gewesen, damals, als …

Aidan ertappte sich dabei, wie er an der Tür zum Musikzimmer stand, die Hand um den Rahmen geklammert, und hineinstarrte. Verlassen lag es da.

Die Erinnerung an die Klänge, die den Raum noch vor wenigen Momenten erfüllt hatten, verblasste langsam. Genau wie die Erinnerung an die Frau, die ihm dieses Lied einst vorgesummt hatte. In seltenen glücklichen Momenten.

Langsam fand er wieder in die Gegenwart zurück. Die Vergangenheit musste warten. Eine andere, weitaus dringlichere Aufgabe verlangte seine Aufmerksamkeit. Eine Sache, die er nicht mehr länger aufschieben konnte, denn wenn seine Ahnung ihn nicht trog, würden in dieser Nacht nicht nur Geister dieses Haus heimsuchen.

*

Fiona wäre es lieber gewesen, Elspeth hätte das Gespräch nicht auf die vor ihr liegende Nacht oder was von dieser zu erwarten war, gebracht.

Das Tor zu einer anderen Welt ist geöffnet, und seltsame Dinge werden geschehen. Fiona versuchte, über diese naiven Worte zu lachen. Doch es misslang ihr.

Bei diesem einfachen jungen Ding vom Lande konnte sie es noch verstehen. Aber dass Mrs MacKerron, die Frau eines Geistlichen, ebenfalls derart heidnischen Unsinn verbreitet und sie vor den Schrecken der *Samhain*-Nacht gewarnt hatte ... Kein Wunder, dass ihr Mann mehr als erzürnt über ihre Worte gewesen war. Aber hierzulande schien man wirklich an derartige Dinge zu glauben, und Fiona würde aufpassen müssen, sich nicht davon anstecken zu lassen. Falls das nicht schon längst geschehen war.

Ganz offensichtlich machte die Einsamkeit dieser Highlands die Menschen empfänglich für allerlei Gruselmären und Aberglauben. Und ein wenig verschroben ...

Schnell sprach Fiona ein inniges Gebet, bevor sie ins Bett schlüpfte und die eisige Decke bis zum Kinn hochzog. Sie zitterte, redete sich jedoch ein, dass dies nur von der Kälte herrührte und nicht etwa von Angst.

Doch sie kam nicht zur Ruhe.

Etwas Bedrohliches schien unsichtbar über diesem Raum zu hängen. Und während Fiona schlaflos zwischen ihren weichen Kissen und der sich langsam erwärmenden Bettdecke lag, wartete sie geradezu darauf, dass es sich zeigen würde.

Vorsorglich hatte sie die Kerze neben ihrem Bett brennen lassen. Durch die Fensterritzen drang kalte Zugluft herein, und so huschten kleine flinke Schatten über die Decke und die Wände des Raums.

Alles war ruhig, keine Schritte, keine Stimmen, nichts, das auf die Anwesenheit von Menschen hinwies. Sie hatte das Gefühl, sie sei das einzige lebende Wesen in diesem Hause.

Angespannt drehte sie sich auf die Seite und rollte sich fest ein. Eine innere Leere hatte sich ihrer bemächtigt. Nichts war mehr übrig von dem farbenfrohen Spiel der Klänge, die ihr nachmittags am Pianoforte nur so zugeflogen waren. Eine Melodie, die sie schon beinahe vergessen hatte, die ihr aber von jeher vertraut gewesen war. Warum war sie ihr gerade jetzt wieder in Erinnerung gekommen?

Merkwürdig, dass Sir Aidan so erschüttert gewirkt hatte, geradeso, als wäre er einem Geist begegnet. Verspürte er etwa ebenfalls Furcht vor der bevorstehenden Nacht, oder trieb ihn etwas anderes um?

Trotz ihrer Überlegungen, trotz all der quälenden Gedanken wurde Fiona allmählich von der Müdigkeit übermannt. Das leise Säuseln des Windes wiegte sie in den Schlaf und begleitete sie in ihre Träume.

Ein lautes Geräusch durchdrang die Nacht.

Schlagartig war Fiona wieder wach, ohne zu wissen, was sie aus ihrer Traumwelt gerissen hatte.

Ein Heulen, ein jämmerliches Wimmern ...

Sie blinzelte und setzte sich auf. Im gleichen Augenblick hörte das Geräusch auf, und zurück blieb nichts als Stille.

War das wieder nur ein Traum gewesen? Unsicher lauschte sie in die Dunkelheit, die nur schwach von der kleinen flackernden Kerze erhellt wurde. Doch es war nichts mehr zu hören.

Kein Wunder, dass ich mir Geräusche einbilde, dachte Fiona unwillig, *wenn alle hier von dieser entsetzlichen Nacht erzählen, von Menschen, die plötzlich verschwinden, und Welten, die miteinander verschmelzen.*

Seufzend glitt sie zurück auf ihr Kissen, nur um im gleichen Augenblick wieder erschrocken hochzufahren.

Da, schon wieder! Dieses seltsame, durchdringende Geräusch. Ein Heulen, nicht erkennbar, ob es von einem Menschen oder einem Tier stammte.

Fiona erschauderte. Die Töne hatten eindeutig eine reale Ursache.

Ein plötzliches Klopfen ließ sie erstarren. Wie gebannt starrte sie auf die Tür, die leicht erzitterte.

Eine Weile war es still. Nichts rührte sich mehr, und Fiona gestattete es sich, aufzuatmen. War der Spuk nun vorbei?

Erleichtert schloss sie die Augen. »Danke, Gott!«

Dann ein leichtes, kaum hörbares Schaben. Als würde etwas über den Boden geschoben. Erneut riss Fiona die Augen auf und unterdrückte mit Mühe einen Aufschrei. Etwas Helles bahnte sich seinen Weg unter der Tür hindurch.

Ihr erster Reflex war es, zurückzuweichen, sich fester an die Rückwand des Bettes zu drängen. Doch sie besann sich anders. Sie griff nach dem Kerzenständer neben ihrer Schlafstatt und leuchtete mit bebenden Händen auf den Boden.

Erst jetzt erkannte sie, was da hereingeschoben wurde. Ein Stück Papier, leicht gelblich und zusammengefaltet.

Eine Nachricht?

Was in aller Welt sollte das bedeuten? Rasch sprang sie aus dem Bett und eilte zur Tür. Vorsichtig beugte sie sich hinab.

Da lag tatsächlich ein Blatt Papier. Fiona wartete einen Moment, lauschte, ob sich jenseits der Tür etwas regte. Schritte, ein Atmen ... Doch nichts war zu hören.

Herzklopfend bückte sie sich, hob den Zettel vom Boden auf. Ihr Blick fiel auf ein Gewirr gekritzelter Buchstaben. Die Schrift war so undeutlich und fehlerhaft, dass sie Mühe hatte, sie zu entziffern.

Verschwinde aus disem Haus!, stand da. *Oder die Geister holen dich ... noch in dieser Nacht. Lauf weg, wen dir dein Leben lib ist!*

Statt einer Unterschrift war die primitive Zeichnung einer

menschlichen Gestalt zu sehen, in deren Brust ein Messer steckte.

Fiona erstarrte.

Eine Drohung, schoss es ihr durch den Kopf. *Aber von wem?*

War sie jemandem zu nahegetreten, sodass er sie unbedingt aus dem Haus haben wollte und deshalb selbst vor einem derartigen Schmierentheater nicht zurückschreckte? Oder war es der makabre Versuch, sie vor irgendetwas zu warnen?

Fiona spürte, wie ihre Knie weich wurden.

Wieder starrte sie auf das fleckige Blatt und stutzte. Diese Farbe. Die Farbe der Schrift, sie war …

Stirnrunzelnd führte Fiona die Kerze näher an das Schreiben heran. Text und Zeichnung waren nicht in üblicher blauer Tinte gehalten, sondern schimmerten in einem bräunlichen Rot.

Wie … verblasstes … eingetrocknetes … *Blut.*

Irgendjemand hatte ihr eine Drohbotschaft mit Blut geschrieben! Ekel, Abscheu und Furcht mischten sich mit dem Gefühl der Empörung. Der Verfasser dieser Zeilen war mit Sicherheit kein Geist! Der blutverschmierte Spiegel kam ihr in den Sinn. Es musste jemand sein, dem jedes Mittel recht war, sie aus dem Haus zu treiben. *Jedes Mittel?*

Wie zur Bestätigung ihrer Gedanken hob vor der Tür wieder das Heulen an, das nun dem eines Wolfes ähnelte.

Der brennende Zorn, der in diesem Moment in ihr aufstieg, war stärker als ihre Angst. Schon hatte sie den Schlüssel gepackt, um die Tür aufzuschließen, als ein lautes Krachen sie innehalten ließ.

Ein kurzer Aufschrei, ein ausgestoßener Fluch. Etwas Schweres wurde von außen so fest gegen die Tür gestoßen, dass die Scharniere quietschten.

Erschrocken machte Fiona einen Satz zurück, überzeugt davon, dass das Holz gleich vor ihren Augen zerbersten würde. Wie eine Waffe hielt sie den Kerzenständer umklammert, den mit Blut geschriebenen Brief noch immer an sich gepresst. Mit weit aufgerissenen Augen starrte sie zur Tür, versuchte, zu begreifen, was sich dahinter abspielte.

Das Heulen, das nun folgte, war eindeutig nicht das eines Wolfes, sondern das eines geschlagenen Menschen. Wieder ein dumpfer Hieb, dann ertönte eine Flut gälischer Flüche, die sie zwar nicht verstand, deren Klang jedoch ansatzweise zu entnehmen war, was sie zu bedeuten hatten.

Die Stimme, die sie ausstieß, klang heiser und tief. Und war ihr sehr bekannt.

Ihr Herz setzte einen Schlag lang aus. Ihr Atem ging keuchend.

Sie drehte den Schlüssel herum und riss die Tür auf.

Kapitel 36

Ihr Blick fiel auf ein Paar vor Zorn verengter Augen, die im Halbdunkel beinahe schwarz schimmerten.

»Sir Aidan?« Sie wusste nicht, ob sie den Namen nur gedacht oder laut gerufen hatte. Doch der Angesprochene fuhr zusammen.

Ungläubig, einen vagen, schmerzhaften Stich in der Brust verspürend, starrte Fiona den Laird an, der schwer atmend und mit geballten Fäusten vor ihr stand.

»Sir Aidan?«, wiederholte Fiona, während tausend Gedanken durch ihren Kopf wirbelten.

War er der Verfasser dieser blutigen Zeilen? Der Laird?

Ihr Herz schmerzte bei dieser Vorstellung. Ihr Verstand weigerte sich, das Augenscheinliche zu glauben.

Sir Aidans Hemd stand halb offen, sein Haar war zerzaust und hing ihm wirr ins Gesicht. In diesem stand eine solche Wut, dass Fionas Puls anfing zu rasen. Unwillkürlich machte sie einen Schritt zurück. Einen Moment trafen sich ihre Augen. Dann senkte Fiona den Kopf ...

... und entdeckte einen roten Haarschopf, der sich zwischen Sir Aidans Beine geklemmt heftig wand, als versuche er, dieser höchst demütigenden Position zu entkommen. Ruckartig packte ihn der Laird und riss ihn hoch.

Seoc!

Mit einem festen Stoß zwang Aidan den Jungen zu Boden, sodass er direkt vor Fiona auf den Knien zum Liegen kam.

»Entschuldige dich bei der Dame!«

Erschrocken wich sie einen Schritt zurück. Seoc aber starrte trotzig auf den Saum ihres Nachthemdes, ohne Anstalten zu machen, dem Befehl Folge zu leisten.

Mit den Fußspitzen stieß Sir Aidan den Jungen an. »Ich habe gesagt, entschuldige dich!«

Das mit Blut beschriftete Blatt hing schlaff zwischen Fionas Fingern, während sie der ganzen Situation hilflos zuschaute. Sie zuckte zusammen, als der Laird es ihr entriss.

Er schnaubte, als seine Augen darüber glitten.

»Ist es das hier, junger Mann?« Er sah aus, als wolle er Seoc an Ort und Stelle eine Tracht Prügel verabreichen. Erleichtert atmete Fiona auf, als er dies nicht tat und ihn stattdessen wieder auf die Füße zerrte.

»Ich habe dich etwas gefragt. Ist das hier dein Werk?« Er hielt Seoc den schmierigen Zettel unter die Nase, doch dieser sah noch immer zu Boden.

»Also ja!« Wütend zerknüllte der Hausherr das Papier und warf es von sich. »Was hast du dir dabei gedacht?«

Keine Antwort.

»Warst du es auch, der schon zweimal in das Schlafzimmer unseres Gastes eingedrungen ist? Hast du ihr die Kette gestohlen? Hast du den Spiegel mit Blut beschmiert?«

Das anhaltende Schweigen war Antwort genug.

»*A bheil thu às do rian?*« Die Empörung in Sir Aidans Stimme war so aufrichtig, dass Fiona beinahe Angst um den Jungen verspürte, während sich zugleich eine wärmende Flamme der Rührung in ihrer Brust ausbreitete. Der Laird war besorgt um sie, zornig wegen all der Ängste, die sie hatte ausstehen müssen.

Seoc! Er war also derjenige, der sie mit aller Macht von hier weghaben wollte.

Fiona blickte in das jugendliche Gesicht, das vor Ablehnung, Trotz und Angst verhärtet war.

Was in aller Welt hatte sie nur getan, dass er sie derart verabscheute? So sehr, dass er sogar zu solchen Mitteln griff, damit sie verschwand? Sie hatte keine Gelegenheit, weiter darüber nachzudenken.

»Hast du Lady Fionas Medaillon noch?«, fragte Sir Aidan streng. »Oder ist es bereits verscherbelt?«

Stumm schüttelte Seoc den Kopf.

»Gib es ihr zurück!«

Unsicher blickte der Junge ihn an.

»Hast du mich verstanden?«, brüllte Aidan. »Und jetzt verschwinde aus meinen Augen und lass dich die nächste Zeit nicht bei mir blicken! *Thalla thusa!*«

Seocs Augen schwammen in Tränen, seine zusammengepressten Lippen zitterten, und einen Moment lang sah es so aus, als wolle er sich dem Befehl widersetzen.

»Na wird's bald?« Grob versetzte Sir Aidan ihm einen Stoß. Der Junge stolperte, setzte sich dann jedoch in Bewegung. Erst zögernd, dann immer schneller, und schließlich hastete er um die Ecke.

Fiona sah ihm nach. Widerstreitende Gefühle machten sich in ihr breit. Angst, Abscheu und Enttäuschung. Aber auch große Erleichterung darüber, dass Aidan unschuldig war.

Dennoch verspürte sie Zweifel. Sollte allein Seoc für all die seltsamen Dinge, die sie im Haus gehört und gesehen hatte, verantwortlich sein? Waren es wirklich nur die Streiche eines halbwüchsigen Jungen gewesen, der versucht hatte, sie aus dem Haus zu vertreiben?

Ein Frösteln überkam sie, und erst jetzt wurde ihr bewusst, wie kalt es im Flur war.

»Ich muss mich bei Ihnen entschuldigen, Mylady.« Noch

immer ging Sir Aidans Atem heftig, doch schien er sich wieder in der Gewalt zu haben. »Der Junge, er ist ...« Er ließ den Rest des Satzes unausgesprochen, fügte dann jedoch leise hinzu: »Normalerweise ist er nicht so. Sehen Sie es ihm bitte nach.«

Fiona war nicht in der Lage zu antworten, sondern sah ihn nur an.

Sein Gesichtsausdruck zeigte etwas, das sie nie zuvor bei ihm wahrgenommen hatte. Mitgefühl? Zerknirschung? Sie konnte es nicht genau sagen.

Schließlich nickte sie.

»Geht es Ihnen gut?« Aidans Blick glitt prüfend über sie. Und in diesem Moment wurde ihr bewusst, dass sie nicht mehr als ein Nachthemd trug. »Sie sollten sich etwas überziehen, Mylady, sonst holen Sie sich den Tod.«

Fiona wehrte sich nicht, als er ihre Hand ergriff und sie in ihr Schlafzimmer führte. Er drückte sie auf einen Stuhl und legte ihr eine Decke um.

Fionas Zittern verstärkte sich dadurch jedoch nur noch.

Besorgt blieb er vor ihr stehen, ertastete ihren Puls und knurrte leise, während er ihr Handgelenk fester drückte, als wolle er sie beruhigen.

»Er hat Sie wohl sehr erschreckt?«, fragte er leise.

Fiona konnte nur nicken.

Sicher, Seoc hatte sie erschreckt, mit seinem Brief, dem Geheul, dem Kratzen an der Tür. Aber all das war nichts im Vergleich zu den anderen Dingen, die sie in den letzten beiden Wochen erlebt hatte.

Die Fürsorge, die Sir Aidan ihr gegenüber zeigte, ließ Tränen in ihr aufsteigen. Sie wollte etwas sagen, doch ihr Mund war so ausgedörrt, dass sie keinen Ton herausbrachte.

»Sie müssen etwas trinken.« Rasch ging er zum Tisch, auf dem ein Krug mit Wasser und ein Becher standen, füllte diesen und kam damit zurück. Auffordernd hielt er ihn ihr hin. »Trinken Sie!« Im gleichen strengen Ton hatte er noch wenige Augenblicke zuvor Seoc befohlen, sich bei ihr zu entschuldigen.

So bestimmend, so jähzornig und zugleich so … Fiona starrte auf seine Hand, die noch immer den Becher hielt … so fürsorglich?

»Trinken Sie!«, wiederholte Aidan ein wenig ungehalten, da sie sich noch immer nicht gerührt hatte, und schnell kam sie seiner Aufforderung nach. Ihre Fingerspitzen berührten sich kurz, als sie nach dem Becher griff. Und diese Berührung löste eine Woge von Hitze in ihrem Körper aus, die alle Kälte schlagartig vertrieb. Auch das Zittern legte sich ein wenig.

Mit zufriedener Miene beobachtete Aidan, dass sie tatsächlich trank.

Wieder kamen Fiona die Tränen. Wann hatte sich zuletzt jemand so um sie gekümmert? Ihr seine ungeteilte Aufmerksamkeit geschenkt? Wann überhaupt jemals?

Als Kind vielleicht? Sie konnte sich nicht daran erinnern.

Ihr Vater? Nie. Zu sehr war dieser stets mit seinen Aufgaben beschäftigt gewesen, und zu sehr schämte er sich für die Gebrechen seiner einzigen Tochter. Und ihre Mutter? Nicht einmal sie, die sie zwar sicherlich liebte, aber kaum in der Lage gewesen war, ihre Liebe zu zeigen, geschweige denn, sich für ihre Tochter einzusetzen.

Und nun dieser Mann. Dieser Fremde. Dieser abweisende, aufbrausende Laird, über den sie von niemandem je ein gutes Wort vernommen hatte und den jeder zu fürchten schien. Fiona war dankbar, den Becher Wasser umklammern und immer wieder daran nippen zu können, sonst hätte sie womöglich die Fassung verloren.

Sir Aidans Hand legte sich auf ihre Schulter. Zögernd, warm

und unendlich beruhigend. Eine Gänsehaut überlief sie, doch sie rührte sich nicht.

»Ich bedauere ...« Er unterbrach sich und setzte erneut an. »Es tut mir leid, wenn der Junge Sie erschreckt hat. Ich verspreche Ihnen, er wird seine Strafe erhalten.«

Unwillkürlich dachte Fiona an die Narben auf Seocs Rücken und verspannte sich. »Nein!«, sagte sie hastig. »Das wird nicht nötig sein. Es ist ... Bestimmt hat er nur unbedacht gehandelt, dumme Jungenstreiche, wie sie in diesem Alter vorkommen.« Zwar glaubte sie selbst nicht, was sie da sagte – sie hatte den Hass in den Augen des Jungen gesehen –, aber sie wollte nicht, dass er wieder gezüchtigt würde. Obgleich er es verdient hätte.

Sir Aidan suchte ihren Blick. »Sind Sie ganz sicher? Er soll einfach so davonkommen?«

Fiona zuckte mit den Schultern. Sie verspürte nicht den Wunsch nach Bestrafung. Tatsächlich empfand sie in diesem Moment auch keine Furcht mehr. Nichts als Dankbarkeit dafür, dass der Laird sie nicht allein ließ. »Ich werde mit ihm reden.«

»Sie sind eine bemerkenswerte Frau«, sagte er leise. »Und Sie vermögen es, mich zu überraschen ... nicht vielen Menschen gelingt das noch.«

Fiona sah zu ihm auf. »Seien Sie nicht allzu hoffnungsfroh. Die Überraschung könnte sich als durchaus weniger erfreulich erweisen.«

Der Hauch eines Lächelns erreichte Sir Aidans Augen. »Das glaube ich nicht. – Nicht solange diese darin besteht, dass Sie Ihrem Vater in keiner Hinsicht ähnlich sind.«

Fiona spürte, wie sich eine Frage auf ihre Zunge legte und zugleich entschlüpfte. »Dann sind Sie meinem Vater also doch schon begegnet. Sie kennen ihn?«

Das Lächeln in Aidans Gesicht erlosch. »Ich hatte einmal das ... zweifelhafte Vergnügen, ihn zu treffen.« Er presste die Lippen zusammen und stand wieder auf. »Die einzige Ähnlichkeit zwischen Ihnen ist eine äußerliche. Alles andere jedoch ...« Er sah einen Moment aus dem Fenster, hinaus in die nächtliche Dunkelheit.

»Wahrlich eine Nacht, in der sich zwei Welten begegnen ...«, bemerkte er.

Fiona fragte ihn nicht, was er damit meinte. »Das ist wohl das erste Mal in meinem Leben, dass man mir dafür Anerkennung zollt, *anders* zu sein als mein Vater.« Sie verzog den Mund.

Ein Anflug von Schmerz huschte über Sir Aidans Züge und ließ ihn mit einem Mal sehr verletzlich und sehr jung wirken. Was konnte nur zwischen ihm und ihrem Vater vorgefallen sein, dass eine derartige Abneigung bestand?

Mit der Hand strich er ihr über die Wange. Seine Berührung war rau und fest, und ganz leise stahl sich die Frage in Fionas Kopf, welch seltsame Menschen hier in den Highlands lebten, dass selbst ein Mann in Aidan Thirstanes Position Hände hatte, die von harter Arbeit zeugten.

Der Gedanke zerfaserte jedoch, als er sich zu ihr vorbeugte und ihr einen Kuss auf die Stirn hauchte. Sie wehrte sich nicht.

»Ich habe dir unrecht getan. Von Anfang an. Ich hoffe, du vergibst mir.« Seine Stimme klang warm und tief. »*Fiona.*«

Über seine Schulter hinweg ging ihr Blick zum Fenster, hinter dem sich die schwarze Nacht abzeichnete. Leise rüttelte der Wind am hölzernen Fenster. Fiona kuschelte sich fester in die Decke und fühlte sich geborgen in dieser Nacht, in der draußen in den Glens, Lochs und Mooren die Geister umgingen.

Ihre Hand ruhte noch immer in der Sir Aidans, und ein Lächeln stahl sich auf ihre Lippen.

Die Leute hier oben hatten also recht: Das war in der Tat die Nacht, in der zwei entgegengesetzte Welten miteinander verschmolzen.

Buch II

The wee birdies sing and the wild
flowers spring,
And in sunshine the waters are sleeping;
But the broken heart will ken nae second
spring again,
Tho' the waeful may cease frae their greeting.

The Bonnie Banks of Loch Lomond

Die kleinen Vöglein singen, und die wilden Blumen
springen auf,
Und die Gewässer schlafen im Sonnenschein;
Das gebrochene Herz wird keinen neuen Frühling
mehr erfahren,
Doch die Elenden hören auf zu weinen.

11. November 1837

Kapitel 37

Unablässiges Rumoren und Scheppern riss Fiona am Morgen des Martinitages aus dem Schlaf. Laute Stimmen und Rufe, jedoch eindeutig aus der diesseitigen Welt, drangen aus dem Erdgeschoss bis hinauf zum Gästetrakt.

Einen Moment blieb sie mit geschlossenen Augen liegen. Dann blinzelte sie und stellte überrascht fest, dass ein außergewöhnlich sonniger Novembertag ihr Schlafzimmer in Licht und Wärme tauchte. Es war kaum zu glauben, dass das tatsächlich der gleiche Raum war, in dem sie so viele Nächte in Angst verbracht hatte, heimgesucht von entsetzlichen Bildern, Stimmen und Geräuschen.

Sie atmete tief ein und drehte sich noch einmal in den weichen Kissen um. Seit dieser denkwürdigen *Samhain*-Nacht, in der Sir Aidan den Jungen bei seinem üblen Streich ertappt hatte, schien es Fiona, als sei ein Bann gebrochen. Der Fluch, der über Thirstane Manor und dessen Besitzer gelegen hatte.

Seither war Fiona weder von Albträumen noch von seltsamen Stimmen gequält worden. Und auch das schwarze Gesicht, das sie anfangs zu sehen geglaubt hatte, war nicht mehr aufgetaucht. Lediglich die Klänge in ihrem Inneren vernahm sie mit ungebrochener Intensität, wenn auch nicht mehr so düster und bedrohlich wie zuvor, sondern melodisch, anrührend und manchmal ein wenig schwermütig.

Besonders, wenn sie daran dachte, dass die Tage ihres Aufenthaltes hier gezählt waren. Eine Tatsache, die sie zunehmend bedrückte, und so ertappte sie sich dabei, dass sie aufgehört hatte, zu fragen, ob eine Antwort von ihrem Vater eingetroffen sei.

Mit den Füßen schob Fiona die Decke von sich und fröstelte in der kalten Morgenluft, die durch den dünnen Stoff ihres Nachthemdes kroch, zugleich aber ihre Lebensgeister weckte.

Die größte Änderung, die sich seit der *Samhain*-Nacht in Thirstane Manor vollzogen hatte, bestand jedoch im Verhalten des Hausherrn. Er zeigte sich jetzt bedeutend weniger abweisend, bisweilen war sein Umgangston sogar freundlich zu nennen. Ob er seinen Groll gegen sie abgelegt hatte oder lediglich versuchte, sich auf diese Weise bei ihr für die in seinem Hause erlittenen Ängste zu entschuldigen, konnte Fiona nicht sagen. Doch sie war erleichtert darüber, dass ihre gemeinsamen Mahlzeiten nun wesentlich gelöster und unterhaltsamer verliefen. Von Tag zu Tag genoss sie die Gespräche mit ihm mehr.

Dass Sir Aidan Wort gehalten und Seoc für seine Streiche nicht gezüchtigt hatte, trug ebenfalls dazu bei, dass sich die Stimmung zwischen ihnen entspannte. Womöglich war der Laird doch nicht der grausame Despot, für den sie ihn zunächst gehalten hatte und wie im Dorf über ihn erzählt wurde.

Und auch Seoc schien es seit jener Nacht aufgegeben zu haben, sie weiter mit Misstrauen und Hass zu verfolgen. Zwar hatte er sie nicht einmal angeschaut, als er ihr – auf Sir Aidans strenge Anweisung hin – das Medaillon zurückgegeben und eine halbherzige Entschuldigung gemurmelt hatte. Aber zumindest war etwas wie ein Burgfriede zwischen ihnen eingekehrt, und für den Augenblick gab sich Fiona damit zufrieden.

Doch jetzt galt es aufzustehen. Sie schlüpfte aus dem Bett und verrichtete ihre Morgentoilette. Da Elspeth noch nicht erschienen war, schnürte sie sich das Korsett selbst, so fest sie es allein vermochte. Mittlerweile hatte sie etwas Übung darin bekommen.

Schnell zog sie sich eines der eigenhändig umgeänderten Kleider über, das so gearbeitet war, dass sie es ohne fremde Hilfe schließen konnte. Sie lächelte schief. In dem schweren, in tiefem Weinrot gehaltenen Stoff fühlte sie sich wie eine respektable Matrone, fast so, als sei sie die Herrin dieses großen Hauses.

Der breite Flur lag verlassen vor ihr, als sie sich auf den Weg zu dem kleinen Speisezimmer machte. Die Lautstärke der Geräusche nahm zu, je weiter sie sich der breiten Treppe näherte, die hinunter zur Eingangshalle und der Beletage führte. Beinahe fröhlich eilte Fiona die Stufen hinab, der Rhythmus ihrer Füße erzeugte eine beschwingte Melodie in ihrem Kopf, und die hereinfallenden Sonnenstrahlen schienen wie warme Flämmchen auf ihrem Gesicht und ihren Händen zu prickeln.

Unten angekommen, stoppte sie so abrupt, dass sie fast gestolpert wäre, so befremdlich war der Anblick, der sich ihr bot.

Menschen, in einer solchen Anzahl, wie Fiona sie hier noch nie gesehen hatte, liefen geschäftig im Erdgeschoss hin und her. Neben der Hausdienerschaft von Thirstane Manor, einschließlich des alten Gärtners Duncan, zählte Fiona fünf, nein, sechs weitere Gesichter, die ihr gänzlich unbekannt waren. Alle, Männer wie Frauen, hatten die Ärmel hochgekrempelt, manche sogar ein Tuch um den Kopf geschlungen. Augenscheinlich waren sie damit beschäftigt, den Eingangsbereich und die angrenzenden Räumlichkeiten in einen vorzeigbaren Zustand zu versetzen, die Böden zu wischen, die Fenster zu putzen, die auf Kommoden und Schränken stehenden Vasen und Figuren zu polieren und was es sonst noch zu tun gab, um alles auf Hochglanz zu bringen.

Einen Moment lang war Fiona nicht sicher, ob diese Szenerie Wirklichkeit war oder einem ihrer seltsamen Träume entsprang.

»Guten Morgen, Mylady!«, rief Elspeth ihr freundlich zu, während sie mit einem hohen Stapel frisch geglätteter Tücher und Laken auf dem Arm, der die Hälfte ihres Gesichtes verbarg, durch die Halle eilte. »Ich konnte mich heute Morgen nicht um Sie kümmern. Wir haben hier so viel zu tun! Ich hoffe, Sie sind trotzdem zurechtgekommen.«

»Natürlich, aber ...«, setzte Fiona ein wenig überrumpelt an, doch bevor sie den Satz beenden konnte, war die Wäscherin schon wieder verschwunden.

Verwirrt sah Fiona sich um. Was in aller Welt ging hier vor sich?

Von der Treppe her vernahm sie Schritte und wandte sich um. Wie üblich ganz in Schwarz gekleidet, kam Sir Aidan die Stufen hinab. Sein Blick war gelöst, und er lächelte, als er Fiona erblickte, die noch immer nicht wusste, was sie von dem ganzen Treiben halten sollte.

Unten angekommen, ergriff er ihre Hand und führte sie kurz zu seinen Lippen. »Guten Morgen, Mylady. Deute ich Ihren verblüfften Gesichtsausdruck richtig, wenn ich annehme, dass meine kleine Überraschung geglückt ist?« Ein Hauch von Amüsement lag in seinen Augenwinkeln. »Wobei ich fürchte, dass es in den nächsten Tagen etwas ungemütlich werden könnte. Es gibt nämlich einiges vorzubereiten.«

Irritiert runzelte Fiona die Stirn. »Vorzubereiten, Sir?«

»Ja, in der Tat. Genauer gesagt so viel, dass es uns eine Weile beschäftigen wird.«

Sir Aidan setzte seinen Weg zum kleinen Speisesaal fort, und Fiona musste sich anstrengen, mit ihm Schritt zu halten.

»Gibt es einen besonderen Anlass, Sir, dass Sie dieses Haus aus seinem Märchenschlaf erwecken?«

Sie hatten das Zimmer erreicht, und er blieb stehen, um ihr den Vortritt zu lassen. Gerade, als sie an ihm vorbei in Richtung des gedeckten Tisches gehen wollte, sagte er leise: »Ich werde einen Ball ausrichten.«

Hätte sich vor ihr die Erde aufgetan, so hätte Fiona nicht erstaunter darüber sein können als über diese plötzliche Eröffnung.

Wie vom Donner gerührt fuhr sie herum. »Sie wollen *was?*«

Ein leichtes Lächeln zeichnete sich auf Sir Aidans Zügen ab. »Sie haben richtig gehört. Ich werde einen Ball ausrichten. Nun ja, eher ein kleines Fest. Hier in Thirstane Manor, zu Saint Andrew's Night.«

Zu überrumpelt, um etwas zu erwidern, ließ sie es zu, dass er sie zum Tisch führte und ihren Stuhl zurechtschob.

Er beugte sich vor, um ihr eine Tasse Tee einzuschenken. »Nun, wenn ich es genau bedenke, waren Sie es sogar, die mich auf diese Idee gebracht hat.«

»Ich?« Verdutzt sah Fiona ihn an.

Sir Aidans Lächeln vertiefte sich. »Oh ja, Sie. Erinnern Sie sich nicht mehr an unser Gespräch vor einigen Tagen?«

Mit einer geschmeidigen Bewegung nahm er Platz und bediente sich selbst an der Kaffeekanne. Das Hauspersonal war schließlich damit beschäftigt, dem alten Gemäuer zu neuem Glanz zu verhelfen. Es war das erste Mal, dass sie das Frühstück gemeinsam einnahmen, und Fiona musste sich eingestehen, dass es ihr gefiel.

Allerdings wusste sie noch immer nicht, worauf Sir Aidan anspielte. In den vergangenen Tagen hatten sie über Verschiedenes gesprochen. Über Literatur und Musik, Historie, ja sogar über Politik. Immerhin bot die junge Königin Victoria, deren Krönung im nächsten Jahr anstand, einiges an Gesprächsstoff. Doch über einen Ball, ein Fest? Fiona vermochte sich nicht zu erinnern.

Andererseits ... Vorsichtig nahm sie einen Schluck Tee, und eine wohlige Wärme breitete sich in ihr aus. Womöglich war das gar kein so schlechter Gedanke. Eine derartige Geselligkeit versprach neue Gesichter und interessante Unterhaltungen. Dies könnte ein wenig die Einsamkeit und Düsternis des Hauses vertreiben, was nicht nur ihr, sondern auch Sir Aidan guttun würde.

Fiona stellte ihre Tasse ab. »Sie werden also Gäste einladen?«

Der Ausdruck, der sich bei dieser Frage auf Sir Aidans Gesicht abzeichnete, war eine Mischung aus Amüsement, Überraschung und einem Hauch Verärgerung. »Gemeinhin geht man davon aus, dass zu einem Ball auch eine gewisse Anzahl von Gästen gehören, Mylady. Oder halten Sie meinen Ruf für derart miserabel, dass Sie der Ansicht sind, ich könnte mir die Einladungen sparen, da sie ohnehin von niemandem angenommen werden?«

Fiona zuckte zusammen und hätte fast ihren Tee verschüttet, weil er den Nagel auf den Kopf getroffen hatte.

Sie räusperte sich. »Nun, Sir, ich gehe davon aus, dass Sie schon wissen, was zu tun ist.«

Eine Andeutung von Spott lag in seiner Stimme, als er entgegnete: »Sie gehen davon aus?«

Kurz kniff Fiona die Lippen zusammen, entschloss sich dann aber doch, ehrlich zu antworten. »Es war mir bisher nicht vergönnt, selbst an Bällen oder größeren gesellschaftlichen Ereignissen teilzunehmen. Deshalb kann ich nicht aus eigener Erfahrung sprechen.«

Ein wenig unbehaglich beobachtete sie, wie sich die Brauen ihres Gegenübers zusammenzogen.

»Ich hoffe, Sie sehen es mir nach«, sagte Aidan Thirstane, »wenn ich Schwierigkeiten habe, das zu glauben.«

Ein leiser Seufzer entrang sich Fiona, und sie überlegte, ob es tatsächlich klug wäre, dieses Gespräch fortzusetzen. Wie viel Persönliches aus ihrem Leben konnte sie diesem Mann offenbaren? Dabei drängte es sie geradezu, ihm davon zu erzählen, was sie all die Jahre über bedrückt und zum Außenseiter gemacht hatte.

Er schien zu spüren, dass ihr etwas auf der Seele brannte, denn er schenkte ihr ein aufforderndes Lächeln.

»Tatsächlich hatte ich bisher kaum Gelegenheit, einen Ball zu besuchen. Auch anderen gesellschaftlichen Anlässen bin ich meist ferngeblieben. Diese Reise nach Inverness ...« Tief einatmend starrte Fiona auf die Schüssel mit Haferbrei. »Das war eine der wenigen Gelegenheiten, dem Einerlei im Hause meines Vaters zu entgehen. Nun, es ist anders gekommen.«

»Ja, ich weiß ...« Seine Worte waren ungewohnt sanft, doch seine Miene drückte Zweifel aus. »Soll das heißen, dass Sie noch nicht debütiert haben?«

Stumm schüttelte Fiona den Kopf.

»Wie kann es sein, dass eine junge Dame wie Sie noch nicht in die Gesellschaft eingeführt worden ist? Eine Tochter aus gutem Hause, der Stolz des Vaters und der gesamten Familie? Sollte diese nicht möglichst schnell aller Welt vorgestellt werden, um sie so vorteilhaft wie möglich zu verheiraten?« Noch immer klang seine Stimme weich, und sie vernahm deutlich den rauen Singsang, der den Menschen hier in den Highlands zu eigen war. »Eine so ungewöhnlich schöne noch dazu ...«

Die letzten Worte hatte er sehr leise gesprochen, und doch hatte Fiona sie gehört. Sie spürte, wie flammende Röte in ihr Gesicht schoss, und wich seinem Blick aus, sodass sie nicht erkennen konnte, ob er es ernst gemeint hatte.

Sie war nicht schön, das wusste sie genau. Ansehnlich vielleicht. Doch konnte sie mit ihren Haaren in der Farbe von hellem Zimt, ihrer milchigen Haut und den blassen Sommersprossen um Nase und Wangenknochen kaum als blendende Schönheit durchgehen. Außerdem fehlte ihr der gesellschaftliche Schliff. Zu unsicher bewegte sie sich in der Öffentlichkeit, zu wenig beherrschte sie die Kunst der leichten Konversation.

Ihre Zähne gruben sich in ihre Unterlippe, während sie nach einer unverfänglichen Antwort suchte.

»Ich war häufig krank«, begann sie vorsichtig, schaute ihn aber weiterhin nicht an. »Da hielt mein Vater es wohl für besser, mir die Aufregung großer öffentlicher Veranstaltungen zu ersparen.«

Das war zwar nur ein Teil der Wahrheit, aber nahe genug daran, dass sich Fiona nicht als Lügnerin fühlen musste. Als keine Reaktion erfolgte, hob sie zögernd den Kopf und fing Aidans Blick auf, der nachdenklich auf sie gerichtet war.

»Krank also«, sagte er, »das muss eine schwere Niederlage für den Earl bedeuten. Aber nun ... nicht immer erhält ein Vater das, was er sich wünscht. Noch seltener das, was er verdient hat ...«

Fiona verstand nicht, was er damit meinte, und nippte an ihrem Tee, um eine Antwort zu vermeiden.

Schließlich lächelte Aidan, als wolle er damit all die unangenehmen Gedanken und Gefühle fortwischen. »Nun denn, erweisen Sie mir also die Ehre, Ihr Debüt in meinem Hause zu begehen?«

Unwillkürlich schlug Fionas Puls schneller. Ihr Debüt in Thirstane Manor, an der Seite dieses Mannes ... noch dazu fern von allem, was sie bedrückte, besonders von den abschätzigen Blicken ihres Vaters. Sie spürte, wie ihre Haut zu prickeln begann, ihr Herz einen kleinen Sprung machte.

Unvermittelt stieg jedoch ein anderer Gedanke in ihr auf, und ihre Hochstimmung verflog ebenso schnell, wie sie gekommen war.

Dieser Ball würde ohne sie stattfinden müssen. Ihre Tante war gerade zu Tode gekommen, streng genommen befand sie sich also in Trauer, auch wenn sie nichts dergleichen empfand.

»Ich befürchte, das wird nicht möglich sein, Sir.« Um ihre Enttäuschung zu verbergen, senkte Fiona den Kopf. »Nach allem, was geschehen ist, wäre es pietätlos und ungehörig von mir, an einer solchen Gesellschaft teilzunehmen.«

Obgleich ich meine Tante kaum gekannt habe. Obgleich sie selten ein gutes Wort für mich übrig hatte.

»Erstaunlich, wie sehr richterliche Urteilssprüche und gesellschaftliche Gepflogenheiten Menschen einengen und sie ihrer Freiheit berauben können«, klang es leise an ihr Ohr.

Sie spürte seine Hand auf der ihren, und blickte erstaunt zu ihm auf. Bedauern stand in seinen Augen.

»Ich muss mich bei Ihnen entschuldigen, Mylady. Es war sehr unbedacht von mir. Sie haben den Tod zweier nahestehender Menschen zu beklagen. Da steht Ihnen der Sinn natürlich nicht nach dieser Art der Zerstreuung. Ich werde meinen Gästen also wieder absagen müssen.«

Ein Gefühl von Dankbarkeit stieg in Fiona auf. Dankbarkeit gepaart mit Verwirrung. Diese plötzliche Einfühlsamkeit rührte sie einerseits, verunsicherte sie aber auch. Zugleich empfand sie Unbehagen, beinahe ein Schuldgefühl bei der Vorstellung, dass er jetzt all das wieder rückgängig machen müsste. Nur ihretwegen.

Schließlich hatte er schon so viel in das geplante Fest investiert. All die Kosten und Mühen, das große Haus auf Hochglanz zu bringen, die Einladungen, die sicher schon verschickt worden waren. Und welchen Eindruck würde es erwecken, diese nun zu widerrufen?

So etwas konnte sie nicht verlangen. Sie schüttelte den Kopf. »Nein. Tun Sie das bitte nicht. Nicht meinetwegen.« Einen Augenblick zögerte sie. »Das Fest wird sicherlich auch ohne mich stattfinden können.«

»Ohne Sie? Aber Sie sind mein Gast!« Eine Falte bildete sich auf Aidans Stirn, für einen kurzen Moment blitzte Verärgerung in seinen Augen auf. Verärgerung und ... Enttäuschung.

Und diese Regung berührte Fiona so stark, dass sie ihre Bedenken beiseiteschob.

»Ich werde kommen.« Ihre Stimme war kaum zu vernehmen.

Fragend blickte Aidan sie an. »Sind Sie sicher?«

Fiona nickte.

»Das freut mich.« Sein Lächeln war herzlich und gewinnend. »Sie können beruhigt sein, selbstverständlich respektiere ich die Zeit Ihrer Trauer. Niemand wird Sie zu einem Tanz nötigen, wenn Sie es nicht möchten. Obwohl ich es sehr ...«, er wandte den Blick ab, »... bedauerlich fände.«

Wärme durchströmte Fiona bei dieser Vorstellung – gefolgt von der Erkenntnis, wie gern sie tanzen würde. Mit *ihm*. Wie wundervoll – wenn auch höchst unschicklich.

Hastig entzog sie ihm ihre Hand, wartete darauf, dass sich ihr Herzschlag wieder beruhigte.

»Sie gedenken also, eine Feier am Abend des Schutzheiligen Schottlands abzuhalten, Sir?«, sagte sie, um das Gespräch in unverfänglichere Bahnen zu lenken. »So ist es wahr, dass man hier oben im Norden nicht nur die finsteren Mächte in der Nacht von *Samhain* fürchtet, sondern auch den alten Heiligen noch den Respekt und die Ehrerbietung erweist, die ihnen im Rest des Landes seit den Zeiten der Reformation verwehrt werden.«

»Sie sollten nicht zu viel hineindeuten.« Seine Stimme klang heiser. »Es ist nur eine kleine Feier. Weiter nichts.«

»Und eben diese findet zu Ehren des Heiligen Andreas statt.« Fiona gab sich nicht mit seiner ausweichenden Antwort zufrieden.

»Sie findet zu *Ihren* Ehren statt, Mylady. Und weil ... Aber lassen wir das.«

Ganz offensichtlich hatte sie ihre Worte ungeschickt gewählt oder ein Thema berührt, dass ihm nicht angenehm war. Fiona entschied sich, nicht weiter in ihn zu dringen.

»Und zu diesem Anlass werden Sie dann sicher auch die Tracht Ihrer Ahnen tragen und stilecht in Kilt und Plaid erscheinen?«, fragte sie stattdessen halb im Scherz.

Ein kurzes Lächeln zeigte sich auf seinem Gesicht, das jedoch gleich wieder verschwand. »Wie kommen Sie darauf?«

Fiona dachte an die Truhe im Keller, an das Schwert und den Tartanstoff. Doch sie hob nur langsam die Schultern.

»Wie ich bereits mehrfach sagte, Mylady, Sie lesen einfach die falschen Bücher.« Gedankenverloren nahm er noch einen Schluck Kaffee. »Es gibt Zeiten, die endgültig vorüber sind, wie sehr man sie sich auch zurückwünscht. Heutzutage schmücken sich englische Adelige und Touristen häufig mit derart rustikalen, angeblich authentischen Gewändern und Symbolen, wenn sie hier den Norden bereisen. Nur ungern würde ich mich zu ihnen zählen. Sicher haben Sie dafür Verständnis, Mylady.« Er stellte die Tasse ab. »Oder legen Sie etwa Wert darauf, mich an diesem Abend derartig ausstaffiert zu sehen?«, fügte er herausfordernd hinzu.

Fiona lachte auf. »Die Vorstellung hat durchaus ihre Reize.«

Unwillkürlich entstand das Bild vor ihren Augen, den unnahbaren, stets in Schwarz gehüllten Mann so herausgeputzt zu sehen wie einen der zornigen Krieger auf dem Gemälde im Kaminzimmer. In Tartan gehüllt, die Waffe gezogen, die schwarzen Haare wild ins Gesicht geweht ...

Erneut stieg ein Lachen in ihr auf, und zugleich auch die Erkenntnis, dass ihr dieser Gedanke irgendwie zusagte.

»Die Vorstellung scheint sie zu erheitern«, bemerkte Sir Aidan stirnrunzelnd.

Wieder lachte Fiona und spürte, wie gut sich das anfühlte, wie befreiend. »Vielleicht ein wenig. Aber nur *ganz* wenig, Sir.«

»Und was ist mit Ihnen, Mylady?« Seine nächste Frage brachte sie in die Realität zurück. »Was gedenken Sie an diesem Abend zu tragen?«

»Ich?« Sie schluckte.

»Natürlich.« Er lehnte sich in seinem Stuhl zurück und ließ seinen Blick über Fiona gleiten. »Zwar muss ich zugeben, dass Sie und Elspeth ganze Arbeit geleistet haben und Ihre so schnell und geschickt abgeänderte Garderobe durchaus vorzeigbar ist. Auch gibt es in diesem Hause genügend Kleider, um ein ganzes Mädchenpensionat damit auszustatten – und das für gleich mehrere Saisons in Folge.« Etwas an seinem Tonfall ließ erkennen, was er von einer derartigen Verschwendungssucht hielt. »Doch werden Sie sicher nicht Ihren ersten großen Abend in den Highlands, Ihr *Debut*, in der abgetragenen, völlig veralteten Robe einer verstorbenen Hausherrin begehen wollen.«

»Nun, ich ...« Mit einem Mal fühlte sich Fiona befangen. Darüber hatte sie nicht nachgedacht. »Das wäre sicher unpassend«, entgegnete sie.

»Also werde ich mich persönlich um ein angemessenes Kleid für Sie kümmern müssen.«

Um ein Haar hätte Fiona sich an ihrem Tee verschluckt. »Sie selbst, Sir?«

»Warum nicht?« Er lächelte fast ein wenig überheblich. »Oder glauben Sie, ich verstehe nichts davon?«

»Sir Aidan!«, begehrte sie auf. Unmöglich konnte sie ein derartiges Geschenk annehmen. »Ich weiß nicht, ob ...«

»Wissen Sie eine bessere Lösung?« Zu Fionas Überraschung zeichnete sich ein Anflug von Erheiterung in seinen Augenwinkeln ab. »Oder haben Sie irgendwo ein Kleid versteckt, das sich für eine derartige Gelegenheit eignen würde?«

Erneut errötete Fiona. »Nein«, gestand sie leise ein. »Sie wissen doch, dass mein ganzes Gepäck verbrannt ist.«

»Eben. Und genau deswegen werde ich dafür sorgen, dass Sie an diesem Abend standesgemäß gekleidet sind«, erklärte er entschieden und wandte sich ab.

»Und wie wollen Sie das bewerkstelligen?« Fiona war nicht bereit, klein beizugeben, und ihr plötzlicher Mut zum Widerstand faszinierte und erschreckte sie gleichermaßen.

»Sie scheinen kein rechtes Vertrauen in meinen Geschmack in Modedingen zu besitzen. Aber ich versichere Ihnen, Mylady, dass alles zu Ihrer Zufriedenheit ausfallen wird.« Er deutete eine kurze Verbeugung an, und Fiona fragte sich, ob er gerade wieder seinen Spott mit ihr trieb.

»Und wer, wenn ich fragen darf, wird diese von Ihnen angedeutete Meisterleistung vollbringen?« Etwas an seinem Verhalten forderte Fionas Widerspruch heraus.

»Sagen wir ... ich habe da meine Quellen.«

Auf halbem Weg zwischen Tür und Tisch blieb Aidan stehen und sah sie an, als erwarte er einen weiteren Einwand. »Warum sträuben Sie sich derart dagegen, ein Geschenk von mir anzunehmen?«, fragte er so leise, dass Fiona nicht erkennen konnte, ob Verletztheit darin mitschwang.

Eine plötzliche Spannung hatte sich zwischen ihnen ausgebreitet, ähnlich der damals in der halb verfallenen Kapelle, ähnlich der in der *Samhain*-Nacht. Und die so heftig in ihr aufwallenden Gefühle erschwerten es ihr, einen halbwegs klaren Gedanken zu fassen, geschweige denn, vernünftig zu antworten.

»Ich weiß nicht, Sir«, brachte sie schließlich heiser hervor. »Es ist doch nur, weil ...«

»Gesellschaftliche Zwänge«, wiederholte er. »Sie halten Sie gefangen, besonders als Tochter eines Earls und Richters. Vielleicht wäre es an der Zeit, sich davon frei zu machen.«

Fiona fühlte eine Woge von Hitze in sich aufsteigen. »Aber, Sir, ich ...«, wagte sie einen letzten Protest, wurde jedoch gleich wieder unterbrochen.

»Kein *Aber* mehr! Ich richte einen Ball aus, und Sie werden in einer passenden Garderobe erscheinen«, sagte er bestimmt. »Diesen Wunsch können Sie mir unmöglich abschlagen, Mylady«, fügte er ein wenig freundlicher hinzu.

Fiona spürte, wie ihr der Wind aus den Segeln genommen wurde. *Dieser Mann!* Seine ständig wechselnden Stimmungen ließen sie beinahe schwindelig werden. Er forderte sie heraus, gab ihr das Gefühl, höchst lebendig zu sein. Fast jeden Tag entdeckte sie eine weitere Facette an ihm, ohne ihn jedoch wirklich durchschauen oder auch nur verstehen zu können. Schließlich gab sie nach. »Ich werde Ihnen die benötigten Maße aufschreiben.«

Ein kurzes Lächeln glitt über sein Gesicht. Mit einer knappen Verbeugung verließ er das Speisezimmer. Verwirrt blieb Fiona zurück.

*

Regungslos stand Aidan am Fenster seines Schlafzimmers und blickte hinaus. Die Dämmerung hatte sich über den Garten gelegt, und die schon fast kahlen Bäume reckten ihre Äste wie dürre Arme von sich.

Die lebhafte Stimmung, die den ganzen Tag im Haus geherrscht hatte, während geschrubbt, repariert und gewerkelt wurde, war verschwunden. Um diese Uhrzeit ruhten die Arbeiten, und die auswärtigen Helfer waren ins Dorf zurückgekehrt.

Wie Aidan sie darum beneidete! Einen Ort zu haben, zu dem man heimkehren konnte, eine Familie, Freunde, Vertraute.

Er dagegen war ein Gefangener in diesem verfluchten, mit Blut besudelten Haus. Einem Haus, das er gern bis auf die Grundmauern abbrennen sehen würde.

Aber noch nicht gleich ... Seine Fingernägel gruben sich in die Handballen. Das Bedürfnis, mit äußerem Schmerz den inneren zu betäuben, wurde übermächtig. Aber er gab ihm nicht nach. Diesmal nicht. Stattdessen ließ er, wie Kari es ihn gelehrt hatte, sehr bewusst und sehr langsam die Luft aus seinen Lungen entweichen, spürte seinen Atem und Herzschlag.

Er musste Geduld haben. Noch benötigte er etwas Zeit, aber, wenn er Glück hatte, nicht mehr allzu lange.

Aidan verengte die Augen, als er eine schwarze Gestalt lautlos und raubtierhaft durch den nächtlichen Garten verschwinden sah, und nickte.

Ja, wenn ihm niemand in die Quere käme, dann könnte es schneller vorbei sein, als er es zu hoffen wagte.

Vorbei ... Das Wort klang so verheißungsvoll, dass Aidan davor zurückscheute, es laut auszusprechen. Als könne es dadurch seine Kraft verlieren.

Vorbei.

Und die junge Frau in seinem Haus, Lady Fiona Hemington? Die seine Gedanken zunehmend mehr beschäftigte? Mehr, als es gut für ihn war. Die Regungen in ihm aufsteigen ließ, die gefährlich werden konnten, gefährlich nicht nur für ihn selbst.

Angespannt strich sich Aidan mit der Hand durchs Gesicht. Nach all den Jahren der Grausamkeiten und der Entmenschlichung war Fiona Hemington wie eine Sonne in dieses Haus gekommen und hatte es mit ihrer Anwesenheit und neuem Leben erfüllt. Sie brachte Wärme und Helligkeit, wo sonst Kälte und Düsternis herrschte.

Und um nichts in der Welt wollte er dieses Licht, das sie verbreitete, zum Erlöschen bringen. Ihre Arglosigkeit, ihre kleinen Momente der Freude, besonders, wenn sie auf dem Pianoforte spielte, was sie in den vergangenen Tagen jeden Abend getan hatte. Mit einer solchen Hingabe und Tiefe, dass er beinahe glaubte, die Musik würde sogar die Mauern dieses Hauses zum Schwingen bringen.

Das Gefühl der Schuld überfiel ihn, heftig wie ein Raubtier. War es unumgänglich, dass ausgerechnet sie unter den Folgen seines Vorhabens zu leiden hatte? Und was würde danach aus ihr werden? Konnte er diese Verantwortung wirklich auf seine Schultern laden?

Fest presste er die Lippen aufeinander und wandte sich vom Fenster ab. Darüber durfte er jetzt nicht nachdenken, wenn er so kurz vor dem Ende seinen gesamten Plan nicht gefährden wollte.

Er durfte es nicht. Aber es war so verdammt schwer geworden.

Ihretwegen.

Obgleich er keine Müdigkeit verspürte, ging Aidan zu seinem Bett und ließ seinen Blick über die blütenweißen Kissen und Decken gleiten.

Ob es ihm in dieser Nacht gelingen würde, hier Schlaf zu finden?

Kapitel 38

»Ich werde einige Tage unterwegs sein. Aber zum Ball bin ich rechtzeitig zurück.«

Obgleich diese Information an seine Haushälterin gerichtet war, bemerkte Aidan, dass Lady Fiona Hemington, *Fiona*, diese ebenfalls vernommen hatte. Ihr Kopf schnellte hoch, und ihre Augen wurden groß, was sie auf eine faszinierende Art anziehend wirken ließ.

Seine Fingerspitzen kribbelten, und er versuchte, sich wieder auf das Gespräch mit Glenna Dunnett zu konzentrieren.

»Ich gehe davon aus, dass du in der Lage bist, alle notwendigen Arbeiten zu beaufsichtigen. Dieses Fest, nun ja, ich bin zuversichtlich, dass nicht mehr viel zu tun bleibt.«

»Sicher, Master Aidan.« Der Mund der älteren Frau war nur noch ein schmaler Strich.

Sie zeigte deutlich, dass ihr missfiel, was er vorhatte. Doch wusste sie, dass niemand ihn davon würde abhalten können. Also versuchte sie es erst gar nicht, sondern tat, wie ihr geheißen.

Kluge Glenna.

Aidan lächelte dünn und gab ihr ein diskretes Zeichen. Sie nickte.

Dann wandte er sich Fiona zu. Es war ihm nicht entgangen, dass sie ihren Blick nicht von ihm gelassen hatte, und nun, da er sie direkt anschaute, hoben sich ihre Mundwinkel zu einem kleinen, zaghaften Lächeln.

Ein warmer, brennender Schmerz breitete sich in seiner Brust aus. Der Widerklang eines Gefühls, das er so lange nicht mehr empfunden hatte, von dem er geglaubt hatte, nicht mehr dazu fähig zu sein.

Zugleich überrollte ihn erneut eine Woge von Schuldgefühlen.

»Wenn es Ihnen recht ist, werde ich mich um die Dekoration für den Ball kümmern, während Sie unterwegs sind«, schlug sie zögernd vor. »Haben Sie eine bestimmte Vorstellung davon, wie diese aussehen soll?«

Dieser ernsthafte, aufrechte Blick. So völlig ohne Arg.

»Ich bin sicher, dass Sie das gut machen werden«, antwortete er gepresst. »Ich habe … größtes Vertrauen in Sie.«

Ein leichter Hauch von Röte überzog ihre cremefarbenen Wangen. Ihre Lider flatterten einen kurzen Moment, schließlich senkte sie den Blick. »Dann hoffe ich, dass es Ihnen gefallen wird, wenn Sie zurück sind.«

Aidan nickte langsam. »Ja, wenn ich zurück bin.«

Ein angespanntes Schweigen entstand, gerade so, als warte jeder von ihnen darauf, dass der andere noch etwas sagen würde.

Es kostete Aidan Mühe, der jungen Frau, die ihn so vertrauensvoll ansah, in die Augen zu blicken. Wusste er doch, dass er mit seinem Vorhaben ihr Leben zerstören würde. Er spürte, wie sich alles in ihm verkrampfte.

So war es eben. Er war verflucht. Verflucht dazu, Menschen, die ihm vertrauten, die ihm etwas bedeuteten, Unglück zu bringen.

»Ich mache mich dann auf den Weg, bevor es dunkel wird.« Seine Stimme klang belegt. »Seoc hat das Pferd bereits gesattelt und wartet auf mich.«

Einem Impuls folgend, umfasste er ihre Hand, kostete den

kurzen, wundervollen Moment aus, in dem seine Finger die ihren berührten. Ihre kühle, glatte Haut linderte die Hitze in seinem Körper und entfachte diese zugleich aufs Neue.

»Passen Sie auf sich auf, Mylady«, sagte er heiser.

Fiona nickte und trat einen Schritt beiseite. »Gott segne Sie.«

Statt einer Antwort wandte Aidan sich um, griff nach Hut und Mantel, die Mrs Dunnett ihm reichte, und schritt durch die Tür.

Ein diesiger Herbsttag lag vor ihm und hüllte Bäume, Büsche und Gräser in einen dichten, weißen Schleier, wie in einen Trauerflor.

Nein, Gott würde ihn nicht schützen. Diese Gnade hatte er verspielt. *Bis zum Ende seines natürlichen Lebens.* Und womöglich auch in dem danach.

Beinahe fluchtartig stürzte Aidan die Stufen der Treppen hinab.

*

Die nächsten Tage und auch die Nächte flogen vorbei wie in einem Traum. Waren die düsteren Mauern sonst von einer solchen Einsamkeit erfüllt, dass sie jeden Gedanken zu reflektieren schienen, herrschte zwischen ihnen nun ein reges Treiben, das nicht nur die Stille, sondern auch zugleich die Geister der Vergangenheit verjagte. Von früh bis spät wurde gearbeitet. Laute Worte flogen hin und her, manchmal schallte sogar ein Lachen durch Hallen und Flure wie ein fremder Klang.

Die von außen hinzugekommenen Arbeitskräfte brachten einen Hauch von Unbeschwertheit und Vorfreude ins Haus. Es gab so viel zu tun, dass selbst Elspeth über Nacht blieb und auf unbestimmte Zeit in einem kleinen Zimmer unter dem

Dach einquartiert worden war. Die fröhliche Geschäftigkeit, der ihr entgegengebrachte Respekt und die leise, selbstverständliche Freundschaft, die sich zwischen ihr und der jungen Wäscherin entwickelt hatte, führten dazu, dass Fiona sich in Thirstane Manor mehr und mehr wohlzufühlen begann.

Zugleich aber … Ihr Herz schlug heftig, während sie sich über die Brüstung des Geländers der Galerie lehnte, um dem Fortgang der Arbeiten zuzusehen, zugleich verspürte sie eine nie gekannte Einsamkeit.

War es denkbar, dass sie *ihn* vermisste? – Sir Aidan?

Ungläubig schüttelte sie den Kopf, während sie zwei stämmige Dorfburschen beobachtete, die sich damit abmühten, einen Teil der schweren Möbel von einem Raum in einen anderen zu schleppen, und dabei ein wahres Konzert aus Stöhnen und Ächzen von sich gaben.

Erneut sah sie das Gesicht Sir Aidans vor sich, den zynischen, bisweilen grausamen Blick, den abweisenden Zug um seinen Mund und doch … Ihr Pulsschlag beschleunigte sich, als sie an andere Momente dachte, die kurzen, flüchtigen Augenblicke, in denen sie den Eindruck gehabt hatte, dass es mehr zwischen ihnen gab als die erzwungene Gastfreundschaft eines Lairds gegenüber einer in Not geratenen jungen Frau.

Fiona fing Mrs Dunnetts Blick auf, die unten im Flur vorbeiging und darauf achtete, dass alle Arbeiten ordnungsgemäß erledigt wurden.

Mit einem freundlichen Gruß nickte sie der älteren Frau zu. Doch diese hatte eine missbilligende Miene aufgesetzt und wies gerade einige Arbeiter zurecht. Noch immer schien sie dem Fest skeptisch entgegenzusehen.

Da Fiona selbst im Augenblick nichts zu tun hatte, wandte sie sich um und betrat das hinter ihr liegende Musikzimmer, wo zwischenzeitlich die Leintücher abgenommen worden waren. Das Holz der Möbel schimmerte warm. Doch plötzlich fielen ihr auch hier helle, leere Stellen an den Wänden auf, die davon zeugten, dass dort einmal Bilder gehangen hatten.

Nachdenklich nahm Fiona vor dem Pianoforte Platz und klappte den Deckel auf. Einen Moment besann sie sich, wartete, bis beschwingte Klänge durch ihren Geist strömten, sich zu einer Melodie verdichteten und sie einzuhüllen begannen. Dann legte sie die Finger auf die Tasten und begann zu spielen.

Kurze Zeit später erfüllten schillernde, bunte Töne den Raum, stiegen zur Decke auf und nahmen Kummer, Unsicherheit, Einsamkeit und das Gefühl unerfüllter Sehnsucht mit sich.

Kapitel 39

»Und vor allem natürlich die Nacht. Die Nacht vor *Là Naomh Anndrais, Saint Andrew's Day* …« Elspeth unterbrach sich, wurde rot, zuckte dann jedoch grinsend die Achseln und fuhr ungeniert fort. »Diese Nacht ist die Hoffnung aller jungen Mädchen und Frauen. Zumindest von solchen, die noch keinen Mann abbekommen haben.«

»So wie du also«, warf Seoc ein, der dabei war, einen Nagel in einen Rechen zu schlagen, dessen Stiel sich gelockert hatte. Gerade noch rechtzeitig gelang es ihm, sich wegzuducken, bevor ihn ein Stoffballen traf, den Elspeth in seine Richtung geworfen hatte.

Lächelnd schaute Fiona, die sich ebenfalls in der Küche eingefunden hatte, dem Geplänkel der beiden zu, während Mrs Dunnett missbilligend den Kopf schüttelte. Duncan, der Gärtner, der vom Alter gebeugt auf einem Schemel saß, war damit beschäftigt, einen Besen mit neuem Reisig zu bestücken. In unregelmäßigen Abständen ließ er ein raues Husten hören.

»Nun, wenn ich das richtig sehe, ist keine der anwesenden Damen mit einem Ehemann gesegnet.« Elspeth hob den Stoff vom Boden auf und legte ihn wieder in einen Korb neben sich. »Und keiner der Herren mit einer Frau«, fuhr sie mit einem Blick auf Seoc gewandt fort. »Kein Grund also, sich irgendwie hervorzutun.«

Mit dem Handrücken wischte sie sich über die Nase, die bei den kalten Novembertemperaturen und dem Rauch aus dem Küchenofen ein wenig lief. »Aber was ich unserer Lady aus Edinburgh eigentlich sagen wollte: Diese Nacht vor Saint Andrew's Day birgt viele Geheimnisse.«

Fiona, die über ihrer Näharbeit gebeugt saß, blickte auf und spürte, wie sie unter Elspeths Blick errötete. Saint Andrew's Night, der Vorabend zum Gedenktag des Apostels Andreas, des Schutzpatrons Schottlands, war das Datum von Sir Aidans Feier. Wie Fiona inzwischen wusste, war sie nicht die einzige Hausbewohnerin, die von dem Vorhaben des Lairds völlig überrascht worden war.

Besonders Mrs Dunnett hatte eine ganze Weile gebraucht, um sich von dieser Neuigkeit zu erholen.

Einzig sie selbst und Elspeth blickten dem geplanten Ereignis mit Vorfreude entgegen.

Sorgfältig stichelte Fiona an dem Saum, mit dem sie die farbigen Bänder in Tartanmuster einfasste, die Elspeth auf ihren Wunsch hin aus Stoffresten und alten, mottenzerfressenen Plaids zugeschnitten hatte. Beim Aufräumen und Durchforsten weiterer Gästezimmer hatte Fiona diese in einem alten Schrank entdeckt und befunden, dass sie sich als Dekoration des Festsaales eignen würden. Wahrscheinlich würde Sir Aidan wieder einige spöttische Worte über ihr romantisches Bild von den Highlands und die falsche Auswahl ihrer Lektüre verlieren, doch schließlich hatte er ihr bei der Gestaltung der Dekorationen freie Hand gelassen.

Gerade so, als sei sie die Hausherrin ... Fiona konnte nicht verhindern, dass es ihr bei dieser Vorstellung plötzlich warm wurde.

»In dieser Nacht«, fuhr Elspeth fort, wobei sie ihren Blick abwechselnd auf die Handarbeit auf ihrem Schoß und in die Runde warf, wie um zu sehen, ob man ihren Worten auch genügend Aufmerksamkeit schenkte, »kann man einiges über den Mann erfahren, den man einmal heiraten wird.«

Das Husten des alten Duncan unterbrach ihren Redeschwall.

»Man muss sich allerdings ganz genau an die Regeln halten und darf keinen Zoll davon abweichen. Sonst wirkt der Zauber dieser Nacht nicht.«

Der alte Gärtner murmelte etwas mit heiserer Stimme, was Fiona nicht verstand. Er zog einen Schuh aus und wackelte mit seinen schmutzigen, in ein zerlumptes Stück Strickwerk gehüllten Zehen.

»Das ist ja mal wieder typisch Mann«, schimpfte Elspeth. »Ich erzähle was über den Traum der großen Liebe, und du hast nur deine kaputten Socken im Sinn.« Sie zog einen Schmollmund.

Diesmal war es Mrs Dunnett, die unvermittelt hustete und hurtig zum Herd eilte. »So, genug diskutiert. Ich mache uns allen eine gute Tasse Tee. Das wärmt und hebt die Stimmung.« Der Gesichtsausdruck der Haushälterin konnte beinahe als Lächeln bezeichnet werden. Ihre steifen schwarzen Röcke schwangen um sie herum, als sie am Herd hantierte, auf dem das Wasser bereits brodelte.

Das breite Grinsen auf dem Gesicht Elspeths und dem ein wenig verschrumpelten des alten Duncan verriet Fiona, dass sie nicht die Einzige war, die sich über die selten gute Stimmung der Haushälterin freute. Und auch Fiona konnte ein Lächeln nicht unterdrücken. In letzter Zeit lächelte sie ohnehin häufiger als zuvor, vielleicht häufiger als in ihrem ganzen bisherigen Leben.

Die Menschen hier waren in den letzten drei Wochen, seit der *Samhain*-Nacht, zu so etwas wie Freunden für sie geworden. *Familie* ... kam ihr gar gelegentlich in den Sinn, doch musste sie über eine derartige Anwandlung selbst den Kopf schütteln. Diese Ansammlung einer merkwürdigen Dienerschaft, bestehend aus einer wortkargen Haushälterin, einer schwatzhaften Wäscherin, einem alten, zahnlosen Gärtner, der kaum des Englischen mächtig war, und einem schmächtigen Burschen, der sich im Umgang mit Menschen, insbesondere mit ihr, deutlich schwertat.

Ein solch wunderliches Trüppchen als Familie zu bezeichnen, das konnte tatsächlich nur jemandem einfallen, der wie sie nie wirklich erfahren hatte, was es bedeutete, eine richtige Familie zu haben. Jedenfalls bedauerte Fiona es nicht länger, dass auf keinen der Briefe an ihren Vater – weder denjenigen, den Aidan aufgegeben, noch den, den sie selbst ins Dorf gebracht hatte – eine Antwort erfolgt war. Sie fragte auch weiterhin nicht mehr danach.

Gemütlich kuschelte sie sich tiefer in den warmen Plaid, während sie konzentriert ein Schmuckband nach dem anderen fertigstellte. Es tat ihr gut, etwas Sinnvolles zu tun, zu einer Gemeinschaft dazuzugehören. Auch wenn das bedeutete, dass sie in der Küche eines etwas heruntergekommenen Herrenhauses saß, die Arbeiten einer Näherin verrichtete und sich das bisweilen ein wenig ungehörige Gerede einer Wäscherin aus dem Dorf anhörte.

Mit einem Lächeln erinnerte sie sich an Mrs Dunnetts Verhalten, als sie unmittelbar nach Aidans Aufbruch zu ihr in die Küche gekommen war und erklärt hatte, sie würde bei den Vorbereitungen zu dem Fest selbst Hand anlegen. Elspeth war bei der Aussicht, zusammen mit Fiona die alten Truhen und Schränke nach etwas Brauchbarem zu durchsuchen, in Begeisterung ausgebrochen. Die Haushälterin dagegen hatte kategorisch erklärt, es schicke sich nicht, dass die Tochter eines Earls in diesem Hause derartige Arbeiten übernehme und noch dazu in verstaubten, seit ewigen Zeiten nicht mehr genutzten Kammern herumschleiche.

Doch da Fiona auf ihrem Vorhaben beharrte, hatte Mrs Dunnett schließlich zugestimmt. Seither saßen sie jeden Abend gemeinsam in der Küche, putzten das Silber, stärkten Tischwäsche und Servietten und überlegten gemeinsam, welche Dekorationen für ein Fest zu Ehren des Schutzheiligen Schottlands angemessen wären.

Durch ihre ausgiebige Lektüre von Romanen und Zeitungen wusste Fiona, dass diese Zeit des Jahres zugleich der Beginn des Advents war, der Vorweihnachtszeit, die andernorts mit allerlei Traditionen und Heimlichkeiten begangen wurde. Allerdings war hierzulande nichts davon zu merken, da ja in Schottland die gesamten Weihnachtstraditionen schon seit dem siebzehnten Jahrhundert aus dem Kalender und der Öffentlichkeit verbannt worden waren.

»Und wenn man in dieser Nacht flüssiges Wachs von einer Kerze in einen Eimer mit kaltem Wasser tropft, kann man an der Form, in der das Wachs erstarrt, erkennen, welchen Beruf der Zukünftige haben wird«, erklärte Elspeth gerade.

»Und sich eine Ohrfeige dafür einhandeln, dass man die teuren Kerzen einfach so vergeudet«, ergänzte Mrs Dunnett mit einem für sie seltenen Anflug von Humor, während sie jedem der Anwesenden einen Becher reichte, aus dem es verheißungsvoll dampfte.

Fiona legte ihre Handarbeit beiseite, nippte an dem Getränk und konnte ein Lächeln nicht unterdrücken, als sie feststellte, dass dem starken Tee noch ein kräftiger Schuss Whisky zugesetzt war. Nun denn, das vertrieb wahrscheinlich nicht nur die Kälte, sondern auch alle Geister und Dämonen, die sich in der dunklen Jahreszeit in Gemüter und Gemäuer einzunisten gedachten.

»Ah, tut das gut«, meinte auch Elspeth mit einem wohligen Seufzer und klemmte sich ihren Becher mühsam zwischen die

Knie. »Und nicht zu vergessen die Äpfel«, fuhr sie fort, ihre Worte mit allerlei Gesten unterstreichend. »Ihr glaubt nicht, wie wichtig Äpfel in dieser Nacht sind.«

»Die stopf ich mir lieber in den Mund.«

Fiona sah überrascht auf, als Seoc erneut das Wort ergriff.

»Dann haben die Dinger wenigstens was Gutes. Der andere Quatsch kann mir gestohlen bleiben.«

Die Bemerkung des Burschen hatte ein entrüstetes Stirnrunzeln Elspeths zur Folge, die irgendetwas über die Beschränktheit von Mannsbildern murmelte, dann aber weiter erklärte: »Nur die Schalen, nur die Schalen braucht man dafür. Wenn man diese in einem Stück vom Apfel schält und sie sich in dieser Nacht über die Schulter wirft, dann …«

»… kommen die Ratten und machen sich darüber her!«, vollendete Seoc den Satz, und es war das erste Mal, dass Fiona ein Grinsen auf dem Gesicht des Jungen sah.

Gutmütig schlug Elspeth nach ihm. »*A chrostain!*«, grummelte sie, »frecher Kerl!«, musste aber ebenfalls lachen. Unverdrossen fuhr sie mit ihrer Belehrung fort. »Dann rollen die Schalen sich auf der Erde zu dem Buchstaben zusammen, mit dem der Name des Mannes beginnt, den man einmal heiraten wird. Und wenn man vor Mitternacht einen Krug mit Wasser am Bach schöpft …«

Elspeths weitere Ausführungen hörte Fiona nicht mehr. Die Augen halb geschlossen, die Finger fest um den heißen Teebecher geschlungen, war sie plötzlich von dem Gedanken gefangen, ob eine solche Apfelschale wohl in der Lage wäre, von sich aus den komplizierten Buchstaben »A« zu bilden – wenigstens in dieser einen besonderen Nacht.

Die Wirkung des Whiskys, der heiße Tee, das gleichmäßige Knistern des Herdfeuers und das traute Beisammensein machten Fiona ein wenig schläfrig. Zugleich fühlte sie sich so entspannt wie schon lange nicht mehr. Wenn jetzt auch noch Sir Aidan hier gewesen wäre, dann ... verlegen nippte sie an ihrem Tee ... dann wäre der Abend geradezu perfekt.

Nun denn, es würde nicht mehr lange dauern, bis er wiederkam. Welche Art von Geschäften ihn auch aufhielten, in einer Woche war bereits Saint Andrew's Night, und spätestens ein paar Tage zuvor müsste er ja heimkehren, um sich um alles Notwendige zu kümmern.

Fiona zuckte zusammen, als wie auf ein Stichwort ein Klopfen an der Tür durch das Haus hallte.

Erstaunt sah Mrs Dunnett auf und drückte damit aus, was auch Fiona dachte.

Besuch? Noch so spät am Abend?

Einen kurzen Moment blickten sich alle an, dann stand die Haushälterin auf, stellte ihren Becher ab und strich sich das Kleid glatt. »Ich werde einmal nachsehen.«

Aidan, schoss es Fiona durch den Kopf, und sie spürte, dass ihre Müdigkeit wie weggeblasen war. War es möglich, dass *er* bereits zurück war? Ihr Herz hämmerte verräterisch, und hastig legte sie ihre Handarbeit auf dem Tisch ab, bevor sie sich über die Haare strich, die sie an diesem Tag lediglich zu einem schlichten Knoten aufgesteckt hatte.

Unaufgefordert folgte sie der Haushälterin durch den dunklen Flur und die Treppe hinauf zur Eingangshalle.

Das Licht des Kandelabers, den Mrs Dunnett mitgenommen hatte, ließ gespenstische Schatten über die Wände und Decken der zwischenzeitlich schon auf Hochglanz gebrachten Halle flackern. Sie stellte den Kerzenständer auf einer der Truhen ab und machte sich an dem großen Schlüsselbund zu schaffen, der an ihrem Gürtel hing.

Wieder ertönte ein Klopfen, diesmal lauter und deutlich ungehaltener.

»Ja, ja, ich bin ja schon da«, murmelte Mrs Dunnett, die plötzlich sehr nervös wirkte. Die Schlüssel klirrten, und endlich öffnete sich das Schloss mit einem leichten Kacken.

Unwillkürlich trat Fiona einen Schritt zurück, in Erwartung, den Hausherrn eintreten zu sehen, ungeduldig und verärgert, nachdem er eine Weile vergeblich an die Tür seines eigenen Hauses hatte klopfen müssen.

Die Türflügel schwangen auf, und ein Gefühl der Enttäuschung überkam Fiona. Statt des Hausherrn erblickte sie eine Frau in einem dunkelblauen Reisekostüm, dessen ausladende Röcke bei jedem Schritt auf und ab wippten. Unter einem dicken pelzbesetzten Samtumhang war eine schmale, eng geschnürte Taille zu erkennen. Und als sie nahe genug herangekommen war, erblickte Fiona das wohl makelloseste Gesicht, das sie je gesehen hatte. Blonde, künstlich aufgedrehte Locken kräuselten sich um herzförmige Wangen. Die vollen Lippen schimmerten tiefrot, und das Blau der Augen wirkte im Licht der Kerzen tief und geheimnisvoll.

»Nun, das hat ja lange gedauert!« Der ungehaltene Ton zerriss schlagartig den Eindruck der Perfektion. Die hellen Augen der Besucherin gingen von Mrs Dunnett zu Fiona und wieder zurück. »Ich bin schon den halben Tag unterwegs, und mein Kutscher wartet vorne an der Einfahrt. Er braucht eine Unterkunft für sich und die Pferde und ... Herrje! Gibt es denn hier keinen Burschen?«

Noch ehe Fiona und Mrs Dunnett sich von ihrer Verblüffung erholen konnten, hatte sie ihren Umhang abgestreift, schüttelte ihn, dass die Tropfen nur so flogen, und drückte ihn schließlich Fiona in die Hand, die zu überrumpelt war, um etwas zu erwidern.

Dann lächelte die Dame, deren Alter Fiona auf Ende zwanzig schätzte. »Außerdem brauche ich jetzt dringend einen heißen Tee. Ich komme um vor Kälte und Müdigkeit. Diese Straßen hier ... schlammgetränkte Trampelpfade!«

Dem herrischen Tonfall ihrer Stimme war nicht der Hauch von Müdigkeit anzumerken, dennoch rief Mrs Dunnett laut nach Seoc und gab ihm, als er herbeieilte, Anweisungen, sich draußen um Kutscher, Gefährt und die Tiere zu kümmern. Dann wandte sie sich wieder dem Gast zu.

»Es wird alles zu Ihrer Zufriedenheit erledigt werden, Miss«, sagte sie leise. »Wenn Sie mir bitte folgen würden. Ich habe gerade frischen Tee aufgebrüht, derweil wird Elspeth Ihnen ein Zimmer richten.«

Fiona wunderte sich über den bedrückten Ausdruck im Gesicht der Haushälterin. Jede Spur der Entspanntheit oder des Humors war verschwunden.

Ein höchst ungutes Gefühl breitete sich in Fiona aus. Ihre Kopfhaut prickelte, und in ihren Ohren fing es zu summen an.

»Wer sind Sie?«, platzte sie, ohne nachzudenken, heraus.

Die Dame, die sich bereits umgewandt hatte und im Begriff war, mit Mrs Dunnett in Richtung des kleinen Speisezimmers zu gehen, blieb stehen und sah Fiona an. Ihr Blick drückte sowohl Verwunderung als auch Ärger aus. Ganz offensichtlich hielt sie sie für eine Dienstmagd und war nicht gewohnt, dass eine solche ihr eine direkte Frage stellte.

»Darf ich vorstellen, das ist Lady Fiona Hemington«, beeilte sich Mrs Dunnett zu erklären, ohne jedoch eine der Anwesenden anzublicken. »Sie weilt seit einigen Wochen als Gast auf Thirstane Manor.«

Die Augen der blonden Frau wurden groß. Überraschung war darin zu lesen, dann flackerte für einen kurzen Augenblick etwas wie Zorn in ihnen auf, doch schließlich musterte sie Fiona von oben bis unten.

»So, so, ein hochedler Gast also. Seien Sie gegrüßt.« Sie

bequemte sich, einige Schritte auf Fiona zuzumachen, jedoch nur, um diese noch genauer in Augenschein zu nehmen.

Ihr Blick fiel auf das umgeänderte, aber dennoch nicht gerade der aktuellen Mode entsprechende Kleid, das Fiona trug, und sie runzelte die Stirn. Neben dieser wie aus einer Modezeitschrift entsprungenen Frau fühlte sich Fiona blass und unbedeutend. Obwohl diese im Rang sicherlich weit unter ihr stand und zudem ganz offensichtlich ohne weibliche Begleitung unterwegs war, was fast einem Skandal gleichkam.

»Ich fürchte fast, ich werde mich selbst vorstellen müssen, Mylady.« Die nächsten Worte brachte sie mit einem gewissen Stolz hervor. »Nun denn, mein Name ist Alice Thomson. Ich bin die Verlobte des Lairds und gekommen, um ihm einen Besuch abzustatten.«

Kapitel 40

»Hast du noch weitere Stoffreste für mich gefunden?« Fiona stand am Eingang zur Küche und musste ihre Frage wiederholen, bevor Elspeth, die auf einem Schemel saß und Kartoffeln schälte, ihre Anwesenheit überhaupt bemerkte.

Erschrocken sah das Mädchen auf, schüttelte dann aber hastig den Kopf. »Nein, Mylady, noch nicht. Ich bin …«, ihre Miene verzog sich, »noch nicht dazu gekommen. Es tut mir leid.« Schnell warf sie eine Kartoffel in den neben ihr stehenden Topf, der zur Hälfte mit Wasser gefüllt war.

Der Duft nach geschmortem Kohl, frisch geschnittenen Zwiebeln und gebratenem Speck schlug Fiona entgegen, als sie eintrat. »Ich denke, wir müssen uns beeilen. Bis zum großen Fest sind es nicht mehr viele Tage. Und …«

»Tut mir leid, Mylady. Es ist einfach viel zu viel zu tun.« Mit dem Handrücken wischte sich Elspeth den Schweiß von der Stirn, vermied es jedoch, Fiona anzusehen.

Ein ungutes Gefühl beschlich diese. Das Gefühl, etwas verloren zu haben, das sie gerade erst gefunden hatte und bereits jetzt zu vermissen begann. Etwas, das ihr in der kurzen Zeit sehr wichtig geworden war.

»Gut, ich werde mich selbst darum kümmern«, sagte sie schließlich, da sie sah, wie beschäftigt das Mädchen war.

»Vielleicht könntest du mir noch dabei helfen, zu …«

»Wenn es so weitergeht, Mylady, werden wir für gar nichts mehr Zeit haben«, fiel ihr Elspeth ins Wort. Noch immer wich sie Fionas Blick aus, als gäbe es darin etwas, das sie nicht sehen sollte. »Miss Thomson verlangt ständig nach mir. Ich komme zu nichts anderem mehr. Rund um die Uhr muss ich sie bedienen! Deshalb werden wir heute sicher später essen als üblich und ...« Sie beendete den Satz nicht, sondern warf eine weitere geschälte Kartoffel so heftig in den Topf, dass das Wasser nach allen Seiten spritzte.

Fiona lächelte nicht. Weder über das Missgeschick noch über Elspeths schlechte Laune, die so gar nicht deren heiterem, ein wenig simplem Gemüt entsprach.

Sie verstand das Mädchen nur zu gut: Seit Miss Thomson ihren zierlichen Fuß in die Eingangshalle von Thirstane Manor gesetzt hatte, war schlagartig alles anders geworden. Die entspannte Stimmung, die im Hause geherrscht hatte, war verschwunden. Und mit ihr die Gespräche, die Arbeiten und die gemeinsamen Mahlzeiten in der Küche. Wieder wurde ihr bewusst, wie wohl sie sich zuvor gefühlt hatte, wie ungezwungen und frei.

Vielleicht zum ersten Mal in ihrem Leben.

Seit der *Samhain*-Nacht schien nicht nur der Fluch des Hauses gebrochen zu sein, sondern auch mit ihr selbst war eine Änderung vorgegangen. Und herausgekommen war ein anderes Wesen. Nicht mehr so verhuscht und unsicher, stets darauf bedacht, nicht aufzufallen und sich im Hintergrund zu halten. Sondern eine junge Frau, die sich selbst wahrnahm, persönliche Bedürfnisse und ein eigenes Leben hatte.

Zudem hatte sie sich mehr und mehr in die Highlands verliebt. In diese karge, raue Landschaft, die ihr nun nicht mehr düster und erschreckend vorkam, sondern im Gegenteil: versponnen, verwunschen, voller Geheimnisse und Verheißungen. Hin und wieder war sie mit Elspeth zum Holzsammeln dort draußen gewesen, in Kälte, Wind und Regen. Zitternd, häufig bis auf die Haut durchnässt. Doch noch nie zuvor in ihrem Leben hatte sie sich so lebendig gefühlt.

Außer vielleicht in den Momenten, in denen Aidan ihre Hand gehalten hatte. Fiona lächelte traurig. Ohne Übertreibung konnte man sagen, dass die vergangenen Wochen wohl die glücklichsten ihres Lebens gewesen waren.

Zumindest bis diese Fremde nach Thirstane Manor gekommen war, die sich als Aidans Verlobte vorgestellt und mit einem einzigen Schlag alles zerstört hatte.

Eine Verlobte, die zu erwähnen er nie die Höflichkeit gehabt, über die er auch nie die geringste Andeutung gemacht hatte. Nicht, während sie abends zusammensaßen und redeten, nicht, als er ihr mit seinen Lippen über das Haar gestrichen hatte. Niemals! Mit keiner einzigen Silbe.

Der Schmerz darüber war so groß, dass Fiona nicht einmal sagen konnte, ob es sie tiefer getroffen hatte, zu erfahren, dass Aidan schon gebunden war, oder dass er in all der Zeit, selbst in den vertrautesten Momenten ihres Zusammenseins, nicht aufrichtig zu ihr gewesen war.

Er hatte sie angelogen. Zwar nicht mit Worten, doch mit jeder Geste, jedem Lächeln, jedem ihrer persönlichen, von Tag zu Tag vertrauter werdenden Gespräche. Und plötzlich war all das ausgelöscht, was in den letzten Tagen und Wochen in ihr aufgekeimt war, diese nie gekannte Leichtigkeit, das Gefühl tief empfundener Freude und besonders die zarte, unausgesprochene Hoffnung, dass ihr Leben, das bisher in grauer Einsamkeit verlaufen war, doch noch eine Wendung nehmen könnte.

Auch die ihr nur zu gut bekannte Kälte, die sich nicht vertreiben ließ, hatte sich wieder ihres Körpers bemächtigt. Ganz gleich, wie gut Mrs Dunnett auch die Räume heizte, ganz gleich, in wie viele Decken und Plaids sie sich auch einwickeln mochte. Sogar direkt vor dem Herdfeuer fröstelte es sie.

Ebenfalls frierend, wenn auch aus anderen Gründen, und mit hochrotem Gesicht kam Seoc von draußen hereingestapft. Auf dem Arm trug er einen Stapel Holz und legte ihn mit lautem Poltern und einem derben gälischen Fluch neben dem Ofen ab.

Hatte Fiona geglaubt, das Eis um den Jungen hätte zu schmelzen angefangen, so zeigte er seit der Ankunft von Miss Thomson wieder sein altes, abweisendes Verhalten. Wie ein Igel, der seine Stacheln nach allen Seiten aufstellt.

Ohne die Anwesenden zu grüßen, schob er zwei Holzscheite ins Feuer, das er mit einem langen Eisenstab noch stärker anfachte.

Es rauchte und rußte in alle Richtungen, und erst Elspeths empörter Aufschrei, gefolgt von einem heftigen Husten, brachte ihn dazu, die brennenden Holzstücke nicht länger zu traktieren. Mit einem lauten Scheppern warf er die Eisenstange in die Ecke. Eine Reaktion, die Fiona aus tiefstem Herzen nachvollziehen konnte.

Auch sie verspürte das Bedürfnis, irgendetwas zu zertrümmern. Oder sich in ihrem Zimmer zu verkriechen und nie wieder mit Weinen aufzuhören.

Stattdessen griff sie sich ein Messer und begann damit, die Fische, die Seoc an diesem Morgen im Bach gefangen hatte, zu häuten und zu entgräten. Es fühlte sich gut an, ihre Hände zu beschäftigen, und der Fischgeruch störte sie nicht im Geringsten.

Allerdings hätte sie am liebsten Zwiebeln gehackt. Dann hätte sie nicht mehr ihre Tränen herunterschlucken müssen, sondern eine plausible Begründung dafür gehabt, dass sie ihr ununterbrochen übers Gesicht liefen.

»Außerdem brauche ich endlich eine eigene Zofe!« Alice' Stimme drang durch den Flur bis zur Küche. Fiona ertappte sich dabei, wie sie das Messer fester umklammerte, als müsse sie sich selbst davor bewahren, etwas Unüberlegtes zu tun.

»Natürlich. Ich werde mich gleich morgen darum kümmern, Miss Thomson.« Mrs Dunnetts Stimme klang gepresst und auf eine Art unsicher, die Fiona nicht von ihr kannte und die ihr keineswegs gefiel.

»Morgen, morgen, immer nur morgen. Es wird Zeit, dass in diesem alten, verwahrlosten Kasten endlich jemand für Ordnung sorgt.«

Fiona spürte Zorn in sich aufsteigen, als diese Person derart abfällig über Thirstane Manor sprach.

Schritte näherten sich der Tür, doch Fiona drehte sich weder um, noch sah sie von ihrer Arbeit auf.

»Und dieser missratene Bursche da, der rothaarige mit dem Rattengesicht«, fuhr Alice in entrüstetem Ton fort. »Der sollte mir doch heute Morgen neues Holz bringen. Hat er aber nicht. Und nun erfriere ich fast in meinem eigenen Zimmer.«

Eigenes Zimmer?, dachte Fiona verärgert und stach mit dem Messer auf den ausgenommenen Fisch ein, als könne sie dadurch den ungebetenen Gast zum Schweigen bringen. *Noch gehört dir nichts hier im Hause, Miss Alice Thomson!* Auch wenn es wohl nur noch eine Frage der Zeit war, bis dem so wäre.

»Ich werde ihn daran erinnern.« Mrs Dunnett schien ein Seufzen zu unterdrücken. »Bitte entschuldigen Sie, Miss. Im Augenblick ist sehr viel zu tun. Das anstehende Fest, müssen Sie wissen …«

»Das Fest, oh ja …« Alice' Worte troffen vor Hohn. »Das wird sicher hochherrschaftlich. Bei dem *ausgewählten* Personal!«

Fiona verspürte den Drang, die Menschen zu verteidigen, die sich in den letzten Wochen so unermüdlich abgerackert hatten. Doch sie biss sich auf die Lippen und setzte mit zitternden Händen ihre Arbeit fort.

Wenige Sekunden später vernahm sie eine durchdringende Stimme direkt an ihrem Ohr.

»Ach, was sehe ich? Die wohlgeborene Lady Fiona Hemington eifrig bei der Küchenarbeit. Welch erstaunlicher Anblick.«

Im ersten Moment schnappte Fiona, empört über die grobe Unhöflichkeit, nach Atem, dann aber verschränkte sie – ebenfalls sehr undamenhaft – die Arme vor der Brust und sah Alice mit hochgezogenen Brauen an.

Eine Provokation, die Alice Thomson zur Kenntnis genommen haben musste, denn ihr Blick verdunkelte sich, während sie begann, langsam in der Küche auf und ab zu gehen, als wolle sie diese inspizieren.

Schließlich blieb sie vor Fiona stehen und musterte sie. Ihre Mundwinkel senkten sich zu einem Ausdruck der Herablassung.

Einem Ausdruck, den Fiona nur zu gut kannte. Unwillkürlich reckte sie das Kinn, als Alice erneut zum Reden ansetzte.

»Träumen Sie eigentlich davon, die Herrin des Hauses zu sein, oder streben Sie einen Posten als neue Köchin von Thirstane Manor an?« Sie rümpfte die Nase. »Einen Posten, der allerdings tatsächlich dringend zu besetzen wäre, wie mir scheint. So heruntergekommen, wie hier alles ist.«

Fiona spürte plötzlich, wie etwas tief in ihr erwachte, das sie nie zuvor gekannt hatte: eine schneidende, eine eisige Wut, die geradezu martialische Töne in ihr anklingen und sie jegliche Manieren und Etikette vergessen ließ.

»Wenn Ihnen der Zustand dieses Hauses derart missfällt, Miss Thomson, frage ich mich, warum Sie nicht selbst zu Lappen und Eimer greifen, um den Räumen zu neuem Glanz zu verhelfen. Oder noch besser: Ihre zahlreichen Koffer packen und zu einem Ort aufbrechen, der Ihren Vorstellungen von Behaglichkeit und Luxus mehr entspricht.«

Fiona konnte nicht sagen, wer über ihre forschen Worte mehr erschrocken war, sie selbst oder Alice Thomson. Diese schien zumindest im ersten Moment um eine Antwort verlegen zu sein. Ihr sonst makellos weißes Gesicht färbte sich vom Hals her aufsteigend rot, doch offenbar verfügte sie über eine ungewöhnlich starke Willenskraft. Denn sie konnte sich beherrschen, ihre Empörung nicht offen zu zeigen. Stattdessen sah sie Fiona nur eine Weile schweigend an und sagte dann leise. »Wir werden ja sehen, wer am Ende genau dies tun wird. Wir werden sehen.«

Es klang wie eine Drohung, und Fiona spürte, wie erneut die Kälte nach ihr griff.

Die anderen Anwesenden hatten das Gespräch mit angehört. Elspeth hatte ihr Messer sinken lassen und starrte mit halb offenem Mund zu ihnen herüber. Mrs Dunnett presste die Lippen so fest zusammen, dass sie fast weiß wirkten. Lediglich aufs Seocs Gesicht stand ein Grinsen, das er noch nicht einmal zu verbergen suchte.

»Wir sollten dann alle hier weitermachen.« Fionas Stimme klang heiser, doch sie war nicht bereit, sich von Alice einschüchtern zu lassen. Noch war diese nicht die Herrin auf Thirstane Manor.

Noch nicht ... *Aber bald ...*

Fiona schob den Gedanken beiseite und wandte sich wieder ihren Fischen zu. Die Bediensteten folgten ihrem Beispiel.

Rasch griff Seoc nach einem Eimer mit Schmutzwasser, den er schnaufend aus der Küche schleppte, um ihn draußen auszuleeren.

Da ihr niemand mehr Beachtung schenkte, marschierte Alice erhobenen Hauptes ebenfalls Richtung Tür ...

... und stieß mit Seoc zusammen, der diese gerade passieren wollte.

Es schepperte laut, und der Eimer Schmutzwasser ergoss sich über den Saum von Miss Alice' hellblauem Kleid.

Zornentbrannt starrte sie auf den Missetäter, der, von dem Zusammenprall überrumpelt, ganz erschrocken dastand. Sie holte aus und versetzte ihm zwei schallende Ohrfeigen, sodass sein Kopf erst in die eine, dann in die andere Richtung flog.

Einen Moment lang war der Junge so überrascht, dass er gar nicht zu begreifen schien, wie ihm geschehen war. Dann aber verhärteten sich seine Züge, und der Ausdruck von Hass, den Fiona früher so oft bei ihm wahrgenommen hatte, trat in seine Augen.

Erneut griff kalte Wut nach Fiona. Ohne nachzudenken, trat sie auf Alice zu, der die Entrüstung im Gesicht stand.

»Das war nicht notwendig«, sagte sie so ruhig wie möglich. »Es war ein Versehen, keine Absicht. Und außerdem ...«, sie atmete tief ein, »außerdem haben Sie selbst nicht aufgepasst. Immerhin sind Sie in den Jungen hineingerannt und nicht umgekehrt.«

Die Veränderung, die bei diesen Worten in Miss Thomsons Miene vor sich ging, glich der eines Winterhimmels kurz vor einem Unwetter. Erst wurden ihre Wangen blass, dann zeichneten sich nervöse rote Flecken darauf ab, die sich rasch ausbreiteten.

»Wie kommen Sie dazu, sich in meine Belange einzumischen?« Alice' Stimme zitterte vor unterdrücktem Zorn, und gegen ihren Willen musste Fiona ihr Bewunderung zollen, dass sie selbst in diesem Moment noch Herrin der Lage war und sich zu beherrschen wusste. Hastig schüttelte sie den nassen Rocksaum aus, sodass die Wasserperlen in alle Richtungen davonstoben. »Ich bin sicher, Sir Aidan wird es nicht zu schätzen wissen, wenn er zurückkehrt und hört, wie ich hier im Hause behandelt werde.«

Der Gedanke, dass diese Frau tatsächlich einen solchen Einfluss auf Aidan haben sollte, empörte Fiona über alle Maßen, doch vermochte auch sie, sich zu beherrschen. »Das mag sein, Miss Thomson. Doch wie ich ihn kenne, wird es Sir Aidan auch nicht gefallen, zu erfahren, wie Sie mit dem Jungen umgesprungen sind. Das hat Seoc bestimmt nicht verdient.«

Verächtlich blickte Alice sie an. »Ach ja? Und warum sollte der Laird Thirstane sich darum scheren, wenn ein nichtsnutziger Küchenjunge seine verdiente Disziplinierung erhält?«

Fiona sog scharf die Luft ein. Wieder entsann sie sich der Narben, welche die Haut des Jungen verunstalteten. Aber auch des Ausdrucks aufrichtiger Enttäuschung, ja Verletztheit in Aidans Augen, als er Seoc in der *Samhain*-Nacht bei seinem üblen Streich erwischt hatte.

Und trotz ihres Zweifels hörte sie sich sagen: »Seoc ist für Sir Aidan bedeutend mehr als ein nichtsnutziger Küchenjunge. Und wenn Sie wirklich bald die Frau an seiner Seite sein wollen, müssten Sie das wissen.« Es kostete Fiona Mühe, so sachlich mit dieser Person zu reden, deren Blick so kalt war, dass er Wasser zu Eis hätte gefrieren lassen können. »Sir Aidan schätzt den Jungen nämlich außerordentlich. Er hält große Stücke auf ihn. Und er …« *Er liebt ihn*, wollte Fiona sagen, besann sich aber im letzten Moment noch anders. »Er ist für ihn fast wie ein Sohn.«

Sie fing Seocs Blick auf, der sie verblüfft anstarrte. Seine Augen wurden feucht, seine Lippen zitterten.

In der Küche war es mit einem Mal still geworden. Nichts

war zu hören als das Knacken des verbrennenden Holzes und das Rattern des Windes, der an den Fensterläden riss.

»Ist das so?« Es war Alice, die das Schweigen brach. Ihre Finger ließen den Stoff ihres Kleides los, der weite Rock glitt wieder zurück in seine Position. »Nun, das ist ja sehr interessant zu hören.« Ein anderer Gedanke schien von ihr Besitz ergriffen zu haben, denn ihr Blick wirkte plötzlich nachdenklich und sehr berechnend. Sie schwieg eine Weile und sah zu dem Jungen hinüber, der wortlos vor ihr stand, die Wangen von den herben Schlägen gerötet.

»Es heißt ja immer, Küchen seien die Orte, an denen man die wirklich wichtigen Dinge erfährt«, fuhr sie, an Fiona gewandt, fort. »An diesem Gerücht scheint tatsächlich etwas dran zu sein.« Langsam wandte sie sich um. »Allerdings ist für heute mein Bedarf an Neuigkeiten gedeckt.«

Damit rauschte sie hinaus, und sogleich schien die Temperatur im Raum wieder um mehrere Grad anzusteigen. Das allgemeine Aufatmen war fast zu hören.

Doch Fiona verspürte keine Erleichterung. Noch nicht einmal für den Moment. Sie hatte die unausgesprochene Drohung vernommen, wenn sie auch noch nicht wusste, worin diese bestand.

Und sie hatte sich gerade eine Feindin gemacht.

»Danke, Miss!« Seocs Stimme holte sie in die Realität zurück. Noch ein wenig verschwommen ging ihr Blick zu dem Jungen hin, und sie bemerkte, dass er mit zusammengesackten Schultern, aber offenem Blick vor ihr stand.

»Das war lieb, Miss«, sagte er. Es war ihm anzumerken, wie schwer ihm diese Worte fielen. »Dass Se mich verteidigt haben, vor dieser Frau da. Das war wirklich sehr nett von Ihnen.«

Erstaunt sah Fiona Seoc an, der nun unsicher sein Gewicht von einem Fuß auf den anderen verlagerte und zweimal schwer schluckte. »So was hat noch nie einer für mich getan, außer Sir Aidan, und der ...« Er unterbrach sich, und sein sommersprossiges Gesicht rötete sich noch mehr.

»Ach, Junge.« Unsicher, wie sie auf das Lob aus dem Mund dieses wortkargen Burschen reagieren sollte, strich sie ihm mit der Hand über den Kopf und wuschelte ihm über die Haare. »Ach, Junge.«

Dann verließ sie fluchtartig die Küche, damit niemand ihre Tränen sah.

KAPITEL 41

Nebel lag über dem Land. Grau in Grau spannte sich der herbstliche Himmel über Thirstane Manor und den umgebenden Park. Feiner Nieselregen tränkte die Luft und die schon völlig aufgeweichte Erde. Ein Hauch von Tod und Vergänglichkeit lag über allem. Und selbst den zahlreichen Feuern, die in den Kaminen brannten, gelang es nicht, Feuchtigkeit und Kälte vollkommen auszusperren. Fiona saß am Fenster und schaute gedankenverloren hinaus.

Es war, als wäre von einem Tag auf den anderen plötzlich der Winter über das Land hergefallen und hüllte es wie eine dichte, undurchdringliche Decke ein.

All die vertrauten Momente, die herausfordernden, spitzfindigen, gelegentlich auch zynischen Gespräche zwischen ihr und Sir Aidan schienen in ähnlich weiter Vergangenheit zu liegen wie die zwanglosen Abende mit Mrs Dunnett, Elspeth, Seoc und Duncan in der Küche.

Seit Alice Thomson das Haus betreten hatte, war ein neuer Wind eingekehrt, ungestüm, unberechenbar und eisig. Als Erstes hatte sie neues Personal verlangt und dazu kurz entschlossen die Leute, die nur zur Aushilfe für die Feier angeheuert waren, bis auf Weiteres fest angestellt. Diesen Bediensteten bürdete sie mehr Arbeit auf, als für sie zu schaffen war.

Zudem hatte Alice ein Mädchen aus dem Dorf als ihre persönliche Zofe kommen lassen, ein schmächtiges Ding von gerade mal vierzehn Jahren, mit haselnussfarbenen Haaren und kleinen, engstehenden Augen. Von morgens bis abends scheuchte Alice sie umher, und Fiona verspürte ein solches Mitleid mit dem Mädchen, dass sie sich beherrschen musste, dieser Alice Thomson nicht zu sagen, was sie von einem derartigen Verhalten hielt.

Doch da sie auf Thirstane Manor nur Gast war, Alice jedoch die zukünftige Hausherrin, vermochte sie nichts dagegen zu tun.

So entschloss Fiona sich, noch stärker als bisher mitzuhelfen, und brachte sich täglich mehr in die Belange, Verantwortlichkeiten, aber auch handfesten Arbeiten des Haushalts ein.

Inzwischen hatte Mrs Dunnett nichts mehr gegen dieses ungewöhnliche und nicht im Entferntesten standesgemäße Arrangement einzuwenden. Die Anwesenheit der Verlobten des Lairds schien sie derart zu belasten und zu überfordern, dass sie Fiona gewähren ließ. Mehr noch, sie bezog sie sogar zunehmend in ihre Arbeiten und Entscheidungen mit ein.

Fiona war dankbar dafür. Das Vertrauen, das ihr von dieser stillen, unnahbaren Frau entgegengebracht wurde, tat ihr unendlich gut. Nie zuvor hatte jemand sie wirklich ernst genommen, ihr irgendwelche Verantwortung übertragen. Außerdem halfen ihr diese Arbeiten, ihre verstörenden, ja schmerzhaften Gedanken und Gefühle ein wenig beiseitezuschieben.

Bisweilen fragte sie sich, was wohl der Hausherr zu alledem sagen würde, was hier im Hause vor sich ging. Nachdenklich wischte sie ein Stück der beschlagenen Fensterscheibe frei.

Noch etwas hatte sich geändert: Dieses Haus, das sie von Beginn an mit seiner eigenen schwermütigen Melodie umgeben hatte, war seit der Ankunft von Alice Thomson in Schweigen versunken. Und auch wenn diese seltsamen Klänge, Stimmen und Visionen Fiona zunächst Angst eingejagt hatten, so verspürte sie nun, da diese verstummt waren, nichts als eine tiefe, dumpfe Leere.

Gerade so, als hätte das Haus seine Seele verloren.

Die nebelige Novemberlandschaft vor ihren Augen spiegelte ihre eigene Stimmung wider. Und plötzlich überkam sie der Wunsch, sich sofort Stiefel und Umhang überzuziehen und die Hügel, Täler und Gewässer der Highlands auf eigene Faust zu erkunden. Oder davonzulaufen von diesem Ort, an dem ihre zaghaft aufgekeimte Hoffnung so jäh zerplatzt war.

Ein vages Gefühl der Unruhe zwang Fiona in die Realität zurück. Sie war sicher, aus den Augenwinkeln etwas wahrgenommen zu haben. Eine Bewegung? Einen Schatten?

Erneut wischte sie über die beschlagene Scheibe, um deutlicher sehen zu können. Und tatsächlich, am äußersten Rand des Parks, unweit des Tores, entdeckte sie eine schwarze Gestalt.

Verunsichert blinzelte Fiona, doch weiterhin stand die Gestalt regungslos an gleicher Stelle. Erinnerungen an ihre Ankunft auf Thirstane Manor wurden in ihr wach, an das dunkle, maskenartige Gesicht, das sie durch das nächtliche Glasfenster zu sehen geglaubt hatte, und an den Schatten, der immer wieder ganz in ihrer Nähe durch die Flure zu huschen schien.

Doch nun war es hell, wenn auch die Dämmerung nahte, Seocs Streiche waren aufgedeckt, und Fiona fühlte sich wach und absolut Herr ihrer Sinne. Dennoch stand dieses Wesen – war es ein Mensch? – unverrückbar dort im Park, wo große Eichenbäume die Einfahrt säumten.

Ohne lange nachzudenken, griff sie nach Haube und Mantel, rannte zur Tür hinaus, über den dämmrigen Flur und die Treppe hinunter.

Beinahe lautlos glitt sie durch die halb geöffnete Vordertür nach draußen und eilte über den kiesigen, mit Unkraut überwucherten Weg, um zu sehen, wer dort im Schatten der Bäume wartete.

Kapitel 42

Fionas Schritte beschleunigten sich, während sie durch die schon empfindlich kalte Novemberluft lief, der ein Geruch von halb verrottetem Laub und regengetränkter Erde anhing. Plötzlich überkam sie die Angst, die schwarze Gestalt wäre einfach verschwunden.

Schnell hatte Fiona das Ende der Auffahrt erreicht und schaute sich um. Ihr Herz setzte einen Schlag lang aus, als sie feststellte, dass sich dort niemand befand. Nichts war zu sehen als die leere Allee. Das Rascheln der dürren Blätter, durch die der Wind strich, klang wie Hohn.

Scharf wie ein Messer durchfuhr Fiona die bittere Erkenntnis. Also hatte sie sich auch diese Gestalt nur eingebildet. Wie alles andere, was sie in diesem Hause gesehen zu haben glaubte. Alles nur Phantasie? Ein untrügliches Zeichen, dass sie mehr und mehr den Verstand verlor?

Unsicher und mit wachsender Panik ging sie ein Stück weiter ... und zuckte erschrocken zusammen, als sie, halb hinter einem Baum verborgen, einen Menschen bemerkte.

Da sie ihn von hinten sah, konnte sie keine Einzelheiten ausmachen, doch die schwarze Kleidung hob sich deutlich vom warmen Rot des Herbstlaubs und der bräunlichen Rinde des Stammes ab. Zwischen Furcht und Erleichterung schwankend, näherte sich Fiona vorsichtig.

Dann drehte sich die Gestalt um, und sie konnte das Gesicht erkennen.

Es war Reverend MacKerron.

Fiona war so überrascht, dass sie einen Moment regungslos stehen blieb und den Geistlichen nur stumm anstarrte.

Erstaunen, gefolgt von Schrecken, zeichnete sich kurz in den Augen des Mannes ab und spiegelte ihre eigenen Gefühle wider.

»Lady Fiona. Welche Freude, Sie hier zu treffen.« Das angespannte Aufflackern seiner grauen Pupillen strafte seine Worte Lügen. »Machen Sie auch einen kleinen Spaziergang bei diesem herbstlichen Wetter?«

Kleiner Spaziergang? Misstrauisch zog Fiona die Stirn in Falten. Der Weg vom Dorf bis hierher betrug mehrere Meilen – eindeutig zu weit, um als kleiner Spaziergang bezeichnet zu werden.

Was also wollte der Pfarrer hier?

Und weshalb wirkte er so erschrocken, als er von ihr entdeckt worden war?

»In der Tat, ein sehr herbstliches Wetter«, sagte Fiona, um das Schweigen zu durchbrechen. Es kam ihr gelegen, MacKerron so unerwartet zu begegnen, und sie wollte verhindern, dass er gleich wieder ging, denn sie erhoffte sich Antworten von ihm. Antworten auf Fragen, die sie quälten.

Erneut schwiegen beide, und krampfhaft überlegte Fiona, wie sie es anstellen sollte, ein Gespräch in Gang zu bringen, das sich nicht nur um das Wetter drehte.

»Hatten Sie vor, dem Herrn des Hauses einen Besuch abzustatten, Reverend?«, begann sie schließlich unsicher.

Wieder dieser flackernde Blick. »Ja, ja. In der Tat. Ich hatte vermutet, ihn hier anzutreffen, weil ich mit ihm …«, er unterbrach sich und schien nach den richtigen Worten zu suchen, »etwas Geschäftliches zu besprechen habe.«

Etwas *Geschäftliches?* Fiona bemühte sich, ein unbeteiligtes Gesicht zu machen und nicht die Stirn zu runzeln. Über welche Art von Geschäften konnte Sir Aidan mit einem einfachen Geistlichen zu reden haben?

»Er ist für einige Tage verreist«, erklärte Fiona leise und bemerkte den überraschten Gesichtsausdruck des Reverends.

»Verreist?« Für einen kurzen Moment verengten sich dessen Augen. »Nun, der Herr eines solchen Anwesens hat gewiss vielerlei Dinge zu erledigen.«

»Ja, besonders jetzt, da er dieses Fest geplant hat, einen Herbstball zu Saint Andrew's Night ...«

»Ein Fest?« In seinem Blick standen Ungläubigkeit und Fassungslosigkeit. »Sind Sie sicher?«

Fiona nickte. »So wurde es mir angekündigt. Und seither arbeiten in den Zimmern und Fluren auf allen Stockwerken Hausangestellte und angemietetes Personal, um den alten Bau in einen halbwegs repräsentativen Zustand zu versetzen.«

Nachdenklich schaute der Reverend hinüber zum Herrenhaus, wo schon jetzt, am späten Nachmittag, einige Zimmer beleuchtet waren. »Ein Fest also ...« Kaum merklich schüttelte er den Kopf. »Das also ist der Grund dafür, dass ...« Er unterbrach sich, als wäre er sich erst in diesem Moment wieder Fionas Anwesenheit bewusst geworden. »Nun, dann möchte ich Sie auch nicht länger aufhalten. Vermutlich gibt es auch für Sie einiges zu tun.« Mit einer kurzen Verbeugung wandte er sich zum Gehen.

»Es würde mich freuen, Sie ebenfalls dort begrüßen zu dürfen«, warf sie schnell ein. Ihre Stimme klang heiser und ein wenig gepresst.

MacKerron blieb stehen. Langsam wandte er sich zu Fiona um. In seinem Gesicht lag ein Ausdruck, den sie nicht zu deuten wusste. Überraschung? Nachdenklichkeit?

Schließlich nickte er. »Ja«, sagte er langsam, »ja, vielleicht werde ich tatsächlich kommen. Womöglich ist das ...« Er unterbrach sich, ohne jedoch den Blick von Fiona zu lassen. Er sah sie so lange an, dass Fiona sich unwohl zu fühlen begann und es fast bereute, ihn in ein Gespräch verwickelt zu haben.

»Mögen Sie Sir Aidan?« Diese unvermittelte, völlig zusammenhanglose und höchst persönliche Frage verblüffte Fiona so sehr, dass sie für einen Augenblick nicht wusste, was sie darauf antworten sollte.

»Ihn mögen?« *Mehr als das.*

Krampfhaft suchte sie nach einer unverfänglichen Entgegnung, während der Gedanke an die hochgewachsene, düstere Gestalt des Lairds widersprüchliche Gefühle in ihr auslöste. »Nun ja, ich bin ihm zu großem Dank verpflichtet. Immerhin hat er mir in der Stunde der Not Obdach in seinem Hause gewährt.« Fiona zögerte, unsicher, ob sie Reverend MacKerron ihre Sorgen anvertrauen durfte, ihre verworrenen Gefühle. »Ein wenig wundere ich mich allerdings darüber, dass bisher noch keine Antwort von meinem Vater eingetroffen ist«, fügte sie hinzu, da ihr nichts anderes einfiel.

Ein kurzes Schweigen entstand, dann trat wieder das leutselige, gütige Lächeln auf sein Gesicht. »Die Post ist hier in der Gegend nicht gerade zuverlässig zu nennen. Auch ansonsten geht hier bei uns in den Highlands alles einen wesentlich gemächlicheren Gang.«

»Ja, aber ...«, setzte Fiona zu einem leisen Protest an, ließ dann jedoch den Rest des Satzes unausgesprochen, während sie dem Blick des Geistlichen folgte, der in die Ferne ging. »Das Land hier ist wirklich ... bemerkenswert«, sagte sie stattdessen. »Wunderschön, geheimnisvoll, betörend und doch ...« Sie unterbrach sich, weil sie nach dem richtigen Begriff suchte, um die Gefühle zu beschreiben, die diese eigenwillige, herbe Landschaft in ihr auslöste.

»Traurig?«, fragte MacKerron.

Fragend sah Fiona auf.

»Wirkt unser Land so auf Sie: *traurig?*«

Fiona horchte in sich hinein, um zu ergründen, ob der Pfarrer mit seiner Vermutung recht haben konnte, und nickte dann erstaunt. »Ja«, entgegnete sie schließlich, »Wie ein Land, das einen großen Verlust erlitten hat, ein Land, das Trauer trägt, ein Land ohne Hoffnung, ohne Zukunft.«

Der Blick, den der Geistliche ihr zuwarf, war nachdenklich und tiefgründig. »Sie sind eine junge Frau mit einer erstaunlichen Fähigkeit, Lady Fiona«, sagte er leise. »Obgleich Sie erst so kurz hier weilen, haben Sie schon so viel erkannt, erspürt …«

Fiona fühlte, wie sie bei diesen Worten errötete. »Dieses Land war schon immer anders, rau, wild und unbezwungen«, fuhr er fort. »Selbst den Römern ist es nicht gelungen, es zu unterwerfen, und auch später scheiterten derartige Versuche immer wieder an der Aufsässigkeit, aber auch der Loyalität und unbedingten Heimatliebe seiner Bewohner.«

Ohne es zu merken, hatten sich beide in Bewegung gesetzt und spazierten durch den kalten Novembernachmittag. »Ganz anders als die Städte und Landstriche im Süden, die Lowlands, die viel eher bereit waren, die aus England kommenden Traditionen und Lebensweisen anzunehmen. Bestrebt, nach vorn zu schauen und nicht zurück.«

Die Stimme des Reverends klang so weich, dass es für Fiona ein Genuss war, ihm zuzuhören. Und sie fragte sich, ob die Menschen hier oben vielleicht eine besondere Gabe zum Geschichtenerzählen hatten. Auch den Mären der alten Köchin hatte sie als Kind stets hingerissen gelauscht.

»Erst, als vor fast hundert Jahren die letzten Aufstände gegen die britische Krone, den englischen König niederschlagen wurden und das jahrhundertealte Clansystem zerstört war, wurde damit auch zum ersten Mal die Seele des Landes getroffen. Tief verletzt, manche sagen sogar *tödlich verwundet*. Und nachdem in den darauffolgenden Jahren alles versucht wurde, um die alte Lebensart, die Sprache und den Glauben der Menschen der Highlands auszulöschen, die alten Familien ihren Einfluss eingebüßt hatten ...« Er brach ab, und Fiona spürte, wie sehr ihn dieses Thema bewegte.

Sie nickte. »Und dann begannen die Vertreibungen«, flüsterte sie und erinnerte sich daran, was Aidan ihr erzählt hatte, damals, bei ihrer Wanderung zu der zerstörten Pächtersiedlung.

Wieder sah der Reverend sie überrascht an. »Sie scheinen eine ganze Menge über unser Land zu wissen.«

Verlegen hob Fiona die Schultern. »Vielleicht.«

»Ein Land, das seine Seele verloren hat«, fuhr MacKerron fort, »seine Vergangenheit, und daher einer höchst unsicheren und widersprüchlichen Zukunft entgegentaumelt. Unter der Herrschaft von Grundbesitzern und Landlords, deren einziges Bestreben es ist, möglichst viel Gewinn herauszuschlagen.«

»Sie sprechen von Thirstane Manor und dessen Besitzer?« Noch sehr gut waren Fiona die Worte von Mrs MacKerron im Gedächtnis: *skrupellos ... auf Blut gebaut.*

Eine Weile schwieg der Pfarrer, während sie ihre Schritte wieder zurück zum Herrenhaus lenkten. »Sie sollten den Worten meiner Frau keine allzu große Bedeutung beimessen«, sagte er schließlich, als hätte er ihre Gedanken gelesen. »Sie ist großherzig und gütig, doch es gibt Dinge, von denen sie nichts weiß, die sie daher nicht versteht. Zudem neigt sie hin und wieder ein wenig zur Geschwätzigkeit.« Ein verständnisvolles Lächeln glitt über sein Gesicht.

»Es ist nur so«, griff Fiona den Faden wieder auf, »dass mir dieses Haus hier bisweilen Angst macht.«

Nachdenklich wandte sich der Reverend um. Gewaltig, grau und düster schluckte Thirstane Manor geradezu das blasse Licht des Herbstnachmittages. »Da sind Sie nicht die Einzige«, entgegnete er leise. »Dieses Haus hat eine dunkle Geschichte, und ich glaube, selbst Sir Aidan würde ihm liebend gern den Rücken zukehren. Wenn er es denn könnte. Wenn ihn sein Pflichtgefühl nicht daran binden würde.«

»Sir Aidan?« Fiona runzelte die Stirn. »Das überrascht mich. Irgendwie hatte ich den Eindruck, dass ...« Sie schaute in die Ferne, »dass dieses Land hier eines der wenigen Dinge ist, für die er etwas empfindet.« *Wohingegen er für den Rest der Welt nur Kälte und Ablehnung übrigzuhaben scheint.*

Der Reverend blieb stehen, und es sah aus, als wäge er seine Worte genau ab. »Für das Land ... ja. Nicht hingegen für dieses Haus.«

Sein Tonfall ließ Fiona frösteln.

»Wieso?«, fragte sie heiser.

Erneut schaute er sie an, als frage er sich, ob er ihr vertrauen könne.

»Seine Vergangenheit«, antwortete er schließlich. »Es liegt an seiner Vergangenheit.« Doch versagte er sich jede weitere Erläuterung. Was er vermutlich auch nicht durfte, da ihm sein geistliches Amt die Schweigepflicht gebot.

Fiona ließ ihren Blick zum westlichen Horizont gleiten. Hinter einem der zahlreichen Felsvorsprünge, die diesem Flecken Erde ein markantes Aussehen verliehen, färbte sich der Himmel bereits rötlich. Der Abend dämmerte, und beinahe körperlich glaubte Fiona zu spüren, wie ihr die Zeit zwischen den Fingern zerrann, die Gelegenheit, etwas zu erfahren, das sie unbedingt wissen musste.

»Was ist es nur, das ihn derart umtreibt?«, platzte sie schließlich heraus.

Ein Windzug, der den torfigen Geruch des Herbstes mit sich brachte, strich ihr über das Gesicht.

»Sie wissen sicher, dass ich nicht über solche Dinge reden darf, Mylady. Ich bin ein Mann Gottes, dem sich die Menschen auf besondere Weise anvertrauen. Dieses Vertrauen darf ich nicht missbrauchen. So gern ich Ihnen helfen würde.« Die Stimme des Pfarrers klang traurig.

»Ich verstehe.« Fiona war bemüht, sich ihre Enttäuschung nicht anmerken zu lassen. »Es ist nur …« Sie überlegte, wie sie ihre Frage formulieren sollte, ohne zu viel von dem preiszugeben, was sie für Sir Aidan empfand. Für einen Mann, der einer anderen Frau versprochen war. Doch spürte sie, wie sehr dieser litt, und es drängte sie, seinen Schmerz zu lindern. »Was kann ich nur tun, um ihm zu helfen? Was … was benötigt er am meisten?«

Wieder schwieg MacKerron eine Weile, als wäre er unschlüssig, wie viel er erzählen durfte, ohne seinen Eid zu brechen.

»Erlösung«, sagte er schließlich leise. »Aidan Thirstane braucht Erlösung …«

Leise wie ein Nebelhauch, der in der Luft hing, schwebte dieser Begriff zwischen ihnen.

Erlösung? Das Wort klang nach Verheißung und Trost, auch wenn Fiona nicht wusste, was genau der Geistliche damit meinte. *Erlösung …*

Dennoch wurde ihr plötzlich bewusst, wie sehr es sie selbst danach verlangte. Nach Trost, nach Nähe, nach der Hoffnung, eines Tages die Vergangenheit hinter sich zu lassen. All die Jahre der Einsamkeit, der Demütigung, des Abgelehntwerdens. Sie sehnte sich so sehr danach, dass es wehtat und Tränen in ihre Augen traten.

»Und er scheint mir nicht der Einzige zu sein ...«, fuhr der Reverend sanft fort. »Habe ich recht?«

Stumm nickte Fiona, erstaunt und berührt von der Feinfühligkeit dieses Mannes, der ihre Verletzungen zu spüren schien, obgleich sie diese zu verbergen suchte.

Sie seufzte leise und verspürte den Wunsch, noch länger zu verweilen. Mit diesem Gottesmann, hier draußen in der schroffen, wilden Natur der Highlands, die sich lindernd wie Balsam auf ihre Seele legte und ihr etwas von dem Frieden schenkte, den sie zu Hause in Edinburgh nie erfahren hatte.

Doch eine Frage brannte ihr noch auf der Seele, die sie unbedingt stellen wollte, bevor sie ins Herrenhaus zurückkehrte. Fahrig schob sie sich eine Haarsträhne aus dem Gesicht. »Vor ein paar Tagen bekamen wir überraschend Besuch auf Thirstane Manor«, begann sie, und ein trauriges Lächeln stahl sich auf ihr Gesicht, als sie bemerkte, dass sie »wir« gesagt hatte. So sehr fühlte sie sich also bereits als Teil dieses Hauses, als Teil von Aidans Welt ...

»Eine junge Frau«, fuhr sie fort. »Sie heißt Alice Thomson und sagt, sie sei die Verlobte des Lairds.«

Es entging Fiona nicht, dass sich MacKerrons Augen verdunkelten. »Mit welchem Anliegen ist sie hergekommen?«

Um Unruhe zu stiften, Hoffnungen und Träume zu zerstören, dachte Fiona. Laut sagte sie: »Ich glaube, es geht um das Fest zu Saint Andrew's Night. Ansonsten ...« Sie zuckte die Schultern. »Kennen Sie diese Frau, Reverend? Kennen Sie ihre Familie?«

Stimmt es wirklich, was sie behauptet? Dass Aidan ihr versprochen ist? Fiona spürte, dass ihr Mund trocken wurde, sich feine Schweißperlen auf ihrer Haut bildeten.

Der Pfarrer zog die Augenbrauen zusammen. »Selbst wenn dem so wäre, Mylady, dürfte ich nichts darüber sagen.«

Resigniert nickte Fiona und spürte die Kälte, die sie einzuhüllen begann.

»Eines verstehe ich jedenfalls nicht«, sagte sie schließlich nach einigen Momenten des Schweigens. »Jahrelang hat Sir Aidan hier in diesem Haus, auf diesem Land in völliger Abgeschiedenheit gelebt, fast ohne Kontakt zu anderen Menschen, selbst die Anzahl seiner Bediensteten ist geradezu ein Hohn.« Es fiel ihr schwer, die richtigen Worte zu finden. »Und plötzlich kündigt er einen Ball an, und es taucht eine zukünftige Ehefrau auf, über die er noch nie zuvor ein Wort verloren hat.«

Eine Weile gingen sie schweigend nebeneinanderher.

»Was bezweckt Sir Aidan damit?«, durchbrach Fiona schließlich die Stille. »Verfolgt er irgendeinen Plan?«

Reverend MacKerrons Blick war in eine unbestimmte Ferne gerichtet. Erst als sie das Haus fast erreicht hatten, blieb er stehen und wandte sich zu Fiona um.

»Ich bedauere, Ihnen nichts sagen zu können, was Ihnen weiterhilft. Doch haben Sie Dank für Ihre Einladung. Ich werde da sein.« Väterlich berührte er ihre Hand, als wolle er ihr etwas von seiner Kraft, etwas von seinem Glauben mitgeben. »Und bis dahin passen Sie gut auf sich auf …«

Er wandte sich ab und ging langsam den kiesbedeckten Weg entlang Richtung Tor.

»Vielleicht wird er sich dann seinen Dämonen stellen.« Der Wind zerfaserte seine Worte, und doch hatte Fiona sie verstanden.

Die Kälte des Novembertages biss unangenehm in ihre Haut. Und plötzlich kroch die Angst wieder in ihr hoch.

KAPITEL 43

Bereits vor Stunden hatte der Regen eingesetzt, die ohnehin schon unwegsamen Straßen und Pfade noch weiter aufgeweicht. Aidan war bis auf die Haut durchnässt, als er endlich Thirstane Manor erreichte. *Sein* Haus, wie er mit einem Anflug grimmiger Genugtuung feststellte. In nächtliche Dunkelheit gehüllt, waren die Umrisse der wuchtigen Mauern nur schwach zu erkennen. Und obgleich Aidan dieses verfluchte Gemäuer die meiste Zeit über zur Hölle wünschte, verspürte er nun erstmals das Gefühl von Dankbarkeit, dorthin zurückkehren zu können. Von dem langen Ritt, auf dem er sich kaum eine Pause gegönnt hatte, schmerzte ihn jeder Muskel seines Körpers. Die Aussicht auf trockene Kleidung und einen starken, heißen Kaffee erschien ihm ungeheuer verlockend.

Noch mehr gefiel ihm jedoch die Vorstellung, am nächsten Morgen Fiona wieder zu begegnen, ihr Lächeln zu spüren und ihre anregenden Gespräche da fortzusetzen, wo sie vor seinem Aufbruch aufgehört hatten.

Aidan glitt vom Pferd, führte es in den Stall und versorgte es rasch selbst, bevor er zum Haus ging. Mit vor Kälte steifen Fingern öffnete er die Tür zum Dienstboteneingang. Es tropfte ihm von den Haaren, dem Gesicht und den Kleidern. Die Sohlen seiner Lederstiefel quietschten vor Nässe und hinterließen eine feuchte Spur auf dem Fußboden. Er betrat die Küche, die um diese Uhrzeit verlassen dalag. Nur der schwache Duft von Speck, Zwiebeln und frisch gebackenem Brot hing noch zwischen den Wänden, ebenso ein Rest von Wärme, den das schwach glimmende Herdfeuer verbreitete.

Einen kurzen Moment war Aidan versucht, Glenna zu wecken, um sie davon in Kenntnis zu setzen, was er auf seiner Reise in Erfahrung gebracht hatte, doch dann schälte er sich aus dem nassen Reisemantel, schnitt sich zwei Scheiben des Haferbrots ab, bestrich sie mit Butter, die in einem Topf abseits des Herdes in einer kühlen Ecke des Raumes stand, und biss hinein.

Ohne sich die Zeit zu nehmen, sich dazu hinzusetzen, schlang er den gesamten Imbiss hinunter, spülte mit einem Becher Wasser nach und schnitt sich ein weiteres Stück Brot ab.

Seine kleine Reise war von Erfolg gekrönt gewesen. Nicht nur, dass alle, die er zu seinem Fest geladen hatte, ihm eine Zusage erteilt hatten. Vor allem aber war es ihm gelungen, den letzten wichtigen Mosaikstein zu finden, der ihm noch gefehlt hatte. Gut verwahrt ruhte dieser nun an einem sicheren Ort, und Aidan wusste, dass es nun an der Zeit war, rasch zu handeln.

Obgleich er für seine Vermutung keine Beweise hatte, hätte er schwören können, dass der Überfall auf die Kutsche der Hemingtons, das völlige Verschwinden aller Spuren, ein untrügliches Zeichen dafür war, dass er mit seinem Verdacht richtiglag und die drohende Gefahr immer näher rückte.

Fröstelnd sehnte er sich nach trockener Kleidung, seinem Bett und etwas Schlaf. Er entzündete eine Kerze an der letzten Glut des Herdfeuers und schickte sich an, seine Räume aufzusuchen.

Als er auf den Flur trat, glaubte er, von irgendwo im Hause, gedämpft durch die dicken Mauern, die leisen Akkorde einer Melodie zu vernehmen. Schwermütig, getragen und tieftraurig. Er blieb stehen, um zu lauschen, doch waren sie schon verklungen.

Oder hatte er sich diese Musik nur eingebildet? War sie der Hoffnung entsprungen, *Fiona* sei noch wach? Sodass er sie begrüßen könnte? Noch in dieser Nacht?

Eilig nahm er den Weg über die Dienstbotentreppe hinauf und öffnete die Tür zur Eingangshalle. Auch hier herrschte völlige Stille. Lediglich der Regen prasselte gegen die Fenster, was Aidan für einen Moment das Gefühl gab, allein in diesem alten Haus zu sein.

Nur er selbst – mit seiner nie zuvor gekannten Sehnsucht nach einem ganz bestimmten Menschen.

»Guten Abend *Aidan* …« Eine Stimme, warm weich und etwas kokett, ließ ihn zusammenfahren.

Für einen kurzen Moment beschleunigte sich sein Pulsschlag. Die Kälte, die er noch gerade eben in den nassen Kleidern verspürt hatte, wich einer aufkeimenden Wärme. Er wandte sich um und sah eine zierliche Gestalt aus einer Mauernische hervortreten.

Sein Herz setzte einen Schlag lang aus. Dann fiel der Schein seiner Kerze auf ein Gesicht von porzellanartiger Schönheit unter hellen, goldenen Locken, die sich wie herausfordernd um die Wangen kringelten.

Er glaubte zu träumen. Wie war das möglich?

»Miss Thomson.« Er war sich nicht sicher, ob er den Namen laut ausgesprochen oder nur gedacht hatte.

Ein nachsichtiges Lächeln erschien auf dem vollen Mund. »Warum so förmlich, Aidan? Freust du dich denn überhaupt nicht, mich zu sehen?«

Aidan schluckte trocken, trat einen Schritt zurück und verbeugte sich knapp, während ihm noch immer das Wasser von den nassen Kleidern tropfte.

»Miss Thomson, welche Ehre, Sie in meinem Haus begrüßen zu dürfen. So früh hatte ich Sie noch nicht erwartet.«

Zwei blonde Augenbrauen reckten sich spöttisch in die Höhe. »Ich wollte nicht bis zum Abend des Balls warten, deshalb bin ich früher aufgebrochen.« Auffordernd schob sie die Hüften nach vorn. »Nun, ist meine kleine Überraschung gelungen?«

Schwach bemerkte Aidan den Duft von Rosenwasser. »In der Tat, Miss Thomson«, antwortete er heiser, während sich seine Gedanken überschlugen, sein Puls zu rasen begann. »Anders kann man es nicht sagen.«

Ein Ausdruck der Befriedigung schlich sich in die Augen der Frau. Eine schmale Hand schob sich unter seinen Ellbogen, legte sich auf seine Armbeuge. »Ich konnte nicht schlafen, und als ich dann Geräusche hörte, wollte ich nachsehen, was das war.« Ihre Worte waren süß und verlockend. »Welch angenehme Überraschung, dich anzutreffen. Der Herr des Hauses endlich von seiner Reise zurück.« Sanft und zugleich fordernd umschlangen ihre Finger seinen Arm.

Aidan rührte sich nicht.

»Ich freue mich, dass wir Gelegenheit haben, noch vor dem Ball unser Wiedersehen miteinander zu feiern. In einem ... wie soll ich sagen ... einem kleinen, privaten Rahmen.« Alice' Stimme klang verführerisch und hallte von den hohen Wänden wider. Als keine Reaktion erfolgte, runzelte sie missmutig die Stirn. »Was ist los? Sag doch endlich was!«

Langsam fuhr sie mit der Daumenspitze über den nur von dem nassen Hemd bedeckten Unterarm, und ein feiner Hauch rieselte durch Aidans Körper. Er zwang sich zu einem Lächeln.

»Natürlich freue ich mich. Aber ich war lange unterwegs und bin müde ...« Fahrig strich er sich mit der freien Hand durch das Haar. Er musste furchtbar aussehen, völlig durchnässt und aufgeweicht, die Stiefel mit Schlammspritzern bedeckt. Wahrscheinlich hing ihm sogar der strenge Geruch nach Pferd und Stall an.

Die Frau an seinem Arm schien das jedoch nicht zu stören. Oder sie war klug genug, es nicht zu zeigen.

Ein wenig spitzbübisch schürzte sie die Lippen. »Ich glaube, ich wüsste etwas, das dir dabei helfen könnte, wieder munter zu werden …« Der Satz hing unvollendet in der nächtlichen Luft.

Aidan fehlte die Kraft, um ihn zu verscheuchen oder die Wirkung, die er auf ihn hatte. Erschöpft, aufgewühlt, so vollständig seines Schutzschirmes beraubt, mit dem er sich sonst zu umgeben pflegte, brachte er es nicht einmal fertig, den Kopf zu schütteln.

»Du musst dir unbedingt mein Zimmer ansehen. Du wirst dich wundern, was ich mithilfe deines erbärmlichen Häufleins von Dienstboten daraus gemacht habe, mein Lieber.«

Ehe Aidan es sich versah, hatte Alice sich auf die Zehenspitzen gestellt und ihm einen Kuss auf die Lippen gehaucht, der zwar nicht die Müdigkeit aus seinem Körper vertrieb, in ihm jedoch das Gefühl von Unwirklichkeit und Schwindel aufkeimen ließ.

»Komm mit, ich zeig dir, was ich meine.« Einladend drückte sie seine Hand ein wenig fester.

Kalt und klamm klebten seine Kleider auf der Haut. Er sehnte sich danach, sich ihrer zu entledigen, und nach Wärme, Schlaf und Vergessen.

Zumindest für den Moment.

Sanft kitzelte die Berührung ihrer Lippen an seinem Ohr.

Sie forderte ihn auf, ihr auf ihr Zimmer zu folgen. In Aidans Kopf begann sich alles zu drehen.

»Du bist völlig durchgefroren, dem kann ich abhelfen.« Warm und süß wie Honig tropften die Worte von ihren Lippen. Gegen seinen Willen wärmten sie ihn tatsächlich. Und das mit aller Macht.

Er dachte an Fiona, die oben in ihrem Zimmer lag und schlief. Unschuldig, vertrauensvoll und vollkommen ahnungslos.

Wieder drohte die Leere von ihm Besitz zu ergreifen. Die Leere und die Dunkelheit. Wie ein tiefes Loch, das sich vor ihm öffnete, wie ein Strudel, der ihn hinabreißen wollte.

Und in dieser Nacht war er nicht in der Lage, dagegen anzukämpfen.

»Komm ... mit mir ...« Der Druck, den Alice auf seinem Arm ausübte, wurde ungeduldiger, fordernder ... verlockender. Fast zog sie ihn in die gewünschte Richtung. Ohne weiteren Widerstand ließ er sich von ihr mitführen.

*

Fiona hatte sich in der Musik verloren. Ihre wirren Gefühle, ihre Befürchtungen und Sorgen waren in den Klängen gefangen, die schillernden Seifenblasen gleich zur Decke schwebten. Die schwermütigen Akkorde umschmeichelten ihre Sinne und legten sich tröstlich auf ihre aufgewühlten Gefühle.

Nachdem sie in der ersten Hälfte der Nacht keinen Schlaf gefunden hatte, war sie leise über den Gästetrakt zur Galerie und in das Musikzimmer geschlüpft, um sich die Einsamkeit von der Seele zu spielen. Schon immer hatte die Musik es vermocht, sie zu beruhigen und ihre Gedanken zu klären. Stets war sie ihr ein Trost gewesen, und selbst in dieser Nacht hatte sie ihre Wirkung nicht versagt. Wie sehr sie auch unter der Anwesenheit dieser fremden Frau und an Aidans Unaufrichtigkeit litt, so vermochten doch die Klänge der Melodien, ihren Schmerz ein wenig zu lindern.

Fiona spürte, wie die Müdigkeit sie langsam überkam, und beschloss, zurück zu ihrem Zimmer zu gehen. Gerade als sie den Deckel des Pianofortes zuklappen wollte, glaubte sie, flüsternde Stimmen zu vernehmen.

Stimmen? Woher kamen sie? Waren sie überhaupt real? Oder handelte es sich wieder nur um Hirngespinste, Nachwirkungen der verklungenen Akkorde oder ihrer eigenen trüben Gedanken?

Sie schob den Schemel zurück, eilte zur Tür, öffnete diese und spähte hinaus.

»Ich konnte nicht schlafen ... welch angenehme Überraschung.«

Leise, wie ein Hauch trafen die Worte auf Fionas Ohr.

»Ich war lange unterwegs ...« Die Stimme war tiefer, sonorer und vertraut.

Fiona spürte einen bitteren Geschmack auf der Zunge.

»Ich glaube, ich wüsste etwas ...« Ein glockenhelles Lachen perlte durch die hohe Halle, und diesmal klang es sogar noch deutlicher.

Lautlos glitt Fiona in die Galerie und beugte sich vorsichtig über die Brüstung.

Schwaches Kerzenlicht erhellte einen kleinen Ausschnitt der Eingangshalle. Mit zusammengekniffenen Augen konnte sie zwei Gestalten erkennen, eine Frau und einen Mann, die eng beisammenstanden, in ein vertrautes Gespräch vertieft.

Wie Gold flammten die Locken der Frau auf.

Alice Thomson!

Dann wandte ihr der Mann das Profil zu, und sie erkannte Aidan.

Mit klopfendem Herzen beobachtete Fiona, wie Alice

ihm langsam über den Arm strich, sich noch enger an ihn schmiegte.

Er schien gerade erst heimgekommen und völlig vom Regen durchweicht zu sein. Feucht und offen fiel ihm das Haar ins Gesicht. Der Stoff seines Hemdes und der dunklen Hose klebte nass an seinem Körper. Er hob den Kopf in Alice' Richtung. Noch nie war er Fiona so anziehend erschienen wie in diesem Moment, so begehrenswert – und zugleich so unerreichbar.

Sie hörte, wie weitere Worte gesprochen wurden, die sie jedoch nicht verstand, ein leises, verführerisches Raunen.

Ein Brennen breitete sich in Fionas Brust aus, während ihr Blick unverwandt auf Aidan ruhte, der sich noch immer mit Alice unterhielt, die vertraulich ihren Arm unter den seinen geschoben hatte.

Fiona presste die Fingernägel in ihre Handballen, um sich nicht durch einen Laut zu verraten.

Wie, um ihre Schmach zu vervollkommnen, sah sie, dass Alice sich auf die Zehenspitzen stellte und Aidan auf den Mund küsste.

Als hätte sie sich die Hände am Geländer verbrannt, fuhr Fiona zurück. Ihr Herz klopfte laut und verräterisch. Gequält schloss sie die Augen. Ein Mühlrad begann sich in ihrem Kopf zu drehen, schnell und immer schneller.

Schritte näherten sich über die Treppe, und rasch schlüpfte Fiona durch die noch immer halb geöffnete Tür zum Musikzimmer. Sie wagte kaum zu atmen, doch als die Schritte sich in die andere Richtung entfernten, konnte sie dem Drang hinauszuspähen nicht widerstehen.

Das Gefühl von Enttäuschung steigerte sich zu einem Crescendo von Schmerz, als sie beobachtete, wie Alice Aidan mit sich zog und beide in ihrem Zimmer verschwanden.

29. November 1837

Kapitel 44

Der Vorabend von Saint Andrew's Day war angebrochen, mit frostiger Kälte und der Ahnung des nahenden Winters. Ein Gefühl von Endlichkeit und Abschied lag über Thirstane Manor und dem im Nebel versunkenen Park. Doch verblasste dieser Eindruck, als die Kerzen entzündet wurden und nach und nach die Gäste eintrafen.

Fiona war beinahe dankbar dafür, noch immer mit ihrer Toilette beschäftigt zu sein, denn sie verspürte eine unbestimmte Furcht, so vielen fremden Menschen gegenüberzutreten. Ihr ganzes Leben war sie verschämt vor den Augen der Öffentlichkeit verborgen worden, als Schandfleck der Familie. Und nun verspürte sie den Drang, sich in ihr Bett zu verkriechen und sich die Decke über den Kopf zu ziehen.

»Sie sehen wunderschön aus, Mylady, wenn ich das sagen darf.« In Elspeths Worten klang aufrichtige Bewunderung mit, als sie Fiona vor den Wandspiegel schob, in dem sich das Licht der zahlreichen Kerzen brach, die im Zimmer brannten, um bei den letzten Vorbereitungen für den großen Abend auch nichts zu übersehen.

Langsam hob Fiona den Kopf, unsicher, was sie zu erwarten hatte, und erstarrte in der Bewegung. Sollte das unbekannte Wesen, das ihr entgegenblickte, tatsächlich sie selbst sein?

Ein Grinsen sprach aus Elspeths Stimme. »Sie sind wie ein Traum, Mylady. Herbst und Licht und Wärme ... Meine Güte! Sir Aidan werden die Augen aus dem Kopf fallen, wenn er Sie so sieht. *Mo chreach!*«

Vorsichtig machte Fiona einige Schritte, fasziniert von der Leichtigkeit des Stoffes, der bei jeder Bewegung geheimnisvoll raschelte. Trotz ihres Unbehagens begann ihr Herz, schneller zu schlagen. Fast hatte sie das Gefühl, zusammen mit dem Kleid ein neues Wesen übergestreift zu haben, ein neues Ich. Vorsichtig strich sie mit den Fingerspitzen über die weiche Seide, die in warmen Beige- und Apricottönen changierte. Aidan hatte Wort gehalten und ihr für diesen Abend ein Kleid besorgt, das alles, was sie bisher in diesem Hause getragen hatte, in den Schatten stellte.

Ihre zimtfarbenen Haare waren zu einer kunstvollen Frisur aufgesteckt, die Farbgebung ihrer Robe harmonierte perfekt mit Haar und Augen. Den krönenden Abschluss bildeten ein dazu passendes Collier und Ohrringe, deren Steine wie warmes orangefarbenes Feuer schimmerten. Unsicher berührte Fiona den Schmuck mit den Fingerspitzen. Zusammen mit dem Kleid hatte er vor zwei Tagen auf dem Bett in ihrem Zimmer gelegen.

Bisher hatte sie allerdings noch nicht die Gelegenheit gehabt, sich bei Aidan zu bedanken. Seit seiner Rückkehr war es ihr nicht möglich gewesen, allein mit ihm zu sprechen. Die ganze Zeit war Alice nicht von seiner Seite gewichen, fast so, als wolle sie ihn vor ihr abschirmen.

Und mit einem Herz, das schwer war wie ein Stein, hatte sich Fiona die alte Einsamkeit des Hauses zurückgewünscht. Die traute Ruhe, die sie zuvor erlebt hatte. Nur Aidan und sie, dazu die vier ihm treu ergebenen Angestellten.

Einige wenige Wochen ihres Lebens – bis zum Eintreffen

von Alice Thomson – hatte Fiona in einer Seifenblase der Illusion verbracht, einen Platz gefunden zu haben, ein Heim und Menschen, die sie ungeachtet ihrer seltsamen Erkrankung respektierten, vielleicht sogar wertschätzten. Und dann war diese Blase geplatzt, hatte nichts als Leere in ihr zurückgelassen.

Wieder verspürte Fiona den unbändigen Drang, sich zu verkriechen. Wie sehr hatte sie sich auf dieses Fest gefreut, wie hart hatte sie Seite an Seite mit Elspeth und den anderen Hausangestellten dafür gearbeitet, dass es ein Erfolg würde! Und wie bitter war nun der Gedanke, dass Alice als zukünftige Hausherrin an Aidans Seite daran teilnehmen würde.

»Sie sind viel schöner als diese Miss Thomson, Mylady.« Elspeth war offensichtlich in der Lage, Gedanken zu lesen, zumindest an Saint Andrew's Night. Oder waren Fionas Gefühle so deutlich zu erkennen? »Wenn Sir Aidan Sie so sieht ...«, wiederholte sie und unterbrach sich, als ihr wohl aufging, in welche Belange sie sich da gerade einmischte.

Fiona schüttelte den Kopf. Auch wenn ihr Spiegelbild sie an diesem Abend durchaus beeindruckte, so wusste sie doch, dass die eisige, engelsgleiche Schönheit einer Alice Thomson ihresgleichen suchte. Zudem war das ohnehin nicht von Belang, da Sir Aidan bereits an diese gebunden war.

»Aber Miss Thomson ist so ...«, setzte Elspeth ein weiteres Mal an, »so hart. Wenn sie die Herrin hier wird ...« Den Rest des Satzes ließ sie unausgesprochen. Doch Fiona verstand auch so, was das Mädchen sagen wollte.

Dann würde hier alles anders werden.

Anders. Auch für sie.

Nicht nur aus diesem Grund hatte Fiona lange darüber nachgedacht, wie es künftig mit ihr weitergehen würde. Am Ende hatte sie den Entschluss gefasst, noch diesen letzten

Abend in Thirstane Manor zu verbringen. Das geboten ihr Anstand und Pflichtgefühl dem Hausherrn gegenüber. Danach jedoch würde sie diesen Ort, an dem es keine Zukunft für sie gab, für immer verlassen. Wenn sie auch nicht genau wusste, wie sie es anstellen konnte, den Weg in ihr Elternhaus auf sich allein gestellt zu bewerkstelligen.

Vielleicht käme ja einer der Gäste aus Edinburgh und wäre bereit, sie auf der Heimreise mitzunehmen. Dabei graute es ihr davor, in das Haus ihres Vaters zurückzukehren. Noch dazu, wo er sie nicht besonders zu vermissen schien, denn noch immer hatte er sich weder brieflich gemeldet, noch nach ihr geschickt.

Aufgeregt zupfte Elspeth an den Falten des Kleids, obgleich es perfekt saß. Trauer stieg in Fiona auf. Sie würde die junge Wäscherin vermissen, die wie eine Freundin für sie geworden war. Und im Licht des Spiegels sah sie, dass in ihren Augen Tränen glitzerten.

Dieser Abend hier, diese Nacht war nicht nur ihr Debüt, sondern zugleich auch ihr Abschied. Ein Abschied für immer.

Sosehr sie dieser Gedanke auch bedrückte – sie würde diesen letzten Abend auskosten. Dieses Fest, das sie selbst mit vorbereitet hatte, womöglich das einzige, das ihr je vergönnt sein würde.

Sie zwang sich zu einem Lächeln und nickte Elspeth zu. Das Mädchen eilte an ihr vorbei, um ihr die Tür zu öffnen. Noch einmal atmete Fiona tief durch, dann straffte sie sich und trat auf den Flur.

In eine völlig neue Welt.

Das ganze Haus war seltsam verwandelt, als hätte die Anwesenheit der vielen Menschen die Klänge und Schwingungen innerhalb dieser Mauern verdrängt. So wie die Hunderte von Kerzen, die die Dunkelheit aus allen Ritzen vertrieben.

Noch bevor Fiona das Ende der Treppe erreicht hatte, hörte sie vom großen Saal her gedämpftes Geraune und die verhaltenen Klänge von Musikern, die ihre Instrumente stimmten.

Ein wenig schwindelig, als hätte sie schon dem Alkohol zugesprochen, ging sie zu der Tür, umfasste den Knauf, scheute jedoch davor zurück, diesen umzudrehen.

Ihr Herz hämmerte zum Zerspringen und vermischte sich mit dem Crescendo an Tönen in ihrem Inneren. Was würde geschehen, wenn sie jetzt diesen Saal betrat?

Das unbehagliche Gefühl, beobachtet zu werden, ließ sie zusammenzucken und sich suchend umblicken. Für den Bruchteil eines Pulsschlags glaubte sie, erneut eine schwarze Gestalt wahrzunehmen. Doch als sie, vom hellen Kerzenlicht geblendet, blinzelte und ihr Blick sich klärte, war der Schatten verschwunden.

Fiona riss die Tür auf und floh in den Festsaal.

*

Unzählige Kerzen beleuchteten den hohen, mit einer kunstvollen Stuckdecke versehenen Raum, der noch wenige Tage zuvor dunkel und verlassen wie eine Grabkammer auf Fiona gewirkt hatte.

Auf einer Seite hatte man eine lange Reihe Tische aufgestellt. In großen Tellern, Schüsseln, Platten und Schalen waren allerlei Köstlichkeiten von süßer und herzhafter Art angerichtet. Ein verlockender Duft nach Wild, Pilzen und anderen typisch herbstlichen Genüssen hing in der Luft und mischte sich mit dem harzigen Geruch des Feuers, das in dem riesigen, mit einem hellen Marmorrahmen ummantelten Kamin knisterte.

Alle Tische waren mit weißen Tüchern bedeckt und den

karierten Bändern geschmückt, die Elspeth und sie selbst aus alten Tartanstoffen zugeschnitten und gesäumt hatten.

Sogar die schweren rotbraunen Vorhänge hatten sie damit gerafft, was dem ganzen Saal einen ländlichen, rustikalen Charme verlieh. Fionas Herz schlug schneller. Das alles war ihr Werk, das Ergebnis ihrer Überlegungen, ihres Geschicks und ihrer Mühen in der kreativen Zusammenarbeit mit Elspeth. Bei dieser Vorstellung fühlte sich Fiona zugleich so stolz und so traurig, dass es ihr die Tränen in die Augen trieb.

Welch schönes Fest in der Nacht des Heiligen Andreas!

Langsam ging Fiona weiter in den Raum hinein und schaute sich diskret um.

Die Anzahl der Gäste nahm sich eher bescheiden aus. Es mochten um die zwanzig Personen beiderlei Geschlechts und verschiedener Altersklassen sein, von denen ihr jedoch niemand bekannt erschien. Ein Glas mit einem heißen oder kalten Getränk in der Hand, standen sie in kleinen Grüppchen zusammen, manche ins Gespräch vertieft. Doch durch die anheimelnde Dekoration und die überschaubare Größe des Raums fiel die begrenzte Anzahl der Gäste nicht weiter auf. Es herrschte eine warme, gemütliche Atmosphäre. Zumindest auf den ersten Blick, denn während Fiona die gesamte Situation ein wenig auf sich wirken ließ, hatte sie das Gefühl, unter der Etikette des höflichen Benehmens und der Maske der Wohlanständigkeit eine feine, kaum merkliche Spannung im Raum wahrnehmen zu können.

Wer mochten diese Menschen sein? Waren sie von der Einladung zu diesem Fest überrascht worden und gespannt darauf, was sie auf Thirstane Manor erwarten würde?

Vergebens suchte Fiona den Saal ab, in der Hoffnung, irgendwo Sir Aidan zu entdecken, damit er sie den Gästen vorstellen konnte. Gelegentlich streifte sie ein neugieriger Blick, den sie mit einem knappen Gruß erwiderte. Mit Mühe gelang es ihr, nicht ständig nervös über das neue Kleid zu streichen oder an ihrer aufgesteckten Frisur zu zupfen.

Wo blieb nur der Hausherr? Auch Miss Thomson war nirgends zu sehen. Es war wirklich keine Empfehlung für den Gastgeber, so spät zu erscheinen und die Gäste sich selbst zu überlassen.

Der Knoten in Fionas Magen löste sich ein wenig, als sie Reverend MacKerron entdeckte, der mit einem Glas in der Hand allein ein wenig abseits stand.

Der Anflug eines schlechten Gewissens rührte sie, immerhin hatte sie den Pfarrer höchst eigenmächtig eingeladen. Doch obgleich er nicht ganz zu den übrigen Gästen passte – alles Damen und Herren der gehobenen Schicht –, erweckte er nicht den Eindruck, als fühle er sich fehl am Platz. Unauffällig musterte er die Anwesenden und begutachtete dann die Dekoration des Raums, die ihm zu gefallen schien, denn er nickte zufrieden.

Vorsichtig hob Fiona die Röcke an und eilte zu dem Geistlichen hinüber.

»Reverend MacKerron!« Ihre Stimme klang ein wenig atemlos.

Er drehte sich nach ihr um, und ein erfreutes Lächeln huschte über sein Gesicht.

»Lady Fiona.« Er verneigte sich knapp. »Ich freue mich sehr, Sie zu sehen.« Anerkennend glitt sein Blick über ihre Gestalt. »Und Sie sind heute Abend wirklich eine Augenweide, wenn Sie mir diese Bemerkung erlauben.«

Verlegen legte Fiona den Kopf schief. »Danke, sehr nett, dass Sie das sagen. Sir Aidan war so großzügig, mich für diesen Abend mit einer neuen Garderobe auszustatten.«

Verwunderung glomm in den Augen des Geistlichen auf.

Oder war es Erschrecken? »So, so, der junge Herr macht Ihnen also Geschenke?« Nichts an dem fröhlichen, neckenden Ton des Pfarrers ließ erkennen, was er davon hielt.

»Nun, ich hatte wirklich nichts anzuziehen, was diesem Anlass angemessen gewesen wäre. Nachdem mein ganzes Gepäck in der Kutsche ...« Sie unterbrach sich, als die Erinnerung an dieses entsetzliche Ereignis sie wieder zu überkommen drohte.

Tröstend strich der Pfarrer über ihren Arm. »Ich weiß. Doch wollen wir an diesem Abend nicht daran denken. Alles unter der Sonne hat seine Stunde, und jetzt ist die Zeit zu feiern.«

Und des Abschieds, dachte Fiona, und für einen kurzen Augenblick war sie versucht, dem Pfarrer ihre Gedanken anzuvertrauen.

Ehe sie jedoch Gelegenheit dazu hatte, glaubte sie, zu spüren, wie die Temperatur im Raum von einem Moment auf den anderen um einige Grad abfiel. Es fröstelte sie, und als sie sich umwandte, war sie nicht überrascht zu sehen, dass Alice Thomson eingetreten war.

In ihrem eisblauen Kleid, dessen seidiger Rock sich über einer weit ausgestellten Krinoline spannte, wirkte sie wie ein Winterengel, wie ein kalter Lufthauch inmitten des angenehm beheizten Festsaals.

Wie sollte sie sich jetzt verhalten? War sie verpflichtet, die Frau zu begrüßen? Oder sollte sie sich lieber zwischen den anderen Gästen verbergen?

Die Entscheidung wurde ihr abgenommen, da Miss Thomson geradewegs auf sie zuschwebte.

»Lady Fiona, welche Freude, Sie zu sehen!« Ihre vibrierende Stimme klang verführerisch und sanft. Alle Augen waren auf sie gerichtet, was sie sichtlich genoss. Hoheitsvoll grüßte sie in die Runde. Mit ihren hellblonden Locken und dem dezent gepuderten Gesicht wirkte sie so makellos, dass sie alles in ihrer Umgebung zu überstrahlen schien.

»Eine solch außergewöhnliche Gelegenheit kann man sich ja nicht entgehen lassen«, entgegnete Fiona höflich und unterdrückte dabei den Impuls, schleunigst das Weite zu suchen. Alice' äußere Erscheinung, ihr ganzes Gehabe, ihre gezierten Bewegungen mochten auf Außenstehende vielleicht einnehmend wirken. Doch lag etwas Frostiges in dem Blick, mit dem sie Fiona musterte. Ein Anflug von Eifersucht? Auf sie?

Fiona verwarf den Gedanken so schnell, wie er gekommen war.

»Oh ja, wer hätte gedacht, dass man das einmal erleben dürfte – ein Ball auf Thirstane Manor! Wobei ...«, mit einer graziösen Geste rückte Alice ihren Rock zurecht, »wobei man ja zugeben muss, dass sich diese Feier hier angesichts der Größe des Anwesens doch eher bescheiden ausnimmt.« Und mit einem abschätzigen Blick auf Fiona fügte sie hinzu: »Diese kleine Zusammenkunft ist sicher nichts im Vergleich zu den gesellschaftlichen Ereignissen, zu denen Sie normalerweise geladen sind dort in Edinburgh oder wo auch immer.«

Eine Woge brennender Scham überkam Fiona. Niemals würde sie dieser selbstherrlichen Person gegenüber eingestehen, dass sie bisher noch an keiner größeren Veranstaltung teilgenommen hatte. Zumindest an keiner, die über eine Familienfeier im intimen Kreise hinausging.

Zum Glück war Miss Thomson ohnehin nicht an einer Antwort Fionas interessiert und fuhr fort: »Wenn diese Gegend hier doch nicht so entsetzlich einsam wäre! So kalt und so düster. Ich muss zugeben, an manchen Tagen überkommt mich in dieser Einöde wirklich die Melancholie.«

Gern hätte Fiona ihr heftig widersprochen, doch gerade,

als sie dazu ansetzen wollte, verstummten die Gespräche. Die Köpfe aller Anwesenden drehten sich in Richtung der großen, zweiflügeligen Eingangstür.

Ganz in Schwarz gekleidet, betrat Sir Aidan den Saal. Das schulterlange Haar hatte er, entgegen der Mode, mit einem Band im Nacken zusammengefasst. Die enge schwarze Hose und der Rock in der gleichen Farbe strahlten eine solche Düsternis aus, als hätte sich all das Unheimliche, Bedrohliche des Gebäudes in seiner Person vereinigt.

Nach einigen Schritten blieb er stehen und ließ seinen Blick prüfend über die Menge gleiten, den Kopf gereckt, als sei er ein Feldherr, der die Lage sondiert. Sein Gesicht war unbewegt, aber in seinen Augen glomm für den Bruchteil eines Augenblicks etwas wie Zufriedenheit, ja fast wie Triumph auf. Hoch aufgerichtet ging er an den versammelten Gästen vorbei und begrüßte sie mit unterkühlter Würde.

Dieser Auftritt verfehlte nicht seine Wirkung. Hatte Fiona noch kurze Zeit zuvor die Verärgerung der Gäste darüber wahrgenommen, dass der Hausherr sie so lange warten ließ, so war dies beim Anblick der schwarz gekleideten, ein wenig hochmütigen Gestalt Aidan Thirstanes einer respektvollen Ehrerbietung gewichen.

Erstaunt bemerkte Fiona, dass der Laird jeden der Anwesenden persönlich begrüßte. Zwar stand sie zu weit entfernt, um Einzelheiten der Gespräche ausmachen zu können, doch selbst von ihrer Position aus nahm sie wahr, dass die Anwesenden den Gruß mit einer gewissen Reserviertheit beantworteten.

Auch auf Fiona wirkte Aidan an diesem Abend besonders eindrucksvoll. Er erinnerte sie an einen schwarzen Panther, von dem sie einmal Zeichnungen gesehen hatte. Ein geschmeidiges Raubtier, das nur auf den richtigen Moment wartete, seine Beute zu schlagen. Hastig schüttelte sie den Kopf. Doch es gelang ihr nicht, die Hitze zu vertreiben, die sich bei diesem Gedanken in ihr ausgebreitet hatte.

Schließlich löste sich Reverend MacKerron aus der Menge der Gäste und trat auf den Laird zu.

»Ich grüße Sie, Sir Aidan. Welch wunderbarer Abend für eine derartige Festlichkeit in Ihrem Hause.«

Einen Augenblick lang schien Aidan ein wenig irritiert. Peinlich berührt erinnerte sich Fiona daran, dass sie es versäumt hatte, ihren Gastgeber über ihre eigenmächtige Einladung des Geistlichen zu informieren.

»Ein schöner Abend, in der Tat«, antwortete der Laird ein wenig steif. »Ob es eine gelungene Feier werden wird, muss sich indes noch zeigen.«

Statt einer Antwort legte der Reverend Sir Aidan, der ihn um Haupteslänge überragte, väterlich die Hand auf die Schulter, als wolle er ihn zu etwas ermutigen, vielleicht sogar beglückwünschen.

Kurz sah es so aus, als wolle dieser die Hand des Geistlichen abschütteln. Doch dann nickte er ihm zu, und für einen Moment schienen sie stumme Zwiesprache zu halten.

»Aidan, gut, dass du endlich da bist. Du hast uns lange auf dich warten lassen!« Es war Alice, die das Schweigen durchbrach und mit rauschenden Röcken auf Aidan zueilte.

Mit einigen höflichen Worten wandte sich dieser von dem Reverend ab. Alice, die sich sogleich bei ihm einhakte, führte ihn zu dem üppig beladenen Büffet.

Als sie an Fiona vorbeikamen, nickte er ihr zu, und sein Blick streifte sie. Bevor sie in einen flüchtigen Knicks sank, bemerkte sie den Hauch von Anerkennung, der darin lag. Ihre Wangen brannten, als sie sich wieder aufrichtete und schweigend den beiden nachsah, die sich an den Erfrischungen bedienten.

»Welch seltsame Verstrickungen das Leben bisweilen mit sich bringt. Licht und Schatten, so eng miteinander verwoben«, sagte eine leise Stimme.

Die Augen noch immer auf den Laird und Alice Thomson gerichtet, zuckte Fiona zusammen. Reverend MacKerron stand direkt hinter ihr.

Irritiert schüttelte Fiona den Kopf. »Was sagen Sie?«

»Nur die Gedanken eines alten Mannes«, bemerkte der Geistliche statt einer Antwort, griff nach einem Glas Wein, das ihm von einem der Lakaien angeboten wurde, und reichte ihr ebenfalls eines.

Hastig nahm sie einen Schluck. Der Wein war schwer und süß. Sogleich breitete er sich in ihrem Magen aus und hinterließ eine Spur von Wärme.

Verstohlen schaute sie wieder zu Aidan und seiner Begleiterin hin, und der Anblick von Alice' Hand, die wie selbstverständlich in Aidans Armbeuge lag, schien sich geradezu in ihre Augen einbrennen zu wollen. Wie die Königin neben ihrem König wich sie ihm nicht von der Seite. Seine unbewegte Miene ließ nichts von seinen Gefühlen erkennen, und wieder schien er Fiona unendlich weit von ihr entfernt zu sein.

»Meine Damen, meine Herren«, begann er schließlich. »Ich danke Ihnen, dass Sie alle meiner Einladung gefolgt sind, und freue mich auf diesen besonderen Abend in meinem Hause. Wie Sie sicher bereits feststellen konnten, ist auch für Speis und Trank bestens gesorgt. Ich hoffe, dass es Ihnen munden wird.«

Er machte eine kurze Pause, und Fiona schien es, als sähe er kurz zu ihr herüber. Oder war das nur Wunschdenken?

»Doch haben Sie auch die Möglichkeit, den noch jungen Abend zu nutzen und sich den gesellschaftlichen Vergnügungen ganz anderer Art hinzugeben.«

Vereinzelte Zurufe signalisierten Zustimmung.

»Und somit habe ich die Ehre, den ersten Tanz mit dieser jungen Dame zu eröffnen, Miss Alice Thomson.«

Alle Augen richteten sich auf Alice, die mit stolz erhobenem Kopf an Aidans Seite stand. Auf ihren Wangen hatte sich ein triumphierendes Glühen ausgebreitet. Fiona spürte einen Stich im Herzen, als Aidan Alice zur Mitte des Saales führte, um sich mit ihr zu einem Reigen aufzustellen. Nach und nach folgten die meisten der Gäste, und kurze Zeit später erklangen die ersten Takte der Musik.

Der Abend war offiziell eröffnet.

Kapitel 45

Fionas Augen begannen zu brennen, so gebannt war ihr Blick auf Aidan und seine Partnerin gerichtet. Schnell schloss sie die Lider und atmete mehrere Male tief durch.

Es ist der Abschied, sagte ihr eine innere Stimme. *Nicht mehr lange, und du wirst das alles hier verlassen haben. – Und er wird dich vergessen.*

»Sie sollten auch tanzen, Mylady.«

Fiona wandte sich zu Reverend MacKerron um, der eine knappe Verbeugung andeutete.

»Zwar bin ich nur ein Mann der Schrift und des Wortes, beileibe kein begnadeter Tänzer.« Ein warmes Leuchten stand in seinen Augen. »Wenn Sie mir dennoch die Ehre erweisen würden ...« Anteilnahme klang in diesen Worten mit, wenn auch gemildert durch das beinahe jungenhafte Lächeln des Geistlichen.

Tapfer erwiderte es Fiona. »Das ist sehr freundlich von Ihnen, Mr MacKerron. Ich weiß Ihre Güte zu schätzen. Da meine Erfahrungen auf diesem Gebiet jedoch auch eher bescheiden zu nennen sind, schlage ich vor, wir ersparen uns diese Peinlichkeit und begnügen uns stattdessen mit dem Zuschauen.«

Nachdenklich nippte der Reverend an seinem Glas Wein und sah Fiona über dessen Rand hinweg an. »Wer nach dem Ansehen der Person geht, begeht eine Sünde, sagt die Schrift.«

Überrascht blickte Fiona auf. Was wollte er ihr damit sagen? Sprach er von Sir Aidan, von Alice Thomson oder von ihr selbst?

Statt seine Aussage zu erläutern, legte der Reverend die Hand auf ihren Arm. »Sie haben dieses Haus verwandelt, seit Sie hier sind, Lady Fiona. Und Sie haben den Laird verwandelt, auch wenn er es selbst vielleicht noch nicht weiß.« Sein Blick wanderte zu dem Hausherrn. »Ich hoffe nur, er versteht es, die Karten entsprechend neu zu mischen.«

Ein verräterisches Kribbeln glitt über Fionas Haut. Doch ehe sie nachfragen konnte, was er damit meinte, nickte er nur und ging davon.

Verwirrt schaute sie ihm nach. Schließlich drehte sie sich wieder zur Tanzfläche und quälte sich eine Weile selbst mit dem Anblick von Aidan, der mit seiner Verlobten den nächsten Tanz anführte. Eine dunkle, unnahbare Gestalt, vollständig Herr der Lage. Von seinen Gefühlen gab er nichts preis.

Ruckartig wandte sie sich ab und ging, um zumindest den Anschein zu erwecken, sie hätte etwas zu tun, an den Büffettisch. Doch verschwamm der Anblick all dieser Köstlichkeiten vor ihren Augen. Als ein Lakai sich anbot, ihr bei der Auswahl der Speisen behilflich zu sein, spürte Fiona, wie sich ihr bei der Vorstellung, etwas zu essen, der Magen zuschnürte. Und so winkte sie nur höflich ab.

Das Gefühl der Einsamkeit überfiel sie, und Traurigkeit legte sich über sie wie ein Netz. Die beschwingten Klänge der Streicher schwebten über ihren Kopf hinweg, während in ihrem Innern eine dunkle Melodie erklang. Eine Melodie der Hoffnungslosigkeit, des Abschieds und des Schmerzes.

Schritte näherten sich. Von einem Augenblick auf den anderen schien die Luft um sie herum zu knistern. Die Klänge in ihrem Kopf wechselten in eine andere Tonart, begannen, ihren gesamten Körper zu durchdringen.

Sie spürte seine Anwesenheit, auch ohne sich umzuwenden.

»So allein?« Noch nie hatte seine Stimme so sanft geklungen.

Schweigend starrte Fiona auf das Glas zwischen ihren Fingern. Erst als eine Hand vorsichtig ihre Schulter berührte und sie zwang, sich umzudrehen, blickte sie auf. Direkt in Aidans Augen, die ruhig und fest auf ihr ruhten.

Irritiert sah sich Fiona nach Alice um, konnte sie jedoch nirgends entdecken.

Ohne um Erlaubnis zu bitten, nahm Aidan ihr das Getränk aus der Hand und stellte es auf einem Tisch ab.

Sie spürte die Blicke der Anwesenden auf sich gerichtet, was sie noch mehr verunsicherte.

»Sir Aidan«, brachte sie schließlich hervor. »Wie kann ...«

Mit einer knappen Bewegung des Kopfes unterbrach er sie. Sein Blick glitt über ihren Körper. »Sie sehen wunderschön aus, Mylady.«

Fiona errötete. »Das verdanke ich Ihnen, Sir. Mit Ihrem Geschenk haben Sie einen außerordentlichen Geschmack bewiesen.«

Er lächelte. »In diesem Punkt irren Sie sich, Mylady. Es liegt weder an dem Kleid noch an dem Schmuck. Sie selbst sind es, die ...« Er unterbrach sich, und der Ausdruck seiner Augen veränderte sich. »Nun, als der Hausherr und Gastgeber dieser noblen Gesellschaft verfüge ich über das eine oder andere kleine Privileg. Und bisher haben Sie mir noch nicht die Ehre eines Tanzes erwiesen.«

Er ergriff ihre Hände. »Es sei denn, Sie möchten es nicht, weil Sie noch immer glauben, wegen der Trauerzeit für Ihre Tante derartigen Vergnügungen entsagen zu müssen. Dem Zwang der Gesellschaft mehr Bedeutung beimessen als Ihren eigenen Gefühlen und Wünschen.«

Fiona verspannte sich, spürte, wie seine Worte sie tief in ihrem Innersten berührten.

Was *sie* wollte? Was *sie* dachte? Wann hatte man jemals nach ihren Wünschen gefragt, danach, was sie empfand? Stets war von ihr erwartet worden, ihre Rolle zu spielen, als Tochter ihres Vaters die makellose äußere Fassade aufrechtzuerhalten, der Familie keine Schande zu bereiten. Selbst wenn das in ihrem Fall bedeutete, dass sie kaum das Haus verlassen durfte.

Und nun, dieser Mann …

Seine Lippen streiften ihre Ohrmuschel, als er sich zu ihr beugte. »Finden Sie nicht, es wäre an der Zeit, sich von derartigen Bevormundungen zu befreien? Und sei es nur an diesem einen besonderen Abend?«

Für den Bruchteil eines Atemzugs glaubte Fiona, ein amüsiertes Funkeln in seinen Augen aufblitzen zu sehen. Als sie nichts entgegnete, vertiefte es sich. »Bei unseren früheren Gesprächen erschienen Sie mir immer recht schlagfertig. Nie hätte ich gedacht, dass eine solch einfache Frage Sie überfordern könnte.«

Vielleicht, weil es keine passende Antwort gab. Weil Fiona plötzlich nicht mehr wusste, was sich gehörte, weil sie tatsächlich tanzen wollte, an diesem letzten Abend, mit diesem Mann. Und weil sie überrascht war über die Heftigkeit, mit der sie es sich wünschte, und über die Bereitschaft, dafür sogar die ungeschriebenen Gesetze der Gesellschaft zu missachten.

Wieder schien die Luft im Raum zu knistern.

Mit einem kurzen Knicks nahm sie seine Aufforderung an.

Zugleich spürte sie, wie seine Hände sie zu ihm zogen, ganz dicht an ihn heran. So nah, dass sie für einen kurzen Moment die Wärme seines Körpers durch den Stoff ihrer Kleidung spüren konnte. Gleich darauf nahm er jedoch wieder den geforderten Abstand, die korrekte Tanzhaltung ein.

Das Rauschen in Fionas Kopf übertönte jedes andere Geräusch der Umgebung, sodass sie die ersten Klänge der Musik, die von den Streichern angestimmt wurde, überhörte. Erst als ihr Partner mit einer leichten, fließenden Bewegung in die erste Drehung glitt und sie dabei mit sich führte, kehrte sie in die Realität zurück.

»Das ist ein Walzer, Sir«, sagte sie leise. Aidan hatte ihr einen Walzer reserviert.

»Richtig erkannt.« Der Laird lächelte. »Aber Sie brauchen keine Angst zu haben, wenn Sie den Tanz nicht beherrschen. Überlassen Sie sich nur ganz meiner Führung.«

Etwas anderes blieb ihr auch nicht übrig. Ihre Beine fühlten sich so weich an, dass sie sicher war, zu stürzen, wenn Aidan sie nicht festhielte. Diese plötzliche, unerwartete Nähe, ihre höchst widersprüchlichen Gefühle machten sie verlegen, und die kreisenden Bewegungen führten dazu, dass sie von einem Schwindel befallen wurde. Alles in ihrem Kopf drehte sich, die Umgebung verschwamm vor ihren Augen.

Noch nie zuvor hatte Fiona getanzt, doch schon nach wenigen Schritten erkannte sie, wie sehr es ihr gefiel. Sie liebte die Musik und genoss es, sich zu ihrem Rhythmus zu bewegen. In einer wortlosen, fast selbstverständlichen Harmonie mit Aidan. Ein wenig benommen spürte sie seine Nähe, den Druck seiner Hände. Durch halb geschlossene Lider glaubte sie zu sehen, wie die Klänge, kleinen glitzernden Tropfen gleich, durch den Raum tanzten und sie einlullten, bis sie nicht mehr wusste, wo sie sich befand, ja das Gefühl hatte zu schweben.

Aidan brach den Bann. »So schweigsam habe ich Sie selten erlebt, Mylady. Haben etwa meine überragenden Tanzkünste Sie derart überwältigt? Oder ist es Ihnen von den vielen Drehungen des Walzers so schwindelig geworden, dass Sie eine kleine Pause benötigen?«

»Nein, keine Pause!« Die Worte waren Fiona entwischt, bevor sie sie zurückhalten konnte.

Wieder glomm ein Funke von Belustigung in den Augen des Lairds auf. »Deute ich Ihre Worte richtig, dass es Ihnen gefällt?«

Gefallen? Mehr als das.

Doch natürlich verbot es sich, solche Gefühle offen zur Schau zu stellen. »Es ist wirklich eine sehr schöne Feier geworden«, entgegnete sie, während sie sich weiterhin gemeinsam dem Walzertakt hingaben.

»Nun, Mylady, Sie verstehen es recht gut, auszuweichen.« Es war nicht zu verkennen, dass die Worte spöttisch gemeint waren. Spöttisch und herausfordernd.

Fiona beschloss, nicht darauf einzugehen. »Und es ist erstaunlich, wie sich Ihr Heim in so kurzer Zeit verwandelt hat.«

»Wie sich ein düsteres, etwas heruntergekommenes Herrenhaus mitten im Nirgendwo plötzlich in einen durchaus akzeptablen Rahmen für einen Ball verwandeln konnte, meinen Sie wohl.« Wieder war die Ironie nicht zu überhören.

Die leichte Verärgerung, die Fiona darüber empfand, stahl sich auf ihre Lippen. »Es scheint eine Ihrer besonderen Eigenarten zu sein, alle freundlichen Worte, die man Ihnen sagt, ins Gegenteil zu verkehren. Selbst dann, wenn sie ernst gemeint sind.«

Die Miene ihres Gegenübers verhärtete sich, und es dauerte einige Takte, bis er antwortete. »Bisweilen lehrt einen das Leben, dass gerade freundlichen Worten oft nicht zu trauen ist.«

Fiona war nicht sicher, ob das als eine Art Entschuldigung zu deuten war, hatte jedoch das Bedürfnis, das Gespräch weiter am Leben zu erhalten. »Daraus schließe ich, dass das Leben Ihnen nicht immer das beschert hat, was Sie sich erhofften.«

Aidans Augen verengten sich und wurden tiefschwarz. Eine

Weile schwieg er, dann nickte er knapp. »So in etwa könnte man es zusammenfassen.«

Sein Blick hatte sich verschlossen, als wolle er verhindern, dass dieser etwas von dem verriet, was sich in seinem Innern abspielte. Doch seine Finger umschlangen die ihren fester.

»Ihre phantasievolle Dekoration ist wirklich sehr gelungen und trägt viel zur Atmosphäre des Festes bei«, sagte er schließlich, und seine Worte klangen aufrichtig.

Eine tiefe Freude stieg in Fiona auf. »Danke, Sir. Ich hatte gehofft, dass es Ihnen gefällt.«

Wärme durchzog ihren ganzen Körper, und obgleich sie bisher an ihrem Wein nur genippt hatte, fühlte sie sich wie berauscht.

Aber er ist verlobt!, zischelte ihr eine innere Stimme wie eine giftige Schlange zu. *Er gehört nicht dir, und ganz gleich, was du dir wünschst ...*

Wie zur Bestätigung ihrer Gedanken blickte Fiona bei der nächsten Drehung in das blasse Gesicht von Alice Thomson, das zu einer zornigen Maske erstarrt war.

Entweder bemerkte Aidan das nicht, oder er ignorierte es. Ohne Alice eines Blickes zu würdigen, schien er weiterhin den Tanz zu genießen, und vermittelte Fiona das Gefühl, dass ihn in diesem Moment nichts anderes interessierte.

»Ich hoffe, der Abend bereitet Ihnen Vergnügen«, bemerkte er leise, und ein Lächeln stand in seinem Gesicht, das ihn erstaunlich jung und sehr entspannt wirken ließ.

»Das tut er wirklich«, meinte Fiona nach einigem Zögern, während ihr Blick unwillkürlich wieder zu Alice ging. »Es ist schön, zu sehen, dass sich die Anstrengungen und Mühen gelohnt haben.«

»Sie haben wahre Wunder vollbracht und aus dieser Grabkammer einen Festsaal gezaubert.«

Fiona erkannte die aufrichtige Anerkennung in seinen Worten und die Verwirrung, die diese in ihr auslöste.

»Das ist zu viel der Ehre. Ich war es nicht allein. Auch Elspeth und die anderen haben ...« Sie unterbrach sich, als sie seinen Gesichtsausdruck bemerkte.

Der leise Spott, der in seinen Augenwinkeln stand, wirkte wohlwollend. »Sie sagen, Sie genießen den Abend, und doch bereitet Ihnen offensichtlich etwas Unbehagen.« Er lächelte. »Ich hoffe doch, dass nicht ich die Ursache dafür bin.«

Hitze rieselte durch Fionas Körper. »Nein, Sir. Das sind Sie nicht. Es ist nur, dass ...« Erneut führte sie Aidan, ohne auf ihren Widerstand zu achten, in eine vollendete Drehung. »Es ist nur ...«

»Ja?« Wieder dieser warme Spott in Aidans Augen.

Nervös fuhr Fionas Zungenspitze über ihre Lippen. »Ihre Verlobte ... Sie scheint zu missbilligen, was wir tun.« Sie hasste sich dafür, dass sie so erbärmlich klang.

Nur kurz schaute ihr Tanzpartner zu der wie zu Stein erstarrten Frau hin. Er antwortete nicht, machte aber keine Anstalten, den Tanz zu beenden, sondern schien sie sogar noch fester in den Arm zu nehmen.

»Vielleicht«, sagte sie leise, während ihr Blick fast zwanghaft zu Alice Thomson hinüberglitt, »sollten wir lieber aufhören und den Rest des Abends getrennt verbringen. Ich möchte nicht schuld sein, dass ...«

Ein undeutbares Lächeln huschte über sein Gesicht, und er zog Fiona noch ein Stück näher an sich heran. Überrascht, überrumpelt und schwindelig hielt sie den Atem an.

»Wir sollten wirklich nicht ...«, flüsterte sie heiser, war jedoch unfähig, den Satz zu Ende zu führen, da Aidan für einen kurzen Moment ihre Hand losließ und die Spitze seines Fingers auf ihre Lippen legte.

Die Hitze, die bei dieser Berührung von ihrem Mund ausgehend durch ihren Körper schoss, vertrieb einen Moment lang jeden klaren Gedanken aus ihrem Kopf.

Während sie sich widerstandslos weiter über die Tanzfläche führen ließ, hämmerte in ihrem Hinterkopf eine leise, aber nicht verstummen wollende Warnung.

Großer Gott, was tat Aidan da? Was dachte er sich dabei, sich in aller Öffentlichkeit solche Vertraulichkeiten zu erlauben? Schlimmer noch, vor Alice' Augen?

Fiona wusste bald nicht mehr, ob der Schwindel in ihrem Kopf von den vielen Drehungen des Walzers herrührte, ihren eigenen wirren Gedanken oder der von Minute zu Minute intensiver empfundenen Nähe zu Aidan.

Wieder tanzten sie an Alice vorbei, deren Hand sich so krampfhaft um ihr Champagnerglas klammerte, dass die Knöchel weiß hervortraten.

Fiona versuchte, etwas Abstand von Aidan zu nehmen, doch er hielt sie so fest, dass es ihr unmöglich war. »Wir sollten wirklich …«

»Sch…«, schnitt er ihr das Wort ab. Und dann, ehe Fiona wusste, wie ihr geschah, beugte er sich vor und berührte wie zufällig mit seinen Lippen ihre Stirn. Flüchtig und so kurz, dass sie nicht wusste, ob sie sich das nicht nur eingebildet hatte.

Doch das flammende Kribbeln an der Stelle, die Wärme und der stärker werdende Schwindel bewiesen ihr, dass es wahr sein musste.

Und sie fragte sich, wie man sich zugleich so furchtbar und so wundervoll fühlen konnte. So schäbig und doch so erhaben.

Klänge explodierten in ihrem Kopf, hell und beschwingt. In bunten Schlieren verschmolzen sie mit denen des Walzers, der nicht zu enden schien.

Elspeth hatte Recht behalten, es war wirklich eine besondere, diese dem heiligen Andreas geweihte Nacht.

Ihr Herz schlug schneller, und ihre Haut glühte. Wenn dieser Mann an ihrer Seite sie nicht gehen lassen wollte …

… dann würde auch sie ihn festhalten, so fest sie nur konnte. Zumindest bis der Tanz zu Ende war. Und danach?

Danach müsste sie ihn wieder loslassen, ihn wieder hergeben. Für immer?

Beinahe hilfesuchend glitt ihre Hand an seinem Arm hinab, suchte nach der seinen, die auf ihrer Taille ruhte. Wie eine Ertrinkende umfasste sie sein Handgelenk, wurde von der Drehung jedoch so stark herumgewirbelt, dass ihre Finger abrutschten und in die Öffnung seines Ärmels glitten, wo sie etwas Hartes, Raues, Unebenes berührten. Etwas, das dort nicht hingehörte. Etwas, das sich völlig falsch anfühlte, etwas, das die Eleganz des Stoffes, der es bedeckte, Lügen strafte.

Was war das?

Ihre Fingerspitzen bewegten sich über das raue, trockene Etwas, das sich einem Armband gleich um das Handgelenk des Lairds zog.

Ihre Augen wurden groß, sie stockte.

Aidan bemerkte es. Sein Lächeln erlosch.

»Was ist das?«, hauchte Fiona, ehe sie darüber nachdenken konnte. Ihre Finger waren noch immer um sein Handgelenk geschlungen, tastend, fragend …von einer Welle der Beunruhigung erfasst.

Ruckartig riss sich Aidan los. Seine Augen wurden schwarz vor Zorn.

Obgleich sie sich noch immer gegenüberstanden, wirkte der Abstand plötzlich wie ein tiefer Graben.

»Wie können Sie es wagen?« Zischend wie eine Ohrfeige traf Fiona diese Rüge. »Haben Sie kein Gefühl für Anstand?«

Hätte sich ihr Tanzpartner vor ihren Augen in einen feuerspeienden Drachen verwandelt, so hätte sie nicht erschütterter sein können. Sein plötzlicher, unerwarteter Ausbruch verschlug ihr die Sprache. Sie öffnete den Mund, um etwas zu sagen, irgendetwas zu ihrer Verteidigung hervorzubringen. Doch alle Worte, die ihr in den Sinn kamen, zerfaserten bei dem Versuch, über ihre Lippen zu gelangen. Hitze überflutete ihr Gesicht, diesmal in brennender Scham.

Wie durch einen Nebel hindurch sah sie, dass sich die Augen der Gäste auf sie richteten, sie beobachteten, hinter Fächern und Taschentüchern tuschelten.

Über sie.

Doch all das nahm Fiona nur am Rande war, es drang nicht wirklich bis in die Tiefe ihrer Seele. Alles, was für sie in diesem Augenblick zählte, war Aidan, dessen Anblick von einer solchen Erbitterung zeugte, dass sie unwillkürlich einen Schritt zurückwich. Das Rascheln ihres Kleides erinnerte sie daran, wie wunderbar nahe sie sich noch einige Augenblicke zuvor gewesen waren. Was war nur geschehen?

»Wenn Sie nicht wissen, wie man sich zu benehmen hat, Mylady, dann rate ich Ihnen, es zu lernen, bevor Sie sich das nächste Mal in Gesellschaft begeben.« Obwohl er seine Stimme nicht erhoben hatte, hallte jedes seiner Worte in Fionas Kopf nach.

Er klang wie ihr Vater. Nein, nicht genau so. Ihr Vater hatte sie oft beleidigt und tief verletzt. Doch nie im Zorn, sondern in wohlüberlegten, gut gesetzten Formulierungen, die dazu angetan waren, ihr Innerstes nach außen zu kehren, sich nutzlos, dumm und wertlos fühlen zu lassen.

Aidan jedoch schien nicht einmal zu wissen, was er gerade

sagte. Er bebte vor unterdrückter Wut, und noch etwas anderem, das Fiona jedoch nicht zu deuten vermochte.

War es Angst?

Sie bemerkte, dass er mit den Fingern das Gelenk seiner linken Hand umklammerte. Geradeso, als verspürte er dort starke Schmerzen.

»Ansonsten, Mylady, bleibt mir nur, Ihnen trotz allem noch einen schönen Abend zu wünschen. Ich hingegen empfehle mich.«

Ehe Fiona die Gelegenheit hatte, etwas zu erwidern, hatte Aidan sich von ihr abgewandt und marschierte steifbeinig Richtung Ausgang.

Das Knallen der Tür, die er hinter sich zuwarf, ließ die Gläser auf den Tischen mit lautem Klirren erzittern.

KAPITEL 46

Fiona wusste nicht, wie lange sie regungslos dort stehen blieb, wo Aidan sie verlassen hatte. Hätte er sie in aller Öffentlichkeit geohrfeigt, so wäre ihre Erschütterung kaum stärker gewesen.

Was hatte sie getan, das ihn so aufbrachte, dass er sich die Blöße gab, auf dem ersten öffentlichen Fest, das dieses Haus seit langer Zeit erlebte, seinen Gast, immerhin die Tochter eines Earls, vor aller Augen zu demütigen? Und dadurch auch seinen eigenen Ruf erneut aufs Äußerste zu schädigen?

Die Blicke der Anwesenden schienen Fiona wie glühende Pfeile zu durchbohren. Ein Augenpaar drängte sich in ihr Sichtfeld – triumphierend und hasserfüllt zugleich: Alice! Welch ein Balsam musste die öffentliche Blamage Fionas für die Wunde sein, die ihr der Hausherr zugefügt hatte, als er Fiona als Tanzpartnerin für den Walzer gewählt und ihr dabei in aller Öffentlichkeit seine Zuneigung gezeigt hatte.

Alles um Fiona herum verschwand hinter einem Schleier aufsteigender Tränen. Scham, brennende, glühende Scham verdrängte die Betäubung des Schocks, der sich zunächst schützend um sie gelegt hatte.

Ein Schluchzen wollte sich ihrer Kehle entringen. Doch dann erwachte der Stolz in ihr. Bevor sie die Schande noch vergrößerte, indem sie hier öffentlich in Tränen ausbrach und – schlimmer noch – infolgedessen einen ihrer Anfälle erlitt, hob Fiona den weiten Rock ihres Kleides und wandte sich dem Ausgang zu. Obwohl es sie all ihre Kraft kostete, nicht einfach loszurennen, schritt sie langsam und gemessen zur Tür.

Nur am Rande bemerkte sie, dass der Reverend auf sie zugeeilt kam, doch sie setzte ihren Weg fort. Wie in Trance verließ sie den Saal, und kaum hatte sich die Tür hinter ihr geschlossen, begann sie zu laufen.

Atemlos durchquerte sie die Halle und stürzte die Treppe hinauf. Kurz bevor sie ihr Schlafzimmer erreichte, drohten ihre Beine nachzugeben. Gerade noch vermochte sie, die Tür zu öffnen und sich, so wie sie war, auf ihr Bett fallen zu lassen.

Dort erst brachen sich die Tränen Bahn. Sie weinte, heftig, verzweifelt, als würde sie niemals wieder damit aufhören können.

Was hatte sie nur falsch gemacht? Was hatte ihn derart gegen sie aufgebracht?

Ausgerechnet jetzt, wo sie geglaubt hatte, das Eis zwischen ihnen sei endgültig geschmolzen. Mehr noch, dass eine Nähe zwischen ihnen entstanden war, auf die sie nie zu hoffen gewagt hatte. Und nun?

Vom Schluchzen völlig erschöpft, lag sie da und befürchtete, jeden Augenblick das leise Summen eines bevorstehenden Anfalls zu vernehmen.

Doch dann übermannte sie der Schlaf, und sie fiel in eine betäubende Düsternis.

*

Etwas hatte Fiona geweckt und sie aus dem Sumpf ihrer Albträume zurück in die Realität gerissen. Eine Realität, die ihr wesentlich quälender erschien, als sie es sich jemals hätte vorstellen können. Sie wusste nicht, wie viel Zeit vergangen war, seit sie sich in ihr Zimmer geflüchtet und darin eingeschlossen hatte. Ein Tag? Eine Ewigkeit?

Das seidene Ballkleid hing achtlos über einem Stuhl, der

Schmuck lag auf dem kleinen Tisch. Irgendwann hatte sie sich ausgekleidet, ihr Nachthemd übergestreift und seitdem das Bett nicht mehr verlassen.

Durch Wände und Fensterscheiben gedämpft, hatte sie vage vernommen, dass die Gäste nacheinander aufgebrochen waren.

Mehrmals hatte es an ihrer Tür geklopft. Elspeth, Mrs Dunnett. Doch sie hatte nicht geöffnet, weder Hunger noch Durst verspürt. Nichts als bohrenden Schmerz und eine bleierne Erschöpfung. Und nun war es wieder Nacht geworden, Dunkelheit erfüllte den Raum, schwach erhellt vom Mondlicht, das durch die Fensterscheiben fiel.

»Fiona!«

Sie versteifte sich.

»Fiona, bist du hier drin?« Die Stimme klang heiser, beinahe erstickt, und Fionas Angst wurde so groß, dass sie keinen einzigen klaren Gedanken zu fassen vermochte.

Aidan?

Einem inneren Zwang folgend, erhob sie sich aus dem Bett, wankte zur Tür und drehte den Schlüssel um. Es knackte leise, als sie sich öffnete.

Eine Hand glitt herein, packte ihren Unterarm, umklammerte ihn. Entsetzt wich Fiona zurück, als hätte sie ein Wesen aus der Unterwelt berührt.

An der Hand klebte Blut. Sie musste würgen.

»Fiona, Gott sei Dank, du bist hier.« Aidans Stimme hörte sich seltsam verzerrt an. »Ich dachte schon, sie hätten auch dich ...«

Verwirrt blickte Fiona zu ihm auf, bemerkte, dass er schwankte. Großer Gott! Was hatte das zu bedeuten?

Aidan machte einen Schritt auf sie zu. »Hat jemand versucht, hier einzudringen?« Die Frage, mühsam herausgepresst, ließ einen Schauder über Fionas Rücken laufen. Verstört sah sie in Aidans Gesicht, das vom Licht seiner Kerze erhellt wurde.

Totenblässe hatte es überzogen, sein rechtes Auge war geschwollen, und aus seinen aufgeplatzten Lippen tropfte Blut.

Erschrocken keuchte Fiona auf.

»Aidan, was …?«, begann sie. Dann spürte sie, wie er sich mit einer Hand auf ihrer Schulter abstützte.

»Seoc«, brachte er hervor, »Seoc, er ist …« Mit Entsetzen sah sie, dass sich seine Pupillen einen Moment verdrehten, dann jedoch hatte er sich wieder in der Gewalt, wenn auch sein Blick flackerte.

»Du musst … schnell … in Sicherheit …« Stöhnend presste er die linke Hand auf die Seite.

»Aidan, was ist?« Tausend Gedanken wirbelten durch Fionas Kopf, und keiner davon ergab einen Sinn.

»Sicherheit? Ist jemand in Gefahr?«

»Du musst …« Mit letzter Kraft, wie es schien, machte er einen Schritt auf sie zu, dann kippte er nach vorne. Sie konnte ihn gerade noch auffangen, dann sanken sie gemeinsam zu Boden.

*

Der Schmerz wuchs ins Unermessliche. Er kroch durch seinen Körper, wand sich auf seiner Haut und wollte ihn schier zerreißen.

Die Strafe am Triangle hatte er verbüßt, doch die offenen Wunden brannten wie das Feuer der Hölle, und zugleich fror es ihn, als sei sein Inneres zu einem Eisblock erstarrt.

Dunkelheit und schwere Fesseln, die jedes seiner Glieder lähmten. Das Atmen fiel ihm schwer, und er hatte nicht einmal mehr die Kraft zu schreien. Heiß und trocken klebte seine Zunge am Gaumen, und der brennende Durst tat ein Weiteres, um ihn zu schwächen. In stummer, hilfloser Wut drohten ungeweinte Tränen ihn zu ersticken.

Ausgeliefert und allein, von Schuld beladen, die ihn zu Boden drückte. Und weit tiefer noch. In den Abgrund, in den untersten Kreis der Hölle. Dorthin, wo es keine Hoffnung gab, kein Licht und vor allem keine Vergebung.

Und doch ... Trotz der sengenden Qual gelang es ihm, für einen kurzen Moment die Augenlider zu heben, einen kleinen Spalt. Und was er sah, legte sich wie Balsam auf seine geschundene Seele.

Eine junge Frau mit blasser Haut und zimtfarbenem Haar, die ihn mit großen, fragenden Augen anblickte.

Er ließ sich in ihre Arme sinken.

*

Nur mit Mühe konnte sich Fiona von Aidans schwerem Körper befreien, der sie zu Boden gerissen hatte. Voller Entsetzen blickte sie auf die gekrümmte Gestalt.

Im Halbdunkel schien er für einen kurzen, irrwitzigen Moment erstarrt wie ein Mensch, der sich durch einen bösen Fluch in eine Skulptur verwandelt hatte.

Rasch kniete sie sich neben den Besinnungslosen und griff nach der Kerze, die er noch in der Hand hielt und die, wie durch ein Wunder, bei dem Sturz nicht erloschen war. Sie beleuchtete das übel zugerichtete Gesicht des Lairds.

Wer hatte ihm das angetan?

Vorsichtig tastete sie ihn ab, um zu sehen, ob er noch weitere Verletzungen davongetragen hatte. Und obgleich sie bereits das Schlimmste vermutet hatte, zuckte sie dennoch zusammen, als sie an seiner linken Seite in etwas Feuchtes, Warmes, Klebriges griff.

Blut!

Ein Würgen wollte in Fionas Kehle aufsteigen, doch sie unterdrückte den Ekel und stellte die Kerze auf dem Boden ab. Mit den Fingern fuhr sie über den blutgetränkten Stoff und fühlte dort einen breiten Riss. In der Hoffnung, das Richtige zu tun, begann sie eilig, dem Verwundeten das Hemd auszuziehen, öffnete dazu die Knöpfe und streifte es ihm vorsichtig über die Schultern.

Tatsächlich. Seitlich des linken Rippenbogens entdeckte sie eine tiefe, klaffende Schnittwunde, aus der noch immer Blut sickerte.

Mein Gott, was hatte sich da nur zugetragen? Wieder drohte Übelkeit in ihr aufzusteigen.

Wie durch Nebel hindurch erinnerte sie sich daran, dass Aidan, bevor er das Bewusstsein verlor, versucht hatte, ihr etwas zu sagen. Seoc …

Was war mit dem Jungen?

Aidans Stöhnen zwang Fiona, sich ihm wieder zuzuwenden. Sein Körper war von rötlich gefärbten Schwellungen übersät, die sich sicher bald als Blutergüsse dunkel verfärben würden. Man hatte ihn offensichtlich zusammengeschlagen.

Verzweifelt überlegte sie, was sie tun sollte. Zuerst musste sie die Blutung stoppen. Irgendwie!

Hastig griff sie nach dem Handtuch, das neben der Waschschüssel lag, knüllte es zusammen und drückte es, so fest sie konnte, auf die blutende Wunde. Keuchend warf sich der Laird herum, sodass es Fiona alle Mühe kostete, das Tuch weiterhin dort zu halten.

Grundgütiger!, betete sie stumm. *Lass mich das Richtige tun, lass ihn nicht sterben.*

Sie kämpfte um Atem, während sie in dieser Position verharrte, bis sie sicher war, er würde nun ruhig bleiben.

Sie brauchte einen Verband. Kurz entschlossen riss sie zwei lange Streifen von dem Bettlaken ab. Mit der Spitze davon tupfte sie Blut und Schweiß von Aidans Gesicht. Erstaunt bemerkte sie, wie klar ihr Verstand und all ihre Sinne waren. Keine Spur von Stimmen, Klängen oder Trugbildern, nicht einmal das kleinste Anzeichen eines drohenden Anfalls. Trotz ihrer Angst, trotz des entsetzlichen Anblicks, den der Verwundete zu ihren Füßen bot, trotz des widerwärtigen Geruchs nach Blut.

Rasch begann sie, das auf die Wunde gepresste Tuch mit den festen Bahnen des Lakens zu umwickeln, um es zu fixieren. Keine leichte Aufgabe, denn der muskulöse Körper des Lairds war so schwer, dass es fast über ihre Kräfte ging, diesen anzuheben.

Keuchend drehte sie ihn herum, um den notdürftigen Verband auch über den Rücken zu führen. Schweiß brach aus ihren Poren, und mit klammen Händen spannte sie den Stoff, so fest sie es vermochte.

Sie stutzte, als ihre Fingerspitzen eine Unebenheit zwischen den Schulterblättern ertasteten. Was war das?

Womöglich eine weitere Verletzung, die sie im Halbdunkel und ihrem Schockzustand übersehen hatte? Sie hob die Kerze an ... und erstarrte.

Narben. Kräftige, längliche Narben zogen sich kreuz und quer über seinen Rücken, weit über die Schultern bis hinab zur Taille. Narben, wie sie kaum Folgen eines Unfalls oder eines Kampfes sein konnten. Vielmehr schienen es ...

Fiona schluckte, als sie die Kerze noch näher hielt.

Das konnte doch nicht sein! Zitternd umklammerte sie den Kerzenhalter, dass die Flamme flackerte.

Peitschenstriemen!

Für einen kurzen Augenblick schien die Umgebung um Fiona herum zu verschwimmen, als ihr die Tragweite ihrer Entdeckung bewusst wurde. Und so, wie es aussah, war er mehr als ein Mal ausgepeitscht worden. Fassungslos starrte Fiona auf den leblosen Mann am Boden.

Wie konnte es sein, dass ein Mann seiner gesellschaftlichen Position, Erbe eines großen Anwesens, Spuren einer solch barbarischen Tortur an seinem Körper trug?

Die Worte von Mrs MacKerron kamen ihr in den Sinn. Hatte sie nicht erzählt, Aidans ganze Familie, besonders sein Vater und Großvater, hätten sich durch besondere Brutalität und Willkür ausgezeichnet?

Sollte Aidan von seinem Vater im Jähzorn so gezüchtigt worden sein, dass es ihn derart gezeichnet hatte? War das vielleicht sogar der Grund dafür, dass Aidan selbst düstere, ja grausame Züge entwickelt hatte? Heftiges Mitleid stieg in ihr auf. Wie zum Trost ergriff sie seine Hand und drückte sie. Sie fühlte sich warm und rau an.

Eine andere Erinnerung blitzte durch ihren Geist. Einem Impuls folgend hob sie Aidans rechten Unterarm an. Die Fingerknöchel waren mit dünnen weißlichen und rötlichen Narben übersät. Rund um das Handgelenk zog sich, fast wie ein Armreif, ein unförmiger, mehrere Zoll breiter wulstiger Streifen. Ein schneller Blick auf das linke Handgelenk bestätigte ihr, dass es sich dort ebenso verhielt.

Ihr Atem ging heftig, als sie seine Fußgelenke freilegte, die ähnliche Spuren aufwiesen.

Hand- und Fußfesseln!

Über einen langen Zeitraum hinweg musste Aidan Ketten an Händen und Füßen getragen haben. Zudem war er mehrmals aufs Grausamste ausgepeitscht worden.

Übelkeit stieg in Fiona auf, als sich Bilder vor ihrem inneren Auge abzeichneten und eine Erkenntnis sie überfiel, die ihr für einen Moment den Atem nahm.

Der Mann, den sie als den Laird und Baronet Sir Aidan Thirstane kannte, war ein ehemaliger Strafgefangener.

Kapitel 47

Wie versteinert kniete Fiona vor dem bewusstlosen, halb entkleideten Mann zu ihren Füßen, unfähig zu entscheiden, was sie jetzt unternehmen sollte.

Wer war dieser Mensch?

Seit sie in seinem Haus lebte, hatte sie gespürt, dass er etwas Schreckliches vor ihr verbarg. Aber nie wäre ihr etwas Derartiges in den Sinn gekommen.

Ihre Angst umhüllte sie wie ein schwerer Mantel, während sie fröstelnd beobachtete, wie sich die breite Brust des Verletzten unter jedem schweren Atemzug hob und senkte. Sie hatte ihn auf den Rücken gedreht, ihr Kopfkissen unter seinen Nacken geschoben, damit er leichter Luft bekam. Und so waren zumindest die grausamen Narben auf seinem Rücken vor ihren Augen verborgen. Beinahe friedlich lag er da, nur seine Augenlider flackerten unruhig. Hin und wieder entglitt ihm ein Stöhnen, ein Knurren in einer ihr unbekannten Sprache.

Fionas Blick ging zu der Wunde, und sie erschrak, als sie feststellte, dass der behelfsmäßige Verband bereits durchgeblutet war.

Ein neuer, beunruhigender Gedanke tauchte plötzlich in ihr auf. Befand sich der Angreifer womöglich noch immer im Haus? Schwebten sie alle in Gefahr? Ein Angstschauer durchrieselte sie bei dieser Vorstellung. Gerade als sie aufspringen und die Tür verschließen wollte, drang ein herber Fluch über Aidans Lippen. Stöhnend warf er sich hin und her, als würde er gegen einen unsichtbaren Feind ankämpfen. Fiona hatte alle Mühe, ihn unter Einsatz ihres Körpergewichts auf dem Boden zu halten, damit seine Wunde nicht noch mehr aufriss.

Aus den Augenwinkeln nahm sie eine flüchtige Bewegung an der Tür wahr. Ein Schrei entfuhr ihr, als sich in deren Rahmen die Umrisse einer schwarzen Gestalt abzeichneten.

Panik überfiel sie und mit ihr der verzweifelte Drang zu fliehen. Der Angreifer! Das musste der Angreifer sein. Der Mann, der Aidan dermaßen zugerichtet hatte.

Langsam kam die Gestalt näher. Fiona war vor Schrecken so gelähmt, dass sie nicht in der Lage war, auch nur einen Finger breit zurückzuweichen.

»Haben Sie keine Angst.« Eine tiefe Stimme, heiser und rau. Ein schwerer fremdländischer Akzent schwang darin mit, den Fiona nicht einzuordnen vermochte.

Der Lichtkegel der Kerze erhellte seine Züge. Eisiges Entsetzen ergriff Fiona. Es war die schwarze Gestalt, die sie bereits am ersten Tag ihrer Ankunft zu sehen geglaubt hatte. Unfähig, sich zu rühren, unfähig, zu schreien oder auch nur einen einzigen klaren Gedanken zu fassen, starrte Fiona den hoch gewachsenen Mann an. Wie durch einen undurchdringlichen Nebel fühlte sie sich von ihrer Umgebung abgeschnitten.

Sie spürte Hysterie in sich aufsteigen, den unwiderstehlichen Drang, laut zu lachen oder sich zu kneifen, um festzustellen, ob sie wach war oder schlief.

Doch alles, was sie um sich herum wahrnahm, war real. Im Schein der Kerze konnte Fiona Einzelheiten der schwarzen Gestalt erkennen. Ein fremdartiges Gesicht mit dunkler, beinahe pechschwarzer Haut, einer dominanten Nase und einer stark ausgebildeten Stirn mit kräftigen, dunklen Brauen.

»Ich wollte Sie nicht erschrecken.« Etwas in seiner Stimme

hatte eine sonore, hypnotische Wirkung auf Fiona und zwang sie, trotz ihrer Angst, weiter zu dem Mann aufzusehen.

Sie erkannte, dass er einen schlicht geschnittenen dunklen Anzug und einfache, aber gut gearbeitete Stiefel trug. Dieses Zusammenspiel aus vertrauter Kleidung und exotischem Aussehen wirkte sowohl faszinierend als auch befremdlich auf sie.

In einer fließenden Bewegung glitt er auf die Knie und begann Aidan abzutasten, als sei er ein Arzt und untersuche ihn auf Verletzungen.

»Wer sind Sie?«, brachte Fiona schließlich hervor.

»Die Wunde muss versorgt werden.« Wieder diese rauchige, tiefe Stimme. »Er hat schon viel Blut verloren. Wenn er noch mehr ...«

Es hatte etwas Absurdes, wie dieser beunruhigende Fremde vor Aidan kniete und, leise in einer ihr unbekannten Sprache auf ihn einredete. Ein seltsamer Gesang erfüllte den Raum, und Fiona spürte, wie ihr Mund trocken wurde.

Was tat dieser Mann hier?

»Wer sind Sie?« Fionas Stimme klang schrill vor Anspannung, als sie ihre Frage wiederholte.

Der Fremde sah nicht auf. »Ein Freund«, sagte er schlicht. Und ehe Fiona wusste, was geschah, hatte er den Bewusstlosen mit einem einzigen Ruck auf seine Schultern gehoben und stand vorsichtig auf. Kurz blickte er zu ihr herüber.

»Ich bringe ihn in sein Zimmer. Vielleicht werde ich Ihre Hilfe brauchen.« Sein Akzent war so stark, dass Fiona Schwierigkeiten hatte, ihn zu verstehen. »Begleiten Sie mich?«

Wie von einem inneren Zwang getrieben, richtete sich Fiona ebenfalls auf und folgte dem Mann.

*

Schreie drangen an Aidans Ohr. Schreie, Stöhnen und das leise Schluchzen von gepeinigten Leibern und gequälten Seelen. Die Klagen der anderen Verurteilten schienen seinen ganzen jungen Körper zu durchdringen.

Er wollte sich abwenden, die Hände auf die Ohren pressen, um nichts mehr davon vernehmen zu müssen. Doch war er zu keiner Bewegung fähig, da seine Hände und Füße gefesselt waren. Unfähig, sich dagegen zu wehren oder diese fortzuwischen, spürte er, wie Tränen sein Gesicht benetzten. Unwillkürlich tastete seine trockene Zunge danach. Sie schmeckten bitter und salzig ... Stöhnend rollte sich der Junge zusammen, während ihm die Gedanken entglitten.

Er war zum Dieb geworden. Und mit dieser Schuld würde er nun für den Rest seiner Tage leben müssen.

Für die Dauer seines natürlichen Lebens – und womöglich darüber hinaus.

Der Boden im Bauch des Sträflingsschiffes schwankte, der Raum um ihn herum begann, sich zu drehen. Bevor Aidan sich aufrichten konnte, erbrach er bittere Galle.

*

Fiona wusste nicht, was sie tat, als sie, noch immer die brennende Kerze in der Hand, bebend vor Angst und Kälte hinter dem Fremden hereilte. Mit verblüffender Leichtigkeit trug dieser Aidan über der Schulter, als habe er kein Gewicht.

Fionas Nachthemd war schmutzig und mit Blut besudelt. Noch immer kreisten ihre Gedanken um den dunklen Mann.

War er ein Feind von Aidan? Oder ein Verbündeter? Ein bitteres Lächeln stahl sich auf ihr Gesicht. – Sie wusste ja nicht einmal mehr, wer überhaupt Aidan Thirstane selbst war. Ein

Hochstapler? Ein Verbrecher? Auf jeden Fall ein ehemaliger Strafgefangener.

Zielsicher, als kenne er jeden Winkel des Hauses, trug der Mann Aidan in dessen Schlafzimmer, wo er ihn vorsichtig auf dem Bett ablegte.

Rasch entzündete Fiona mehrere Kerzen. Der Schein der Flammen tauchte Aidans Schlafzimmer in ein unruhiges, flackerndes Licht, das auf eine gespenstische Art die Stimmung widerspiegelte, die darin herrschte.

Passend dazu setzte in Fionas Kopf eine schwermütige Melodie ein. Ein Trauermarsch. Sie spürte, wie sich ihr Zittern verstärkte.

Trauer? *Tod?*

Während sie zusah, wie der Unbekannte Aidan die restliche Kleidung auszog und dabei das viele Blut bemerkte, fragte sie sich, ob die Klänge, die sie vernahm, vielleicht die Vorahnung kommenden Unheils bedeuteten.

Fiona fuhr herum, als die Tür geöffnet wurde. Mrs Dunnett erschien mit einer Schüssel dampfenden Wassers, einer bräunlichen Flasche und einem Stapel weißer Tücher. Sie grüßte nur kurz und stellte dann alles auf einem Tisch neben dem Bett ab.

Statt des üblichen schwarzen Kleides, war sie in ein Nachthemd gehüllt, über das sie eine Decke aus grobem Stoff geworfen hatte. Die grauen Haare fielen ihr in zwei Zöpfen über den Rücken bis zur Taille. Ihr Blick war angespannt und besorgt. Hastig verschloss sie von innen die Tür.

Mrs Dunnett? Ein Gefühl von Unwirklichkeit überkam Fiona.

Unruhe, ja Angst stand in den Augen der Haushälterin. Ihre Bewegungen wirkten fahrig.

Der Fremde reichte Aidans blutgetränkte Kleider an Mrs Dunnett weiter und Fiona fragte sich verwirrt, warum diese über die Anwesenheit eines Mannes, der aussah, als wäre er einem Lexikon fremder, exotischer Völker entsprungen, keinerlei Erstaunen zeigte. Als sei dies nichts Außergewöhnliches für ein in einem einsamen Winkel der Highlands gelegenen Herrenhaus.

Ein Stöhnen lenkte Fionas Blick wieder zu dem Verletzten.

Die Haushälterin hielt eine Kerze über ihn, um dem Fremden zu leuchten. Nach allem, was Fiona erkennen konnte, ging die frische Seitenwunde tief und blutete immer noch.

»Wir müssen sofort nach einem Arzt schicken!«, brachte sie erstickt hervor, während sie sich fragte, ob es in dem kleinen Dorf überhaupt einen solchen gab.

Es erfolgte keine Reaktion. Eisige Kälte bemächtigte sich ihrer. Befand sie sich vielleicht in einem Albtraum? Dieser Eindruck verstärkte sich noch, als der Fremde erneut einen leisen, klagenden Gesang anstimmte. Dabei griff er nach der Flasche, tränkte einen Lappen mit einer streng riechenden Flüssigkeit und betupfte damit vorsichtig die Wunde.

Ein Brüllen entfuhr Aidan. »*Thalla thusa!*« Schweiß trat auf seine Stirn, lief über seine Wangen und in breiten Rinnsalen über seine Brust hinab. »Verschwinde! Ich sage die Wahrheit!«

Immer noch ohne Bewusstsein versuchte er, den Mann, der über ihn gebeugt stand, mit aller Macht von sich zu stoßen.

Dieser drückte ihn vorsichtig, aber bestimmt, wieder ins Bett zurück.

»Wird er durchkommen?« Mrs Dunnett war hinzugetreten und legte dem Fremden die Hand auf den Arm, wie einem guten Bekannten.

Ratlos blickte er sie an und zuckte die Schultern.

Und plötzlich war sie wieder da. Diese Melodie. Wie ein

Trommelfeuer sandte sie Vibrationen durch Fionas Körper, dröhnend und dumpf. Sie presste ihre Hände, an denen noch immer Aidans Blut klebte, auf die Ohren.

Übelkeit überkam sie, Schwindel, der so stark war, dass sie glaubte, von einem Sog hinabgezogen zu werden. Die Umgebung um sie herum verschwand, und ein Bild nahm in ihr Gestalt an. Ein Bild, so klar, dass sie beinahe glaubte, sie betrachte ein Gemälde. Mehr noch, als schaue sie aus einem geöffneten Fenster, wieder in diese weite, endlose Landschaft. Rote, staubige Erde wurde von einem heißen Wind aufgewirbelt und legte sich auf ihre Lippen.

Eindrücke und Überlegungen schoben sich dazwischen. Die Spuren auf Aidans Körper, der schwarze Fremde und die seltsame Melodie, die er summte, schienen auf unerklärliche Art mit den Klängen in ihrem Innern zu verschmelzen, ja eine Einheit zu bilden.

Und plötzlich formte sich in Fionas Geist ein Begriff. So deutlich, dass sie beinahe glaubte, jemand habe ihn ihr ins Ohr geflüstert.

Australien ...

Sie musste das Wort laut ausgesprochen haben, denn ruckartig fuhren zwei Gesichter zu ihr herum.

Australien.

Fiona konnte nicht sagen, weshalb sie sich ihrer Sache so sicher war. Doch das alles hier musste mit Australien zu tun haben. Und sie wollte endlich die ganze Wahrheit darüber erfahren.

Mit mehr Entschlossenheit, als sie jemals in ihrem Leben empfunden hatte, straffte sie ihre Gestalt und blickte die Haushälterin fest an.

»Ich habe recht, oder?« Tief atmete sie durch, während plötzlich mehrere Mosaiksteinchen ihren Platz fanden. »Dieser Mann dort ...«, mit dem Kopf wies sie auf den Bewusstlosen, »ist ein ehemaliger australischer Sträfling. Und unser Gast hier ...« Sie nickte dem Unbekannten zu, der ihren Blick offen erwiderte, »scheint aus diesem Land zu stammen.«

Keine Reaktion.

So fühlte sich Fiona gezwungen, fortzufahren, und sei es nur, um sich selbst klar zu werden, wie die Dinge zusammenhingen.

»Ich habe Sie schon zuvor gesehen, nicht wahr?«, fuhr sie an den Fremden gewandt fort. »Sie haben sich die ganze Zeit über in diesem Hause aufgehalten. Doch hielt ich Sie zunächst für eine Phantasiegestalt, die nur in meiner Einbildung existierte.«

Noch immer keine Antwort. Nur eisiges Schweigen von Mrs Dunnett, die sie stumm, aber mit durchgedrücktem Kreuz und verkniffenen Lippen ansah, während der Fremde sie nachdenklich musterte.

»Australien. Die ganze Angelegenheit hat irgendetwas mit Australien zu tun. Ich muss ... ich muss blind gewesen sein, dass ich die Zusammenhänge nicht früher erkannt habe. Die exotischen Pflanzen im Gewächshaus, die Bücher in der Bibliothek und all die seltsamen ...« Fiona zögerte, wusste sie doch nicht so recht, wie sie es bezeichnen sollte. »Die seltsamen Kunstwerke in den verschiedenen Räumen ...«

Wieder hatte sie das Bild einer weiten Ebene vor Augen, und sie fragte sich, wie es sein konnte, dass sie, die dieses entfernte Land auf der anderen Seite der Erdkugel nur aus Büchern, Zeichnungen und Gemälden kannte, eine solch plastische, geradezu greifbare Vorstellung davon hatte.

»Und der sogenannte Laird, Sir Aidan Thirstane«, nahm Fiona das Wort wieder auf, »ist auch ganz sicher nicht der, für den er sich ausgibt. Oder wie wollen Sie mir erklären, dass ein australischer Sträfling zu einem solchen Besitz, Namen und Titel gekommen ist?«

Weder Mrs Dunnett noch der Fremde schienen gewillt, ihr darauf zu antworten.

»Seit ich hier im Hause bin, werde ich Zeuge, ja Opfer, seltsamer Vorkommnisse und Heimsuchungen. Und heute Nacht muss ich miterleben, wie der Herr des Hauses halb tot und blutend vor mir zusammenbricht.« Fiona zitterte vor Unsicherheit, aber auch vor Zorn über das anhaltende Schweigen. »Finden Sie nicht, ich habe Anrecht auf eine Antwort?«

Einige Herzschläge lang geschah nichts. Stattdessen flogen, einer stummen Zwiesprache gleich, Blicke zwischen Mrs Dunnett und dem unbekannten Mann hin und her.

Er erhob sich. Nur am Rande nahm Fiona seine kraftvollen und zugleich geschmeidigen Bewegungen wahr. Seine Stimme klang rau, aber klar, als er zu sprechen begann: »Ich bedaure es, wenn wir Ihnen Kummer bereitet und Sie erschreckt haben. Das war nicht unsere Absicht.«

»Soll mich das etwa beruhigen?« Fiona wusste selbst nicht, was ihr die Kraft zu einem derart barschen Widerspruch verlieh.

Verständnisvoll neigte er den Kopf. »Das kann es sicher nicht.«

Fiona wunderte sich über die korrekte Ausdrucksweise des Fremden in einer Sprache, die nicht seine Muttersprache war.

Schließlich hob er die Schultern und sah zu dem Verwundeten hin, der sich wieder unruhig hin und her zu werfen begann. »Sie haben recht. Dieser Mann hier ist tatsächlich ein verurteilter Sträfling, ein nach Australien deportierter Strafgefangener.«

Also doch! Fiona spürte, wie ihr Magen sich verkrampfte.

»Aber er ist zugleich auch der rechtmäßige Laird, eingesetzt von seinem Vater, noch zu dessen Lebzeiten«, fügte er hinzu. Besorgt betrachtete er den zu dem noch immer bewusstlosen Aidan.

»Aber wie ist das möglich?«, brachte Fiona schließlich hervor.

Der Unbekannte schien eine Weile zu überlegen. »Eine seltsame Verknüpfung der Traumpfade«, sagte er schließlich leise.

Fiona begriff nicht, was er damit meinte.

»Der Sohn des Lairds, in Verstrickung geboren, geknechtet, erniedrigt und zur Strafe verbannt.«

Verwirrt schüttelte Fiona den Kopf, während sie versuchte, den Blick in Richtung des Bewusstlosen zu meiden, seinen Schmerz nicht zu nah an sich heranzulassen.

Plötzlich fiel es ihr wie Schuppen von den Augen, und sie verstand.

»Unehelich!«, brach es aus ihr hervor. »Aidan ist unehelich geboren. Ein Bastard.«

Der Fremde nickte. »Mehr als das, der Sohn einer Küchenmagd.«

In Fionas Kopf begann es zu rauschen. Ein uneheliches Kind, der Sohn einer Küchenmagd. Ein Status, unter dem Aidan sicher sein ganzes Leben gelitten haben musste.

Besonders, wenn auch nur die Hälfte von dem stimmte, was Mrs MacKerron über das Naturell der Thirstanes berichtet hatte.

Selbstsüchtige Tyrannen! Menschen, denen nichts und niemand heilig war und die alles, was ihnen anvertraut war oder zu nahe kam, nur zerstörten, so hatte Aidan in einem Gespräch seine Brüder – seine Halbbrüder, wie Fiona jetzt wusste – bezeichnet. Damals hatte sie ihn nicht verstanden, mit den neuen Informationen ergab jedoch alles einen Sinn.

Eine Welle von Mitleid überkam Fiona. Offensichtlich hatte

Aidan eine entsetzliche Kindheit hinter sich. Als unehelicher Sohn einer Küchenmagd in einem Hause, das von Gewalt und Willkür regiert wurde.

Aber wieso diese Deportation? Wieso Australien?

Sie wusste noch längst nicht alles.

Ein lautes Stöhnen vom Bett des Verwundeten her ließ sie herumfahren.

»Fiona.« Aidans Worte waren kaum zu verstehen. »Komm zu mir!«

Mit aller ihm zur Verfügung stehenden Kraft versuchte der dunkelhäutige Mann den Laird, der sich trotz seiner Verletzung aufzurichten versuchte, zurück in die Kissen zu drücken. Doch schließlich, um seine Wunde nicht wieder aufreißen zu lassen, ließ er ihn gewähren, stützte ihn sogar, damit er aufrecht sitzen konnte.

Zögernd näherte sie sich seinem Bett.

Wie in Trance griff Aidan nach ihrer Hand und drückte sie so fest, dass ihr ein kleiner Schrei entfuhr.

Sie wusste nicht, ob er bei Verstand war oder im Fieber sprach. »Der Junge ...« Er hustete, und seine halb geöffneten Augen suchten Fiona.

»Seoc«, keuchte er, und ein Zittern durchlief seinen Körper, »er ist ...« Wieder erschütterte ein Husten seinen Körper, und mit Entsetzen sah Fiona, wie der Stoff des Verbandes sich rot färbte.

»*Cuidich mi* ... Hilf mir ...« Sein Blick flackerte, sein Körper sackte in sich zusammen, erneut verlor er das Bewusstsein.

Fionas Herz schlug bis zum Hals. Was hatte er ihr zu sagen versucht? Wollte er sie vor Seoc warnen?

Sollte der Junge etwa hinter dem feigen Anschlag auf den Hausherrn stecken? Sie schüttelte den Kopf. Das war unmöglich! Fiona wusste, wie sehr Seoc an Aidan hing. Aber wo steckte er überhaupt?

Stumm sah sie zu, wie der Fremde sich wieder Aidans annahm, der selbst in der Bewusstlosigkeit keine Ruhe zu finden schien und sich weiterhin unruhig hin und her warf.

Hilflos schaute sie zu Mrs Dunnett, die jedoch ihrem Blick auswich.

Was ging hier eigentlich vor? Sie war nicht mehr gewillt, noch länger im Unklaren gelassen zu werden.

»Ich glaube«, begann sie, an Mrs Dunnett gewandt, »nach dieser Nacht schulden Sie mir eine Erklärung. Eine vollständige Erklärung ohne irgendwelche Ausflüchte.«

Das abweisende Gesicht der Haushälterin wurde noch eine Spur kälter, und ihre schmalen Lippen waren zu einer dünnen Linie zusammengepresst. Offensichtlich war sie nicht bereit, mehr preiszugeben.

Doch eine schwarze Hand legte sich sanft auf ihre Schulter. Der Unbekannte war lautlos zu ihr getreten. »Sie hat recht, Glenna. Wir schulden ihr eine Antwort. Und nachdem sie schon so vieles erfahren hat, kann sie auch noch den Rest hören.«

Noch immer las Fiona Widerstand in Mrs Dunnetts Augen. »Im Augenblick können wir ohnehin nicht mehr tun, um Aidan zu helfen«, setzte der Mann hinzu.

Einige Atemzüge lang schien die Haushälterin einen inneren Kampf mit sich auszufechten, doch schließlich nickte sie knapp. »Ich mache uns am besten einen Tee.« Ohne eine Bestätigung abzuwarten, hatte sie sich umgedreht und war zur Tür hinaus.

Kapitel 48

Die Erschöpfung hatte von Fionas ganzem Körper Besitz ergriffen, als sie mit einer Tasse dampfenden Tees in der Hand Mrs Dunnett gegenübersaß. Der dunkelhäutige Fremde, der sich zwischenzeitlich als Kari vorgestellt hatte und – wie sie vermutet hatte – wirklich aus Australien stammte, kümmerte sich um den Verletzten. Die Art, wie er Aidan den Schweiß abwischte und ihm immer wieder etwas von einem intensiv riechenden Gebräu einflößte, ließ erkennen, welch tiefe Freundschaft die beiden Männer verband.

Und diese Tatsache warf eine Reihe weiterer Fragen auf, die Fiona nun endlich beantwortet haben wollte.

»Sir Aidan ist also ein australischer Sträfling«, begann sie ohne Umschweife, »und trotzdem soll er, der uneheliche Sohn einer Küchenmagd, der rechtmäßige Erbe des Lairds sein?«

Kari trat hinzu und setzte sich neben sie auf einen Schemel. »So ist es … Aidans Lebensweg mag verschlungen gewesen sein. Aber er ist der rechtmäßige Erbe des Titels.«

Fast bildhaft stieg eine Erinnerung in Fiona auf. Die Eintragungen in der Familienbibel. Dort waren ein Robert und ein Hamish aufgeführt, jedoch nicht der Name Aidan, was ihr erst in diesem Augenblick bewusst wurde.

»Er war nicht dafür vorgesehen. Ganz im Gegenteil.« Karis Stimme wurde leiser. »Bisweilen sind die Pfade des Lebens und der Träume jedoch auf eine Art miteinander verknüpft, die man zuvor nicht erkennen konnte.«

»Seine Mutter war die Tochter eines der vertriebenen Pächter, ein unglaublich schönes Mädchen«, ergriff Mrs Dunnett das Wort. »Damals arbeitete ich als Köchin im Hause des alten Lairds. So lernte ich sie kennen und nahm sie unter meine Fittiche, soweit es mir möglich war.« Mit sanftem Blick schaute sie zu Aidan hinüber, als bäte sie ihn stumm um Erlaubnis, solch persönliche Details aus seinem Leben preiszugeben. »Der damalige Laird, Sir Tavish, bot ihr eine Anstellung an, hier in Thirstane Manor, und sie hatte kaum eine andere Wahl, als diese anzunehmen. Und so kam es, wie es kommen musste. Der Laird ließ ihr keine Ruhe, nötigte sie, bis sie ihm schließlich nachgab ... was nicht ohne Folgen blieb.«

Fiona spürte, wie ihr die Schamesröte in die Wangen stieg. »Hat er sie denn geliebt?«

»Liebe?« Mrs Dunnetts Gesicht verzog sich vor Abscheu. »Männer wie der alte Tavish Thirstane wissen nicht einmal, was Liebe ist.«

Noch nie hatte Fiona die alte Frau derart zornig gesehen, »Er wollte sie nur besitzen. So, wie er alles besitzen wollte, was er sah. Und immer mehr davon – Geld, Macht, Einfluss.«

Die zerstörte und verlassene Pächtersiedlung, zu der Aidan sie mitgenommen hatte, kam Fiona in den Sinn. Den Thirstanes war wirklich nichts heilig.

Heftiges Mitleid überkam sie. Sie selbst hatte ihr ganzes Leben unter ihrem Vater gelitten, seiner Gefühlskälte, seiner offen zur Schau getragenen Abneigung. Doch um wie viel schrecklicher hatte es Aidan getroffen!

»Wie dem auch sei«, Mrs Dunnett hatte sich wieder so weit beruhigt, dass sie in der Lage war, die Geschichte weiterzuerzählen. »Knapp ein Jahr später wurde die Frucht dieser ... dieser ... erzwungenen Liaison geboren. Aidan, der jüngste Sohn des Lairds, wenn auch in einer anderen Blutlinie. Und damit nahm das Unheil seinen Lauf.« Sie holte tief Luft, bevor sie fortfuhr: »Natürlich stand bereits vom Tag seiner Geburt an fest, dass ihm nichts, nicht der geringste Anteil am Besitz seines Vaters gehörte. Sein Schicksal würde es sein, als Lakai oder Stallbursche auf Thirstane Manor zu arbeiten.« Noch immer schien sie Verbitterung über diese Zurücksetzung und Demütigung zu empfinden. »Vielleicht war es ein Fehler gewesen, dass seine Mutter ihm gegenüber nie ein Geheimnis daraus machte, wer sein Vater war. Wenn sie es ihm verschwiegen hätte ... Denn was brachte es ihm schon ein? Nur Neid, Schmerz und das Gefühl, um sein Recht als Sohn eines Lairds und Baronets betrogen worden zu sein.«

Für einen Moment schloss Fiona die Augen, glaubte, die Wut über die Ablehnung und die tiefe Verletztheit Aidans am eigenen Leib zu spüren. Von Beginn an hatte sie dies an ihm wahrgenommen, es aber zunächst als Arroganz, Bösartigkeit oder als Zeichen von Grausamkeit gedeutet.

Sie selbst war für ihren Vater nie mehr als ein unerwünschtes Anhängsel gewesen, jemand, den er überhaupt nur in seiner Nähe duldete, da er keine weiteren Kinder hatte, niemanden, der den Fortbestand seiner Familie sichern würde. Und weil er es sich als Mann in seiner Position nicht erlauben konnte, seine einzige Tochter in der Öffentlichkeit zu verleugnen. So gut konnte Fiona den sengenden Schmerz nachvollziehen, der Aidan in all den Jahren in der Zeit, als er hier auf Thirstane Manor aufwuchs, umgetrieben haben musste. Obwohl der leibliche Sohn des Lairds, galt er nicht mehr als ein Knecht und wurde missachtet, herumgestoßen ...

Fiona räusperte sich. »Und Australien? Was ist geschehen, dass er in die australischen Lager geschickt wurde?«

Mrs Dunnett schwieg, den Blick nach innen gekehrt. »Hass zerfrisst die Seele, Zorn benebelt den Verstand«, sagte sie dann. »Und Neid hat schon so manche Menschen zu Handlungen verleitet, die sie und andere ins Verderben stürzten.« Wie feine, fließende Fäden spannen Mrs Dunnetts Worte die Geschichte Aidans, mehr noch, sie woben ein plastisches Bild, einem detailreichen Wandteppich gleich. Und wieder erkannte Fiona, welch begnadete Erzähler dieses Land doch hervorbrachte.

»Aidan hat jahrelang diesen Hass in sich hineingefressen«, fuhr Mrs Dunnett fort. »Jede Schikane, jede Demütigung durch seinen Vater, dessen Frau oder seine Halbbrüder, die legitimen Nachkommen des Lairds, haben ihn zorniger gemacht. Vor Wut brodelnd wie ein abgedeckter Wasserkessel, der auf dem Feuer steht und irgendwann zu explodieren droht.«

Fiona nickte. So hatte sie Aidan erlebt, angespannt, unstet, verzehrt von einem Zorn, den er nur mühsam im Zaum halten konnte.

Aber er besaß auch eine andere Seite, eine tiefe Empfindsamkeit, die er mehrfach gezeigt hatte.

Und wie auf ein Stichwort erzählte die Haushälterin weiter. »So sehr Aidan seinen Vater hasste, so sehr liebte er seine Mutter. Natürlich hatte sie als Küchenmagd keine Rechte, keinerlei Möglichkeit, sich für ihren Sohn einzusetzen. Im Gegenteil, sie selbst war nicht nur der Willkür des alten Lairds ausgesetzt, sondern auch dem Zorn von dessen Frau. Lady Mildred Thirstane hatte sehr bald begriffen, was sich unter ihrem Dach abspielte, und dafür gesorgt, dass ihr Mann nie wieder seiner Küchenmagd zu nahe kam. Sie hatte ein beträchtliches Vermögen mit in die Ehe gebracht und verfügte über einen gewissen Einfluss.« Mrs Dunnett atmete tief ein, es klang wie ein unterdrücktes Seufzen. »Aber sie vergaß nie, was ihr Mann getan hatte, und ließ es Aidans Mutter jeden Tag spüren. Und das war es, was Aidan schier in den Wahnsinn trieb, seine Mutter leiden zu sehen, ohne dass er in der Lage war, auch nur das Geringste für sie zu tun.«

Wieder schwieg sie, und Fiona hätte Aidan am liebsten in den Arm genommen, überwältigt von dem, was sie gerade erfahren hatte.

Doch drängte es sie, auch noch den Rest der Geschichte zu hören, obgleich sie ahnte, dass sie es kaum würde ertragen können.

»Er hat etwas gestohlen.« Mrs Dunnett sah zu Boden. »Eine wertvolle Taschenuhr, die Sir Tavish gehörte. Aidan, damals fast noch ein Kind, war überzeugt, ein Anrecht darauf zu haben. Immerhin war er sein *Sohn* ...« Tränen schimmerten in den Augen der alten Haushälterin. Sie schniefte kurz und wischte sie entschieden weg. »Natürlich wurde der Diebstahl entdeckt. Und dann ...« Die Erinnerung schien sie zu überwältigen. »Seine Mutter hat versucht, sich vor ihn zu stellen. Wollte ihn nicht den Schergen seines Vaters überlassen.« Mit dem Handrücken fuhr sie sich über das Gesicht. »Sie hat die ganze Schuld auf sich genommen.«

Fiona hatte das Gefühl, ihr Magen würde sich umdrehen.

»Aidan ist damals fast verrückt geworden, wusste nicht, was er tat. Er hat den alten Laird vor Gericht sogar körperlich angegriffen ...« Die Stimme der Haushälterin klang belegt. »Am Ende wurden beide zur Deportation verurteilt, Aidan und seine Mutter.«

»Auch seine Mutter?« Tränen schossen in Fionas Augen.

»Eine Frau und ihren vierzehnjährigen Sohn in die Strafkolonien zu deportieren, wegen ... wegen ...« Mrs Dunnetts Stimme zitterte. »Und der alte Laird saß weiterhin auf seinem Land, als wäre nichts geschehen.«

Fassungslos starrte Fiona Mrs Dunnett an, die zusammengesunken auf ihrem Hocker saß. Als halbwüchsiger Junge verhaftet und deportiert zu werden, auf Betreiben des eigenen Vaters! Sie konnte sich nur vage ausmalen, was das bedeuten mochte. Doch die Spuren der Gewalt auf seinem Körper sprachen ihre eigene Sprache.

Übelkeit stieg in ihr auf, und das Gefühl von Mitleid drohte sie fast zu überwältigen.

»Fiona.« Eine leise, kaum vernehmbare Stimme.

»Aidan!« Dankbarkeit und Erleichterung durchströmten Fiona, als sie schwankend aufstand und ans Bett trat, wo der Laird regungslos und blass in einem Berg Kissen lag. Seine Augen waren halb geöffnet, seine flatternden Lider schimmerten violett.

»Fiona«, wiederholte er leise, während er vergebens versuchte, sich aufzurichten.

Sofort war sie an seiner Seite und drückte ihn sanft, aber bestimmt zurück. »Sie müssen liegen bleiben. Sie sind verletzt!«

»Seoc!« Mit einer fahrigen, aber unwirschen Geste schob Aidan Fionas Hand beiseite. Schwer atmend kämpfte er erneut darum, Worte zu formulieren.

»Seoc … er …«

»Nicht reden, Sie müssen sich ausruhen.« Fiona hielt ihn an der Schulter fest. »Ich weiß nicht, wo Seoc ist. Aber ich werde ihn suchen, wenn Sie das möchten.«

Seine Hand umklammerte ihren Unterarm und hielt sie zurück. »Sie … haben …« Ein ersticktes Husten schluckte den Rest des Satzes.

Hastig griff Fiona nach dem Glas, das neben dem Bett auf einem Tisch stand, stützte seinen Kopf und hielt es an seine Lippen. Statt zu trinken, stieß er ihre Hand beiseite. »Seoc …«, flüsterte er heiser, während ihm der Schweiß über das Gesicht lief. »Er ist fort. Sie haben ihn … mitgenommen …«

Fiona, die gerade das Glas wieder abstellen wollte, hielt ruckartig in ihrer Bewegung inne. »Was sagen Sie da?«

Mrs Dunnetts Aufkeuchen zeigte ihr, dass sie sich nicht verhört hatte.

Aidans Augenlider zitterten, als er erneut versuchte, sie zu öffnen. »Sie haben ... Seoc ... entführt ...« Jedes einzelne Wort schien ihm große Schmerzen zu bereiten. »Wollte ihm noch zu Hilfe kommen, aber ... sie hatten Waffen ...«

Fionas Kopf flog zu Mrs Dunnett hinüber, um sich zu vergewissern, dass sie das Gleiche vernommen hatte. Deren blasses Gesicht und die vor den Mund geschlagenen Hände waren ihr Antwort genug.

»Sie haben Seoc?«, brachte sie schließlich hervor.

In Karis Augen stand Sorge. »Ein ...«, er schien nach dem passenden Ausdruck zu suchen, »gutes Druckmittel.«

Ein Druckmittel? Fiona verstand nun gar nichts mehr. Ein Druckmittel wofür?

Sollte der Junge wirklich entführt worden sein?

»Wer?«, fragte sie. »Wer hat ihn mitgenommen?«

Wieder ein röchelndes Atmen, ein Stöhnen, dann flüsterte Aidan: »Thom...Thomson.«

Fiona zuckte zusammen. Thomson? Das war doch der Name von Alice, Aidans Verlobter.

»Sind Sie sicher?« Fionas Stimme war kaum mehr als ein Hauch.

»Ja, Thomsons Schläger. Sie müssen den ganzen Abend über in der Nähe gewesen sein. Irgendwo versteckt.« Er rang nach Luft. »Nicht gemerkt ... zu viele ... zu viele Leute an diesem Abend ... So ... leichtsinnig von mir.«

Fiona griff nach seiner Hand, die sich trocken und heiß anfühlte. »Wollen Sie sagen, dass die Familie Ihrer Verlobten am Abend des Balls das Haus beobachtet hat, Sie zusammengeschlagen und Seoc verschleppt hat?« Dieser Gedanke schien Fiona völlig absurd.

Doch zu ihrer großen Überraschung nickte er.

»Sie müssen erfahren haben, dass ich ...«, wieder war er gezwungen, eine Pause zu machen, »Informationen über sie eingeholt habe.«

Fiona schüttelte verwirrt den Kopf.

»Sie haben ...«, Aidans Atem rasselte erschreckend, »Drohbriefe ... Hätte gewarnt sein müssen.«

Von der Anstrengung des Sprechens erschöpft, erschlaffte seine Hand, seine Lider fielen zu, und einen Moment lang glaubte Fiona, er sei in die Bewusstlosigkeit zurückgeglitten.

Wie vom Donner gerührt stand sie neben seinem Bett, noch immer seine Hand haltend. Wieso ließ die Familie seiner Verlobten ihn ausspionieren, schickte ihm Drohbriefe und ... wieso entführten sie seinen Stallburschen?

Alles, was sie hervorbrachte, war: »Aber sie ist doch Ihre Verlobte.«

Mühsam öffnete der Laird die Augen und suchte ihren Blick. »Alice Thomson ... sie ist nicht meine Verlobte. War sie nie ... sie ist nur ... eine intrigante ...« Wieder schloss er die Augen, und sein Kopf rollte zur Seite, als er das Bewusstsein verlor.

Fionas Herz hämmerte, in ihrem Kopf rauschte es. Hatte sie richtig gehört? Er hatte dieser Person nie die Ehe versprochen? War nicht an sie gebunden?

Sie hätte nicht geglaubt, in dieser Nacht noch weiter überrascht, ja erschüttert werden zu können, doch nun ... Ein Gefühl der Erleichterung durchströmte sie. Der Druck, der auf ihr gelastet hatte, seit Alice Thomson dieses Haus betreten hatte, wich von ihrer Seele.

Aber weshalb hatte niemand im Haus Alice widersprochen, als sie behauptete, Aidans Braut zu sein?

»Sie war die Verlobte seines Bruders, seines Halbbruders Hamish, der einmal das Erbe seines Vaters hätte antreten sollen, nachdem sein älterer Bruder Robert ja bereits zuvor den Tod gefunden hatte.« Leise war Mrs Dunnett neben sie getreten. »Alice war wie besessen von der Idee, die Ehefrau des kommenden Lairds zu werden. Dabei war ihr Vater nicht mehr als dessen Verwalter gewesen. Als dann auch Sir Hamish unerwartet starb und Master Aidan der neue Laird wurde … Sie hat immer wieder versucht, ihn zu umgarnen.«

»Und das hat er zugelassen?« Fiona spürte, wie ihre Hände sich verkrampften, Enttäuschung in ihr aufsteigen wollte.

»Nein, aber irgendwann hat er aufgehört, ihre Annäherungsversuche zu unterbinden. Immerhin kam es seinen Plänen durchaus zupass.«

Pläne? Noch immer verstand Fiona nicht, um welche Pläne es sich handelte, womit sich der Laird im Geheimen beschäftigte.

Doch gab es im Augenblick dringlichere Angelegenheiten zu klären.

»Aber warum haben sie Seoc entführt? Was kann der Junge ihnen nutzen?« Fiona blickte Mrs Dunnett an, aber es war Kari, der ihr antwortete.

»Sie wollten Aidan damit erpressen, ihn zwingen, ihnen endlich das Geld zu geben.«

Wieder begriff Fiona nicht, wovon Kari sprach. »Welches Geld sollte er den Thomsons bezahlen?«

Die Haushälterin seufzte. »Das ist eine lange Geschichte, und ich glaube nicht, dass jetzt der geeignete Zeitpunkt ist …«

Fionas Geduld war erschöpft. »Doch, gerade jetzt ist der

richtige Zeitpunkt, dass ich die ganze Geschichte erfahre!« Demonstrativ setzte sie sich wieder auf den Stuhl. »Also fangen Sie an.«

Kari und Mrs Dunnett sahen sich an. Schließlich nickte der Australier. »Weshalb sollten wir jetzt noch etwas verschweigen?«

Beide nahmen ebenfalls Platz, und Mrs Dunnett ergriff erneut das Wort. »Der alte Laird, Master Aidans Vater, hatte große Pläne mit dem Umbau des Hauses und dem Aufbau einer großen Schafzucht. Allerdings musste er dazu bedeutend mehr investieren, als er geplant hatte. Auf diese Weise wurde sein gesamtes Barvermögen aufgezehrt. Seine beiden Söhne, Robert und Hamish, taugten nichts, zeigten kein Interesse an der Arbeit. Aber das war die gerechte Strafe für das, was der alte Laird Aidan und seiner Mutter angetan hatte.« Sie machte eine kurze Pause, ehe sie fortfuhr. »Als Robert, der älteste, der der Trunksucht verfallen war, sich mit seinem Pferd zu Tode stürzte, sollte der zweite, Hamish, sein Nachfolger werden. Doch dieser, ein verkommenes Subjekt ...« Aus Mrs Dunnetts Stimme war ihre ganze Verachtung herauszuhören. »Er hatte nur Weibergeschichten und Kartenspiele im Sinn, verlor ein Vermögen an den Spieltischen. Sein Vater, der selbst kein nennenswertes Barvermögen mehr besaß, konnte – oder wollte – ihm nicht helfen, seine Spielschulden zu bezahlen. So kam es zu einem Kuhhandel mit dem alten Thomson, mit dem die Familie schon von jeher krumme Geschäfte getätigt hatte. Thomson war bereit, Hamish die nicht unerheblichen Summen zu leihen, der dann, im Gegenzug, dessen Tochter Alice zur Frau nehmen sollte. Die Dame wollte schon immer hoch hinaus, ging hier im Haus ein und aus, als sei sie bereits die Herrin.« Erschöpft hielt die Haushälterin inne.

»Ist der zweite Sohn, Sir Aidans Halbbruder also, nicht kurz danach ebenfalls gestorben?«, fragte Fiona, und Mrs Dunnett nickte.

»Ja, nachdem er noch weitere Spielschulden angehäuft hatte und der zukünftige Schwiegervater sich weigerte, diese auch noch zu zahlen, gab es einen tragischen Unfall.« Mrs Dunnett lachte verächtlich. »Angeblich soll sich beim Reinigen seiner Waffe ein Schuss gelöst und Hamish tödlich getroffen haben. Wenn Sie mich fragen, hat sich der Kerl selbst erschossen, weil er keinen Ausweg mehr sah.«

Fiona spürte, wie sie ein Schauder überlief. Wahrhaftig, dieses Haus war kein glücklicher Ort.

Doch schon erzählte Mrs Dunnett weiter. »Nun saß der alte Laird ganz allein und selbst todkrank in seinem Herrenhaus. Seine Frau war schon Jahre zuvor gestorben, andere Nachfahren gab es nicht. So vereinsamte er immer mehr. Nur Reverend MacKerron kam gelegentlich zu Besuch. Dabei hatte er mit dem Geistlichen all die Jahre zuvor nur wenig Kontakt und pflegte ihn abzuweisen, wenn er mit einem Anliegen oder Hilfsgesuch zu ihm kam. Möglich, dass der Reverend ihm ins Gewissen geredet hatte oder der alte Sir Tavish auf dem Sterbebett seine Taten bereute. Ich weiß nur, dass irgendwann Aidan mit Kari hier auftauchte und sein Vater ihn als Erben einsetzte.«

Fionas Gedanken wirbelten durcheinander, aber sie zwang sich, sich auf das Nächstliegende zu konzentrieren. »Sir Aidan trat also das Erbe seines Vaters an und ...«, begann sie, wurde aber gleich wieder von Mrs Dunnett unterbrochen.

»Dieser ist allerdings kurz darauf verstorben, sodass der Junge ganz allein mit diesem Berg an Aufgaben stand, auf die er nicht vorbereitet war. Und in dieser Situation tauchte der alte Thomson auf, präsentierte ihm die Rechnung über die immensen Schulden seines Bruders und bot ihm seine Tochter als Braut an.«

Fiona spürte, wie Zorn in ihr aufstieg – oder war es Eifersucht? Doch sie schob das Gefühl energisch beiseite und fragte stattdessen: »Weiß Thomson von Aidans Vergangenheit? Dass er ein ...«, sie stockte, »ein ehemaliger Sträfling ist?«

»Wo denken Sie hin?« Mrs Dunnett kniff die Augen zusammen und schüttelte den Kopf. »Zwar war es im Dorf und überall sonst ein offenes Geheimnis, dass der neue Laird ein illegitimer Spross des alten Sir Tavish sein musste. Aufgrund des gottlosen Lebenswandels des Verstorbenen war anzunehmen, dass es einige davon gab, überall im Land. Doch an den Sohn der Küchenmagd, den man in Australien verschollen glaubte, hätte niemand gedacht. Am allerwenigsten Thomson.« Sie schnaubte. »Diesem Emporkömmling ging es darum, seiner Tochter Titel und Ansehen zu verschaffen. Das Einzige, was er mit seinen krummen Geschäften nicht erringen konnte. Hätte er auch nur geahnt, dass der Erbe des Titels in Wirklichkeit ein verurteilter ...«

Obgleich die Haushälterin den Satz nicht zu Ende sprach, verstand Fiona, was diese meinte. Dann hätte Thomson nie versucht, Aidan seine Tochter anzubieten. Im Gegenteil, nach alledem, was sie über diese Familie erfahren hatte, wäre es ihnen zuzutrauen, dass er dieses Wissen sogar zu seinem eigenen Vorteil genutzt und den jungen Laird damit erpresst hätte.

Mit den Fingerkuppen rieb sich Fiona über die Schläfen, als könne ihr das helfen, ihre Gedanken zu ordnen, während Mrs Dunnett weitersprach: »Jedenfalls hat Master Aidan die Braut dankend abgelehnt, was diese jedoch nicht akzeptierte, sich weiterhin von Zeit zu Zeit selbst ins Herrenhaus einlud und es nicht aufgab, sich ihm aufzudrängen.« Ihrem empörten Tonfall war zu entnehmen, was sie davon hielt.

Wieder drängte sich ihr die Erinnerung auf an die Nacht, in der Aidan von seiner Reise zurückgekehrt war und seine vorgebliche Verlobte zu deren Zimmer begleitet hatte. Langsam ließ Fiona die Luft aus ihren Lungen entweichen, während sie begriff, wie unbegründet ihre Befürchtungen gewesen waren. Offensichtlich verachtete Aidan diese Frau. Zudem – mit grausamer Genauigkeit zeichnete sich das Bild seiner Narben vor ihrem inneren Auge ab – zudem hätte Aidan unter keinen Umständen riskiert, Alice gegenüber seine wahre Identität preiszugeben, indem er sie die Spuren seiner Misshandlungen sehen ließ ...

»Aidan weigerte sich entschieden, für die Schulden seines pflichtvergessenen Halbbruders aufzukommen.« Mrs Dunnetts Worte rissen Fiona aus ihren Gedanken. »Erstens hatte er gar nicht die Mittel dazu, zweitens widerstrebte es ihm, diese reinen Spielschulden wohlgemerkt zu übernehmen. Keine Zahlung an einen Mann wie Thomson, der selbst Blut an den Händen hatte, was Aidan später herausfand. Denn als Verwalter der Thirstanes war jener nicht nur an der Vertreibung der Pächter beteiligt gewesen, sondern hatte auch bei Aidans Deportation und der seiner Mutter seine Hand im Spiel gehabt. Ein gewissenloser Helfershelfer Sir Tavishs, seines eigenen Vaters.« Die Haushälterin verstummte, und Fiona versuchte, das Gehörte zu verarbeiten.

»Der alte Thomson wollte also Sir Aidan mit allen Mitteln zwingen, ihm das Geld zurückzuzahlen?«, hakte sie nach.

»Er hat ihm immer wieder Erpresserbriefe geschrieben«, ließ sich Kari vernehmen, der die ganze Zeit stumm zugehört hatte. »Und solange Alice Thomson noch die Hoffnung hatte, einmal Herrin von Thirstane Manor zu werden, hat er es wohl dabei belassen. Doch bei dem Ball, als er mit Ihnen tanzte ...«, er stockte und warf Fiona einen wissenden Blick aus seinen dunklen Augen zu, der sie erröten ließ, »da ist Alice wohl endgültig klar geworden, dass sie keine Chance hatte. Und so wurde zum letzten Mittel gegriffen«, schloss er.

Fiona verstand, was er meinte. »Sie haben Seoc entführt, um ihn nur gegen die Rückzahlung der Schulden freizulassen. Als Lösegeld sozusagen. Und als Aidan ihm zu Hilfe kommen wollte, haben die Handlanger des alten Thomson ihn niedergestochen.«

Eine tiefe Resignation hatte Fiona ergriffen. An den Gesichtern der beiden anderen erkannte sie, dass auch sie keinen Ausweg wussten.

Was würde mit dem Jungen geschehen? Was wäre, wenn Aidan seinen Verletzungen erliegen würde? Dieser Gedanke riss Fiona aus ihrer Benommenheit. »Wir müssen etwas unternehmen. Wir können doch nicht tatenlos zusehen ...«

Kari stand auf und legte die Hand auf ihre Schulter. »Sicher haben sie Seoc auf ihr Anwesen gebracht. Ich weiß, wo die Thomsons wohnen. Ihr Herrenhaus befindet sich eine halbe Tagesreise von hier, Richtung Inverness.«

Zwei, drei Herzschläge lang waren die Augen des Australiers und der Haushälterin in stummem Zwiegespräch miteinander verbunden. Dann gab er sich einen Ruck. »Ich werde sofort aufbrechen und nach dem Jungen suchen.«

Mrs Dunnett nickte zögernd, als wäre sie mit der Entscheidung zwar nicht zufrieden, aber es fiele ihr auch keine bessere Lösung ein. »Pass gut auf dich auf. Diese Leute sind ...«, sie zögerte und fügte dann leise hinzu, »skrupellos.«

Kari nahm es mit einem leichten Neigen des Kopfes zur Kenntnis und wandte sich dann mit den fließenden, geschmeidigen Bewegungen eines Kriegers zum Gehen.

Panik überkam Fiona. Sicher war Kari ein kampferprobter Mann – in den Weiten Australiens. Aber hier? In ein fremdes Anwesen einzudringen, um einen Jungen zu befreien, von dem er nicht einmal wusste, wo genau dieser gefangen gehalten wurde? Allein gegen menschenverachtende Verbrecher? Eine unlösbare Aufgabe.

Es sei denn …

Fiona biss sich auf die Lippen, während eine Idee in ihr heranreifte. Eine Idee, so verwegen, dass sie nicht glauben konnte, dass sie ihrem eigenen Geist entsprungen war.

Ohne länger darüber nachzudenken, lief sie zu Kari, der gerade die Tür öffnen wollte. »Ich komme mit!«

Ein Donnerschlag hätte keine größere Erschütterung hervorrufen können.

Der Aborigine blieb stehen und wandte sich zu ihr um, die Augen vor Erstaunen geweitet.

»Sie möchten was?« Auch Mrs Dunnett klang fassungslos.

Fiona straffte sich. Nun, nachdem sie die Worte ausgesprochen hatte, fühlte sie sich nicht mehr so sicher. Wie, um sich selbst zu überzeugen, erklärte sie: »Ich sehe keine andere Möglichkeit. Was kann einer allein schon ausrichten? Wahrscheinlich warten sie dort schon darauf, dass jemand von Thirstane Manor ihnen einen Besuch abstattet. Wie leicht könnte man in eine Falle tappen.« Fiona spürte, wie ihr Herz raste, schenkte dem jedoch keine Beachtung.

»Und was wollen Sie stattdessen tun?« Dass Mrs Dunnett ihr Ansinnen nicht kategorisch ablehnte, zeigte Fiona, wie nahe ihr der Junge stand, wie sehr sich die sonst so kühle, zurückhaltende Frau wünschte, ihn wohlbehalten zurückzubekommen. Und diese Erkenntnis bestärkte sie in ihrem Vorhaben.

»Um herauszufinden, wo sie Seoc gefangen halten, müsste man sich frei im Haus und dem Anwesen bewegen können. Am besten als Gast, der die Gelegenheit hat, unauffällig Erkundigungen einzuholen, Fragen zu stellen«, fuhr Fiona fort. Aufregung erfasste sie. »Man müsste es nur geschickt anstellen.«

Mit gerunzelter Stirn schien Mrs Dunnett das Für und Wider dieser absurden Idee abzuwägen. »*Ihnen* werden sie niemals vertrauen. Sie würden gleich merken, dass Sie etwas im Schilde führen, und dann ...« Nervös verschränkte sie die Finger. »Es ist bekannt, dass Sie bereits seit längerer Zeit hier auf Thirstane Manor weilen. Und bei dem Fest haben alle gesehen, wie Sie mit Sir Aidan getanzt haben und wie ... nahe Sie sich dabei gekommen sind.«

Wieder spürte Fiona Hitze in sich aufsteigen, zugleich aber auch ihre Entschiedenheit bröckeln. Mrs Dunnetts Bedenken waren nicht von der Hand zu weisen. Und der Gedanke, Aidan würde hier seinen Verletzungen erliegen, während sie ...

Aber es musste eine Lösung geben! Sie konnten doch nicht einfach hier sitzenbleiben und abwarten, was die Thomsons mit dem Jungen anstellen würden.

Wie eine Blitzentladung sah Fiona Seocs Gesicht vor sich. Seine jugendliche Unsicherheit, seine anfängliche Ablehnung, seinen Hass und zuletzt die zaghaften Ansätze von Dankbarkeit, vielleicht sogar Freundschaft. Etwas, das Fiona nur selten in ihrem Leben erfahren hatte.

»Und deshalb glaube ich nicht, dass sie den Thomsons als Gast willkommen wären«, durchbrach Mrs Dunnetts Stimme ihre Gedanken.

»Aber alle haben auch gesehen, wie es zwischen Sir Aidan und mir zum Streit kam«, erinnerte Fiona. »Wie er mich in der Öffentlichkeit brüskiert, zum Gespött gemacht und schließlich stehen gelassen hat.«

In ihrem Kopf nahm ihr gewagter Plan allmählich Formen an, und sie versuchte, ihn in Worte zu fassen. »Wenn ich vorgebe, vor Sir Aidans Jähzorn geflohen zu sein ... Wenn ich die Thomsons weinend und verstört um Hilfe anflehe, weil er mir etwas Entsetzliches antun wollte, womöglich meine Tugend in Gefahr brachte oder Schlimmeres ...« Fiona lächelte schief und ein wenig unsicher. »Welche Familie könnte es sich erlauben, einer jungen Frau in Nöten, noch dazu der Tochter eines Earls, ihre Hilfe zu verweigern?« Erwartungsvoll flog ihr Blick zu den beiden anderen.

Kari und Mrs Dunnett starrten sie nur schweigend an.

Einen kurzen Augenblick lang stieg Angst in Fiona auf. Angst vor dem, was sie vorhatte, vor den damit verbundenen Gefahren. Doch energisch verbot sie sich, darüber nachzudenken.

»Das«, begann Mrs Dunnett leise, »erscheint mir doch sehr riskant. Für eine junge Frau wie Sie. Die Thomsons sind mit allen Wassern gewaschen und werden sich schwerlich hinters Licht führen lassen.«

Kari wiegte nachdenklich den Kopf, er schien noch zu keiner Entscheidung gekommen zu sein.

»Allerdings«, fuhr die Haushälterin fort, »sehe ich auch keine andere Möglichkeit, um Seoc zu retten. Vielleicht könnte Ihr Plan ja wirklich gelingen.« Sie sah Fiona direkt in die Augen. »Sind Sie tatsächlich bereit, ein solches Risiko einzugehen?«

Erleichterung durchströmte Fiona, die jedoch augenblicklich wieder von ihren Befürchtungen gedämpft wurde.

Rasch ging sie zu Mrs Dunnett und ergriff ihre Hände. »Ich bin dazu bereit.« Sie sah Tränen in den Augen der älteren Frau, die sie stets für unterkühlt und unnahbar gehalten hatte. »Ich kann nicht garantieren, dass es mir gelingt, aber ich verspreche, dass ich zumindest alles versuchen werde.«

Und ich hoffe, lebend aus dieser Sache herauszukommen.

Mrs Dunnett ließ ihre Augen über den noch immer Bewusstlosen gleiten. »Er würde es nicht zulassen. Er wird außer sich sein, wenn er erfährt, was Sie vorhaben. Allerdings ...« Ihr Gesicht wirkte blass, aber entschlossen. »Können wir Seoc nicht im Stich lassen!« Sie wischte sich mit dem Ärmel über die Augen, stand auf und wandte sich um. »Ich werde alles vorbereiten. Morgen früh können Sie aufbrechen.«

Fiona glaubte, ein Zittern in Mrs Dunnetts Bewegungen wahrgenommen zu haben, bevor diese die Tür hinter sich zuzog.

1. Dezember 1837

Kapitel 49

Keiner von ihnen hatte in der Nacht Schlaf gefunden. Bis zum Morgen waren Kari, Mrs Dunnett, Elspeth und Fiona damit beschäftigt gewesen den waghalsigen Plan vorzubereiten.

Fiona brannten noch unzählige Fragen auf der Seele, besonders zur Person Karis, dessen Verhältnis zu Aidan und warum er sich in diesem Haus verbarg. Doch es blieb ihr im Augenblick weder die Zeit noch die Gelegenheit, sie zu stellen.

Elspeth, die von seiner Anwesenheit ebenfalls nichts gewusst hatte, waren beim Anblick des hochgewachsenen, dunkelhäutigen Fremden mit den exotischen Zügen beinahe die Augen aus dem Kopf gefallen. Schnell hatte sie sich bekreuzigt und etwas von Moorgeistern, Wiedergängern und dem Schwarzen Mann gemurmelt.

Das Frühstück war gerade vorüber, als der Wagen des Dorfschmieds vor dem Eingangsportal bereitstand. Man war sich einig gewesen, dass es sicherer war, nicht die Kutsche der Thirstanes zu nehmen, die gleich erkannt werden würde.

Die Fahrt in dem primitiven Gefährt versprach eher ungemütlich zu werden. Sie würden beide vorn auf dem wackeligen Bock sitzen müssen, Wind und Wetter ausgesetzt. Daher hatte Mrs Dunnett ihr ein schweres, dunkles Schultertuch mitgegeben, das Fiona fest um sich schlang.

Zugleich spürte sie, wie sie der Mut zu verlassen und die Furcht in ihr aufzusteigen drohten. Doch dann siegte ihre Willenskraft, deren Stärke sie selbst überraschte. Bisher hatte man ihr immer nur das Gefühl gegeben, sie sei schwach, nicht ganz normal, zu nichts Besonderem fähig. Diese Sache würde sie jetzt durchstehen. Egal, zu welchem Preis.

Für Seoc, für Aidan ... Und weil es zum ersten Mal in ihrem Leben etwas gab, das ihr wirklich am Herzen lag.

Ihre Anspannung überdeckte das Gefühl der Müdigkeit. In der Nacht hatte sie abwechselnd mit Mrs Dunnett und Kari bei Aidan gewacht. Dieser war zwar ruhiger geworden, hatte jedoch das Bewusstsein nicht wiedererlangt, was sie sehr beunruhigte.

Bevor sie aufbrachen, wollte sie noch einmal nach ihm sehen. Leise schlüpfte sie in Aidans Zimmer, wo Elspeth die Wache übernommen hatte. Ohne ein Wort mit dem Mädchen zu wechseln, trat sie an das Bett.

Leichenblass lag Aidan zwischen den Kissen, doch schien es Fiona, als ob er schliefe und nicht länger bewusstlos wäre. Seine Brust hob und senkte sich regelmäßig.

Als spürte Elspeth, dass Fiona gern einen Moment mit ihm allein wäre, huschte sie lautlos aus dem Raum.

Fiona setzte sich vorsichtig auf die Bettkante. Einen Moment lang beobachtete sie die im Schlaf entspannten Gesichtszüge, die sie selbst in diesem Zustand noch faszinierten. Die gerade Nase, das ausgeprägte Kinn und die von tiefschwarzen Wimpern überschatteten Augen. Sanft ergriff sie seine Hand, die sich zu ihrer großen Erleichterung schon weitaus weniger heiß anfühlte als zuvor. Sie drehte die Handflächen nach oben, fuhr mit dem Daumen über die Schwielen, die von harter körperlicher Arbeit zeugten. Dann schob sie die Ärmel des Nachthemdes nach oben und betrachtete stumm die Narben der Handfesseln, die er all die Wochen über so gut vor ihrem Blick verborgen hatte.

Ihr Herz zog sich vor Mitleid zusammen. Was hatte Aidan alles erdulden müssen?

»Ich verspreche dir, dass ich alles tun werde, um Seoc zu retten. Ich lasse den Jungen nicht im Stich!« So vieles hätte sie Aidan noch sagen wollen. Doch er würde es ohnehin nicht hören, und die Zeit wurde ihr knapp.

Daher strich sie ihm nur behutsam mit den Fingerspitzen über das Gesicht und das Haar, das offen über die Kissen fiel. Dann beugte sie sich vor und berührte mit den Lippen leicht seine Wangen.

»Ich komme zurück«, flüsterte sie.

Tu alles dafür, dass du dann noch am Leben sein wirst.

Ein Klopfen an der Tür gemahnte Fiona zum Aufbruch. Gegen ihren inneren Widerstand ankämpfend erhob sie sich, warf einen letzten Blick auf den Schlafenden und verließ das Zimmer.

*

Je länger die Fahrt dauerte, desto unruhiger wurde Fiona. Ihre anfängliche Zuversicht geriet immer mehr ins Wanken. Wie hatte sie sich nur auf ein derart riskantes Unternehmen einlassen können? Ausgerechnet sie, die ihr ganzes bisheriges Leben in weitgehender Abgeschiedenheit verbracht hatte.

Ihr Blick fiel auf Kari, der neben ihr auf dem Kutschbock saß und das Gefährt lenkte. Sie fuhren durch eine einsame Gegend und kamen nur höchst selten an einer menschlichen Behausung vorbei. Trotzdem trug er zur Vorsicht einen Umhang mit einer Kapuze, die er tief ins Gesicht ziehen konnte, damit sein exotisches Äußeres kein Aufsehen erregte. Obwohl jeder von ihnen in seine Gedanken vertieft war und sie kaum miteinander sprachen, tat es Fiona gut, den stillen Australier an ihrer Seite zu wissen. Etwas an ihm war dazu angetan, ihr Vertrauen zu erwecken.

»Erzählen Sie mir mehr von Aidan«, bat Fiona ihn schließlich, um sich von ihren Grübeleien abzulenken. »Wie haben Sie sich kennengelernt?«

Der Aborigine schien einen Augenblick zu überlegen. Dann nickte er. »Unser Leben ist ... durch seltsame Pfade miteinander verbunden.«

Eine Weile war nichts zu hören als das gleichmäßige Rattern der Wagenräder, die über die unebenen Wege der Highlands fuhren.

»Er ist durch die Hölle gegangen«, fuhr Kari leise fort. »Und diese Erfahrung hat sein ganzes Leben geprägt.«

Wieder sah Fiona die tiefen Narben auf Aidans Körper vor sich. Sie fröstelte.

»Das kann ich verstehen«, entgegnete sie bedrückt.

»Vierzehn Jahre hatte man ihm aufgebürdet. Wegen des Diebstahls und weil er seinen Vater vor Gericht tätlich angegriffen hat, als er verstand, dass nicht nur er selbst, sondern auch seine Mutter für diese Tat büßen musste. Da sie versucht hatte, die Schuld auf sich zu nehmen, wurde sie wegen Anstiftung zu der Tat zu sieben Jahren verurteilt. Zu einem Leben ohne Gnade, ohne Hoffnung.«

Während sie Übelkeit und Schwindel herunterkämpfte, rief sich Fiona ins Gedächtnis, was sie über diese Strafkolonien wusste. Seit einem halben Jahrhundert existierten sie dort im fernen Australien, auf der anderen Seite der Welt, und sollten dem Britischen Weltreich in vielerlei Hinsicht Nutzen bringen.

Zum einen trugen sie dazu bei, das Mutterland von Verbrechern und Kriminellen zu säubern. Indem man diese

Menschen ihre Strafe in Übersee abbüßen ließ, sorgte man hierzulande nicht nur für mehr Sicherheit in den Städten und auf den Straßen, sondern entlastete gleichzeitig die völlig überfüllten Gefängnisse. Vor allem aber sollte durch die Arbeitskraft der Deportierten der britische Besitz in Australien weiter ausgebaut, gewinnbringend bewirtschaftet und nicht zuletzt der Kontinent mit weiteren Untertanen der britischen Krone bevölkert werden.

»Anfangs musste Aidan auf einer Farm arbeiten.« Kari sah sie durchdringend an, als gäbe es etwas, das er nicht aussprach, sie aber wissen müsste. »Seine Mutter wurde als Hausmädchen zu …«, er zögerte, »einer hochgestellten Familie geschickt, Meilen von ihm entfernt.«

Fiona spürte einen Kloß im Hals, als sie sich vorstellte, was das für einen Jungen in Aidans Alter bedeutet haben musste. Sie selbst litt noch immer unter dem Verlust ihrer Mutter, und dabei konnte sie noch nicht einmal behaupten, zu dieser ein besonders inniges Verhältnis gehabt zu haben.

»Mehrfach hat er versucht zu fliehen«, fuhr der Australier fort, »wollte unbedingt zu ihr, um zu sehen, ob es ihr gut ginge.« Seine Augen verdunkelten sich. »Er fühlte sich verantwortlich für sie, schuldig an ihrem Schicksal.«

Schuldig, weil sie für seine Tat büßen musste.

Welches Ausmaß an Leid hatte Aidan erfahren! Eine Träne lief Fiona über die Wange.

»Zweimal haben sie ihn zurückgebracht, beim dritten Mal wurde er in eine der Minen geschickt, wo er seine Strafe weiterhin verbüßen sollte. Doch auch von dort hat er immer wieder zu entkommen versucht.« Es war nur Karis weicher, tiefer Stimme zu verdanken, dass Fiona sich nicht die Hände auf die Ohren presste, sondern weiter zuhörte.

»Damit musste er sich den Ruf eingehandelt haben, unberechenbar und aufsässig zu sein, denn zuletzt ist er im Osten des Landes, unweit von Brisbane, gelandet ...« Wieder schwieg Kari, und etwas in seiner Miene ließ Fiona bezweifeln, dass sie den Fortgang der Geschichte würde ertragen können.

»Sagt Ihnen der Name Patrick Logan etwas?«

Logan? Wie ein Kaleidoskop flackerten die verschiedensten Erinnerungen in Fionas Kopf auf. Beinahe körperlich schien sie den Duft nach Kerzen, Blumen und Weihrauch zu spüren, der sie an diesen Abend in der Kapelle erinnerte.

Das Papier, das sie dort gefunden hatte, den Zeitungsausschnitt über die Beschreibung eines entsetzlichen Verbrechens.

Patrick Logan ... Ja, so hieß der Mann, dem die Todesanzeige gewidmet war.

»Er wurde ermordet«, sagte sie tonlos. »Er ist einem Anschlag zum Opfer gefallen. Kürzlich habe ich einen alten Zeitungsbericht dazu gefunden.« Da keine Reaktion erfolgte, hob sie die Schultern. »Mehr weiß ich nicht. Bisher war mir der Name unbekannt. Obwohl ...«

Irgendwann, vor langer Zeit, musste sie diesen Namen schon einmal gehört haben.

»Captain Patrick Logan war der Kommandant einer der Strafkolonien in Australien, der wahrscheinlich sogar berüchtigtsten von allen: in Moreton Bay.« Kari schwieg einen Augenblick. »Er hat sich in vielen Dingen hervorgetan, als Offizier und als Naturforscher. Ein treuer und tüchtiger Untertan Seiner Majestät, weshalb er in seiner britischen Heimat lange Zeit einen guten Ruf genoss. Auf der anderen Seite der Erde machte er sich ebenfalls bald einen Namen: als Tyrann von Brisbane Town.«

Das Rattern des Wagens dröhnte dumpf in Fionas Ohren.

»Binnen kürzester Zeit war es ihm gelungen, Moreton Bay zu einer der am besten organisierten, effektivsten, aber auch gefürchtetsten Strafkolonien in ganz Australien zu machen. Zwar wurden in all diesen Lagern die Gefangenen brutal behandelt, aber Captain Logans Grausamkeit übertraf alles.« Kari zögerte und blickte Fiona an, als wisse er nicht, ob er ihr derartige Details zumuten könnte. »Schon wegen Kleinigkeiten wurde man diszipliniert. Stundenlange Quälerei in der Tretmühle, hundert Peitschenhiebe oder mehr für das Übertreten einer Ordnungsregel waren an der Tagesordnung, Hinrichtungen keine Seltenheit. Und selbst dabei legte Logan noch besondere Grausamkeit an den Tag. So hat er Gefangene zu Tode prügeln lassen oder langsames Erhängen angeordnet.«

Fiona spürte, wie ihr das Blut aus dem Gesicht wich und ein heftiger Schwindel von ihr Besitz ergriff.

»Manche Sträflinge haben sich selbst umgebracht. Und einen Kameraden zu töten, um ihm ein derartiges Schicksal zu ersparen, galt als Freundschaftsdienst.«

Fest presste sich Fiona die Hand auf den Mund, um nicht ihrer Übelkeit nachzugeben. Das unablässige Rumpeln über das unwegsame Gelände tat sein Übriges, und nur mit Mühe gelang es ihr, sich aufrecht zu halten.

Doch war das noch keineswegs das Ende von Karis Bericht, denn er sprach weiter. »Mit Vorliebe suchte sich der Captain Gefangene heraus, deren Willen er brechen wollte. Solche, die schwach wirkten oder sich besonders aufsässig zeigten. Einer davon war Aidan.«

»Woher wissen Sie das alles?«, fragte Fiona gepresst, wie um den anderen am Weiterreden zu hindern. »Hat er es Ihnen erzählt?«

»Einiges davon. Darüber hinaus, nun …« Seine Augen verdunkelten sich. »Es gab nicht nur Weiße in den Straflagern …«

»Dann waren Sie auch ein Gefangener?« Allmählich ahnte Fiona die Zusammenhänge. »In Moreton Bay?«

»Nur für wenige Monate, aber lange genug, um Aidan kennenzulernen. Der schweigsame, in sich gekehrte Sträfling aus dem Norden Schottlands und der Wilde aus dem Busch, wie es hieß.« Karis Blick schien in die Ferne gerichtet. »Es gab nicht viele Freundschaften zwischen Weißen und Ureinwohnern. Selbst ein verurteilter Verbrecher ist sich bewusst, wer noch unter ihm steht. Aidan allerdings war anders.«

Er machte eine so lange Pause, dass Fiona sich fragte, ob er noch mehr preisgeben würde oder beschlossen hätte, dass sie nun genügend Informationen besäße. Dann jedoch atmete er tief ein, als müsse er Kraft schöpfen für das, was nun kommen würde.

»Diese Strafkolonien sind weitaus weniger streng bewacht als die Gefängnisse hierzulande. Fluchtversuche sind meist ohnehin zum Scheitern verurteilt. Das Meer auf der einen Seite, die menschenfeindliche Wildnis auf der anderen ... Kaum ein Europäer würde dort auf sich gestellt überleben – ich dagegen schon.« Ein Lächeln erschien auf dem Gesicht des Aborigines, das jedoch sogleich wieder verschwand. »Fünfhundert Peitschenhiebe hatte Logan Aidan wegen Aufsässigkeit verordnet, sozusagen sein Abschiedsgeschenk. Denn im Sommer des Jahres 1830 verließ der Captain das Lager und brach zu einer naturkundlichen Expedition auf ... von der er nicht zurückkehren sollte.«

Die Anspannung in Fionas Körper wuchs, und unwillkürlich begann sie zu zittern.

»Das ganze Lager, nicht nur die Gefangenen, auch die dort stationierten Soldaten atmeten auf, als Logan weg war. Fast drohte Chaos auszubrechen.«

Karis Augen wurden dunkel, als verspürte er einen tiefen Schmerz. »Die fünfhundert Peitschenhiebe sollten über fünf Tage verteilt werden.«

Zum ersten Mal, seit Fiona ihn kannte, schien seine ruhige Ausgeglichenheit zu bröckeln. »Diesmal wollte Logan ihn nicht brechen, er wollte ihn umbringen.« Kari senkte den Kopf. »Nach dem zweiten Tag wusste ich, dass Aidan weitere Auspeitschungen kaum überleben würde. Also blieb nur eine Chance: Ich nutzte die Unruhe und Nachlässigkeit, die durch die Abwesenheit des Kommandanten im Lager entstanden war. Und eine kleine List ...« Er lächelte. »Kurz darauf war ich mit einem von Wundfieber geplagten Mann, der sich kaum auf den Beinen halten konnte, auf der Flucht.«

Fiona liefen die Tränen übers Gesicht. »Sie mussten ihn tragen?«, fragte sie erstickt.

Kari nickte. »Ich bin stark, und Aidan war nicht sehr schwer damals. Zudem hatte ich einen großen Vorteil. Dieses Land war schließlich meine Heimat. Ich wusste, wie man Nahrung und Wasser findet. Ich kannte die Wege und Pfade. Mein Ziel war es, mich mit Aidan zu meinem Stamm durchzuschlagen, zu meinen Leuten. Irgendwie ...«

»Ist es Ihnen gelungen?«, fragte sie, als er nicht weitersprach.

Einige Herzschläge lang schien er zu überlegen, tief in sich hineinzuhorchen. »Ich bin tatsächlich auf Männer meines Stammes getroffen. Gerade noch rechtzeitig, denn länger hätte Aidan die Strapazen der Flucht nicht überlebt.« Er hob die Schultern. »Wir haben ihn zu unserer Siedlung gebracht, wo wir ihn versteckten und er sich nach und nach erholte. Doch als seine Wunden verheilten und er wieder zu Kräften kam, quälte ihn immer stärker die Frage, was in der Zwischenzeit mit seiner Mutter geschehen war.«

Fionas Herz schlug schneller. Sie spürte, dass das, was sie jetzt erfahren würde, von besonderer Bedeutung war.

Kapitel 50

»Aidan ließ sich nicht davon abbringen, seine Mutter zu suchen«, fuhr Kari fort. »Wahrscheinlich war es sogar gut, dass er sich dazu entschlossen hatte, denn unter meinen Leuten entstand Unruhe.« Wieder verzichtete Kari darauf, Fiona in Einzelheiten einzuweihen. »Irgendwann sind wir aufgebrochen. Viele unserer Krieger durchstreiften zu diesem Zeitpunkt das Land. Trotz deren Schutz mussten wir vorsichtig sein …«, wieder machte er eine Pause, bevor er weitersprach, »weil Captain Logan sich mit einigen seiner Soldaten gerade auf Expedition in diesem Gebiet befand.«

Der *Zeitungsausschnitt*! Der Zeitungsausschnitt in der Kapelle … Fionas Puls raste, sie ahnte, was nun kommen würde.

»Es war vorbestimmt, dass sich ihre Wege noch einmal kreuzen würden. Nicht weit von dem Fluss, den die Europäer Brisbane River nennen, trafen Aidan und Captain Logan aufeinander.«

In Fionas Kopf begann es so stark zu rauschen, dass sie die folgenden Worte des Australiers fast nicht verstand.

»Eine Begegnung, die der Kommandant nicht überleben sollte.«

Dieser Mord an Patrick Logan, von dem sie in dem verblassten Zeitungsbericht gelesen hatte. Grundgütiger, das also waren die Hintergründe!

»Kari«, sagte sie leise, »warum halten Sie sich auf Thirstane Manor verborgen? So sehr, dass überhaupt nur fünf Menschen von Ihrer Anwesenheit wissen?«

Der Aborigine schwieg und sah sie forschend an. »Was glauben Sie«, sagte er dann, »würde die Justiz der Weißen mit einem Aborigine machen, der einem ihrer Offiziere einen Speer zwischen die Schulterblätter gebohrt hat?«

Fiona hätte nicht geglaubt, dass sie nach alledem, was sie in den vergangenen Stunden erlebt und erfahren hatte, noch irgendetwas erschüttern könnte. Und doch stockte ihr bei Karis Worten der Atem.

»Logan wollte mit Aidan kurzen Prozess machen, als er ihn erkannte. Es war Fügung, dass ich und die Männer meines Stammes ihre eigene Fehde mit dem Kommandanten hatten.«

Widerstreitende Gefühle kämpften in Fionas Brust. Als Tochter eines Richters hätte sie wohl Entsetzen und Empörung darüber empfinden müssen, neben einem Mann zu sitzen, der einen Offizier der britischen Krone getötet hatte. Doch der andere Teil in ihr, der aufrichtige, wahrhaftige, den sie erst vor Kurzem in sich entdeckt hatte, verspürte nichts als Dankbarkeit. Dankbarkeit und Erleichterung darüber, dass Aidan Patrick Logan nicht erneut in die Hände gefallen war und dieser Schlächter auch nie wieder Gelegenheit haben würde, Menschen derart zu quälen.

Für eine Weile schwiegen beide.

»Und wie haben Sie es geschafft, zurück nach Schottland zu gelangen?«, fragte Fiona schließlich.

Kari blickte sie lange an. »Das war viele Wochen später. Aidan wollte zuerst wissen, was aus seiner Mutter geworden war.«

Ein banges Gefühl beschlich Fiona. »Und, hat er sie gefunden?«

Sein Gesicht verschloss sich, als er den Kopf schüttelte. »Nein, er kam zu spät. Sie war schon …«, er stockte kurz, »gestorben.«

Erneut schossen Fiona Tränen in die Augen.

»Das ist ja unvorstellbar grausam! Das muss Aidan vollkommen ...«

»... zerstört haben«, vollendete Kari ihren Satz. »Besonders, weil er sich die Schuld dafür gab. Sogar jetzt noch, nach all den Jahren. Dabei tragen nicht er, sondern sein Vater und ...«, wieder unterbrach er sich, »noch einige andere Menschen die Verantwortung für ihren Tod.«

»Wie sind Sie beide denn nun nach Schottland zurückgelangt?«, hakte Fiona nach.

Kari lachte bitter auf. »Als er vom Tod seiner Mutter bei der hochherrschaftlichen Familie erfuhr, war Aidan nur noch von einem Gedanken besessen: *Rache!* Einzig dieser Gedanke hielt ihn am Leben. Und ich konnte ihn in diesem Zustand nicht im Stich lassen.«

Wortlos drückte Fiona ihm die Hand und forderte ihn durch ein Nicken auf weiterzusprechen.

»Da ihm an seinem Leben nichts mehr lag, begab er sich in das Büro des zuständigen Beamten, um über den Tod seiner Mutter Rechenschaft zu verlangen. Er rechnete damit, sofort wieder festgenommen, womöglich sogar getötet zu werden. Doch es kam anders.«

Wie gebannt blickte Fiona auf ihren Begleiter.

»Als Aidan seinen Namen genannt hatte, wurde er in eine Schreibstube geführt, wo er erfuhr, dass er inzwischen begnadigt worden war und sein Vater ihn seit einiger Zeit suchen ließ, um ihn nach Hause bringen zu lassen. So schnell wie möglich. Selbst das Geld für die Überfahrt war schon hinterlegt worden.«

Welche seltsame Wendung des Schicksals, schoss es Fiona durch den Kopf. »Der Rest ist schnell erzählt«, fuhr Kari fort. »Aidan war nur von dem Gedanken beherrscht, seinen Vater für den Tod seiner Mutter zur Verantwortung zu ziehen, und trat die Heimreise an. Er bat mich, ihn zu begleiten, getarnt als sein Diener. Als wir endlich Thirstane Manor erreicht hatten, fand Aidan seinen Vater todkrank und bettlägerig vor. Seine Frau und seine legitimen Söhne waren inzwischen alle verstorben. Völlig unerwartet eröffnete Sir Tavish Aidan, ihn als seinen Erben einsetzen zu wollen. Erst später erfuhren wir, wer für den Sinneswandel des alten Lairds verantwortlich war.«

»Reverend MacKerron«, sagte Fiona, und Kari nickte.

»Kurz darauf ist der Laird gestorben.«

Fiona lehnte sich zurück. Nach der langen, ergreifenden Erzählung, der durchwachten Nacht und der Angst davor, was jetzt auf sie zukommen würde, war sie völlig erschöpft. »Aber Aidan hat noch immer keinen Frieden gefunden«, bemerkte sie leise.

Kari schüttelte den Kopf. »Nein. Auch sieben Jahre nach seiner Flucht ist er von den Ereignissen seiner Vergangenheit getrieben. Ein Gefangener in seinem eigenen Haus, dem prächtigen Anwesen, dessen Herr er nun ist. Verstrickt in Gefühlen von Hass, Schuld und Verzweiflung.«

Wieder brannten Tränen in Fionas Augen. Von Beginn an hatte sie etwas Derartiges in Aidan verspürt, seinen Schmerz fast körperlich empfunden – und den brennenden Hass, der ihn umtrieb.

»Das ist ein weiterer Grund, weshalb ich bei ihm geblieben bin. Ich dachte, ich könnte ihm helfen. Auf seinem Weg der Träume, der Befreiung von seinen Dämonen.« Einen Moment schloss Kari die Augen. »Es ist besser geworden, im Laufe der Zeit. Aber ganz ist es mir nicht gelungen.«

Wieder zögerte er einen Moment, als wäge er ab, ob er nicht das Vertrauen seines Freundes bräche, wenn er weiter sprach.

»Sicher ist Ihnen in Thirstane Manor einiges merkwürdig vorgekommen.«

Fionas Magen verkrampfte sich. Wie konnte sie etwas erklären, von dem sie selbst nicht einmal wusste, ob es real oder nur ihrer Phantasie entsprungen war. »Da war dieses Klopfen«, begann sie schließlich, »das ich nachts gehört habe. Und ein seltsamer, fremdartiger Gesang.« Sie blickte Kari an. »Das waren Sie.« Es war eine Feststellung, keine Frage.

Der Aborigine nickte. »In meinem Volk weiß man um die heilende Kraft der Klänge, ihre Macht, das Böse zu vertreiben, den Menschen zu reinigen und wieder in Einklang mit sich zu bringen.« Er schien zu überlegen, wie er es am besten in Worte fassen konnte. »Gerade in der Nacht quälen Aidan häufig die Geister seiner Erinnerung, und er findet keinen Frieden. Klänge, Melodien und ein Klopfen in einem bestimmten ... hm ... Takt, einem Rhythmus können ihm dann helfen. Oft dauert es sehr lange, ein, zwei Stunden, bis die Dämonen ihn in Frieden lassen und der Schlaf kommen kann. Ich habe es ihn gelehrt und nun ...«

Welch tiefe, unverbrüchliche Freundschaft!

Die nächste Frage kam Fiona nur schwer über die Lippen. »Einmal war ich in dem Keller des Hauses. Dort, wo auch die alten Möbel und Gemälde gelagert werden ...«

Noch bevor sie zu Ende gesprochen hatte, begriff sie plötzlich, was es mit den Bildern auf sich hatte, die da von den Wänden des Herrenhauses abgenommen worden waren und nun im Keller vermoderten. Es mussten die Porträts der Familienmitglieder der Thirstanes sein, die durch ihre Habgier ein solches Leid verschuldet und so viel Blut an den Händen hatten. Zudem wohl auch diejenigen der rechtmäßigen Ehefrau seines Vaters, die Aidan und seiner Mutter stets mit Hass begegnet war.

Und noch etwas wurde ihr schlagartig bewusst: Dieses seltsame schwarz-gelbe Kleidungsstück, das sie in der Truhe zusammen mit den einst verbotenen Gegenständen aus den Highlands gefunden hatte – es war eine Sträflingsuniform! Der schwarze Aufdruck, den sie auf den ersten Blick als stilisierte Blätter wahrgenommen hatte, musste der sogenannte *Broad Arrow* gewesen sein, der Breite Bogen, der stets Eigentum der britischen Regierung markierte und mit dem auch Strafgefangene gekennzeichnet wurden.

Das also hatte Aidan gemeint, als er sagte, er sei *unter dem Breiten Bogen bis ans Ende der Welt* gereist.

Fiona biss sich auf die Lippen. Verdrängte Erinnerungen, verbannte Familienporträts und eine verblasste Sträflingsuniform ... Aidan hatte wirklich versucht, das Haus von den Schatten und Dämonen der Vergangenheit zu befreien.

»Also, bei meinem Gang durch den Keller«, nahm Fiona den Faden wieder auf und versuchte, ihre Gedanken halbwegs zu ordnen, »bin ich auf einen weiteren Raum gestoßen. Er sieht aus wie ein Kerker.« Noch immer schauderte es sie bei der Erinnerung daran, was sie dort entdeckt hatte. »Da war Blut an den Wänden, frisches Blut. Ein Teller mit Brot, ein Krug mit Whisky. Ich dachte, dass ...« Sie brach ab, so sehr schämte sie sich für ihren damaligen Verdacht gegenüber Aidan, dem sie zugetraut hatte, Menschen zu quälen.

Karis Gesicht war ernst. »Nach seiner Rückkehr war Aidan nicht in der Lage, wieder in ein normales Leben zurückzufinden, geschweige denn in die neue Rolle, die er nun als Laird zu erfüllen hatte. Vielleicht glaubte er, sich selbst bestrafen zu müssen ... ich weiß es nicht. Auf jeden Fall konnte er es nicht ertragen, in einem Bett zu liegen, in weichen Kissen und sauberen Laken. Meist verbrachte er die Nächte zusammengerollt auf der Erde. So wie viele Jahre in den Straflagern.«

Grundgütiger! So etwas hätte sie nicht für möglich gehalten.

»Doch häufig fand Aidan überhaupt keinen Schlaf und wanderte nächtelang durch die Flure seines Hauses. Und wenn es besonders schlimm war, kam es schon vor, dass er ...«

»Dass er sich in den Kerker einschloss«, vollendete Fiona den Satz.

»Er schien es so leichter ertragen, mit seinen Gedanken und Gefühlen besser umgehen zu können ... Seiner Schuld, wie er glaubt. Und manchmal ...« Kari brach ab, doch Fiona ahnte, was er sagen wollte.

»Er verletzt sich selbst«, stieß sie tonlos hervor. Schwindel überkam sie, als ihr die Tragweite ihrer Worte bewusst wurde. Das Blut an der Wand, die Handschuhe, die er zuweilen trug, die zahlreichen Narben an seinen Handknöcheln und -flächen. Er fügte sich selbst körperlichen Schmerz zu, um den in seiner Seele besser aushalten zu können. Wie entsetzlich musste er leiden, wenn er zu derartigen Mitteln griff, um sein Leben zu ertragen.

Wenn ich ihm doch nur helfen könnte!

»Im Laufe der Jahre wurde es besser«, fuhr Kari fort. »Doch noch immer verfolgen ihn gelegentlich Albträume von den erlittenen Qualen, der Verurteilung und Deportation, den Stunden und Tagen auf dem Rad der Tretmühle. Besonders im Oktober, dem Monat, in dem Captain Logan vor seinen Augen den Tod fand, geht es Aidan meist schlechter.« Er unterbrach sich und sah Fiona an. »Und als Sie dann kamen, wurden die alten, kaum verheilten Wunden wieder aufgerissen.«

»Ich? Warum?«, fragte Fiona, verwirrt, ein feiner Stich fuhr durch ihre Brust. »Was ist mit mir, dass ich so etwas bei ihm auslösen konnte?«

Kari musterte sie. »Sie wissen es wirklich nicht?«

Unbehagen breitete sich in ihr aus. »Was sollte ich wissen?

Was meinen Sie?« Sie hatte die anfängliche Ablehnung, mit der ihr Aidan begegnet war, nicht vergessen. Nur, dass sie noch immer nicht den Grund dafür erfahren hatte.

»Mein Volk glaubt, dass Vergangenheit, Gegenwart und Zukunft nicht voneinander getrennt, sondern eng miteinander verwoben sind. Immer wieder neu aufeinander einwirken.«

Etwas Ähnliches hatte Aidan ihr damals in seinem Museumsraum auch zu erklären versucht, wenn auch mit wenig Erfolg.

Kari lächelte und wechselte das Thema. »Sie tun ihm gut, Mylady. Seit der *Samhain*-Nacht ist etwas mit ihm geschehen, das ihn verändert hat. Noch nicht geheilt, aber es ist viel besser geworden. Als wäre ...«, er suchte nach den richtigen Worten, »als wäre etwas aufgebrochen. Diese hohe Mauer, die er um sich errichtet hatte.«

Fiona nickte, sie hatte diese Veränderung gespürt. Und diese Erkenntnis wärmte sie von innen, durchzog sie wie eine Flamme der Hoffnung. Vielleicht konnte doch noch alles gut werden.

Zumindest, wenn ich bei meiner Mission nicht versage.

Und dieser Gedanke brachte sie wieder in die Gegenwart zurück. Eine letzte Frage wollte sie dem Australier noch stellen. »Seoc«, sagte sie leise. »Weshalb stehen er und Aidan sich so nahe, und wieso lebt der Junge in seinem Hause?«

Wieder huschte ein kurzes Lächeln über Karis Gesicht. »Reverend MacKerron. Er ist ein Mann von großer Weitsicht. Kurz nach Aidans Rückkehr hat er den Jungen aus Glasgow mitgebracht, wo er sich mutterseelenallein auf der Straße herumgetrieben hatte, nachdem er aus einem Arbeitshaus abgehauen war.«

Fiona hielt den Atem an. Daher also die Narben auf dem Körper des Jungen, seine Unruhe und sein Misstrauen. Es war bekannt, wie unmenschlich es in derartigen Häusern zuging. Und wahrscheinlich hatte Aidan gespürt, dass Seoc ähnliche seelische Verletzungen davongetragen hatte wie er selbst.

Erleichterung durchflutete sie, als ihr klar wurde, dass Aidan den Jungen nicht misshandelt hatte, wie ihre anfängliche Vermutung gewesen war, sondern ihn im Gegenteil vor einem Schicksal der Armut und Zukunftslosigkeit bewahrt hatte. Kein Wunder, dass Seoc Aidan so verehrte und liebte wie einen Vater.

Sie empfand großen Respekt vor Reverend MacKerron. Indem er Seoc von der Straße geholt und zu Aidan gebracht hatte, hatte er gleich zwei Menschen geholfen, die ein ähnliches Schicksal teilten.

Dabei hatte Fiona dem schweigsamen Pfarrer zunächst sogar misstraut. Wie sehr man sich doch in Menschen täuschen konnte.

»Sie sollten versuchen, ein wenig zu schlafen«, schlug Kari vor.

Kein leichtes Unterfangen auf dem Sitz eines einfachen Pferdekarrens. So viele Gedanken wirbelten durch ihren Kopf, aber die Müdigkeit forderte ihren Tribut.

Fiona lehnte sich zurück und schloss die Augen.

KAPITEL 51

Fiona fuhr zusammen, als der Wagen mit einem Ruck zum Stehen kam. Obgleich ihr die Aufregung der vergangenen Tage und die zwei Nächte fast ohne Schlaf in den Knochen steckten, war sie sogleich hellwach, wenn auch noch etwas benommen. Als sie aufblickte, erkannte sie Kari, der sich über sie beugte. Das blasse Licht eines trüben Dezembernachmittags enthüllte die Sorge, die sich auf seinen exotischen und doch auf eigentümliche Art anziehenden Zügen ausgebreitet hatte.

»Miss Fiona ...«, flüsterte er. »Wir sind da. Bis zu den Thomsons ist es nur noch knapp eine Meile.« Er sprach leise und eindringlich, und Fiona bemerkte fasziniert, dass seine Stimme selbst noch unter der Anspannung melodisch klang.

»Sind Sie noch immer sicher, dass Sie das tun möchten?« Kari hatte die Hand ausgestreckt, um ihr beim Absteigen behilflich zu sein, wirkte dabei jedoch wie ein Mensch, der befürchtet, einen großen Fehler zu begehen.

Fiona spürte, wie ihre Entschlossenheit wankte. War es nicht schierer Wahnsinn, was sie vorhatte? Zu versuchen, das Leben eines entführten Jungen zu retten, indem sie dafür das eigene Leben in die Waagschale warf und sich als Köder in die Höhle des Löwen wagte.

Wieder stieg die Angst in ihr hoch, die sie jedoch gleich zu unterdrücken versuchte. Hier ging es um noch weitaus mehr. Es ging auch um Aidan, der mehr tot als lebendig in seinem Bett auf Thirstane Manor lag. Wie sehr wünschte sie sich, dass er zu einem normalen Leben zurückfinden könnte. Wieder Vertrauen fasste.

Und es ging um sie selbst, wie sich Fiona eingestehen musste. In den letzten Tagen hatte sie eine solch große Veränderung durchgemacht, wie sie es nie für möglich gehalten hatte.

Deshalb musste sie es einfach wagen!

»Den Rest des Weges müssen Sie laufen«, sagte Kari. »Niemand darf den Verdacht schöpfen, dass ...« Er unterbrach sich und sah sie einen kurzen Moment nachdenklich an. »Es wird ohnehin schwer werden, Ihre Rolle glaubhaft zu spielen ... Noch können wir umkehren.«

Wie ein Widerhall ihrer eigenen Zweifel drangen seine Worte in Fionas Bewusstsein. Sie horchte in sich hinein. In ihr war Furcht, große Furcht sogar. Doch daneben spürte sie auch dieses sonderbare neue Gefühl. *Entschlossenheit.*

Sie würde tun, was sie sich vorgenommen hatte, tun, was notwendig war, um Seoc zu befreien.

»Nein«, sagte sie und bemühte sich, alle Festigkeit, die sie aufbringen konnte, in ihre Stimme zu legen. »Ich bleibe bei meiner Entscheidung. Es wird nicht leicht werden, aber ich kann es ...« Sie stockte und verbesserte sich. »Ich werde es schaffen.«

Fiona bemerkte den Ausdruck der Hochachtung in Karis Augen. Und diese unausgesprochene Wertschätzung erfüllte sie mit einer solchen Wärme und Kraft, dass sie für einen kurzen Augenblick nicht einmal mehr die frostige Luft verspürte.

Es gab Dinge, für die es sich lohnte, zu kämpfen und gegebenenfalls auch das eigene Leben zu riskieren. Und vielleicht wandelte sie ja gerade auf ihrem höchst eigenen Traumpfad, dem Weg, der ihr vorgegeben war, um die Aufgabe zu erfüllen, für die sie auserkoren war.

Sie lächelte, als sie den Rock ihres Kleides packte, alle Kraft zusammennahm und ihn mit einem Ratschen zerriss.

»Was tun Sie da?« Kari sah sie erstaunt an.

»Nun, immerhin bin ich doch auf der Flucht vor einem wahnsinnigen Laird, der mir nicht nur nach der Unschuld, sondern auch nach dem Leben trachtet«, entgegnete sie, während sie mit den Ärmeln ihres Kleides und dem mit feinen Spitzen umnähten Kragen ebenso verfuhr wie mit ihrem Rock. »Wenn ich glaubwürdig sein will, muss ich auch dafür sorgen, dementsprechend auszusehen.«

Eilig löste sie einen Teil ihrer Haarnadeln und zerzauste die losen Strähnen mit gespreizten Fingern.

»Nimmt man mir so die Rolle der Jungfer in Nöten ab?«, fragte sie und bemühte sich um den dazu passenden verschreckten Gesichtsausdruck.

»Durchaus überzeugend«, beschied Kari, und wieder einmal war Fiona überrascht über die gewählte Ausdrucksweise dieses Mannes, der so fremdartig aussah und doch so zuvorkommend auftrat.

»Dann bin ich bereit.«

»Das Haus der Thomsons liegt die Straße entlang in dieser Richtung.« Die Berührung seiner Hände war warm und kraftspendend, als er Fiona von dem Gefährt half. »Ich werde versuchen, mich möglichst in Ihrer Nähe aufzuhalten.«

Noch einmal musterte er sie, als wolle er abschätzen, ob sie dieser aberwitzigen Aufgabe tatsächlich gewachsen sei. Dann murmelte er einige Worte in einer Sprache, die sie nicht verstand. Es klang wie ein Segenswunsch.

Mit einem leisen Knarren setzte sich der Wagen auf der schlammigen Straße in Bewegung.

Nebel hing über dem parkähnlichen Anwesen der Thomsons, das Fiona nach etwa einer halben Stunde Fußmarsch erreichte. Raureif bedeckte die karge Flora der Landschaft. Die Kälte drang Fiona durch das halb zerrissene Kleid in die Knochen, und vor ihrem Mund verwirbelte sich ihr warmer Atem. Nur das dicke Schultertuch schützte sie vor Unterkühlung.

Nun stehe ich schon zum zweiten Mal so da. Allein, auf der Flucht ... vor der Tür eines fremden Herrenhauses inmitten der schottischen Highlands.

Während Fiona eilig den überfrosteten Weg entlanglief, der zum Hauptportal führte, versuchte sie, die Erinnerungen an jene schreckliche Nacht zu verdrängen und sich stattdessen auf die vor ihr liegende Aufgabe zu konzentrieren, diese waghalsige Charade, ein Spiel um Leben und Tod.

Sie holte tief Atem, horchte in sich hinein, ob sie alldem tatsächlich gewachsen war, und erkannte mit erneutem Erstaunen, wie ruhig sie sich fühlte. Entschlossen raffte sie den zerrissenen Rocksaum, hastete die Treppe hinauf und klopfte an das große Empfangsportal. Die Bedrohlichkeit dessen, auf das sie sich gerade einließ, wurde ihr in aller Deutlichkeit bewusst, als die Tür geöffnet wurde und ein dunkel gekleideter, streng blickender Butler vor ihr stand. Und so kostete es sie nicht allzu viel an schauspielerischem Talent, um vor diesem zu Boden zu sinken.

»Miss ...«, rief der Butler erschrocken, während er sich zu ihr hinunterbeugte, um ihr auf die Beine zu helfen. »Was ist mit Ihnen, Miss?«

»Hilfe«, stammelte Fiona, »Bitte helfen Sie mir!« Die echte Angst, die sie plötzlich überkam, ließ sie zittern. »Ich bin ... ich bin auf der Flucht ... ich bin ...«

Weiter kam sie nicht, denn bevor sie Gelegenheit hatte, dem

Hausdiener ihre erfundene Geschichte vorzustammeln, hörte sie das Geräusch von sich nähernden Schritten.

»Malcolm, was gibt es?«

Ohne aufzusehen, hatte Fiona diese feste, aber völlig emotionslose Stimme sofort erkannt: Alice Thomson.

Ihre Blicke trafen sich, als Fiona im gleichen Moment aufblickte, in dem Alice sie erreichte.

»Sie?« Das helle Gesicht der jungen Frau verlor auch noch den Rest von Farbe. Einige Sekunden lang schien sie zu überlegen, was der ungebetene Gast hier wollte.

»Oh, wie gut Sie zu sehen, Miss Thomson.« Fiona gelang ein verzweifeltes Aufschluchzen, das sich in diesem Augenblick fast echt anfühlte. »Sie müssen mir helfen …« Ein weiteres Schluchzen, von dem Fiona nicht einmal selbst sagen konnte, ob es nur gespielt war, schluckte den Rest des Satzes.

»Helfen?« Offensichtlich hatte Fionas Auftritt den gewünschten Effekt. Mit hoch erhobenem Haupt, auf dem sich eine komplizierte Frisur türmte, kam Alice näher. Die Ablehnung in ihrer Stimme war der Neugier gewichen. Jetzt galt es, nichts Falsches zu tun. Wenn die Thomsons wirklich Erpresser und Entführer waren, würde es einiges an Überzeugungsarbeit bedürfen, ihnen glaubhaft vorzuspielen, sie, Fiona, sei über die Vorfälle und Hintergründe völlig ahnungslos, nur auf der Flucht vor einem wahnsinnigen und tyrannischen Hausherrn und Gastgeber.

Der Gedanke an Aidan und die Frage, ob er noch lebte oder doch seinen Verletzungen erlegen war, trieb Fiona echte Tränen in die Augen.

Mit einer theatralischen Geste wischte sie sich diese weg, senkte den Kopf und schniefte ein wenig. »Ich bin geflohen, Miss Thomson … den halben Weg bin ich zu Fuß gelaufen, ein Stück weit hat mich ein Fuhrmann mitgenommen. Es war entsetzlich, aber ich musste ...« Sie schniefte erneut. »Ich musste einfach weg!«

Zögernd sah sie wieder auf.

In Alice' Blick standen Misstrauen, Skepsis, aber auch eine gehörige Portion Neugier ... vielleicht sogar Sensationslust.

Gut, genau das würde Fiona in die Hände spielen.

Die junge Hausherrin machte keinerlei Anstalten, ihrem zerlumpten Gast auf die Beine zu helfen. »Und vor wem sind Sie auf der Flucht?«

Fiona brach erneut in Schluchzen aus. »Vor diesem Wahnsinnigen, vor diesem ... diesem Tyrannen ... diesem abscheulichen Ungeheuer!«

»Von wem sprechen Sie?«

Fiona hörte die Anspannung in Alice' Stimme, beinahe etwas wie missgünstiges Frohlocken.

Im Stillen bat sie Aidan um Verzeihung, bevor sie mit gebrochener Stimme fortfuhr: »Nun ... natürlich Sir ... Sir Aidan.«

»Aidan!« Aus Alice' Mund klang dieser Name wie ein Donnerschlag.

»Er hat mich ... Er hat ...«

Endlich geruhte Alice, sich zu Fiona herabzubeugen.

»Er hat mich in meinem Zimmer eingeschlossen und dann ... dann hat er versucht, mir Gewalt anzutun. Nur durch einen glücklichen Zufall bin ich ihm entkommen.«

Alice' Aufkeuchen klang wenig damenhaft. Sie richtete sich langsam auf, als überlege sie, was von der Geschichte zu halten sei. Fiona spürte ihren Blick fragend, prüfend ...

Ganz offensichtlich hatte sie zwar einen überzeugenden ersten Eindruck gemacht, doch war die Schlacht bei Weitem noch nicht gewonnen.

»Dieser Mistkerl!« Auf Alice' Aufschnauben folgte ein derart derber Fluch, dass es Fiona schier die Ohren zu versengen drohte. Nicht gerade die Wortwahl einer Dame.

Doch machte sie weiterhin keine Anstalten, Fiona hereinzubitten.

»Miss Thomson! Ich benötige ... ich erbitte Ihren Schutz.«

Auf dem makellos glatten Gesicht der Frau zeichneten sich hektische rote Flecken ab. Noch immer wirkte sie so, als hege sie Zweifel an der Geschichte, die ihr hier aufgetischt wurde.

Dennoch schienen Neugierde und Rachsucht gegenüber Fiona und dem Mann, der sie abgewiesen hatte, die Oberhand zu gewinnen. Sogar über ihre Sorge, jemand könnte ihren Machenschaften oder denen ihrer Familie auf die Spur gekommen sein.

Vielleicht, überlegte Fiona, *will sie auch herausfinden, ob ich etwas von Seocs Entführung und dem Überfall auf Aidan weiß.*

Alice' Augen verengten sich, ihr Atem ging gepresst, doch schließlich trat sie beiseite und machte den Weg frei.

»Kommen Sie herein!«

Fiona erhob sich. Mit distinguierter Miene führte der Butler sie in eine Art Empfangsraum. Alice folgte ihnen, und Fiona glaubte, ihre Blicke zwischen ihren Schulterblättern brennen zu spüren.

Die Wände des Zimmers bedeckten rosa-weiß gestreifte Tapeten, die Polster der Sitzmöbel waren in einem blassen Lindgrün gehalten, und auf dem runden Tisch lag eine blütenweiße Spitzendecke.

Erschöpft ließ sich Fiona in einen der Sessel, den man ihr anbot, sinken und nahm nur am Rande wahr, dass kurze Zeit später ein junges Dienstmädchen mit einem Tablett hereinkam, auf dem mehrere Tassen, eine Schale mit Gebäck und eine Kanne standen. Wortlos richtete es die Dinge auf dem

Tisch an und verschwand auf ein Zeichen der Hausherrin gleich darauf wieder.

Zu Fionas Erstaunen ließ Alice sich dazu herab, ihr persönlich den Tee einzuschenken und etwas von dem Gebäck zu reichen, das verheißungsvoll duftete.

Wieder war sie in einem fremden Herrenhaus untergekommen, hatte Unterschlupf gefunden, halb zerrissen, zerlumpt, auf der Flucht.

Nur dass es beim letzten Mal schwärzeste Nacht gewesen und Thirstane Manor ihr unheimlich und bedrohlich vorgekommen war. Dieses Haus hier dagegen wirkte im Licht der blassen Nachmittagssonne hell und freundlich. Und doch hätte es nicht mehr Ängste und Widerwillen in Fiona hervorrufen können, wenn es sich um einen düsteren, nach Angstschweiß und Tod riechenden Kerker gehandelt hätte. Hinter dieser schönen Fassade lauerte etwas Unheimliches, etwas Böses.

Etwas, das nicht nur fast Aidans Leben gekostet hatte, sondern insbesondere eine große Gefahr für Seoc bedeutete.

Eine tödliche Gefahr.

Ohne Umschweife, ohne den Versuch, die Angelegenheit höflich zu umschreiben, kam Alice sofort zur Sache. »Aidan hat also versucht, Ihnen Gewalt anzutun.«

Fiona schwieg, blickte regungslos auf ihre Tasse, doch dann nickte sie. Aus den Augenwinkeln nahm sie wahr, dass sich die mit Rouge betupften Wangen ihrer Gastgeberin noch weiter röteten. Noch schien sie nicht völlig von der Glaubwürdigkeit der Geschichte überzeugt zu sein, doch hatte sie zumindest angebissen.

Bei einer Frau wie Alice, das spürte Fiona instinktiv, würde sie mit Worten nicht weit kommen. Viel sinnvoller wäre es, so lange zu schweigen, bis die andere ihre Neugierde nicht mehr aushielte und Fionas Lügengeschichte Stück für Stück aus ihr herauszukitzeln zu haben glaubte.

Also sackte sie noch etwas mehr in sich zusammen, gerade so, als verschließe ihr die Scham über das – zumindest beinahe – erlittene Unaussprechliche die Lippen.

Wie erhofft war Alice' Geduld aus einem sehr dünnen Faden gewebt. Denn noch ehe sie von dem Tee genommen hatte, stellte sie mit einem deutlich hörbaren Scheppern die Tasse ab. »Haben Sie ihn dazu ermuntert?«

»Wie bitte?« Fiona gab sich schockiert.

»Sir Aidan? Haben Sie irgendetwas getan, um seine Aufmerksamkeit zu erregen?« Alice' helle Augen waren fest auf Fiona gerichtet, taxierend, fast ein wenig drohend.

Fiona hustete, als hätte sie sich verschluckt, doch in Wirklichkeit triumphierte sie. Alice hing wirklich fest am Haken.

»Wie können Sie nur …«, Fiona legte so viel Empörung in die Stimme wie möglich, »etwas Derartiges von mir annehmen?«

Noch vor wenigen Wochen wäre sie über die Ungeheuerlichkeit einer solchen Frage mehr als entsetzt, sogar am Boden zerstört gewesen. Doch nach alldem, was hinter ihr lag, und in Anbetracht dessen, worum es nun ging, blieb sie innerlich unbeeindruckt.

Wie schnell sich die Dinge geändert hatten.

Betont fahrig, als müsse sie sich erst wieder fassen, nahm sie einen Schluck Tee. Dann verlieh sie ihrer Stimme ein tiefes Zittern. »Wie könnte ich nur … diese … diese Bestie …«

Alice' Blick flackerte, als sei sie hin- und hergerissen, ob sie die Empörung über Aidans angebliches schändliches Verhalten teilen oder entrüstet sein sollte, dass jemand den Mann, den sie bisher als ihren Verlobten betrachtet hatte, eines solchen Vergehens beschuldigte. Die Neugierde siegte erneut.

»Nun drucksen Sie nicht herum, sondern reden Sie schon!« Alice' Hand hatte fest den Stoff der Serviette umkrallt.

Fiona biss sich auf die Lippen, um sich nicht durch ein Lächeln zu verraten. »Seit ich sein Haus betreten habe«, fuhr sie fort, »diesen ekelhaften, düsteren Kasten!«

Wieder verfinsterte sich Alice' Blick. Offenbar missfiel ihr diese abfällige Beschreibung des Hauses, dessen Herrin sie zu werden gehofft hatte, obgleich sie selbst einmal ganz ähnliche Worte dafür gewählt hatte.

»Seit ich als Gast auf Thirstane Manor weilte, hat er mich herablassend behandelt, geradezu abweisend.« Fionas Finger glitten durch ihre zerzausten Haare. »Bisweilen hat er mich abends mit Fragen regelrecht belästigt, mir Gespräche aufgezwungen, die ich nie im Leben hätte führen wollen ...«

»Gespräche ... aufgedrängt?« Interessiert hob Alice die Augenbrauen. »Worüber, wenn ich fragen darf?«

»Über Drachen ...«, antwortete Fiona wahrheitsgemäß, wenn auch mit düsterem Unterton, »über fremdartige Kunstwerke und biblische Mythologie.«

»Drachen?«, wiederholte Alice verständnislos. »Kunstwerke und ... äh ... Mythologie?«

Ganz offensichtlich hatte sie vom Inhalt jener Gespräche eine völlig andere Vorstellung gehabt. Oder ihr Mangel an Verständnis von Kunst und Literatur schloss aus, dass man über ein solch abwegiges Thema eine Unterhaltung von mehr als fünf Minuten führen könnte. Zumindest keine, die in zerrissenen Röcken endete.

»Ja ...«, Fiona ließ ihre Wimpern flattern, »und dabei war *er* der wahre Drache ...« Sie unterbrach sich und überließ es Alice, sich selbst einen Reim auf ihre Worte zu machen, um deren Ungeduld weiter anzuheizen.

Als Fiona beharrlich schwieg, stand Alice ruckartig auf und

begann hastig im Zimmer auf und ab zu gehen. Das anfängliche Misstrauen, das zuvor in ihren Augen gestanden hatte, der vage, unausgesprochene Verdacht, Fiona könnte in Wirklichkeit hier sein, um sie in eine Falle zu locken, schien fast gänzlich verschwunden ...

Und den Rest, dachte Fiona, *werde ich auch noch zu zerstreuen wissen.*

»Also, er hat mit Ihnen geredet und sich dabei wie ein Drache gebärdet«, fasste Alice unwirsch zusammen, während sie vor ihr stehen blieb und sie anstarrte. »Und, was hat er dann gemacht?«

»Nun ja ...« Wieder senkte Fiona den Blick, um sich nicht selbst zu verraten. Sie hatte wenig Erfahrung im Lügen. »Wie bereits gesagt. Die meiste Zeit über hat er sich mir gegenüber höchst unhöflich und abweisend verhalten. Gerade so, als wolle er mich loswerden.« Sie sah zu Alice auf. »Es wurde sogar noch schlimmer, als Sie in seinem Haus zu Gast waren«, setzte sie hinzu. Ganz sicher konnte es nichts schaden, der Eitelkeit dieser Frau ein wenig zu schmeicheln. »Was wohl verständlich ist, wenn man mein unscheinbares Äußeres mit dem Ihren vergleicht ...«

Fiona hielt inne und wartete, um zu sehen, ob sie nicht gerade ein wenig übertrieben hatte. Doch das Aufblitzen von Genugtuung auf dem sonst so berechnenden Gesicht zeigte ihr, dass sie genau den richtigen Ton getroffen hatte.

»Woher dann dieser plötzliche Sinneswandel?« Ungeduldig tippte Alice mit den Fingerspitzen auf den Kaminsims. »Woher rührte dann das plötzliche Interesse an Ihnen?« Sie trat nah an Fionas Sessel heran.

Nun kam der schwierige Teil der Geschichte.

Die Thomsons waren skrupellose Entführer und Verbrecher, die die Dreistigkeit besessen hatten, einen Laird auf seinem eigenen Grund und Boden niederzustechen, ihn sogar beinahe zu töten und seinen Burschen zu entführen.

Fionas heikle Aufgabe bestand nun darin, eben diese Familie davon zu überzeugen, dass Sir Aidan zuvor versucht haben sollte, ihr Gewalt anzutun, und dass sie geflohen war, noch *bevor* all diese Ereignisse geschahen.

Das konnte ihr nur gelingen, wenn sie nun einen kühlen Kopf behielt – und ihre schauspielerische Leistung noch ein wenig verstärkte.

Sie brach in ein überzeugendes Schluchzen aus und klammerte sich an die beringte Hand ihrer Gastgeberin. »Ach, Miss Thomson! Es ist so entsetzlich.«

Unwirsch riss diese sich los. Ganz offensichtlich war die Vorstellung, ihr angeblicher Verlobter habe im Rausch der Sinne versucht, die Reize einer anderen Frau zu genießen, sogar mit Gewalt, etwas, das sie geradezu in Rage versetzte.

Dann jedoch schien sie sich eines Besseren zu besinnen und nahm, als Fiona nicht aufhörte zu schluchzen, zögerlich auf der Kante des Sessels Platz. »Nun …«, begann sie mit so viel gespieltem Verständnis, wie sie gerade eben aufzubringen fähig war, »was hat er Ihnen angetan?«

Fiona sah auf, blinzelte ein paar Tränen weg, bevor sie sich dazu entschloss, mit erstickter Stimme ihre Lügengeschichte weiterzuspinnen.

»Vielleicht erinnern Sie sich noch, dass er auf dem Ball mit mir getanzt hat?«

Alice' Gesicht verzog sich vor Ärger, die Linie zwischen ihren Augen zeigte ihren Unmut. »In der Tat.«

»Schon auf dem Ball, sogar während dieses Walzers … da war er … irgendwie merkwürdig.« Fionas Herz schlug schneller bei der Erinnerung an diesen seltsamen, eigenwilligen Tanz, das Gefühl von Aidans Armen um ihren Körper, seiner

Stimme an ihrem Ohr. »Und dann ...«, scheinbar hilfesuchend sah sie Alice an, »Sie werden es beobachtet haben, dann hat er mich plötzlich beiseite gestoßen und ist weggerannt.«

Alice' Miene war nun geradezu düster zu nennen. »Es ist mir nicht entgangen.«

»Ich bin auf mein Zimmer geflüchtet und ...« Fiona holte tief Luft, denn bis zu diesem Zeitpunkt hatte ihre Geschichte ja noch in groben Zügen der Realität entsprochen. Nun aber musste sie ihre Phantasie zu Hilfe nehmen. »Plötzlich habe ich ein Knacken gehört, und als ich zur Tür lief, musste ich feststellen, dass sie verschlossen war.« Fiona war überrascht, wie überzeugend ihre Stimme klang. »Natürlich habe ich sofort geklopft, gerufen ... nichts ...«

»Und dann?« Zorn schimmerte in Alice' Blick und nährte Fionas Hoffnung, dass sie ihr auf den Leim gegangen war und die kleinen Unstimmigkeiten der Geschichte nicht bemerkte – oder wenn doch, zumindest nicht hinterfragte.

Fiona holte zitternd Luft, ihre Stimme wurde ein wenig brüchig. »Irgendwann in der Nacht – zur Sicherheit war ich bekleidet zu Bett gegangen und gerade halb eingeschlafen – spürte ich, dass jemand in meinem Zimmer war. Erst auf den zweiten Blick erkannte Sir Aidan.«

Alices Aufkeuchen zischte so laut durch den Raum, dass Fiona zusammenzuckte. Zugleich lächelte sie innerlich, zufrieden mit dem Eindruck, den ihre Geschichte ganz offensichtlich machte.

»Er schien betrunken zu sein«, fuhr sie fort, »denn er wankte auf mein Bett zu und riss meine Decke weg. Ich schrie: ›Was tun Sie denn da, Sir? Das ist doch nicht Ihr Schlafzimmer.‹ Er aber antwortete: ›Das hier ist mein Haus. Folglich gehören auch alle Zimmer darin mir. Mit allem, was sich darin befindet.‹ Dann packte er mich und versuchte, mir das Kleid abzustreifen. ›Du schuldest mir eine Wiedergutmachung für den verdorbenen Abend‹, sagte er. Natürlich wehrte ich mich aus Leibeskräften, doch war er wesentlich stärker als ich. ›Jetzt hab dich nicht so‹, murmelte er noch, dann zerriss er …« Fiona schluchzte laut auf. »Gerade als er sich anschickte, mein Mieder zu öffnen, nahm ich all meine Kraft zusammen und stieß ihn von mir. Er schlug mit dem Kopf gegen die Bettkante und war einen Moment benommen.«

Aus den Augenwinkeln sah Fiona, dass Alice ihr gespannt zuhörte.

»Die Chance habe ich genutzt und bin aus dem Zimmer gerannt, die Treppe hinunter. Ich hörte ihn noch etwas hinter mir herrufen. Aber ich bin einfach fort. Nur fort von diesem Mann.« Noch einmal schluchzte sie auf. »Von einem Mann, der versucht hat, sich an mir zu vergehen, an einer Frau, die unter seinem Dach Schutz gesucht hat. Dieses Scheusal.«

Eine Weile war es still im Zimmer. Nichts war zu hören als Alice' heftiges Atmen und das regelmäßige Ticken der schweren Wanduhr. Fiona zwang sich, nicht aufzublicken, den Kopf weiterhin schamhaft gesenkt zu halten, wodurch sie zu ihrem Bedauern nicht von den Augen der Gastgeberin ablesen konnte, ob diese ihre Geschichte tatsächlich glaubte.

Blitzartig kam ihr ein weiterer Gedanke. »Aber er wird seiner Strafe nicht entgehen. Wenn mein Vater, der Earl, davon erfährt, wird er dafür sorgen, dass diese Tat nicht ungesühnt bleibt.«

Zorn brannte in Alice' Augen, langsam nickte sie. »Womöglich hat er diese Strafe schon erhalten«, sagte sie mehr zu sich selbst als zu ihrem Gast. Dann schien sie zu einem Entschluss gekommen zu sein und wandte sich zu Fiona um.

»Selbstverständlich können Sie hierbleiben, bis Ihre Familie informiert ist. Hier bei uns sind Sie in Sicherheit.«

Kapitel 52

Fionas Vorhaben, ihre Anwesenheit im Hause der Thomsons zu nutzen, um sich unbemerkt umzusehen, vielleicht sogar mit dem Personal zu sprechen und Hinweise darauf zu finden, wohin sie Seoc gebracht hatten, erwies sich recht schnell als undurchführbar. Denn die ihr erwiesene Gastfreundschaft war von einer geradezu erdrückenden Fürsorge. Diese entsprang – wie Fiona vermutete – weniger echter Hilfsbereitschaft, sondern diente vielmehr dem Zweck, den unerwarteten und wahrscheinlich sehr unerwünschten Gast genau im Auge zu behalten.

Von Anfang an wurde Fiona von gleich mehreren Dienstmädchen umsorgt. Sie bereiteten ihr zunächst ein heißes Bad, brachten ihr neue Kleider, frisierten sie und servierten ihr später Tee mit etwas Gebäck.

Es war ihr nicht möglich gewesen, auch nur einen unbeobachteten Schritt zu tun oder beiläufig eine entsprechende Frage zu stellen. Die ganze Zeit über hatte sich weder Alice noch sonst jemand aus der Familie blicken lassen.

Ob man sich gerade eingehend über ihren Fall beriet? Hatte sie womöglich durch ihr Erscheinen den Jungen in noch größere Gefahr gebracht?

Erst am Abend schien der Zeitpunkt gekommen zu sein, sie mit der Familie bekannt zu machen. Von zwei Dienstmädchen flankiert schritt Fiona die breite, mit einem protzigen Geländer ausgestattete Treppe hinab und musste dabei unwillkürlich an einen bewachten Gefangenentransport denken. Eine Vorstellung, die ihr trotz des Ernstes und der unausgesprochenen Gefahr ihrer Lage ein ironisches Lächeln entlockte.

Woher stammt dieser Hang zur Ironie, ja Selbstironie, den ich da plötzlich entwickelt habe? Während sie die letzten Treppenstufen nahm und ihre Füße in dem dicken, roten Teppich, der auf den Fluren der Herrschaftsräume ausgelegt war, beinahe versanken, wunderte sie sich erneut über die untergründige, aber deutlich spürbare Veränderung, die in den vergangenen Wochen in ihr vorgegangen war.

In den Highlands, auf Thirstane Manor, an der Seite von Aidan ...

Aidan.

Der Gedanke an ihn ließ unwillkürlich eine Welle von Hitze in ihr aufsteigen, gefolgt von dem brennenden Gefühl der Sorge, wie es ihm ergehen mochte. Beide Regungen verschloss sie jedoch sorgsam in ihrem Herzen.

Das rötliche Licht des Sonnenuntergangs bahnte sich seinen Weg durch die Glasfenster des Flures und vermischte sich mit dem weichen Licht der Kerzen, die bereits entzündet worden waren.

Unauffällig musterte Fiona ihre Umgebung. Die Unterschiede zwischen diesem herrschaftlichen Anwesen und Thirstane Manor waren unübersehbar. Das helle, moderne Herrenhaus unterschied sich deutlich von der Düsternis und Strenge, mit der sich Thirstane Manor seinen Besuchern zeigte. Doch Fiona konnte das Gefühl der drohenden Gefahr nicht abschütteln.

Mit einem Anflug von Belustigung erkannte sie, dass sie auch diesmal ein geliehenes Kleid trug, da das ihre unbrauchbar geworden war. Und obgleich das jetzige bedeutend besser in Schnitt und Passform war, zudem der aktuellen Mode entsprach, dachte sie fast wehmütig an die zusammengewürfelte Garderobe ihrer ersten Tage auf Thirstane Manor zurück.

Die beiden Dienstmädchen blieben vor einer zweiflügeligen, für Fionas Geschmack mit Intarsien und Drechslerarbeiten viel zu überladenen Tür stehen.

Eines der Mädchen klopfte an, und kurz darauf wurde geöffnet.

Fiona straffte sich, zwang sich dazu, eine möglichst blasierte Miene aufzusetzen und das Kinn zu recken. Dann betrat sie – noch immer ihre beiden Bewacherinnen im Schlepptau – ein Esszimmer, dessen üppige Pracht den Besuchern wohl den Reichtum ihrer Besitzer demonstrieren sollte.

Ein schwerer Tisch mit einer fast bis zum Boden hängenden gestärkten Decke, mit acht passenden, prunkvoll geschnitzten Stühlen bildete das Herz und den Blickfang des Raumes. Unter den weitläufigen Sprossenfenstern stand eine prunkvolle Anrichte in der gleichen Aufmachung. Kristallgläser und Karaffen schimmerten darauf in allen Farben des Regenbogens, als das Licht der flackernden Kerzen sich darin brach. Die Vitrine an der gegenüberliegenden Wand war dicht mit einem vielteiligen, blau gemusterten Service bestückt.

Ein Summen breitete sich in Fionas Kopf aus, eine bedrohliche, schrille Melodie, die wie eine unausgesprochene Warnung dafür zu sorgen schien, dass sie wach und auf der Hut blieb.

Erst jetzt nahm sie die beiden Personen wahr, die sich, vom Dienstpersonal abgesehen, im Raum befanden. Da war zum einen Alice. Sie trug ein ausladendes, blassblaues Kleid und schaute Fiona mit verkniffener Miene entgegen. Dann ein grauhaariger, recht fülliger Mann, den sie für Alice' Vater hielt und der am Kopfende des Tisches gesessen hatte. Bei ihrem Eintreten erhob er sich und kam auf sie zu.

Wortlos reichte sie ihm ihre Hand, die er ein wenig ungelenk ergriff und kurz zu seinem Mund führte.

Diese angedeutete Berührung genügte, um Widerwillen in Fiona hervorzurufen. Vielleicht waren es auch die kleinen Augen in seinem schwammigen Gesicht, die diese heftige Ablehnung in ihr auslösten. Neugierig, geradezu abschätzend musterte er sie.

»Guten Abend, Mylady. Welche Ehre, Sie in meinem Heim begrüßen zu dürfen.« Seine Stimme war ebenso unangenehm wie der Rest seiner Erscheinung. Obgleich er sich um einen weltmännischen Tonfall bemühte, klang sie laut, aufdringlich und dröhnend. Wesentlich besser hätte sie zu dem Treiben auf einer Baustelle oder in einer Fabrik gepasst als in die gediegenen Räumlichkeiten eines vornehmen Herrenhauses.

Doch entsprechend der Rolle, welche sie zu spielen gedachte, neigte Fiona leicht den Kopf. »Sehr großzügig, dass Sie mir Unterschlupf gewähren, Sir.« Gedämpft fügte sie hinzu: »Sicher hat Ihre Tochter Ihnen bereits berichtet von meinem ... *Missgeschick*.«

Sie ließ die Bedeutung des Wortes nachklingen und sorgte dafür, dass ihr bedrückter Blick keinen Zweifel über die Doppeldeutigkeit und mit Scham behaftete Peinlichkeit dieses Begriffs ließ. Ein Schachzug, welcher ihr ein gönnerhaftes Lächeln ihres Gegenübers einbrachte.

»Das hat sie, Mylady, das hat sie.« Er wippte auf seinen Zehen und schien Mühe zu haben, sich selbst daran zu hindern, ihr auch noch auf die Schulter zu klopfen. »Kommen Sie an den Tisch, bevor das Essen kalt wird. Meine Tochter wird sich freuen, wenn Sie ihr Gesellschaft leisten. Nicht wahr?«

Ein Blick auf besagte Tochter zeigte Fiona, dass Freude nicht gerade das Gefühl war, das sich auf Alice' Gesicht abzeichnete. Eher Abneigung ... vielleicht sogar Hass.

Der Anblick ließ Fiona frösteln. Nur mit Mühe gelang es ihr, einen leisen Dank zu murmeln und ihrem Gastgeber an den reich gedeckten Tisch zu folgen.

Sogleich waren zwei eifrige Lakaien zur Stelle, um die Stühle zurechtzurücken und den ersten Gang zu servieren. Die Speisen – Fisch, Fleisch, winterliches Gemüse und allerlei Beigaben – verschwammen vor Fionas Augen, während sie versuchte, sich auf ihre Umgebung und vor allem die Gastgeber zu konzentrieren.

Offensichtlich gab es, von Alice abgesehen, keine Dame des Hauses. Und Thomson verfügte zwar allem Anschein nach über ein beträchtliches Vermögen, doch nicht über geschliffene Umgangsformen. Und während Fiona bei den Dorfbewohnern in den Highlands eine gewisse formlose, raue Herzlichkeit zu schätzen gelernt hatte, empfand sie sein Auftreten nur als abstoßend.

Sie spürte den missbilligenden Blick Alice', von dem sie nicht wusste, ob er ihrer Eifersucht oder ihrem Misstrauen entsprang, doch der Hausherr ließ keinerlei Unsicherheit erkennen.

»Nun denn …« Die Tatsache, dass er genüsslich kaute, hinderte Thomson nicht daran, zugleich quer über den Tisch Konversation mit seinem Gast zu betreiben. »Erzählen Sie von Ihrem Vater. Haben uns lange nicht mehr gesehen, der alte Haudegen und ich. Geht es ihm gut?«

Alter Haudegen? Gesehen?

Fiona stockte in ihrer Bewegung. Das Stück Fleisch in ihrem Mund fühlte sich mit einem Mal trocken und zäh an.

Ihr Vater sollte mit diesem ungehobelten Mann bekannt sein?

Krampfhaft versuchte sie, sich zu entsinnen, ob bei ihnen im Hause einmal der Name dieser Familie gefallen war. *Thomson.*

Fiona vermochte sich nicht daran zu erinnern.

»Macht er immer noch seine ...«, der Hausherr gab ein röchelndes Kichern von sich, »seine *ergiebigen* Geschäfte?« Es klang bedeutungsschwanger und irgendwie schmutzig.

»Hier muss eine Verwechslung vorliegen. Mein Vater ist Richter im Dienst der Königin und tätigt keine ... wie Sie es nennen ... *Geschäfte*.«

Das Lächeln auf Thomsons feistem Gesicht verzog sich zu einem Ausdruck des Spotts. »Ach so ja ... natürlich, Mylady, wie konnte ich das vergessen. *Dienste*, im Auftrag der Königin. Aber ja.« Beinahe verschwörerisch blinzelte er Fiona zu. »Wie praktisch, dass einem derartige Dienste die Möglichkeit geben, hin und wieder auch zusätzliche Ver-*dienste* in die eigene Tasche zu wirtschaften, nicht wahr?«

Der Wein, an dem Fiona gerade nippte, brannte plötzlich wie ätzende Säure in ihrer Kehle. Ihre Hand bebte, als sie langsam das Glas abstellte.

Was sollte das bedeuten? *Korruption?* Ihr eigener Vater?

Fiona musste die Stärke ihres Getränks unterschätzt haben, denn mit einem Mal drohte sich der ganze Raum um sie zu drehen, Hitze stieg in ihr auf, und Übelkeit überkam sie.

Ihr Vater war ein strenger Mann, streng und korrekt. Niemals würde er seine Stellung in irgendeiner ungesetzlichen Art zum eigenen Vorteil verwenden. Empört schüttelte Fiona den Kopf. Doch der Hauch eines Zweifels blieb und musste sich auch auf ihrem Gesicht abgezeichnet haben. Denn als sie wieder aufblickte, bemerkte sie etwas wie überraschten Triumph in Thomsons Augen.

»Oh, oh, ich sehe ... Der ehrenhafte Richter hat es wohl vorgezogen, seinem Töchterchen nichts von seinen – hm – nebendienstlichen Einnahmequellen zu erzählen.« Er grinste. »Oder darf darüber nicht so offen gesprochen werden?«

Sein Gesicht verschwand in schlierigem Nebel, seine Stimme drang plötzlich dumpf wie aus weiter Ferne an Fionas Ohr.

Was sie jedoch nicht davor bewahrte, auch noch den Rest seiner Worte zu vernehmen.

»Oder schickt Ihr Vater die armen Hunde nicht mehr in die Hölle?«

Unbarmherzig drangen die Satzfetzen an ihr Ohr. Doch konnte ihr überreizter Verstand sich kein sinnvolles Bild daraus machen.

Das vertraute Klingeln eines bevorstehenden Anfalls deutete sich in ihrem Kopf an.

Fiona schwankte. Nur einen Moment ...

Die spöttische Stimme ihres Gastgebers – oder der Zorn, welche diese in ihr auslöste – verhalf ihr zurück in die Realität.

»Sie sind so blass geworden, Mylady. Munden Ihnen etwa die herzhaften Gerichte meiner bescheidenen Küche nicht?« Der Triumph, der in seinen Worten mitschwang, hallte in Fionas Kopf wider. Und gab ihr gleichzeitig die notwendige Kraft, den drohenden Anfall zu vertreiben.

Sie straffte sich und sah Thomson direkt in die Augen. »Es ist weniger das Essen, das mir Unbehagen bereitet«, sagte sie mit einer Schärfe, die durchaus der Tochter eines Earls und Richters zukam. »Es ist die Art, wie Sie über meinen Vater sprechen, die mein Missfallen erregt.«

Offenbar hatte sie genau den richtigen Ton getroffen, denn zum ersten Mal verlor ihr Gastgeber den selbstzufriedenen Ausdruck. Seine Augen blitzten für einen kurzen Moment beinahe verunsichert auf.

Sehr interessant.

Schlechte Manieren, ein großspuriges Auftreten, einen

Hang zur Protzigkeit, der sich auch im Stil der gesamten Einrichtung des Hauses widerspiegelte – aber unsicher, wenn hochrangige Personen ihn in die Schranken wiesen.

Und plötzlich regte sich in Fiona ein Verdacht.

Konnte es sein, dass die Thomsons soziale Aufsteiger waren, Menschen von ursprünglich bescheidener Herkunft, denen es gelungen war, ein beträchtliches Vermögen anzuhäufen?

Zudem schienen sie ... bei dem Gedanken nahm Fiona schnell einen Schluck Wein ... in einer ihr noch nicht ganz erkennbaren Beziehung zu ihrem Vater zu stehen.

Gleichgültig, wie Fiona die Sache auch drehte und wendete, ihr Vater musste bei der ganzen, wohl wenig ehrenhaften Angelegenheit seine Finger mit im Spiel gehabt haben oder immer noch haben.

Und ein feiner Instinkt sagte ihr, dass sich ihr gerade die Chance bot, Näheres darüber herauszufinden.

Vielleicht mit einem forschen Schuss ins Blaue.

»Immerhin«, erklärte sie würdevoll und mit einem Hauch moralischer Missbilligung in der Stimme, »zeugt es nicht gerade von Anstand, sich in dieser Weise über den eigenen Gönner zu äußern.«

Die Kiefer des Hausherrn mahlten. Der Schuss hatte offensichtlich gesessen.

Betont langsam zerteilte Fiona ein Stück Fleisch auf ihrem Teller. Dabei hob sie sacht die Schultern. »Nach allem, was mein Vater für Sie getan hat.«

Verstohlen blickte sie unter niedergeschlagenen Augenlidern zu ihm hoch und sah, dass sein breites Gesicht sich tiefrot färbte.

Sie war auf dem richtigen Weg!

Die Freude darüber, die korrekten Schlüsse gezogen zu haben, wurde jedoch von einer bitteren Erkenntnis überschattet: Ihr Vater hatte sich mit zweifelhaften Emporkömmlingen, Verbrechern und Entführern eingelassen.

Erneut brauchte Fiona einen kräftigen Schluck Wein, um ihren Bissen herunterzuspülen.

Verzweifelt überlegte sie, wie sie bei ihrem Vorhaben weiter vorgehen sollte. Doch zum Glück enthob sie ihr Gastgeber der Notwendigkeit, etwas zu sagen, denn er schien sich recht schnell wieder von seiner Verlegenheit erholt zu haben.

»Was Ihr Vater für mich getan hat«, brachte er mit Entrüstung in der Stimme hervor, »beruht jedoch auf Gegenseitigkeit.« Er machte eine Pause, griff nach seinem Glas und leerte es zur Hälfte. »Immerhin hat der werte Richter mir ebenfalls viel zu verdanken. Wenn auch auf andere Weise.«

Was will er damit andeuten?, fragte sich Fiona.

Sie zögerte einen kurzen Moment und wusste nicht, ob sie die Antwort darauf überhaupt verkraften könnte ... die ungeschminkte und, wie es aussah, äußerst schmutzige Wahrheit.

Doch dann sah sie wieder Aidans geschundenen Körper vor sich, das jungenhafte, oft so zornige Gesicht Seocs – beide Opfer dieses Mannes. Und ihr wurde klar, dass sie es wissen musste, hier und jetzt.

Auch wenn es ihr nicht gefallen würde.

Kapitel 53

Während Fiona weiterhin in ihrem Essen herumstocherte, überlegte sie fieberhaft, wie sie Thomson dazu bringen konnte, ihr mehr über seine zweifelhaften Geschäfte mit ihrem Vater zu erzählen.

»Was heißt hier Gegenseitigkeit?«, bemerkte sie mit scheinbarer Gelassenheit. »Immerhin hat mein Vater seinen Namen und seinen Rang in die Waagschale geworfen, um Sie zu dem zu machen, was Sie heute sind.«

Ein unwilliges Knurren zwischen zwei gierigen Bissen, die mit hastigen Schlucken aus dem Weinglas heruntergespült wurden, war die Antwort.

»Männer, die Ihre Arbeit verrichten, gibt es wie Sand am Meer, das wissen Sie selbst. Doch nur wenige Männer von Adel hätten sich für jemanden wie Sie eingesetzt.« Fiona bemühte sich, Entschiedenheit und so viel Herablassung wie möglich in ihre Stimme zu legen.

Das empörte Aufkeuchen von Alice und ihrem Vater kam fast zeitgleich. Doch während die Tochter sich in verbittertes, hasserfülltes Schweigen hüllte, hielt der alte Thomson Fiona stimmgewaltig entgegen: »So würde ich das nicht sagen! Schließlich war nicht nur Ihr Vater daran beteiligt. Zuerst war ich dem alten Laird Thirstane zu Diensten. Wie auch schon mein Vater vor mir.«

Ein bitteres Gefühl überkam Fiona.

Wie es aussah, bestand zwischen Thomson, dem verstorbenen Laird Thirstane, also Aidans Vater, sowie ihrem eigenen

Vater eine geschäftliche Verbindung. Geschäfte, die dem widerlichen Kerl ihr gegenüber großen Reichtum, ihrem Vater Vorteile anderer Art verschafft haben mussten.

Beinahe bildlich sah Fiona, wie die Welt, die sie bisher gekannt hatte – oder zumindest zu kennen glaubte –, vor ihren Augen zerbarst und in tausend Scherben zersplitterte.

Sie wollte aufschreien, nichts mehr hören, doch sie hatte eine Aufgabe zu erfüllen.

Die neu gewonnene Entschlossenheit gewann in ihr die Oberhand. Und plötzlich wusste Fiona, wie sie den Mann dazu bringen konnte, noch mehr preiszugeben.

Sie lächelte ein kühles Aristokratenlächeln. »Ein Niemand also, dem zwei Männer es ermöglicht haben, sich ebenfalls zu etablieren.« In gespielter Gleichgültigkeit hob sie das Glas an ihre Lippen und nahm einen Schluck. »Es lässt sich eben schwer verbergen, wo jemand wirklich herstammt.«

Thomsons Gesicht hatte eine tiefrote Farbe angenommen. Eine Ader an seiner Stirn pochte so heftig, dass Fiona glaubte, sie müsse gleich explodieren.

Ein Zornesausbruch ergoss sich aus seinem Mund. »Wie können Sie es wagen, so mit mir zu reden? Ihr Vater mag einiges dazu beigetragen haben, wie ich heute dastehe, doch zu behaupten, meine Herkunft sei …« Er schnaubte so heftig, dass er einige Atemzüge brauchte, um überhaupt weiterreden zu können. »Selbst als ich dem Richter zum ersten Mal begegnet bin, war ich bereits Verwalter des damaligen Lairds Thirstane.«

Mit einem eiskalten Blick auf Fiona legte Alice ihrem Vater die Hand auf die Schulter, wie um ihn zu beruhigen. Oder ihn daran zu hindern, mehr zu sagen, als für ihn und seine Familie zuträglich sein mochte.

Doch Thomson schüttelte den Arm ab und funkelte Fiona wütend an. »Meiner Arbeit ist es zu verdanken … meiner

Arbeit ganz allein, dass nicht nur Thirstane beträchtliche Gewinne machen konnte. Die Stellung, die ich heute innehabe, steht mir also durchaus zu.«

Fiona hatte große Mühe, ihren gespielten Ausdruck der Gleichgültigkeit beizubehalten, während es hinter ihrer Stirn arbeitete.

Ein Bild flammte plötzlich glasklar in ihr auf und rief eine Woge des Abscheus in ihr hervor, als sie plötzlich die Zusammenhänge begriff.

»Ihre Arbeit ...«, sagte sie leise und ein wenig verächtlich, »bestand darin, mittellose Pächter von ihrem Grund und Boden zu vertreiben, ihnen ihre Lebensgrundlage zu entziehen und – wenn sie Schwierigkeiten machten – ihnen gar das Dach über dem Kopf anzuzünden.«

Sollte Thomson über die Tatsache verblüfft gewesen sein, dass Fiona als Frau so genau über die damaligen Ereignisse Bescheid wusste, ließ er sich zumindest nichts davon anmerken.

Statt Überraschung schwang Wut in seiner Stimme mit, als er zurückgab: »Unbelehrbares Gesindel, das nicht verstehen wollte, dass seine Arbeit keinen Gewinn mehr brachte, seine veralteten Methoden keine Zukunft hatten.«

Der heftige Zorn, der in diesem Moment in Fiona aufflammte, erschreckte sie selbst. Weißglühender, heiliger Zorn.

Sie vergaß alle Vorsicht und überlegte nicht mehr, ob sie mit ihren Worten vielleicht einen großen Fehler machte. »Sie haben die Pächter vertrieben, um den Profit eines Mannes zu mehren, der von Gesetzes wegen verpflichtet war, für diese armen Menschen zu sorgen und Verantwortung für sie zu übernehmen.«

Thomson hingegen plusterte sich noch mehr auf. »Gesetze, die schon seit Jahrzehnten ihre Gültigkeit verloren haben und nur noch in den Köpfen der ewig Gestrigen herumspuken.«

Fiona hätte vor ihm ausspucken mögen, konnte sich aber gerade noch zurückhalten.

Stattdessen wog sie ihre Worte wieder sorgfältiger ab. »Auf diese Weise sind Sie also zu Ihrem Vermögen gekommen.«

Ein triumphierender Blick traf Fiona.

»Ich sehe, die werte Tochter des Richters ist doch nicht über alle Details informiert.« Er lächelte. »Scheinbar hat Ihr Herr Vater seine Rolle in der ganzen Angelegenheit verschwiegen.«

Fiona kämpfte darum, auch weiterhin eine unbeteiligte Miene zur Schau zu stellen, und sei es nur, um diesem grinsenden Stück Abschaum ihr gegenüber nicht die Genugtuung zu verschaffen, sich an ihrem Entsetzen zu erfreuen.

Schweigend legte sie den Kopf schief und zog die Augenbrauen hoch, als wollte sie sagen: *Meinen Sie?*

Aus den Augenwinkeln fing sie wieder den hasserfüllten Blick Alice' auf, die ihrem Vater etwas zuraunte, was dieser jedoch mit einer unwirschen Handbewegung beiseite wischte.

»Sie wissen wohl wirklich nicht, wie Ihr Vater seine ohnehin schon prallen Geldsäckel noch mehr gefüllt hat.« Im letzten Satz klang sowohl Spott als auch Neid mit.

Bemüht, sich ihre Erschütterung nicht anmerken zu lassen, hob Fiona nur die Schultern, was ebenso gut ein Ja wie auch ein Nein bedeuten konnte.

Ernüchtert über ihre zurückhaltende Reaktion schüttelte Thomson den Kopf. »Nun«, fuhr er dann unbeirrt fort. »Sicher wissen Sie aber über die Deportationen Bescheid.«

Natürlich war ihr bekannt, dass ihr Vater in seinem Amt als Richter schuldige Delinquenten nicht nur zu Gefängnisstrafe und Galgen zu verurteilen hatte, sondern – je nach Vergehen und Ermessen – auch zu Deportationen in die Strafkolonien der Krone.

Die Erinnerung an Karis Bericht und Aidans vernarbten

Rücken stieg in ihr auf. Doch konnte sie sich nicht erklären, warum die kleinen Rattenaugen ihres Gesprächspartners erfreut aufblitzten. »Diese Deportationen dienen ja dazu, wie Ihnen gewiss bekannt ist, das Mutterland von allerlei Gesindel zu befreien und die überfüllten Gefängnisse zu entlasten. Als angenehmer Nebeneffekt lassen sich dadurch sogar gewisse, nennen wir es, nicht unbeträchtliche Gewinne erwirtschaften.« Das Grinsen wuchs in die Breite. »Zum Wohle der Krone, des Staates und der darin lebenden Bevölkerung natürlich.«

Überaus zufrieden mit seiner Ausführung biss Thomson ein weiteres Mal herzhaft in das große Stück Fleisch, das er sich auf eine Gabel gespießt hatte.

»Natürlich«, antwortete Fiona mechanisch, während sie weiterhin versuchte, aus seinen Andeutungen klug zu werden.

Von welchen Gewinnen sprach er, die dort unter der glühenden Sonne Australiens gemacht wurden? Dem amüsierten Glitzern in den Augen nach meinte er nicht den Nutzen, welche die Arbeit der Sträflinge in den Kolonien für Landwirtschaft und Industrie erbrachte, der also dem Staat und der Gesellschaft zugutekam.

Obwohl ein derartiges Verhalten bei Tisch, noch dazu in Damengesellschaft, höchst unschicklich war, hatte Thomson eine Pfeife hervorgeholt und entzündete sie an der Flamme einer Kerze.

Schlagartig erkannte Fiona, was er meinte. Er sprach von dem Profit, der in seine eigene Tasche floss.

In seine Tasche und in die ... ihres Vaters.

Beißend drang ihr der Rauch in Nase und Rachen, und ein plötzlicher Hustenanfall ließ sie mühsam nach Luft ringen.

»Nichts Starkes gewohnt, die Dame?« Beinahe glaubte Fiona, etwas wie Genugtuung im Gesicht des Mannes zu sehen, Anzeichen dafür, dass er sich an ihrem Unwohlsein weidete. »Oder haben Ihnen meine offenen Worte den Atem geraubt?« Bedächtig, aber mit einem Ausdruck größter Zufriedenheit lehnte sich Thomson zurück. »Natürlich wussten Sie das alles bereits, oder?«

Fiona war zu erschüttert, um zu lügen, ja selbst um weiter eine unbewegte Miene zur Schau zu stellen. Dem Hausherrn war dies nicht entgangen.

Sein Mund wurde breiter, ein übermütiges Aufblitzen in seinen von Tränensäcken beschwerten Augen zeigte, wie angenehm ihm diese Erkenntnis war. »Nun, ich sehe, mein Freund Hemington hat sein Töchterchen doch nicht in all seine kleinen Geheimnisse eingeweiht. Nun ja, eine Frau muss ja nicht alles wissen.«

Schließlich gelang es Fiona, doch wieder in ihre Rolle zurückzufinden und die überhebliche Miene aufzusetzen, als sich plötzlich Alice in das Gespräch mischte.

»Ich möchte nur wissen, auf was Sie sich eigentlich etwas einbilden«, warf sie mit schriller Stimme ein. »Nur weil Sie einen adeligen Vater haben, sind Sie auch nichts Besseres. Wenn bekannt würde, was er getan hat …« Sie nahm ihr Weinglas und leerte es in einem Zug.

Obwohl es in ihrem Innern tobte, blieb Fiona nach außen hin ruhig. »Übertreiben Sie doch nicht so. Was kann mein Vater schon Schlimmes getan haben?«

Das schien Wasser auf Thomsons Mühlen zu sein. »Dann fragen Sie mal die Männer, die er nach Australien hat deportieren lassen«, rief er aus.

»Aber die Deportationen entsprechen doch der gängigen Rechtspraxis«, entgegnete Fiona verunsichert.

»Das stimmt natürlich. Aber bisweilen gibt es Gründe, die es erfordern, ein wenig nachzuhelfen, um ein derartiges Urteil fällen zu können. Dabei können sich Recht und Gesetz als dehnbare Begriffe erweisen.« Ein bösartiges Grinsen erschien auf Thomsons Gesicht. »Und wer hatte keine Skrupel, derartige Urteile auszusprechen?«

Fiona schwindelte. Sollte das bedeuten, ihr Vater wäre tatsächlich bestechlich? Ihr Vater hätte unrechtmäßig Menschen in die Verbannung geschickt, weil ihm irgendjemand dafür Geld geboten hatte? Irgendjemand, der Interesse daran hatte, möglichst viele zusätzliche Arbeiter – notfalls auch in Form von Strafgefangenen – zu gewinnen, um seinen eigenen Reichtum zu mehren? Um satte Gewinne zu erzielen?

Die Erkenntnis traf Fiona wie ein Blitzschlag. Nur vage noch nahm sie das im Licht der Kerzen blinkende Porzellan wahr, das kalte, abweisende Gesicht Alice' auf der anderen Seite des Tisches und den Triumph in den Augen ihres Gesprächspartners. Sie war mit ihrer Kraft am Ende. Weitere Eröffnungen dieser Art vermochte sie heute nicht zu ertragen, doch der Wein schien Thomsons Zunge gelöst zu haben, sodass er gar nicht mehr aufhörte zu reden.

»Und Ihr Vater ... er wurde nicht schlecht entlohnt für jedes dieser Urteile, die er sprach. Urteile, die dabei halfen, sich unliebsamer Elemente zu entledigen und dadurch zugleich für weitere Arbeitskräfte in Australien zu sorgen, in der dortigen Landwirtschaft, der Industrie, den Minen ...« Ein Aufstoßen unterbrach Thomsons Redefluss. »Ein guter Tausch, würde ich sagen.« Er lachte leise, während er sich mit dem Handrücken über das Gesicht wischte. »Immerhin konnte er auch dem alten Thirstane bei der Beseitigung eines kleinen, lästigen Problems helfen.« Ein Funkeln trat in seine Augen, als er mit einem leichten Glucksen fortfuhr: »Der kleine Bastard des Lairds, der nie wusste, wo sein Platz war. Immer so voller Zorn und Aufsässigkeit ... ein Ärgernis.«

Aidan! Fionas Herz schlug so fest gegen ihre Brust, dass

sie glaubte, es müsse zerspringen. Sprach dieser Mann von Aidan?

Thomson grinste. »Ob man ihn dort unten gelehrt hat, wo sein Platz ist?«

Nur verschwommen nahm Fiona wahr, dass Alice aufstand und zu ihrem Vater ging. »Es ist spät. Unser Gast hat eine lange Reise hinter sich und ist sicherlich erschöpft. Wir sollten ihr jetzt Ruhe gönnen, findest du nicht?«

Thomson, der vom vielen Wein benebelt war, schien einen Augenblick zu überlegen. Dann nickte er, zögernd, widerwillig.

Fiona sagte nichts, während die verhallenden Worte ihres Gastgebers von einem Dröhnen in ihrem Innern übertönt wurden, das sich weiter und immer weiter steigerte, bis es sich in einem Schrei tief aus ihrer Kehle zu entladen drohte.

*

Rückblickend konnte Fiona nicht mehr sagen, wie es ihr gelungen war, angesichts der erschütternden Dinge, die sie erfahren hatte, und des Aufruhrs, der in ihrem Innern tobte, nicht völlig die Fassung zu verlieren.

Zudem musste sie trotz allem weiterhin die Rolle der geflüchteten Jungfer in Nöten aufrechterhalten.

Auch hatte Fiona keine Erinnerung mehr daran, wie sie den Weg zurück vom Speisezimmer in das ihr zugewiesene Schlafgemach gefunden hatte. Wahrscheinlich hatten die beiden schweigenden Dienstmädchen sie dorthin begleitet und ihr aus Kleid und Korsett geholfen.

Und nun lag sie im Bett, die Decke bis zum Kinn hochgezogen. Das Licht einer Kerze erhellte schwach den Raum.

Draußen prasselte der Regen gegen die Scheiben, während in Fionas Kopf wirre Gedanken umherwirbelten.

Obgleich sie schon in der Nacht zuvor kaum Schlaf gefunden hatte, eine anstrengende Reise hinter ihr lag und sie körperlich und seelisch erschöpft war, kam sie nicht zur Ruhe.

Es war schon entsetzlich genug, begreifen zu müssen, dass ihr Vater alles andere als der unbestechliche Richter war, für den sie ihn bisher gehalten hatte. Dass er nicht davor zurückgescheut war, sein Amt zu missbrauchen und unschuldige Menschen zur Deportation zu verurteilen, um sich dadurch zu bereichern. Doch geradezu unerträglich war die Erkenntnis, dass Aidan zu seinen Opfern gehörte.

Der kleine Bastard des Lairds, damit konnte nur Aidan gemeint sein. Und dieser Gedanke stürzte Fiona in schiere Verzweiflung.

Welches Scheusal musste der alte Thirstane gewesen sein, dass er seinen eigenen Sohn und dessen Mutter unter solch grausamen Bedingungen in die Verbannung geschickt hatte. Aber weit mehr noch quälte sie der Gedanke an die Schuld ihres Vaters. Was für ein Mann war er, dass er sich an einem derart perfiden Spiel beteiligte?

Er war der Richter gewesen, *er* hatte das Urteil gesprochen, aufgrund dessen Aidan und seine Mutter nach Australien deportiert worden waren. In die Knechtschaft ... und die Frau dadurch auch in den Tod.

Und Aidan hatte es gewusst. Hatte von Anfang an erkannt, wer sie, Fiona, war: die Tochter dieses Richters.

Jetzt begriff sie auch seine Andeutungen, seine hasserfüllten Blicke, die harsche, abweisende Haltung ihr gegenüber. Brennende Scham überkam sie und die Angst, dass Aidan ihr die Schuld ihres Vaters niemals würde vergeben können.

KAPITEL 54

Aidan war außer sich.

»*Wo* ist sie?« Fassungslos krallte er die Hände in die weißen Laken. Zorn drohte ihn zu ersticken – und Angst.

Angst um Fiona, diese feinfühlige Frau, die den Verstand verloren zu haben schien.

»Sie war nicht davon abzuhalten. Wollte Seoc nicht im Stich lassen.« Glenna Dunnetts Augen verengten sich. »Sie kann sehr hartnäckig sein.«

Aidan spürte, wie sich etwas in ihm verkrampfte, und er verfluchte die Hilflosigkeit, die ihn ans Bett fesselte.

»Was hätte sie sonst tun können? Welche andere Möglichkeit hätte es gegeben, unbemerkt im Hause der Thomsons Nachforschungen über den Verbleib des Jungen anzustellen?« Glenna schien sich selbst davon überzeugen zu müssen.

»Sie muss vollkommen verrückt geworden sein!« Aidan wollte brüllen, doch alles, was herauskam, war ein heiseres Krächzen, das in einem Hustenanfall endete, der ihn zu zerreißen drohte.

Erneut flammte höllischer Schmerz in seiner Wunde auf. Es dauerte eine Weile, bis dieser erträglicher geworden und er wieder in der Lage war, regelmäßig zu atmen.

Glenna war neben sein Bett getreten und wischte ihm mit einem feuchten Lappen über das Gesicht. Fest umklammerte er ihren Unterarm.

»Verrücktes Weib!«, stieß er hervor.

»Kari ist bei ihr«, sagte sie wie zur Beruhigung. »Er hat ihren Entschluss akzeptiert und wird sie nicht aus den Augen lassen.«

Für einen Moment verstummte Aidan. Er wusste, dass Kari ein besonnener Mann war. Wenn er also in dieser wahnsinnigen Aktion eine Möglichkeit sah, den Jungen zu befreien …

Trotzdem gefiel es ihm nicht. Ganz und gar nicht.

Und lieber würde er tot umfallen, als Fiona und seinen besten Freund den drohenden Gefahren auszusetzen. Er konnte nicht zulassen, dass sie ihr Leben riskierten, während er zu Hause im Bett lag und die Decke anstarrte.

Wenn er nur … Aidan knirschte mit den Zähnen, als eine Idee in ihm heranreifte.

*

Fiona stand in einer Kathedrale.

Schlanke, hohe Pfeiler trugen das Gewölbe einer Decke, die sich wie der Himmel über ihr spannte. Durch buntes Fensterglas fiel farbig leuchtendes Licht. Zwei Kronleuchter mit zahlreichen Kerzen, dazu Wachslichter, die entlang der Wände aufgestellt waren, verbreiteten ihren flackernden Schein.

Ein Hauch von Heiligkeit, wie die Erinnerung an über Jahrhunderte hinweg zum Himmel gesandte Gebete, hüllte Fiona ein. Für einen Moment schloss sie die Augen, um sich diesem Gefühl des Friedens und der Vertrautheit hinzugeben, durch die Orgelklänge zu innerer Ruhe zu finden.

Plötzlich durchbrach ein Geräusch diese stimmungsvolle Atmosphäre. Ein Ton, der nicht hierher gehörte. Nicht in die Stille des Ortes, nicht in die Würde eines Gotteshauses. Und dennoch drang er unüberhörbar an ihr Ohr. Ein Weinen, das unterdrückte, raue Schluchzen eines jungen Burschen.

Fiona öffnete die Augen. Sie hatte die Stimme erkannt.

Doch um sie herum war nichts als Nebel, dicht und undurchdringlich. Wieder das Weinen, so voller Angst, dass es selbst das Dröhnen der Orgelmusik übertönte.

Orientierungslos stolperte Fiona vorwärts, hielt sich an den Bänken fest, um nicht zu stürzen. »Seoc! Seoc!«

Immer noch ihren Schrei auf den Lippen, erwachte sie.

Trotz der winterlichen Kälte um sie herum, war sie schweißgebadet. Ihr Nachthemd und die Decke waren mit Feuchtigkeit getränkt. Zitternd setzte sie sich auf, versuchte, sich bewusst zu machen, was Traum und was Wirklichkeit war.

Dunkelheit umgab sie, nur schwach erhellt durch die Kerze, die noch immer neben ihrem Bett brannte.

»Seoc!« Sie hatte seine Stimme gehört in einer Kathedrale, einer Kirche, die ihr irgendwie bekannt erschien. War es wirklich nur ein Traum gewesen? Oder sollten die Bilder, die sie gesehen hatte, ihr irgendetwas sagen?

War es möglich, dass sie tatsächlich Seocs Weinen gehört hatte? Hier im Haus? Sie lauschte in die nächtliche Dunkelheit.

Nichts! Da war nichts zu hören.

Sollte es wirklich Seocs Schluchzen gewesen sein, das sie vernommen hatte, so war es nun verstummt.

Fiona war aufs Äußerste alarmiert.

Sie musste sich auf die Suche nach dem Jungen machen. Sofort.

Falls es nicht ohnehin bereits zu spät war …

Sie fröstelte, als ihre Zehenspitzen den kalten Fußboden berührten. Lautlos eilte sie zur Tür und drehte den Knauf. Zu ihrer Überraschung war sie unverschlossen.

Welch unverhofftes Glück! Nach dem erschütternden Gespräch am Vorabend hätte es sie nicht verwundert, wäre man auf die Idee gekommen, sie einzusperren.

Konnte sie es wagen, die Tür zu öffnen und sich auf eigene Faust im Gebäude umzusehen? Zu hören, ob sie wieder das Weinen vernahm, herauszufinden, wo sich Seoc befand?

Schließlich war sie doch aus diesem Grunde hergekommen. Angst vor ihrem eigenen Mut stieg in ihr auf.

Doch dann sah sie wieder Thomsons selbstgerechtes Gesicht vor sich, Aidans blutende Wunde, vernahm das verzweifelte Schluchzen Seocs – und ihre Entschlossenheit siegte über ihre Furcht.

Langsam öffnete sie die Tür und leuchtete mit der Kerze in den Flur ... Erschrocken wich sie in ihr Zimmer zurück.

Wut stieg in ihr auf, nachdem der erste Schrecken abgeflaut war und ihr bewusst wurde, was das zu bedeuten hatte. Eines der Dienstmädchen, das sie am Abend zuvor versorgt hatte, lag schlafend auf einer Matte direkt vor ihrer Tür.

Also traute man ihr doch nicht, obgleich sie dem Anschein nach gastfreundlich empfangen worden war. Die Thomsons schienen zu ahnen, dass ihr plötzliches, unerwartetes Auftauchen kein Zufall war. Ihre Geschichte hatte sie offenbar nicht völlig überzeugt.

Einen Augenblick lang breitete sich Ernüchterung in Fiona aus. Wenn sie bewacht wurde, wie sollte sie dann das Versteck des Jungen finden?

War ihre ganze Mission also zum Scheitern verurteilt? Hatte sie alles umsonst auf sich genommen?

Umsonst?

Das Wort hallte in Fionas Brust nach wie der dumpfe Schlag einer Glocke ... einer Totenglocke.

Nein! Die Endgültigkeit dieser Vorstellung rief einen nie gekannten Widerspruchsgeist in ihr hervor.

Für diese Aufgabe hatte sie Aidan zurückgelassen, allein, verwundet. Sie hatte alle Regeln der guten Gesellschaft missachtet und sich unter falschem Vorwand in dieses Haus eingeschlichen. Sie setzte dabei sogar ihr Leben aufs Spiel. Entschlossen stellte sie die Kerze zurück an ihren Platz.

Doch sie hatte gewusst, dass es nicht einfach werden würde, und sie war nicht bereit, so rasch aufzugeben.

Das Fenster klemmte zunächst, als sie es mit aller Kraft zu öffnen versuchte. Eisige Nachtluft schlug ihr entgegen, und erschrocken hielt sie inne, um zu warten, ob jemand sie gehört hatte.

Doch es blieb alles ruhig. Nur ein Hund heulte irgendwo in der Ferne.

Vorsichtig beugte sich Fiona ein Stück nach vorn, blickte hinab in die nächtliche Dunkelheit. Unter sich erkannte sie einen kleinen Rosengarten.

Fionas Herz machte vor Freude einen kleinen Satz, als sie entdeckte, dass ein Rankgitter für die Kletterrosen direkt bis zu ihrem Fenster reichte.

Ein glücklicher Umstand.

Diese Möglichkeit schien ihren Gastgebern entgangen zu sein. Oder hielten sie eine Lady nicht für fähig oder verwegen genug, um von einem solch wackeligen Konstrukt Gebrauch zu machen?

Skeptisch blickte Fiona zum darunterliegenden Beet.

Hier hinunterzuklettern war nicht nur undamenhaft, sondern auch äußerst gewagt. Außerdem wäre es – sollte man sie erwischen – schier unmöglich, eine halbwegs glaubhafte Ausrede für ein derart unmögliches Verhalten zu finden.

Verflucht! Als ob es darauf noch ankäme.

Fiona konnte sich nicht daran erinnern, jemals in ihrem Leben so schnell in Strümpfe, Schuhe und Kleid geschlüpft zu sein ... ohne Korsett wohlgemerkt, das sie bei ihrem Vorhaben nur behindert hätte. Ein wenig Mühe hatte sie mit den unzähligen Haken. Sorgfältig zog sie sich ihr warmes Schultertuch um, das sie auf der Reise hierher getragen hatte und das sie vor der Brust knotete, damit sie bei ihrer waghalsigen Aktion die Hände frei hatte. Zuletzt flocht sie ihre Haare zu einem dicken Zopf und band diesen mit einer Kordel zusammen.

Dann ging sie wieder zum Fenster und schwang sich über das Sims nach draußen. Kälte fraß sich in ihre Unterschenkel, das Gefühl, keinen Halt unter den Füßen zu haben, und der Blick hinab in die Tiefe erschreckten sie so sehr, dass sie für einen kurzen Moment beinahe umgekehrt wäre.

Doch während sie noch immer unentschlossen in die Schwärze starrte, die Kälte der Dezembernacht durch ihre Kleidung drang, sah sie plötzlich ihr bisheriges Leben vor sich. Trostlos, einsam, in die Ecke gedrängt, eine Kranke, derer man sich schämt.

Würde sie jetzt aufgeben und zu ihrem Vater nach Edinburgh zurückkehren, müsste sie genau dieses Leben wieder aufnehmen, so weitermachen wie bisher.

Aber das würde sie nicht mehr ertragen.

Jetzt, da sie die Wahrheit über ihren Vater kannte und nur noch Verachtung für ihn empfand. Und schon gar nicht, weil sie zum ersten Mal in ihrem Leben den köstlichen Geschmack von Freiheit kennengelernt hatte, die sie um nichts in der Welt mehr bereit war aufzugeben.

Sie wusste, dass sie an einem Scheideweg stand.

Bevor sie es sich anders überlegen konnte, wandte sie sich ein wenig unbeholfen um und versuchte, mit dem linken Fuß auf dem wackeligen Gerüst des Rankgitters Halt zu finden. Sie schwankte, als sie die sichere Stütze des Fenstersimses aufgeben musste und irgendwo zwischen Himmel und Erde an der Hauswand hing und stumm darum betete, nicht hinabzustürzen.

Aber das Gerüst hielt stand, und zu Fionas unsagbarer Erleichterung gelang es ihr, wenn auch mit großer Anstrengung, sich daran hinunterzuhangeln.

Sie weinte fast, als sie wieder festen Boden unter den Füßen verspürte, die weiche, feuchte Erde des Rosenbeets in ihre Schuhe drang. Zugleich fühlte sie sich so wach und lebendig wie selten zuvor in ihrem Leben.

Der nächtliche Wind strich über ihr Gesicht, verirrte sich in ihrem Haar und bauschte den Rock ihres Kleides auf. Sie blickte zum Himmel hoch.

Wenn auch nur eine schmale Mondsichel zu sehen war, funkelte doch eine Unzahl von Sternen. Wie eine Botschaft, wie ein Symbol, dass nun ein neues Leben anbrach. Für sie ... und womöglich für ...

Sie war nicht in der Lage, den Gedanken zu Ende zu denken, denn die Frage nach dem Naheliegenden drängte sich in ihr Bewusstsein. Wo sollte sie ihre Suche beginnen? Wo konnte jemand einen entführten Jungen versteckt haben?

Da sie nicht sicher war, ob die Stimme, die sie im Schlaf vernommen hatte, real war, entschloss sie sich, zunächst die Außenseite des Gebäudes zu umrunden und dabei besonders auf verdächtige Geräusche zu achten.

Vorsichtig spähte sie nach links und rechts, warf immer wieder einen Blick über die Schulter und tastete sich an den Hauswänden entlang vorwärts.

Alles war ruhig. Nichts war zu hören. Ein Blick nach oben zeigte ihr, dass alle Fenster dunkel waren.

Plötzlich entdeckte sie in einem Fenster in der unteren Etage schwaches Licht. Trotz der Kälte spürte sie, wie ihre Handflächen feucht wurden. Warum brannte mitten in der Nacht dort unten noch eine Kerze?

Am ganzen Körper bebend, schlich sie sich in die Nähe des

Fensters, dessen trübe Scheiben kaum einen Blick ins Innere freigaben.

»Und ich sage dir, Seamus, ganz egal, was diese Presbyterianer fordern, ich werde trotzdem dieses Jahr an Weihnachten einen ordentlichen Schluck trinken.«

»Du findest doch immer einen Grund zum Trinken, George. Ob Weihnachten, Ostern oder Neujahr. Kein Papst und kein Erzbischof könnten dich davon abhalten, bei jeder sich bietenden Gelegenheit zu saufen.«

Fiona runzelte die Stirn. Offensichtlich war das einer der Gesinderäume, in dem sich zwei Bedienstete noch spät einen Schluck genehmigten. Ob der alte Thomson wusste, dass sein Personal sich des Nachts an seinen Whiskyvorräten bediente?

Sollte es sich bei den beiden um Wachleute handeln, die einen Gefangenen zu beaufsichtigen hatten?

Wieder lauschte Fiona in die Dunkelheit, doch es war nichts mehr zu vernehmen. Kein Weinen. Kein Schreien. Selbst die Stimmen der beiden Männer waren verstummt.

Aber Seoc musste doch hier irgendwo sein!

Angst stieg in ihr auf. Ob es ihr gelingen würde, ungesehen wieder in das Haus zurückzukehren, um dort nach Seoc zu suchen?

Doch zunächst beschloss sie, sich noch auf der Rückseite des Gebäudes umzusehen. Vorsichtig hob sie den feucht gewordenen Saum ihres Rockes ein wenig an, während sie sich mit der anderen Hand an der rauen Wand des Hauses festhielt und sich bemühte, auf dem kiesigen Untergrund nicht auszugleiten. Die schmale Mondsichel erhellte ihren Weg nur unzureichend, und sie bedauerte es, keine Kerze zur Hand zu haben. An jedem der unteren Fenster blieb sie eine Weile stehen, presste das Ohr dagegen, wartete und horchte, ob sie dahinter irgendein verdächtiges Geräusch vernehmen konnte. *Nichts*!

Je mehr Zeit verstrich, desto stärker nagte die Verzweiflung an ihr. Wie naiv war sie gewesen, zu glauben, sie könnte irgendetwas ausrichten. Allein, ohne Hilfe.

Ein plötzliches Knacken direkt hinter ihr ließ sie erschrocken zusammenfahren. War ihr jemand gefolgt? Was sollte sie jetzt tun? Panisch krallte sie ihre Hände in den Stoff ihres Umhangs.

Schnelle, leichte Schritte näherten sich. Noch bevor sie Gelegenheit hatte sich umzudrehen, wurde sie an der Schulter von einer harten Hand gepackt.

Eine tiefe Stimme drang an ihr Ohr: »Was tun Sie da?«

Kapitel 55

Einen Moment lang war Fiona vor Entsetzen derart gelähmt, dass sie nicht in der Lage war zu reagieren, geschweige denn eine vernünftige Antwort zu äußern.

War sie in die Falle gegangen?

Schließlich fand sie den Mut, sich umzudrehen.

Im schwachen Mondlicht sah sie in das dunkle Gesicht Karis. »Wieso sind Sie nicht im Haus geblieben?«

Die Erleichterung darüber, dass es der Aborigine war, ließ sie für einen kurzen Moment schwach werden, und ihre Knie drohten einzuknicken. Er hatte also Wort gehalten und sie nicht aus den Augen gelassen.

»Sie sind es! Gott sei's gedankt.«

»Ja, danken Sie Ihrem Gott, dass ich es bin. Aber was tun Sie hier draußen? Mussten Sie fliehen? Hat man Ihnen Gewalt angetan?«

Fiona schüttelte den Kopf. »Ich habe eine Stimme gehört. Seocs Stimme.« Sie konnte nur hoffen, dass es der Wahrheit entsprach und sie nicht einem Traumbild aufgesessen war.

»Seine Stimme? Wo?« Schlagartig hatte sich der Gesichtsausdruck ihres Gegenübers verändert.

Fiona zögerte, doch Kari ließ nicht locker. »Wo?«

»In einem Traum.«

Der Griff des Australiers lockerte sich. »Einem Traum?«

Verlegen schüttelte Fiona den Kopf. »Es mag sich verrückt anhören. Aber ich habe Seoc gehört. Ganz in der Nähe. Er muss hier sein. Irgendwo.«

»In einem Traum?«, wiederholte Kari.

Unsicher zuckte Fiona die Schultern.

»Träume sind gut.« Karis Stimme war leise, doch sie spürte, dass sein Zorn verflogen war.

Dennoch glaubte sie, sich verhört zu haben. »Was sagen Sie da?«

»Ich sagte, Träume sind gut. Man muss auf sie hören, sie achten ... Oft sagen sie uns mehr, als wir zunächst verstehen.«

Fiona war verwirrt. Jeder andere hätte sie für verrückt erklärt, aufgrund eines Traumes aus dem Fenster zu klettern und bei winterlichen Temperaturen draußen umherzuirren.

»Was hat Seoc gesagt?«, wollte Kari wissen.

Sie überlegte. »Er hat geweint.«

»Haben Sie etwas gesehen?«

Als Fiona die Augen schloss, sah sie den Raum wieder deutlich vor sich.

»Da muss doch mehr gewesen sein!« Karis Worte klangen fordernd, fast wie ein Befehl, sich zu erinnern.

Fiona zitterte vor Kälte und unterdrückter Anspannung.

»Denken Sie nach«, flüsterte er beschwörend. »Was haben Sie gesehen?«

»Eine Kirche«, entgegnete Fiona leise, »ein Gotteshaus mit hohen Pfeilern und bunten Fenstern ... und ich habe Weihrauch gerochen ...«

»Was noch?«

»Eine Orgel spielte.«

»Weiter!«

Fiona zog die Stirn in Falten, während sie versuchte, sich Einzelheiten ins Gedächtnis zu rufen.

»Alles war riesig, das Deckengewölbe weit entfernt, die Fenster weit oben ... sogar die Bänke waren viel zu hoch ...«
Eine Gänsehaut lief über ihren Körper. Seltsam, dass sie

sich dieser Tatsache erst jetzt bewusst wurde. Irgendetwas an dieser Kirche war falsch gewesen, ja beinahe unheimlich. Irgendwie stimmten die Proportionen nicht. Alles wirkte ... verzerrt.

Hastig versuchte sie, diesen Eindruck Kari zu erklären. Der nickte, als würde er es verstehen.

»Und dann?«, sagte er kaum hörbar. Seine Finger hielten noch immer Fionas Handgelenk umklammert.

»Da war dieses Weinen. Seocs Stimme ... Sie durchdrang die Musik der Orgel, den Nebel des Weihrauchs. Und dann ...«

»Dann was?«, fragte Kari eindringlich, als sie nicht weitersprach.

Fiona öffnete den Mund, doch brachte sie keinen Ton heraus.

Wieder war es ihr, als zerspränge ein Bild in tausend Scherben, die sich dann neu zusammensetzten – zu etwas, was ihr bekannt vorkam.

Sie keuchte. Das, was sie im Traum gesehen hatte, war keine Kathedrale, wie sie zunächst geglaubt hatte. Es war nicht einmal eine Kirche, auch wenn sie ihr so seltsam groß erschienen war. Von einem Moment auf den anderen wusste sie, um was es sich handelte.

»Eine Kapelle«, hauchte sie, als ihr die Stimme wieder gehorchte. »Es war eine Kapelle.«

Eine Kapelle, die sie kannte, eine, die sie schon einmal betreten hatte. Sie musste sich hier auf diesem Anwesen befinden.

»Ist hier irgendwo eine Kapelle?«, flüsterte sie Kari zu und hatte Mühe zu verhindern, dass ihre Worte sich überschlugen. »Sie muss hier ganz in der Nähe sein, und ich ...« Unwillkürlich griff sie nach Karis Arm. »Ich glaube, dort halten sie Seoc versteckt.«

Ein lang anhaltendes Schweigen folgte. Fiona wusste nicht,

woher diese plötzliche Gewissheit kam. Oder war sie gerade dabei, den Verstand zu verlieren?

Wie konnte sie von dieser Kapelle wissen?

Kari nickte nur, ohne ihre Worte in Zweifel zu ziehen.

Im Schein des Mondes wirkten seine Gesichtszüge dunkel und fremd, und doch war Fiona unendlich dankbar dafür, seine Nähe zu spüren und seinen Schutz.

»Wenn es so ist, muss sie sich auf dem nördlichen Teil des Geländes befinden. Da bin ich noch nicht gewesen. Seit meiner Ankunft habe ich mich in der Nähe des Hauses aufgehalten, um zu beobachten, ob Sie sich nicht in Gefahr befinden.«

Auf diesen Mann konnte sie sich wirklich verlassen.

»Vielleicht auf der anderen Seite des großen Parks«, setzte sie an. »Dahinter liegt ein kleiner Wald, wie ich von meinem Zimmerfenster aus gesehen habe.«

Zu einem so großen Anwesen wie das der Thomsons könnte durchaus eine richtige Kapelle gehören, nicht nur ein kleiner Gebetsraum im Haus.

Aber wie realistisch war es, dass sie lediglich aufgrund eines Traumbildes das Versteck des Jungen gefunden haben sollte? In dieser Situation war es ihr ein Trost, den Australier an ihrer Seite zu wissen, der so unerschütterlich an die Macht von Träumen zu glauben schien.

Und sie hatte nur eine Chance, die Wahrheit herauszufinden.

Entschlossen sah sie Kari an. »Lassen Sie uns gehen.«

Beinahe lautlos verschwanden sie in Richtung des Wäldchens.

Kapitel 56

»Schauen Sie, dort!« Karis Worte ließen Fiona aufblicken.

Beinahe wäre sie gestolpert, als hinter dem Wäldchen tatsächlich die schwarzen Umrisse einer Kapelle auftauchten. Vom blassen Licht der Mondsichel beschienen, stand sie da – wie in ihrem Traum. Und wieder hatte Fiona das Gefühl, das kleine Gotteshaus zuvor schon einmal gesehen zu haben. Nicht nur im Traum, sondern ganz real.

In dieser Kapelle musste der Junge versteckt sein!

Vor dem prachtvollen Eingangsportal saßen zwei Männer, den Rücken an die Wand gelehnt. Ihre beiden Laternen erhellten nur schwach die Umgebung.

Wächter! Fionas Herz hämmerte. Da saßen tatsächlich Wächter. Damit hatte sie nicht gerechnet.

»Da haben sie den Jungen versteckt!« Karis Stimme war kaum mehr als ein Flüstern.

Sie hatten ihr erstes Ziel erreicht. Doch nun kam der schwierigste Teil ihres Unterfangens, Seoc unbemerkt herauszubekommen und mit ihm zu verschwinden.

»Wir müssen versuchen, von hinten in die Kapelle zu kommen«, sagte Kari leise, während seine Augen über die beiden Wachposten glitten, die zwar im Moment offensichtlich schliefen, doch bei jedem Geräusch aufwachen und ihnen gefährlich werden konnten.

»Ich glaube kaum, dass eine so kleine Kapelle einen Hintereingang hat«, wandte Fiona ein. »Und wenn doch, so wäre dieser sicher ebenfalls bewacht.«

»Die Fenster. Die Fenster sind die einzige Möglichkeit«, sagte Kari entschieden.

Fiona indessen war sich nicht ganz sicher. »Diese Art von Kirchenfenstern lassen sich aber nicht öffnen. Sie sind meist fest mit dem Mauerwerk verbunden.«

»Es gibt für alles eine Lösung.« Ohne zu erklären, was genau er meinte, eilte Kari seinen Weg um das Gebäude herum und schlug dabei einen großen Bogen um den Vordereingang mit den beiden Wachen.

Fiona folgte ihm wortlos und schlich vorsichtig durch das feuchte Gras. Sie hatte kein gutes Gefühl bei dieser ganzen Aktion. Mit Sicherheit waren die Fenster von außen nicht zu öffnen. Und wenn sie versuchen würden, sie einzuschlagen, würde das die Wachen alarmieren. Voller Zweifel ging sie hinter Kari her, ebenso bemüht, jedes Geräusch zu vermeiden. Ihre Augen hatten sich inzwischen an die Dunkelheit gewöhnt, und es gelang ihr, Hindernissen wie großen Ästen oder querliegenden Stämmen auszuweichen. Ein plötzliches Rascheln ganz in ihrer Nähe ließ sie erschrocken zusammenfahren. Fast wäre sie mit Kari zusammengeprallt, der abrupt stehen geblieben war. Ein dunkler Schatten, der sich rasch entfernte, zeigte ihnen, dass es sich um ein Tier gehandelt hatte.

Erleichtert setzten sie ihren Weg fort.

Sie wusste nicht, wie viel Zeit vergangen war, als sie endlich die Rückseite der kleinen Kapelle erreichten. Kari schlich zu dem ersten der drei Glasfenster, um zu untersuchen, ob es eine Möglichkeit gäbe, es zu öffnen. Fiona beobachtete ihn und war nicht überrascht, als er den Kopf schüttelte und danach die beiden anderen Fenster ebenfalls in Augenschein nahm. Doch auch hier schien er nichts zu finden, was ihm weiterhelfen konnte. Mit gesenktem Kopf trat er neben sie.

»Sie hatten recht, durch die Fenster kommen wir nicht rein.«

Fiona tat es weh, ihn so mutlos zu sehen, doch auch sie wusste keinen Rat. Es gab nur den bewachten Eingang durch die große Tür. Und es schien ihr zu riskant, dass Kari versuchen sollte, die beiden kräftigen Männer allein zu überwältigen.

Bedrückt versuchte sie, ihre Gedanken zu sammeln. War ihre Mission gescheitert? Angst und Resignation drohten sie zu überwältigen, als sie Karis Stimme vernahm.

»Ich werde mich von hinten an sie anschleichen, keiner wird mich hören. Sie schlafen, ich kann sie nacheinander unschädlich machen. Dann befreien wir Seoc.«

Wenn es nur so einfach wäre. Fiona runzelte die Stirn. Aber gab es eine andere Möglichkeit? Es sei denn ...

Eine Idee bildete sich in ihrem Kopf. Man müsste die beiden Wachen ablenken. Kari müsste ihre Aufmerksamkeit erregen und sie dazu bringen, ihren Platz zu verlassen. In der Zwischenzeit würde sie in die Kapelle schleichen und Seoc befreien, bevor die Männer zurückkämen. Ein nicht ungefährlicher Plan, aber mit etwas Glück könnte er gelingen!

Leise erklärte sie dem Australier, was sie sich überlegt hatte.

Kari schien ernsthaft darüber nachzudenken. Dann wiegte er den Kopf, als sei er nicht überzeugt, dass es gelingen könnte.

»Wir haben nicht viel Zeit. Irgendetwas müssen wir doch tun«, drängte sie. »Vielleicht ist das unsere einzige Chance!«

Schließlich nickte er. »Gut, Sie verstecken sich in der Nähe des Eingangs, und ich laufe auf der anderen Seite ins Wäldchen.« Lautlos wie ein dunkler Schatten verschwand er zwischen den Bäumen.

Fionas Herz klopfte rasend schnell, als sie näher an die Kapelle heranschlich. Sie verbarg sich hinter einer dichten

Hecke, von der aus sie jedoch das Portal im Auge hatte. Das schwache Licht der Stalllaternen reichte nicht sehr weit, aber Fiona konnte erkennen, dass einer der Wächter nicht mehr schlief, sondern gerade einen Schluck aus einer Flasche nahm. Ob das ein gutes Zeichen war? Vor Aufregung und Kälte zitternd schlang sie die Arme um sich. Auf jeden Fall würde er es gleich merken, wenn Kari sein Ablenkungsmanöver startete.

Fiona musste nicht lange warten. Ein lautes Knacken wie das Zerbrechen dicker Äste durchbrach die nächtliche Stille. Der Wächter hatte es gehört, denn er hob lauschend den Kopf. Ein weiteres Knacken!

»Verflucht, da treibt sich jemand im Wäldchen herum!« Eine grunzende Stimme drang an Fionas Ohr. »Wach auf, Sam!«

Der Mann lehnte sich zu seinem Kumpan hinüber und schüttelte ihn.

»Was ist denn los?«, murmelte dieser unwillig.

»Da drüben ist jemand! Dauernd knackt es. Hör doch mal!«

Wie zur Bestätigung erfolgte wieder ein Geräusch aus Richtung des Wäldchens, gefolgt von einem Schmerzensschrei, der eindeutig menschlich war.

Der aus dem Schlaf gerissene Mann sprang wie von der Tarantel gestochen auf und griff nach dem Messer an seinem Gürtel. »Wer da? Komm her und zeig dich!«

Das Geräusch von sich entfernenden Schritten war zu vernehmen. »Los, komm! Den schnappen wir uns!« Ein Griff nach einer der Laternen, dann liefen beide los.

Das war Fionas Chance!

Mit zitternden Beinen eilte sie zur Tür. Sich immer wieder umschauend, packte sie den großen metallenen Griff und drückte ihn mit aller Kraft hinunter.

Nichts!

Wieder versuchte sie es vergeblich. Ihre Verzweiflung wuchs.

Nichts bewegte sich – die Tür war verschlossen.

Mein Gott, was nun? Das konnte doch nicht sein! So nah am Ziel.

Von fern hörte sie die Rufe der beiden Wächter, konnte aber nicht verstehen, was sie sagten. Suchend fuhren ihre Hände über das Schlüsselloch. Nichts. Der Schlüssel steckte nicht.

Erneut überkam sie Verzweiflung. Nie wäre sie auf den Gedanken gekommen, dass die beiden Wächter die Tür auch noch abgesperrt hätten, wo sie doch Wache hielten.

Das Licht der verbliebenen Laterne erhellte schwach den Bereich vor der Kapelle. Fionas suchender Blick glitt über den Boden, als er plötzlich von einem metallenen Gegenstand angezogen wurde, der im Schein der Kerzenflamme aufblitzte.

Der Schlüssel!

Er musste aus dem Schlüsselloch herausgefallen sein. Mit zitternden Händen griff sie danach. Es schien ihr endlos lange zu dauern, bis sie ihn schließlich hineingesteckt hatte.

»Seoc, bist du da drin?« Ihre Stimme wollte ihr kaum gehorchen. »Hab keine Angst … ich hole dich da raus.« Mit klopfendem Herzen wartete sie auf eine Antwort, aber alles blieb still.

Konnte er nicht reden? War er vielleicht geknebelt? Oder traute er ihr nicht, vermutete einen Trick der Entführer?

»Warte, ich sperre die Tür auf …« Fiona brauchte all ihre Kraft, um den schweren Schlüssel im Schloss umzudrehen. Das Knirschen dröhnte so laut in ihren Ohren, dass sie sich erschrocken umschaute, ob die Männer es gehört hätten und zurückgelaufen kämen.

Als aber nichts geschah, wagte sie es, den Schlüssel ein weiteres Mal umzudrehen. Ihr Herz klopfte. Wie würde sie Seoc vorfinden? Verletzt? Oder gar tot?

Oh mein Gott, nur das nicht!

Gehetzt drückte sie die Klinke hinunter und versuchte, die Tür zu öffnen.

Sie zog und zerrte, doch der schwere Flügel ließ sich nicht bewegen. Hatte sie noch nicht ganz aufgesperrt? Wieder versuchte sie es mit dem Schlüssel, doch der ließ sich nicht weiter drehen.

Verzweifelt rüttelte sie am Griff.

»Geh endlich auf!«, murmelte sie.

»Die Tür klemmt manchmal.« Eine heisere Stimme ließ Fiona herumfahren.

Vor ihr stand einer der Wachmänner und blickte sie höhnisch an.

»Sieh mal an. Was sucht eine vornehme Dame mitten in der Nacht vor einer einsamen Kapelle?«

Fiona öffnete den Mund, brachte aber keinen Ton heraus. Sie hatte ihn nicht kommen hören.

Angstvoll schaute sie sich um. Wo steckte der zweite Kerl? Und vor allem, wo war Kari?

»Ich wollte die Laterne holen, um besser zu sehen, wer uns im Wäldchen zu narren versucht«, fuhr der Mann fort. »Das kann doch nur ein Komplize von Ihnen sein. Wollt wohl den sauberen Burschen befreien, der zurzeit unser Gast ist.«

Er hob die Laterne hoch, um sie genauer zu betrachten.

»So eine hübsche junge Dame ... und hat nichts Besseres zu tun, als nachts herumzustreifen.« Unversehens packte er sie am Arm. »Der Herr wird sich freuen über den Vogel, den wir gefangen haben.«

Fionas Gedanken überschlugen sich. Konnte sie noch fliehen? Ihr Herz raste, und alles drehte sich um sie.

Was war mit Kari geschehen? Hatte der zweite Wächter ihn gefangen genommen? Entsetzt spürte sie, wie ihre Arme nach hinten gerissen und ein Seil um ihre Hände geschlungen wurde.

»Lass mich los, was fällt dir ein! Eine unschuldige junge Frau ohne Grund zu fesseln ...« Nach dem ersten Schrecken hatte Fiona sich wieder gefasst.

»Eine unschuldige Frau. Ja ja. Wer's glaubt.« Der Kerl lachte trocken. »Ich schaffe dich jetzt hier in die Kapelle und sage dem Herrn Bescheid.«

Resigniert ließ Fiona den Kopf sinken. Schlimmer hätte es nicht kommen können. Alles war umsonst gewesen! Und nun?

»Lass die Frau los! Sonst geht es deinem Kameraden schlecht!«, vernahm sie plötzlich Karis Stimme.

Als sie aufblickte, erkannte sie im Licht der Laterne den Aborigine, der den anderen Wächter mit gefesselten Händen vor sich hertrieb.

»Lass die Frau los – oder ...!« Drohend hob er sein Messer und hielt es an den Hals des Wächters.

Noch ehe sich Fiona von ihrer Verwirrung erholt hatte, spürte sie etwas Kaltes an ihrem Hals.

»Und wenn du meinen Kameraden nicht augenblicklich freilässt, wird diese junge Frau es nicht überleben. Und glaub mir, ich tue, was ich sage.« Um seine Worte zu unterstreichen, drückte der Mann das Messer fester an Fionas Hals, die vor Schreck wie erstarrt dastand.

Sie spürte, wie ein Rinnsal von Blut ihren Hals hinablief und schrie gellend auf. Dieser Kerl würde seine Drohung wahr machen.

»Gut, verhandeln wir«, entgegnete Kari.

Fiona hörte kaum, was er sagte. Zu laut vermischten sich die unterschiedlichen Geräusche in ihrem Kopf. Wie durch Nebel sah sie, dass der Aborigine mit dem gefesselten Wächter näher kam, bis er vor ihnen stehen blieb. Sie spürte, wie die Hand ihres Peinigers erschlaffte und das Messer für einen Moment von ihrem Hals wegrutschte, als er im Schein der Laterne erkannte, welch ungewöhnlicher, fremdartiger Mensch vor ihm stand.

»Was ist denn das für einer?«, entfuhr es ihm, während sein Kumpan nur stumm die Schultern hob, wie um zu erklären, dass er auch vor einem Rätsel stand.

»Also, was willst du verhandeln?«, fragte der Wächter, der sich erstaunlich schnell von seinem Schreck erholt zu haben schien und erneut das Messer an Fionas Hals drückte.

»Wenn du jetzt diese junge Frau tötest, die Tochter eines Adeligen, die viele mächtige Freunde hat, wirst du dafür gehängt werden.« Karis Stimme klang fast emotionslos, und Fiona spürte, wie ein Ruck durch den Körper des Mannes ging, als er die Bedeutung dieser Aussage erkannte.

Eine Weile überlegte er, und als er dann zu sprechen begann, musste er sich mehrmals räuspern.

»Was schlägst du also vor?«

»Diese Angelegenheit muss dein Herr, für den du das alles getan hast, verantworten«, entgegnete Kari. Er sprach weiter ohne erkennbare Erregung. »Du kannst die junge Frau zu dem Burschen in die Kapelle sperren, und ich werde sogar freiwillig mitgehen. In der Zwischenzeit berichtest du deinem Herrn, was geschehen ist. Er muss dann alles Weitere entscheiden.«

Ein längeres Schweigen folgte, während Fiona still und inbrünstig darum betete, dass der Mann auf Karis Vorschlag einginge.

»Tu, was er sagt«, ließ sich der andere Wächter vernehmen. »Er hat recht, wir können sonst nichts machen.«

Langsam senkte der Erste das Messer, dann nickte er, öffnete die Tür der Kapelle und stieß Fiona hinein. »Also, was ist? Du wolltest doch auch mit reingehen.«

»Das habe ich gesagt«, Kari nickte. »Aber denk dran, wie nah du dem Galgen bist.«

Plötzlich ein Aufschrei, keuchender Atem, gemurmelte Flüche. Verwirrt horchte Fiona in die Dunkelheit. Was hatte das zu bedeuten? Draußen schien sich ein Kampf abzuspielen. Mit Entsetzen vernahm sie eine hohntriefende Stimme.

»Das hast du dir so gedacht, Affenkopf! Wir lassen uns doch noch nicht von einem Wilden überlisten.«

»Ihr Feiglinge, verdammte Lügner!« Das war Kari.

»Du verschwindest jetzt zu den beiden anderen.« Ein Klatschen, ein Stoß, und Kari flog durch die Tür.

Fiona hörte, wie der Schlüssel zweimal im Schloss umgedreht wurde. Dann war alles still.

KAPITEL 57

Es war wie in ihrem Traum. Nur dass der Geruch nach Weihrauch fehlte, alle Kerzen erloschen waren und fast vollständige Finsternis sie einhüllte.

Und alle drei waren sie Gefangene.

Verdammt! Dieser und ein weiterer undamenhafter Fluch entglitten Fiona, nachdem der erste Schrecken verebbt war und sie wieder klar denken konnte.

Sie waren Geiseln dieses Verrückten, dieses von krankhaftem Ehrgeiz zerfressenen Emporkömmlings Thomson.

Obgleich sich ihre Augen langsam an die Dunkelheit im Innern der Kapelle gewöhnten, vermochte Fiona kaum, mehr als vage Umrisse um sich herum wahrzunehmen. Die bunten Glasfenster schluckten einen Teil des ohnehin spärlich eindringenden Mondlichtes, und so erkannte sie nur schattenhaft das große Kreuz über dem Altar.

Ein Anblick, der ihr einen gewissen Trost spendete und ihre Hoffnung wieder aufleben ließ.

»Wie geht es dir, Seoc?« Aufgrund der sich überschlagenden Ereignisse hatte sie noch nicht mit dem Jungen sprechen können. »Bist du verletzt?«

»Nein, Miss«, entgegnete er leise und ein wenig heiser. »Mir ist nichts geschehen.«

Wenigstens das, schoss es Fiona durch den Kopf.

Den Entführern war es also nicht daran gelegen, dem Jungen etwas anzutun.

Kari, der die ganze Zeit angespannt hin und her marschiert

war, hatte sich ebenfalls einen Platz gesucht, ohne jedoch wirklich zur Ruhe zu kommen. »Sie haben mich überlistet, diese Schweine! Von hinten haben sie mich angegriffen, mir ein Seil übergeworfen, sodass ich mich nicht mehr rühren konnte. Ich bin kein Krieger, sondern ein Trottel«, grollte er sich selbst.

Fiona hatte immer gewusst, dass ihr waghalsiger Plan scheitern könnte. Von vornherein hatte es einige unabwägbare Risiken gegeben – und nun war tatsächlich das Schlimmste eingetreten.

Doch auch wenn sie im Augenblick keinen Ausweg sah, war sie nicht bereit, sich so einfach geschlagen zu geben. Trotz ihrer gefesselten Hände versuchte sie, eine halbwegs erträgliche Sitzposition zu finden, und lehnte sich mit Kopf, Schultern und Rücken an eine der Säulen.

»Wo ist Sir Aidan?« Dünn und ängstlich drang Seocs Stimme durch die nächtliche Kapelle. »Ist er nicht bei euch?«

Fiona zögerte. Sie war nicht sicher, ob der Junge in dieser Situation die ganze Wahrheit ertragen würde.

»Als mich diese Kerle wegschleppten ... der Laird, er hat versucht, mich zu beschützen. Aber dann wurde er ... Er wurde ... Ich hab gesehen, wie einer der Männer ein Messer gezogen hat ...«, stammelte Seoc. »Ist Sir Aidan ... tot?«

Lass es nicht so sein, Gott! Mit Entsetzen erinnerte sich Fiona an das viele Blut und die krankhafte Blässe auf Aidans Gesicht.

»Er ist zu Hause auf Thirstane Manor«, antwortete Kari an ihrer Stelle. »Mrs Dunnett kümmert sich um ihn.« Nach kurzem Zögern fügte er hinzu: »Er macht sich Sorgen um dich.«

Ein leises Aufschluchzen war die Antwort. Es war deutlich, welche Angst der Junge verspürt hatte, und Fiona verfluchte die Fesseln, die sie daran hinderten, ihm beruhigend über den Kopf zu streichen.

»Es ist meine Schuld, Miss. Wenn er stirbt, ist es nur wegen mir ...« Seoc klang verzweifelt. Er schien sich mehr um seinen Freund und Gönner zu sorgen als um sich selbst.

Wut stieg in Fiona auf. Wut über die unfassbare Gewissenlosigkeit des Mannes, der sie hier gefangen hielt und nicht davor zurückschreckte, um des eigenen Vorteils willen alles zu zerstören, was seinen Plänen im Wege stand. Und dem sogar ein Menschenleben nichts galt.

»Nein, du bist nicht schuld, Seoc«, stieß sie zornentbrannt hervor. »Du nicht. Das, was mit Sir Aidan geschehen ist, hat nur derjenige zu verantworten, der den Überfall veranlasst hat.« Tief atmete sie aus. »Und außerdem wird er nicht sterben. Er wird es schaffen, er hat schon so viel im Leben überstanden ...« Sie brach ab, weil ihr wieder die Tränen kamen.

Ein langes Schweigen folgte. Jeder schien seinen eigenen Gedanken nachzuhängen.

»Ich muss mich bei Ihnen entschuldigen, Miss«, vernahm Fiona nach einer Weile Seocs Stimme.

»Entschuldigen?«, entgegnete Fiona leise. »Wofür?«

»Ich hatte Angst, Se würden ihn mir wegnehmen«, fuhr der Junge fort, ohne auf ihre Frage einzugehen.

»Ihn dir wegnehmen? Wen?«

Ein Rascheln ließ erkennen, wie er sich wand. »Sir Aidan«, brachte er schließlich gepresst hervor. »Ich dachte, Se nehmen ihn mir weg. Oder noch schlimmer ... Se kämen vielleicht dahinter ... Alles, was ...«

Fiona spürte, wie viel Mühe ihn das Reden kostete, doch sie glaubte, zu wissen, wovon er sprach. Er hatte offensichtlich befürchtet, dass die Nähe, die sich langsam zwischen Aidan und ihr entwickelt hatte, seinem eigenen Vertrauensverhältnis zu diesem im Wege stehen und an ihrem gemeinsamen Leben etwas ändern würde. Eine Beziehung, die für ihn Schutz, Geborgenheit und Liebe bedeutete, all das, was er zuvor nicht gekannt hatte. »Und ich dachte, Se können mich nich leiden.«

Wieder spürte Fiona, wie ihre Augen feucht wurden.

Dummer Junge. Armer, verängstigter Kerl.

»Deswegen bin ich Ihnen auch gefolgt, damals, bei Ihrer Wanderung zu den Ruinen. Ich habe Sie beobachtet und ...« Er stockte und sprach nicht weiter.

Und da hat er gesehen, wie nah Aidan mir gekommen ist! Was musste in diesem Moment in Seoc vorgegangen sein?

»Dann warst du das also, damals in der verfallenen Kapelle?« Fiona war erleichtert, nun die Wahrheit zu kennen.

»Ja, Miss. Und deswegen ...«

»Deswegen hast du mir all die Streiche gespielt, versucht, mich aus dem Haus zu vertreiben.« Fiona verstand den Jungen. Sie selbst kannte das Gefühl der Einsamkeit nur zu gut, auch wenn sie nie der Härte und Lieblosigkeit eines Arbeitshauses oder der Straße ausgesetzt gewesen war.

Und auch sie hatte bei Aidan und auf Thirstane Manor all das gefunden, was sie so lange vermisst hatte – Heimat, Zuneigung und Vertrauen.

Ein einsames Herrenhaus in den Highlands als Zuflucht für Mühselige und Beladene ... Ein Hauch von Wehmut stahl sich in ihre Brust.

»Ich werde dir Aidan nicht wegnehmen«, sagte sie schlicht. »Ich werde dich zu ihm zurückbringen. Das verspreche ich dir.«

Gott helfe mir, dass ich das Versprechen halten kann ...

Wieder überkam sie die namenlose Furcht vor dem, was hier auf sie wartete. Um sich nicht davon überwältigen zu lassen, wandte sie sich zu Karis Schatten um.

»Erzählen Sie mir mehr von Aidan!«

Kaum hörbare Schritte näherten sich ihr, dann spürte sie, wie er sich neben ihr zu Boden gleiten ließ.

»Wie kam es, dass Sie sich angefreundet haben?«, fragte sie leise. »Damals in Moreton Bay?«

Kari schwieg eine Weile, und Fiona befürchtete schon, er wolle ihr die Antwort schuldig bleiben.

»Als ich Aidan das erste Mal begegnet bin«, begann er dann, »war er mehr tot als lebendig. Eine Ruhrepidemie war im Lager ausgebrochen. Viele Gefangene sind gestorben. Durch die schlechte Ernährung, die Prügel und die Schinderei auf der Tretmühle war Aidan so geschwächt, dass er der Krankheit kaum etwas entgegenzusetzen hatte. Abgestumpft, meist ohne Bewusstsein schien sein Lebenswille gebrochen zu sein.«

Fiona begann zu zittern. Kälte kroch in ihr hoch, die nicht von den winterlichen Temperaturen in der Kapelle herrührte.

»Ich verstehe ein bisschen was von Heilkunde und hab dafür gesorgt, dass er genug Wasser bekam und sich nicht aufgab.« Kari unterbrach sich, als müsse er sich sammeln. »So haben sich unsere Traumpfade gekreuzt. Ein junger Mann, vertrieben aus seiner Heimat, verwundet an Körper und Seele, allein in einem fernen Land. Und ich ... noch immer auf der Suche nach meinem eigenen vorbestimmten Pfad.«

Das Schweigen, das darauf folgte, zeigte Fiona, dass es auch in Karis Vergangenheit etwas gab, das ihn belastete. Einen schwarzen Fleck in seinem Leben, der seinen Schatten noch immer über ihn warf.

Zwei Außenseiter also, die eine Fügung des Schicksals zusammengeführt, ihre Lebensfäden miteinander verknüpft hatte.

»Was hat Aidan damals eigentlich darüber herausgefunden, wie seine Mutter zu Tode kam?«, nahm Fiona nach einer Weile das Gespräch wieder auf.

Kari zögerte. »Nur wenig.« Er sah sie an. Das fahle Grau der anbrechenden Morgendämmerung fiel durch die Fenster, und Fiona sah den prüfenden Ausdruck in seinen Augen. »Sie kam als Dienstmädchen in das Haus des …«, er zögerte, »des Judge Advocate General.«

Wieder dieser durchdringende Blick.

Als sie schwieg, fuhr er fort: »Nach allem, was Aidan hörte, wurde sie dort nicht besonders gut behandelt.«

Fionas Kopfhaut begann zu kribbeln.

»Meist gilt es als gutes Los, seine Strafe als Dienstmädchen in einem privaten Haushalt abbüßen zu können, noch dazu in einer Familie«, erklärte Kari leise. »Im Vergleich zu den anderen Möglichkeiten, die Frauen als Sträflinge zu erwarten haben.«

Eine seltsame Anspannung hatte sich Fionas Körper bemächtigt, wieder glaubte sie den Geschmack von Sand auf ihren Lippen, den scharfen, ätherischen Geschmack auf ihrer Zunge zu spüren.

»Aidan hat Nachforschungen angestellt, beim Dienstpersonal des zwischenzeitlich ausgewechselten Judge Advocate General und auch in dessen Nachbarschaft. Was er dabei schließlich über den Tod seiner Mutter in Erfahrung brachte, hat ihn völlig vernichtet.«

Ein Bild flammte in Fionas Kopf auf, flüchtig und schmerzhaft.

»Vierzig Peitschenhiebe hat sie bekommen. Vierzig, und dabei war sie krank. Es war so ungewöhnlich, eine Hausangestellte auf diese Art zu bestrafen, dass die Leute noch immer davon sprachen.« Kari senkte den Kopf. »Zudem soll ihr Herr, der Judge Advocate General, die Absicht gehabt haben, mit dieser Strafe ein abschreckendes Beispiel zu geben. Deshalb hat er das gesamte Personal, ja sogar seine Familienmitglieder gezwungen, die Auspeitschung mit anzusehen.«

Das Rauschen in Fionas Kopf hatte die Lautstärke eines Orkans angenommen. Die Hitze, die sich in ihrem Körper ausbreitete, vertrieb mit einem Schlag die Kälte in ihr.

Und durch den Tumult hindurch hörte Fiona ganz deutlich eine Stimme schreien: »Helft mir, Lady Hemington. Habt Erbarmen!«

Dieser Traum! Immer wieder dieser Traum.

Ein Schwindel drohte Fiona zu Boden zu reißen. Sie hatte die Szene greifbar vor Augen, konnte die Angst riechen, die Stimme vernehmen. *Grundgütiger Gott!* Es war Aidans Mutter, die sie in dieser Vision gesehen hatte, *ihre* Stimme, die sie wieder und wieder gehört hatte. Erneut sah sie die Frau, die Hände an das Gerüst gefesselt, verzweifelt um Gnade flehend.

»Der Name von Aidans Mutter ...« Karis Stimme klang beinahe beschwörend. »Ihr Name war Maighread.«

Maighread ... *Maggie* ...

Wie durch ein magisches Wort ausgelöst, stieg plötzlich eine Vielzahl von Bildern in Fiona auf:

Eine Frau namens Maggie, die sich über die Wanne mit Wäsche beugte. Eine Frau namens Maggie, die roten Haare sorgfältig aufgesteckt und unter einer Haube verborgen, die auf den Knien lag und den Küchenboden schrubbte. Eine Frau namens Maggie, die, das Gesicht in die Hände gepresst, in einer Ecke kauerte und lautlos weinte.

So intensiv und lebensecht waren die Szenen, dass sie Fiona für einige Herzschläge lang in einem hellen, gleißenden Licht erschienen. Eine schreckliche Ahnung wuchs in ihr heran, ein Verdacht, der bitterer schmeckte als Galle.

»Und der Name von Maighreads Herrn, des Judge Advocate General ...«, fuhr Kari so leise fort, dass Fiona nicht sicher war, ob sie die Worte tatsächlich hörte oder diese ihrem Inneren entsprangen. »Sein Name war ...«

»Hemington«, ergänzte sie tonlos. Mit einer untrüglichen und schmerzhaften Gewissheit, von der sie nicht einmal sagen konnte, wo sie herrührte. Und auch wenn sie keine Erklärung dafür hatte, wieso sie von diesen Dingen wusste, so spürte sie doch mit unmissverständlicher Sicherheit, dass es die Wahrheit war.

Wieder ihr Vater! Die Erkenntnis traf sie mit voller Wucht. Nicht nur, dass er um seines finanziellen Vorteils willen das ungerechte, grausame Urteil über Aidan und seine Mutter gefällt und in Absprache mit dem alten Laird Thirstane beide in die Strafkolonie geschickt hatte. Fionas Seele sträubte sich mit aller Macht gegen die Vorstellung, dass er auch derjenige gewesen war, der Aidans Mutter hatte schuften lassen, sie misshandelt und am Ende sogar ihren Tod verursacht hatte.

Aber so musste es gewesen sein.

»Grundgütiger!« Das war alles, was Fiona herausbrachte. Ein Aufschrei, eine verzweifelte Bitte um Vergebung.

Einer Schuld, die nach menschlichem Ermessen nicht zu verzeihen war.

»Aidans Mutter ...« Sie zitterte am ganzen Körper, als sie zu Kari hinübersah. »Mein Vater hat sie ...«

Ein stummes Nicken war die Antwort, und in diesem Moment schien Fionas Leben keinen Sinn mehr zu haben. Sie glaubte, im Strudel der Gefühle, die in einem immer schneller werdenden Wirbel ihr Inneres überschwemmten, versinken zu müssen. Verzweifelt schloss sie die Augen, wünschte sich, an Ort und Stelle zu sterben.

Gedämpfte Geräusche brachten sie wieder in die Realität zurück.

Sie hob den Kopf, um zu hören, woher sie stammten. Schritte näherten sich der Kapelle, wurden immer lauter. Ihr Herz setzte einen Schlag lang aus. Das Entsetzen über das, was

Kari ihr eröffnet hatte, wich mit einem Schlag der Angst, dem Grauen davor, was nun geschehen würde.

Sie würden sterben. Was sollte der alte Thomson sonst mit ihnen anfangen, jetzt, da sie über seine Machenschaften Bescheid wussten?

Kapitel 58

Morgenlicht fiel durch die Fenster, und Fiona fragte sich, wie viel Zeit vergangen war, seit die Wächter sie hier in der Kapelle festgesetzt hatten.

Es schepperte laut, als von außen der schwere Schlüssel ins Schloss geschoben und umgedreht wurde. Fiona fuhr zusammen und bemerkte, dass auch Seoc angstvoll auf die Tür starrte. Kari richtete sich auf, sein Körper spannte sich an, als mache er sich bereit, jeden, der hereinkam, mit bloßen Händen anzugreifen.

Nur, dass diese gefesselt waren, genau wie ihre und Seocs. Drei Menschen, zur Hilflosigkeit verdammt.

Fionas Puls raste, als sich die Tür mit einem lauten Knarren öffnete. Ihr Blick war unverwandt auf den Eingang gerichtet, durch dessen Öffnung graue Lichtstrahlen fielen, die sie blinzeln ließen.

Drei Männer standen im Eingang, schwarze Silhouetten vor dem Hintergrund des sich langsam rot färbenden Morgenhimmels. Fionas Gedanken überschlugen sich. Gab es noch eine Möglichkeit zu entkommen? Doch die Männer waren mit Sicherheit bewaffnet. Fionas Hoffnung sank, und sie schloss die Augen.

»Gott, wenn ich nun sterben soll an diesem Morgen«, betete sie stumm, »dann vergib meinem Vater das Entsetzliche, das er getan hat, und … ich bitte Dich, lass Aidan leben.«

Die Finger in ihren Fesseln waren kalt und taub. Es wäre ihr ein Trost gewesen, sie falten zu können.

Erbarme dich Aidans ... Lass ihn Frieden finden. Nach all dem Schrecklichen, der Einsamkeit, dem Schmerz und dem Hass. Die Männer hatten schon die Hälfte der Kapelle durchschritten, als Fiona die Augen wieder öffnete.

Sie blinzelte – und erstarrte.

Einer von ihnen war – wie nicht anders zu erwarten – Mr Thomson. Noch schlaftrunken, Augen und Nase vom Alkohol geschwollen, dem er am Vorabend so kräftig zugesprochen hatte. Er schwankte ein wenig und war offensichtlich aufgebracht. Das andere war einer der Wachtposten. Mit beiden Händen gestikulierend gab er irgendwelche Erklärungen ab, die an Fiona vorbeirauschten, weil sie sie nicht verstand.

Der dritte Ankömmling jedoch ... Fiona kniff die Augen zusammen und starrte ihn an.

Der Mann, der den beiden anderen in zwei Schritten Abstand folgte, war niemand anderes als Aidan Thirstane.

Fionas Puls begann zu rasen, in ihrem Kopf schien sich alles zu drehen. Ihre Gefühle schwankten zwischen Erleichterung, Wiedersehensfreude und abgrundtiefer Fassungslosigkeit.

Wieso war Aidan hier? Als sie ihn zum letzten Mal gesehen hatte – großer Gott, wann war das gewesen? Vor zwei Tagen? –, war er kaum in der Lage gewesen, sich aufzurichten, ohne zusammenzubrechen.

Und nun stand er bei diesen Männern? Allein?

Ihr Blick flog zu Kari, der ihn ebenfalls entdeckt hatte. Doch zeigte dessen Gesicht keinerlei Regung, nichts, das erkennen ließ, ob er über die Anwesenheit seines Freundes ebenso überrascht war wie sie.

Stumm glitt Aidans Blick über die drei gefesselten Gestalten hinweg, durch das Innere der Kapelle und wieder zurück zu seinen beiden Begleitern.

Thomson räusperte sich, als wolle er zum Sprechen ansetzen, unterließ es dann aber. Er gab sich größte Mühe, auch noch in seinem verkaterten, übernächtigten Zustand respekteinflößend zu wirken, was ihm jedoch jämmerlich misslang.

Seine Nervosität war offensichtlich. Fiona fragte sich, ob das vielleicht mit der Drohung zu tun hatte, die Kari in der Nacht gegen den Wächter ausgesprochen hatte: *Wenn du dieser Frau etwas antust, ist dir der Galgen sicher.*

Nach allem, was sie über Thomson und seine Machenschaften erfahren hatte, schien dieser eine derartige Möglichkeit nie in Betracht gezogen zu haben. Immerhin hatte er gute Kontakte zu einem Herrn auf dem Richterstuhl, der ihm einen wesentlichen Teil seines Reichtums zu verdanken hatte.

Einem ganz bestimmten Richter. *Ihrem Vater.*

Plötzlich war Fiona speiübel, und sie fragte sich, ob es nicht besser gewesen wäre, wenn sie in dieser Nacht den Tod gefunden hätte, statt den Rest ihres Lebens diese Scham ertragen zu müssen, dieses brennende Gefühl der Schuld.

Wie konntest du nur so etwas tun, Vater?

Noch immer hatte Aidan sie keines Blickes gewürdigt, was Fiona dermaßen verunsicherte, dass es ihre Gedanken wieder ins Hier und Jetzt zog. Sie musterte ihn, suchte nach einem Anzeichen seiner Verletzung, doch da war nichts. Mit selbstsicheren Schritten durchmaß er die Kapelle, und seine Miene drückte die gleiche herablassende Arroganz aus wie in den ersten Wochen, als sie ihn kennengelernt hatte.

Emotionslos, vollkommen Herr der Lage und ... Fionas Puls beschleunigte sich, als ihr ein anderer Gedanke kam ... die personifizierte Rache.

Und wie sie mittlerweile wusste, hatte Aidan mehr als genügend Gründe dafür, Rache zu nehmen. Grausame Rache an dem Mann, der aus reiner Profitgier sein Leben und das seiner

Mutter zerstört hatte. Und an dem Richter, der das Urteil gesprochen hatte ... Womöglich auch an dessen Tochter?

War er deswegen hergekommen? Nicht nur, um Seocs Leben zu retten, den Jungen, der ihm so viel bedeutete wie ein leiblicher Sohn?

»Ein wirklich schönes Anwesen haben Sie da, Thomson.« Aidans Stimme zerschnitt die Luft des Dezembermorgens. Weiterhin alles genau in Augenschein nehmend, ging er ein Stück an der Wand entlang, als betrachte er die altertümlichen Verzierungen der Fenstersimse. Dann blieb er stehen. »Deshalb verstehe ich gar nicht, warum Sie ein so großes Interesse daran haben, Ihre Hand auch noch nach meinem Besitz auszustrecken.«

Der Angesprochene fuhr herum. »Wie können Sie so etwas behaupten?«

»Nun«, Aidan lächelte dünn und hob in provozierender Langsamkeit die Schultern. »Ich würde sagen, gewisse Dinge sind offensichtlich.«

Das Amüsement, das in Aidans Augen aufblitzte, wirkte kalt und grausam. »Immerhin haben Sie mir, um dieses Ziel zu erreichen, sogar Ihre Tochter angeboten. Ein Angebot, das ich leider ablehnen musste, wie Sie sich sicher erinnern.« Kurz streifte sein Blick Fiona. »Nur, dass Miss Alice diese Ablehnung nicht zur Kenntnis nehmen wollte.«

Thomsons Gesicht lief dunkelrot an. Er keuchte auf und schnappte nach Luft. »Ich hatte Ihnen einen Handel angeboten, Thirstane, ein Geschäft, von dem Sie aber nichts wissen wollten.«

Aidan lächelte. »Ein Geschäft, in der Tat.« Nachdenklich ließ er seinen Zeigefinger über eines der Fensterbilder gleiten, das den Kampf des heiligen Georgs mit dem Drachen zeigte. »Bereits die zweite Offerte, die ich ablehnen musste.«

Allmählich schien Thomson seine Müdigkeit zu überwinden und wieder zu sich zu kommen. »Hören Sie, Thirstane. Was wollen Sie von mir? Sie dringen in mein Haus ein, zerren mich aus dem Bett, und das alles nur, um mir Familiengeschichten zu erzählen?«

»Sie haben den Nagel auf den Kopf getroffen. Familiengeschichten, wie passend.«

Welch seltsames Spiel treibt er da?, fragte sich Fiona. Und was war mit seinen Verletzungen, die ihn noch zwei Nächte zuvor an den Rand des Grabes gebracht hatten? Zumindest hatte es so ausgesehen. Sollte sie sich dermaßen geirrt haben? Oder hatte er sie gar bewusst getäuscht?

Der Verdacht, der langsam in ihr hochkroch und an ihrer Seele nagte, war so schmerzhaft, dass es ihr die Brust zuschnürte. Sie ballte die Fäuste auf dem Rücken, versuchte, ihre Gedanken zu ordnen und sich zu erinnern.

An ihre zahllosen Gespräche, bei denen sie geglaubt hatte, ihn zu kennen oder doch immer besser kennenzulernen. Ihm vertrauen zu können.

Oder war das alles nur gespielt gewesen? Ein ausgefuchster Plan, um ihr all das heimzuzahlen? Ihr, der Tochter seines ärgsten Feindes, des Mannes, dem er einst auf der staubigen Erde Australiens bittere Rache geschworen hatte? Fiona stöhnte auf.

Aidan sah kurz zu ihr hinüber. Ihre Blicke begegneten sich, doch war in seinen Augen nichts zu lesen als Gleichgültigkeit und unterdrückter Zorn.

Wie von einem Schlag getroffen, sackte sie in sich zusammen. Kari raunte ihr etwas zu, das sie zwar nicht verstand, ihr aber dennoch half, wieder zur Besinnung zu kommen.

Sie unterdrückte ein heftiges Aufatmen, als Aidan leise, beinahe sanft, weitersprach. »Ja, die Familien haben hierzulande immer schon eine wichtige Rolle gespielt. Ebenso wie Loyalität und Pflichtgefühl.«

Mit einer fahrigen Bewegung hatte Thomson ein großes Schnupftuch hervorgezogen und wischte sich damit über die schweißnasse Stirn. »Ihr Vater war immer zufrieden mit meiner Arbeit«, brachte er unter einiger Anstrengung hervor.

»Mein Vater, oh ja.« Der Hohn in Aidans Stimme war nicht zu überhören. »Mein Vater, für den sie so äußerst wirkungsvoll das Land gesäubert und die lästig gewordenen Pächter vertrieben haben. Damit es Raum gab für Schafe mit ihrer wertvollen Wolle. Für eine neue Zeit mit anderen, lukrativeren Einnahmequellen.« Seine Hand umfasste die Rückenlehne einer der Kirchenbänke. »Wie bedauerlich für ihn, dass er diese neue Zeit nun nicht mehr miterleben kann.«

»Das ist aber nicht alles, was ich für Ihren Vater getan habe. Ich …«, brauste Thomson auf.

»Ich weiß«, fiel ihm Aidan ins Wort. Er lächelte, doch grimmig wie ein Racheengel. »Sie waren stets bereit, sich auch als Zeuge zur Verfügung zu stellen, wenn es darum ging, gegen arme Teufel, die nicht freiwillig das Feld räumten, sich nicht vertreiben ließen, vor Gericht auszusagen. Gegen eine entsprechende Entlohnung haben Sie nur allzu gern ein wenig nachgeholfen, um diese Menschen notfalls in Ketten fortschaffen zu lassen, am besten gleich auf die andere Seite der Erde. Wobei Sie keinerlei Skrupel hatten, auch auf Lügen zurückzugreifen, wenn es in Ihren Augen angebracht war. Verbrechen zu bezeugen, die nie geschehen waren, zumindest nicht durch die Schuld derjenigen, die dafür zu büßen hatten. Was haben Sie denen, die den Widerstand wagten, nicht alles angehängt? Aufrührertum. Intrigen. Diebstahl.« Wieder lächelte Aidan. »Gibt es einen unter diesen Anklagepunkten, dessen Sie sich nicht auch selbst schuldig gemacht haben?«

»Also, ich muss doch sehr bitten!«, empörte sich Thomson, wenn auch ohne große Überzeugung.

»Allerdings ...« Aidan begann langsam auf und ab zu gehen. »Sie und mein Vater hätten das natürlich niemals allein geschafft, nicht wahr? Sie brauchten noch einen dritten Mann im Bunde, einen Richter, der bereit war, mit Ihnen an einem Strang zu ziehen. Nicht nur bei der Vertreibung der Pächter, sondern auch bei dem einen oder anderen Gerichtsprozess, der mit dem Urteilsspruch ›Deportation‹ enden sollte.«

Thomson hatte es aufgegeben, etwas zu erwidern, und starrte mit hängenden Armen und leerem Blick den Mann an, der gerade dabei war, sein ganzes Leben, seinen kriminellen Werdegang, mit dem er seinen Reichtum erworben hatte, schonungslos offenzulegen.

»Und dieser dritte Mann im Bunde war ebenjener Richter Hemington, dessen Tochter Sie gerade überaus ungastlich auf dem kalten Kapellenboden frieren lassen.«

Zum ersten Mal verweilte Aidans Blick länger auf Fiona, stumm, fragend.

»Was werfen Sie mir eigentlich vor?« Offensichtlich hatte Thomson sich wieder gefangen und war nicht länger willens, in der Rolle des Angeklagten zu verharren. »Dass ich jahrelang gute Arbeit für Ihren Vater geleistet habe? Dass ich in meinem Amt als Verwalter dafür gesorgt habe, dass Recht und Ordnung eingehalten wurden?«

»*Recht und Ordnung.* Diese Worte aus Ihrem Mund!« Aidans Stimme klang schneidend. »Von welchem Recht sprechen Sie? Dem Recht, das auf der Seite des Geldes steht, ist es nicht so? Das Recht, das sich derjenige, der Geld hat, erkaufen kann. Genauso wie billige Arbeitskräfte. Oder, wenn es sein muss, auch australische Kettensträflinge.«

»Ich weiß nicht, wovon Sie reden.« Thomsons gesamte korpulente Gestalt drückte reine Empörung aus. »Was auch immer Sie da versuchen, mir in die Schuhe zu schieben. In Wirklichkeit hätte ich allen Grund, *Sie* vor Gericht zu zerren.«

Aidans Augenbrauen hoben sich in einer Mischung aus Überraschung und Spott. »Diesen Grund würde ich gerne erfahren.«

»Wegen meiner Tochter. Wegen Alice ... Seit zwei Tagen sitzt sie in ihrem Zimmer und weint sich die Augen aus. Sie haben ihr falsche Hoffnungen gemacht, haben sie begehrt, sie verführt ... und dann haben Sie sie sitzen lassen. Sie haben ihr das Herz gebrochen.«

Mit einigem Interesse betrachtete Aidan seine Fingernägel. »Wo nichts ist, kann nichts gebrochen werden.«

Thomsons Gesicht lief wieder dunkelrot an. Er machte zwei Schritte auf Aidan zu, als wolle er sich auf ihn stürzen. »Was erlauben Sie ...«

Mit einer kurzen Handbewegung brachte Aidan ihn zum Verstummen. »Wenn Sie ein Mann von Ehre wären, könnte ich Sie wegen dieser haltlosen Unterstellung fordern. Da Sie aber aus der Gosse kommen ...«

»Meine Tochter ...«, begann Thomson von Neuem.

»... hatte ein Techtelmechtel mit meinem Bruder, meinem Halbbruder besser gesagt, dem Erben des Besitzes. Doch zu ihrem Pech starb er. Und ich ...«, er räusperte sich, »sagen wir, als man sich meiner erinnerte und mich als Erben einsetzte, glaubte Alice, bei mir so fortfahren zu können, und ließ keine Gelegenheit ungenutzt, mich ihr gewogen zu machen. Wie eine Pest war sie immer zur Stelle, wenn sie sich einen Nutzen davon versprach. Bisweilen hatte ich Mühe, mich ihrer Zudringlichkeit zu erwehren.«

»Sie liebt Sie!«, brüllte Thomson.

»Ihre Tochter liebt nur meinen Besitz und meinen Rang ...

und im besonderen Maße sich selbst.« Fiona sah, wie Aidans Blick wieder für einen kurzen Moment zu ihr herüberglitt. »Mehr als ein Mal habe ich ihr gesagt, wie ich zu ihr stehe. Doch offensichtlich war sie nicht gewillt, dies zu akzeptieren.«

Thomson starrte ihn eine Weile wortlos an. »Dann begleichen Sie endlich die Schulden, die ich für Ihren Bruder aufgebracht habe!«, stieß er schließlich hervor.

»Nun, da kommen wir der Sache doch schon näher.« Aidans Stimme hatte einen verächtlichen Klang angenommen. »Wie immer geht es nur um den schnöden Mammon. Und weil auf dem Ball klar geworden ist, dass ich Alice niemals heiraten werde.« Er machte eine Pause und blickte Thomson finster an. »Und da ich nicht daran denke, die Spielschulden meines gewissenlosen Bruders zu bezahlen, haben Sie als letzte Warnung meinen Burschen Seoc als Geisel genommen, um mich dazu zu zwingen, Ihnen doch noch das Geld zu geben.«

Thomson öffnete den Mund, um etwas zu sagen, brachte aber keinen Ton heraus.

»Und als ich Ihren Häschern dabei in die Quere gekommen bin«, fuhr Aidan fort, »haben sie mich auf meinem eigenen Grund und Boden niedergestochen.«

Unsicher flog Thomsons Blick von Aidan zu seinem Handlanger und dann wieder zurück. »Sie scheinen getrunken zu haben, Thirstane. Welchen Unsinn erzählen Sie …«

»Glauben Sie«, fiel Aidan ihm grob ins Wort, »ich hätte nicht bemerkt, dass Sie mein Haus haben beobachten lassen und mir Drohbriefe geschrieben haben, anonym natürlich?«

Thomson schien von dem unerwarteten Themenwechsel so überrascht, dass er ihn irritiert anstarrte.

»Und schließlich«, fuhr Aidan fort, »als es vor etwa sechs Wochen den Anschein hatte, eine Kutsche nähere sich meinem Haus, haben Sie diese abgefangen. Sie oder Ihre Männer. Eine unerwartete Gelegenheit, zu Geld zu kommen. Oder wollen sie das abstreiten?«

Fiona starrte Thomson fassungslos an. So war das also? Es waren keine Wegelagerer oder Straßenräuber gewesen … Obwohl, was waren er und seine Handlanger im Grunde anderes? Sie unterdrückte den Impuls, aufzuspringen und zu versuchen, trotz ihrer Fesseln diesem Scheusal ins Gesicht zu schlagen.

Nur mit Mühe vermochte sie, einen Aufschrei zu unterdrücken.

Aidans Blick flog zu ihr hinüber, und zum ersten Mal an diesem entsetzlichen Morgen erkannte sie etwas wie Wärme darin. »Es tut mir leid, Lady Fiona. Es ist immer sehr schmerzhaft, unschuldig zwischen die Fronten zu geraten.«

»Was wollen Sie von mir, Thirstane?«, wiederholte Thomson. »Sind Sie gekommen, um mir Lügenmärchen aufzutischen, die Sie nicht beweisen können?« Seine Stimme zitterte, als er vergeblich versuchte, weiterhin empört und selbstsicher zu klingen.

»Beweisen kann ich Ihnen den Überfall auf die Kutsche nicht. Dafür haben Sie bestens gesorgt und alle Spuren restlos beseitigt«, bestätigte Aidan.

Fiona spürte, wie verbittert er war.

Thomson schien wieder Oberwasser zu bekommen. »Also, dann verschwinden Sie jetzt von meinem Grund und Boden!« Auf seiner Stirn glitzerten Schweißperlen.

»*Ihr* Grund und Boden?« Aidan lächelte zynisch. »Fragt sich nur, wie lange noch.«

»Was wollen Sie damit sagen?«, keuchte Thomson.

»Nun, auch wenn mich der Dorftratsch gern als Versager hinstellt, bin ich in den vergangenen Jahren nicht untätig gewesen.« Vorsichtig zog Aidan ein Bündel Papiere aus der Tasche. »Ich habe Dinge … nennen wir es, gesammelt.«

»Gesammelt?« Thomson sah aus, als wolle er Aidan die Blätter entreißen.

Doch dieser faltete in aller Ruhe das Erste davon auseinander. »Ja, ich habe etwas gesammelt. Und zwar alles, was ich über Ihre schmutzigen Geschäfte finden konnte. Notizen in Kirchenbüchern, Aussagen von Betroffenen und Zeugen, ja sogar ...« Mit einem Hauch von Spott sah er von den Schreiben auf, »sogar der eine oder andere Anwalt in Inverness und Edinburgh war bereit, mir Ihre Sicht der Dinge mitzuteilen. Wenn auch – wie Sie sicher aus Erfahrung wissen – nicht ganz ohne finanzielle Gegenleistung.«

»Sie haben *was*?« Zorn und Entsetzen standen in Thomsons Gesicht, das violett angelaufen war. Er wirkte, als würde ihn jeden Augenblick der Schlag treffen.

Aidan ließ die Unterlagen sinken. »All die Jahre über habe ich mir Gedanken darüber gemacht, wie es mir gelingen könnte, Sie für das zahlen zu lassen, was Sie verbrochen haben. Für all das Unglück, das Sie mit Ihrem skrupellosen Verhalten zu verantworten haben. Die Träume, die Sie zerstört, das Leben all der Menschen, die Sie auf dem Gewissen haben. – Sie, zusammen mit meinem Vater und dem Richter Hemington.«

Wieder spürte Fiona das schwere Gewicht der Schuld auf ihrer Brust, doch verharrte sie weiterhin regungslos in ihrer Position.

»Unzählige Nächte habe ich damit zugebracht, mir auszumalen, auf welche Art ich Sie dafür bestrafen würde. Und glauben Sie mir, Thomson, keine davon hätte Ihnen gefallen.« Der Tonfall, in dem Aidan diese Worte aussprach, ließ keinen Zweifel an seinen Absichten. »Doch widerstand es mir, mich auf *Ihr* erbärmliches Niveau hinabzubegeben.«

Thomsons Lippen bebten, und der Schweiß lief ihm in breiten Rinnsalen über das Gesicht. Er sah sich nach seinem

Handlanger um, der gerade noch neben ihm gestanden hatte, doch dieser war verschwunden.

»Diese Sammlung wird mich auf andere Art zu meinem Ziel führen.« Bedeutungsschwer blickte Aidan auf die Papiere in seiner Hand. »Denn wenn auch nur die Hälfte dessen, was ich hier schriftlich habe, zur Anklage kommt, dann war heute das letzte Mal, dass Sie die Sonne gesehen haben, das verspreche ich Ihnen!« Aidan lächelte kalt. »Und dazu kommt jetzt auch noch die Entführung meines Burschen und die Gefangennahme einer hochstehenden Dame.«

In einer panischen, unbeholfenen Reaktion machte Thomson einen Schritt nach vorn und versuchte, Aidan die Blätter zu entreißen.

Spöttisch sah Aidan ihn an. »Das würde Ihnen auch nichts nützen. Ich habe beglaubigte Abschriften von allem in einer Anwaltskanzlei in Edinburgh hinterlegt. Sollte mir also etwas auf Ihrem Grund und Boden geschehen, mir oder den drei anderen Gästen meines Hauses, versichere ich Ihnen, ist Ihr Kopf schneller in der Schlinge, als Sie überhaupt begreifen, was geschehen ist.« Wieder lächelte er. »Nicht, dass dieses Schicksal Sie nicht ohnehin ereilen wird. Früher oder später.«

Kapitel 59

»Warum tun Sie das?« In Thomsons Stimme mischten sich Angst, Wut und Hass.

Stille folgte. Atemlose, angespannte Stille.

Fiona konnte Aidans Gesichtsausdruck entnehmen, dass es genau diese Frage war, auf die er die ganze Zeit über gewartet hatte. Er trat auf Thomson zu.

»Ich dachte mir schon, dass Sie sich nicht mehr erinnern. Für Sie war es ja auch nur ein unbedeutender kleiner Zwischenfall. Aber ich bin gerne bereit, Ihrem Erinnerungsvermögen auf die Sprünge zu helfen.«

Der flammende Hass in seinen Augen machte Fiona Angst. Für einen kurzen Moment schloss sie die Augen und sandte ein stummes, verzweifeltes Gebet zum Himmel.

»Es ist schon lange her. Wissen Sie noch, die wertvolle Uhr Sir Tavishs? Die goldene Kettenuhr, die ihm gestohlen wurde?«

Das darauffolgende Schweigen hatte etwas Lauerndes.

»Fällt es Ihnen wieder ein, Thomson? Es war eine besondere Uhr, ein Erbstück, das stets vom Vater auf den Sohn überging.«

Fiona bemerkte, wie sich Thomsons Miene veränderte. Sein Blick wurde fahrig, seine Mundwinkel zuckten unkontrolliert. Und mehrfach strich er sich mit den Fingern durch die Haare, als wären diese plötzlich auf unerklärliche Weise in Unordnung geraten.

»Diese Uhr werden Sie bestimmt nicht vergessen haben. Denn mein Vater war über ihren Verlust äußerst aufgebracht.«

Eine unerträgliche Spannung schien sich in der Kapelle aufzubauen.

Aidan machte langsam noch einen Schritt auf Thomson zu, der so erschrocken zurückwich, als hielte man ihm eine Waffe vor das Gesicht.

»Ich sehe, Sie erinnern sich. Nun ja, immerhin war es eine außergewöhnlich prächtige Uhr.« Er sah Thomson direkt an. »Und sicher werden Sie sich auch noch an den kleinen Bastard erinnern, der für diesen Diebstahl zur Rechenschaft gezogen wurde.« Er machte eine bedeutungsvolle Pause. »Einerseits zu Recht, aber andererseits ... Jedenfalls wurde er daraufhin zusammen mit seiner Mutter, welche die Schuld auf sich nahm, zur Deportation verurteilt. Ans andere Ende der Welt. Nach Australien.«

Im feisten Gesicht Thomsons zeichnete sich zunächst Verstehen ab, das dann in blankes Entsetzen umschlug.

»*Sie?*« Mehr brachte er nicht hervor. Er fasste sich an den Hals und wich noch einen weiteren Schritt zurück, sodass er mit dem Rücken gegen die Wand der Kapelle stieß.

»In der Tat, Thomson, das war ich. Pech für Sie, dass Sie mich nicht früher erkannt haben.«

Fiona fröstelte es.

»Aber wieso ...« Ein heiseres Krächzen entrang sich Thomsons Kehle.

»Wieso ich noch lebe, wollen Sie wissen? Weshalb mich die Hitze, die schwere Arbeit, der Hunger und die Prügel nicht hinweggerafft haben?« Aidan lachte bitter auf. »Beinahe hätten sie das auch. Aber Unkraut vergeht nicht, wie es so treffend heißt.«

Thomson starrte ihn wortlos an.

»Oder wundern Sie sich, wieso ich, ausgerechnet ich, der Erbe Thirstane Manors geworden bin, mit all seinen Ländereien und Besitztümern, die Sie so gerne Ihrer Tochter zugeschanzt hätten?«

Das Röcheln aus Thomsons Mund war nicht zu verstehen, alle Farbe war aus seinem Gesicht gewichen.

»Damit konnten Sie nicht rechnen, dass der Erbe ausgerechnet jener Bastard war, der in den Kolonien verschollen war und dort auch bleiben sollte.«

Mit einem verachtungsvollen Blick musterte Aidan den wie gelähmt dastehenden Mann.

»Aber selbst einen Teufel wie den alten Laird überkommt auf dem Sterbebett bisweilen das schlechte Gewissen – oder die Angst vor der Hölle, wie man es nimmt. Und nun …« Aidan war so dicht an den Mann herangetreten, dass ihre Körper sich beinahe berührten. »Nun … bin … ich … hier!«

»Was wollen Sie von mir?« Thomsons Stimme zitterte, doch er versuchte, seine Furcht nicht allzu offen zu zeigen. »Mein Geld? Meinen Besitz? Oder …«, er schluckte, »doch meine Tochter?«

»Nichts weniger als deine Hände und Füße in Eisen, deinen Kopf in der Schlinge«, knurrte Aidan.

Thomson fuhr zurück. »Aber ich habe nichts Unrechtes getan! Ich habe nur Ihrem Vater geholfen, seinen Besitz zu verwalten. Das war sein gutes Recht, ich habe …«

Er schrie auf, als Aidan noch näher an ihn herantrat.

»Sein gutes Recht, sagst du … vielleicht. Es mag sein, dass ein solches verfluchtes Recht existiert. Ein Recht, das erlaubt, Menschen von ihrem Grund und Boden und aus ihren Häusern zu vertreiben … aus reiner Geldgier.« Aidan schnaubte. »Aber kein Recht dieses Landes erlaubt es, falsches Zeugnis abzulegen oder Richter zu schmieren, um dadurch Menschen als Verbrecher verurteilen und deportieren zu lassen. Kein verdammtes Recht dieser Welt. Und dafür wirst du hängen!«

Eisiges Schweigen entstand.

Hilflosigkeit und Entsetzen zeichneten sich auf Thomsons Gesicht ab. Hinter seiner bleichen Stirn schien es zu arbeiten, seine Pupillen zuckten, als suche er verzweifelt nach einem Ausweg.

Angespannt hielt Fiona den Atem an. Aus den Augenwinkeln sah sie, wie Kari sich langsam anspannte.

Plötzlich sprang Thomson nach vorn und versuchte, Aidan mit der Wucht seines massigen Körpers umzustoßen und ihm die Papiere zu entreißen. Doch Aidan schien diese Reaktion vorausgesehen zu haben.

Geschickt wich er dem Angriff aus, und Thomsons massige Gestalt krachte laut gegen eine der Kirchenbänke. Er glitt zu Boden, wo er bebend und mit weit aufgerissenen Augen liegen blieb.

Aidan atmete schwer, und Fiona bemerkte mit Sorge, dass er am ganzen Körper zitterte. Mit den Fußspitzen tippte er Thomson an.

»An dir möchte ich mir nicht die Finger schmutzig machen.« Seine Worte kamen mühsam, als bereite ihm das Sprechen Schmerzen.

Er keuchte, als er sich umwandte und Kari ein Zeichen gab. Dieser kam auf ihn zu und mit zwei schnellen Schnitten eines Messers, das Aidan aus dem Schaft seines Stiefels zog, hatte er ihn befreit.

Binnen weniger Sekunden hatte der Australier auch Seocs Stricke durchtrennt und warf einen fragenden Blick auf den noch immer auf der Erde kauernden Thomson. Aidan schüttelte den Kopf.

»Lass ihn liegen, Kari. Jemand wie er tut gut daran, im Staub eines Gotteshaus um Vergebung für seine Sünden zu bitten.«

Humpelnd trat Aidan auf Fiona zu, ging wortlos in die Knie und durchschnitt ihre Fesseln.

Für einen kurzen Augenblick glitten seine Hände in ihre und drückten sie fest. Dann massierten seine Daumen ihre Gelenke, um die Blutzirkulation wieder in Gang zu bringen.

Fiona hatte nicht den Mut, ihn anzusehen. Etwas in ihr hungerte nach seiner Berührung, fürchtete sich aber gleichzeitig davor. Sie sehnte sich nach seiner Nähe und wusste doch, dass sie diese niemals mehr erfahren würde.

Wegen seiner Vergangenheit, wegen des unermesslichen Unrechts, das ihr Vater ihm angetan hatte.

Bevor sie etwas sagen konnte, hatte er sie hochgezogen. Sein Mund war direkt an ihrem Ohr.

»Schnell, wir müssen verschwinden, bevor jemand auf den Gedanken kommt, dem Kerl mit Waffen zu Hilfe zu eilen. Kannst du laufen?«

Fiona nickte, schwankte jedoch, als sie versuchte, ein paar Schritte zu tun. Aidan stützte sie, und gemeinsam verließen sie hinter Kari und dem ebenfalls humpelnden Seoc die Kapelle.

Nebel lag wie eine Decke über dem Land, als sie nach draußen traten. Mit einem zaghaften Lächeln wandte sich Seoc zu Aidan um, und seine Miene gefror.

Fiona folgte seinem Blick und erstarrte ebenfalls.

Aidans Gesicht schimmerte schweißnass und bleich wie der Tod. Seine Lippen waren fast weiß, und als Fiona an ihm hinabblickte, entfuhr ihr ein erstickter Schrei. Sein Rock hatte sich geöffnet, und das darunterliegende Hemd war von Blut getränkt. Seine Wunde musste wieder aufgerissen sein, die Reise schien ihn stark geschwächt zu haben.

Stumm vor Angst und Entsetzen schaute Fiona zu Kari hinüber und erkannte an seiner Miene, dass er das Gleiche dachte wie sie. Ob er den Heimweg schaffen würde?

»Meine Kutsche ... dort hinten ... in diese Richtung ...«
Das Reden kostete Aidan sichtlich Kraft, und für einen Moment taumelte er. Er atmete schwer und drückte seine linke Hand fest auf die Wunde unterhalb seiner Rippen.

»Wir brauchen einen Arzt!«, sagte Fiona verzweifelt.

Etwas wie stumme Verachtung lag in Aidans Augen, als er den Kopf schüttelte. »Nein, wir kehren zurück nach Thirstane Manor. Ich habe mein halbes Leben auf fremder Erde verbracht. Wenn ich an dieser Verletzung sterben sollte, wird es in meinem Hause geschehen«, erwiderte er mit schmerzverzerrtem Gesicht.

Eiskalter Schrecken durchfuhr Fiona. Stand es tatsächlich so schlecht um ihn? Ihr Blick flog zu seiner Hand, die er noch immer auf seine Seite gepresst hatte. Sie war voller Blut. Auf Kari und Seoc gestützt setzte er sich langsam in Bewegung.

Fiona folgte ihnen stumm.

Kapitel 60

Der Weg wollte kein Ende nehmen, Fiona glaubte, schon eine Ewigkeit unterwegs zu sein, ohne dass die Kutsche in Sicht kam.

Lange wird er das nicht mehr aushalten!, schoss es ihr durch den Kopf.

Verstohlen sah sie zu Aidan hinüber und bemerkte, dass seine Augen halb geschlossen und von violetten Schatten umgeben waren, die ihr wie die Vorboten des Todes vorkamen.

Großer Gott! Sie bemerkte selbst nicht, dass sie wieder angefangen hatte zu beten. *Lass ihn doch nicht hier und jetzt sterben. Nicht auf diese Art. Nicht nach alledem, was er mitgemacht hat.*

Der Rest ihres Gebetes ging in einem Ausruf Seocs unter.

»Da vorne, da ist sie!«

Tatsächlich, hinter einem Felsen und dichtem Gebüsch verborgen, stand ein geräumiges, schwarzes Gefährt.

Fiona war so erleichtert, dass sie ein Aufschluchzen unterdrücken musste.

Kurz bevor sie die Kutsche erreicht hatten, stockte Aidan plötzlich, schwankte und sackte in sich zusammen. Geistesgegenwärtig fing Kari ihn auf, hob ihn hoch und trug ihn die wenigen Schritte bis zur Kutsche.

Rasch eilte Fiona an ihnen vorbei, um den Schlag zu öffnen. Doch gerade, als sie dort ankam, öffnete sich die Tür, und ein bekanntes Gesicht erschien.

»Reverend MacKerron!«, entfuhr es ihr. Überraschung und

Erleichterung schlugen wie eine Welle über ihr zusammen. »Ich wusste nicht, dass Sie …«

»Dass ich mit von der Partie bin?« Seine Augen verengten sich besorgt, als sein Blick auf Aidan fiel. »Nun, es gibt Situationen, da kann ein wenig himmlischer Beistand nichts schaden.« Mit erstaunlicher Behändigkeit sprang er von dem Gefährt und half Kari, Aidan, der noch schwach bei Bewusstsein war, auf eine der Sitzbänke zu legen.

Wird er die Heimfahrt überleben?, fragte sich Fiona angstvoll. Oder könnten sie nur noch seinen Leichnam im Park von Thirstane Manor zur Ruhe betten?

»Das liegt in Gottes Hand.« Offensichtlich hatte sie ihre Fragen laut ausgesprochen, denn der Pfarrer wandte sich zu ihr um. »Beten Sie, Lady Fiona, aber vergessen Sie dabei nicht, die Blutung zu stillen. Unter dem Sitz finden Sie einen Sack mit Verbandszeug und Leintüchern sowie eine Flasche Whisky. Nehmen Sie davon das, was Sie brauchen.«

Einen kurzen Moment legte er Aidan die Hand auf die Stirn, als wolle er ihm Kraft spenden und ihn zugleich unter den Schutz Gottes stellen. Dann richtete er sich wieder auf. »Die Zeit drängt. Ich werde so schnell fahren wie möglich.«

Rasch stiegen Kari und Fiona ebenfalls in die Kutsche und setzten sich auf die Bank gegenüber Aidan. Der Reverend wies Seoc an, auf den Kutschbock zu steigen, und schloss von außen vorsichtig die Tür.

Langsam setzte sich das Gefährt in Bewegung.

Fiona brauchte einige Sekunden, um sich wieder zu fangen. »Ein Mann Gottes mit ungewöhnlichen Talenten«, murmelte sie, bevor sie sich daran machte, das Verbandzeug zu suchen.

»Er ist nicht nur ein Mann Gottes«, entgegnete Kari. »Er ist auch ein Freund.«

Ihr Blick ging hinüber zu dem Verwundeten, der blass wie

ein Leintuch auf der Bank lag. Dunkel tränkte das austretende Blut seine Kleidung.

Großer Gott!, schoss es Fiona durch den Kopf. *Großer Gott! Er wird sterben, und nur, weil er versucht hat, uns zu retten. Das darf nicht sein!*

»Würden Sie mir helfen, ihn anzuheben?«, wandte sie sich an Kari, während sie sich einige der Leinenbinden zurechtlegte.

Vorsichtig zog sie das Hemd hoch und machte sich daran, den alten Verband zu lösen. Sogleich begann die Wunde wieder stärker zu bluten. Fiona spürte die Hitze seines Körpers wie glühende Asche. Der Geruch nach Siechtum und Tod stieg ihr in die Nase.

Wortlos reichte Kari ihr eine der weißen Binden und öffnete die Flasche Whisky. Aidan bäumte sich stöhnend auf, als sie ein wenig von dem Alkohol auf die Verletzung goss und diese dann vorsichtig mit einem sauberen Tuch abtupfte. Blut und Eiter liefen ihr über die Hände. Unter den Fingerspitzen spürte sie Aidans beschleunigten Herzschlag.

Mit Karis Hilfe gelang es ihr, einen neuen Verband anzulegen.

Dann ließ sie sich erschöpft und schweißgebadet auf ihren Sitz zurückfallen. Es blieb ihnen nichts mehr, als zu hoffen und zu beten, dass Aidan die Fahrt in der Kutsche überleben würde.

Kari verschloss die Whiskyflasche, räumte die blutigen Binden zusammen und glitt ebenfalls auf seinen Platz. Die Augen halb geschlossen, stimmte er einen schwermütigen Gesang an, der seltsame Gefühle in Fiona aufsteigen ließ, sie anregte und gleichzeitig entspannte.

Es waren die Klänge, die sie von Zeit zu Zeit im Haus vernommen hatte, ohne zu wissen, woher sie stammten.

Allmählich spürte sie, wie Müdigkeit sie einhüllte, eine

barmherzige, warme Benommenheit. Sie musste versuchen, ein wenig zu schlafen, bis sie in Thirstane Manor ankämen.

Doch es gelang ihr nicht. Die Sorge um Aidan, der auf der gegenüberliegenden Bank in einen unruhigen Dämmerzustand gefallen war, ließ sie nicht zur Ruhe kommen. Es drängte sie danach, ihn zu berühren, sich zu vergewissern, dass er lebte.

Noch einmal seine Nähe zu spüren, vielleicht ein letztes Mal. Denn sobald sie Thirstane Manor erreichten und er wieder zu Kräften käme – worum sie Gott inständig bat – würden sich ihre Wege trennen, für immer.

Zu tief war die Schuld, die Fionas Vater auf sich geladen hatte. Zu entsetzlich das, was er Aidan und seiner Mutter angetan hatte.

Sie unterdrückte das Schluchzen, das in ihr aufsteigen wollte. Es gelang ihr nicht, den Blick von Aidan abzuwenden. Wie von selbst berührte ihre Hand die wenigen freien Stellen seiner Schultern und der Seite, die nicht mit Bandagen bedeckt waren. Warm und rau schlängelten sich die Narben der Peitschenhiebe über seine Haut. Ein Kribbeln durchzog Fiona, Tränen stiegen ihr in die Augen.

»Wie kann man so etwas ertragen?« Ihre Stimme war kaum mehr als ein Flüstern.

»Man hat keine Wahl«, kam die leise Antwort. Es kostete sie eine Weile, um zu begreifen, dass die heisere, gebrochene Stimme von Aidan stammte, der mit geschlossenen Augen, aber zuckenden Lidern vor ihr lag.

»Du versuchst, zu überleben, irgendwie … nur das zählt.« Aidans Lippen waren rissig wie von Fieber, und es schien ihn Mühe zu kosten, die Worte zu formen. »Auch wenn du … zugleich hoffst, in Schwärze zu versinken, den Tod herbeiflehst, um dem Schmerz zu entfliehen. Dem Schmerz, der Demütigung, der absoluten Hilflosigkeit.«

Fiona war nicht in der Lage zu antworten. Das Gefühl von Schuld mischte sich mit dem des brennenden Mitleids und drückte ihr den Atem ab. Sie spürte, wie er nach ihren Händen griff, als suche er Halt bei ihr, um die Qual der Erinnerung ertragen zu können.

»Der Moment, wenn sie dich packen und an das Gerüst binden, dir das Hemd vom Leib reißen und das Strafmaß verkünden, während deine Fußspitzen kaum den Boden berühren, du verzweifelt versuchst, irgendwo Tritt zu finden ...« Es war, als spräche Aidan wie in Trance. Die Augen noch immer geschlossen, bewegten sich seine Lippen auf fast gespenstische Weise. Und alles, was Fiona tun konnte, war, fest seine Hände zu drücken, um ihm zu zeigen, dass sie da war und zuhörte.

»Du glaubst, das Unerträgliche erreicht zu haben. Bis dich dann der erste Hieb trifft, und dann der zweite. Der dritte zerreißt dich ... und dann sind da nur noch Schmerzen. Schmerzen, die ineinander übergehen und wie eine Woge ab- und wieder anschwellen.«

Fiona wollte nicht mehr zuhören, wollte sich die Hände auf die Ohren pressen, um nichts von dem vernehmen zu müssen, was Aidan erzählte, was er erduldet hatte, wovon die Spuren auf seinem Körper noch immer zeugten. Doch sie zwang sich dazu, jedes Wort in sich aufzunehmen, als Sühne für die Schuld der Väter, ihrer beider Väter.

Lautlos tropften Tränen aus ihren Augen auf seine fiebrig heißen Hände.

Ein Rucken der Kutsche ließ Aidan zusammenzucken. »Und wenn es vorbei ist, übergießen sie dich mit Salzwasser und werfen dich in einen dunklen, stickigen Verschlag. Sie lassen niemanden zu dir. Du bist ganz allein, allein mit dem Schmerz, den Stimmen in deinem Kopf, mit deiner Schuld ... dieser nie wiedergutzumachenden Schuld.«

Fiona verspürte den Wunsch, Aidan fest in die Arme zu nehmen und nie wieder loszulassen, seinen Schmerz und die Schatten der Vergangenheit zu vertreiben. »Welche Schuld solltest *du* haben?«, fragte sie stattdessen. »Welche Schuld?«

Aidan antwortete nicht. Sein Atem ging schwer, aber gleichmäßig. War er wieder in Bewusstlosigkeit gesunken?

Welche Schuld?

»Sie wissen, dass er sich für den Tod seiner Mutter verantwortlich fühlt.« Es war Kari, der ihr antwortete.

Fiona nickte. »Weil sie wegen seines Diebstahls bestraft wurde und die Deportation nicht überlebte.«

Aber das ist nicht wahr!, wollte sie schreien. Nicht er ist schuld am Tod seiner Mutter, sondern ihr Vater. Ihr eigener verfluchter Vater ... und seiner.

Fiona fühlte sich so kraftlos und ausgehöhlt, dass sie nicht widersprach, als Kari sie anwies, sich auf die andere Bank zu legen. Er selbst setzte sich auf den Boden zwischen die beiden Bänke und bedeutete ihr, dass er über den Verletzten wachen würde.

Schweiß- und blutbeschmiert, dazu so erschöpft, dass sich alles um sie drehte, tat Fiona wie geheißen und schloss die Augen. Wenn sie nur endlich erst in Thirstane Manor wären!

*

Es hatte zu regnen begonnen, als die Kutsche vor dem Eingang des Herrenhauses zum Stehen kam.

Hoffnung machte sich in Fiona breit, und sie spürte eine Entschlossenheit in sich, die ihr die Kraft gab, in dieser verzweifelten Situation nicht aufzugeben.

Rasch öffnete sie den Schlag und sah zu, wie Kari und Reverend MacKerron den kraftlosen Aidan hinaustrugen.

Sie rannte über die kiesige Einfahrt zur Treppe des Haupteingangs, stürzte die Stufen hoch und riss, ohne anzuklopfen, die Tür auf.

»Mrs Dunnett! Mrs Dunnett, wir sind zurück!«, rief sie laut.

Irgendwo im Haus klappte eine Tür zu. Dann sah Fiona die Haushälterin die breite Treppe heruntereilen. Ihr Gesicht war grau. Ihre Augen und ihre ganze Erscheinung wirkten so, als hätte sie kaum geschlafen. Als sie Fiona erkannte, glitt ein Ausdruck der Erleichterung über ihre Züge.

»Ihr seid hier! Er hat es geschafft. Gepriesen sei Gott!« Atemlos kam sie auf Fiona zu, als wolle sie sie in die Arme schließen.

»Seoc geht es gut. Kari ebenfalls. Wir sind alle unverletzt, nur Aidan ...« Fiona stockte, und sie schwankte so sehr, dass die ältere Frau sie stützen musste.

»Was ist mit Aidan?«, fragte Mrs Dunnett gepresst. »Was ist mit ihm?«, wiederholte sie, als Fiona nicht gleich antwortete.

»Es geht ihm schlecht. Seine Wunde hat sich wieder geöffnet. Kari und der Reverend bringen ihn gerade herein.«

Noch bevor sie zu Ende gesprochen hatte, kam Seoc ebenfalls durch die Tür, die beiden anderen folgten ihm, Aidan vorsichtig zwischen sich tragend.

Mrs Dunnetts Augen weiteten sich, ihr Gesicht verlor auch noch den Rest von Farbe. Doch rasch hatte sie die Situation erfasst. »Bringt ihn in sein Zimmer. Ich hole heißes Wasser.«

Die beiden Männer taten wie geheißen.

Blass und übernächtigt blieb Seoc in der Eingangshalle stehen, als sei er unsicher, was er nun tun solle.

Fiona legte ihm den Arm um die Schulter. »Geh zu Bett und versuche zu schlafen.«

Müdigkeit, Anspannung und Sorge wollten sie zu Boden

drücken. Zwar drängte sie es danach, bei Aidan zu sein, doch sah sie sich kaum in der Lage, auch nur eine der Treppenstufen zu nehmen.

»Seoc!«

Fiona hatte sich gerade zum Gehen gewandt, als ein Aufschrei sie herumfahren ließ. Elspeth war mit einem Kübel aus der Küche gekommen. Rasch stellte sie ihn ab und lief auf den Jungen zu. Stürmisch schlang sie ihre Arme um seinen schmächtigen Körper. Einen Augenblick lang zeigte er keine Reaktion, aber dann klammerte er sich an das Mädchen. Seine Schultern zuckten, und Fiona bemerkte, dass er weinte. Eine Regung, die sie bei dem verschlossenen Jungen noch nicht beobachtet hatte.

Elspeth hob den Kopf und sah Fiona an. »Ich bin so froh, dass ihr alle wieder da seid. Wir haben solche Angst um euch gehabt, selbst Mrs Dunnett.« Sie drückte Seoc an sich. »Sogar diesen frechen Kerl habe ich vermisst.« Doch dann verdunkelte sich ihre Miene. »Was ist mit Sir Aidan?«

»Es geht ihm sehr schlecht.« Wieder diese Müdigkeit, die Fiona schier zu Boden ziehen wollte. Jedes Wort war ihr eine Qual. »Wir wissen nicht, ob er die Nacht …« Sie brach ab. Fahrig ging ihr Blick zur Treppe hin. »Ich muss zu ihm.«

Sie wandte sich um und stieg langsam die Stufen hinauf.

Kapitel 61

Gedämpftes Geraune und Geräusche hastiger Geschäftigkeit drangen aus Aidans Schlafzimmer. Voller Angst öffnete Fiona die Tür. Was würde sie hier vorfinden?

Drei mehrarmige Kerzenleuchter waren auf einem Tisch neben dem Bett aufgestellt worden, da das Tageslicht nur trüb durch das Fenster fiel. Im Kamin brannte ein Feuer, doch war es noch immer kalt im Raum.

Leichenblass und ohne Bewusstsein lag Aidan zwischen den Laken. Mrs Dunnett hatte offensichtlich noch zusätzliche Decken herbeigeschleppt und über ihm ausgebreitet. Dennoch zitterte er, als würde er von innen heraus erfrieren.

Kari stand neben der Tür, den Oberkörper an die Wand gelehnt, die Augen halb geschlossen. Fiona fragte sich, ob er vorhatte, eine weitere Nacht bei seinem Freund zu wachen.

»Guten Abend, Lady Fiona. Gott sei's gedankt, dass Sie wohlbehalten wieder zurück sind. Und natürlich der arme Junge ...«

Fiona blinzelte in die Richtung, aus der die Stimme kam, und erkannte mit einiger Überraschung Mrs MacKerron, die gerade damit beschäftigt war, heißes Wasser aus einem Kessel in eine Waschschüssel zu gießen. Ihre Wangen waren gerötet, ihre Bewegungen so geübt, als sei sie es gewohnt, Kranke zu versorgen.

Mrs MacKerron?

Ungläubig starrte sie die Pfarrersgattin an.

»Was tun Sie hier?«, entfuhr es Fiona, »Ich dachte, Sie hätten sich geschworen, keinen Fuß in dieses verfluchte Haus hier zu setzen.«

Ein Ausdruck von Scham glitt über das Gesicht der Frau, während sie ihre nassen Hände an der Schürze abwischte. »Ja, das war nicht richtig von mir. Mein Mann hat mir alles erzählt. Aber ich konnte ja nicht wissen, dass der Laird gar nicht …« Sie unterbrach sich und lächelte plötzlich. Sie kam auf Fiona zu und nahm sie herzlich in die Arme. »Ich habe die ganze Zeit für Sie alle gebetet.«

Fiona spürte, wie bei der liebevollen Berührung ihr Widerstand bröckelte und auch die Anspannung schwand, die sie in den vergangenen Stunden und Tagen aufrechterhalten hatte. Der Boden schwankte, die Wände schienen näher zu rücken, und hätte die Frau des Reverends sie nicht gehalten, wäre Fiona womöglich zu Boden gestürzt.

»*A chaileag churanta!*«, murmelte sie leise und tätschelte Fiona den Rücken. »Tapferes Mädchen. Ich kann einfach nicht glauben, was Sie da getan haben, um den Jungen zu retten.«

Fiona fühlte sich in diesem Moment alles andere als tapfer, sondern elend, ausgelaugt und leer. Die letzten Tage hatten nicht nur ihre Kräfte aufgezehrt, sondern ihr auch die Augen geöffnet. Über Dinge, die sie so erschütterten, dass sie nicht wusste, ob sie je wieder Frieden finden würde.

»Aidan …« Mühsam richtete sie sich auf und wandte sich wieder seinem Bett zu.

»Kommen Sie mit mir in die Küche!«, sagte Mrs MacKerron leise und fasste ihre Hand.

Fionas Blick flog zu Aidan. »Ich kann nicht!« Ihre Stimme klang flehend. »Ich kann ihn nicht allein lassen.«

Ohne auf ihren Widerstand zu achten, schob die Frau sie in Richtung Tür. »Sie brauchen jetzt erst einmal etwas zu essen und einen heißen Tee.« Leise fügte sie hinzu: »Sie helfen ihm nicht, wenn Sie auch noch zusammenbrechen.«

Wieder regte sich innerer Widerstand in Fiona, der Drang, nicht von Aidans Seite zu weichen. Zumindest nicht, bis sie wusste, ob er es überleben würde.

Und dann würde sie Thirstane Manor verlassen ... Verzweifelt schob sie den Gedanken beiseite.

Noch einmal sah sie zu Aidan hinüber, der unverändert still dalag. Dann nickte sie und folgte Mrs MacKerron hinaus.

*

Es war schon hell, als Fiona in ihrem Sessel die Augen aufschlug. Jeder Muskel in ihrem Körper schmerzte, und sie benötigte einen Moment, um zu begreifen, dass sie sich in Aidans Schlafzimmer befand. Im gleichen Moment kehrte die Erinnerung mit einer solchen Heftigkeit zurück, dass sie hochfuhr. Der in Tartanmuster gewebte Plaid, das ihr als Decke gedient hatte, glitt lautlos zu Boden.

Auch in dieser Nacht hatte sie beschlossen, bei Aidan zu bleiben. Zu groß war ihre Sorge, dass er seinen Verletzungen erliegen würde. Abwechselnd mit Kari und Mrs Dunnett hatte sie bei dem Verletzten gewacht, der mehrmals von heftigen Albträumen heimgesucht worden war und brüllend um sich geschlagen hatte.

Erst als die Morgendämmerung anbrach, war sie in einem Sessel vor Aidans Bett in einen unruhigen Schlaf gefallen.

Sie erwachte von einem leisen Gemurmel und schrak zusammen, als sie eine schwarz gekleidete Gestalt entdeckte, die sich über den Verwundeten beugte. Erst beim zweiten Hinsehen erkannte sie, dass es sich dabei um Reverend MacKerron handelte.

Schlagartig war Fiona auf den Beinen. Ihr Mund war trocken, und eine namenlose Furcht ergriff sie. Stand es bereits so schlimm um Aidan, dass man den Geistlichen zurückgerufen hatte?

»Reverend?« Fionas Stimme klang heiser.

Mr MacKerrons Miene wirkte ernst, aber ruhig, als er sich zu ihr umwandte und ihr sanft die Hand auf die Schulter legte. »Lady Fiona.«

Besorgt sah sie zu Aidan hinüber, der mit halb geschlossenen Augen in den Kissen lag. Seine Züge wirkten entspannt, und sie glaubte, einen Hauch von Farbe darauf zu erkennen.

»Er hat seinen Frieden gemacht, Mylady.« Die Worte des Pfarrers waren kaum zu verstehen. »Nach all den Jahren.« Ein Lächeln erschien auf seinem Gesicht, als er Fiona ansah. »Vielleicht ist es an der Zeit, dass auch Sie das tun.«

Fiona war nicht in der Lage zu antworten. Zu viel war in den letzten Tagen geschehen, zu viel Entsetzliches hatte sie erfahren. »Es wird schwer für Sie, all das zu verarbeiten. Aber glauben Sie mir, wir alle benötigen Vergebung. Immer wieder«, sagte Mr MacKerron leise. »Reden Sie miteinander, Sie und Aidan. Und wenn Sie mich brauchen, schicken Sie nach mir.« Mit einem letzten Blick auf den Kranken griff er nach seinem Hut und wandte sich zum Gehen. »Gott segne Sie«, setzte er an Fiona gewandt hinzu, dann verließ er den Raum.

Aus den Augenwinkeln bemerkte Fiona Kari, der sich unter dem Fenster zusammengerollt hatte und sich nun erhob, lautlos und behände.

»Fiona.« Aidans heisere Stimme war kaum zu hören.

Hastig nahm sie den Becher mit Wasser, schob die linke Hand unter seinen Kopf, hob diesen leicht an und gab ihm zu trinken. Ein Teil der Flüssigkeit lief in feinen Rinnsalen an Wangen und Kinn entlang, tropfte auf das Kissen. Nach mehreren Schlucken schloss er die Augen und wandte den Kopf ab. Selbst diese einfache Tätigkeit schien ihn anzustrengen.

Fionas Mut sank.

Besorgt stellte sie den Becher wieder ab, tupfte Aidan mit einem sauberen Lappen Gesicht und Hals trocken und merkte, dass er noch immer fieberte.

Seine Hand suchte nach der ihren und drückte sie.

»*Tapadh leat!*« Fiona beugte sich vor, um zu verstehen, was er sagte. »Danke ... dass du geblieben bist.«

So lange du möchtest, dachte Fiona. *Wenn du willst, für immer.*

»Hast du große Schmerzen?«

Er verzog das Gesicht. »Es ging mir in meinem Leben schon schlechter.« Leise fügte er hinzu: »Aber nicht viel.«

Kari war ans Bett getreten. »Das ist wahr.« Für einen Moment schienen die beiden Männer stumme Zwiesprache zu halten.

Schließlich nickte Aidan. »Aber noch nie ist mir eine solche Pflege zuteilgeworden.« Der Versuch eines Lächelns misslang, und mit schmerzverzerrter Miene schloss er wieder die Augen.

Kurz darauf hob und senkte sich seine Brust in gleichmäßigem Rhythmus, und Fiona vermutete, dass er erneut eingeschlafen war.

Sie schluckte, um den Knoten in ihrem Hals zu lösen. Dann wandte sie sich Kari zu. »Sie sind ihm ein guter Freund. In all den Jahren ...« Erschöpft setzte sie sich wieder in den Sessel und beobachtete, wie sich der Australier auf den Boden gleiten ließ und mit dem Rücken an Aidans Bett lehnte.

Eine Weile blickte er sie an, als läse er etwas in ihren Augen, das nur er wahrnehmen könnte. Dann nickte er. »Sie haben eine ...«, begann er, unterbrach sich jedoch gleich wieder, als suche er nach der richtigen Formulierung, »eine besondere Gabe.«

Verwirrt sah Fiona ihn an. »Wie meinen Sie das?«, fragte sie leise.

»Sie wissen von Dingen, die man nicht sehen kann«, sagte er ruhig. »War das schon immer so?«

Fiona zögerte, seltsam berührt davon, dass ausgerechnet dieser Fremde so feinfühlig war, diese Seite in ihr wahrzunehmen.

Schließlich nickte sie. »Ich sehe Klänge. Ja, das war schon immer so. Seit ich denken kann. Und diese Klänge schillern in bunten Farben, schweben durch den Raum und hüllen mich ein.« Sie schluckte. »Doch das ist nicht alles. Auch Gefühle, Freude, Glück, Trauer, Angst ... ich *spüre* diese Emotionen nicht nur ...« Fest presste sie ihre Faust aufs Herz. »Nicht nur hier. Nein, ich *höre* diese Gefühle. Sie sind wie Musik, es sind Töne, hier in meinem Kopf.« Sie schlug sich gegen die Stirn, als wollte sie dadurch die Melodien, die sich dort immer wieder formten, vertreiben. Ihre Stimme drohte zu kippen, als sie fortfuhr. »Ich höre Gefühle, ich höre Angst, ich höre Trauer! Ist Ihnen jemals so etwas Verrücktes zu Ohren gekommen? Ein Mensch, der Gefühle im Kopf hat, die noch dazu wie Musik klingen?«

Kari antwortete nicht, sondern nickte nur stumm, als wolle er sie auffordern weiterzusprechen.«

Unruhig ging sie im Schlafzimmer auf und ab. »Aber damit nicht genug. Ich bin ... Seit meiner Kindheit habe ich ... Ich weiß nicht, wie ich es erklären soll ... ich leide unter gewissen Anfällen.«

»Anfällen?«

»Ja. Man nennt es Fallsucht. Plötzlich höre ich ein Rauschen, ein Summen. Meine Arme und Beine wollen mir nicht mehr gehorchen und ...« Fiona stockte, als sie von der Erinnerung an diese zutiefst verstörenden und demütigenden Momente übermannt wurde. »Ich stürze zu Boden. Meine Glieder verkrampfen sich, und dann ...« Hastig wandte sie sich ab. »Dann liege ich da wie ein Wurm. Ein ganz erbärmlicher Wurm.«

Sie hörte Kari ausatmen und fragte sich, ob er etwas sagen wollte oder über ihre Enthüllungen entsetzt war. Sie fing an zu zittern. Noch nie hatte sie mit jemandem offen über diese Dinge geredet. Stets hatte ihre Familie alles darangesetzt, dass niemand davon erfuhr.

»Sie sind nicht krank«, sagte Kari leise.

Fiona sah ihn an.

»Ich habe festgestellt, dass hierzulande alles abgelehnt wird, was nicht zu erklären ist«, fuhr er fort. »Menschen mit ungewöhnlichen Gaben sind nicht gerne gesehen.« Er schüttelte den Kopf. »In meinem Volk jedoch werden Menschen, die solche besonderen Fähigkeiten haben, Schamanen genannt.«

Ruckartig blieb Fiona stehen und versuchte, sich daran zu erinnern, was sie in Büchern über die Traditionen fremder Völker gelesen hatte.

»Sie genießen hohes Ansehen und werden von allen verehrt«, fügte Kari hinzu, »denn sie stehen in Verbindung mit der Traumzeit.«

Dunkel entsann sich Fiona, dass Aidan ihr ähnliche Dinge zu erklären versucht hatte, damals, als er ihr diese beängstigenden Kunstwerke zeigte.

Nachdenklich wiegte Kari den Kopf. »Unsere Völker sind sich in vielen Dingen fremd. Hier in Europa gilt vieles als Fluch, was in meiner Heimat als Segen angesehen wird.« Ein Lächeln huschte über sein Gesicht. »Ein Segen, der anderen Menschen helfen kann.«

Fiona war zu bewegt, um etwas zu erwidern. Ihre Gedanken drehten sich im Kreis. Zum ersten Mal in ihrem Leben sagte ihr jemand, es könnte ein Segen sein, ja eine besondere Gabe, dass sie anders war.

Eine Frau, die Töne sieht, Klänge fühlt und von Visionen heimgesucht wird.

»Sie wissen, dass ich von dieser Kapelle geträumt habe, in der wir dann Seoc gefunden haben«, begann sie zögernd. »Ich sehe auch noch andere Dinge. Nicht nur im Traum oder kurz vor einem Anfall, sondern ganz plötzlich tauchen sie auf ... während ich wach bin, einfach so.«

»Was sehen Sie?« Kari schaute sie an und legte ihr beschwörend die Hand auf die Schulter, als wollte er sie dazu ermutigen, sich zu erinnern.

»Ich sehe rissige Erde vor mir, eine weite Ebene. In der Ferne stehen Bäume mit breiten, ausladenden Kronen.«

»Weiter!«

»Ein heißer Wind fegt über das Land, Staub wirbelt auf, legt sich auf meine Zunge, heiß und trocken.«

Kari nickte, als hätte er das erwartet.

»Dann ist da ein Baum, er wächst ein wenig abseits. Aus dem Fenster kann ich ihn sehen. Seine Blätter sind lang und dünn, die Haut ist wie Gummi. Und wenn man sie reibt, entströmt ihnen ein scharfer Geruch, ähnlich wie Minze.« Fiona keuchte auf. »Genau wie in Aidans Gewächshaus. Der gleiche Baum!«

»Eukalyptus«, sagte Kari nur, als würde das alles erklären. »Was sehen Sie noch?«

Fiona schloss die Augen und spürte, wie ihr Gesicht sich verhärtete, als ein anderes Bild in ihr aufstieg. »Da war ein Drache«, flüsterte sie. »Ein grauer Drache mit großen Flügeln, die sich aufstellen, wenn er angreift.« Ratlos schüttelte sie den

Kopf. »Ein Drache wie der auf dem Bild in dieser geheimen Kammer, die Aidan mir gezeigt hat.«

»Ein *Bemang*«, erklärte der Aborigine. »Eine Kragenechse, wie man in Ihrer Sprache dazu sagt. Ein Tier aus meiner Heimat.«

»Und diese Schlange ...«, fuhr sie hastig fort und spürte, wie ihr Herz bei der Erinnerung schneller schlug. »Das Bild, welches Aidan in der Bibliothek aufbewahrt ...« Ein Gedanke blitzte in ihr auf. »Es ... es stammt von Ihnen, nicht wahr? Sie haben es gemalt.«

»*Targan*. Die All-Mutter.« Kari nickte. »Ein mächtiges Wesen, auch Regenbogenschlange genannt. Bedeutsam für unsere Welt und die andere. Für die Traumzeit ...«

Fiona schluckte, unfähig seine Worte zur Gänze zu verstehen. »Aber wieso träume *ich* so oft von all diesen Dingen, von solchen Schlangen und Drachen ... obwohl ich dergleichen noch nie im Leben gesehen habe?«

Ohne auf ihre Frage einzugehen, sah Kari sie weiter an. »Was sehen Sie noch?«

Eine plötzliche Angst erfüllte Fiona. Die gefesselte Frau, die um Gnade flehte.

»Aidans Mutter, Maighread, ich habe sie gesehen ... Nein!« Hastig schüttelte sie den Kopf. »Ich habe mit ihr gesprochen. Ich ...« Sie benötigte einen Augenblick, bis ihr klar wurde, was sie gerade im Begriff war zu sagen. »Ich kannte sie.«

Eine Erinnerung dämmerte Fiona, so deutlich und grell wie die aufsteigende Morgensonne. Und genauso blendend.

Und in diesem Moment verstand sie.

Kapitel 62

»Ich war in Australien!«, entfuhr es Fiona. »Ich habe dort gelebt. Die Landschaft, die Bäume, der Himmel, die rote endlose Erde, das habe ich alles selbst gesehen! Als Kind.«

Diese Erkenntnis raubte ihr für einen Moment den Atem, während sie langsam die Zusammenhänge begriff.

Daher rührten also diese Bilder, die sie seit ihrer Kindheit heimsuchten. Deswegen hatte sie bei dem Gespräch mit Kari in der Kapelle plötzlich von all diesen Dingen gewusst. Auch wenn sie dabei noch keine Erklärung dafür gehabt, ja beinahe an eine rätselhafte Eingebung geglaubt hatte. Ihre Gedanken waren zu diesem Zeitpunkt wohl durch den Schock über die Eröffnung Karis so in Anspruch genommen, dass sie die Wahrheit nicht erkannt hatte.

Doch waren es keine übersinnlichen Visionen gewesen, sondern Erinnerungen, verschüttete Bilder aus Kindertagen von Ereignissen, über die in ihrer Familie nie gesprochen worden war.

Fiona war es, als sei eine schwarze Decke von ihr weggezogen worden, die undurchdringlich über ihrem Geist gelegen und sie all die Jahre daran gehindert hatte, sich ihrer Vergangenheit bewusst zu werden.

Die heiße, trockene Luft, die rissige Erde, über die sie als Kind gelaufen war. Eigenwillige Melodien, gespielt auf seltsam geformten Instrumenten, von Menschen, deren Körper und Gesichter dunkel waren und so fremd, dass sie sich davon gleichermaßen erschreckt und angezogen fühlte.

Alles war wieder da!

Grundgütiger! Wie ein Sturzbach brachen sich die lange verschütteten Erinnerungen Bahn, eine Flut von Emotionen, der sie sich kaum gewachsen fühlte, überrollte sie.

»Maggie! Sie arbeitete bei uns ... in der Küche, glaube ich. So genau ... so ganz genau weiß ich es nicht ... nur ... Sie sang oft Lieder, fremdartig, aber schön, voller Hoffnung und doch traurig. Ich konnte die Worte nicht verstehen, denn sie waren in einer anderen Sprache.«

War es Gälisch gewesen? Konzentriert versuchte Fiona, die Bilder und Klänge heraufzubeschwören, doch es gelang ihr nur zum Teil. Eine andere, eine düstere Szene drängte sich dazwischen.

»Eines Tages«, fuhr sie atemlos fort, »da gab es einen Tumult. Ein lautes Geschrei.« Fiona spürte, wie sich ihr Magen verkrampfte. »Etwas war geschehen, und sie ließen Maggie fortschaffen.«

So klar, als sei es erst gestern gewesen, sah sie die Ereignisse vor ihrem inneren Auge. »Später nahm mein Vater mich mit. Er wolle mich etwas lehren, sagte er. Etwas fürs Leben.« Fionas Stimme drohte zu versagen.

»Und da war Maggie ... gefesselt an ein Gerüst.« Fest umklammerten Fionas Hände Aidans Bettpfosten. »Sie hat um Gnade gebettelt. Meine Mutter angefleht, ihr zu helfen. Doch mein Vater, er hat ... er hat ...«

Ihre Zunge schien plötzlich geschwollen und schwer in ihrem Mund zu liegen, sodass sie kein Wort mehr herausbrachte.

»Ja, Ihr Vater hat den Befehl gegeben, sie auspeitschen zu lassen. Vor Ihren Augen und denen Ihrer Mutter«, sagte Kari. »Und das hat sie nicht überlebt.«

Fiona nickte stumm. Kälte zog durch ihre Adern. »Ich ... ich habe geschrien, geweint ... ich habe versucht, mich von meinem Vater loszureißen, doch er hielt mich fest. Und dann, dann bin ich gestürzt. Alles um mich herum wurde schwarz, und ich … weiter weiß ich nichts mehr davon.«

Erschüttert schwieg Fiona. Ihre verlorene Vergangenheit! Sie hatte sie gerade wiedergefunden.

Kari ließ ihr Zeit, ihre Gedanken zu ordnen, die Zusammenhänge zu ergründen.

Dieses grausame Erlebnis, zu dem ihr Vater sie gezwungen hatte, war offenbar zu viel für ihre kindliche Seele gewesen. Sie musste dadurch einen Schock erlitten haben, einen Schock, der dazu führte, dass alles aus dieser Zeit in Australien aus ihrem Gedächtnis verschwunden war.

Nur in ihren Träumen waren diese Bilder bisweilen zurückgekommen, hatten sie immer wieder heimgesucht.

Und nun hier, in diesem Hause … Hatte der Anblick Karis am ersten Abend ihrer Ankunft diese vergessene Zeit wieder heraufbeschworen? Vielleicht auch die Artefakte und Kunstwerke in diesem Hause oder die Pflanzen in Aidans Gewächshaus.

Eukalyptus … Oder war es dieser Geruch gewesen, der damals, bei ihrem Besuch im Gewächshaus, diese ganze Woge von Erinnerungen in ihr ausgelöst hatte? So stark, dass sie sogar das Bewusstsein verloren und einen ihrer Anfälle erlitten hatte.

»Manchmal versucht der Geist, in eine andere Welt zu flüchten, wenn er ein Übermaß an Leid erfährt. Und bisweilen bleibt er dort gefangen.« Der beruhigende und weiche Klang von Karis Stimme schlug sie in ihren Bann. »Sie sind nicht krank, Sie haben zu viel erlebt. Zu viel Dunkelheit. Aber nun … nun verstehen Sie. Ihre Seele wird heilen.«

Fiona spürte, dass eine große Last von ihr genommen war. Die ganze Zeit über, da sie geglaubt hatte, den Verstand zu verlieren, krankhaften Wahnvorstellungen anheimzufallen, hatte ihr Geist lediglich versucht, sich zu erinnern. An Geschehnisse, an eine Zeit, in der sie drei, höchstens aber vier Jahre alt gewesen sein konnte. Ereignisse, die ihr Vater später bewusst vor ihr verborgen hatte. Weshalb? Aus Scham? Wollte er nicht, dass seine Tochter sich dessen entsann, was dort geschehen war, wofür er die Verantwortung trug? Oder fürchtete er, eine Erwähnung ihrer frühen Kindheit in Australien würde ihrem Wahn, wie er es nannte, neue Nahrung geben?

Unvermutet kam Fiona eine Melodie in den Sinn, durchdrang ihren Körper und Geist, versetzte sie in eine Schwingung, zart, tröstlich und melancholisch zugleich. Jene Melodie, die sie ihr ganzes Leben begleitet hatte, ohne dass sie wusste, woher sie diese kannte. Das Lied, das sie am *Samhain*-Nachmittag auf dem Pianoforte im Musikzimmer gespielt hatte ... Plötzlich verstand Fiona: Maggie hatte es immer gesungen, in dieser rauen, fremden Sprache. Und obgleich es von tiefer Traurigkeit zeugte, hatte Fiona es geliebt.

Bis zu jenem entsetzlichen Tag, als man Maggie aus dem Haus schaffen ließ und ...

Tränen liefen ihr über das Gesicht, als ihr klar wurde, dass Aidans Mutter auch ihrem Sohn wohl das gleiche Lied vorgesungen haben musste, als er ein Kind war. Vielleicht sogar jeden Abend vor dem Einschlafen.

Deshalb hatte er auf ihr Klavierspiel so verstört reagiert. Unbewusst hatte sie mit dieser Melodie seine so mühsam errichtete Schutzmauer durchbrochen und alte Erinnerungen wieder erweckt.

An glücklichere Tage. An die Zeiten vor Verurteilung und Verschleppung.

An seine Mutter. *Maighread Seaghach*.

Es kostete Fiona Mühe, sich nicht in ihren eigenen Gedanken zu verlieren und sich stattdessen wieder Kari zuzuwenden, der den Blick noch immer regungslos auf sie gerichtet hatte. Sie wie selbstverständlich auf ihrem Pfad der Erinnerung begleitete …

Tatsächlich blieb noch eine Sache, die sie sich nach wie vor nicht erklären konnte. »Wieso wusste ich von dieser Kapelle, in der Seoc festgehalten wurde? Wieso habe ich sie so deutlich vor mir gesehen, obgleich ich doch niemals …«

Niemals dort gewesen war, hatte sie eigentlich sagen wollen, stockte jedoch bei Karis vielsagendem Blick.

»Ist es denkbar, dass ich doch schon einmal zuvor Gast bei den Thomsons war? Womöglich zusammen mit meinem Vater? Als Kind?« Fiona schluckte, als sich ein verschwommenes Bild vor ihrem inneren Auge formte. Immerhin wusste sie nun, dass ihr Vater sowohl zu den Thirstanes, als auch den Thomsons Verbindung gehabt hatte. Durch krumme Geschäfte …

Das würde auch erklären, warum ihr in dem Traum die Kapelle so groß erschienen war, wie eine Kathedrale … *Verschüttete Kindheitserinnerungen.* Fiona spürte, wie eine Gänsehaut sie überlief.

»Die Macht der Träume«, sagte Kari leise. »Sie haben gut daran getan, auf diese zu achten. Womöglich hat dies Seocs Leben gerettet.«

Wärme hüllte Fiona ein bei diesen Worten, eine sanfte, schillernde Melodie. Und plötzlich glaubte sie, eine Ahnung davon zu haben, was es bedeuten mochte, dass Vergangenheit, Gegenwart und Zukunft, die Welt der Realität und die der Träume ineinander übergingen und sich gegenseitig bedingten.

Zwar gab es noch immer ungeklärte Fragen, auf die sie vielleicht nie eine Antwort erhalten würde. Doch nun, da sie sich selbst wiedergefunden hatte, würde sie lernen, damit zu leben. Sie spürte, wie sie unter Tränen lächelte.

Dann glitt ihr Blick zu Aidan, der noch immer blass, mit halb geschlossenen Lidern zwischen den Laken lag, und ihr kurzes Glücksgefühl verflog. Was nützten ihr all diese Erkenntnisse, wenn das Schlimmste eintreten, wenn *er* sterben würde?

Mit klopfendem Herzen beugte sie sich über ihn, griff nach seiner Hand und meinte zu spüren, dass das Fieber ein wenig gesunken war.

Gott sei Dank!

»Aidan ...«, flüsterte sie, während die Umgebung um sie herum verschwamm.

»Sie müssen jetzt schlafen«, mahnte Kari sanft, aber bestimmt.

Fiona war zu erschöpft, um sich zu widersetzen. Ihr Inneres war wie ein Teich, in dem der Boden aufgewirbelt worden war und sich das Wasser erst wieder klären musste.

»Ich hole mir etwas zu trinken«, sagte sie leise.

Sie musste ihren Kopf frei, ihre Gefühle in den Griff bekommen und die sandige Trockenheit aus ihrem Mund vertreiben. Dann würde sie vielleicht wirklich etwas Ruhe finden.

Noch einmal schaute sie zu Aidan hinüber, der regungslos dalag, irgendwo zwischen Wachen und Schlafen.

Traumzeit, dachte sie. Dann wandte sie sich ab, hob das Plaid vom Boden auf und schlang es um ihre Schultern. Sie schwankte ein wenig, als sie die Tür öffnete, den Flur entlangging, die Treppe nach unten nahm. Eine seltsame Leichtigkeit hatte sich in ihr ausgebreitet, die sie nie zuvor gekannt hatte. Zugleich legte sich eine angenehme Schwere über sie, und sie wusste, dass sie nun würde schlafen können, und dieser Schlaf ihr die lang ersehnte Erholung bringen würde.

Wie eigenartig, sinnierte sie, Leichtigkeit und Schwere,

Licht und Schatten, beides zugleich. Ein Widerspruch, und doch wieder nicht. Wie so vieles in diesem Haus.

So wie Aidan selbst.

Unten im Flur wandte sich Fiona in Richtung Küchentrakt um und erschrak. Die dunkle Silhouette eines Mannes zeichnete sich in ihrem Blickfeld ab.

Seine Körperhaltung und die Art, wie er sich bewegte, schienen Fiona vertraut. Doch erst, als er sich zu ihr hindrehte, erkannte sie ihn, und ihr Herz setzte einen Schlag lang aus.

Vor ihr stand der Earl Hemington, ihr Vater.

Kapitel 63

Einen Moment lang war Fiona vor Schreck wie gelähmt, überzeugt, einer düsteren Illusion anheimgefallen zu sein. Doch sosehr sie sich auch wünschte, es wäre nur ein Traum, so schnell zerstob diese Hoffnung.

Der Blick ihres Vaters traf sie, und sein Mund verzog sich streng, als er sie erkannte.

Er trug einen teuren, eng geschnittenen Anzug unter einem offenen Reisemantel. In der Hand hielt er Stock und Zylinder, die ihm offenbar niemand abgenommen hatte. Nichts an seiner eleganten Makellosigkeit ließ erkennen, dass er gerade eine lange Reise durch die unwegsamen Highlands hinter sich hatte. Nachlässigkeit hatte er noch nie geduldet. Weder bei sich selbst noch an anderen.

Sie spürte, wie sie erstarrte. Die Leichtigkeit, die sie gerade noch verspürt hatte, war wie weggeblasen, und Angst stieg in ihr auf.

Nach alledem, was sie nun über ihn wusste, wie sollte sie ihm jetzt gegenübertreten, ohne vor Scham zu brennen? Ohne den gleichen Zorn, vielleicht sogar Hass zu verspüren, der Aidan seit so vielen Jahren umtrieb? Ihre Knie drohten unter ihr nachzugeben, doch sie zwang sich aufrecht stehen zu bleiben und seinen Blick fest zu erwidern.

Hemingtons Miene veränderte sich, als spürte er ihren inneren Widerstand, eine Aufsässigkeit, die er nicht von ihr kannte. Mit einem herablassenden Blick musterte er sie.

»Wie ich sehe, hat es dich nicht nur in die Wildnis verschlagen, sondern du bist schon fast selbst eine Wilde geworden.« Sein Tonfall war schneidend, und sie zuckte zusammen.

Reflexartig blickte sie an sich hinab und bemerkte, dass sie den Wollplaid mit dem flammenden Tartanmuster trug.

Nicht bereit, sich von seinen Worten beeindrucken zu lassen, reckte sie das Kinn vor, erwiderte aber nichts.

Missbilligung zeichnete sich auf dem glatt rasierten Gesicht des Earls ab, während er langsam, beinahe bedauernd den Kopf schüttelte, als begutachte er ein Stück Gemüse auf dem Markt, das bereits wurmstichig ist.

»Nun, ich würde sagen, damit ist zu guter Letzt auch noch der Rest deines Rufes dahin. Nicht, dass du zuvor große Chancen auf eine akzeptable Partie gehabt hättest. Aber jetzt...« Er unterbrach sich und ließ ein langes Schweigen folgen.

Sie wusste auch so, was er ihr sagen wollte: Nun hätte sie gar keine Chancen mehr auf eine respektable Heirat, eine Zukunft, ein eigenes Leben.

Sein Blick wurde noch eine Spur kälter. »Und nach all den Wochen hier unter dem Dach des Lairds bist du vielleicht sogar beschädigte Ware. Habe ich recht?«

Ohnmächtiger Zorn überkam Fiona bei dieser Unterstellung, dieser berechnenden Lieblosigkeit seiner Aussage. Nur mit Mühe hielt sie die Tränen zurück.

Sie kannte ihren Vater, seinen Hochmut, seine kleinen, verletzenden Aussagen. Doch noch nie hatte er eine solche Flut von Beleidigungen über sie ausgegossen. Fiona spürte, dass sie all ihre Kraft benötigte, um nicht daran zu zerbrechen.

»In diesem Punkt kann ich dich beruhigen, Vater. Sir Aidan hat sich mir gegenüber stets mit dem größten Anstand und Respekt verhalten. Deine Sorgen sind also unbegründet.« Sie wusste selbst nicht, woher sie die Stärke nahm, so ruhig mit ihm zu reden, während zugleich ihr Herz derart heftig gegen ihre Brust schlug, dass es zu zerspringen drohte, und ihr Körper fast vor Erschöpfung zusammenbrach.

Doch offensichtlich war ihre selbstsichere Reaktion auf ihren Vater nicht ohne Wirkung geblieben. Denn er verzichtete darauf, sie weiter zu kränken. »Ich habe deinen Brief erhalten«, sagte er stattdessen. »Er war lange unterwegs und traf mich auch nicht gleich an, da ich einige Zeit auf Reisen war, in geschäftlicher Angelegenheit.«

In schmutzigen Geschäften, schoss es Fiona durch den Kopf.

Ihr Vater trat einen Schritt näher. »Der Verwalter deiner Tante hat mir ebenfalls geschrieben. Er war außer sich vor Sorge, als ihr nicht zum vereinbarten Zeitpunkt eingetroffen seid. Warum hast du dich nie bei ihm gemeldet?«

Fiona stutzte, wusste nicht, was sie entgegnen sollte. Sie war davon ausgegangen, Aidan hätte sich um diese Angelegenheit gekümmert, an ihren Vater und den Verwalter geschrieben. Irgendetwas musste ihn daran gehindert haben. Und sie selbst …? Einen kurzen Augenblick horchte sie in sich hinein, dann wusste sie die Antwort. Sie hatte im Grunde nie dort hingewollt. Nicht zu ihrer Tante, aber auch nicht zurück zu ihrem Vater. Und in diesem Moment erkannte sie, dass Thirstane Manor sie von Anfang an fasziniert und nicht mehr losgelassen hatte. Das Haus, wie auch dessen Besitzer, obgleich sich dieser zunächst so verletzend und abweisend ihr gegenüber gezeigt hatte.

Ein Verhalten, das sie jetzt erst zur Gänze verstand. Denn wie sollte Aidan sie nicht hassen, nach allem, was ihr Vater ihm und seiner Mutter angetan hatte?

»Man hat nach euch gesucht. Nach deiner Tante und dir«, drang die Stimme ihres Vaters weiter an ihr Ohr. »Ihr Verwalter hat Suchtrupps losgeschickt, die die ganze Gegend durchkämmten. Aber vergeblich. Alle glaubten an einen Unfall, und deshalb sind sie die gesamte Strecke von Inverness fast bis nach Edinburgh abgelaufen. Sie müssen auch hier ganz in der Nähe vorbeigekommen sein. Hast du nichts davon bemerkt?«

Die Irrlichter, die Stimmen, die sie des Nachts gehört hatte.

Das war also auch keine Einbildung gewesen, keine Halluzination, nicht die Ausgeburt ihrer seltsamen Krankheit, sondern Realität. Männer, die nach ihrer Tante und ihr gesucht hatten, da sie nie in Inverness angekommen waren.

Fiona spürte, wie Erleichterung sie durchströmte, aber auch Dankbarkeit dafür, dass es sie durch eine – wie sie es jetzt empfand – glückliche Verkettung der Umstände nach Thirstane Manor verschlagen hatte. Denn hier hatte sie zum ersten Mal in ihrem Leben echte Zuneigung erfahren, trotz allem, was sie war. Mehr sogar: trotz allem, was ihr Vater getan hatte.

Und plötzlich wusste sie, worin nun ihre Aufgabe bestand.

»Antwortest du mir nicht, Tochter?« Die Stimme des Earls klang verärgert. Eigensinn und Ungehorsam waren keine Charakterzüge, die er tolerierte.

Nun, dann würde er es eben lernen müssen.

Einen kurzen Augenblick wünschte sie sich, Aidan an ihrer Seite zu haben. Dann aber atmete sie tief durch und straffte ihre Gestalt.

»Ist es wahr, dass du Bestechungsgelder genommen hast?«, fragte sie geradeheraus und empfand einen Anflug von Genugtuung, als ihr Vater zusammenzuckte.

»Was redest du da?«, fuhr er auf, überrumpelt von ihrer Direktheit.

»Ich habe gefragt, ob es stimmt, dass du Geld dafür genommen hast, unliebsame Menschen aus dem Verkehr zu ziehen und ans Ende der Welt zu deportieren.«

Die anfängliche Verunsicherung wich sehr rasch der Empörung. »Wie kommst du auf so etwas?«

Fiona ging nicht auf seine Frage ein. »Ist es auch wahr, dass du für einige Zeit ein Amt in Australien innehattest, als Judge Advocate General? In der Zeit, als ich geboren wurde?« Sie schluckte, da ihr diese Erkenntnis noch immer so unglaublich erschien. »In Australien geboren.«

Das Schweigen ihres Vaters war Antwort genug. *Also ja.*

»Warum hast du nie etwas darüber erzählt?«, fuhr sie fort. »Hast vor mir verborgen, dass ich die ersten Jahre meines Lebens in diesem Land verbracht habe?«

Das Gesicht ihres Vaters verzog sich zu einer verächtlichen Maske. »Nachdem du als Kind dort unten fast den Verstand verloren hast ... und seither etwas ...« Vielsagend tippte er sich an die Stirn. »Da war es doch besser, diese Erinnerung im Dunkeln zu lassen.«

Fiona spürte, wie ihr die Farbe aus dem Gesicht wich, das alte Gefühl der Demütigung wieder in ihr aufflackern wollte. Ihr Mund war trocken. »Dann stimmt es also auch, dass dort, in Australien, ein Hausmädchen namens Maggie in deinem Dienst stand?« Fiona musste sich zwingen weiterzusprechen, so heftig überfiel sie die Empörung bei den Bildern, die sich wieder in ihr Bewusstsein drängten. »Ein Hausmädchen, das du derart misshandeln ließest, dass es daran starb?«

Zorn schwang in seiner Stimme, Zorn, aber auch Ungläubigkeit darüber, dass seine einzige Tochter es wagte, ihm derartige Fragen zu stellen. »Das Weibsstück hatte es nicht besser verdient. Hat nie gewusst, wo ihr Platz war. Glaubte wohl, als Hure ihres früheren Herrn könnte sie unverschämte Forderungen stellen. Versuchte ständig, deine Mutter dazu zu bewegen, ihr eine Verbindung zu ihrem missratenen Sohn zu ermöglichen, hat einfach keine Ruhe gegeben.«

Fiona hatte Mühe, die Tränen zu unterdrücken, doch schluckte sie sie herunter. »Dann ist es also auch wahr, dass du deinem Geschäftspartner Sir Tavish Thirstane geholfen hast, sich seines unehelichen Sohnes, damals noch ein halbes Kind, zu entledigen, indem du ihn gegen eine hohe Bestechungssumme zu vierzehn Jahren Deportation nach Australien verurteilt hast?«

Die Wut, die der Earl ausstrahlte, war so heftig, dass Fiona diese beinahe körperlich wahrnehmen konnte. »Haben dir das die tratschenden Waschweiber hier im Haus erzählt, oder wie kommst du darauf?« Er brüllte fast.

Nein! Der Junge, den du in die Hölle geschickt hast!, wollte sie rufen. Doch im Angesicht seiner Rage fehlte ihr plötzlich der Mut dazu, und ihre Kraft drohte zu verrauchen.

»Du bist ja verrückt, völlig verrückt!« Sein Gesicht hatte sich tiefrot gefärbt. »Genau wie deine Mutter. Aber das ist ja auch kein Wunder.«

Ihre Mutter? Schon wollte Fiona aufbegehren, ihrem Vater eine heftige Erwiderung ins Gesicht schleudern, dafür, dass er es wagte, ihre Mutter derart zu beleidigen. Doch plötzlich verstand sie.

Ihre Mutter musste ihr sehr ähnlich gewesen sein. Empfindsam, mitfühlend. Unfähig, sich in einer Welt zu behaupten, in der nur die Macht des Stärkeren zählte und die Macht des Geldes. Und als sie dann Zeugin geworden war, zu welch dunklen Geschäften, ja zu welcher Grausamkeit ihr eigener Mann fähig war – unter der makellosen Fassade der Hochanständigkeit –, wie er ihre Hausangestellte derart grausam bestrafen ließ, dass sie dabei den Tod fand, musste in ihr etwas zerbrochen sein. Etwas, das sich nie wieder heilen ließ. Und da es ihr die Regeln der Gesellschaft verboten, sich von diesem Mann zu trennen, blieb sie zeitlebens eine Gefangene in ihrem eigenen Haus, an der Seite des Earls.

Mitleid schlug über Fiona zusammen wie eine heiße, salzige Woge. Zugleich war es ihr ein Trost, dass sie nun endlich erkannte, warum ihre Mutter nicht für sie da gewesen war, all die Jahre, in denen sie sich immer weiter in sich zurückzog, bis sie schließlich starb. Sie hatte ihr nicht die Unterstützung geben können, die Fiona gebraucht hätte. Nicht weil sie sie nicht geliebt hätte, sondern weil sie zu schwach gewesen war.
Arme Mutter!
Doch sie selbst würde nicht auf die gleiche Weise enden wie diese. Sie würde sich widersetzen.
Jetzt, hier auf der Stelle.
Das schuldete sie ihrer Mutter, die dazu nie die Kraft aufgebracht hatte, das schuldete sie Aidan. Und zu allererst schuldete sie es sich selbst.
»Du leidest ja unter Wahnvorstellungen. Sobald wir wieder zurück in Edinburgh sind, werde ich mich mit einem Nervenarzt in Verbindung setzen. Es muss doch eine Möglichkeit geben, dein unberechenbares Wesen ruhigzustellen.« Die Stimme ihres Vaters klang entschieden. »Oder ich werde dich eine Weile aus dem Verkehr ziehen, wenn nichts anderes hilft.«
Fiona erstarrte und sah ihn entsetzt an. Wieder hatte er ihr gedroht, sie durch Medikamente gefügig zu machen, ja sie sogar in eine dieser Anstalten einsperren zu lassen. Wollte er sie damit für ihre Aufsässigkeit strafen? Oder war es vielmehr der Versuch, sie auf diese Art zum Schweigen zu bringen? Sie daran zu hindern, die schrecklichen Wahrheit, die sie ihm gegenüber ausgesprochen hatte, der Öffentlichkeit preiszugeben? Und wer würde schon den Worten einer Verrückten in einer Irrenanstalt Gehör, geschweige denn Glauben schenken?
Ihr Herz hämmerte zum Zerspringen, und einige entsetzliche Sekunden lang spürte sie, wie die ihr nur zu gut bekannte Angst sie zu lähmen drohte. Wie festgefroren stand sie da.

»Eigentlich wollte ich mich noch bei deinem Gastgeber für die Mühe bedanken, die er mit dir hatte. Es wäre eine gute Gelegenheit gewesen, dem neuen Laird Thirstane meine persönliche Aufwartung zu machen.« Grob packte er ihren Arm und zerrte sie zu sich heran. »Doch so, wie die Dinge stehen, kommst du lieber jetzt gleich mit. Bevor du in deinem Wahn noch Schlimmeres anrichtest!«

Fiona stolperte auf ihren Vater zu. Panik überfiel sie, die erschreckende Gewissheit, in einer Falle zu sitzen.

»Nein!« Ein einziger, hilfloser Aufschrei, als sie versuchte, sich aus seinem Griff zu befreien.

Vergeblich.

Sie konnte seinen sauren Atem riechen, als er sich vorbeugte und ihr zuraunte: »Jetzt hör auf, dich auch noch wie eine Verrückte zu gebärden. Benimm dich, oder …«

Wut und Verzweiflung verliehen Fiona neue Entschlossenheit. Ruckartig fuhr sie herum, und für einen Moment gelang es ihr, sich von ihrem Vater loszureißen. Dieser jedoch packte sie an ihrem Plaid und zerrte sie wieder zu sich heran. Es klatschte laut, als er ihr eine heftige Ohrfeige versetzte. Ihr Kopf flog zur Seite, der Schmerz explodierte. In ihrem Mund bemerkte sie den süßlichen Geschmack von Blut.

Zu benommen, um sich weiterhin gegen ihren Vater zur Wehr zu setzen, spürte sie, wie er sie mit sich in Richtung Ausgang zog. »Du kommst jetzt mit! Wage es nicht noch einmal, dich mir zu widersetzen, sonst …«

Hilflos taumelte sie mit ihm zum Portal.

»Sie werden Fiona nirgendwohin mitnehmen, Lord Hemington.«

Eine klare, tiefe Stimme ließ den Earl herumfahren. Noch benommen von dem Schlag tat Fiona es ihm nach.

Am oberen Absatz der Treppe stand Aidan.

Kapitel 64

Aidan hatte den Mann viel größer in Erinnerung gehabt. Größer, jünger, aber genauso respekteinflößend und grausam, wie er sich gerade gezeigt hatte.

Langsam, Stufe für Stufe, schritt er die Treppe hinunter und hielt sich dabei am Geländer fest, unsicher, ob seine Beine ihn auch tragen würden.

»Diesmal werden Sie niemanden aus diesem Haus irgendwohin verschwinden lassen ...«, sagte er, »so wie Sie es schon einmal getan haben.«

Der Gesichtsausdruck des Earls, der noch einen Moment zuvor von Überraschung und Zorn verzerrt gewesen war, verwandelte sich in eine Miene scheinbarer Gelassenheit. Auch wenn diese nur gespielt war, kam Aidan nicht umhin, dem Mann für seine Kaltblütigkeit Respekt zu zollen.

Doch sie würde ihm nichts nützen. Dieses Mal käme er nicht damit durch.

»Ich muss Sie sehr darum bitten, die junge Dame loszulassen. Es ist offensichtlich, dass sie nicht den Wunsch hat, Sie zu begleiten.« Der Schmerz in seiner Seitenwunde war so stark, dass Aidan Mühe hatte zu sprechen. Mit einiger Befriedigung nahm er zur Kenntnis, dass ihm dies nicht anzuhören war.

Noch nicht ...

Er straffte sich, ohne jedoch das Geländer loszulassen.

Der Earl verharrte in seiner Position, seine Hand hielt noch immer Fionas Arm umklammert. Er schien zu überlegen, wie er sich in dieser Lage verhalten sollte.

»Laird Thirstane, ich wünsche einen guten Morgen. Meine Tochter und ich hatten gerade die Absicht, zu gehen.« Hemingtons Stimme klang angespannt, doch hatte er sich wieder im Griff. »Wir wollten Ihnen keine weiteren Umstände bereiten.«

Zorn über die eisige Unnahbarkeit, die dieser Mann selbst in dieser Situation noch ausstrahlte, flammte in Aidan auf. Er war offenbar überzeugt, wegen seines Ranges, seiner gesellschaftlichen Stellung und nicht zuletzt seines Amtes unantastbar zu sein und deshalb für seine Verbrechen nicht zur Rechenschaft gezogen werden zu können.

»Sie wollten doch nicht einfach so gehen?« Aidan bemühte sich, den zynischen Spott in seine Stimme zu legen, den er sich in den vergangenen Jahren angeeignet hatte. »Ohne sich zu verabschieden und sich für meine Gastfreundschaft Ihrer Tochter gegenüber zu bedanken?«

»Ich hatte vor, Ihnen ein Billett mit einer entsprechenden Summe als Entgelt für die entstandenen Unkosten zukommen zu lassen«, knurrte der Earl, der sich noch immer nicht bewegt hatte. »Selbstverständlich zusammen mit meinem aufrichtigen Dank.«

Einen Moment blieb Aidan stehen, um den unerträglichen Schmerz abklingen zu lassen. Diesem Ungeheuer würde er nicht die Genugtuung geben, ihn zusammenbrechen zu sehen.

Im Gegenteil, er würde ihm jetzt das Handwerk legen. Ein für alle Mal.

An jedem einzelnen Tag, den er in jenem verfluchten Land unter sengender Sonne verbracht, in jeder Stunde, die er die schwere Kette hinter sich hergeschleppt, sich in der Tretmühle abgequält hatte, und bei jedem Schlag mit der Peitsche, unter dem er fast zusammengebrochen war, hatte er sich geschworen, es dem Richter irgendwann heimzuzahlen. Und in den vergangenen sieben Jahren seines Lebens hatte sein ganzes Bestreben darin bestanden, diesem Ziel näher zu kommen.

»Ich werde Sie nun umgehend von der Bürde meiner Tochter befreien, Laird Thirstane. Sie ist offenbar im Moment nicht gesellschaftsfähig«, vernahm er Fionas Vater.

Aidan spürte, wie seine Wut ihm Kraft gab.

Hemington hatte seine Tochter geschlagen und die Absicht geäußert, sie zum Schweigen zu bringen. Ein Mann wie er hatte keine Gnade verdient.

»Ich habe gesagt, Sie sollen sie loslassen.«

Aidan bemerkte, wie sehr Fiona zitterte, sich aber bemühte, dies ihrem Vater gegenüber nicht zu zeigen. Hemington machte keine Anstalten, Aidans Aufforderung nachzukommen. Herausfordernd blickte er ihn an.

»Was geht es Sie an, was ich mit meiner Tochter tue? Sie scheint hier in diesem finsteren Haus noch den Rest ihres Verstandes verloren zu haben.«

Diese Unverfrorenheit verschlug Aidan fast den Atem. Doch er würde Fiona schützen – vor ihrem eigenen Vater.

»Ihre Tochter hat alles andere als den Verstand verloren«, entgegnete er und lehnte sich unmerklich gegen das Geländer. »Im Gegenteil, ich würde behaupten, dass sie ihn gerade hier wiedergefunden hat.«

Verständnislos blickte der Earl ihn an. »Sprechen Sie nicht in Rätseln. Sagen Sie klar und deutlich, was Sie meinen.«

Fiona schien etwas einwerfen zu wollen, doch Aidan gab ihr ein Zeichen zu schweigen.

»Hier in meinem Haus wurden Ihrer Tochter endlich die Augen geöffnet über die verbrecherischen Machenschaften ihres Vaters, der durch unmenschliche, ja ungesetzliche Urteile sein Amt dazu missbraucht hat, sich selbst zu bereichern.«

Blanke Wut verzerrte das Gesicht des Earls. »Wie können Sie es wagen, solche ...«

»Wollten Sie sagen, solche Lügen zu behaupten?«, fiel ihm Aidan ins Wort. »Alles nur die reine Wahrheit, wie Sie wohl selbst am besten wissen.« Er machte eine Pause, bevor er fortfuhr. »Wie viel Leid, Schmerz und Verzweiflung haben Sie zu verantworten? Wie viele Menschen haben Sie ins Unglück gestürzt? Können Sie mit einer solchen Schuld überhaupt noch ruhig schlafen?«

Mit schlecht verhohlener Erregung stand Hemington da und musterte Aidan schweigend. »Sind Sie wirklich Laird Thirstane?«, fragte er argwöhnisch.

»Genau der bin ich«, bestätigte Aidan. »Aber wie es aussieht, scheinen Sie mich nicht wiederzuerkennen. Dabei hatten wir vor langer Zeit einmal das fragwürdige Vergnügen, uns zu begegnen.«

Verständnislos schüttelte Hemington den Kopf. »Ich kann mich nicht erinnern, je einen der Söhne des alten Sir Tavish persönlich getroffen zu haben.«

»Aber ich kann mich noch sehr gut daran erinnern. Es war im Jahre 1817. Damals saß ich mit meiner Mutter auf der Anklagebank – und Sie auf dem Richterstuhl«, half Aidan eisig weiter.

Der Earl runzelte die Stirn. »Vor Gericht? Mit Lady Mildred Thirstane?«

»Nein, mit meiner Mutter Maighread Seaghach, die später in Australien bei Ihnen als Hausmädchen diente. Bis sie dann ein allzu früher, gnadenloser Tod ereilte.« Aidans Stimme schwankte kurz, dann hatte er sich wieder in der Gewalt.

Für einen Moment schimmerte Furcht in den Augen des Richters auf, als er zu verstehen schien. »Sie sind Sir Tavishs kleiner Bastard? Aodhàn Seaghach? Aber wieso ...«

»Wieso ich jetzt der Erbe bin und nicht wie meine Mutter ein grausames Ende gefunden habe, dort unten in den Kolonien?« Bitter lachte Aidan auf. »Das ist eine lange Geschichte. Eine sehr lange.«

Mit Genugtuung beobachtete er, wie die unnahbare Fassade des Mannes vor ihm bröckelte.

»Lassen Sie Ihre Tochter los«, wiederholte Aidan leise, und zu seiner Überraschung widersetzte sich der Earl nicht länger. Sein Griff löste sich, und hastig stolperte Fiona in Aidans Richtung.

Nur mit Mühe gelang es ihm, die junge Frau nicht in seine Arme zu ziehen, nicht an sich zu pressen, die Gefühle zu unterdrücken, die er für sie empfand. Er musste einen klaren Kopf behalten.

»Was wollen Sie von mir?«, fragte Hemington, sichtlich bemüht, seine Haltung wiederzugewinnen.

»Gerechtigkeit und Wiedergutmachung«, entgegnete Aidan. »Auch wenn ich weiß, dass die Gesetzgebung dieses Landes einem Mann Ihres Standes und Ihrer Position es ermöglicht, von einer der Tat angemessenen Bestrafung verschont zu werden.«

Ein Funke von Triumph blitzte in der Miene des Richters auf.

»Aber das ist doch falsch und ungerecht!«, rief Fiona empört dazwischen.

»Aber nicht zu ändern«, entgegnete Aidan. »Jedoch, was wird die Öffentlichkeit denken, wenn herauskommt, auf welche Art ein Richter sein Amt missbraucht und sich selbst bereichert hat?« Kurz hielt er inne. »Und ist der gute Ruf erst vernichtet, was bleibt dann noch?«

Alle Farbe war aus dem Gesicht des Earls gewichen. Er verstand, was Aidan meinte. Er könnte sich dann nirgends mehr sehen lassen. Er wäre für immer gebrandmarkt. »Was wollen Sie von mir?« Seine Stimme klang heiser.

»Nichts von dem, was Sie getan haben, können Sie ungeschehen machen.« Aidans Schmerzen waren so übermächtig geworden, dass er sich auf die Treppenstufe sinken ließ. »Kein einziges zerstörtes Leben.«

Wie durch Nebel hindurch spürte er den besorgten Blick Fionas auf sich ruhen, doch er sprach weiter. »Sie werden nach Edinburgh zurückkehren und dort sogleich Ihr Amt niederlegen. Ein Mann, der nicht weiß, was Recht ist, darf solches auch nicht sprechen.« Mühsam rang Aidan nach Atem, betete darum, seine Kraft möge ausreichen, um das zu sagen, was er sagen musste. »Sie werden Ihre Tochter Fiona als alleinige Erbin einsetzen und Ihr bereits jetzt einen Teil Ihres Vermögens überschreiben.« Er unterdrückte ein Keuchen und kämpfte die dunklen Schatten hinunter, die sich in seinem Gesichtsfeld ausbreiten wollten. »Damit sie in Zukunft ein selbstbestimmtes Leben führen kann.«

Einen kurzen Augenblick lang flammte die Vorstellung in ihm auf, wie es wäre, wenn sie diese Zukunft an seiner Seite verbringen würde. Doch nach allem, was sie nun über ihn und seine zweifelhafte Vergangenheit wusste, war diese Hoffnung vergebens. Die Tochter eines Earls und er ...

Rasch schob er diesen schmerzlichen Gedanken beiseite und wandte sich wieder dem Richter zu, verfluchte seine eigene Schwäche, die drohte, ihn doch noch vor den Augen dieses Mannes in die Knie zu zwingen.

»Jemand wie Sie wird nicht bestimmen, was ich zu tun und zu lassen habe.« Offensichtlich war dem Richter Aidans Zustand nicht entgangen, und er bemühte sich, das Heft wieder in die Hand zu bekommen.

»Machen Sie sich keine falschen Hoffnungen.« Aidan

wusste nicht, woher er die Kraft nahm, weiter so bestimmt mit diesem Mann zu reden. Denn um ihn herum begann sich die Umgebung langsam aufzulösen. »Jahrelang habe ich Beweise gegen Sie gesammelt, Zeugenaussagen, die bestätigen, dass Sie Geld genommen, sich in unerlaubte Absprachen verstrickt haben. Ich selbst werde unter Eid vor Gericht bezeugen, dass mein Vater Ihnen eine hohe Summe dafür gezahlt hat, meine Mutter und mich durch Ihr Urteil aus dem Weg zu schaffen. Ich verfüge über genügend Beweismaterial.« Aidans eigene Stimme hallte dumpf in seinem Kopf wider, als käme sie von weit her. »All dies lagert sicher aufbewahrt bei einem Notar in Edinburgh. Was würde wohl geschehen, wenn diese Aussagen und Beweise ihren Weg in die Öffentlichkeit fänden, ja vielleicht sogar an eine der Zeitungen gingen? Wäre das nicht ...«, wieder musste Aidan ein Keuchen unterdrücken, »ein gefundenes Fressen für die Geier?«

Panik trat in die Augen des Earls, doch seinen Worten war nichts anzumerken, als er antwortete: »Niemand wird einen solchen Unsinn glauben.«

Aidan lächelte schmerzverzerrt. »Können Sie da so sicher sein?«

»Keine Zeitung des Landes würde eine solch hanebüchene Geschichte drucken.« An Hemingtons Stirn pochte eine Ader, aber noch immer stand der arrogante Ausdruck in seinem Gesicht.

»Wollen Sie darauf wetten?« Mit letzter Kraft gelang es Aidan, sich wieder aufzurichten. »Außerdem habe ich einen Mann in der Hand, der bereit ist, ebenfalls gegen Sie auszusagen. Und sei es nur in dem Versuch, seinen eigenen erbärmlichen Hals aus der Schlinge zu ziehen. Sagt Ihnen der Name Thomson etwas?«

Der Earl wurde schlagartig blass. Diesmal hatte er begriffen, dass er in der Falle saß. Und dass Aidan trotz des Schutzes, den ihm sein Rang bot, die Möglichkeit hatte, ihn gesellschaftlich zu vernichten.

»Und auch ich werde gegen dich aussagen, Vater!« Wie durch dichten Nebel hindurch vernahm Aidan Fionas Stimme, die plötzlich neben ihm stand, nach seinem Arm griff und ihn stützte. »Wenn du nicht freiwillig von deinen Ämtern zurücktrittst.«

»Das wagst du nicht!« Hemingtons Stimme war anzumerken, dass er um Haltung kämpfte. »Damit würdest du dich auch selbst zerstören. Wenn ich meinen Ruf verliere, bist auch du ruiniert. Wie willst du überleben? Eine Frau, auf sich allein gestellt. Ohne Chance auf eine Heirat. Eine Kranke, eine Verrückte.«

Aidan spürte, wie Fiona bei diesen Worten zusammenzuckte. »In diesem Punkt irrst du dich«, sagte sie dennoch ruhig. »Glaube mir, schlimmer als das Leben mit dir kann eine Zukunft ohne dich nicht sein.«

Schweigend entbrannte ein stummer Zweikampf, in dem sich der Wille des Earls mit dem seiner Tochter maß.

Schließlich wandte sich Hemington ruckartig ab und ging langsam Richtung Tür. Bevor er sie öffnete, wandte er sich noch einmal um. »Glauben Sie nur nicht, dass Sie schon gewonnen haben. Es gibt noch Mittel und Wege!«

Die Drohung, die ihm aus diesen Worten entgegenschlug, prallte an Aidan ab. »Das wird sich noch zeigen«, entgegnete er ruhig. »Und nun verlassen Sie mein Haus.«

Ein letzter, hasserfüllter Blick, dann fiel mit lautem Krachen die Tür hinter dem Earl ins Schloss.

Der Spuk war vorbei. Der Albtraum, der ihn beinahe zwei Jahrzehnte in seiner Gewalt gehalten hatte, fester als die Ketten, die ihn an die heiße Erde Australiens gefesselt hatten.

Wie zur Bestätigung schob sich die Sonne hinter den Winterwolken hervor und tauchte die Eingangshalle in warmes Licht. Im gleichen Augenblick spürte Aidan, wie seine Beine unter ihm nachgaben und er auf der Treppe zusammenbrach.

Kapitel 65

Im letzten Moment bemerkte Fiona, dass Aidan den Halt verlor. Geistesgegenwärtig schlang sie ihre Arme um seinen Oberkörper. Dann sank sie auf die Treppe, und sein schwerer Körper begrub sie unter sich.

Benommen spürte sie die harten Stufen in ihrem Rücken, seinen Atem auf ihrem Hals und genoss einen kurzen Augenblick seine Nähe. Sie presste ihn fester an sich, so fest, als wollte sie ihn nie wieder loslassen.

»Ich habe dir wehgetan«, drang seine schwache Stimme an ihr Ohr. »Immer tue ich denen weh, die mir nahestehen. Die den Fehler machen, mir zu vertrauen.«

In diesen Worten, kaum hörbar, lag so viel Schmerz, dass es Fiona die Tränen in die Augen trieb.

»Mir ist nichts geschehen«, beeilte sie sich zu sagen und schob sich langsam unter seinem Körper hervor. »Es geht mir gut, es ist nur …«

»*Scht!*« Er presste den Finger auf ihre Lippen. »Hör mir zu.« Seine Lider flatterten, sein Atem ging schnell. »Bitte vergib mir …« Er brach ab und stöhnte, fest umklammerte er ihre Hände, und für einen Moment sah es so aus, als könne er nicht weitersprechen.

»Ich habe dir nichts zu vergeben, Aidan …« Nur am Rande bemerkte sie, dass auch sie in die vertrauliche Anrede gewechselt waren. »Nicht ich dir.«

»*Tapadh leat*«, brachte er gepresst hervor. »Ich danke dir.«

Fiona spürte, dass ein Gefühl explodierender Leichtigkeit sie erfüllte, als sei eine drohende Gefahr abgewendet worden. Als hätte sie lange Zeit vor einem Abgrund gestanden, der sie zu verschlingen drohte, wäre nun mit einem beherzten Sprung sicher auf der anderen Seite gelandet und spürte wieder festen Halt unter ihren Füßen.

»Du hast ihn besiegt«, sagte sie leise, und beide wussten, dass sie ihren Vater meinte. »Du hast ihn mit seinen eigenen Waffen geschlagen. Und er hat vor dir das Feld geräumt.«

Aidan atmete schwer und versuchte vergebens sich aufzurichten.

»Aber dadurch bist du nun deines Heims beraubt. Deiner Familie …« Mit verbissener Miene presste Aidan die Hand auf seine Seite. »Eines Tages wirst du mich dafür hassen.«

Niemals könnte ich dich hassen. Sie schluckte trocken. »Wie könnte ich das? Du hast mir die Augen geöffnet. Dank dir bin ich frei.« Und mit verzweifelter Heftigkeit fügte sie hinzu: »Du bist es doch, der allen Grund hätte, mich zu hassen, für all das, was mein Vater getan hat.«

Langsam hob er den Kopf. »Was hast du mit den Machenschaften deines Vaters zu tun? Du bist doch selbst sein Opfer gewesen. Musstest unter ihm leiden. Über Jahre hinweg.«

Fionas Blick ruhte besorgt auf Aidan, der vor Schmerzen und Schwäche gekrümmt auf der untersten Treppenstufe kauerte.

Ein ersticktes Schluchzen drückte auf ihre Brust, der Geschmack von Endgültigkeit hatte sich auf ihre Zunge gelegt. Sie spürte, dass dieser Moment alles entscheiden würde. Ihre Zukunft, den Rest ihres Lebens »Wenn ich es nur wiedergutmachen könnte. Alles, was mein Vater verschuldet hat …« Ihre Stimme wollte ihr nicht mehr gehorchen, doch sie riss sich zusammen und fuhr fort. »Nicht nur, was du durchstehen musstest, damals in Australien. Auch, das andere ...« *Das, was dich noch immer umtreibt, dich keine Ruhe finden lässt. So sehr, dass du glaubst, dich selbst verletzen zu müssen, um es zu ertragen.*

Sie brachte es nicht über sich, es laut auszusprechen, und dennoch schien Aidan zu verstehen, was sie meinte. »Du weißt von diesen Dingen?«, flüsterte er heiser.

Unsicher nickte Fiona. »Ich habe diesen Raum entdeckt, unten im Keller. Die Zelle mit den eingelassenen Ketten. An der Wand klebte Blut.« Die Erinnerung drohte Fiona zu überwältigen. »Und während der Fahrt zu den Thomsons hat Kari mir alles erzählt.« Tief atmete sie durch. »Es tut ...« *Es tut mir leid*, hatte sie sagen wollen, doch sie spürte, dass Aidan kein Mitleid wollte, dass er sich dadurch gedemütigt fühlen würde. »Auch daran trägt mein Vater die Schuld«, sagte sie stattdessen und ergriff seine Hand.

»Nicht nur er ... auch mein Vater«, entgegnete Aidan.

Bewegt und erschüttert senkte sie den Blick. Es gab so vieles, was sie von ihm trennte und zugleich mit ihm verband. Mit diesem Menschen, der ihr so nahegekommen war wie noch niemand zuvor in ihrem Leben. Der ihre Seele berührt und sie aus den Fesseln der Vergangenheit und Unwissenheit befreit hatte.

»*Seall orm*, Fiona!«, sagte er leise, »Sieh mich an!«

Zögernd kam sie seiner Aufforderung nach, ihre Blicke trafen sich. Seine Augen schimmerten dunkel, doch ihr Ausdruck hatte sich verändert. In ihnen stand etwas bisher nie Dagewesenes. Etwas, das Fiona Angst machte und sie gleichzeitig neue Hoffnung schöpfen ließ.

Etwas, das sie zutiefst verwirrte.

Sie spürte, wie ein Zittern durch seinen Körper lief, als er versuchte, sich aufzurichten.

»Was tust du? Du bist zu schwach!« Sie wollte ihn daran hindern, doch entschieden wehrte er ab.

»Ich habe dir etwas zu sagen, Fiona. Etwas Wichtiges. Und ich werde dabei nicht auf der Erde liegen wie ein Hund!«

Ein Stöhnen entrang sich ihm, als er sich mühsam hochkämpfte. Die Beine gaben unter ihm nach, und sogleich war Fiona an seiner Seite, um ihn zu stützen.

Mit zusammengekniffenen Lippen hielt er sich mit der einen Hand am Geländer fest, den anderen Arm legte er um ihre Schulter.

»Das hatte ich mir anders vorgestellt …«, knurrte er. Der Schweiß rann ihm über das Gesicht, als er keuchend einen Fuß vor den anderen setzte. »Meines Wissens ist es üblich, dass der Mann die Frau die Treppe hinaufträgt. Nicht umgekehrt.« Der Schmerz ließ ihn verstummen, während sie sich weiter Stufe für Stufe hinaufquälten. Doch bevor sie den ersten Treppenabsatz erreicht hatten, hörte Fiona, wie eine Tür sich öffnete. Kurze Zeit später griffen zwei Arme nach Aidan, und Kari zog ihn sacht von ihr weg.

Fiona schwankte, als sie so plötzlich von ihrer Last befreit war.

»Verschwinde, Kari!«, knurrte Aidan. »Ich habe doch gesagt, das hier ist meine Angelegenheit. Ganz allein meine.«

»Ich habe dich tun lassen, was du tun musstest«, erwiderte der Australier ruhig und unbeirrt. »Aber ich werde dich bestimmt nicht auf der Treppe deines Hauses verbluten lassen, nachdem ich meinen Kopf riskiert habe, um dich lebend aus Moreton Bay herauszuholen.«

Den Rest des Weges stützte er den Verwundeten.

Fiona folgte ihnen langsam.

*

Der Schmerz hielt ihn so fest in seinen Klauen, dass sein Blick verschwamm und er Schwierigkeiten hatte, einen klaren Gedanken zu fassen. Jede Faser seines Körpers schrie nach Ruhe. Doch er hatte Fiona noch etwas Wichtiges mitzuteilen. Eine Angelegenheit von fundamentaler Bedeutung, die keinen Aufschub duldete.

Daher hatte Aidan darauf bestanden, dass man ihn mit Fiona allein ließ, und sich sogar gegen Glenna durchgesetzt, die ganz offensichtlich Fionas Ruf in Gefahr sah, wenn sie sich ohne Aufsicht im Schlafzimmer eines unverheirateten Mannes aufhielte.

Ein brennender Stich durchzuckte Aidan, als er bitter auflachte. Als würde das nach allem, was Fiona und er schon gemeinsam durchgestanden hatten und was sie miteinander verband, noch eine Rolle spielen. Äußerer Schein!

Doch was er ihr jetzt gestehen musste, würde sie so tief verletzen, dass es das Ende ihrer Beziehung bedeuten könnte.

Es kostete ihn Kraft, das Zittern seines Körpers zu unterdrücken, verursacht durch Wundbrand und Fieber, aber mehr noch durch die ohnmächtige Wut über die grausame Ironie des Schicksals. Fiona kannte ihn, wusste von seiner Getriebenheit, den Dämonen, die ihn quälten, seit er vor sieben Jahren wieder Fuß auf schottische Erde gesetzt hatte. Und sie wusste auch, zu welch irrsinnigen Handlungen sie ihn an manchen Tagen – oder Nächten trieben.

Und dennoch war sie nicht angewidert, verurteilte ihn nicht, wandte sich nicht von ihm ab. Im Gegenteil ... In ihren Augen konnte er lesen, dass sie das Gleiche für ihn empfand wie er für sie.

Diese Gefühle würde er jetzt zerstören müssen, indem er ihr die Wahrheit sagte. Eine Wahrheit, die er lieber verschwiegen hätte.

Aber ... *Mo chreach!* Er würde eine Zukunft an ihrer Seite nicht auf einer Lüge aufbauen. Auch wenn die Folgen für ihn nicht zu ertragen wären. Tief in seinem Inneren wollte sich ein Brüllen lösen, doch mit zusammengepressten Zähnen hielt er es zurück.

Sein Blick glitt zu Fiona hinüber, die blass und übernächtigt an seinem Bett saß. Sorge war in ihren Augen zu lesen, Sorge um ihn ... und dies rührte ihn genauso sehr, wie es ihn schmerzte.

Diese tapfere junge Frau!

Wenn er daran dachte, was sie auf sich genommen hatte, um Seoc zu retten, und mit welchem Mut sie es gewagt hatte, ihrem Vater, der sie derart herabgewürdigt hatte, entgegenzutreten ... Sie hatte es verdient, die ganze Wahrheit über ihn zu erfahren.

»Fiona«, begann er leise.

Mo ghràdh, hätte er gern zu ihr gesagt, *meine Liebe*, zärtliche Worte, die seine Mutter ihm oft zugeflüstert hatte. Doch wenn sie begriff, was er getan hatte, würde er wahrscheinlich nie das Recht dazu haben.

Sie sah zu ihm auf, stumm und erwartungsvoll.

»Ich muss dich um Vergebung bitten.«

Kapitel 66

Verblüffung zeichnete sich in Fionas Gesicht ab und ließ sie jünger wirken, als sie war. Sein Herz zog sich bei diesem Anblick zusammen. Und doch blieb ihm keine Wahl, als fortzufahren.

»Vergebung ... für das, was ich dir angetan habe.«

Sie antwortete nicht, doch bemerkte Aidan, wie sich ihr Körper verkrampfte, als erwarte sie einen Schlag, und er fragte sich, ob ihm jemals im Leben etwas so schwergefallen war wie dieses Geständnis.

»Ich war nicht immer ehrlich zu dir«, erklärte er vorsichtig, während ihm der Schweiß auf die Stirn trat. »Und ich habe ... dich deiner Freiheit beraubt, dich ungerechtfertigt und ohne dein Wissen hier im Hause festgehalten.«

Fiona öffnete den Mund, um ihm zu widersprechen, aber mit einer knappen Geste hinderte er sie daran. »Lass mich erst zu Ende reden, bitte.«

Tief atmete er ein. »Diesen Brief an deinen Vater in Edinburgh ... damals hatte ich dir versprochen, ihm zu schreiben.« Er schluckte. »Ich habe ihn verbrannt.«

Erstaunen blitzte in Fionas Augen auf, doch sonst zeigte sie keine Reaktion.

»Auch an den Verwalter deiner Tante habe ich nicht geschrieben oder auf sonst eine Art Kontakt zu deiner Familie aufgenommen. Ebenso wenig habe ich wegen des Überfalls die Behörden eingeschaltet.«

Fiona rührte sich nicht, und dieses Schweigen dröhnte ihm

so laut in den Ohren, dass er kaum weitersprechen konnte. »Die ganze Zeit über hast du vergebens auf eine Antwort gewartet, die gar nicht kommen konnte. Und wenn du nicht – wie ich nun weiß – selbst einen Brief im Dorf aufgegeben hättest, dann wüsste dein Vater bis heute nicht, dass du in meinem Haus weilst.«

Noch immer antwortete Fiona nicht, sah ihn weiterhin nur stumm an.

Wie sehr er sie dafür bewunderte, dass sie nach alledem, was sie in den letzten Stunden und Tagen erfahren und erlebt hatte, jetzt nicht zusammenbrach oder in Tränen versank!

Ihre Erwiderung bestand nur aus einem einzigen Wort: »Warum?«

Es kostete ihn einigen Mut, ihrem Blick standzuhalten, ihr so aufrichtig zu antworten, wie er es sich geschworen hatte. Wie sie es verdient hatte.

»Ich wollte dich nicht gehen lassen.« Sein Hals schmerzte bei jeder Silbe, die er hervorbrachte. »Ich wollte dich hier an meiner Seite wissen, dich beobachten.«

Das Lächeln, das über ihr Gesicht zuckte, war hauchdünn. »Wie überaus schmeichelhaft für mich.«

Aidan unterdrückte ein Stöhnen. »Nein, nicht wie du meinst. Nicht aus ... aus Zuneigung.« *Obgleich ich diese auch verspürt habe, vielleicht schon im ersten Augenblick, als ich dich sah.* »Ich wusste gleich, wer du bist. Wessen Tochter. Und als ich dich hier in meinem Hause hatte, da ...« Es kostete Aidan Mühe, weiterzusprechen. Der Schmerz schien jede Faser seines Körpers in Flammen gesetzt zu haben, und nun, da er Fiona das Herz brechen musste, brannte auch noch seine Seele. Eine Seele, von der er lange Zeit geglaubt hatte, sie sei tot. Verrottet auf der glühenden Erde Australiens. »Ich hatte geplant, dich zum Werkzeug meiner Rache zu machen. Zum

Unterpfand, mit dem ich deinen Vater endgültig in der Hand haben würde. Und ...« Der Rest des Satzes kam nur noch abgehackt. »Ich hatte vor, auch dich für die Sünden deines Vaters zahlen, auch dich leiden zu lassen.«

Schweigen entstand. Ein tiefes Schweigen, das so vollständig war, dass Aidan glaubte, es hätte jedes Geräusch, jeden Atemzug in dem Raum verschluckt. Und obgleich das Feuer warm und hell im Kamin loderte, fror er plötzlich derart, dass er die Zähne zusammenpressen musste, damit sie nicht aufeinanderschlugen.

»Wolltest du mir sonst noch etwas sagen?« Leise, wie durch dichten Nebel, drang Fionas Stimme an sein Ohr.

Stumm schüttelte er den Kopf.

»Du hast mich also meiner Freiheit beraubt, um Rache zu üben für das, was mein Vater verbrochen hat.« Nur vage verstand Aidan Fionas Worte, während sich tiefe, schwarze Schatten um ihn ausbreiteten. »Du wolltest nicht nur ihn, sondern auch mich für das bestrafen, was dir und deiner Mutter angetan wurde.«

Vergib mir! Die Worte brannten ihm auf der Zunge, brannten in seinem ganzen Wesen, doch seine Schwäche, das Gefühl von Schuld hinderten ihn, es auszusprechen.

Angst stieg in ihm auf. Was konnte Fiona daran hindern, von diesem Sessel aufzustehen und zu gehen?

Sein Haus zu verlassen. Ihn zu verlassen. Für immer.

Er würde sie niemals wiedersehen.

Großer Gott!

Ernst blickte sie ihn an, und die Traurigkeit in ihren Augen schmerzte Aidan mehr als seine eigene tiefe Wunde. »Ich kann dein Handeln verstehen. Die Schuld meines Vaters ist unverzeihlich. Wenn ich könnte, würde ich sie wiedergutmachen. Aber so ...« Sie unterbrach sich und schien nachzudenken. »Schuld bringt immer neue Schuld hervor. Immer wieder neues Leid. Solange sie nicht vergeben wird.« Für einen Moment wich sie seinem Blick aus. »Die Vergangenheit ist nicht ungeschehen zu machen. Aber die Zukunft ... Haben wir es nicht in der Hand, die Zukunft in unserem Sinne zu gestalten?«

Es dauerte eine Weile, bis Aidans Geist erfassen konnte, was er gerade vernommen hatte.

»Heißt das, du kannst mir verzeihen?«

»Gottes Wege sind unergründlich, würde Reverend MacKerron jetzt sagen.« Gedankenverloren strich sich Fiona durch die Haare, die, halb aus der Frisur gelöst, ihr Gesicht umrahmten. »Indem du versucht hast, mir meine Freiheit zu nehmen, hast du sie mir in Wirklichkeit erst geschenkt.«

Aidan keuchte auf. Gaukelte ihm sein durch Blutverlust, Schmerz und Fieber gepeinigter Geist nur vor, was er sich so sehr zu hören wünschte?

»Du vergibst mir also?« Diese Worte, atemlos hervorgebracht, mussten von ihm selbst stammen.

Statt einer Antwort spürte er, wie sich ihre kühlen Finger um seine Hand legten und sie drückten.

»Ich heiße deine Methoden nicht gut. Und ich muss zugeben, dass sie mir einiges an Kummer bereitet haben. Und doch ...«

Fiona hatte auf der Bettkante Platz genommen. Der Anblick ihres Gesichts verschwamm. Nur ihre Augen waren klar zu erkennen, zwei ruhende Pole in diesem Meer aus Verwirrung und Schwäche.

»Du weißt von meiner Krankheit? Den Klängen und Bildern in meinem Kopf. Der wiederkehrenden Fallsucht?« Ihre leisen Worte klangen nach Abschied.

Aidan wollte aufbegehren, sie festhalten, sie daran hindern, auch nur daran zu denken, ihn zu verlassen. Doch er nickte stumm.

Obgleich kaum bei Bewusstsein hatte er von dem Gespräch zwischen Fiona und Kari genug mitbekommen, um im Bilde zu sein. »Kari meinte, es sei vielleicht eher Gabe statt Fluch, aber ich weiß, dass ich nie eine Familie gründen, nie Kinder bekommen werde. Nicht nur, weil kein Mann je so verrückt sein würde, jemanden wie mich zu ehelichen, sondern …«

Ein zorniges Brüllen wollte in Aidan aufsteigen, doch es fehlte ihm die Kraft dazu.

»Die Erlebnisse hier in deinem Haus und auch Karis Worte haben mir jedoch gezeigt, dass ich damit leben kann, dass mein Leben dennoch einen Wert hat. Und vielleicht …« Sie verlagerte ihr Gewicht, machte Anstalten, sich zu erheben. »Vielleicht nutze ich meine neu gewonnene Freiheit dazu, mich ganz der Musik zu widmen. Den Klängen in meinem Kopf etwas Gutes abzugewinnen. Ich habe einmal gelesen, dass manche großen Musiker ebenfalls Klänge hören … Klänge in ihrem Kopf. Also, wer weiß.« Sie lächelte, doch es war ein trauriges Lächeln. »Ich danke dir, Aidan. Für alles.« Langsam, als hielte sie etwas fest, erhob sie sich. »Leb wohl.«

Unwillkürlich schoss seine Hand vor, umschloss Fionas Unterarm und zog sie zu sich aufs Bett zurück. Schmerz krampfte seinen Körper zusammen, drohte die gesamte Umgebung in Schwärze versinken zu lassen.

Er konnte sie doch nicht gehen lassen, diese junge Frau, Fiona, die Tochter des verfluchten Richters, die so unerschrocken ihre eigene Freiheit erstritten hatte, sowie die Seocs und – Aidans Herz schlug fest gegen seine Brust, als ihn die Erkenntnis traf – auch seine eigene.

Zum ersten Mal seit jenem Urteilsspruch, der seine Mutter und ihn in Ketten gelegt und zur Hölle verdammt hatte, spürte er ein fast vergessenes Gefühl in sich. Nicht den Hass, der ihn verzehrte, auch nicht den Zorn, der ihn all die Jahre an seine Vergangenheit gekettet hatte. Sondern das genaue Gegenteil davon: *Liebe*. Und diese Liebe hatte den Geschmack nach Freiheit und Glück.

»Wo willst du hin, Fiona?«, brachte er heiser hervor. Die Vorstellung, dass sie durch diese Tür gehen und niemals wiederkehren würde, machte ihn wahnsinnig.

Sie blickte ihn an und wartete.

Aidan atmete tief durch, bis die schwarzen Schatten, die sein Sichtfeld umwaberten, ein wenig verblassten. Er zitterte am ganzen Körper und war mit Schweiß bedeckt.

Was wollte er noch vor ihr verbergen? Sie wusste doch alles über ihn, all das Schreckliche, all das, was ihn mit unendlicher Scham erfüllte. Und sie hatte ihn schon mehr als ein Mal in schlimmen Momenten in einem erbärmlichen Zustand gesehen.

»Aidan?«, sagte sie leise. Der Ausdruck in ihren Augen war fragend, beinahe erwartungsvoll.

Und dieser Ausdruck ließ ihn den Mut fassen, das zu tun, wonach es ihn drängte. Auch wenn seine Hoffnung so klein war wie ein Senfkorn.

»Ich habe mir geschworen, dich nie wieder zu belügen. Nie wieder Geheimnisse vor dir zu haben. Von nun an wird es nur Wahrheit und Ehrlichkeit zwischen uns geben. Ohne Vorbehalte.«

Abwartend verharrte ihr Blick auf ihm.

»Du warst erstaunlich tapfer«, flüsterte er leise. »Bist du auch stark genug, das zu hören, was ich dir noch zu sagen habe? Das Wichtigste überhaupt?«

*

Aidan bot einen erschreckenden Anblick. Das Haar hing ihm feucht ins Gesicht. Seine Lippen waren rissig, die Wangen eingefallen, und um die Augen lagen dunkle Ringe.

Alles in Fiona drängte danach, ihn in die Arme zu nehmen, ihn zu wiegen wie ein Kind.

Ihn nie wieder loszulassen.

»Ich weiß, ich sollte in einem solchen Moment vor dir knien.« Seine Worte klangen gepresst. »Doch für den Augenblick hoffe ich, dass du damit vorliebnimmst, dass ich ausgestreckt vor dir liege.«

Gegen ihren Willen musste Fiona lächeln. Und dieses Lächeln vertrieb einen Teil der Anspannung aus ihrem Körper, während sie Aidans Hand fest drückte.

»Fiona«, begann er, »Seit du in dieses Haus gekommen bist, hast du es verändert, hast du mich verändert. Verwandelt.« Erneut trat Schweiß auf seine Stirn. »Es ist dir gelungen, die Düsternis zu vertreiben, die zwischen diesen Mauern hing, sie mit Licht und Wärme zu füllen.«

Fiona spürte, wie Hitze in ihr aufstieg, ihre Finger sich noch fester um Aidans Hand schlossen.

»Sosehr ich auch versucht habe, dich zu verabscheuen, aus meinen Gedanken zu verbannen, so sehr hast du von Tag zu Tag mehr mein Leben beherrscht, meine Gefühle und meine Handlungen.« Obgleich ihm das Sprechen schwerzufallen schien, war sein Blick fest auf sie gerichtet, entschlossen und unbeirrbar. »Und jetzt ... jetzt kann ich mir nicht mehr vorstellen, mein weiteres Leben ohne dich zu verbringen.«

Seine Worte ergossen sich warm und tröstlich über Fiona, besänftigten ihren inneren Aufruhr und linderten ihren Schmerz.

Kurz schloss Aidan die Lider, seine Hand verkrampfte sich,

als kämpfe er gegen große Schmerzen an oder die Bewusstlosigkeit, die ihn zu überwältigen drohte.

Dann atmete er tief ein, öffnete die Augen. »Auch wenn mir eine derartige Frage nicht zusteht, werde ich sie dennoch stellen: Lady Fiona Hemington, würden Sie mir die Ehre erweisen, meine Frau zu werden?«

Für einen kurzen Moment stand Fionas Herz still. Dann begann es, wie rasend gegen ihre Brust zu trommeln, ein Feuerwerk der Gefühle überschwemmte sie: Verwirrung, Erleichterung und Glück. Ihr Gesicht glühte, Schmetterlinge flatterten in ihrem Bauch, und in ihrem Kopf formte sich eine ganz neue, nie da gewesene Melodie, beschwingt, fröhlich, unendlich leicht.

»Du sagst ja gar nichts ... Bin ich dir mit meiner Frage zu nahegetreten?« Der Anflug von Enttäuschung schwang in seinen Worten mit.

Stumm schüttelte Fiona den Kopf.

»Ich weiß, dass du etwas Besseres verdient hast, als den Rest deines Lebens mit einem entlaufenen Strafgefangenen zu verbringen.« Er lächelte schief, und seine Augen schimmerten schwarz. »Einem verurteilten Dieb, der die besten Jahre seines Lebens in australischen Lagern verbracht hat und diese Tatsache nur unzureichend verbergen kann.« Wie zur Unterstreichung seiner Worte streckte er ihr auch noch seine andere Hand entgegen, wo sich die Narben der Handfesseln deutlich vom Weiß der Leintücher abhoben.

Vorsichtig strich Fiona mit dem Daumen darüber. Eine Gänsehaut überlief sie. »Nun, ich hoffe, die besten Jahre deines Lebens liegen noch vor dir ...« Sie unterbrach sich und fügte leise hinzu: »Vor uns.«

Der Ausdruck in Aidans Augen veränderte sich. »Ist das ein Ja?«, fragte er atemlos. »Willst du?«, brachte er gepresst hervor, als sie nicht gleich antwortete. »Auch wenn ich dir kaum mehr bieten kann als eine gebrochene Seele und meine aufrichtigen Gefühle.«

Die Klänge, die sich in Fiona lösten, schwebten bunten Seifenblasen gleich schillernd und hell zur Zimmerdecke.

Langsam beugte sie sich über ihn und drückte ihre Lippen auf seine Stirn, dann auf seinen Mund.

»Ja«, sagte sie leise. »Ich möchte den Rest meines Lebens mit *dir* verbringen. Gemeinsam mit dir die Schatten der Vergangenheit vertreiben.«

Epilog

Die Flammen unzähliger Kerzen beleuchteten das Kaminzimmer, tauchten es in warmes Licht. Lebendig und flackernd huschte es über das in die Jahre gekommene Mobiliar, die dunkelgrünen Wände und den mit dem alten Teppich bedeckten Boden. Fenstersimse, Tisch, Anrichte und Türrahmen hatten Fiona und Elspeth mit kleinen Sträußen aus Stechpalmen geschmückt, die sie mit Bändern aus Tartanstoff umwickelt hatten, ähnlich wie bei der Feier zu St. Andrew's Night. Der Honigduft des Bienenwachses mischte sich mit dem des Torffeuers und verbreitete einen anheimelnden Hauch von längst vergessenen Zeiten, ja von Heiligkeit.

Deum de Deo, lumen de lumine ... Gott vom Gott, Licht vom Lichte ...

Der alte, lange geächtete Weihnachtshymnus drang in Aidans Bewusstsein. Er unterdrückte ein grimmiges Lächeln, als er sich auf seinen Stock stützte und sich nicht ohne Mühe aus seinem Sessel erhob.

Natum videte regem angelorum ... Geboren seht den König der Engel ...

Wehmütig entsann er sich, wie sehr er als Kind dieses Lied geliebt hatte, auch wenn er die lateinischen Worte nicht verstand. Immer um diese Zeit, die Weihnachtszeit, hatte seine Mutter es ihm abends vorgesungen, aber so leise, dass es niemand außer ihm hören konnte. All die Jahre über hatte er die Erinnerung an diese glücklichen Stunden verdrängt, da er glaubte, sie nicht ertragen zu können. Doch heute ...

Eine Hand umfasste seine Schulter »Wer hätte gedacht, dass es das noch einmal geben würde. Ein Weihnachtsfest auf Thirstane Manor!« MacKerrons Stimme klang warm und auf unbestimmte Art zufrieden.

»Verletzt es Ihre religiösen Gefühle, Reverend?«, meinte Aidan statt einer Antwort.

Der Angesprochene hob die Schultern und ließ den Blick über den liebevoll dekorierten Raum gleiten. »Trotz meiner Ausbildung zum Geistlichen kann ich noch immer nicht erkennen, was sündhaft an dem Bedürfnis sein sollte, den Tag der Geburt unseres Herrn zu feiern.«

Aidans Augenbrauen wölbten sich. »*Uill*, heißt es nicht, dass das Datum heidnischen und die Tradition papistischen Ursprungs ist?«

»Wie so vieles hier in den Highlands.« MacKerron wurde ernst. »So vieles von dem, was man versucht, mit Stumpf und Stiel auszurotten.«

»Wie wahr ...« Für einen kurzen Augenblick spürte Aidan wieder eine tiefe Traurigkeit in sich aufsteigen, die alte Hoffnungslosigkeit, die er nur allzu gut kannte. Seine Gedanken glitten erneut zu seiner Mutter, die katholischen Glaubens gewesen war und besonders an den Feiertagen versucht hatte, ihrem Sohn etwas von den alten Lehren und Traditionen zu vermitteln. Die Erinnerung an sie schmerzte ihn noch immer. Wie an so vieles, was er verloren hatte. Im gleichen Moment spürte er jedoch, dass diese Erinnerung nicht mehr von verzweifelten Schuldgefühlen begleitet war.

»Die Nacht ist immer am dunkelsten vor Anbruch der Morgendämmerung.« Die Hand des Geistlichen lag tröstend auf seiner Schulter.

Fragend wandte sich Aidan zu ihm um.

»Man beginnt, Anteil zu nehmen an dem, was hier oben

in den Highlands geschieht«, sagte MacKerron leise. »An den Vertreibungen, den Entrechtungen.«

Aidans Miene wurde zornig. »Ja, sie schreiben darüber in den Edinburgher, ja sogar in den Londoner Zeitungen, und doch …«, fuhr er heiser fort, »und doch tun sie nichts. Nichts, außer das Wild und den Whisky der Highlands zu konsumieren und unser Land als Sehnsuchtsort für zahlungskräftige Reisende aus dem Süden gewinnbringend zu verhökern.«

In den Augen des Reverends stand eine Zuversicht, die Aidan nicht teilen konnte. »Glaub mir, es wird sich einiges ändern, Aidan. Vielleicht auch mit der neuen Königin Victoria, wer weiß. Es mag dauern, vielleicht noch Jahre oder Jahrzehnte, aber es wird eine neue Zeit anbrechen.« Er nickte. »Und vielleicht ist der heutige Abend, hier an diesem Ort, ein erster Schritt dazu.«

Aidan lächelte bitter. »Mit mir als lebendem Beispiel dafür, was aus den Trümmern der Vergangenheit entstehen kann.«

Freundschaftlich klopfte MacKerron ihm auf den Rücken. Aidan hatte ihm seine Zukunftspläne offenbart, ihm dargelegt, was er mit Thirstane Manor und den angrenzenden Ländereien zu tun gedachte. Es war sein Wunsch, so viel wie möglich von dem wiedergutzumachen, was sein Vater und Großvater zerstört hatten. Einen Ort zu schaffen, an dem Menschen leben, eine Heimat, ein Auskommen finden konnten.

Eine Vergangenheit und eine Zukunft.

Unwillkürlich flog sein Blick hinüber zu Kari, der neben dem Erkerfenster stand, den Rücken an die Wand gelehnt. Was er wohl in diesem Augenblick empfand? Verspürte er den gleichen Schmerz über seine verlorene Vergangenheit, seine verlorene Heimat und Traditionen? Über das, was die Europäer seinem Volk angetan hatten und noch immer antaten?

Nun denn, zumindest Karis Sehnsucht nach seiner Heimat würde bald gestillt werden. Aidan wusste, dass er sich bei Frühlingsanbruch auf den Weg nach Australien machen würde. Seit dem Tod Patrick Logans waren sieben Jahre vergangen, genügend Zeit, um die Sache etwas der Vergessenheit anheimfallen zu lassen. Nun konnte er seine Aufgabe hier an Aidans Seite in andere Hände übergeben, wie er es ausgedrückt hatte. Doch verdunkelte das Wissen um Karis Abschied für Aidan den Glanz dieses heiligen Tages wie ein Schatten.

Allerdings hatte Fiona einige geheimnisvolle Andeutungen gemacht, den Freund die weite Reise nicht allein antreten zu lassen – und dass sie das Land ihrer vergessenen Kindheit gern wiedersehen würde. Bei dieser Frau musste man immer auf Überraschungen gefasst sein.

Eine wirklich bittere Niederlage, über die Fiona ihn aus Rücksicht auf seinen Zustand erst vor wenigen Tagen unterrichtet hatte, musste Aidan jedoch auch verkraften. Thomson! Aidans jahrelange Bemühungen, Beweise für dessen schändliches Treiben zu finden, waren umsonst gewesen. Vorerst. Als einige Tage nach ihrem Zusammentreffen die Gerichtsdiener bei Thomson erschienen, um ihn festzunehmen, hatten sie ihn nicht mehr angetroffen. Sowohl er selbst als auch seine Tochter waren verschwunden. Aidan machte sich Vorwürfe, den Kerl nicht gleich an Ort und Stelle unschädlich gemacht, ja, ihm durch seine Vorwarnung geradezu ein Schlupfloch geboten zu haben. Doch hatte sich Aidan an jenem Tag kaum auf den Beinen halten können. Halb wahnsinnig vor Schmerz und Sorge war es ihm damals vor allen Dingen daran gelegen gewesen, Fiona, Seoc und Kari lebend aus der Sache herauszuholen, sodass ihm kaum eine andere Wahl geblieben war.

Nun, da Thomson wusste, dass es genügend stichhaltige Beweise gegen ihn gab, würde er wohl nirgendwo zur Ruhe kommen, geschweige denn in der Lage sein, weiterhin krumme Geschäfte zu tätigen. Und zumindest diese Aussicht war Aidan ein – wenn auch nur schwacher – Trost.

Groll und Enttäuschung verblassten jedoch sogleich, als sich die Tür öffnete und Fiona den Raum betrat. Auf dem Arm balancierte sie ein Tablett mit einer gebratenen Festtagsgans, deren Kruste im Kerzenschein golden schimmerte und einen Duft verbreitete, der ihm das Wasser im Mund zusammenlaufen ließ.

Kurz hinter ihr erschien Elspeth mit einer großen Schüssel Kartoffeln, gefolgt von Mrs MacKerron, eine Platte Wintergemüse in Händen. Auch an diesem Abend hatte sie ihren Mann nach Thirstane Manor begleitet, um gemeinsam mit ihm und den Bewohnern des Hauses das hierzulande so lange geächtete Weihnachtsfest zu begehen.

Die drei Frauen beeilten sich, die Speisen auf der Anrichte abzustellen, die Fiona in ihrem eigenwilligen Sinn für Ironie ebenfalls mit Tartanstoff bedeckt und mit Stechpalmen dekoriert hatte.

Dann wandte sie sich um und eilte auf Aidan zu. Gern wäre er ihr entgegengegangen, hätte sie in seine Arme geschlossen, doch in seinem derzeitigen Zustand kostete es ihn bereits all seine Kraft, sich überhaupt auf den Beinen zu halten.

Vor drei Tagen erst hatte er zum ersten Mal das Krankenlager verlassen können. Zwei Wochen lang hatten ihn Blutverlust und Wundfieber fast an den Rand des Grabes gebracht. Seit einer knappen Woche war er nun fieberfrei und spürte, dass das Schlimmste überstanden war, aber noch eine lange Genesungszeit vor ihm lag.

So streckte er Fiona nur die Hand entgegen, die diese ergriff. Für einen kurzen Moment genoss er ihre Berührung, den warmen, liebevollen Blick ihrer Augen und das, was darin zu lesen stand. All das, was sie für ihn empfand … *Für ihn.*

Es gefiel ihm, wie sie sich in den vergangenen Wochen entwickelt hatte. Ebenso wie er schien auch sie ihren Frieden mit sich selbst, ihrer Vergangenheit und ihrer eigenartigen Disposition gemacht zu haben. Ihre Albträume waren verschwunden, und an manchen Abenden hörte er sie stundenlang im Musikzimmer auf dem Pianoforte spielen. Die Tür zum Flur war geöffnet, und wunderschöne, beseelte Melodien drangen in sein Schlafzimmer. Sie sprachen von Heilung, von Hoffnung und … von Liebe.

»Gleich können wir mit dem Essen beginnen.« Fiona sah zu dem Geistlichen hinüber. »Ich hoffe, Sie werden das Tischgebet sprechen.«

»Es wäre mir eine Ehre.« MacKerron lächelte. »Und vielleicht erlauben Sie mir, noch einen anderen Segen zu spenden.«

Fiona errötete und spürte, wie ihr Herzschlag sich beschleunigte.

Ein weiteres Mal öffnete sich die Tür. Beladen mit einer riesigen Suppenterrine trat Glenna Dunnett ein, gefolgt von Seoc und Duncan, die sich verlegen umsahen.

Sogleich war Fiona zur Stelle, um der Haushälterin und Elspeth bei den letzten Verrichtungen zu helfen. Aidan gefiel dieser Anblick. Die Tochter des Earls, zusammen mit der Wäscherin aus einem unbedeutenden Dorf in den Highlands … Einen Moment lang glaubte Aidan tatsächlich, der Reverend könne recht haben.

Vielleicht würden sich die Dinge wirklich ändern. Zumindest hier, auf seinem Land, auf seinem Grund und Boden wollte er dafür sorgen.

Schon lange hatte er diesen Wunsch gehegt, jedoch nie die Möglichkeit gesehen, ihn in die Tat umzusetzen. In den Wochen seiner Genesung jedoch, in denen Fiona Stunde um Stunde an seinem Bett saß, hatten sie über ihre Pläne und

Hoffnungen gesprochen. Auch Fiona verspürte das Bedürfnis, die Schuld ihres Vaters – und seines Vaters – wiedergutzumachen.

Und wie die Dinge lagen, wären sie auch bald in der Lage, dieses Vorhaben zu verwirklichen. Denn zu ihrem großen Erstaunen hatte Fiona vor wenigen Tagen das Schreiben eines Notars aus Inverness erhalten. Dieser teilte ihr mit, dass ihre Tante Maud, da selbst verwitwet und kinderlos, sie, ihre einzige Nichte, als Alleinerbin ihres Vermögens und ihres Stadthauses eingesetzt hatte.

Und so war es Fionas Vorschlag, ja ihr sehnlicher Wunsch gewesen, Teile dieses Geldes dafür zu nutzen, Aidans Plan zu verwirklichen und die alte Pächtersiedlung wieder aufzubauen. Das Erbe, das ihr durch ihre Tante zufiel, war so beträchtlich, dass sich Aidan und sie nie wieder Sorgen um die Zukunft zu machen brauchten. Zudem täte auch ihr Vater gut daran, seiner Tochter den Anteil ihres Erbes zukommen zu lassen. All das würde es ihnen erlauben, das Anwesen künftig nicht ausschließlich nach Gesichtspunkten des Profits zu führen.

Die Vorstellung, dass auf seinem Land – und ihrem, fügte Aidan in Gedanken mit einem Blick auf Fiona hinzu – bald wieder Menschen leben würden, Pächter mit ihren Familien, erfüllte ihn mit tiefer Genugtuung und Zufriedenheit.

»Soll ich dich zu Tisch führen?« Ohne dass er es bemerkt hatte, war Fiona an seine Seite getreten.

Matt schimmerte sein Verlobungsgeschenk an ihrem Finger, ein schlichter Goldring mit einem kleinen Opal, den er ihr am Morgen dieses Weihnachtstages angesteckt hatte. Um nichts in der Welt hätte Aidan ihr etwas von dem verbliebenen Familienschmuck der Thirstanes schenken wollen, der ihn stets an Lady Mildred, die Frau seines Vaters erinnerte. Dazu trug Fiona ein maßgeschneidertes dunkelgrünes Kleid, das er noch vom Krankenlager aus in Auftrag gegeben hatte. Es war gerade noch rechtzeitig zum Fest geliefert worden und betonte den sahnigen Teint ihrer Haut, den Zimtton ihrer Haare und ihre filigrane Figur. Seine Zukünftige sah nicht nur wunderschön aus, sie wirkte auch gelassen, mit sich und der Welt im Reinen.

»Meinst du, ich schaffe die drei Schritte nicht allein?«, meinte er mit schiefem Lächeln und schielte zu dem Tisch hinüber.

»Jemand, der mehr tot als lebendig den Weg aus Moreton Bay nach Hause geschafft hat, schafft sicher auch den Weg zu seiner eigenen Tafel. Aber ...« Fionas Lächeln vertiefte sich, und ihre Augen leuchteten warm wie Bernstein. »Aber vielleicht macht es mir ja Freude, einen Vorwand zu haben, deine Nähe zu spüren.« Die letzten Worte hatte sie so leise geflüstert, dass nur er sie verstehen konnte.

Aidan spürte, wie Hitze in ihm aufstieg. Immer wieder gelang es Fiona, ihn zu überraschen. Nichts mehr war geblieben von dem verängstigten, zutiefst verunsicherten Wesen, das vor mehr als zwei Monaten Zuflucht in seinem Haus gesucht hatte.

Doch hatte sie es, wenn er es recht bedachte, schon damals verstanden, sich gegen ihn zur Wehr zu setzen. Sie hatte sein Schweigen und seine Distanz nicht akzeptiert, ihn zum Handeln gezwungen und seiner selbst gewählten Einsamkeit entrissen.

Und wie ein Schmetterling hatte sie sich aus ihrem Kokon befreit. Gemeinsam mit ihr, das spürte Aidan, würde es ihm mit der Zeit gelingen, die Schatten seiner Vergangenheit zu vertreiben.

Die Worte Reverend MacKerrons kamen ihm in den Sinn, die er ihm vor einigen Tagen am Krankenlager so nachdrücklich ans Herz gelegt hatte: »*Làidir mar am bàs tha an gràdh, an-iochdmhor mar an uaigh an t-eud.«* Sie stammten aus dem Hohelied Salomos: Stark wie der Tod ist die Liebe, Leidenschaft unwiderstehlich wie das Totenreich.

Tatsächlich spürte er, wie durch dieses unerhörte Gefühl, ihre gegenseitige Liebe, seine alten Wunden zu heilen begannen. Zum ersten Mal seit so vielen Jahren.

Is èibhlean a teine a èibhlean-san, lasair ro-gharg. Chan urrainn uisgeachan lionmhor an gràdh a mhùchadh, agus cha bhàth na tuiltean e. – Ihre Gluten sind Feuergluten, gewaltige Flammen. Mächtige Wasser können die Liebe nicht löschen, auch Ströme schwemmen sie nicht hinweg.

»Also, darf ich dich zu Tisch führen?«, vernahm er Fionas Stimme.

Ein wenig herausfordernd lächelte Aidan sie an. »Wenn das so ist, Mylady, dann möchte ich Sie nicht von den Werken der Nächstenliebe abhalten.«

Er stützte sich mit der rechten Hand auf den Stock und mit dem anderen Arm auf Fiona. Gemeinsam gingen sie hinüber zu der festlich gedeckten Tafel. Die anderen folgten ihnen, Mrs Dunnett, Duncan, Seoc, Elspeth …

Meine Familie …, schoss es Aidan durch den Kopf.

Oder doch zumindest das, was einer solchen am nächsten kam.

Und bei dem Gedanken, was sein Vater dazu sagen würde, könnte er sehen, dass sein einziger überlebender Sohn und Erbe, der neue Laird Thirstane, ausgerechnet einen Straßenjungen aus dem Arbeitshaus, eine einfache Wäscherin, einen zahnlosen Gärtner, der kaum ein Wort Englisch sprach, und eine ältliche Haushälterin als Familie betrachtete … überkam ihn große Genugtuung.

Schwerfällig ließ sich Aidan auf dem Stuhl nieder, den Fiona ihm bereitgestellt hatte.

»Pass auf«, sagte er ein wenig atemlos, »Möglicherweise finde ich noch Gefallen daran, von dir umsorgt zu werden.«

Mit einem vielsagenden Lächeln nahm Fiona ebenfalls Platz. »Verkehrte Welt, hier in den Highlands ... wo der Laird eines heruntergewirtschafteten Anwesens sich von der Tochter des Earls bedienen lässt.«

»... dessen Antrag, ihn zu ehelichen, sie zudem noch recht leichtfertig angenommen hat«, ergänzte Aidan trocken. »Oder bereust du das etwa schon?«

Er konnte nicht verhindern, dass sein Herz klopfte, als er auf die Antwort wartete und sah, wie Fionas Gesicht ernst wurde. »Ich kann den Tag nicht erwarten, an dem ich endlich den Namen Hemington ablegen kann«, flüsterte sie, während der Rest der Gesellschaft ebenfalls Platz nahm.

»Also lieber die Frau eines verarmten Lairds?«, spottete er ebenso leise, während ihn das Gefühl der Erleichterung durchströmte wie klares Wasser.

»... als die Tochter eines Verbrechers«, vollendete Fiona den Satz fast unhörbar, während ihre Hand unter dem Tisch in seine glitt. Als er aufschaute, bemerkte er, dass sich alle gesetzt hatten und ihre Blicke erwartungsvoll auf ihn gerichtet waren.

Auf ihn ... den Laird. Und auf Fiona, die Frau an seiner Seite.

Er räusperte sich, und die Wärme, die in ihm aufstieg, rührte nicht von Fieber her.

Die Vergangenheit war endgültig vorbei. Die alten Kapitel waren abgeschlossen, und es war an der Zeit, im Buch des Lebens eine neue Seite aufzuschlagen.

Unbeschrieben und rein. Offen für alles.

Er und Fiona. Und das Land, das nun ihnen gehörte. Für immer.

Sein Blick ging zu Kari. *An ainm an Àigh!* Er würde seinen

Freund, seinen Begleiter über so viele Jahre, unendlich vermissen, Himmeldonnerwetter!

Als könne sie seine Gedanken lesen, verstärkte Fiona den Druck ihrer Hand, tröstend, kraftspendend. Und Aidan verstand, was sie damit sagen wollte.

Jetzt war der Moment, sich zu freuen, zu feiern und dankbar zu sein.

Alles unter der Sonne hat seine Zeit.

Er ließ seine Augen über die Tischrunde schweifen. »Meine Freunde, ich hoffe, ihr habt Verständnis dafür, dass ich mich trotz dieses festlichen Anlasses nicht erheben kann.« Aus den Augenwinkeln fing er das breite Grinsen Seocs auf, das jedoch sogleich durch einen Rippenstoß der Haushälterin eingedämmt wurde.

»Dennoch freue ich mich sehr, dass wir an diesem besonderen Tag hier versammelt sind, auf Thirstane Manor … um gemeinsam zu feiern, gemeinsam zu speisen und gemeinsam …«, er wandte den Kopf zu Fiona, »einen ganz besonderen Menschen in unserer Mitte zu begrüßen. Die zukünftige Lady Thirstane.«

Fionas Gesicht färbte sich leicht rot, doch offen schaute sie in die Gesichter der Anwesenden.

»Eine junge Dame, ohne deren beherztes Eingreifen wir heute wohl nicht so zufrieden zusammensitzen würden.« Vielsagend ging sein Blick zu Seoc hin, der hastig den Kopf senkte und bis zu den Ohren errötete.

Obgleich ihn das Sprechen noch immer anstrengte, fuhr Aidan fort: »Wir alle wissen, welch harte Zeiten hinter uns liegen. Niemand kann sagen, was die Zukunft bringt. Welche unserer Hoffnungen vielleicht zerstört, wie viele unserer Pläne zunichtegemacht werden.« Einen kurzen Moment flammte wieder die Erinnerung in ihm auf an den Tag, als man ihn seiner Mutter entriss, ihm Hände und Füße in Eisen legte ... Sein Körper verkrampfte sich, und wieder ahnte er, dass es noch lange dauern würde, bis die Wunden der Vergangenheit verheilt wären. Vollständig abklingen würde der Schmerz wahrscheinlich nie. »Doch heute ist ein Tag zum Feiern ...«

Er sah zu Reverend MacKerron hinüber, der sich lächelnd erhob. »Und mir gebührt die Ehre, den Segen Gottes über diesen besonderen Tag zu erbitten, an dem wir die Geburt unseres Herrn feiern und ...«, der Reverend unterbrach sich, ergriff Aidans rechte Hand und legte sie in die Fionas, »... die Verbindung zweier Menschen.«

Eine Woge der Vorfreude und des Glücks überlief Aidan und vertrieb für einen Moment sogar das dumpfe Pochen seiner Wunde. Er fing Fionas Blick auf und las darin das Gleiche, was er empfand – Freude, Liebe und Hoffnung auf die Zukunft.

»Gott möge seine schützende Hand über diese Verbindung halten, heute und immerdar.« Die Stimme MacKerrons klang feierlich und zugleich beschwingt. »Er segne euch beide und uns alle ... und dieses Land hier. Frohe Weihnachten! – *Nollaig Chridheil!*«

Nachwort

Wenn es Ihnen geht wie mir und Sie einen historischen Roman am liebsten mit dem Nachwort beginnen, dann habe ich nun eine kleine Enttäuschung. Bei diesem Buch muss ich ganz dringend davon abraten. Denn im Folgenden werden viele Rätsel und Geheimnisse der Romanhandlung aufgelöst und deren Hintergründe geklärt. Daher meine große Bitte: Berauben Sie sich nicht schon vorab der Spannung, und sparen Sie sich dieses Mal das Nachwort bis zum Ende auf.

Wer sich mit Schottland und seiner Vergangenheit näher befasst, wird unweigerlich in den Bann einer Geschichte gezogen, die gleichermaßen von Größe und Niedergang, Glanz und Elend, Stolz und Verlust geprägt ist. Einer Welt, so betörend und faszinierend, dass es mitunter schwer ist, zu unterscheiden, wo die wissenschaftlich nachweisbare Historie endet und der Mythos – der in diesem Land allgegenwärtig zu sein scheint – beginnt.

Ein wenig dieser Verschmelzung von Legende und Wirklichkeit, Mythos und Realität habe ich auch in diesen Roman einfließen lassen. Als Autorin durfte ich hier nach Herzenslust fabulieren und habe meine Heldin Fiona, die aus dem aufgeklärten, teils stark industrialisierten Süden des Landes stammt, in den rauen Norden verbannt, in die Highlands – und somit in eine sagenumwobene Welt, die ihr geheimnisvoll erscheinen muss, bisweilen sogar fremdartig und beängstigend. Bei diesem Aspekt des Romans hatte ich die Möglichkeit, mit

Elementen der klassischen britischen *Gothic Novel* zu spielen, (im Deutschen nur ansatzweise treffend als »Schauerroman« wiedergegeben), deren literarische Blüte sinnigerweise in Fionas Lebzeiten fiel. Alte Herrenhäuser, verwunschene Ruinen und eine raue, urtümliche Landschaft, die den Geist vergangener Jahrhunderte, ja vielleicht Jahrtausende atmen. Doch als Historikerin bin ich natürlich den geschichtlichen Fakten verbunden, weshalb ich diese klassischen Gruselelementen lediglich genutzt habe, um mit ihrer Hilfe den Blick der Leserin und des Lesers auf die historischen Ereignisse der damaligen Zeit zu lenken.

In erster Linie sind dabei die Vorkommnisse zu nennen, die von der Geschichtsforschung als *Highland Clearances* bezeichnet werden, die Vertreibung großer Teile der ursprünglichen, meist gälischsprachigen Bevölkerung der Highlands, insbesondere Pächter und Kleinbauern, zwischen der zweiten Hälfte des 18. und dem Ende des 19. Jahrhunderts. Um dieses menschenverachtende Phänomen, das viele Historiker als ethnische Säuberung, ja sogar als Völkermord, einstufen sowie dessen Hintergründe zu begreifen, muss man einen Blick auf die politische, gesellschaftliche, wirtschaftliche und industrielle Entwicklung der britischen, ja vielleicht sogar der gesamteuropäischen Gesellschaft seit Mitte des 19. Jahrhunderts werfen.

Nach der vernichtenden Niederlage der von vielen Highland-Clans unterstützten Jakobiten bei der Schlacht von Culloden im Jahre 1746 wurden diese samt ihrer Sympathisanten grausam verfolgt. Auch die Rechte, Lebensweise und Kultur der schottischen Bevölkerung wurden stark beschnitten. Insbesondere die gälische Sprache und die traditionellen Symbole und Trachten wie Kilt und Tartan waren seither verboten. Nicht zuletzt durch die Tatsache, dass viele der führenden

Clanchefs bei der Schlacht von Culloden – oder im Anschluss daran – den Tod fanden, wurde das jahrhundertealte Clansystem entscheidend geschwächt. Dadurch, aber auch infolge der wirtschaftlichen Veränderungen, die sich in ganz Europa vollzogen, fielen zahlreiche Besitztümer der alten Clanoberhäupter an Adelige und Emporkömmlinge aus den Lowlands im Süden Schottlands oder gar aus England. Diesen neuen Landlords fehlte jedoch oft die gewachsene Verbundenheit mit dem Land, seinen Bewohnern und nicht zuletzt den von ihnen abhängigen Pächtern.

Zudem blieben die gesellschaftlichen und wirtschaftlichen Umstrukturierungen dieser Zeit – allen voran die Industrialisierung – auch in den entlegenen Highlands nicht ohne Folgen. So stellte sich die althergebrachte Form der Landwirtschaft und Viehzucht, wie sie traditionellerweise durch Pächter und Kleinbauern betrieben wurden, als nicht mehr rentabel heraus. Zur gleichen Zeit stieg der Preis für Rohwolle, weshalb immer mehr Grundbesitzer dazu übergingen, auf ihrem Land Schafe zu züchten, da der daraus erzielte Gewinn die mageren Pachteinnahmen um ein Vielfaches überstieg. Die dadurch unerwünscht gewordenen Pächter wurden – oft mit Gewalt – aus ihren Häusern und Dörfern vertrieben. Manche von ihnen wurden umgesiedelt, andere suchten ihr Auskommen in den wachsenden Industriestädten im Süden des Landes, wie beispielsweise Glasgow. Dies führte dort jedoch zur Massenverelendung, was wiederum Armenhäuser oder Arbeitshäuser notwendig machte – in einem von ihnen hatte die Romanfigur Seoc eine zweifelhafte Aufnahme gefunden. Andere Vertriebene wurden – mehr oder weniger unter Zwang – auf Auswandererschiffe verfrachtet, die sie zu den Überseebesitztümern der britischen Krone brachten, vor allem nach Kanada und eben Australien.

In diesem Roman war es mir auch ein besonderes Anliegen, die leidvolle Geschichte der Gälen in den Highlands mit der der Sträflinge in Australien zu verbinden – wie auch der Ureinwohner des Landes, den Aborigines, die heutzutage politisch korrekt oft als Aboriginals bezeichnet werden. All diese Menschen teilten das Schicksal des Verlusts ihrer Kultur, ihrer Heimat und Identität, wenn auch in unterschiedlichem Ausmaß. Während der *Highland Clearances* wurden Tausende von Gälen mit Gewalt aus ihren Häusern und Dörfern vertrieben; ähnlich traumatisierend war das Los der nach Australien deportierten Sträflinge. Bereits für – nach heutigem Verständnis – geringe Vergehen konnte eine Deportation verhängt werden. Dabei machte die Justiz auch nicht vor Jugendlichen oder in manchen Fällen sogar Kindern halt. Auch auf Frauen, selbst wenn sie schwanger waren, wurde im damaligen Rechtssystem wenig Rücksicht genommen.

Allerdings konnten die Lebensbedingungen der Verurteilten deutlich voneinander abweichen. So war es möglich, dass sich der Alltag der zu Arbeiten in Haushalt und Landwirtschaft herangezogenen Sträflinge nur unwesentlich von dem der freien Siedler unterschied. Bei meinen Recherchen bin ich jedoch immer wieder auf erschreckende Darstellungen von unmenschlichen, bisweilen sadistisch zu nennenden Zuständen in einigen australischen Strafkolonien gestoßen.

Eine der wohl berüchtigtsten dieser Einrichtungen lag zweifelsohne in der Moreton Bay, wo meist Menschen ihre Strafe verbüßten, die sich eines besonders schweren Verbrechens schuldig gemacht hatten oder rückfällig geworden waren. In der Zeit ab 1826, als Captain Patrick Logan Kommandant dieser Kolonie wurde, verschärften sich die Lebensbedingungen der Gefangenen noch weiter. Er war für seine Grausamkeit den Sträflingen, aber auch seinen Soldaten gegenüber bekannt und ließ eigenmächtig und unberechtigterweise solche Strafen vollziehen, für die er zuvor einen richterlichen Urteilsspruch benötigt hätte. Doch durch seine Freundschaft mit dem damaligen Gouverneur Australiens hatte er vergleichsweise freie Hand. Auch soll einer der für die Kolonie zuständigen Ärzte die Brutalität Logans gedeckt haben, indem er Todesfälle, die zweifelsfrei auf übermäßige Misshandlungen zurückzuführen waren, als Folgen von Krankheiten attestierte.

So konnte Logan lange Zeit relativ uneingeschränkt seiner Willkür frönen, was nicht nur Eingang in den nationalen Mythos Australiens, sondern auch in Sträflingslieder gefunden hat. Besonders seine bis heute nicht aufgeklärte Ermordung im Herbst des Jahres 1830 bietet reichlich Raum für Genugtuung, Schadenfreude und wilde Spekulationen. Waren tatsächlich Aborigines die Mörder, wie es auf den ersten Blick aussah? Oder doch entlaufene Sträflinge, die allen Grund hatten, sich an ihm zu rächen? Auch Logans eigene Soldaten, die ihn auf seiner Expedition begleiteten und ebenfalls häufig Opfer seiner Bestialität geworden waren, sind als Täter nicht auszuschließen.

Für eine Autorin historischer Romane ist ein solches Rätsel natürlich von besonderer Faszination, und so habe ich die Gelegenheit genutzt, eine realistische – aufgrund der historischen Faktenlage plausible – Geschichte um den Tod dieses »Tyrannen von Brisbane Town« zu spinnen.

Erwähnt werden muss noch, dass die Gesetzgebungen Englands, Wales', Schottlands und Irlands sich in Bezug auf die Häufigkeit von Deportationen nach Australien stark unterschieden. Zeitgenössischen Quellen zufolge waren nur etwa zehn Prozent der australischen Sträflinge schottischer, jedoch ein äußerst hoher Anteil irischer Herkunft. Das lässt sich dadurch erklären, dass in Irland unter britischer Herrschaft bereits geringe Straftaten, geradezu lächerliche Tatbestände, dazu führten, per Urteil nach Australien deportiert zu werden. Die schottische Justiz hingegen verhängte Deportationen meist sparsam, weshalb gerade die schottischen Sträflinge im Ruf standen, echte Verbrecher zu sein. England und Wales lagen dazwischen.

Alles in allem dienten die britischen Rechtssysteme des 19. Jahrhunderts nicht nur solch hehren Zwecken wie der Bestrafung von Schuldigen sowie dem Schutz der ehrlichen Bürger. Aus heutiger Sicht war die damalige Rechtssprechung oft unmenschlich zu nennen, zudem nicht frei von Willkür, Voreingenommenheit, Rassismus und – wie überall und zu allen Zeiten auch – von Bestechlichkeit. Bei meiner Recherche über die Entstehung, den Ausbau und die Aufrechterhaltung der Strafkolonien in Australien war ich über die dort üblichen brutalen Praktiken schockiert. Doch fast noch mehr erschütterte mich die Tatsache, dass diese Kolonien dem Gemeinwohl, sondern auch dem wirtschaftlichen Profit dienten. So mancher hat sich durch die Ausbeutung der Arbeitskraft der Sträflinge, ungeachtet des damit verbundenen Leids, bereichert.

Auch die australischen Ureinwohner hatten unter dem britischen Expansionsbestreben zu leiden. Die Aborigines, die sich aus zahlreichen Stämmen unterschiedlicher Kultur und Sprache zusammensetzen, wurden im Laufe der Kolonialisierung und Besiedlung Australiens durch die Europäer immer wieder Opfer von Enteignungen, Entrechtung und gewaltsamen Übergriffen. Die aus Europa eingeschleppten Infektionskrankheiten forderten zusätzlich ihren Tribut. In der Folge reduzierte sich die Population auf etwa ein Zehntel der ursprünglichen Bevölkerung, wobei diesbezüglich die Schätzungen der Historiker etwas auseinanderdriften.

Durch das Bestreben, ihre gewachsene Kultur und Lebensweise auszulöschen und sie an die europäische Gesellschaft anzupassen, wurden die Aborigines vielerorts ihrer Traditionen, ihrer Glaubenswelt und ihrer sozialen Systeme beraubt. Aus Sicht der britischen Kolonialherren des 19. Jahrhunderts waren sie primitive Wilde, deren Kultur keine Existenzberechtigung in der modernen Welt besaß. Auch aus diesen Gründen ist manches von dem wertvollen alten Wissen dieser Menschen unwiederbringlich verloren gegangen. Doch wer sich näher mit der Tradition, Kunst und Geisteswelt der Aborigines auseinandersetzt, ist fasziniert von deren Fülle und Komplexität. Für Europäer sind ihre Weltanschauung, Religion und Mythologie so facettenreich und fremdartig, dass es bisweilen schwerfällt, adäquate Begriffe zu finden, um diese zu beschreiben.

Aus Respekt vor der Kultur und Religion der Aborigines und der Schwierigkeit, diese als Europäerin unverzerrt darzustellen, habe ich bewusst darauf verzichtet, diese im Detail zu erläutern. Im Rahmen des Romans wäre es nicht möglich gewesen, dem Denken und Fühlen dieser Menschen auch nur ansatzweise gerecht zu werden. So habe ich mich auf wenige Bruchstücke aus dieser Gedanken- und Lebenswelt beschränkt und sie – meist gebrochen aus der Sichtweise meiner europäischen Protagonisten – dargestellt. Dennoch hoffe ich, auf diese Art einen winzigen Einblick in den Reichtum der Kultur und Mythologie der australischen Völker gegeben und neugierig auf diese fremdartige Welt gemacht zu haben.

Zu den historischen Aspekten, die sich bei der Recherche als besonders knifflig herausgestellt haben, zählen die komplizierten Anredeformen, Adels- und Höflichkeitstitel, wie sie im Schottland der frühviktorianischen Zeit – und somit auch in diesem Roman – Verwendung fanden. So ist Laird streng genommen kein Adelstitel, sondern bezeichnet lediglich einen Landbesitzer, der jedoch aufgrund dieses Besitzes mit gewissen feudalen Rechten ausgestattet ist. Doch kam es vor, dass ein Laird zudem auch einen wirklichen Adelstitel innehatte. Dies galt für Aidan, der zugleich auch Baronet war und dementsprechend angesprochen werden musste.

Die verschiedenen Titel sowie die korrekte Anrede von Bürgerlichen und Adeligen sowie deren Familienangehörigen war und ist in der britischen Welt ein höchst komplexes Thema. Zusätzlich variieren sie, je nachdem, ob der Sprecher zum Dienstpersonal, zur bürgerlichen Klasse oder selbst zum Adel zählt. Die Regeln wurden in den verschiedenen Jahrzehnten nicht immer gleich gehandhabt. Zudem unterscheiden sich die Anredeformen in England in einigen Details von den in Schottland üblichen.

An manchen Stellen habe ich Figuren bewusst nicht die korrekte Anrede nutzen lassen, wie beispielsweise Seoc und Elspeth gegenüber Fiona, um die Einfachheit und mangelnde Bildung der beiden auszudrücken. Auch wählt Mrs Dunnett oft die inkorrekte Anrede »Master Aidan«, was viel über das Verhältnis aussagt, in dem sie zu dem Laird steht und darüber was die beiden verbindet. Denn die Anrede »Master« war im britischen Sprachgebrauch der damaligen Zeit – stark vereinfacht ausgedrückt – zumeist dem noch nicht erwachsenen Sohn und Erben einer hochgestellten Persönlichkeit vorbehalten.

Eine besondere Herausforderung in diesem Roman waren die zahlreichen psychologischen – und neurologischen – Aspekte, deren Recherche und literarische Verarbeitung großer Sorgfalt bedurfte. So leidet Aidan, medizinisch gesprochen, unter einer posttraumatischen Belastungsstörung, verursacht durch die Erfahrung von Hilflosigkeit und Ausgeliefertsein während der Verhaftung, Verurteilung und Deportation in jugendlichem Alter – sowie durch seine Schuldgefühle in Bezug auf seine Mutter und das Erleben der unmenschlichen Zustände in den Strafkolonien, besonders in Moreton Bay. Obgleich die Traumaforschung und deren Behandlungsmethoden erst seit Beginn des 20. Jahrhunderts in den Fokus der Wissenschaft gerückt sind, gab es auch in früheren Jahrhunderten schon Strategien, die traumatisierenden Erlebnisse und deren Folgen zu verarbeiten. So gehen manche der heute erfolgreich angewendeten Methoden der Traumatherapie auf Handlungen und Rituale zurück, die Menschen häufig intuitiv anwenden, um mit schmerzhaften Erlebnissen und ungeklärten Ängsten umzugehen. Ausgesprochen reizvoll war es für mich in diesem Zusammenhang, dem traumatisierten Aidan einen Aborigine als Freund und Vertrauten an die Seite zu stellen. Denn gerade in der Kultur der australischen Ureinwohner haben Klänge, Schwingungen und die Geisterwelt eine herausragende Bedeutung inne. Auch der Musik des australischen Didgeridoos und den damit verbundenen tiefen Vibrationen und Schwingungen wird eine heilende Wirkung auf Geist und Psyche nachgesagt. Und in der modernen Traumatherapie werden verschiedene Methoden des sogenannten *Tapping* angewendet, bei denen entweder ein Therapeut oder der Patient selbst sich »beklopft«. Diese rhythmisch-taktilen Stimuli ermöglichen es dem Patienten unter anderem, wieder verstärkt eine Körperwahrnehmung aufzubauen und eine Beziehung zu sich selbst herzustellen.

Die beschriebenen Dispositionen Fionas sind noch wesentlich komplexer. So leidet sie einerseits an der schmerzhaften Erfahrung des Ausgegrenztwerdens und Abgelehntseins durch ihren Vater und des quasi Nichtvorhandenseins ihrer

Mutter aufgrund von deren psychischen Störungen. Darüber hinaus ist Fiona im 19. Jahrhundert als Epileptikerin auch sozial stigmatisiert, wurde diese Erkrankung doch in der christlich-abendländischen Tradition negativ wahrgenommen (anders als in der Antike, wo sie als »göttliche Krankheit« galt), im Mittelalter gar mit dämonischer Besessenheit gleichgesetzt. Je nach Ausprägung der Erkrankung erleben manche Patienten – wie im Roman auch Fiona – in den Augenblicken vor einem Anfall einen visuell-auditiven Realitätsverlust, eine Art Halluzination.

Doch das Auffallendste an Fiona, das ihren Charakter entscheidend bestimmt und den gesamten Roman über zutage tritt, ist ihre Synästhesie. Dieser Begriff beschreibt die Verquickung verschiedener sinnlicher Wahrnehmungen, die kausal nicht miteinander verbunden sind, wenn also ein Sinnesreiz (beispielsweise Schmecken oder Hören) eine andere Sinneswahrnehmung (beispielsweise Sehen von Farben) auslöst. Das bedeutet, dass manche Synästhetiker Geschmacksempfindungen als geometrische Formen, andere Zahlen oder Buchstaben als Farben wahrnehmen, oder beides. Einige Synästhetiker sehen sogar Klänge dreidimensional im Raum schweben, wobei häufig jeder Ton einer bestimmten Position im Raum zugeordnet ist.

Eine Sonderform der Synästhesie ist die sogenannte Gefühlssynästhesie, die Fiona zusätzlich auszeichnet. Es bedeutet, dass verschiedene Emotionen an Sinneswahrnehmungen gekoppelt sind. In Fionas Fall werden Gefühle und Emotionen als Klänge wahrgenommen. Aufgrund ihrer musikalischen Begabung können sich diese bei ihr zu einer vollständigen Melodie ausformen, was jedoch über eine übliche Ausprägung der Synästhesie hinausgeht. Heute wird Synästhesie keineswegs als Erkrankung angesehen, sondern als ein neurologisches

Phänomen, das durchaus Nährboden für besondere künstlerische Befähigungen zu sein vermag. So soll der Prozentsatz von Synästhetikern unter Künstlern, Musikern oder Malern überdurchschnittlich hoch sein. Im 19. Jahrhundert jedoch galt diese Disposition als Wahrnehmungsstörung oder gar als Geisteskrankheit. Da in dieser Epoche gesellschaftliche Regeln und soziale Anpassung als unerlässlich galten, wurden Menschen, deren Wahrnehmungen, Empfindungen und Äußerungen aus dem Rahmen der gesellschaftlichen Norm fielen, meist nicht akzeptiert und an den Rand gedrängt. Die Drohung seitens Fionas Vaters, seine Tochter wegen ihrer Halluzinationen (und der Fallsucht) in ein Irrenhaus sperren zu lassen, ist zu einem gewissen Maß auch dem Zeitgeist der frühviktorianischen Gesellschaft geschuldet. Wobei anzumerken ist, dass derartige Häuser damals weniger Heilanstalten waren, sondern eher Gefängnissen glichen, mit oft menschenunwürdigen Bedingungen und höchst zweifelhaften, sehr demütigenden und teils schädlichen Therapieformen.

Zum Abschluss möchte ich noch einmal auf Schottland zurückkommen und auf die herbstlich-winterliche Jahreszeit, in der der vorliegende Roman spielt. Vor der Reformation, die (vor allem in den Lowlands) mit besonderer Strenge in die Glaubensvorstellungen und Traditionen der schottischen Bevölkerung eingriff, hatte es in den letzten Monaten des Jahres und zu Beginn eines neuen zahlreiche Feiertage gegeben, an denen sich oft christliche mit heidnischen Elementen mischten. Damit gingen mystische, häufig ein wenig abergläubische (heute würden wir vielleicht sagen: esoterische) Vorstellungen einher. So ist es kein Zufall, dass die katholischen Feiertage Allerheiligen (1. November) und Allerseelen (2. November) an das Datum des heidnischen Festes *Samhain* (oder *Halloween*,

All Hallows' Eve, der Vorabend zu Allerheiligen) angelehnt sind. Drücken doch all diese Tage das Unbehagen der Menschen im Angesicht des Todes aus sowie die Sehnsucht und Hoffnung auf eine jenseitige Welt.

Im Zuge der presbyterianisch-calvinistischen Reformation in Schottland gerieten nicht nur alle Feiertage, die zu stark an papistische (sprich: katholische) Traditionen erinnerten oder in Verdacht standen, heidnischen Ursprungs zu sein, in Verruf und wurden zeitweise sogar gesetzlich verboten. Insbesondere die in der katholischen Tradition praktizierte Verehrung von Heiligen wurde aus religiösen Gründen abgelehnt. So wurde auch der alte Feiertag zu Ehren des Apostels Andreas (*Saint Andrew's Day* oder gälisch: *Là Naomh Anndrais*), dem Schutzpatron Schottlands, neben anderen Heiligenfesten zeitweise stark ins Abseits gedrängt und fand erst wieder im 20. und 21. Jahrhundert zu einer neuen Bedeutung als schottischer Nationalfeiertag.

Für die meisten Mitteleuropäer ist kaum vorstellbar, dass auch ein zentral christliches Fest wie Weihnachten nicht nur lange Zeit von der presbyterianisch ausgerichteten Kirche Schottlands, sondern auch von der weltlichen Obrigkeit des Landes verboten wurde (erstmals im Jahre 1640 durch das schottische Parlament). Auch wenn das Verbot in späteren Jahrhunderten gelockert und schließlich ganz aufgehoben wurde, ist das Begehen des Weihnachtsfestes in der presbyterianischen Tradition bis heute höchst umstritten und je nach theologischer Ausrichtung noch immer verpönt. Doch hing auch im 18. und 19. Jahrhundert in der urtümlich, traditionell geprägten Kultur der Highlands, zumindest bis zu den oben beschriebenen Vertreibungen, noch ein nicht unbedeutender Prozentsatz der Bevölkerung – offen oder im Verborgenen – dem katholischen Glauben an und hielt an den aus dem Mittelalter übernommenen Weihnachtstraditionen fest. Im Laufe des 19. Jahrhunderts fanden dann die Weihnachtsfeiertage langsam ihren Weg zurück ins öffentliche Bewusstsein. So ist es fast als Ironie zu bezeichnen, dass die weltweit erste Weihnachtsgrußkarte im Jahre 1841 ausgerechnet von einem Schotten in der Nähe von Edinburgh entworfen wurde – zu einer Zeit, als besagtes Fest in seinem Land nicht einmal Feiertag war. In den 1880er Jahren ehrte der ebenfalls aus Edinburgh stammende Autor Robert Louis Stevenson mit seiner Weihnachtsgeschichte *The Misadventures of John Nicholson* und dem Gedicht *Christmas at Sea* das Fest dann sogar auf literarische Art. Offiziell zum staatlichen Feiertag erklärt wurde der 25. Dezember (Weihnachten) in Schottland jedoch erst wieder 1958, lange nach dem Zweiten Weltkrieg, und der 26. Dezember *(Boxing Day)* sogar erst im Jahre 1974. Interessanterweise sind diese neu belebten Weihnachtsfeierlichkeiten in Schottland auch stark von deutschen Traditionen geprägt, da sich solche im eigenen Land ja über Jahrhunderte hinweg kaum entwickeln konnten. Viele der heute in Schottland neu etablierten Weihnachtsbräuche (ähnlich wie auch in England und den Vereinigten Staaten) gehen daher auf deutsches Brauchtum zurück.

Nach diesem Blick auf die wechselvolle schottische Geschichte, insbesondere die von Verlust, Entfremdung und Entrechtung geprägten Jahrzehnte des 18. und 19. Jahrhunderts, soll jedoch nicht unerwähnt bleiben, dass sich gerade in dieser für viele Schotten so düsteren Epoche auch ein Prozess des aufkeimenden Selbstbewusstseins, einer neuen Identitätsfindung anbahnte. Wie bereits in meinem vorigen Roman *Die Festung am Rhein* (Bastei Lübbe 2017) dargestellt, in dem einer der zentralen Charaktere ebenfalls Schotte ist, wuchs in Schottland ab der zweiten Hälfte des 18. Jahrhunderts der Wunsch nach einer eigenen Identität und der Rückbesinnung auf althergebrachte Werte und Traditionen. Diese wurden natürlich – nicht zuletzt durch schottische Dichter wie Robert Burns, Romanautoren wie Sir Walter Scott und später Robert Louis Stevenson – häufig stark verklärt und ein wenig verkitscht wiedergegeben. Gerade Walter Scott schuf mit seinen historischen Schottland-Romanen das Urbild der literarischen Highland-Romantik, oft kopiert, selten erreicht. Auch köderte er den britischen König George IV. regelrecht auf dessen Schottland-Reise im Jahre 1822 mit einer lebendig gewordenen Romankulisse. So beauftragte er beispielsweise eine schottische Weberei damit, Tartanstoffe zu entwerfen, die zu traditionell wirkenden Highland-Trachten mit Kilt und Plaid verarbeitet wurden. Diese wurden dann zum Empfang des Königs mit allem Pomp und künstlerischer Freiheit getragen – was einen wahren Schottland-Boom bei George IV. und der englischen Oberschicht auslöste. Ein Boom, der bis heute anhält und sich über den gesamten europäischen Kontinent und Nordamerika ausgebreitet hat. Wenn heute also Tartan, Kilt und Plaid als Inbegriff der Highlands, ja ganz Schottlands gesehen werden, so ist das nicht zuletzt das Werk Walter Scotts, übrigens ein treuer Anhänger der britischen Krone und der Union mit England, der es verstand, sein Land – und damit auch seine Romane – erfolgreich zu vermarkten.

Doch sollte diese kleine, aber wahre Anekdote nicht negativ bewertet werden. Denn besonders den Geschichtenerzählern, Dichtern und Romanautoren verdanken wir heute, dass die jahrhundertealte Tradition und Kultur Schottlands noch immer lebendig ist, vielleicht lebendiger denn je. Vermögen doch gerade solche Geschichten, den Geist einer Kultur und einer

Epoche einzufangen, zu konservieren und an nachfolgende Generationen weiterzugeben.

Und vielleicht konnte auch dieser Roman über Entfremdung, Verlust und das Wiederfinden in den schottischen Highlands dazu beitragen, ein gern verschwiegenes Kapitel schottischer Geschichte wieder ins Bewusstsein zu rücken und etwas von der Faszination dieses urtümlichen Landes widerzuspiegeln.

Wer sich für die historischen Hintergründe meiner Romane interessiert, wird auch auf meiner Homepage *www.mariawpeter.de* oder meiner Facebook-Seite *www.facebook.com/mariawpeter* fündig. Zusätzliche Fragen beantworte ich unter *mwp-history@web.de*, wann immer ich die Zeit dazu finde.

Maria W. Peter
Sankt Augustin und Schiffweiler, im Juni 2018

Glossar

Bannock (hier): Einfaches, fladenähnliches, meist ohne Hefe oder anderes Triebmittel in der Pfanne ausgebackenes Brot, vorwiegend auf Haferbasis.

Baronet: Ein vererbbarer niedriger britischer Adelstitel, der zumeist als Belohnung für besondere Leistungen oder Dienste verliehen wurde bzw. wird. Ein Baronet zählt nicht zum Hochadel (den Peers), sondern zum Landadel (Gentry) und hat daher auch keinen Sitz im britischen Oberhaus.

Broad Arrow (der Breite Bogen): Symbol, mit dem die britische Regierung ihr Eigentum markierte. Auch die Uniform britischer Sträflinge war mit diesem Symbol versehen.

Earl: Titel des britischen Hochadels, entsprechend dem deutschen »Graf«. Die weibliche Form ist Countess. Angehörige des Hochadels genossen nicht nur bestimmte gesellschaftliche Vorrechte, sondern waren auch juristisch privilegiert. So konnten Angehörige des Hochadels nur in besonders schwerwiegenden Ausnahmefällen (wie z.B. Hochverrat) zum Tode verurteilt werden.

Fallsucht: Veralteter Begriff für Epilepsie.

Gälisch (Gàidhlig; hier): Schottisches Gälisch. Eine keltische Sprache, die traditionell vor allem im nördlichen Teil

Schottlands gesprochen wurde (und teilweise heute noch immer wird), in den Highlands und auf den Hebriden.

Jakobiten (historisch): Die im 17. und 18. Jahrhundert politisch aktiven Anhänger des (ehemaligen Königs-)Hauses Stuart, welche diese als legitime Thronanwärter ansahen. Ihr Name leitet sich von King James II., König Jakob II., ab. In der legendären Schlacht von Culloden kämpften die Jakobiten im Jahre 1746 für den katholischen Charles Edward Stuart (genannt Bonnie Prince Charlie), wurden jedoch von den britischen Unionstruppen vernichtend geschlagen. Damit begann der Niedergang des schottischen Clanwesens und der traditionellen gälischen Kultur in den Highlands.

Judge Advocate General (hier): In etwa oberster Militärstaatsanwalt in Australien, das als damalige Strafkolonie überwiegend militärisch verwaltet wurde.

Kleines Volk (hier): Euphemistische Umschreibung von Feen, Elfen oder anderen Geistwesen, deren Namen in manchen Regionen aus Respekt oder Furcht nicht ausgesprochen werden darf.

Kragenechse (Bemang): Ein in Australien und Neuguinea heimisches Reptil, das eine Länge von einem Meter erreichen kann und besonders durch eine Halskrause auffällt, die es bei drohender Gefahr aufstellen kann. In vielen Aboriginal-Traditionen wird die Kragenechse als mythologische Gestalt oder gar Totemtier verehrt.

Laird: Landbesitzer, auch Großgrundbesitzer in Schottland. Obgleich dies kein Adelstitel ist, werden Lairds zum sogenannten untitulierten Landadel gezählt und verfügen auf ihrem Besitz über gewisse feudale Rechte. Allerdings ist es möglich, zusätzlich noch einen Adelstitel zu tragen, wie in Aidans Falle den des Baronets.

Papisten: Abwertende Bezeichnung für Katholiken.

Plaid (hier): Wolldecke oder -tuch, in schottischem Tartanmuster gewebt. In den Highlands als traditionelles Kleidungsstück über die Schulter geworfen oder befestigt getragen, oft in Kombination mit einem Kilt.

Presbyterianer: Eine vor allem in Schottland und von schottischen Auswanderern geprägten Ländern (wie Nordamerika, Australien) etablierte Kirche reformatorischer bzw. calvinistischer Prägung. Sie zeichnen sich durch einen – im Vergleich zur katholischen oder auch lutherischen Tradition – eher nüchternen Gottesdienst aus, auch die Autorität der Bibel spielt eine zentrale Rolle. Aus diesem Grunde und um sich von der katholischen Tradition abzuheben, verbannten Presbyterianer zunächst die aus dem Mittelalter übernommenen traditionellen Feiertage aus ihrem Kalender. Strenge Presbyterianer besonders in Nordamerika lehnen es bis heute ab, Weihnachten zu feiern, da sie das Datum selbst als heidnisch, die Traditionen der Feier als katholisch (→ papistisch) ansehen.

Regenbogenschlange: Eine der wichtigsten Gestalten der Mythologie australischer Aboriginals, wobei diese in allen Stämmen unter teilweise anderen Namen und leicht abweichenden Vorstellungen bekannt ist.

Reverend: Pfarrer, Geistlicher.

Scone: Heute versteht man darunter ein süßes, mit Backpulver oder Natron im Ofen gebackenes Teebrötchen. Zur Zeit des Romans wurden Scones jedoch noch ohne Backtriebmittel in einer Pfanne ausgebacken und konnten, je nach Zubereitungsart, gewisse Ähnlichkeit mit Pfannkuchen aufweisen.

Samhain (auch Halloween): Die Nacht auf den 1. November, in keltischer Zeit die Nacht, in der die Verbindung zwischen Diesseits und Jenseits, der Welt der Lebenden und der Toten, als sehr dünn angesehen wurde. Manche der Traditionen von Allerheiligen (1. November) und Allerseelen (2. November) beinhalten noch Reste dieser Vorstellung.

Saint Andrew's Night: Die Nacht vom 29. auf den 30. November, der Vorabend des Namenstags des als Heiliger verehrten Apostels Andreas, der zugleich als Schutzheiliger Schottlands zählt. Um diese Nacht ranken sich zahlreiche, oft noch auf heidnische Traditionen zurückreichende Vorstellungen. Durch die strenge Reformation in Schottland wurde jedoch die Verehrung von Heiligen stark zurückgedrängt und hielt sich eher in der Volksfrömmigkeit, im Verborgenen oder unter dem noch verbliebenen katholischen Teil der Bevölkerung. Heute wird Saint Andrew's Day in Schottland wieder als Nationalfeiertag begangen.

Scots: Die schottische Sprache. Sie ist germanischen Ursprungs, weitestgehend mit dem Englischen verwandt und vorwiegend im schottischen Tiefland, aber auch in Städten wie Edinburgh beheimatet. (Nicht zu verwechseln mit dem Gälischen, das der keltischen Sprachfamilie entstammt und vor allem im schottischen Hochland Verwendung findet.) Bis zur Union Schottlands mit England im Jahre 1707 war Scots die Amtssprache in Schottland, wurde dann aber zugunsten des Englischen zurückgedrängt. Nicht zuletzt durch die Gedichte des schottischen Poeten Robert Burns, ein Wiedererstarken des schottischen Nationalbewusstseins im frühen 19. Jahrhundert und die Strömung der Romantik gewann das Scots als Sprache wieder an Bedeutung.

Sträflingsuniform (hier): Bei der im Roman beschriebenen Uniform eines australischen Sträflings handelt es sich um die sogenannte Magpie (Elster). Die meist aus Wollstoff gefertigte Uniform war auffällig zweigeteilt in Gelb und Schwarz genäht und meist mit dem → *Broad-Arrow*-Symbol bedruckt. Diese bewusst an einen mittelalterlichen Hofnarren angelehnte Farbgestaltung diente der zusätzlichen Stigmatisierung und öffentlichen Demütigung der Gefangenen. Da diese spezielle Uniform meist nur von Kettensträflingen getragen wurde, waren die Beine der Hose an der Außenseite komplett durchgeknöpft, damit die Gefangenen sie – trotz der Fußfesseln – aus- und anziehen konnten.

Synästhesie: Eine Kopplung verschiedener, nicht miteinander in Verbindung stehender Sinneseindrücke. So könnte ein Synästhetiker beispielsweise Farben als Geschmack wahrnehmen, wobei die Wahrnehmungen von Geschmack und von Farbe normalerweise nicht miteinander gekoppelt sind. Auch Teile von Fionas besonderen Wahrnehmungen können auf ihre Synästhesie zurückgeführt werden, beispielsweise dass sie Klänge als farbig wahrnimmt, noch dazu räumlich bewegt. Im weiteren Sinne kann auch ihre Fähigkeit, Gefühle als Klänge wahrzunehmen, zu einer

Sonderform der Synästhesie gezählt werden, der sogenannten Gefühlssynästhesie, bei der nicht nur Sinneseindrücke miteinander verbunden werden, sondern auch Gefühle mit Sinneseindrücken.

Tartan (umgangssprachlich auch »Schottenkaro«): Ein spezielles Webmuster, bei dem durch verschiedenartige Fäden Karomuster in einer bestimmten Farbkombination entstehen, wie sie in Schottland traditionell für → Plaids und Kilts verwendet werden. Heutzutage werden bestimmte Muster als jeweils einem konkreten Clan zugehörig betrachtet. Es ist allerdings historisch höchst umstritten, wie weit diese Tradition tatsächlich in die Vergangenheit zurückreicht.

Traumpfade (englisch: *Dreaming Track* oder *Songlines*): Wesentlicher Bestandteil der Mythologie und Weltsicht der australischen Aborigines. Nach ihrer Vorstellung durchziehen derartige Traumpfade das gesamte Land wie eine unsichtbare Landkarte. Das Wissen darüber wird durch Gesang (daher der Name *Songlines*) von Generation zu Generation weitergegeben und durch Wanderungen nachvollzogen und verehrt, insbesondere im Rahmen der Initiation von Jugendlichen. Diese mythologische Vorstellung ist so zentral für die Glaubenswelt der Aborigines und so komplex, dass sie an dieser Stelle nur angedeutet werden kann.

Traumzeit: Eine in den europäischen Sprachen nur andeutungsweise (korrekt) wiedergegebene zentrale Vorstellung der Mythologie der australischen Ureinwohner. Sie beschreibt eine universelle Welt, aus der die gegenwärtige Wirklichkeit immer wieder neu hervorgebracht wird, aber auch zugleich von dieser mit geformt wird. Eine grundlegende Vorstellung von Welt und Wirklichkeit – und eine, die sich so stark von der europäischen Vorstellung unterscheidet, dass diese nur unzureichend in die Metaphern europäischer Sprachen gefasst werden kann.

Tretmühle (hier:) Ein in britischen Gefängnissen und Strafkolonien eingesetztes Instrument zur körperlichen Bestrafung. Ursprünglich tatsächlich zum Mahlen von Getreide entwickelt, erlangte es im britischen Strafvollzug grausame Popularität. Zur Arbeit an der Tretmühle verurteilte Gefangene mussten oft bis zu 12 Stunden am Tag (meist mit 20 Minuten Pause pro Stunde) das Rad der Tretmühle über Stufen von einer nur ca. 23 Zentimeter langen Trittfläche bewegen. Besonders für Kettensträflinge, die mit bis zu 10 Kilogramm an Fesseln beschwert waren, war diese Arbeit nicht nur eine körperliche Qual, sondern zudem auch gefährlich. Bei Unaufmerksamkeit, Erschöpfung oder mangelnder Tretgeschwindigkeit war es möglich, zu stürzen oder sich mit den Ketten im Rad zu verfangen, was zu schwerwiegenden Verletzungen bis hin zum Verlust von Gliedmaßen führen konnte.

Triangle (im Deutschen meist wiedergegeben als Dreibein, wörtlich aber Dreieck): Ein aus drei Balken bestehendes dreibeiniges Gerüst, an das zur körperlichen Züchtigung verurteilte Verbrecher, Sträflinge oder Gefängnisinsassen gebunden wurden, um ihre Strafe zu empfangen. Auch in Sträflingsballaden und Klageliedern hat das Triangle Eingang gefunden.

Yard: Britische Längenmaßeinheit, die etwa 0,91 Metern entspricht.

STÖBERTIPPS

Wer sich über den Roman hinaus weitere Einblicke in Landschaft und Geschichte Schottlands sowie Australiens wünscht, für den habe ich hier vielleicht ein paar interessante Buchtipps und Links (für deren Inhalte und Korrektheit ich selbstverständlich jedoch weder Gewähr noch Verantwortung übernehmen kann).

Schottland

Maier, Bernhard: *Geschichte Schottlands*. München: C. H. Beck 2015.

Maurer, Michael: *Geschichte Schottlands*. Stuttgart: Reclam 2011.

Prebble, John: *The Highland Clearances*. London: Penguin 1982.

Australien

Leitner, Gerhard: *Geschichte Australiens*. Stuttgart: Reclam 2016.

Leitner, Gerhard: *Aborigines Australiens*. Stuttgart: Reclam 2010.

Koch, Sabine und Burkhard: *Aborigines – Gestern und Heute: Gesellschaft und Kultur im Wandel der Zeiten*. Mettmann: 360 medien mettmann 2013.

Zur Person Patrick Logans
http://www.logan.qld.gov.au/__data/assets/pdf_file/0014/7322/richinhistory-patricklogan.pdf

Zur Funktionsweise und Nutzung der Tretmühle
https://sydneylivingmuseums.com.au/convict-sydney/treadmill#gallery-1

Zur Sträflingsuniform, wie sie im Roman beschrieben ist
http://convictvoyages.org/artifact/convict-uniform-australia

Schottisch-gälische Ausdrücke, Redewendungen und Sätze

Wer sich näher mit den in Schottland gesprochenen Sprachen, Dialekten und Akzenten befasst, ist unweigerlich von deren Vielseitigkeit fasziniert. Am einfachsten verständlich für Nicht-Schotten – wie uns deutschsprachige Leser – ist natürlich das dort vorherrschende Englisch mit dem sehr urtümlich klingenden schottischen Akzent, wobei es deutlich ausgeprägte regionale Unterschiede gibt, insbesondere zwischen dem Süden und dem Norden des Landes. Außenstehenden fällt dabei meist das stark gerollte »R« auf, sowie eine raumelodische Betonung der Vokale.

Daneben gab und gibt es das sogenannte Scots (siehe hierzu auch Glossar), welches vor allem in den Lowlands verbreitet ist. Es ist eine anglistische, stark mit dem Englischen verwandte Sprache. Dennoch zählt es als eigene Hochsprache, nicht als Dialekt. In früheren Zeiten war es sogar die offizielle Amts- und Hofsprache des Landes. Dichter wie der legendäre Robert Burns verwendeten Scots in ihren Werken. Heute ist es wieder eine der drei offiziellen Sprachen in Schottland und eine der anerkannten Minderheitensprachen der EU.

Die wohl malerischste und – für deutsche Hörer – sicher am schwersten zu erlernende und zu verstehende Sprache ist das Schottische Gälisch, das vor allem in den Highlands und auf den Inseln beheimatet ist. Als keltische Sprache unterscheidet es sich in Wortbildung, Aussprache und Grammatik stark vom Englischen und Deutschen. Ohne Vorkenntnisse ist für

Deutsch- und Englischsprachige alleine schon das fremdartige Schriftbild kaum zu lesen.

Aus diesem Grunde gebe ich hier kleine Hinweise zur Aussprache, damit manche Namen und Wörter nicht ganz so vage bleiben.

So wird ein »S« vor einem hellen Vokal wie »e« wie ein stimmloses »sch« ausgesprochen.

Der Name Seoc klingt daher in etwa wie das deutsche Wort »Schock«, allerdings mit einem offenen »o«, das fast schon einem »a« ähnelt. Der Name selbst leitet sich von »Johannes« ab, entspricht also dem englischen Namen »Jack« und dem Deutschen »Hans«.

Das kleine Wörtchen *uill*, das vor allem Aidan häufiger verwendet, entspricht dem deutschen »nun« oder »na ja« am Satzanfang oder dem englischen *well*, und wird auch annähernd wie Letzteres ausgesprochen.

Eine schöne Website zur Aussprache des Schottisch-Gälischen findet man hier:

https://cuhwc.org.uk/page/unofficial-guide-pronouncing-gaelic

Einen kleinen audiovisuellen Eindruck hier:

https://www.youtube.com/watch?v=4tIMC21k-nw und https://www.youtube.com/watch?v=CUSGeUYpRiw

(Hinweis: Trotz sorgfältiger Prüfung kann ich für Inhalte und Korrektheit der verlinkten Seiten natürlich keinerlei Verantwortung übernehmen.)

Viel Spaß beim Eintauchen in die faszinierende Welt der gälischen Sprache!

a bhana bhuidseach bheag	(du) kleine Hexe
a bhean-uaisle	Dame, Frau, Herrin
A bheil thu às do rian?	Bist du verrückt geworden?

a chaileag	junge Frau
a chaileag churanta	(du) tapferes Mädchen
a chrostain!	(du) frecher Kerl!
Am britheamh damainte seo!	Dieser verfluchte Richter!
An d' fhuair sibh cadal math?	Haben Sie gut geschlafen?
Anighean a' bhritheimh dhamainte!	Die Tochter dieses verfluchten Richters!
an siud, anns an t-seada	dort, im Schuppen
A thighearna!	Oh Herr!
Aodhàn	Gälische Form von Aidan
Ceart	Gut! In Ordnung!
Chan eil sgeul air a' bhalach.	Der Junge ist verschwunden.
Chan ghabh sin a bhith!	Kommt nicht infrage!
Cuidich mi!	Hilf mir!
Èist!	Hör zu!
Fan sàmhach, a nighean, fuirich.	Ruhig, Mädchen, warte.
Mac an donais!	In etwa: Verflucht! (eigtl.: Sohn von Dona!)
Madainn mhath!	Guten Morgen!
mo bhalaich	mein Junge
Mo chreach!	O mein Gott!
mo ghràidh	meine Liebe, meine Braut
Nollaig Chridheil	Frohe Weihnachten
Oinseich, dè tha thu a' dèanamh?	Dummes Weib, was tust du?
Seall orm.	Sieh mich an.
Thalla thusa!	Hau ab! Verschwinde!
Tapadh leat.	Danke.
Thoiribh an aire!	Passen Sie doch auf!
Uill	Na, na ja

Die Figuren der Handlung

Sir Aidan Thirstane, Laird und Baronet
Glenna Dunnett, seine Haushälterin
Seoc, sein Bursche
Duncan, Gärtner
Elspeth, junge Wäscherin

Lady Fiona Hemington aus Edinburgh
Earl Hemington, Richter Seiner Majestät, früherer Colonel, ihr Vater

Reverend MacKerron
Mrs MacKerron, seine Frau

Thomson, Emporkömmling
Alice, seine Tochter
Sam, sein Handlanger
George, sein Handlanger

Ein überraschender Gast aus einem fernen Land

Historische Persönlichkeiten

George IV. (* 12. August 1762 im St. James Palace, London, † 26. Juni 1830 im Windsor Castle, Windsor) war ab 1811 Prinzregent, von 1820 bis 1830 König des Vereinigten Königreichs Großbritannien und Irland und König von Hannover. Nach ihm ist die Epoche der Regency (1811–1820) benannt. Im Jahre 1822 besuchte er als erster englischer König seit 200 Jahren Schottland. Seine Leidenschaft für dieses Land, die durch seine Freundschaft zu dem schottischen Autor Walter Scott und die von diesem organisierte Reise durch dessen Heimat noch bestärkt wurde, brachte Schottland als Reiseziel in das Bewusstsein der englischen Oberschicht.

Patrick Logan (* 1791 in East Renton, Berwickshire, Schottland, † Oktober 1830 nahe Moreton Bay, Queensland, Australien) war ein aus Schottland stammender Captain der britischen Armee, Naturforscher und von 1826 bis 1830 Kommandant der Sträflingskolonie Moreton Bay in Australien. Bis heute ist er berüchtigt für seinen besonders grausamen Umgang mit den Sträflingen, aber auch seinen Soldaten, der in die Sträflingslieder und -balladen der Zeit Eingang gefunden hat. Auf einer Expedition in die australische Region Brisbane River und Stanley River im Herbst des Jahres 1830 wurde er von Unbekannten ermordet. Bis heute ist sein Tod nicht vollständig aufgeklärt, doch spricht einiges dafür, dass Aborigines an seiner Ermordung beteiligt waren. Manche Historiker vermuten dagegen, dass ein Racheakt von Sträflingen dahintergesteckt haben könnte.

Rob Roy (eigentlich Robert Roy MacGregor; *7. März 1671 in Glengyle, Schottland, †28. Dezember 1734 in Inverlochlarig Beg, Schottland) war ein schottischer Geächteter. Besonders durch den im Jahre 1817 veröffentlichten gleichnamigen Roman des schottischen Nationalautors Sir Walter Scott wurde er zum Volkshelden stilisiert und erlangte als »schottischer Robin Hood« legendäre Berühmtheit.

Robert Burns (*25. Januar 1759 in Alloway, Ayrshire, †21. Juli 1796 in Dumfries, Dumfriesshire) war ein schottischer Dichter. Er verfasste zahlreiche Gedichte, politische Texte und Lieder, manche davon in Scots, der mit dem Englischen verwandten früheren Amtssprache Schottlands. Zusammen mit Sir Walter Scott gilt er als größter schottischer Dichter, der einen legendären Ruf genießt. Ihm zu Ehren wird jedes Jahr an seinem Geburtstag in Schottland (und auch in anderen stark schottisch geprägten Regionen der Erde) das *Burns Supper* begangen. Dieser Tag hat fast den Rang eines schottischen Nationalfeiertags.

Victoria, gebürtige Princess Alexandrina Victoria of Kent, (*24. Mai 1819 im Kensington Palace, London, †22. Januar 1901 in Osborne House, Isle of Wight) war von 1837 bis 1901 Königin des Vereinigten Königreichs von Großbritannien und Irland. Ab dem 1. Mai 1876 trug sie als erste britische Monarchin zusätzlich den Titel Kaiserin von Indien *(Empress of India)*. Nicht zuletzt durch den Einfluss ihres Gatten Albert von Sachsen-Coburg und Gotha entwickelte sie im Laufe ihres Lebens ein großes Interesse an Schottland. 1848 pachteten beide den schottischen Landsitz Balmoral als Urlaubsresidenz, später kauften sie ihn. Bis heute befindet sich Schloss Balmoral im Privatbesitz der jeweiligen Monarchen von Großbritannien.

(Sir) Walter Scott (* 15. August 1771 in Edinburgh, † 21. September 1832 in Abbotsford) war ein schottischer Dichter und Schriftsteller. Zu seiner Zeit gehörte er zu den einflussreichsten Autoren in Europa und der gesamten englischsprachigen Welt. Zudem gilt er als Begründer der Gattung des historischen Romans. So bezog sich der amerikanische Autor James Fenimore Cooper (u.a. »Lederstrumpf«) auf Scott. Mit seinen Romanen, die in der Vergangenheit Schottlands angesiedelt waren – allen voran »Waverley« (1814) und »Rob Roy« (1817) –, prägte Scott maßgeblich das Bild der romantischen Highlands. Zugleich kurbelte er durch seine Werke und seine Freundschaft zum britischen Monarchen George IV. eine Reisewelle der mondänen Welt in die schottischen Highlands an. 1822 bereitete er die Schottlandreise des Königs vor und sorgte dafür, dass dieser ein romantisch verklärtes Land vorfand. Dazu ließ er »authentische« Highland-Trachten mit Kilts, Tartan und Dudelsack anfertigen, was bis heute einen maßgeblichen Einfluss auf das Schottlandbild hat. Trotz seiner Romane über Highlander und schottische Freiheitshelden war Scott zeit seines Lebens der britischen Krone treu ergeben und keineswegs an einer Unabhängigkeit Schottlands interessiert.

Dank

Einen historischen Roman zu schreiben und dabei so tief in eine Epoche, eine fremde Gesellschaft einzutauchen, dass man diese versteht, ja, aus deren Perspektive heraus zu schreiben vermag, ist für eine Autorin jedes Mal aufs Neue eine besondere Herausforderung. Da in vorliegendem Werk nicht nur historische, sondern auch zahlreiche sprachliche, medizinische und psychologische Aspekte eine besonders tragende Rolle spielten, gestaltete sich die dazugehörige Recherche als besonders herausfordernd.

Neben ausgiebiger Lektüre und eigener Recherchearbeit muss ich mich an dieser Stelle bei einigen ganz wunderbaren Experten bedanken, die bereit waren, ihr Wissen mit mir zu teilen, mir zahlreiche, oft höchst komplexe Fragen zu beantworten, und auf ihre Art dabei mithalfen, dem Roman noch mehr Tiefe und Authentizität zu verleihen.

Hierzu gehören vor allem:

Professor Dr. Bernhard Maier (Eberhard Karls Universität Tübingen), der mit seinem umfassenden Wissen zur Geschichte Schottlands, der gesellschaftlichen und politischen Entwicklung, und auch religionsgeschichtlich einige komplexe Fragen erhellen konnte.

Prof. em. Dr. Norbert Finzsch (Universität zu Köln), der mir mit großer Expertise und Geduld nicht nur die Details der Verwaltung australischer Sträflingskolonien, britischer

Rechtssprechung und der Person Patrick Logans aufgezeigt hat, sondern auch noch die facettenreichen Strukturen der Militär- und Adelsgeschichte Großbritanniens und der korrekten Anredeformen entwirren und verständlich machen konnte.

Professor Dr. Michael Maurer (Friedrich-Schiller-Universität Jena), der mir zahlreiche Unsicherheiten in Bezug auf die schottische Gesellschaft im frühen 19. Jahrhundert und die *Highland Clearances* nehmen konnte.

Professor Dr. Matthias Bauer (Eberhard Karls Universität Tübingen), der mir die komplexen Regeln unterschiedlicher Adelsstände sowie der gesellschaftlicher Anredenormen der britischen Welt im 19. Jahrhundert verständlich machte.

Professor Dr. med. Tim Pohlemann (Universität des Saarlands, Universitätsklinik), der mich nun schon zum dritten Mal bei einem meiner Romane fundiert und ausführlich zu medizinischen Themen beraten hat. Insbesondere zu Fragen von Chirurgie, Verletzungen und Heilungschancen, gerade auch im historischen Kontext erhielt ich dabei stets unschätzbar wertvolle Unterstützung.

Professor Dr. med. C.-T. Gerner (Universitätsklinikum Würzburg), der mich freundlicherweise zu den Details von Wundheilung und Narbenbildung sowie deren Entwicklung und Verfärbungen beraten hat.

Dr. Nicole Meier (Rheinische Friedrich-Wilhelms-Universität Bonn) hat als Expertin in Sachen Schottland nicht nur bei zahlreichen historischen, geographischen, kulturellen, ja sogar botanischen und zoologischen Fragen zu Schottland ausgeholfen. Vor allem hat sie sich auch in diesem Buch wieder der sprachlichen Problematik angenommen und diesmal meinen Figuren zahlreiche gälische Begriffe und Redewendungen in den Mund gelegt.

Dr. Sabine Blawath verdanke ich einen großen Teil meines Wissens zu posttraumatischen Belastungsstörungen, ihren typischen Ausprägungen und Symptomen, sowie zu deren Therapierung durch *Tapping*.

Dr. Irene Balles (Studienhaus für Keltische Sprachen und Kulturen e.V.), die sich darum bemüht hat, mir schottisch-gälische Sprachkontakte zu vermitteln.

George E. Robinson, der mich bei meiner Schottlandreise spontan durch beeindruckende Orte in Edinburgh geführt hat und mir mit Sachkenntnis, Enthusiasmus und Humor wesentliche Aspekte schottischer Geschichte und Mentalität verständlich machen konnte.

Sylvia Dörnemann, die mich ausgiebig mit landeskundlichen Informationen und schottisch-gälischen Redewendungen versorgt hat. Auch viele der musischen und literarischen Zitate verdanke ich ihr. Besonders danke ich für die Übersetzung der Lied- und Gedichtstrophen aus dem Gälischen ins Deutsche und deutscher Dialogfragmente ins Gälische.

Rotraud Tomaske, die mich während des Schreib- und Korrekturprozesses mit ihrer Begeisterung für Schottland und schottische Geschichte inspirieren konnte. Zudem hat sie mich mit traumhaften Landschaftsaufnahmen versorgt, das Manuskript historisch auf Herz und Nieren geprüft und ein

Auge darauf gehabt, dass bei den gesellschaftlichen Gepflogenheiten der frühviktorianischen Zeit auch alles mit rechten Dingen zuging.

Stephanie Wernze, die mir die Hintergründe der Traumatherapie erläutert und mich mit der Resilienzforschung vertraut gemacht hat.

Rebecca Michéle, meine wunderbare Autorenkollegin, die ihr über lange Jahre erworbenes Expertenwissen zur britischen Gesellschaft, Hierarchie und Aristokratie immer wieder bereitwillig und ausführlich mit mir teilte.

Helga Poetz, die für mich in Brisbane und Umgebung direkt vor Ort recherchiert und mich mit vielen Eindrücken, Fotoaufnahmen und historischen Fakten rund um Australien, der Natur und Historie des Landes versorgt hat. Auch meine Beschreibung der Person Patrick Logans und der Situation im Straflager an der Moreton Bay erhielt durch ihr umfangreich zugesandtes Material ganz neue Impulse.

Heinz Gerd Reis, der so freundlich war, sein Wissen über schottische Landschaft, Kultur und Lebensart mit mir zu teilen.

Petra Molitor, die mir mit ihrer Schottland-Begeisterung und ihren Kenntnissen schottischer Landeskunde zur Seite gestanden hat.

Und meine Testleser **Rotraud Tomaske, Karin Speck, Susanne Degenhardt, Nikola Hotel, Svenja Bach, Monika Effelsberg** und allen voran **Monika Peter**, die mir unermüdlich halfen, das Manuskript zu verbessern, die Struktur zu straffen und die komplexe Geschichte Schottlands im 19. Jahrhundert auch für Laien verständlich darzustellen und in eine atmosphärisch dichte Handlung einzubinden.

Daneben möchte ich nicht vergessen, **Gabriele Hörniß** zu danken sowie den Mitarbeiterinnen und Mitarbeitern der Stadtbücherei Sankt Augustin, die auch für dieses Romanprojekt zahlreiche Fernleihen besorgen und immer wieder verlängern mussten.

Auch **Petra Jatzlau** schulde ich meinen Dank für das saubere Stempeln und Versenden sowie **Caroline Folger** für das geduldige Zusammensuchen und Buchen unserer perfekten Schottlandreise auf den Spuren Fionas und Aidans.

Für das ansprechende Kartenmaterial danke ich **Dr. Helmut Pesch**, der dem alten Schottland auf diese Art auch ein optisches Denkmal gesetzt hat.

An dieser Stelle möchte ich mich auch ganz herzlich bei meinen beiden wundervollen Lektorinnen, **Lena Schäfer** (Bastei Lübbe) und **Dr. Ulrike Brandt-Schwarze** (Mindhouse), bedanken, die den Entstehungsprozess dieses Romans auf unterschiedliche Weise begleitet haben und mit denen ich auch diesmal eine bereichernde und sehr fruchtbare Zusammenarbeit erleben durfte. Wie immer war es für mich eine Freude und für das Romanmanuskript ein Gewinn.

Sollten mir wider Erwarten trotz sorgfältiger Recherche, ausgiebiger Beratung und Korrektur dennoch historische und sachliche Fehler unterlaufen sein, liegt die Verantwortung hierfür allein bei mir.

Weitere Informationen zum Roman und seinen Hintergründen wie immer auch unter:
www.mariawpeter.de
www.facebook.com/mariawpeter
Für Fragen, Anregungen und Rückmeldungen stehe ich persönlich jederzeit unter mwp-history@web.de zur Verfügung. Ich freue mich darauf, von Ihnen zu hören.